Havelsagen

Havelsagen

Herausgegeben von Gisela Griepentrog

 verlag für berlin-brandenburg

Grafik und Satz: Ditte Griepentrog
Druck: druckhaus köthen Gmbh

ISBN: 978-3-86650-231-4

1. Auflage 2009
© Verlag für Berlin-Brandenburg GmbH
Stresemannstraße 30, D-10963 Berlin
www.verlagberlinbrandenburg.de

Alle Rechte, auch die des Nachdrucks von
Auszügen, der fotomechanischen Wiedergabe
und der Übersetzung, vorbehalten.

Inhaltsverzeichnis

VORWORT	Sagen und Geschichte	6
KAPITEL 1	Von der Havelquelle bei der mecklenburgischen Gemeinde Ankershagen durch die Sagenlandschaften an Tollense und Müritz über Neustrelitz bis zur brandenburgischen Grenze mit einem Ausflug in das Feldberger Seengebiet	15
KAPITEL 2	Von Fürstenberg links und rechts der Havel entlang bis Oranienburg mit Erkundungen in der Uckermark und im oberen Havelland	101
KAPITEL 3	Von Oranienburg nach Potsdam, links des Flusses durch Teile des Barnims, durch Berlin und das Teltower Land, rechts durchs Havelland	211
KAPITEL 4	Durch Seen, Sümpfe, Luche rechts und Wälder, Heide, Hügel links der Havel zwischen Potsdam und Brandenburg	293
KAPITEL 5	Alte sagenhafte Geschichte auf der Reise von Brandenburg bis zur Havelmündung mit Ausflügen in die Prignitz	361
REGENTENVERZEICHNIS		422
QUELLENNACHWEIS		424
ORTSVERZEICHNIS		426
ABBILDUNGSNACHWEIS		439

Vorwort

Sagen und Geschichte

Auf zu neuen Ufern! Sagen sollen uns auch auf unserer Reise entlang des Havelflusses begleiten. Ebenso wie an der Spree lassen sie auch hier die ganze mythologische Vorstellungswelt unserer Vorfahren sowie Teile der Regionalgeschichte lebendig werden. Nur noch in Bruchstücken vorhandenes historisches Wissen wird auf Sagenart einfach und fantasievoll zu Informationen zusammengefügt. Wer es genauer wissen will, wird später zu einem Geschichtsbuch greifen und das Erzählte mit den historischen Tatsachen vergleichen. Denn oft werden bei den Erzählungen aus den Ländereien und Städten der Havelregion Fragen nach dem realen Gehalt der Sagen und anekdotenhaften Geschichten auftauchen. Die Brüder Jacob und Wilhelm Grimm beschrieben im Vorwort zum zweiten Teil ihrer *Deutschen Sagen* 1818 den Unterschied zwischen beiden Arten der Überlieferung so: „Die Sage geht mit anderen Schritten und sieht mit anderen Augen als die Geschichte", der ein „gewisser Beigeschmack des Leiblichen" oder „Menschlichen" fehle, wodurch die Sage „so mächtig und ergreifend auf uns wirkt".
Mythische Gestalten wie Riesen, Zwerge, Weiße Frauen, Wilde Jäger und andere mehr finden sich auch in den Havelsagen in großer Menge. Doch die uralte Historie Mecklenburgs und die fast eintausendjährige Geschichte der brandenburgischen Kernregion mit ihren Residenzstädten, mit ihren vielfältigen historischen Ereignissen und Persönlichkeiten ließen viele Erinnerungen in der Bevölkerung zurück, die von den Menschen später nach ihrem Wissensstand gestaltet und weitererzählt wurden. So entstanden die zahllosen historischen Sagen, an denen diese Landschaften so reich sind und die die so genannten mythologischen oder dämonologischen Sagen in den Hintergrund treten lassen.
Die Havel ist selbst ein an Geheimnissen und Merkwürdigkeiten reicher Fluss. Schon ihren Ursprung hüllt sie in ein geheimnisvolles Dunkel. Das ist auch der Grund dafür, weshalb viele Beschreibungen des Flusses seine Quelle an verschiedenen Orten vermuten. So heißt es zum Beispiel allge-

mein in einem alten Schulbuch, die Havel komme aus den Mecklenburger Seen; in mehreren Reiseführern ist zu lesen, sie entspringe in den Havelseen oder in den Havelquellseen im mecklenburgischen Landkreis Müritz; wieder andere meinen die Quelle im kleinen See Diekenbruch oder im Dambecker See gefunden zu haben. Alle diese Beobachtungen und Vermutungen haben wohl ihre Berechtigung, denn schließlich wurde erst im Jahre 2007 die Havelquelle auf einer Lichtung im Wald bei Ankershagen neu festgelegt und eingefasst. Der Fluss beginnt nun offiziell von hier aus seinen 325 Kilometer langen Lauf zur Elbe, begleitet vom 388 Kilometer langen Havel-Radweg.

Die Havel fließt zuerst in südlicher Richtung bis etwa Potsdam, wendet sich dann nach Westen bis in die Nähe der Stadt Brandenburg, macht dort wieder eine Wendung in nordwestliche Richtung und verfolgt diese weiter bis zu ihrer Mündung in zwei Armen bei Havelberg. Auf diese Weise umschließt sie in einem großen Bogen ein riesiges Landgebiet, das in großen Teilen nach ihr benannt ist, und hätte doch – welch Paradox – von ihrer Quelle bis zur Mündung nur eine direkte Entfernung von etwa 90 Kilometern, ganz ohne natürliche Hindernisse, zu überwinden gehabt!

Auf ihrem langen Weg nimmt die Havel viele größere und kleinere Flüsse wie den Rhin, die Dosse mit der Jäglitz, die Nuthe mit der Nieplitz, das Tegeler Fließ, die Plaue, die Briese, die Woblitz, Bäke und Telte im Teltowkanal sowie die Spree auf, die sie zu einem großen Strom werden lassen. Und auch bei dieser Aufzählung erregt die merkwürdige Tatsache Verwunderung, dass nicht die Havel bei Spandau in die um fast 75 Kilometer längere Spree fließt, sondern umgekehrt die Spree in die kleinere Havel mündet. Die im Vergleich zur Spree mit 35 Kilometern nur geringfügig längere, im Land Brandenburg zurückgelegte Strecke der Havel begründet diese Festlegung sicher nicht, es kann vielmehr angenommen werden, dass ihre Bevorzugung auf dem größeren Bekanntheitsgrad des Flusses aus der Geschichte und der Kultur des Landes beruht.

Radler und Wasserwanderer, die sich in Sagenbegleitung auf den langen Weg entlang der Havel oder auf dem Fluss begeben, durchqueren heute drei deutsche Länder – Mecklenburg-Vorpommern, Brandenburg und Sachsen-Anhalt – und müssen tief in deren Geschichte abtauchen, um den Inhalt der Volkserzählungen zu verstehen. Das wird gleich im ersten der fünf Kapitel, in die die Havelsagen eingeteilt sind, deutlich. Im Quellgebiet des Flusses, in der Umgebung der Gemeinde Ankershagen, erinnern viele historische Sagen an das Schicksal der mecklenburgischen Landbevölkerung unter dem Joch der Leibeigenschaft. Hier sind besonders die sozialkritischen Sagen über den Raubritter Henning Bradenkierl angesiedelt, der um das Jahr 1550 gelebt haben soll und wahrscheinlich Henning von Holstein hieß. Dieser bedrückte seine Bauern schwer mit Abgaben und soll grausame Gewalttaten begangen haben. Sagenforscher wiesen jedoch nach, dass dieser Erzählungstyp aus vielen historischen Überlieferungen über einen längeren Zeitraum hinweg von den Erzählern zusammengefügt und mit anderen Motiven und Ereignissen, zum Beispiel aus der Zeit des Dreißigjährigen Krieges, angereichert worden ist.

Noch über fünfhundert Jahre weiter zurück reichen die Sagen aus der slawischen Vergangenheit des nicht weit davon entfernten Landstriches am südlichen Teil des Tollensesees, die wir anschließend auf einem Ausflug in diese Gegend kennen lernen. Hier soll einst das Heiligtum Rethra des Slawenstammes der Redarier gestanden haben, neben dem Swantewittempel vom Kap Arkona die größte Kultstätte der Slawen in Mecklenburg. Zeitgenössische Chronisten wie Thietmar von Merseburg († 1014) und Adam von Bremen († 1076) berichteten über die Redarier und ihre religiösen Sitten, über die Lage und die Einrichtung des Tempels. Eine jüngere Chronik erwähnt, dass im Jahre 1068 Bischof Burchardt von Halberstadt die Provinz der Liutizen eroberte und verwüstete sowie das Heiligtum zerstören ließ. Die Volkssage bewahrte noch einige wenige Erinnerungen aus dieser grauen Vorzeit auf. Sie nennt den Ort Schön Reda und spricht von einer untergegangenen Stadt, aber man weiß nicht einmal, ob es sich bei Rethra um eine Siedlung oder nur um einen Tempel handelte, ebenso unklar ist die genaue geografische Lage. Viele Wissenschaftler suchten in der zweiten Hälfte des 19. sowie im 20. Jahrhundert nach diesem Ort, verglichen die überlieferten Texte mit verschiedenen Lokalitäten und führten sogar archäologische Grabungen durch. Sie vermuteten Rethra mit der größten Wahrscheinlichkeit in Prillwitz, Wanzka oder auf der Fischerinsel im südlichen Teil des Tollensesees, aber auch im weiter entfernten Feldberger Gebiet. Überall dort ließen sich lokale Besonderheiten, alte Dorf- und Flurnamen und Fragmente von Volkssagen mit den Chronikberichten in Übereinstimmung bringen oder in diesem Sinne deuten.

Die Sagen über Schön Reda berichten über die letzte Entscheidungsschlacht, die zwischen den Slawen und den germanischen Siedlern getobt hat, konzentrieren sich aber hauptsächlich auf die Schilderung der Flucht der Priester mit dem Tempelschatz und auf dessen Verbleib. Oft soll die Stadt auch im Wasser versunken sein, wobei dann meistens an bekannte Motive, wie zum Beispiel das von den aus dem Wasser auftauchenden sprechenden Glocken angeknüpft wird.

Am Westufer der Tollense entlang führt unser Weg über einen anderen, sehr sagenreichen Landstrich um Burg Stargard herum bis Neubrandenburg und von dort am Ostufer des Sees immer weiter bis in den Müritz-Nationalpark mit seiner umfangreichen Erzähltradition. Am West- und am Südufer des größten Sees Deutschlands, der Müritz, entlang geleiten uns Sagen wieder an die Havel nach Neustrelitz. Von dort kann ein Ausflug in das jenseits des Flusses gelegene Feldberger Seengebiet unternommen werden. Zurück bis Alt Strelitz und dann auf dem Weg nach Fürstenberg berichten die Volkserzählungen wieder von längst vergangenen Begebenheiten in den Dörfern und einsamen Wald- und Heidegebieten.

Bei Fürstenberg tritt die Havel in das Land Brandenburg ein, und hier beginnt der zweite große Abschnitt der Havelsagen, der uns wie der Fluss durch verschiedene Landschaften bis nach Oranienburg führt. Auf dem linken Ufer sind das jeweils breite Landstreifen der Uckermark und des Barnims mit Abstechern in weiter entfernte Gegenden mit besonders interessantem Sagenschatz. Rechts der Havel wurden der ganze heutige Kreis Oberhavel, nach früherer Einteilung das Land Ruppin, und Teile der Ostprignitz einbezogen.

Die Sagen des dritten Teiles unserer Sammlung führen uns zuerst am linken Havelufer entlang durch den Barnim und die Stadt Berlin, dann durch den Teltow, das heißt, einen Teil des heutigen Kreises Teltow-Fläming, nach Potsdam, und dann wieder rechts des Flusses von Oranienburg nach Potsdam durch das Havelland. Erzählungen aus der Haupt- und Residenzstadt, über deren Gründung und besondere Bauten sowie die preußische Zeit und ihre Könige nehmen hier einen breiten Raum ein, wurden sie doch in den vergangenen Jahrhunderten schon früh und besonders häufig gesammelt und oft veröffentlicht. Interessant ist es auch nachzulesen, wie sich das traurige Schicksal des Cöllner Bürgers Michael Kohlhase zur Sage wandelte.

Mit dem vierten Teil der Havelsagen folgen wir dem Fluss zuerst an seinem linken Ufer von der „Potsdamer Insel" durch das große Seengebiet, das die Havel dort bildet, dann durch die Wald- und Hügellandschaft der Zauche, heute im Kreis Potsdam-Mittelmark, vorbei am Kloster Lehnin mit seinen vielen Sagen, bis nach Brandenburg. Danach treten wir rechtsseitig von Potsdam bis Brandenburg wieder in das Havelland ein, in die Region der Luche, Lanken und Ländchen. Diese großen Sumpf- und Moorgebiete waren lange Zeit unbesiedelt, Anfang des sechzehnten Jahrhunderts fing man an, Entwässerungskanäle und Dämme im Rhinluch zu bauen, und ab 1718 ließ König Friedrich Wilhelm I. das Große Havelländische Luch entwässern. Viele Erinnerungen an diese Zeit wurden in den Sagen verarbeitet: Vor der Trockenlegung dienten die Sümpfe oft als letzte Zufluchtsstätte vor feindlichen Kriegshorden, die das Land immer wieder heimsuchten und die Menschen verfolgten. Zahlreich sind in dieser Region auch wieder Sagen zu finden, die von Aufständen der Wenden und deren Unterwerfung und Christianisierung berichten, denn in der Nähe, auf einer Havelinsel, lag die wendische Burg Brennabor, die Albrecht der Bär im Jahre 1157 mit seinem Heer erstürmte und zerstörte, und dicht dabei auf dem Harlungerberg – dem späteren Marienberg – stand eine Kultstätte der Wenden, ein Tempel für ihren Gott Triglaw. Nach diesem Sieg erfolgten die endgültige Unterwerfung der wendischen Stämme zwischen Elbe und Oder und die Gründung einer Reihe von Klöstern zur Christianisierung der Heveller, Sprewanen, Redarier usw.

Das letzte Sagenkapitel unserer Sammlung umfasst die Erzähltradition der Gebiete rechts und links der Havel von Brandenburg bis zur Mündung des Flusses. Im Einzelnen sind das am rechten Ufer das Havelland mit den Ländchen Friesack und Rhinow sowie ein Teil der Ostprignitz, und auf der linken Seite ein Streifen der fruchtbaren Niederung, die sich bis zur Elbe erstreckt, und der Havelwinkel, beide heute im Land Sachsen-Anhalt oder im Grenzgebiet beider Länder gelegen. Auch die Havel ist hier streckenweise Grenzfluss zur Altmark, die bis zum Jahre 1815 zu Brandenburg gehörte. Solche politischen Entscheidungen haben die Sagentradierung aber kaum mehr beeinflusst. Bei Quitzöbel und bei Gnevsdorf ergießt sich der Fluss schließlich in die Elbe.

Auf einem Ausflug von Havelberg, an der Dosse entlang, nach dem bei Neustadt gelegenen Dörfchen Kampehl können die Sagen über den Kornett

Christian Friedrich von Kahlbutz gelesen und in der alten Wehrkirche dessen „unverwesliche Leiche" besichtigt werden. Ferner ist etwas über das Leben der Wusterhausener Bürger im Mittelalter zu erfahren und man kann schließlich die Erzählungen über den Raubritter Kurt von Bassewitz kennenlernen, vielleicht sogar ihn selbst auf dem alljährlich stattfindenden Bassewitzfest in Kyritz treffen.

Eine ebenso interessante Sagenroute führt von Quitzöbel, wo sich einst die Stammburg eines anderen Raubrittergeschlechtes, der Quitzows, befand, über Rühstedt – ihrer letzten Ruhestätte – nach Bad Wilsnack zur sagenumwobenen Wunderblutkirche, von dort zum Königsgrab in Seddin über Perleberg, danach durch die Kammermark, in der auch ein gefürchteter Räuber gehaust haben soll, nach Pritzwalk. Bei dem Dorfe Techow, an der Straße von Pritzwalk nach Wittstock, spielte sich der Sage nach eine andere Wunderblutgeschichte ab, die zur Gründung des Klosters Heiligengrabe führte. Diese Erzählung ist schon im zweiten Abschnitt unserer Sammlung zu finden, und so schließt sich hier der Kreis und endet auch unsere mythische Wanderung damit.

Eine historische Besonderheit soll noch erwähnt werden. Auf zwei Wunderblutstätten ist bereits hingewiesen worden, Legenden über blutende und wundertätige Hostien sind aber auch aus Zehdenick (Kapitel 3), Buckow im Havelländischen Luch (Kapitel 5) und aus Beelitz an der Elbe (Altmark) überliefert. Sie liegen ähnlich unserem Sagenweg kreisförmig angeordnet und könnten wohl die alte Pilgerstraße markieren, von der verschiedene Chronisten berichten. Im dreizehnten Jahrhundert sollen sich alle diese fünf Wunder ereignet haben, die, als die katholische Kirche zudem auch einen Erlass der Sünden für einen Besuch der heiligen Stätten versprochen hatte, scharenweise gläubige Pilger aus Deutschland und halb Europa in die Havelregionen lockten. Für das Bluten der Hostie werden in den Legenden verschiedene Gründe angeführt: die Zerstörung der Kirche in Wilsnack, der Diebstahl durch eine Bürgerin zu Zauberzwecken in Zehdenick, in Techow/Heiligengrabe soll ein Jude die Hostie gestohlen haben und kam dafür an den Galgen. Der Antisemitismus des Mittelalters, dessen religiöse Vorurteile oft durch Geistliche geschürt worden waren, tritt in dieser Erzählung jedoch in gemäßigter Form auf. Der Jude, dem der Hostienraub zunächst nicht nachzuweisen war, muss erst durch einen Spitzel „überführt werden" und die in diesem Zusammenhang oft genannten Gräueltaten fehlen. Der Glaube an den Hostienfrevel wurde durch Schriften fürs Volk über mehrere Jahrhunderte hin wach gehalten, bis sich die Reformation im sechzehnten Jahrhundert durchsetzte und Verbote der Wunderverehrungen und Pilgerfahrten erfolgten.

Alle Sagentexte sind der heute gebräuchlichen Rechtschreibung und in einigen, wenigen Fällen der Gegenwartssprache angepasst worden. Erläuterungen der Herausgeberin sind in eckige Klammern gesetzt, die nach den Sagen in runden Klammern angeführten Zahlen verweisen auf die Quelle.

Gisela Griepentrog

Und an deinen Ufern und an deinen Seen,
Was, stille Havel, sahst all' du geschehn?

Theodor Fontane

Theerofen Tannen
Dambecker Revier
Spring S.
Spring Tannen
Lehm S.
Tannen S.
Pieverstorf
Held Berge
Dambecker S.
Dambeck
Röth S.
B. Moor S.
Forst
Kratzeburg
Bhf.
Dünnenholz
Granziner S.
Dalmsdorf
Käbelick-See
Krumme See
Schulzen-S.
Granzin
Havel
Granziner M.
Pagel-See
Henningsfelde
For
Langhager S.

Kapitel 1

Von der Havelquelle bei der mecklenburgischen Gemeinde Ankershagen durch die Sagenlandschaften an Tollense und Müritz über Neustrelitz bis zur brandenburgischen Grenze mit einem Ausflug in das Feldberger Seengebiet

1 Der schwarze Bolle

Über die sogenannte **Jungfernbek**, einen kleinen Bach, der bei **Ankershagen** in den **Mühlensee** mündet, führte ehedem, als sie noch wasserreicher war, ein Steg. Auf diesem Stege war es zur Mitternachtsstunde nicht richtig, denn da lag ein großer, schwarzer Bolle, der jedem, der des Weges kam, den Pass streitig machte, sodass man umkehren, einen Umweg machen oder durch den Bach waten musste. Hiervon hörte auch ein Zimmergeselle, der einmal in dieser Gegend arbeitete. Er war einer von denen, die selbst den Teufel nicht fürchten, und darum fürchtete er sich auch nicht vor diesem Spuk. So begab es sich denn, dass er einst spätabends diese Straße wandern musste. Er hatte aber sein gesamtes Zimmergerät in einem Bündel bei sich. Als er nun zu der berüchtigten Stelle kam, war es gerade Mitternachtsstunde, und richtig lag auch das Ungetüm auf dem Stege, ihm trotzig den Weg versperrend. Umkehren konnte der Geselle nicht, denn er musste heim, und durch den Bach wollte er nicht waten; so machte er denn Anstalt, sich freie Bahn zu verschaffen. Ohne Zaudern legte er sein Bündel auf die Erde und langte eine große Zimmeraxt daraus hervor. Mit dieser machte er sich an den Schwarzen und bearbeitete ihm aus Leibeskräften sein dickes Fell, indem er zu den Hieben immer: „Eins! Zwei!" ausrief. Eine Zeit lang schien das seltsame Tier die dröhnenden Schläge gar nicht zu beachten, endlich aber erhob es sich doch brummend und verschwand unter einem Knall, als ob alle Bäume der Ankershäger Heide zusammenbrächen, und mit den Worten: „'T is din Glück, dat du man ‚Een! Twee!' seggt hest. Du haddst man bet dree tell'n söllt, denn hadd'k di wat Anners wisen woll't." Dem Gesellen widerfuhr nichts Arges; er konnte in Frieden seine Straße ziehen und nach ihm hier auch jeder andere zu jeder Zeit, denn der Bolle ließ sich nicht wieder blicken. (2, S. 140f.)

2 Henning Bradenkierl

In **Ankershagen**, eine Meile von **Penzlin**, hauste, wie erzählt wird, auf seiner Burg der grausame Raubritter Henning Bradenkierl. Einstmals lud dieser den Herzog von Mecklenburg zu sich ein, gegen den er einen geheimen Zorn hegte, weil dieser den vorüberziehenden Kaufleuten Geleit gab und dadurch des Ritters verruchte Pläne vereitelte. Bei dem Besuche gedachte er den Herzog heimtückisch umzubringen. Ein Kuhhirt aber warnte den Fürsten, und dieser kehrte noch rechtzeitig um. Der Warner wurde dem Ritter verraten und in teuflischer Weise bestraft. Henning ließ ihn in das lodernde Kaminfeuer seiner Burg werfen, und als der Ärmste wieder heraus wollte, stieß er ihn selber mit dem Fuße in die Glut zurück. Seitdem hieß er im Volke nicht anders als Henning Bradenkierl. Der Herzog nahm schwere Rache: er eroberte und zerstörte des Ritters Burg, und dieser tötete sich selbst, nachdem er zuvor seine Schätze in der Tiefe versenkt hatte. Auch nach dem Tode fand er keine Ruhe, denn sein rechtes Bein, mit welchem er den Kuhhirten ins Feuer gestoßen hatte, wuchs bis zum Knie aus der Erde heraus, so oft man es auch wieder bedecken mochte. Dies hörte nicht eher auf, als bis ein alter Totengräber das Bein abschnitt und unter dem Altare beisetzte. Bei einem Umbau am Altar will man das Bein wieder aufgefunden haben; es soll mit einem grauseidenen Strumpfe bekleidet gewesen sein. (24, S. 239)

Die Geschichte wurde auch auf andere Weise erzählt:
In Ankershagen lebte früher ein Herr von Holstein, der hieß Bradenhenning. Er hatte diesen Namen daher, weil er seinen Kuhfütterer hatte rösten lassen. Henning wollte nämlich den Herzog von Strelitz gefangen nehmen, und der Kuhfütterer hatte diesen gewarnt. Mit **Waren** hat Henning auch in Fehde gelegen. Das letzte Gut in **Mecklenburg**, welches die Holsteins hatten, war **Klink**. Der letzte Holstein taugte nicht, er hat seinen eigenen Vater vor den Pflug gespannt. Da er auch die Tochter seines Schäfers missbraucht und den Vater umgebracht hat, lastet auf den Holsteins ein Fluch, dass sie nicht wieder in Mecklenburg ansässig werden sollen, als bis ein Holstein eine Schäferstochter heiratet. (27, S. 141f.)
Als das Sündenmaß eines Raubritters in Ankershagen voll war, erfasste ihn in seiner Stube der Teufel, um mit ihm zum Fenster hinauszufahren. Dabei aber stieß der Kopf des Ritters gegen die Wand, wodurch ein großer Blutfleck an derselben entstand, der weder durch Abkratzen noch Übertünchen und sonst etwas zu vertreiben war. Da kam einmal ein Scharfrichter auf den Hof und hörte von dem roten Fleck. Er erbot sich, ihn gegen eine angemessene Belohnung zu entfernen, die ihm auch zugesichert wurde. Es gelang ihm wirklich, den Fleck aus der Stube zu vertreiben, dagegen zeigte er sich auf der Außenseite der Wand, wo er jetzt noch zu sehen sein soll. (27, S. 145)

3 Der Schatz in der Kirche

Bald nachdem die Burg zu **Ankershagen** zerstört worden war, haben die Mönche Besitz von dem Orte genommen. Bis zum Dreißigjährigen Kriege sollen sie sich hier behauptet haben, dann aber plötzlich von dort vertrieben worden sein. Nach einer alten Sage haben nun die Mönche bei ihrer unerwarteten und schnellen Vertreibung viele Schätze in Ankershagen zurücklassen müssen; dennoch aber sollen sie vor ihrem Abzuge doch noch so viel Zeit gefunden haben, um ihre sämtlichen Wertsachen auf die Seite zu schaffen und sie wohl zu verbergen. Nach den Berichten der Ankershagener Prediger sollen immer in Zwischenräumen von zwanzig bis fünfundzwanzig Jahren ausländische Männer bei ihnen erscheinen und um Öffnung der Kirche bitten. Hat man ihren Wunsch erfüllt und ihnen die Kirche geöffnet, dann sehen sie sich in ihr allenthalben ganz genau um, schlagen hier und dort prüfend mit einem kleinen mitgebrachten Hammer an die Mauern und entfernen sich darauf wieder. Die Sprache der Männer ist aber fremd, so auch ihr Aussehen und ihre Manieren. (2, S. 236f.)

4 Der Anker an der Kirchentür

Im Pastorsgarten zu **Ankershagen** steht eine uralte Linde, wohl die älteste und dickste in ganz **Mecklenburg**. An sie knüpft sich folgende Sage: Ein Fischer an einem der benachbarten Seen verschrieb in der Not der Armut dem Teufel seine Seele, um durch ihn in eine bessere Lage zu kommen. Der Termin nahte heran, an dem er dem Bösen verfallen sein sollte. Da, am Abend vor der verhängnisvollen Nacht, band er sich an seinen Anker, in der Hoffnung, der Teufel werde ihn mit dem nicht aufheben können. Doch er täuschte sich; mit Leichtigkeit trug ihn der Teufel samt dem Anker davon. Da hemmte die Linde seinen Flug. Der Anker drang in den Stamm, und wie sich auch der Teufel abplagte, er konnte ihn nicht losmachen. Der Morgen brach an und der Fischer war gerettet. Das Loch, das der Anker in die Linde schlug, ist noch zu sehen. Zum Andenken wurde ein Anker an der Kirchentür angebracht und auch der Name des Dorfes soll daher stammen. (2, S. 97f.)

5 Der Blocksberg bei Penzlin

Einst in einer Mainacht hat auch mal ein Knecht unfreiwillig die Reise mit seiner Hausfrau nach dem **Blocksberg** machen müssen. Diese war nämlich eine Hexe und hatte ihm ihren Zauberstab im Schlafe übergeworfen, wodurch er augenblicklich in einen schönen Rappen verwandelt wurde, den sie bestieg und damit ihren Ritt nach dem Blocksberg machte. Auf der Rückreise fand aber der verwandelte Knecht Gelegenheit sich den Zauberzaum abzuschütteln, wonach er sogleich wieder seine menschliche Gestalt bekam. Fix nahm er jetzt den Zaum und warf ihn der Hexe über, die nun ein Ross wurde, auf dessen Rücken er zurück nach **Penzlin** sauste, wo er sein Reitpferd beim ersten besten Grobschmied unter allen Vieren beschlagen ließ. Der dadurch entwandelten Hexe ist dies aber schlecht bekommen, denn sie hat infolge der erhaltenen Hand- und Fußwunden nach wenigen Tagen jämmerlich sterben müssen. (2, S. 125)

6 Der Hexenkeller in der Burg

Von der alten Burg zu **Penzlin** erzählt man sich grauenhafte Geschichten, namentlich von dem darin befindlichen Hexenkeller. Derselbe liegt noch achtzehn bis zwanzig Stufen unter dem eigentlichen Keller. Hier kann man noch die Nischen sehen, worin die Hexen mit einer eisernen Stange über die Brust geschlossen waren. In dem oberen Keller befindet sich der sogenannte Brennofen, in welchem die der Hexerei Beschuldigten verbrannt wurden. Der letzte soll ein Kuhhirte gewesen sein, der dem Freiherrn seine Kühe hütete. (2, S. 110f.)

7 Blumen wachsen nach dem Tode

In **Penzlin** wurde ein Schäfer der Hexerei beschuldigt, weil eine der von ihm geweideten Kühe Blut statt Milch gegeben, und daher zum Tode durch Verbrennen verurteilt. Vergebens beteuerte er seine Unschuld und sagte, es würden nach seinem Tode vor dem Burgtor drei Blumen aus der Erde wachsen, dergleichen man nie zuvor gesehen habe. Und so kam es auch;

daran erkannte man, dass er unschuldig gewesen war, und es wurde fortan in Penzlin niemand mehr wegen Hexerei angeklagt und verurteilt. (2, S. 463)

8 Die Kindesmörderin

Zu **Groß Lukow**, dreiviertel Meilen von **Penzlin**, wurde vor Jahren ein Mädchen hingerichtet, weil sie ihr Kind gemordet hatte. Wie sie nun auf den Richtplatz geführt worden war und der Scharfrichter seinen Streich vollzieht, haut er des Mädchens Schulter statt den Kopf ab. Das Mädchen gibt keinen Laut des Schmerzes von sich. Hierauf erklärt der Scharfrichter, er müsse das hohe Gericht fragen, weil jetzt drei Köpfe vor seinen Augen seien, welchen er hiervon nehmen solle. Er erhält die Antwort, den in der Mitte. Und er schlägt auch den Kopf ohne weiteren Fehlschlag runter. Hieraus wurde geschlossen, es müsse eine Doppelmörderin sein. Da sie nun dem weltlichen Gerichte ihren Doppelmord nicht bekannt hatte, so soll sie lange Jahre auf dem Richtplatz umhergeirrt und den Weg zwischen Groß Lukow und **Marihn** unsicher gemacht haben. Einst kommt der Pastor von Marihn gefahren, welcher da eine Kindtaufe gehalten und sich bis nach elf Uhr aufgehalten hatte. Der Pastor, langsam fahrend, singt sein Abendlied: „Nun ruhen alle Wälder." Gerade ist er mit seinem Gesang an der Stelle: „Wo bleibt denn Leib und Seel?" Dies fragt aber eine helle Frauenstimme vom Richtplatze her. Der Pastor singt nun weiter: „Nimm sie zu deiner Gnade." Seitdem soll die Kindesmörderin keinem mehr begegnet sein. (2, S. 461)

9 Der Barbier von Penzlin

In meinem früheren Hause wohnte, es können wohl achtzig Jahre und darüber her sein, der Feldscher Andres. Dieser Mann musste bei seinen Lebzeiten eine recht schwere Sünde begangen haben, denn er fand keine Ruhe im Grabe. Bald nachdem er begraben war, hieß es allgemein: Andres spukt. Vor allem trieb er, wie man erzählte, sein Unwesen in seinem ehemaligen Wohnhause, indem er dort, besonders abends und nachts über, die Bewohner neckte und mit seinem Poltern erschreckte, und ihnen so eine rechte Plage wurde. Aber auch in andern Häusern ließ er sich sehen und trieb dort nicht minder argen Unfug. Dazumal lebte hier in **Penzlin** ein Schmied, der hieß Jost. Der hatte vor dem Tore in der Vorstadt, wo jetzt die **Mühlenstraße** ist, einen Stall, in welchem er unter anderem auch seine Steinkohlen aufbewahrte. Von hier holte er sich die Kohlen dann in einem Sacke, je nachdem er gerade bedurfte. Als er nun einst, wie gewöhnlich, hierher kam, saß zu seinem nicht geringen Schrecken Andres, wie er ehedem leibte und lebte, oben auf dem Kohlenhaufen und grinste ihn recht höhnisch an. Jost versuchte nach ihm zu schlagen; aber das war vergebliche Mühe, weil er ihn nicht treffen konnte. Kaum hatte unser Schmied seinen schweren Sack auf die Schultern geladen, als auch schon der Feldscher oben drauf saß und dem armen Manne die ohnehin nicht geringe Last so schwer machte, dass er sie nicht von der Stelle zu bringen vermochte, sondern zur Erde fallen lassen musste. Weiter wollte der Plagegeist nichts; hatte er dies erreicht, so war er auch gleich vom Sacke herunter und stand neben dem Schmied, dem er schiefe Gesichter schnitt, die Zunge herausstreckte und lange Nasen machte, ohne seinen wütenden und doch ohnmächtigen Streichen auszuweichen. Lud Jost dann seine Kohlen wieder auf, so nahm auch der Feldscher seinen alten Sitz wieder ein, und so nahm dies Plagen kein Ende, bis denn endlich der arme Gequälte seinen Sack mit saurer Mühe nach Hause geschleppt hatte. Diese Neckereien wiederholten sich fortan regelmäßig, wenn Jost Kohlen holen wollte, so dass der arme Mann nur mit Zittern und Zagen nach seinem Kohlenstalle gehen konnte. Übrigens war Jost nicht der Einzige, dem es also ging; Andres verschonte fast keinen mit seinen dummen Streichen. Kurz vor dieser Zeit nun arbeitete hier ein Drechslergeselle. Der soll weit hergekommen und in der schwarzen Kunst nicht unbewandert gewesen sein. Er besaß auch eine schwarze hölzerne Hand und konnte mit ihrer Hilfe Geister einfangen und bannen. Dieser Mensch wurde aber bald so häufig in Anspruch genommen, dass er kaum mehr eine Nacht ruhig im Bette zubringen konnte, sondern Nacht für Nacht Geister haschen und bannen musste. Das wurde ihm denn doch zu arg, und so schnürte er sein Ränzel und wanderte weiter. Bevor er indes ging, hatte er dem Ackersmann Peter dies und jenes von seinen Künsten gelehrt, und ihn besonders im Geisterbannen unterrichtet, ihm auch zu dem Zwecke eine schwarze, hölzerne Hand zurückgelassen. An Peter wandte man sich nun, als der Spuk so überhandnahm und anfing, mehr als einem lästig zu fallen. Peter ließ sich auch nicht zweimal bitten, sondern erschien gleich zur passenden Zeit mit einem Sacke zur Einschließung des Geistes und mit seiner schwarzen Hand bewaffnet. Das war dem Geiste eine gefährliche Waffe. Es half kein Sträuben, er musste in den Sack. Hoch erfreut über seinen glücklichen Fang, schnürte Peter seinen Sack fest zu und ging dann mit ihm zur Stadt hinaus, um seinem Gefangenen draußen in einer möglichst einsamen Gegend seinen Wohnplatz anzuweisen. Anfangs ließ sich der im Sack das Tragen wohl gefallen; als er aber ein Rauschen des Wassers hörte und daran merkte, dass sie bei der kleinen Mühle waren, wollte er sich nicht weiter bringen lassen, und machte sich darum so schwer, dass ihn Peter abwerfen musste. Doch der verstand keinen Spaß. Er bearbeitete den Widerspenstigen dermaßen mit seiner schwarzen Hand, dass derselbe Ach und Weh schrie und flehentlich um Gnade bat. Nur um dies eine bat er, Peter möchte ihm doch sagen, wohin er ihn bringen wollte. „Nach dem Burbrook", lautete die Antwort. „Nach dem Burbrook?" rief voll Angst der Gefangene, „ach dort sind schon drei Priester von alter Zeit her, mit denen werd' ich mich nicht vertragen können und dann wird's mir schlimm ergehen. Bring mich, wohin du willst, nur nach einer andern Stelle." „Nun, meinetwegen kannst du nach dem Soltborn kommen", entgegnete begütigend der Banner; und als der Feldscher des zufrieden war, lud er ihn wieder auf und trollte mit ihm weiter. Als sie bei der **Grapenwerder** Brücke ankamen, machte er sich wirklich zum zweiten Male stramm. Da geriet Peter denn nicht wenig in Wut. Augenblicklich warf er den Sack mit seinem Inhalte ab und machte sich wieder mit seiner schwarzen Hand über den Feldscher her. Doch dieser ersah sich eine kleine Öffnung im Sacke, die bei dem Ringen entstanden war und – im Nu war er ins Freie und ebenso schnell unter die Brücke. Da saß Peter nun mit der langen Nase. Er hätte freilich den Entwischten wieder einfangen können, aber dazu fehlte es ihm auch an der Lust, denn es war schon Abend geworden; auch war er nicht wenig müde, was von dem Schleppen und Ringen mit dem Feldscher herkam. So begnügte er sich denn damit, dem unruhigen Gast bei der Brücke seinen Ort anzuweisen und ihn dort zu bannen. Dann kehrte er zur Stadt zurück, drohte aber dem Andres, wiederzukommen und ihm einen noch anderen einsameren Ort anzuweisen, wenn er sich unterstünde, auch hier noch seine Neckereien fortzusetzen.

In der Stadt hatte man allerdings Ruhe vor dem Feldscher. Dafür aber spukte es nun bei der Brücke umso ärger. Andres ließ so leicht keinen ungeschoren vorbei und bald wurden Klagen über ihn von allen Seiten laut. Dem

einen hatte er die Pferde scheu, dem anderen den Wagen fest gemacht. Dann wieder hatte er die Vorübergehenden mit Steinen beworfen, in den Haaren gezupft, sich ihnen auf den Rücken gehängt und was dergleichen tolle Geschichten mehr waren. Einst kam auch Peter mit seinem Sohne vorbeigeritten, um die Pferde nach der Weide zu bringen. Als er ohne Arg und ganz unbesorgt des Weges daherritt und eben den Bannkreis betrat, warf sich der erbitterte Geist auf ihn und setzte ihm ganz gehörig zu. Peter sprang wohl vom Pferde, um sich so gut zu wehren, wie es eben gehen wollte, aber er hatte seine schwarze Hand nicht bei sich und so war ihm der Geist doch zu mächtig. Es währte auch nicht lange, da hatte der Barbier seinen Feind in den Graben hineingezogen und versuchte nun allen Ernstes, ihn in den weichen Schlick zu drücken und so zu ersticken. Peter geriet in nicht geringe Gefahr, weshalb er seinem Sohne zurief: „Lass die Pferde und schlag den Hund auf den Kopf!" Der ließ es sich nicht zweimal sagen und paukte aus Leibeskräften mit einem Knittel drauflos. Er traf auch, aber nicht den Geist, sondern seines Vaters Kopf. Es fehlte nicht viel, dass der arme Mann ganz unterlegen wäre und kaum vermochte er noch seinem Sohne zuzurufen: „Lass doch das Schlagen, Junge, du schlägst mich sonst noch tot." So rangen Peter und Andres eine Zeit lang miteinander. Endlich gelang es doch dem Ersteren, sich loszumachen, er lief nach Hause und kehrte bald mit der schwarzen Hand und einem Sacke wieder zurück. Nun war es an dem Barbier, klein beizugeben. Aber da war an Gnade nicht zu denken. Er musste, so sehr er sich auch widersetzte und sträubte, in den Sack hinein. Als Peter endlich seiner Rachsucht Genüge getan hatte, schwang er sich den Sack auf den Nacken und brachte seinen Gefangenen nach dem Soltborn. Dort zog er ihm einen Kreis, den er fortan nie wieder überschreiten durfte, und, so viel man weiß, auch nie überschritten hat. Nur einmal hatte er hernach noch von sich reden gemacht, als der Ackersmann Kunz ihm beim Hacken zu nahe kam. Kunz besaß nämlich am Soltborn ein Ackerstück, das er erst kürzlich käuflich an sich gebracht hatte. Im Gegensatze zu seines Vorgängers Wirtschaft wollte er jeden Fußbreit Landes treulich nutzen. Dieser aber hatte gar manche Ecke und manchen Winkel, und darunter auch das zunächst an den Soltborn grenzende Stück, niemals beackert.
Als nun Kunz beim Hacken an diese Stelle, über die sich teilweise der Bannkreis erstreckte, kam, wollte ihn der Barbier nicht weiterhacken lassen. Da alles Bitten nichts half, warf Kunz zuletzt mit seinem Beile nach dem

Widersacher, um ihn aus dem Wege zu schaffen. Doch das half ihm blitzwenig. Fürs erste traf er den Geist nicht, so oft er auch warf, und dann fiel er selbst bei jedem Wurfe auf den Rücken. Er musste zuletzt ganz von dem Hacken an der betreffenden Stelle ablassen. (2, S. 169ff.)

10   Das ausgeliehene Pferd

Es war einmal ein junger Mensch in **Penzlin**, der hatte eine Braut in einem benachbarten Dorfe. Wenn er hinging, sie zu besuchen, machte er gewöhnlich eine Abkürzung durch eine Pferdekoppel. Als er nun einst des Abends hier durchkam und wieder seinen alten Weg vor sich hatte, sah er nicht weit von sich ein schwarzes Pferd. Da dachte er: Reiten ist besser als gehen und bringt schneller zur Stelle. Was schadet es, du leihst dir das Pferd und auf dem Rückwege gibst du es hier wieder ab. Damit griff er zu, hatte das Pferd gefasst, und saß bald oben drauf, und fort ging's wie toll und besessen, denn der Bräutigam hatte Eile zu seiner Brautfahrt und auch der Schwarze schien sich nicht aufhalten zu wollen. Als aber das Pferd anfing, seinen Mund aufzutun und sagte: „Der Mond scheint so hell, die Toten reiten schnell; mein Liebchen graut dir auch?", da sah der erschrockene Reiter unter sich und ward gewahr, wie sie nicht mehr auf der Erde, sondern hoch durch die Lüfte dahinsausten. Nun dachte er: Besser hart gefallen als so geritten und sprang eilig von seinem Ross, kam auch glücklich unten an. Aber ein Pferd hat er sich nicht wieder zur Nachtzeit stillschweigend geliehen. (2, S. 142f.)

11   Die Riesensteine bei Penzlin

Bei **Penzlin** lag vor Zeiten ein gewaltiger Stein, so groß, dass auf seiner Oberfläche sieben Menschen nebeneinander liegen konnten, unweit des Stadthofes, welche Gegend man noch heute „bi'n Hünenstein" nennt. Diesen Stein soll ein Hüne dahin geworfen haben, und zwar von **Neuendorf** bei **Neubrandenburg**, in der Absicht, den Penzliner Kirchturm zu treffen, was ihm aber nicht glückte, weil der Stein zu weit rechts ging.
Im südwestlichen Teil der Penzliner Stadtmauer, in der Innenseite, befindet sich ein Granitstein, der an der hervorragenden Kante rundlich ausgehöhlt

ist. Diesen soll ein Riese in **Strelitz** geschleudert und durch den Druck eines Daumens die Vertiefung bewirkt haben. (2, S. 38)

12 Die Unterirdischen im Lindenberg

In der Gegend des **Lindenberges**, eines Hünengrabes bei **Penzlin**, als das Holz umher schon ausgerodet, das Land urbar und einem der **Mollenstorfer** Bauern zur Beackerung überwiesen war, hackten einmal die beiden Knechte desselben. Einer von ihnen bekam so heftige Leibschmerzen, dass er die Arbeit verlassen und sich am Lindenberge ins Gras niederlegen musste. Auf sein Winseln und Wehklagen eilte auch sein Mitknecht herbei, um ihm womöglich beizustehen. Als dieser aber noch bei seinem Kranken beschäftigt war, gewahrte er plötzlich neben sich zu seiner nicht geringen Verwunderung und ohne dass er wusste, woher es kam, eine Schüssel mit einer kräftigen, dampfenden Brotsuppe nebst zwei Löffeln. Das Gericht sah so einladend aus und roch so lieblich, dass er sofort seinen kranken Genossen ermahnte, davon zu essen, weil sich dann wohl seine Schmerzen geben würden. Doch diesem stand der Sinn sehr wenig nach Essen und Trinken, vielmehr nahm sein Leiden dermaßen überhand, dass es schien, als müsse er mit draufgehen; und erst als sein Kamerad zulangte und auch ihn mit vielen Worten nötigte, machte er den Versuch, einige Löffel hinunterzubringen. Das aber war eine Speise ganz wunderbarer Art, denn es legten sich nicht bloß gleich bei ihrem Genusse die Schmerzen, sondern es schien auch danach neue Lebenskraft den Kranken zu durchströmen. Darum langte er auch eifriger zu, während sein Nebenmann nur zum Scheine löffelte und ihm die ganze Portion allein überließ. Als die Mahlzeit beendet war, war von Schmerzen nichts mehr zu spüren, ja der Kranke fühlte sich kräftiger, denn zuvor, sodass er gleich wieder an seine Arbeit ging. Nun erwachte aber in dem andern Knechte der Neid, dass er nicht auch gehörig von der köstlichen Speise gegessen hatte. Er hatte sie nämlich für eine Kost der Unterirdischen gehalten und darum dem Frieden nicht recht getraut. Jetzt hätte er auch wohl zugelangt, aber es war nichts mehr übrig, und um seinem Ärger darüber Luft zu machen, besudelte er das Gefäß in einer Weise, deren sich billig jeder Mensch schämt, wobei er sagte: „Gewt Ji mi nicks to biten, so will ick Juch wat schiten!" Von Stund an verging der Neidhals wie der Tag, während der andere herrlich gedieh und sichtlich an Kräften und Leibesumfang zunahm.

Einst kamen auch bei dem Lindenberge zwei Leute aus **Zahren** vorbei, welche von Penzlin heimkehrten. Der eine von ihnen hatte großen Durst und wusste seiner Not kein Ende, weil auf dem Wege von Penzlin nach Zahren keine Krüge und auch nicht sonderlich Quellen anzutreffen sind. Als er nun zum Lindenberge kam, hörte er drinnen eine gar prächtige Musik, wie zum Erntebier, und zwischen dem Gebüsch durch schien Licht zu blinken. Weil er nun wusste, dass in dem Berge Unterirdische wohnten, und die Leute der Oberwelt damals noch auf vertrautem Fuß mit den Kleinen drunten lebten, so dachte er gleich, hier könntest du wohl etwas für den Durst bekommen. Während nun sein Gefährte weiterging, ging er um den Berg herum, um sich den Eingang zu suchen. Als er aber sah, dass all sein Bemühen vergeblich sei, so rief er laut den Lustigen drinnen zu: „Heft Ji nich eens to drinken; mi döst't ok gor to dull." Kaum hatte er dies gesagt, als auch schon ein Kleiner mit einem prächtigen Krug neben ihm stand und ihm freundlich zu trinken bot. „Da", sagte der, „drink, äwer kik jo nich in den Kroog!" Der Zahren'sche Mann ließ sich dies nicht zweimal sagen, und es schmeckte ihm gar köstlich, denn in dem Kruge war ein feiner Trunk von lieblichem Geschmack. Als er aber also trank, flüsterte ihm der Versucher zu: „Lauf mit dem Kruge davon, es ist seinesgleichen nicht, und mit dem Kleinen da wirst du schon fertig." Wie nun der Mann sich umsah und nur den einen Kleinen gewahrte, lief er ihm, da er nichts Arges ahnte, mit dem Kruge auf und davon. Aber der Unterirdische erhob gleich ein großes Geschrei und alsbald wimmelte aus dem Berge die ganze Schar der Kleinen heraus und hinter dem großen Spitzbuben her. Aber so eilig und eifrig auch die Bestohlenen trippelten, so vermochten doch ihre kurzen Beinchen nicht mit den langen und schnellen Läufen des Diebes auszuhalten, geschweige denn sie einzuholen. Es war indes einer unter ihnen, der hatte zwar nur ein Bein, wie er aber sagte: „Een Been lop", da wackelte er lustig fort und war bald seinen Genossen weit voraus und setzte dem Räuber rüstig nach. Er war ihm auch schon ziemlich nahe, denn seine schiefbeinigen Gefährten feuerten ihn fortwährend mit dem Rufe: „Bruder Eenbeen, lop doch!" an. Als sie aber dicht vor Zahren an den Kreuzweg kamen und schon fast zusammen waren, sprang der Verfolgte mit einem Satz hinüber und war in Sicherheit; denn dahin durfte ihm ja der Einbeinige aus der Unterwelt nicht folgen. Als dieser nun sah, dass sein Schatz für ihn dahin sei, rief er dem Entkommenen nach: „Du magst den Krug nun behalten und immerfort daraus trinken, denn er wird nie leer werden; aber hüte dich, dass du nicht hinein siehst." Der Mann froh, seinen Raub geborgen zu haben, eilte nun heim und bewahrte das wunderbare Gerät sorgfältig auf. Es war so, wie es der „Bruder Einbein" gesagt hatte. Er konnte, so oft er Durst hatte, trinken und trank auch fleißig ohne Nachteil, vielmehr schmeckte und bekam ihm der Trunk außerordentlich gut. Als er aber den Krug schon viele Jahre besessen und gebraucht hatte, plagte ihn doch einmal die Neugierde; er sah in das Gefäß und sah im Grunde – eine große hässliche Kröte. Jetzt war's aber auch vorbei. Die Kröte war verschwunden, der Born versiegt und der Krug leer. Der Mann aber siechte in kurzer Zeit elendiglich dahin.

Die alten Mollenstorfer halten die Umgebung, besonders des Lindenberges, noch nicht für recht geheuer. So soll es vielen vor allem zur Nachtzeit, die den Richtsteig vom Holz zum Dorf bei diesem Berge vorbei nahmen, passiert sein, dass sie sich trotz des genauesten Bescheidwissens verirrten und auf diesem zehn Minuten langen Wege Stunden, ja wohl einige die ganze Nacht zubrachten, ohne heimfinden zu können. (2, S. 82ff.)

13 Geldgier

Der Schäfer von **Hohenzieritz** kommt von **Neustrelitz**. Die Notdurft drückt ihn und er hockt sich hinter eine Hecke. Der Herr von Hohenzieritz ist gerade ein Stück weiter dabei, unter einer Eiche sein Geld zu vergraben und legt als Pfand darauf ein lebendes Menschenauge. Als der Schäfer nach Hause kommt, erzählt er das seiner Frau. Die Schwiegermutter liegt mit einem Auge im Bett, sie ist krank. Auch das andere Auge hat ihr eine Kuh ausgestoßen. Seine Frau sagt: „Du kannst ihr das Auge ausstoßen." Der Mann sagt: „Du verlangst zu viel, es soll ja ein lebendes Auge sein, wie kann ich an deine Mutter Hand legen und ihr das Auge ausstoßen!" „Das kann doch unser Glück, unser Leben sein", sagt die Frau. Da sagt er: Dann will er sie fragen. Sie erlaubt es ihm. Er holt sich ein Schlachtmesser vom Schafstall und sticht ihr das Auge aus. Durch den Schmerz springt sie aus dem Bett, schlägt mit dem Kopf gegen den Ofen und ist tot. Er bringt nun das Pfand hin und holt sich drei Scheffel Geld. Der Herr von Hohenzieritz hat es gefühlt, dass er das Geld hatte. Er hat das Gut nicht halten können. „Hoth", hat er gesagt, „ich verlasse das Gut und du wirst Herr darauf". „Nein, lieb Herrchen!" „Ja, lieb Schäferchen!" Der Herr ist weggegangen vom Gut, es ist verpachtet worden. Der Schäfer hat am meisten geboten. Da sagte der Amtshauptmann: „Solch Schäfer will heute Herr spielen, wie viel Geld habt Ihr denn?" „Gut drei Scheffel", sagt der Schäfer. So hat er das Gut bekommen. Aber das Vieh ist bei ihm nicht am Leben geblieben, er hat bald mit dem Stock davongehen müssen. Das ist wegen des Unrechtes gewesen, was er seiner Schwiegermutter angetan hat. (27, S. 88f.)

14 Die Nachricht aus dem Jenseits

Zu **Groß Vielen** bei **Strelitz** sind ein Stubenmädchen und eine Köchin gewesen, die haben lange zusammen gedient. Sie haben sich gegenseitig versprochen, wer zuerst stürbe, sollte dem anderen Nachricht bringen, wie es nach dem Tode wäre. Die Köchin stirbt. Das Stubenmädchen liegt im Bett, da klopft es nachts ans Fenster. Sie freut sich. Da sagt eine Stimme: „In jenem Leben geht's viel herrlicher zu", damit ist sie fort, weiter hat sie nichts gesagt. (27, S. 87)

15 Der Wilde Jäger

Der Wilde Jäger zieht auf weißem Ross, ohne Kopf, mit vielen Hunden und großem Halloh einher. Ein Graf, der die Jagd über alles liebte und auch an Sonn- und Festtagen durch alles, was ihm in den Weg kam, hindurchjagte, traf einst an einem hohen Festtage auf eine Herde Kühe. Der Hirt bat ihn, sie zu schonen, es seien auch die Kühe der Tagelöhner dazwischen, aber er achtete nicht darauf und setzte hindurch, dass alles auseinanderstob. Sofort jagte er in die Luft hinein und muss nun fort und fort jagen.
In **Melz** ist es ein Herr von Zepelin, der zu Anfang des 18. Jahrhunderts Verwalter der Melzer Güter war, der durch die Luft zieht, zumal im **Mohrinschen Holze**, und die Leute in Schrecken versetzt.
Einmal ist die Wilde Jagd gegen den **Kambser Turm** gefahren, der seitdem ganz schief ist. Auch ist die Peitsche daran hängen geblieben. Am heiligen

Dreikönigstag zieht die Wilde Jagd. Zwei **Vipperower**, Vater und Sohn, holen an dem Tag einen Schlitten voll Holz; da haben sie es wie ein Kettengerassel über sich herziehen hören.

In der **Penzliner** Gegend hält man für den Veranlasser der Wilden Jagd einen Jäger, der wegen seines ruchlosen Wandels auf Erden nicht zur Ruhe kommen kann, sondern ohne Rast in der Luft als Spuk sein Unwesen treiben muss, sich zur Strafe, Menschen und Tieren zum Schrecken und den Gottlosen zur warnenden Mahnung an die göttlichen Strafgerichte. Auch will man hier nicht bloß in den Zwölften, sondern auch zu jeder anderen Zeit das Toben der Wilden Jagd vernommen haben. Es sind aber besonders nur einige Orte, an denen sie vorüber fährt; und diese soll man nicht zur Nachtzeit passieren, und noch weniger sich dann dort aufhalten, wenn man sich nicht Unfällen mancherlei Art aussetzen will. Solche Stellen sind in der Penzliner Gegend besonders die **Iserpurt** im **Hohenzieritzer** Gehölze und die **Schwanenheide**, ein Teil der Penzliner Feldmark, unweit des **Klein Vielener** und des **Wodensees**. Die Schwanenheide, welche jetzt beackert wird, lag früher noch in Rusch und Busch und wurde, soweit sie nicht mit Holz bewachsen war, fast nur zur Weide für die Pferde der Penzliner Ackersleute benutzt. So hüteten auch einst vor vielen Jahren die beiden Penzliner M. und T. dort in unmittelbarer Nähe des Vielener Sees des Nachts ihre Pferde. Es war im Sommer und die Nacht nicht dunkel. Als sie eine Weile gehütet hatten, wurde T. schläfrig und legte sich unter einen Baum, um ein wenig zu ruhen; M. aber machte sich eine Pfeife an, um sich munter zu halten und auf die Pferde zu achten. T. hatte noch nicht lange sein Lager aufgesucht, als M. aus weiter Ferne her ein eigentümliches Toben hörte, das schnell näher kam und immer lauter und toller wurde. Da fiel ihm ein, was er öfter von der Wilden Jagd gehört hatte, und voller Angst und Furcht suchte er Schutz unter einem großen Dornbusche, von wo aus er aber doch recht gut sehen konnte, was um ihn her vorging. Eben war er erst in Sicherheit, als auch schon die Wilde Jagd dahergesaust kam, vorauf ein Jäger zu Pferde, und hintendrein eine ganze Meute schwarzer Hunde. M. zitterte am ganzen Leibe. Doch schien man ihn nicht gewahr zu werden, vielmehr hielt der Zug bei seinem Kameraden T. still. Dort sprang der Wilde Jäger vom Pferde, nahm sein Waldhorn, hielt es dem Schlafenden vor sein Ohr und stieß hinein, dass es nur so schallte und dem nicht weit davon entfernten M., der alles das mit ansah, die Ohren gellten. T. aber rührte sich nicht. Als der Wilde

Jäger also seinen Mutwillen ausgelassen hatte, bestieg er wieder sein Pferd, und weiter ging's mit Blasen und Hundegekläff durch die Luft.

Ein andermal, es war im Herbste um die Zeit, wenn die Kartoffeln aufgenommen werden, kamen bei anbrechender Nacht zwei Penzliner Bürger, die aber beide jetzt schon längst tot sind, von **Strelitz** gefahren. Wie sie auf der Schwanenheide, durch welche der Weg nach Strelitz führt, ankommen, lassen sie ihre Pferde ein wenig sich ausruhen und grasen. Es war aber zu der Zeit gerade Holz auf der Schwanenheide unweit des Wodensees geschlagen worden, und unter anderem lagen dort auch viele Achshölzer, das heißt Holz zu Wagenachsen. „Wat meenst du, Vaddermann", hub der eine der Penzliner an, „wenn wi uns so'n Por Asshölzer uplöden und mitnem'n?" „Je", wandte der andere ein, „lücht wi s' uk?" „Ih", meinte der Erstere wieder, „wenn du sei man hinn'n wiss hölst; ik will s' wol vörn inne Högt krig'n". So gingen sie denn beide ans Werk. Als sie aber noch bei dem ersten Stücke beschäftigt waren, hörten sie ein vom Hohenzieritzer Gehölz kommendes, sich schnell aus der Ferne näherndes Blasen und Hundekläffen. Im Nu war auch schon die Wilde Jagd bei ihnen, vorauf ein Jäger auf einem Schimmel, der gar schauerlich in sein Waldhorn stieß und hinter ihm eine große Meute wilder Hunde, die mit ihrem Gekläff das Blasen ihres Herrn übertönen zu wollen schienen. Die hören und sehen, das Holz bei Seite werfen und Fersengeld geben, war bei unseren Penzlinern eins. Sie dachten weder an Pferde noch an Wagen, sondern rannten, ohne sich auch nur einmal umzusehen, spornstreichs davon und hielten erst bei dem eine halbe Stunde entfernten Penzlin an. Das Toben der Wilden Jagd verlor sich aber, wie ihnen däuchte, ebenso schnell, als es gekommen war, über den Vielener See ziehend, bald in weiter Ferne. Erst am anderen Morgen wagten sich die beiden nach der Schwanenheide zurück, um Pferd und Wagen heimzuholen. Sie waren auch so glücklich, beides unbeschädigt wiederzufinden, haben sich aber später nicht noch einmal unter gleichen Umständen nach der Schwanenheide wagen mögen. Bei der eisernen Pforte – Iserpurt – welche mit den beiden eben genannten Örtlichkeiten so ziemlich in einer Flucht liegt, soll auch die Wilde Jagd öfters vorüberziehen. Einst geschah es, dass ein Penzliner spät in der Nacht des Weges kam. Er hatte von einer Schneidemühle bei Strelitz eine Fuhre Bretter geholt und sich dort ohne Ursache durch die Schuld seines Fuhrmannes ziemlich lange aufhalten müssen. So war es schon Nacht, als sie die Iserpurt passierten. Noch ehe sie aber durch den Hohlweg waren, kam die

Wilde Jagd durch den Talgrund vor der eisernen Pforte wie ein Sturmwind daher. Dem Penzliner und seinem Fuhrmann standen vor Entsetzen die Haare zu Berge. Die Pferde bliesen wie vor großer Angst aus den Nüstern, rührten sich aber nicht vom Fleck, und der Hund des Fuhrmannes kroch ängstlich den Pferden zwischen die Füße, als wollte er dort Schutz suchen vor der ungewöhnlichen, schreckhaften Erscheinung. Erst als alles vorüber war und das Getöse sich allmählich in der Ferne verlor, waren die Pferde wieder zum Gehen zu bringen. (2, S. 13ff.)

16 Hünengräber

Bei **Mollenstorf**, an der Landstraße zwischen **Waren** und **Penzlin** liegen drei mächtige Hünengräber, in denen, wie man sagt, große Schätze verborgen sind, die in früheren Zeiten von Räubern dort aufgehäuft wurden. Ein unterirdischer Gang soll diese Räuberhöhlen miteinander verbinden.
In dieser Gegend ist es nicht recht geheuer. Einst fuhr an einem Frühjahrsabende ein Fuhrmann die Straße. Wie das Fuhrwerk an den Hünengräbern vorbeikommt, fällt plötzlich das eine Vorderrad ab. Der Fuhrmann steigt ab, findet aber zu seinem Erstaunen, dass die Mutter fest auf der Achse sitzt. Er bringt den Wagen wieder in Ordnung, aber nach kurzer Zeit geht dasselbe Rad ab und noch ein drittes Mal. Wie der Mann eben den Wagen wieder in Ordnung gebracht hat, sieht er nicht weit von sich ein Licht und im Scheine desselben ein kleines graues Männchen, das mit heiserer Stimme höhnisch über ihn lacht.
Andere berichteten, dass die drei aufgeworfenen Hügel auf dem Mollenstorfer Felde **Pfennigsberg**, **Fuchsberg** und **Lindenberg** genannt wurden und Wohnungen der Kobolde gewesen sein sollen. Einmal pflügten zwei Knechte nahe an dem einen Hügel. Da es sehr heiß war, so spricht der eine zum anderen: „Könnte nicht dieser Hügel ein Brunnen sein, dass ich meinen Durst löschen könnte?" Wie sie nun umkehrten, stand ein hölzernes Kännchen auf dem Hügel. Es lockte den Durstigen hinauf und er findet einen kräftigen Schluck Bier in dem Kännchen. Er zieht einen Schilling aus der Tasche und legt ihn hin. Der andere meint, einen solchen Trunk möchte er auch wohl haben, und siehe, wie er zum zweiten Male zurückkehrte, kam es ihm vor, als ob ein anderes Kännchen da steht. Er geht hinauf und findet

die Kanne gefüllt, er trinkt sie mit großem Behagen aus, und meint, er müsse dafür einen Spaß machen, zieht sich die Hosen ab und verunreinigt das Kännchen. Aber wie er noch nicht mal vom Berge herunter ist, verfolgt ihn eine sonderbare Gestalt und er vermag sich kaum ins Dorf zu retten. Auch will man zur Johannis-Mittagszeit eine goldene Wiege auf dem Hügel gesehen haben. (2, S. 38f.)

17 Der Spuk auf der Brücke

Prüssel-Totschlag nennt man eine kleine Brücke unweit **Lüdershof**, auf dem nach **Groß Helle** führenden Wege. Ein Lüdersdorfer Tagelöhner namens Prüssel, der mit seiner Frau in Unfrieden lebte, soll diese einst hier, weil sie ihm das Mittagessen zu spät aufs Feld brachte, mit der Stakelforke niedergestochen haben. Er entfloh und man hat nichts wieder von ihm gehört. Noch heute soll es dort umgehen; es lässt sich ein Klagelaut hören oder es verfolgt den Wanderer und springt ihm auf den Rücken; mancher hat auch schon einen dick geschwollenen Kopf davongetragen. (2, S. 220)

18 Der Riesenstein bei Groß Flotow

Als in **Mecklenburg** noch Riesen lebten, aber schon das Christentum vorgedrungen war und in **Groß Flotow** bereits eine Kirche stand, da hat einmal ein Riese, der letzte in jener Gegend, zürnend über den Sieg des Christengottes, einen gewaltig großen Stein nach dem Kirchturme von Groß Flotow werfen und ihn zerschmettern wollen. Der Stein fiel aber nicht in dem berechneten Bogen, sondern senkrecht zur Erde nieder neben einer Eiche, statt den Turm zu treffen. Er liegt noch am Wege und man kann die Spuren der Riesenhand daran erkennen. (2, S. 34)

19 Thietmar von Merseburgs Bericht über Rethra

Es gibt eine gewisse Burg im Gau der Riedirier, Riedegost mit Namen, dreihörnig und dazu – in sich enthaltend – drei Tore, welche Burg allseitig ein großer, von den Einwohnern unberührter und verehrungswürdiger Wald umgibt. Zwei eben dieser Tore stehen den gesamten Eintretenden offen, das dritte, das nach Osten sich umsieht und das kleinste ist, zeigt den Pfad zum dicht dabei gelegenen See und einen allzu schauerlichen Anblick. In eben dieser ist nichts als das Heiligtum, aus Holz kunstreich zusammengesetzt, das statt der Fundamente gestützt wird durch die Hörner verschiedener Tiere. Dessen Wände schmücken außen allerlei Bilder von Göttern und Göttinnen, bewundernswert eingeschnitzt, wie es den Beschauern scheint. Drinnen aber stehen Götter von Menschenhänden gemacht, mit den einzelnen Namen eingeschnitzt, mit Helmen und Panzern schrecklich angetan, deren oberster Zuarasici heißt und von allen Volksgenossen verehrt und angebetet wird. Wie viel Gaue in diesen Ländern sind, so viel Tempel haben sie, und einzelne Bilder der Dämonen werden bei den Ungläubigen verehrt, unter denen die oben genannte Stadt die hauptsächliche Herrschaft einnimmt. (3, S. 49f.)

20 Rhetra

In der Provinz Riedirerun oder Redarier, dem heutigen **Strelitz**, lag eine Stadt, (da wo jetzt **Prillwitz** an der **Tollense** liegt) mit Namen Ridegost. (Radigast. Der Autor verwechselt den Namen der Stadt mit dem des Hauptgötzen, welcher in ihr seinen Tempel hatte.) Sie war im Dreieck gebaut und hatte drei Tore, an jeder Ecke eins. Um und um war sie mit einem Walde umgeben, welcher von den Einwohnern sehr heilig gehalten und kein Holz darin gefällt ward. Zwei Tore standen allen Hin- und Hergehenden offen. Das dritte Tor gegen Morgen war das kleinste. Die Straße von da ging nach dem Meer, welches einen fürchterlichen Anblick gab.
Es wurde nicht leicht jemandem geöffnet. Dabei stand ein Götzentempel, von Holz künstlich gebaut. Die Pfeiler hatten die Gestalt von Hörnern verschiedener Tiere. Von außen waren die Wände mit den sonderbar ausgeschnitzten Bildern der Götter und Göttinnen verziert, sodass jeder sie betrachten konnte. Inwendig standen die mit den Händen gemachten Götter, schrecklich mit Helmen und Panzern bekleidet, und bei jedem war der Name eingegraben.
Der Name ihrer ersten Gottheit war Zuarasiel (der Allmächtige, Radigast), der vor allen übrigen von allen Heiden geehrt und angebetet wurde. Ihre

Fahnen wurden nur, wenn es bei einem Feldzuge nötig war, von den Kriegern, die zu Fuß kämpften, herausgenommen. Um diese Fahnen sorgfältig aufzubewahren, hatten die Einwohner besondere Priester bestellt. Ihnen allein oblag auch ihren Göttern zu opfern und diese, wenn sie zornig waren, zu versöhnen. Nur allein sie saßen, die übrigen alle standen. Mit einem heimlichen Gemurmel scharrten sie fürchterlich in die Erde, in der Absicht, in zweifelhaften Fällen einen Orakelspruch zu erhalten. Wenn sie das verrichtet hatten, deckten sie die entstandene Öffnung mit einem Stück grünen Rasen zu. Dann führten sie ein Pferd, das vor allen Tieren von ihnen hochgehalten und verehrt wurde, zwischen zwei Spießen, welche mit den Spitzen in die Erde gesteckt waren und von oben her einander berührten, unter demütigem Beten mitten hindurch. Hierauf warfen sie das Los über die Sache, die sie erforschen wollten. Dabei gaben sie auf die Bewegung des Pferdes, als eines göttlichen Propheten, genau Acht. Ergab sich auf beide Arten ein günstiges Zeichen, so wurde die vorgehabte Handlung vollzogen; erfolgte dieses nicht, so war das Volk traurig und sie wurde gänzlich unterlassen. (Beschreibung aus der Chronik des Bischofs Thietmar von Merseburg.) Helmold, geistlicher Chronist des 12. Jahrhunderts, beschreibt Rhetra in seiner Chronik folgendermaßen:
Die besuchteste Stadt der Redarier war **Rhetra**, der Sitz des Götzendienstes. Es war daselbst ein großer, den Götzen gewidmeter Tempel, unter denen Radigast der vornehmste war. Sein Bildnis war mit Gold, sein Fußgestell mit Purpur bekleidet. Die Stadt selbst hatte neun Tore in einem tiefen See. Eine hölzerne Brücke machte den Übergang, aber nur die, welche opfern oder das Orakel befragen wollten, durften hinübergehen. (30, S. 5ff.)

21 „Alle vier zugleich, für arm und reich!"

Rethra war die Hauptstadt der Rhedarier. Ihre Bewohner waren so böse und übermütig, dass Gott zur Strafe die Stadt in die Erde versinken ließ. Wo jetzt der **Liepssee** ist, da hat sie gestanden und bei klarem Wetter kann man sie noch in der Tiefe sehen; ihre Glocken klingen manchmal herauf. Am Johannistage aber stiegen die Glocken ans Land und lagen frei und offen am Ufer; den Menschen erschienen sie wie Steine. Einst kam am Johannistage ein Mädchen aus **Prillwitz** an den See, spülte ihre Tücher aus und legte sie auf zwei der Steine; da rollte der dritte ins Wasser und helles Glockengeläut ließ sich vernehmen: die zwei andern haben sich plötzlich in Glocken verwandelt. Das Mädchen läuft erschreckt nach Hause und erzählt es; sie wird jedoch ausgelacht. Auf ihr Drängen machen die Prillwitzer sich indessen auf und gehen an den See. Die beiden Glocken sind noch da. Nun fragt sich, wem sie gehören. Die **Neubrandenburger** machen Anspruch darauf, weil ihnen Grund und Boden gehört, es entsteht ein Prozess darüber, den die Neubrandenburger gewinnen. Sie laden daher die Glocken auf einen Wagen und der Fuhrmann treibt die Pferde an mit den Worten: „Nu hoi alltosamm, diss' sölt blot för de Riken gan." Allein der Wagen geht nicht vorwärts; es werden mehr Pferde vorgespannt. – Alles ist umsonst. Da kommt ein Bauer aus Prillwitz mit Pflug und Ochsen und sagt, er wolle es versuchen. Man lacht ihn aus. Er aber spannt seine Ochsen vor und sagt: „All vir toglik, för Arm un Rik", da geht der Wagen vorwärts. Die Ochsen ziehen den Wagen nach Prillwitz und die Glocken hängen noch daselbst. (2, S. 387)

22 Schön Reda

Schöne Reda hett in de **Lieps** (kleiner See am Südende des **Tollensesees**) lägen. – Wat nu de Lieps is, dat is keen Water wäst, dat is all Stadt wäst. De Fischers hebben jo so oft vertellt: dor sölen jo ornlich stripen dörchgahn dörch de Lieps, dat sünd de Straten wäst. Dat hett mien Unkel mi tofluucht un tosworen, dat von **Zippelow** na **Prillwitz** 'n Damm geit. (32, S. 15)

Schöne Reda, dee is jo in'ne Waterfluut todeckt. Ut'n Rönnsteen is dat Water toihrst as'n Arm dick rutkamen. En Kind hett dat sehn, dee is rinlopen un hett ehr Öllern dat seggt. Nahst is dat all as'n Kierl dick rutkamen. So is de ganze Stadt mit eens insinkt.
Rena hett de Stadt heeten. De Ollen vertellten, dat hadd all morgens noch stahn, wier all noch goot wäst; as de Breefdräger kamen wier un hadd na Rena rinwullt, is't weg wäst. (3, S. 66)

De letzt Schlacht is slagen bi'n **Wirel** (**Gut Werder**). So as jeder gewunnen hett, so sünd de Grenzen anorniert; dorüm gahn hüüt noch de Grenzen von **Zippelow** un'n Wirel verkihrt.

Hier bi **Penzlin** licht 'n Brook, dat heet **Rustwischenbrook**. Mien oll Mudder säd ümmer, dat müsst Rootwischenbrook heeten; so väl Bloot wier dor flaten. Se sünd flücht't von **Groten Nemerow** her dörch dat **Liepser Brook** na **Wustrow** un von dor na Lütten Vielen; dor is de gollen Gott weg wäst. De gollen Weeg (Wiege) licht in de Swart Kuul; dor sölen sick jo Johann'smiddach noch zwee witt Lämmer zeigen mit'n rod' Band üm'n Hals. (32, S. 9 und 13)

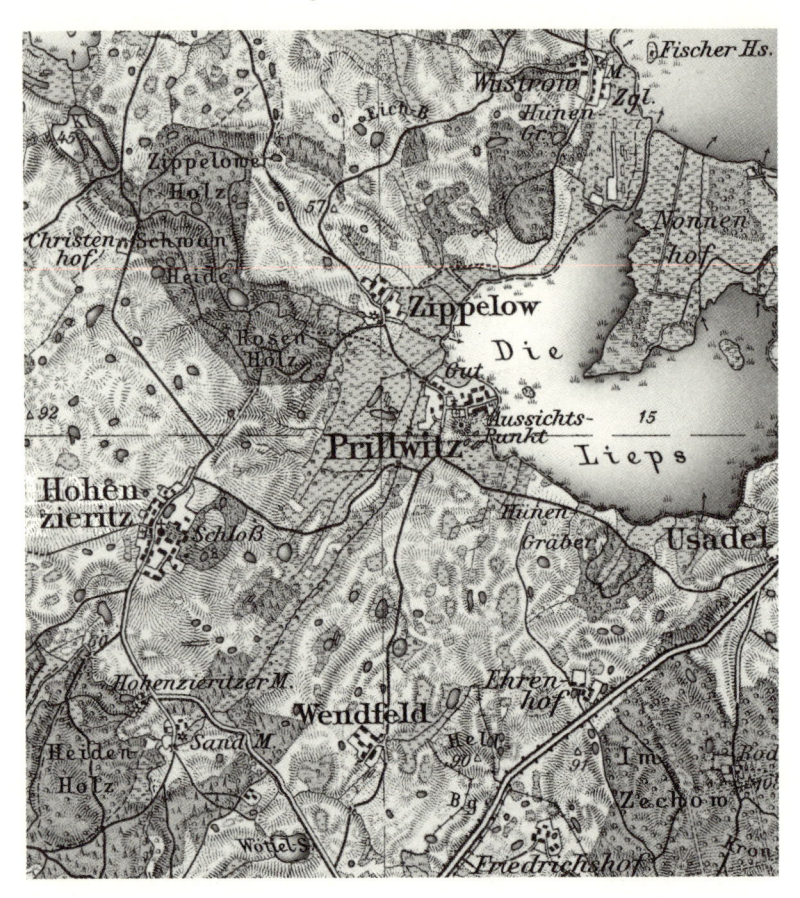

23 Ritter Wernicke

Bei **Penzlin**, auf dem sogenannten **Grapenwerder**, soll einmal eine alte Wendenburg gestanden haben, deren Herren den Königen von Rethra dienstpflichtig waren. Der letzte Ritter, welcher auf dieser Burg hauste, hieß Wernicke. Die Rethrarier waren von den Sachsen mit gewaffneter Hand zum Christentum bekehrt worden, aber sobald diese den Rücken wendeten, waren sie immer wieder zur Verehrung ihres alten Gottes Radegast zurückgekehrt, dessen Bildsäule von gediegenem Golde sich in Rethra befand. Einmal wurde diesem Gotte zu Ehren ein großes Fest gefeiert, zu welchem sich auch der Ritter Wernicke mit seinen Vasallen eingefunden hatte, als plötzlich die Nachricht kam, dass die Sachsen heranrückten. Es verbreitete sich große Bestürzung; Ritter Wernicke eilte nach seiner Burg, wohin auch das Radegastbild gebracht werden sollte, um es vor den Christen zu retten. Doch waren die Sachsen zu schnell, Ritter Wernicke fiel im Kampfe, zündete aber vorher noch seine Burg an. Die Radegast-Bildsäule soll von den Priestern in eine sumpfige Wiese bei Penzlin, die **Trennelkoppel**, versenkt worden sein und sich noch darin befinden. Es wird von Schatzgräbern erzählt, die danach suchten, aber noch ist es keinem gelungen, diesen Schatz zu heben. Münzen, Streitäxte und Totenurnen sind auf dem Grapenwerder ausgegraben worden und der Platz ist noch frei und von einer Hecke umgeben, wo die alte Burg gestanden hat, während das Land umher urbar gemacht ist. (2, S. 320)

24 Die goldene Wiege

Auf dem **Grapenwerder** bei **Penzlin** soll eine goldene Wiege sich befinden. Einmal hatten sich mehrere Männer auf dem Berg, auch Insel genannt; mit einem sogenannten Banner eingefunden. Der Banner schlägt nun seine Wünschelrute und findet bald die Stelle, wo der Schatz verborgen liegt. Nun greifen seine Helfershelfer zu Hacke und Spaten und arbeiten ein ziemlich großes Loch in die Erde hinein. Da wird die goldene Wiege sichtbar, die noch angefüllt ist mit manchen Schätzen. Nun galt es, den Schatz zu heben. Mit Stricken und Wuchtbäumen versehen, gingen sie ans Werk. Inmitten dieser Zeit hat sich noch ein unbekannter Mann eingefunden, man nennt ihn Lurjahn, der nun seine Possen beginnt. Bald greift er nach diesem, bald nach jenem. Aber noch sind sie alle schweigsam, bis er endlich mit voller Hast mit beiden Klauen einem der Furchtsamsten um die Kehle greifen will. Dieser schreit auf: „O je mi nich!" Da mit einem Mal wird ein Getöse in der Luft und mit einem Ruck und Gekling geht die goldene Wiege vor ihren Augen in die Tiefe. Sie stehen nun mit langer Nase da und sehen, wie sich die Erde über der Wiege schließt. Bis heute hat es keinem gelingen wollen, diesen Schatz noch einmal zu sehen, weil Lurjahn am Johannismittag auf dem Berge sich einfinden soll, und manchen, die ihn mit guten Augen sehen können, einen Schabernack spielt. Auf der Stelle, spricht man, wo die goldene Wiege verschwunden ist, soll auch das Wasserloch, „dat blank Soll", entstanden sein, das man noch heute auf dem Berg sehen kann. (2, S. 262f.)

25 Kohlen werden zu Gold

Es war einmal vor Jahren, als ein **Lapitzer** Bauer, der aber nun schon sehr lange tot ist, von **Penzlin** heimkehrte. Er hatte dort mehrere Einkäufe gemacht, weil er Kindelbier auszusteuern hatte [Tauffeier]. Dabei ward wohl etwas mehr getrunken, als dienlich ist, und weil nun auch der Abend ziemlich dunkel war, so verfehlte der Mann den rechten Weg, und statt geradeaus nach Lapitz zu gehen, ging er rechts über den Grapenwerder Damm nach dem **Grapenwerder**. Als er hier ankam, sah er ein Feuer brennen und dabei zwei Männer beschäftigt. Da kannst du dir mal schön deine Pfeife anbrennen, dachte der Bauer in seiner Einfalt, und weil er etwas wortkarg von Natur war, so trat er, ohne ein Wort zu sagen, näher, nahm sich ebenso stillschweigend eine Kohle und legte sie auf seine Pfeife. Als es mit der ersten Kohle nicht gehen wollte, eine zweite und mit derselben Seelenruhe eine dritte, vierte usw. und warf die verbrauchten ebenso unverdrossen beiseite. Zuletzt, als er sah, dass all sein Bemühen vergeblich war, wollte er sich auf den Rückweg machen. Da winkte ihm aber einer der Männer und bedeutete ihm, seinen Quersack aufzutun. Die beiden Männer schütteten ihm von den glühenden Kohlen so viel in seinen Quersack, als er nur irgend zu tragen vermochte. Damit machte er sich denn endlich auf den Weg nach Hause, wo er erst spät in der Nacht keuchend und in Schweiß gebadet anlangte. Hatte man auch wegen des langen Ausbleibens des Bauern daheim viel Angst ausgestanden, so war nun doch die Freude umso größer, als er seinen Quersack ausschüttete und lauter blanke Goldstücke daraus auf den Tisch rollten. Am andern Morgen ganz frühe aber machten sich etliche von seinen Leuten auf, um an der bezeichneten Stelle nachzusehen, ob dort nicht noch mehr von dem edlen Metall zu finden wäre. Sie konnten jedoch nichts entdecken, nur fanden sie die Goldstücke, die der Bauer am Abend vorher als unbrauchbare Kohlen beiseite geworfen hatte. Von diesem Funde soll sich des erwähnten Bauern Reichtum, der in Lapitz sprichwörtlich war, herschreiben; und auch seine Nachkommen sind noch bis auf diesen Tag wohlhabende Leute. (2, S. 237f.)

26 Graues Männchen erschreckt Kind

Man erzählt sich von dem **Grapenwerder** bei **Penzlin**, dass sich dort zu Zeiten ein graues kleines Männchen sehen lasse, und gibt es Leute zu Penzlin, welche dasselbe in dem Gesträuch wollen gesehen haben, wie es eiligst umhergekrochen ist. So soll es unter anderem auch einmal einen Knaben beim Vogelnestsuchen dermaßen erschreckt haben, dass er davon krank geworden ist und wochenlang das Bett hat hüten müssen. (2, S. 190f.)

27 Die Iserpurt

Zwischen **Penzlin** und **Hohenzieritz** liegt im Hohenzieritzer Holze ein ziemlich langer und sehr tiefer Hohlweg, um den sich nach Penzlin zu mehrere Gräben hintereinander ziehen. Dieser Hohlweg heißt die **Iserpurt**. Hier sollen des Nachts zwölf Uhr zwölf weiße Männer mit einem schwarzen Sarge sich zeigen. Ein alter Fuhrmann fuhr einst am hellen Tage hier durch. Plötzlich blieben seine Pferde stehen. Er ging nach vorn zu seinen Pferden hin und sah ihnen durch die Ohren; da bemerkte er, dass ein langer schwarzer Kerl auf seinem Wagen hingestreckt lag und ihn höhnisch anlachte. Da nahm der Fuhrmann seine Peitsche, schlug drei Kreuzknoten hinein und hieb auf den Kerl los. Sofort kamen Pferde und Wagen frei. (2, S. 190)

28 Die versunkene Stadt Smort

Neben **Penzlin** und früher schon, ehe dieser Ort eine Stadt wurde, so geht die Sage, lag eine große Stadt namens Smort. Durch ihre Gottlosigkeit aber zogen ihre Bewohner Gottes Zorn auf sich, also dass der Herr eine Pest über sie schickte, die die Stadt gänzlich verheerte. Nur zwei alte reiche Damen, die immer recht fromm gewesen waren, blieben verschont. Diese aber hatten teils durch Erbschaft, teils durch Kauf nach und nach die ganze Feldmark der ausgestorbenen Ortschaft an sich gebracht, und als sie nun auch ihr Ende herannahen fühlten, vermachten sie, da sie weiter keine Erben hatten, all ihr Hab und Gut der neben dem untergegangenen Smort aufblühenden Stadt zum Eigentum, jedoch so, dass der Kirche davon ein Zehntel zufallen sollte. Daher, sagen die Penzliner, ist die Stadt in den Besitz der Feldmark Smort und unsere Kirche zu ihrem Reichtum gekommen. Ein Teil der Penzliner Feldmark, ein daran stoßender See und ein Gehölz führen noch heute den Namen Smort. Smort selbst soll an dem **Smorter See** auf dem „Seehürn" gelegen haben und jetzt noch führt eine nicht weit davon abgelegene Stelle den Namen Heidenkirchhof. Ein noch weiter abwärts gelegener Ort heißt „Heidenhölter". (2, S. 294f.)

29 Der Traum von der Brücke

Dem Freischulzen zu **Holldorf** wird von der Regierung sein kaiserlicher Lehnbrief abverlangt, um sein Eigentumsrecht an dem Schulzenhof nachzuweisen. Er kann ihn aber nicht finden. Noch einmal wird ihm ein Termin gesetzt, an welchem er entweder den Lehnbrief vorzeigen oder den Schulzenhof abtreten müsse. Da träumt ihm eines Nachts, er solle nach **Berlin** reisen, dort von einer bestimmten Brücke in die Spree sehen und er werde seinen kaiserlichen Lehnbrief finden. Am nächsten Morgen erzählt er seiner Frau von dem Traume, aber die will nichts davon wissen. In der nächsten Nacht träumt ihm dasselbe. In der dritten Nacht derselbe Traum. Nun lässt sich der Schulze nicht länger halten, er macht sich reisefertig und kommt auch glücklich in Berlin an. Bald hat er die im Traum wahrgenommene Brücke gefunden und stiert nun von ihr in die unten fließende Spree. Aber was er nicht sieht, das ist sein kaiserlicher Lehnbrief. Da kommt endlich ein Herr auf ihn zu und fragt, was er denn eigentlich hier zu sehen habe. Der Schulze erzählt ihm, dass ihm geträumt habe, er solle von dieser Brücke in die Spree sehen, da werde er ein Papier finden, durch welches er sein Glück mache. Der Fremde ist verwundert darüber und erzählt ihm gleichfalls, wie merkwürdig es doch sei, dass auch er mehrmals hintereinander geträumt habe, er solle nach einem Dorfe namens Holldorf gehen, in dem Schulzengarten dort stehe ein alter hohler Baum, in dem werde er einen Schatz finden. Aber er wisse nicht, wo das Dorf liege, und so könne er den ihm zugedachten Schatz nicht heben. Halt, dachte der Schulze, da findest du gewiss deinen Lehnbrief, und indem er dem fremden Herrn sagte, dass sie wohl beide durch ihren Traum angeführt, machte er sich sobald als möglich auf den Rückweg, und zu Hause angekommen, untersuchte er den hohlen Baum und siehe da! er fand seinen kaiserlichen Lehnbrief. Als nun an dem festgesetzten Tage die Herren von der Regierung ankamen, um von dem Hof Besitz zu nehmen, trat er ihnen an der Heckentüre entgegen und hielt triumphierend sein Papier in die Höhe und sagte: „Hir is't, un keen Düwel sall mi nu min'n Schultenhof nehm'n." (2, S. 226)

30 Der weisende Hirsch

Zu den wenigen Ritterschlössern, die sich bis auf unsere Zeit erhalten haben, gehört die **Burg Stargard**. Sie wurde um das Jahr 1260 nebst der Stadt gleichen Namens vom Markgrafen Johann I. von Brandenburg erbaut und liegt auf einer Anhöhe so nahe vor der Stadt, dass sie diese zu berühren scheint. Die Sage erzählt, dass einst ein Jäger, welcher einen Hirsch mit goldenem Halsbande verfolgte, die Ruinen einer bis dahin unbekannten Burg entdeckt habe, auf denen sodann die neue Burg aufgeführt worden sei. (2, S. 322f.)

31 Bauopfer

Um Schlösser und Türme fest zu bauen und gegen Sturm, Wetter und Kriegsgefahr zu schützen, herrschte vor alters der grausame Brauch, Säuglinge in dem Fundament mit einzumauern, die man um schweres Geld ihren Müttern abkaufte. So sollte auch einst eine solche Zwingburg im **Stargardischen** erbaut werden; ein Säugling ist schon erhandelt. Da reden die Maurer, die zu dem Bau bestimmt sind, ehe sie Hand an das grausame Werk legen, noch untereinander: „Wat is wol söter as Muttertitt?" Und aus dem Munde des Säuglings erschallt ihnen die Antwort: „Die Gnade Gottes!" Bestürzt legen die Arbeiter ihr Gerät fort und weigern sich, weiter an dem ruchlosen Bau fortzufahren. Die Burg blieb unvollendet. (2, S. 283)

32 Der Jungfernsod

Die **Burg Stargard** war vor Zeiten der Sitz eines Wendenkönigs. Dessen Tochter, erzählt die Sage, liebte einen Ritter und verabredete eine Zusammenkunft mit ihm an dem Brunnen des Schlosses, der von einer Linde überschattet war. Zur festgesetzten Stunde kommt sie dorthin, findet ihn aber nicht. Da kracht es in dem nahen Buschwerk, und ein Eber bricht hervor. Die Prinzessin entflieht, verliert dabei aber ihren Mantel, welchen der verwundete Eber mit Blut befleckt. Bald darauf erscheint der Ritter, sieht den blutigen Mantel der Geliebten, glaubt, dass sie tot sei, zieht sein Schwert und ersticht sich. Hernach kehrt die Prinzessin zurück, findet den Ritter tot auf ihrem Mantel und tötet sich aus Verzweiflung ebenfalls mit dessen Schwert. Beide wurden nun an jenem Platze begraben, dieser wurde mit einer Mauer umgeben und der Brunnen Jungfernbrunnen (Jungfernsod) genannt. Aus dem Schwert soll das Trinkgefäß geschmiedet worden sein, das sich danach am Brunnen befand.
Elisabeth, die Gemahlin des Herzogs Ulrich III. von Mecklenburg-Güstrow, eine dänische Königstochter († 1603), ließ die Mauer erneuern und mit ihrem Wappen schmücken. Seitdem aber sind Brunnen, Mauer und Wappen verschwunden, nur die Linde, unter der das alles geschehen sein soll, steht als uralter Baum noch, grünt und blüht auch noch heute. (24, S. 240)

33 Drei Kreuze auf die Hand

In einem Keller der alten Burg bei **Stargard** herrschte früher ein eigentümliches Leben und Treiben. Viele vernahmen es, aber keiner wagte es hineinzugehen. Man glaubte, es sei eine Münzerwerkstätte darin. Endlich bewog man einen zum Tode verurteilten Verbrecher hineinzugehen, um sich zu überzeugen, was dort passiere. Käme er lebendig wieder heraus, so solle ihm das Leben geschenkt sein. Er wagt den schweren Gang und findet drei Männer an einem Tisch sitzen, worauf lauter Schreibgerätschaften liegen. Sie fragen, was er will, und er berichtet offen den Zweck seines Kommens. Sie sagen ihm, er könne wieder seinen Weg gehen; da bittet er aber, dass man ihm ein Zeichen mitgebe, woran die da oben erkennen könnten, dass er wirklich da unten bei ihnen gewesen sei. Hierauf machen sie ihm drei

Kreuze auf die Hand und sagen, er sei nun gezeichnet genug. Damit steigt er wieder ans Tageslicht hervor und er wird, obwohl er von dem geheimnisvollen Treiben da unten keine Kunde bringt, doch begnadigt. (2, S. 323f.)

34 „De Welt is di gramm"

Eine Prinzessin fuhr einmal nach der **Burg Stargard** hinauf und traf zwei junge Leute, die ein Grab machten. Sie fragte, für wen es sein solle und bekam die Antwort, für den dabeistehenden alten Mann, ihren Vater. Als die Prinzessin sich verwundert weiter erkundigte, warum sie jetzt schon ein Grab machten, da der Vater ja doch noch lebe, so erwiderten sie ganz kaltblütig, dass der Alte nicht mehr sein Brot verdienen könne und nach altem Herkommen und dem alten Sprichwort: „Krup unner, krup unner, de Welt is di gramm!" hier eingebuddelt werden solle. Da entsetzte sich die Prinzessin und befahl augenblicklich davon abzulassen; auch werde sie Sorge tragen, dass diese barbarische Sitte aufhöre. Und sie hielt Wort. Sie stiftete das noch heute stehende Hospital oder Armenhaus der Stadt Stargard. (2, S. 323)

35 Spielwut

Bei dem Gastwirt K. in **Stargard** war eine rechte Spielhölle. Nicht bloß, dass Bürger und Landleute sich dort zum Kartenspiel einfanden, auch einzelne Geistliche waren von der Spielwut angesteckt. So saßen auch einmal drei Pastoren beim Wirte K. und spielten; obwohl es schon tief in der Nacht war und die Pferde schon lange angespannt vor der Tür hielten, so konnten sie nimmer ein Ende finden. Dem Kutscher des einen wird vor der Tür die Zeit lang, er schleicht sich leise in die Stube und nimmt nicht weit von der Tür Platz. Nicht lange nach ihm tritt ein anderer Mann in einem grünen Rock in die Stube und lässt sich, von den Spielern unbemerkt, nicht weit von ihm auf einen Stuhl nieder. Da entfällt einem der Pastoren eine Karte, und als er sie aufheben will, gewahrt er den Fremden und bemerkt gleichzeitig, dass er einen Pferdefuß hat. Er schreit laut auf, die andern werden ebenfalls des Fremden ansichtig und alle fliehen entsetzt aus dem Zimmer. Der Fremde folgt ihnen auf dem Fuße. Schnell geht da der Kutscher an den Spieltisch, rafft das Geld zusammen und eilt nach seinem Wagen. Als er hinaus kommt, sitzt der Fremde bei seinem Herrn in der Kutsche. Er schwingt sich auf seinen Sitz und die Pferde laufen von selber in gestrecktem Lauf von dannen. In der Kutsche hört der Kutscher ein lautes heftiges Gespräch; die Pferde sind nicht zu halten, sie laufen wie toll durch Dick und Dünn, und erst als sie den Grund und Boden ihrer Pfarre erreicht haben, da springt der Fremde aus dem Wagen, und zu seinem großen Schreck bemerkte der Kutscher, dass seine braunen Pferde wie in Schweiß gebadet und mit Schaum bedeckt sind, so dass sie einem Paar Schimmel gleichen. Der Prediger steigt still und zitternd aus dem Wagen, und der Kutscher hat auch nicht den Mut, seinen Herrn nach Näherem zu fragen. Nach längerer Zeit fängt der Pastor einmal mit dem Kutscher hierüber zu sprechen an und fragt ihn, ob er nichts von dem Gelde wisse, das sie auf dem Spieltische zurückgelassen hätten. Da plagt diesen das Gewissen und er gesteht, dass er es sich angeeignet habe. Der Pastor verlangt keine Herausgabe, sondern sagt ihm, er solle es nur behalten, es würde ihm keiner abverlangen; aber ob er wohl wisse, wer der Fremde gewesen sei? Als der Kutscher es verneinte, sagte er, der Teufel sei es gewesen und er habe doch wohl gehört, was für ein heftiges Gespräch sie miteinander geführt hätten. Doch nur damit habe er ihn geschlagen, dass er auf seine Frage aus dem Liede: Nun ruhen alle Wälder usw. „Wo bleibt dann Leib und Seel?" geantwortet habe: „Nimm sie zu deinen Gnaden, sei gut vor allem Schaden, du Aug' und Wächter Israel!" Als dies der Teufel gehört, sei er aus dem Wagen gesprungen. (2, S. 438f.)

36 Das Festeinläuten

In manchen Kirchdörfern **Mecklenburgs** besteht der Brauch, dass an den Vorabenden der Feste, namentlich Weihnachten, wenn der Küster genug geläutet hat, die jungen Leute auf den Turm steigen und die ganze Nacht hindurch bis zum Festmorgen fortläuten. Auch in **Blankensee** bei **Stargard** war dies früher Sitte. An einem Festheiligabend aber läutete ein Bursche, der, von vielem Trinken erhitzt, sich so weit vergaß, Gott und Gottes Wort zu verspotten. Als man ihn ablösen wollte, war er durchaus nicht von der Glocke fortzubringen, sondern läutete immer rasender, bis er tot niederstürzte. Seitdem wird in Blankensee in den Festnächten nicht mehr geläutet. (2, S. 388)

37 Der Jenner

Als es vor Jahrhunderten noch adlige Bauern in **Sabel** gab, geschah es einem, dass sein Vieh nicht gedeihen wollte. Immer, wenn es zur Mast reif wurde, erkrankte es und starb bald darauf. Sobald der Bauer sich eine neue Kuh, ein neues Schwein oder Schaf angeschafft und in seinem Stall untergebracht hatte, ließ das Tier den Kopf hängen, wollte nicht fressen und lag manchmal schon am nächsten Morgen tot auf dem Rücken da. Dass das Vieh des Bauern behext war, stand bombenfest. Wer aber die böse Hexe sei und wo sie wohne, das blieb jedem ein Rätsel. Da begab es sich, dass der arg heimgesuchte Bauer nach **Stargard** gegangen war und in einem Kaufmannsladen stark getrunken hatte. Es war schon spät abends, als der Alte aus dem Tore der Stadt hinaustaumelte. Nachdem er eine kleine Strecke zurückgelegt hatte und sich just einem Kreuzwege näherte, stürzte ihm plötzlich ein scheußliches Weib mit roten Augen und fliegenden Haaren keuchend und zitternd entgegen und bat ihn flehentlich, ihm über den Weg zu helfen. Gutmütig packte der Bauer das Weibsbild bei den Zöpfen und warf die Hexe, erstaunt über ihr geringes Gewicht, mit einem Schwunge über den Kreuzweg, worauf sie in wilder Hast fortstürmte.
Als der Bauer noch, halb ernüchtert, dastand und in die Dunkelheit hineinstarrte, schlug plötzlich Hundegebell und das Wiehern eines Rosses an sein Ohr. Es war der Jenner, der gleich darauf mit seiner Wilden Jagd durch die Lüfte dahergesaust kam und auf seinem schnaubenden schwarzen Hengst gerade vor dem Bauern anhielt, umringt von seiner kläffenden Meute. Freundlich fragte der Fürchterliche den zitternden Bauern: „Ist hier soeben ein altes Weib vorbeigekommen und hast du ihm über den Kreuzweg geholfen?" Als der ehrliche Alte das bejahte, bat ihn der Jenner, nun auch ihn und seine Hunde über den Kreuzweg zu bringen. Dies wollte der Bauer anfänglich nicht, denn er fürchtete sich vor den grimmig heulenden Hunden. „Fürchte nichts", rief ihm der Wilde Jäger zu, „versuche es, sie werden fügsam sein". Der Bauer tat, wie ihm geheißen war, und bemerkte, dass das berührte Tier sich sofort gehorsam duckte und seine Hand leckte. Nun wuchs des Bauern Mut; er hob das Tier über den Weg, ohne dass es ihn sonderlich anstrengte. In gleicher Weise ging's mit dem zweiten und so weiter, bis alle sieben Hunde drüben waren. Sobald er sie niedersetzte, nahmen die Tiere ihr wildes Aussehen wieder an und starrten mit glühenden Augen

auf ihren Herrn. Jetzt sollte der Bauer auch dem Jenner helfen; aber er weigerte sich, ihn anzupacken, da er ihn für den Teufel hielt. „So nimm mich mit dem Hengst zugleich", bat der Jenner. Der Bauer klagte: „Du bist zu schwer, und das Pferd ist zu wild." Der Bauer wurde jedoch fortwährend ermuntert, es einmal zu versuchen; es werde dann sein Schaden auch nicht sein. Als alles Zureden nichts nutzte, schrie der Jenner: „Du stirbst oder schaffst mich vom Fleck!" Da nahm der Bauer in Todesangst alle seine Kräfte zusammen, packte den schwarzen Hengst an allen vieren und warf das federleichte Tier hoch in die Luft, dass es samt seinem Reiter hoch über den Kreuzweg flog. Jetzt drehte sich der Jenner um und rief: „Danke, warte einen Augenblick, ich kehre gleich zurück!" Dann jagte er mit seinen laut kläffenden Hunden wie Sturmessausen dahin. Nach einer Viertelstunde erschien er wieder. Vor sich, quer über dem Pferd liegend, hatte er jetzt das alte Weib, das der Bauer zuerst über den Kreuzweg geworfen hatte. Es war nunmehr tot und von den Hunden so arg zugerichtet, dass das schwarze Blut aus vielen Wunden der grässlich entstellten Leiche heruntertrömte. „Sieh hier", rief der Jenner dem vor Schreck erstarrten und jetzt ganz nüchternen Bauern zu, „eine bitterböse Hexe, deren Stunde endlich geschlagen hatte. Sieh hier das Weib, das dir dein Vieh behext und so manchen Schaden zugefügt hat. Tiere zu quälen und ihnen das Blut auszusaugen, das war ihre höchste Lust. Viele meiner Waldtiere hat sie umgebracht. Von jetzt ab wirst du Ruhe vor ihr haben." Darauf riss der Jäger der Leiche die langen Flechten aus dem Nacken, überreichte sie dem Bauern und sprach: „Bewahre sie, denn sie werden dir Glück bringen! Und nun lass jagen, was da jagt! Hussa, ho!" Der Bauer ging heim. Die Flechten wurden schwerer und schwerer. Als er zu Hause ankam, sah er, dass sie in blinkendes Gold umgewandelt waren. Was aber der Jenner ihm sonst noch Gutes verkündigt hatte, erfüllte sich Wort für Wort. (15, S. 86ff.)

38 *Erlösung durch ein Lied*

Ein Bauer in der Gegend von **Stargard** fuhr eines Abends noch in die Stargarder Mühle und ließ Korn mahlen. Auf dem Heimwege singt er das Lied „Nun ruhen alle Wälder". Wie er zu der Stelle gekommen ist: „Meine Augen stehn verdrossen, im Hui sind sie geschlossen", ist er gerade bei der

Brücke angekommen, die an der Grenze zwischen dem Stargardischen und **Bargenstorfer** Felde liegt. Da fährt eine Stimme dicht dabei fort zu singen: „Wo bleibt dann Leib und Seel'", hält aber bei diesen Worten inne. Den Bauer überfällt eine namenlose Angst, er macht, dass er nach Hause kommt und erzählt dem Pastor in Stargard das Erlebte. Dieser rät ihm, wenn er wieder einmal des Weges fahre, dieselben Worte zu singen und wenn dann wieder jene Stimme einfalle, mit den Worten des Liedes weiterzusingen. Das geschah denn auch bald und richtig fiel die Stimme wieder ein; der Bauer aber fuhr fort: „Nimm sie zu deinen Gnaden, sei gut vor allem Schaden, du Aug' und Wächter Israel." Kaum hatte er geendet, da rief die Stimme: „Nun bin ich erlöst." Seitdem hat man dort nie wieder etwas gehört. (2, S. 194)

39 Geist wird erlöst

Ein Nachtwächter zu **Stargard** hört, als er seine Runde in der Nacht macht und zu den **Neubrandenburger** Scheunen kommt, von einer nahen Mauer her ein ängstliches Geschrei. Er hält es für seine Pflicht, sich näher zu begeben, und dann sieht er denn auf der Mauer ein Männlein wanken, das immerfort gerufen hat: „Hilf mir! Hilf mir!" Er fragt: „Womit soll ich helfen?" Aber siehe, das Männlein gibt keine Antwort. „So sage mir doch, auf welche Weise kann ich dir helfen?" fragt der Nachtwächter wiederholt, aber außer dem Hilferuf gibt das Männlein keine Rede, und so wendet er sich schließlich von ihm ab. Aber in den folgenden Nächten wiederholt das Männlein seinen Hilferuf immer angstvoller und da hat denn endlich der Nachtwächter gesagt: „Ich kann dir nicht helfen, so helfe dir denn Gott Vater, Sohn und heiliger Geist!" Kaum hat das Männlein dieses Wort vernommen, so hat es dem Wächter gedankt und ist dann unter Jauchzen vor seinen Augen gen Himmel gefahren. (2, S. 192f.)

40 Der spukende Johanniter

Zu **Nemerow** an der **Tollense** war eine Komturei des Johanniterordens. Ein Ordensgeistlicher hatte ein junges Mädchen verführt und dieses ihm einen Knaben geboren. Er sagte sich nun von dem Mädchen los, welches in der

Verzweiflung wahnsinnig wurde und starb. Der Verführer hatte von da an keine Ruhe mehr, er machte seinem Leben schon in einer der nächsten Nächte in der Tollense ein Ende. Sein Geist soll noch jetzt zuweilen im Ordensgewande am Ufer sich sehen lassen, wenn aber ein Lebender naht, sofort im See verschwinden. (2, S. 191)

41   *Der Teufel holt einen Amtmann*

An der Stubenwand im Hofe von **Klein Nemerow** war lange Jahre hindurch ein langer Blutstreifen zu sehen, der trotz allen Abkratzens und Übertünchens immer wieder hervortrat. Hier soll der Teufel einen Amtmann, der mit ihm im Bunde stand, an die Wand gequetscht haben, ehe er mit ihm davonfuhr. Der Amtmann suchte, als sein Termin zu Ende ging und der Teufel kam, an seiner Stelle einen Ersatzmann in dem Reitknechte Rollwitz zu stellen, und wusste diesen durch große Geldsummen auch zu beschwatzen, sich in das Buch des Teufels mit seinem Blute einzuschreiben. Aber als ihm dann bewusst war, was er getan, stürzte er sich verzweifelnd in einen Born in der Nähe, der seitdem der **Rollwitzborn** heißt. In dunkln Nächten sah man oft den Amtmann und den Reitknecht auf der Strecke von Klein Nemerow bis zum Rollwitzborn miteinander ringen, sich stoßen und schlagen, und noch jetzt ist es dort nicht geheuer. (2, S. 105)

42   *Die rote Kuh*

Am südlichen Ende des Dorfes **Warlin** zwischen den Wegen nach **Neubrandenburg** und **Pragsdorf** liegt ein nicht unbedeutender Sandhügel, in welchem ein Hünengrab entdeckt worden ist. An diesen Hügel knüpft sich die Sage von der roten Kuh. Wenn der Kuhhirt am ersten Mai die Kühe auf die Weide trieb, gesellte sich eine von jenem Hügel kommende rote Kuh zu ihm. Jeden Abend, wenn die anderen Tiere nach Haus getrieben wurden, war sie verschwunden. Im Herbste aber kam sie mit einem goldenen Bande um den Hals, das war des Kuhhirten Lohn. Sobald ihr das abgenommen war, kehrte sie in den Hügel zurück und kam erst im nächsten Frühling wieder.

Als einmal ein Handwerksbursche bei dem Hügel vorbeikam, sah er die rote Kuh wie krank daliegen. Er machte dem Kuhhirten davon Mitteilung; als dieser hinkam, war sie fort und ist seitdem nicht wieder gesehen worden. (2, S. 139f.)

43 Der mutige Müllergeselle

Unweit **Neubrandenburg** lagen in alter Zeit in nicht weiter Entfernung voneinander in einem großen finstern Laubwalde zwei Wassermühlen. Die eine hieß die Teufelsmühle, weil der leibhaftige Teufel darin wohnte. Dieser hatte mit dem Besitzer der anderen Mühle einen Vertrag abgeschlossen, nach welchem Letzterer ihm an jedem ersten Monatstage eine Seele abliefern musste. Der Müller erfüllte seinen Kontrakt pünktlich. Bald war er aber in den allerärgsten Verruf geraten, denn alle seine Gesellen waren regelmäßig nach kurzer Zeit immer wieder spurlos verschwunden. Eines Tages kam ein Müllergeselle aus dem **Schwabenlande** zu ihm gewandert, der, weil er keinen Heller mehr im Beutel hatte und ganz abgerissen war, um jeden Preis Arbeit suchte. Der Müller nahm ihn auch sofort, und machte ihn damit bekannt, dass er weiter nichts zu tun habe, als am Ersten jeden Monats ein Fuder Sägespäne nach der Teufelsmühle zu fahren. Der Geselle willigte gern darein, diese leichte Arbeit zu übernehmen und fuhr am andern Tage, der gerade des Monats erster Tag war, mit seiner Ladung hinab zur Teufelsmühle. Als er dort angelangt, trat ein Herr im weiten Mantel vor das Haus und befahl ihm, die Sägespäne in eine tiefe Grube zu werfen, die auf dem Hofe zu sehen war. In diese Grube hatte der Böse früher stets die Gesellen unversehens gestürzt, wenn sie sich ihr arglos zum Abladen genähert hatten. Der Müllergeselle, der schon vieles von der Mühle und ihrem Bewohner gehört hatte, weigerte sich, die Fuhre abzuladen, weil er dazu nicht gedungen worden sei; und wohl oder übel musste sich jetzt der Teufel selbst an die Arbeit machen. Kaum bückte er sich jedoch über den tiefen Abgrund, um einen Arm voll Sägespäne hinunterzuwerfen, als der schlaue Schwabe ihn fix beim Schopfe fasste und köpflings hinabstürzte. Kaum war dies aber geschehen, so stieg aus der Grube ein gräulicher Schwefeldampf empor und mit donnerndem Geprassel stürzten die Mühle und alle Gebäude des Gehöftes zusammen. Von den Trümmern des Teufelssitzes blieb nichts übrig.

Eine Rauchsäule erhob über denselben und senkte sich dann in die Grube, worin der Teufel gestürzt war. Der mutige Müllergeselle aber zog leichten Herzens mit seinem Gespann von dannen. (2, S. 218f.)

44 *Der unvollendete Saal*

In dem Schlosse zu **Sponholz** bei **Neubrandenburg** befindet sich noch heute ein unvollendeter Saal, an welchen sich die Sage knüpft, dass beim Baue des Schlosses sich an dieser Stelle ein Maurer tot gefallen habe. Was man nun seit der Zeit des Tages über an Maurerarbeit angebaut, sei in der folgenden Nacht immer wieder abgefallen; und so habe man denn die Vollendung nicht zustande bringen können und deshalb den Saal so liegen lassen müssen. (2, S. 322)

45 *Der Feuerreiter*

In **Sponholz** bei **Neubrandenburg** steht ein altes Haus, vielleicht das älteste des ganzen Dorfes, das rings herum, besonders an dem Holzwerk, die deutlichen Spuren eines früheren großen Brandes trägt. Wann dieser Brand stattgefunden, weiß niemand schon lange nicht mehr. Das aber wissen die Sponholzer Leute zu erzählen, dass, als das Haus vor vielen, vielen Jahren in lichten Flammen gestanden, ein unbekannter Reiter in das Dorf gejagt gekommen ist und das Haus drei Mal stillschweigend umkreist hat. Nachdem er hiernach ebenso schnell wieder aus dem Dorfe fortgesprengt, ist das Feuer plötzlich ganz erloschen gewesen. (2, S. 303)

46 *Bannenbrück*

Die zum **Sponholzer** Territorium gehörende Unterförsterei **Bannenbrück** soll ihren Namen von der unweit gelegenen Brücke haben, die man auf dem Wege von **Pragsdorf** nach **Stargard** trifft. Bei dieser Brücke soll nämlich in früherer Zeit eine Bande Wegelagerer ihr Schandgewerbe getrieben haben, indem sie über die Brücke eine Schnur, die zu ihrem Schlupfwinkel führte,

gezogen haben. Sobald nun ein Reisender dieses Weges kam und mit den Füßen die Schnur berührte, hat ein daran befindliches Glöcklein die Räuber sogleich aufmerksam hierauf gemacht, die dann auch nicht säumten über den Armen herzufallen, ihn auszurauben und oft sogar zu ermorden.
(2, S. 341f.)

47 Im Paradiese

In **Glienke** bei **Neubrandenburg** erzählt man sich folgende Sage. Zwei Knechte dienten zusammen bei einem Herrn. Sie waren sehr gute Freunde und versprachen, wenn sie sich trennen müssten, doch gegenseitig auf ihrer Hochzeit sich zu besuchen. Nach einigen Jahren machte der eine Knecht Hochzeit und lud seinen Freund dazu ein und sie waren sehr lustig miteinander. Der Verheiratete kam aber sehr bald in Not und ließ sich dadurch zum Stehlen verleiten. Er wurde gleich beim ersten Mal ertappt und nach kurzem Prozess am Galgen aufgehängt. Um diese Zeit machte sein Freund auch Hochzeit. Einige Tage vorher ging er in die Stadt um einzukaufen und sein Weg führte ihn am Galgen vorüber. Er gedachte seines Freundes, der immer so brav gewesen und dass gewiss nur die Not ihn zum Unrecht verleitet hatte. Dabei betete er ein Vaterunser für ihn und sagte: „Auf deiner Hochzeit bin ich so vergnügt gewesen und du hast mir versprochen auf meine zu kommen und kannst nun nicht kommen." Auf einmal hört er vom Galgen her deutlich die Worte: „Ich werde doch kommen!" Am Hochzeitstage teilte der Bräutigam dem Pastor mit, welchen Gast er noch erwarten dürfe und bat, wenn er wirklich käme, ihn zwischen Pastor und Küster setzen zu dürfen. Richtig kam der Gehenkte mit dem Strick um den Hals, setzte sich schweigend an den bezeichneten Platz, aß und trank und entfernte sich dann schweigend. An der Tür winkte er dem Bräutigam, ihn zu begleiten, und als sie vors Dorf gekommen, sagte er: „Durch dein Vaterunser hast du mich erlöst, habe Dank!" Sie gingen noch eine Strecke zusammen, und im Gehen merkt der Bräutigam, wie die Gegend verändert ist. Sie sind in einem großen herrlichen Garten. „Willst du nicht umkehren?", fragt der Tote, „man wird dich vermissen". „O lass mich bleiben, es ist hier so schön!" „Du sollst wissen, dass wir im Paradiese sind; du darfst aber nun nicht weiter mitgehen. Lebe wohl!" Und damit verschwindet er. Der Bräutigam kehrt

nach seinem Dorfe um, aber erst am dritten Tage kommt er da hin; er findet alles verändert, er fragt nach seiner Braut, keiner kennt sie und ihn. Da geht er zum Pastor, auch das ist ein ganz fremder Mann. Auf seine Mitteilung, dass er vor ein paar Tagen hier getraut worden sei, schlägt der Pastor im Kirchenbuche nach, immer weiter zurück, und da findet sich, dass vor etwa einhundertfünfzig Jahren ein Mann dieses Namens getraut worden ist. Da bittet er den Pastor, ihm das Abendmahl zu reichen, und als er es genommen, sinkt er als ein Häufchen Asche vor des Pastors Füßen zusammen.
(2, S. 282f.)

48 Der Rieseneber

Ik het Jochen Klamm un bün tamm (zahm) as'n Lamm. Dies Verslein steht rings um einen eisernen Eberkopf geschrieben, der sich, ziemlich in Naturgröße und mit einem eisernen Ring durch die Nase, an der Eingangstür der Marienkirche zu **Neubrandenburg** befindet. Zwei Sagen sind davon bekannt.

Die Ansiedlung einer kleinen christlichen Gemeinde, aus der später Neubrandenburg entstand, besaß keine Kirche und war viel zu arm, um an den Bau einer solchen denken zu können. Der Weg zum nächsten Gotteshause war weit und beschwerlich und ging durch einen finstern, unheimlichen Wald, in welchem wilde Tiere, namentlich wilde Schweine, in solcher Anzahl hausten, dass sie mitunter ins Dorf, ja bis in die Häuser der Bewohner drangen. So zeigte sich eines Tages mitten im Dorfe ein Eber von ganz besonderer Größe, der in Garten und Höfen herumraste. Weiber und Kinder flohen schreiend in die Häuser, die Männer aber sammelten und bewaffneten sich, um dem Feind mannhaften Widerstand entgegenzusetzen. Vor diesen ergriff der Eber die Flucht und lief vors Dorf hinaus, wo er plötzlich Halt machte und im Angesichte der vordringenden Verfolger mit seinen mächtigen Hauern die Erde aufzureißen und Sand und Schollen weit umherzuschleudern begann. In dieser Erde aber funkelte und blitzte es, und als darauf der Eber dem Walde zueilte, fand man an der Stelle so viel Gold, dass sich davon eine stattliche Kirche erbauen ließ.

Nach der anderen Erzählung war die Kirche bereits gebaut und die Gemeinde an einem Sonntagmorgen zum Gottesdienste versammelt, als durch die

halb geöffnete Tür ein Eber hereinstürmte und gerade auf den Altar zueilte, vor dem der Geistliche stand. Der Geistliche ergriff rasch das Kruzifix und streckte es dem wütenden Tiere entgegen. Der Eber blieb regungslos stehen und ließ sich ohne Widerstand wie ein Lamm aus der Kirche hinausführen. Zum Andenken daran wurde das Eberbild an der Kirchentür angebracht.
(2, S. 360f.)

49 Lindwürmer

In der Nähe der ehemaligen Landstraße zwischen **Neubrandenburg** und **Stavenhagen**, an der **Geveziner** und **Blankenhofer** Feldmark, liegen drei Berge, der **Blocksberg**, der **Jabsberg** und der **Lindberg**. Vor langer Zeit hausten hier Lindwürmer. Sie glichen, wenn sie ausgestreckt lagen, einer abgehauenen Tanne und waren weit und breit gefürchtet. Einst fuhr ein Wagen den Weg entlang und traf unweit der **Brandmühle** einen jungen Lindwurm schlafend quer über den Weg in der Sonne liegend. In der Meinung, es sei ein Tannenzweig, fuhr der Kutscher darüber hinweg; an dem Schrei des überfahrenen Tieres merkte er erst, was es sei, und fuhr von dannen. Der alte Lindwurm aber stürzte auf das Geschrei herbei und fand den jungen tot. Wütend fiel er über einen nach Neubrandenburg fahrenden strohbeladenen Wagen her. Der Knecht bemerkte es und jagte im Galopp weiter. Zum Glück verlor er hinterm **Neuendorfer Gehege** den Spannnagel, sodass der Hinterwagen mit dem Stroh stehen blieb und der Knecht mit dem Vorderwagen umso schneller vorwärts jagte. Zuerst durchwühlte der Lindwurm das Stroh; da er aber niemand fand, setzte er dem Knechte nach und biss sich, um schneller fortzukommen in den Schwanz, sodass er wie ein Reif hinter dem Wagen her rollte. Der Knecht konnte eben noch das Brandenburger Tor erreichen, das rasch hinter ihm geschlossen wurde, sodass der Lindwurm draußen blieb. Der Lindwurm blieb vor dem Tore liegen, da, wo jetzt die Kirche St. Jürgen steht; kein Brandenburger wagte sich hinaus. Nun war ein fremder Prinz namens Georg in der Stadt, der fasste den Entschluss, dem Lindwurm entgegenzugehen. In hartem Kampfe gelang es ihm, dem Tiere den Schwanz, in dem seine Stärke ruhte, abzuhauen, worauf er es bald gänzlich erlegte. Zum Andenken wurde die St. Jürgenkirche gebaut, auf deren Altar ein Bild die Begebenheit darstellt.

Der letzte Lindwurm in der Geveziner Gegend wurde von einem Kuhhirten erlegt. Dieser traf ihn schlafend auf dem Lindberge liegen. Er hielt ihn für eine vom Winde umgewehte Tanne und setzte sich darauf, indem er nachdachte, wohin das abgeschnittene Stammende wohl gekommen sei. Da er müde war, beschloss er, sich eine Pfeife anzuzünden, nahm Feuerstein, Stahl und Zunder und begann Feuer zu schlagen. Inzwischen erwachte der Lindwurm und fing an sich zu regen. Der im ersten Augenblick entsetzte Kuhhirt ergriff seinen Knotenstock und traf mit ein paar kräftigen Hieben den Kopf des Ungetüms, dass es betäubt wurde und er es nun leicht töten konnte. (2, S. 39f.)

50 Der Riesenstein bei der Krappmühle

Eine Stunde von **Neubrandenburg** entfernt, an der Ausmündung eines Seitentales in das größere **Tollensetal**, liegt die **Krappmühle** unmittelbar an der Eisenbahn. Einige Hundert Schritte von ihr entfernt liegt ein ungemein großer Felsblock, von dem Folgendes erzählt wird: Vor vielen Hundert Jahren lebte auf der Krappmühle ein Müller, dem mitunter große Not und Mühe durch das plötzliche Anschwellen des Wassers entstand, das seinen Weg bei großen Regengüssen und Schneefluten nach der Krappmühle nahm. Einst, als dasselbe wieder seine Mühle wegzuschwemmen drohte, bat der Müller einen Riesen, der auf dem entgegengesetzten Tollenseufer, dort, wo jetzt das Gut Trollenhagen liegt, wohnte, ihm bei der Aufstauung des Wassers behilflich zu sein. Der Riese versprach ihm dies, machte aber dabei zur Bedingung, auf der bevorstehenden Kindtaufe bei dem Müller zu Gaste geladen zu werden. Der Müller versprach ihm dies und es ging darauf der Riese ans Werk und erbaute in einer Nacht dem Müller eine Schutzwehr und karrte ihm einen Fangdamm, der der Mühle noch heutigen Tages den nötigen Schutz vor Wasserfluten gewährt.
Als nun die Zeit der Kindtaufe heranrückte, wurde dem Müller doch bange dabei; er meinte nämlich, ein Riese, namentlich ein hungriger Riese, würde ihm dermaßen seinen Kindtaufkessel leer essen, dass für ihn und seine Gäste nichts übrig bleiben würde. Er bat daher, uneingedenk seines Versprechens, diesmal den Riesen nicht zur Taufe, im Stillen hoffend, dieser würde von seinem Familienfeste nichts erfahren. Hierin täuschte er sich jedoch: der Riese ergrimmte, als er die Kunde von dem Wortbruche des

Müllers bekam, und ergriff einen gewaltigen Stein, um dem Müller damit den Kindtaufkessel entzweizuwerfen. Er schleuderte den Stein mit furchtbarer Gewalt ans jenseitige Ufer, traf jedoch den Kessel nicht und noch heute liegt der Stein einige Hundert Schritte von der Mühle entfernt. (2, S. 34f.)

51 Die Wunderpflanze auf dem Keulenberg

An der alten Straße von **Alt Strelitz** nach **Neubrandenburg**, etwa eindreiviertel Meilen von ersterer Stadt entfernt, liegt, hoch und romantisch in einer prächtigen Laubholzwaldung, der **Zechow** genannt, das Kruggehöft Rodenkrug. Häufig wird dieser Ort von Freunden der Natur besucht, um von hier aus den nahen **Keulenberg**, eine beträchtliche, ebenfalls mit Laubholz bewaldete Anhöhe, zu besteigen. Zur größeren Bequemlichkeit der Besucher ist die eine Seite des Keulenberges mit allerlei Partien, Wegen und Gängen, Lauben und Beeten versehen worden. Früher sollen sich die Anlagen auf der entgegengesetzten Seite des Berges befunden haben, dann aber verschüttet und hierher, nach ihrem jetzigen Orte, verlegt worden sein. Den Grund zu dieser Veränderung soll eine gar seltsame Pflanze gegeben haben. Man erzählte hierüber Folgendes:

Sobald es mittags zwölf zu schlagen begann, spaltete sich mit einem Male die Erde auf dem betreffenden Rondell, und eine schauerlich aussehende, distelartige Pflanze wuchs plötzlich und schnell daraus hervor. Diese Pflanze, Blume, oder was es sonst gewesen sein mag, bildete gleichsam zwei menschliche Arme mit ineinander gerungenen Händen, alles aber, wie bei den Disteln, mit Stacheln besetzt; unten am Stiele des Gewächses erschienen außerdem noch zwei Menschenköpfe, die ebenfalls über und über mit Stacheln oder Dornen bedeckt waren, aber nie ganz aus der Erde wuchsen und somit nicht ordentlich zum Vorschein kamen. Mit dem letzten Schlage der Mittagsstunde zog sich die Pflanze schnell wieder in die Erde hinein und alles war spurlos verschwunden. Weit und breit war das Wunder von dem geisterhaften Erscheinen dieser sonderbaren Pflanze bekannt. Ein Pächter und ein Pastor, die beide in der Nähe des Keulenberges wohnten, wollten sich einmal selbst überzeugen, was Wahres an der Sache sei. Sie fuhren deshalb mit ihren Familien eines schönen Sommervormittags so aus, dass sie kurz vor zwölf Uhr am Orte waren. Mit dem ersten Schlage der Mittagsstunde zerbarst die

Erde und die Pflanze wuchs, wie sie bereits beschrieben, schnell hervor. Alle schauderten; der Pastor aber nahm gefasst seinen Stock und fuhr damit über das wunderbare Gewächs hin und her, machte Kreuze und besprach es, was aber keiner der Umstehenden verstehen konnte. Plötzlich jedoch fiel er ohnmächtig in die Arme des am nächsten bei ihm stehenden Pächtersohnes. Sein Stock war unten wie verkohlt, sein Arm aber, in welchem er denselben gehalten hatte, war wie gelähmt und ist dies auch stets geblieben. Über den Ursprung der Wunderpflanze ist nichts weiter bekannt, außer dass dort früher an ihrer Stelle ein Meuchelmord begangen worden sein soll. (2, S. 419f.)

52 Warum die Tollense vor Weihnachten nicht gefriert

Einstmals um die Weihnachtszeit war die **Tollense** stark gefroren. Da machten sich zwei Fischer aus **Neubrandenburg** am Morgen des ersten Weihnachtstages auf, um zu Eise einen Fang zu tun. Es glückte ihnen auch ein reicher Zug und sie hätten wohl nach Hause gehen sollen, umso mehr als die Kirchenglocken den Beginn des Gottesdienstes ankündigten. Aber die Habgier verleitete sie, auch während der Kirchzeit noch ihr Werk fortzusetzen. Da stand plötzlich ein hoher ernster Mann neben ihnen, schalt sie wegen der Entheiligung des Festtages und sagte ihnen, damit niemand mehr in Versuchung käme, das Christfest durch einen Eisfang zu entheiligen, solle die Tollense vor Weihnachten nie wieder mit Eis bedeckt sein. (2, S. 401)

53 Die Weiße Frau in Alt Rehse

Im ehemaligen Herrenhause zu **Alt Rehse** bei **Penzlin** kam jede Nacht zwischen zwölf und eins eine Weiße Frau aus dem Keller, in der Hand einen Leuchter, in der andern ein Schlüsselbund. Sie ging schweigend durch das Haus und verschwand wieder im Keller; verschlossene Türen taten sich vor ihr auf und schlossen sich hinter ihr. Einem Wächter, der eingenickt war und gerade erwachte, als sie neben ihm stand, entfahren die Worte: „Wo karrt di dei Düwel all wedder her?" Da ward ihm der Kopf so dick wie ein Fass und er hatte vier Wochen damit zu tun. Zuletzt grub man im Keller nach und fand da ein menschliches Gerippe, wie man glaubt, die Leiche einer Wirtschafterin, die die Kellertreppe heruntergestürzt wurde und so ihr Ende fand. Man grub die Gebeine auf dem Kirchhof ein, seitdem hatte sie Ruhe. (2, S. 151)

54 „Morgen, Morgen!"

Ein Lehrbursche aus **Alt Rehse** arbeitete in **Neu Rhäse** und musste morgens und abends den Weg machen. Bei einer Hecke, die ehemals die Grenze eines Bauern bildete, der unter dem Namen „der barsche Kunz" bekannt war, begegnete ihm am frühen Morgen ein Mann und rief ihm zu: „Morgen, Morgen!" Gleich darauf war er verschwunden. Dasselbe geschah auch am zweiten und dritten Morgen. Der Lehrbursche erzählte es endlich dem Pastor und dieser begleitete ihn. Sie trafen wieder den Mann, der sie gleichfalls mit „Morgen, Morgen!" begrüßte. Der Pastor erwiderte: „Heut ist nicht morgen, aber ich sage euch einen christlichen guten Morgen!" Da sagte der Geist, nun sei er erlöst, er habe bei Lebzeiten immer nur „Morgen" und „Tag" statt „guten Morgen, guten Tag" gesagt und dafür nach seinem Tode umgehen müssen. (2, S. 191f.)

55 Der Rabandelberg

Nicht weit von der zu **Groß Helle** gehörenden Meierei **Lüdershof** hauste vor Zeiten ein Räuber namens Rabandel. Rechts von dem Wege nach **Waren** lag eine Burg, in dem meilenlangen dichten Walde versteckt, von einem tiefen Graben umgeben. Eine Kette ging quer über die Straße und stand mit einer Klingel auf der Burg in Verbindung. Sobald diese ertönte, brachen die Räuber aus ihrem Versteck hervor. Einstmals hörte Rabandel von einem schönen schwarzen Pferde, das ein Bauer in **Tarnow** besaß. Er schickte zwei seiner Leute ab, es zu stehlen. Unterwegs bekam der eine plötzlich Bauchgrimmen und kehrte winselnd um. Der andere aber setzte seinen Weg fort. Er schlich sich abends in das Bauernhaus ein; indes einer der Knechte hatte ihn bemerkt und schlug Lärm. Der Dieb wusste sich aber so geschickt in der Pferdekrippe zu verstecken, dass ihn keiner zu finden vermochte. Als alles zur Ruhe gegangen schien, machte der Gauner, nun erst recht sicher, sich daran, das Pferd fortzuführen. Er konnte nicht unter lassen, zum Schaden noch den Spott zu fügen, indem er mit Kreide an die Haustür schrieb: „Wer Rabandel sin Lüd' söken will, die sök sei ünner de Pirdkrüff." Aber der Bauer war doch noch klüger; denn als der Dieb eben herausreiten wollte, sprang der Bauer hinter der Türe hervor und schlug den Gauner mit einem kräftigen Streiche zu Boden.

Rabandels Bande wurde immer größer, seine Raubzüge immer kühner, bis endlich die umliegenden Städte einen Bund schlossen und ein Heer gegen ihn abschickten. Nach anfänglich günstigem Erfolge verlor Rabandel die Schlacht, entfloh in seine Burg und tötete sich selbst, nachdem er vorher seine Schätze in ein Wasserloch versenkt hatte. Noch jetzt nennt man die wüste Burgstelle den **Rabandelberg**, eine goldene Wiege soll in ihm verborgen sein; man hat beim Nachgraben allerlei eiserne Geräte, auch einen alten Ritterhelm, aber nichts von den Schätzen gefunden. (2, S. 447f.)

56 Der Glockenguss

Als die **Gaarzer** Kirchenglocken gegossen wurden, so erzählen die Gaarzer und ich glaube sogar, das Kirchenbuch berichtet davon, konnte der Meister mit dem Guss nicht zustande kommen. Er hatte aber einen Lehrling, der ein pfiffiger, kluger Junge war. Dieser machte sich heimlich ans Werk und vollendete glücklich allein den Guss. Als nun die Glocke, aufs Beste vollendet, hinaufgewunden wird auf den Glockenstuhl des Kirchturms, da fasste der Dämon des Neides den Meister, und er stößt seinen Lehrjungen vor Zorn über dessen gelungenes Werk aus einem der Schalllöcher des Kirchturms hinaus, dass der Unglückliche augenblicklich, vom Fall zerschmettert, seinen Geist aufgibt. Seit der Zeit geht die Gaarzer Glocke immer: „Schad is, bar is, dat de Lirjung dod is!" (2, S. 379)

57 Der schwarze Boll läutet die Glocken

Einmal wollte die Gemeinde **Alt Gaarz** das übliche Glockenläuten am heiligen Weihnachtsabend von sieben bis acht Uhr abschaffen. Da fingen plötzlich alle vier Glocken auf dem Turme von selbst zu läuten an und doch waren alle Türen verschlossen. Der Küster machte dem Pastor Anzeige davon, der nahm seine Bibel unter den Arm und beide gingen zur Kirche, vor der sich inzwischen eine große Menschenmenge versammelt hatte. Die Tür des Turmes wurde aufgeschlossen; da fand man oben bei der großen Glocke einen schwarzen Bollen, der sie läutete, die andern Glocken gingen von selbst. Um acht Uhr verstummten die Glocken und der Bolle stürzte sich brüllend aus dem Schallloch hinaus. Seitdem hat die große Glocke den Namen „der schwarze Boll". (2, S. 378f.)

58 Feiertagsarbeit

An einem Karfreitag, als die Glocken zum Gottesdienst läuteten, fuhr ein Fischer aus **Alt Gaarz** namens Hans Peter in seinen Werktagskleidern in die See hinaus, um zu fischen. Wiewohl von seinen Nachbarn aufgefordert, mit zur Kirche zu kommen, wies der Gottlose dies mit Spott und Hohn zurück und auch draußen auf der See setzte er seine Spottreden fort. Da erhob sich plötzlich ein Wirbelwind und Sturm, der den Kahn des Fischers und ihn selbst in den Wogen begrub. Seit der Zeit erscheint an jedem Karfreitag der Fischer in seinem Boote auf der See bei Alt Gaarz und fährt dort während des Gottesdienstes ruhelos umher. (2, S. 407)

59 Der Brautsoll

Hart am Wege von **Waren** nach **Jägerhof** liegt ein kleiner Teich, der **Brautsoll** genannt. Hier haben sich vor Zeiten zwei Knechte, die dasselbe Mädchen freien wollten, mit ihren Sensen gegenseitig getötet. Seitdem ist es nicht geheuer dort, denn von Zeit zu Zeit erneuern sie ihren Kampf. (2, S. 420)

60 Die Aufhockerin

Drei Müllergesellen, die auf der **Faulenrostschen Mühle** arbeiteten, gingen einst, nachdem sie Feierabend gemacht hatten, zu dem Kruge nach **Rittmannshagen**. Als sie spätabends wieder heimkehrten und gerade bei einem Kreuzwege angelangt waren, rief der eine Geselle den anderen zu:

„Kik, dor sitt'!" Die beiden anderen Gesellen aber, die nichts sehen konnten, fragten ihren Kameraden, der ein Sonntagskind war, was er denn eigentlich sehe. „Dor bi'n Durnbusch sitt'n oll Wif", erwiderte dieser, und damit ging er, da er ein beherzter Bursche war, dreist nach dem Dornbusche, um das dort hockende alte Weib einmal anzureden. Kaum aber war er an dem Dornbusche angelangt, so vernahmen die beiden zurückgebliebenen Gesellen einen gellen Schrei. Entsetzen erfasste sie und eilends ergriffen sie die Flucht. Einige Stunden später kam ihr Kollege erst bei der Mühle an; er war auf dem ganzen Leibe nass und konnte sich vor Mattigkeit kaum aufrecht halten. Am anderen Morgen erzählte er seinen Mitgesellen, dass das alte Weib ihm sofort auf den Rücken gesprungen sei und ihm gar jämmerlich zugesetzt habe. Trotz allen Rüttelns und Schüttelns sei es ihm doch erst endlich kurz vor der Mühle gelungen, das alte Scheusal wieder loszuwerden, die so fest, als sei sie angewachsen, auf seinem Buckel gesessen. Von nun an konnte der Müllergeselle nie wieder des Abends unangefochten nach Rittmannshagen gehen, denn jedes Mal hockte ihm das alte spukende Weib auf dem Rücken. Zuletzt kam sie sogar bis zur Mühle und wartete dort auf den Gesellen; oder sie rief ihn auch, wenn er des Nachts mahlte, doch hinaus zu ihr zu kommen und so weiter. Dem so geplagten Müllergesellen wurde endlich die Sache über; deshalb schnürte er sein Bündel, nahm den Wanderstab und reiste in die Welt hinein. (2, S. 218)

61 Der Hexenbaum von Ulrichshusen

Das 1562 erbaute Ritterschloss **Ulrichshusen** in der Nähe des **Malchiner Sees** ist das einzige seiner Art in **Mecklenburg**, welches aus dieser Zeit stammend noch ganz in seiner ursprünglichen Form erhalten ist. Das alte Torhaus trägt, außer dem Bilde seines Erbauers, eines Ulrich von Maltzan, auch noch seine alte Inschrift:
„Ulrichshausen ist mein Nam. Wer Herberg in mir will han, der nehm vor gut Stube und Gemack und was Küch und Keller vermag. Und nehm den Willen vor die Tat, so wird dem Gaste guter Rat."
Zur Zeit der Hexenverfolgungen war auch ein Untergebener des Ulrichshusener Burgherrn, ein alter Arbeitsmann mit blöden Augen und grauem Haar, böswillig von einem ihm feindlich gesinnten gottlosen Schäfer der Hexerei

angeklagt worden. Sogleich wurde dem Alten der Prozess gemacht und er zum Feuertode verurteilt. Am nächsten Tage schon führte man den Unglücklichen auf einen nach **Marxhagen** hin liegenden Hügel, band ihn an den Pfahl und türmte ein hohes Feuer um ihn auf. Vor seinem Ende flehte jedoch der alte Mann laut zu Gott: Er möge zum Zeichen seiner Unschuld ein Wunder geschehen lassen. Als der Scheiterhaufen heruntergebrannt war, da schoss plötzlich auf der Brandstätte, aus dem noch heißen Erdboden, ein gar wunderbarer hoher Baum hervor, wie ihn noch nie zuvor ein Menschenauge gesehen. Der Baum hatte weder Blätter, noch trug er Früchte. Alles Volk, das da herbeigeströmt war, das schreckliche Schauspiel mit anzusehen, entsetzte sich ob dieses Gotteswunders und erkannte jetzt mit Schrecken die Unschuld des alten Arbeitsmannes. Den gottlosen Schäfer, seinen böswilligen Verleumder und Mörder aber, fand man am nächsten Morgen mit grässlich verzerrten Zügen und mit ausgerissener Zunge tot auf dem Acker liegen; der Teufel hatte ihn in der Nacht zu Tode gehetzt und ihn also, wie er es verdient, gerichtet. Lange Jahre hiernach, bis in die neueste Zeit, stand noch der wunderbare Baum mit seinen kahlen Zweigen, dessen Holz anfänglich so hart gewesen sein soll, dass auch die schärfste Axt nicht hineinzudringen vermochte, und das Volk nannte ihn allgemein nur den Hexenbaum. (2, S. 111f.)

62 Der Kirschbaum auf dem dürren Sande

Auf der Sanddüne zwischen **Wustrow** und **Alt Gaarz**, da, wo jetzt die Windmühle steht, soll vor etwa zweihundert Jahren [um 1875] eine Frau, die des Hexens beschuldigt war, hingerichtet worden sein. Sie beteuerte vor ihrem Tode ihre Unschuld mit den Worten: „So gewiss ich unschuldig sterbe, so gewiss wird auf dieser Stelle ein Kirschbaum wachsen." Und wirklich ist auf dem dürren Sande ein Kirschbaum emporgewachsen, der lange Jahre auf der Düne gestanden hat. (2, S. 465)

63 Die Küstergrube

Unweit **Hohen Wangelin** in den sogenannten Cramoner Buchen befindet sich eine kleine Grube, welche seit geraumer Zeit die Küstergrube, Kösterkul, genannt wird. Diesen Namen soll sie durch folgendes Ereignis erhalten haben. Es waren einmal zwei Brüder, welche zu Hohen Wangelin und **Cramon** wohnten. Beide wussten, dass auf der benachbarten Feldmark **Liepen** ein Schatz vergraben liegt. Diesen Schatz zu heben war ihr sehnlichster Wunsch. Allein alle ihre Bemühungen, die sie anstellten, waren fruchtlos. Gelegentlich erfuhren sie, dass sie den Schatz nur dann heben könnten, wenn während ihrer Arbeit der Küster zu Hohen Wangelin die Betglocke stoße. Sie machten also den Küster mit ihrem Geheimnis bekannt, versprachen ihm einen bedeutenden Anteil des Schatzes, wenn er ihren Wunsch erfülle und in der Nacht, wenn sie wieder beim Ausgraben des Schatzes beschäftigt wären, um zwölf Uhr, die Betglocke stoße. Der Küster nahm das Anerbieten an. In der festgesetzten Nacht zog er seine Sonntagskleider an, ging zur bestimmten Stunde in die Kirche und stieß die Betglocke. Kaum war er wieder in sein Haus zurückgekehrt, da wurde er von einer schweren Krankheit überfallen und nach wenigen Stunden war er tot. Nach drei Tagen wurde er beerdigt, aber er fand keine Ruhe im Grabe. Keine Nacht verging, ohne dass er seine früheren Hausgenossen durch furchtbares Toben in ihrer nächtlichen Ruhe störte. Da beschlossen diese, seinem Wiederkommen durch einen Geisterbanner ein Ende zu machen. Durch seine Kunst gelang es ihm, den Küster in ein nahes Erlenbruch zu verbannen. Nach etlichen Jahren wurde dies kleine Gehölz „abgewadelt", wodurch die Behausung des verbannten Küsters gestört wurde. Als man eines Tages das Holz ins Dorf schaffen wollte, setzte sich auf den Wagen eine Krähe, die sich durch ihre Gestalt von den wirklichen Krähen wesentlich unterschied. Die Leute suchten die Krähe vom Wagen zu scheuchen; aber vergebens. So blieb sie darauf und wurde mit ins Dorf gefahren. Hier nahm sie ihren Aufenthalt im Hause dessen, dem das Holz gehörte. Schon in der ersten Nacht trieb der gebannte Küster, denn dieser war die Krähe, sein Unwesen in dem Hause. Aufs Neue wurde ein Banner herbeigerufen. Durch seine Beschwörungen wurde er in ein sogenanntes Lechel getrieben; darauf wurde es verschlossen und von dem Banner in die Cramoner Buchen getragen, wo ihm eine Grube zur Behausung angewiesen wurde. Zugleich gab ihm der Banner den Befehl, sich nicht wieder in der Nähe von Menschen blicken zu lassen, bis er sämtliche Wurzeln der Buchen gezählt habe. Bis jetzt hat er diese Aufgabe nicht gelöst; denn gesehen wurde er seit der Zeit noch nicht wieder. (2, S. 239f.)

64 Die Bernsteinnixe

In der **Müritz**, dem größten Landsee **Mecklenburgs**, liegt ein großer schöner Bernstein von wunderbarer Durchsichtigkeit; aber niemand darf ihn sehen, weil die Bernsteinnixe in einem aus lauter kleinen Bernsteinstücken bestehenden Palaste ihn bewacht. Wenn ein Fahrzeug zufällig ihrer Wohnung naht, so bleibt es wie angezaubert stundenlang sitzen. Wer es wissentlich tut, ist des Todes. Fischer und Schiffer meiden möglichst die Stelle, wo der Sage nach die Nixe haust. (2, S. 390f.)

65 Das Gedenkläuten

Jeden Abend zwischen dreiviertel neun und neun Uhr wurde vom Turme der St. Georgenkirche zu **Waren** geläutet. Als Veranlassung dazu gibt der Volksmund Folgendes an. Ein Herr von Behr auf **Torgelow** kehrte einst von einer Besuchsreise bei einem grausigen Schneetreiben zurück nach seinem Schlosse. Er verfehlte bald Weg und Steg, reitet die Kreuz und Quer und weiß schließlich nicht mehr, wo er sich befindet. Da hört er's von einem nahen Turme neun schlagen und erkennt am Klang, dass es die Glocke der St. Georgenkirche zu Waren ist und damit weiß er, wo er sich befindet. Zum Andenken und auch für andere Reisende stiftete er das Läuten zu dieser Stunde. Noch lange Jahre bekamen die Nachtwächter, die das Läuten zu besorgen hatten, von Torgelow zehn Taler; noch früher hatten sie einige Scheffel Korn und einen Stiefel alljährlich dafür erhalten. (2, S. 386)

66 Bürgermeister Hörning

Zur Zeit des Dreißigjährigen Krieges war in **Waren** ein grausamer harter Mann namens Hörning Bürgermeister. Endlich führten die Bürger Klage beim Herzog; aber noch ehe dieser die Sache untersuchen ließ, starb Hörning. Sein Geist aber fand keine Ruhe, sondern spukte in der Stadt und belästigte die guten Bürger. Da verschrieben diese sich einem berühmten Geisterbanner aus **Sachsen**, der auch wirklich den Geist in einen Sack bannte. Man beschloss, ihn in den **Schweinewerder** bei Waren zu bannen, den er nicht überschreiten durfte und wo er Steine zerschlägt; daher man auf dem Schweinewerder eine Menge Feuersteine findet. Auch schleudert er sie über die Elde nach **Eldenburg** und in das **Klinker Feld**. Die Stätte wird bei Nachtzeit vermieden, und die Leute, die ihn in der Ferne hören, sagen: „Hürt, Hörning kloppt all wedder Fürstein!" (2, S. 168)

67 *Die vergrabene Abendmahlskanne*

Zur Zeit des Siebenjährigen Krieges vergruben vier Kirchenvorsteher der Gemeinde **Sietow** wegen der Kriegsgefahren eine silberne Abendmahlskanne mit dreißig Talern. Als der Krieg vorüber war und sie das Vergrabene herausholen wollten, konnten sie es trotz allen Suchens nicht finden. Vor etwa sechzig Jahren [um 1820] will eine Bauersfrau in Sietow die vergrabene Kanne am Johannistag gesehen haben. Wie sie aber darauf zulief, ist die Kanne plötzlich verschwunden und nicht mehr gesehen worden. (2, S. 250)

68 *Landvermessen nach dem Tode*

Vor etwa hundert Jahren [um 1780] stritten die **Hinrichsberger** und die **Sietower** Bauern um die Grenze. Letztere gingen gegen fünfzig Ruten über die Grenze hinaus und schwuren, nachdem sie Sietower Erde in die Schuhe getan, sie ständen auf eigenem Grund und Boden. Zur Strafe gingen sie nach ihrem Tode Tag und Nacht an der Grenze aufs Messen aus und riefen: „Hier geht die Scheid." (2, S. 203f.)

69 *Arbeitsmann Rossow*

Vor Jahren wohnte in **Klein Kelle** bei **Röbel** ein Arbeitsmann namens Rossow. Er soll in seinem Koffer einen Dühmk, ein dämonisches Wesen, gehabt haben, das ihm bei seinen Arbeiten half. Zu diesem Dühmk gingen auch nach dem Tode seine Wanderungen, und, weil Rossow ihm seine Seele verkaufte, habe er keine Ruhe im Grabe gehabt. Als derselbe gestorben war, hieß es, er erscheine jede Nacht bei seiner Frau. Von einer Vertiefung, die er sich in seinem Grabe gemacht, komme er des Abends hervor und gehe über die Zierzow-Sietowsche Furt und über die Grenzbrücke. Auf der Grenzbrücke zwischen **Sietow** und **Zierzow** soll auch eine Weiße Dame erscheinen. Eine Frau erzählte, wie sie als Mädchen in Zierzow gelebt, wäre, wenn sie vom Krautschneiden gegangen, oft ein Hase gekommen und hätte sich auf ihren Rücken gesetzt. Sie konnte ihn sehen, wenn er von ihrem Rücken herab gesprungen war.

In seinem Hause in Klein Kelle erschien Rossow als Neck- und Poltergeist. Er klopfte an Türen und Fenster, klinkte an der Kette, womit die Haustür von innen zugehängt wurde, rumorte unter den Kesseln, stieß stehende

Sachen um, klopfte mit der Axt, am liebsten aber setzte er sich an das Spinnrad seiner Frau und das der Frauenschwester-Tochter (seiner Nichte). Die Spinnräder gaben dann einen eigenen Ton und man sagte: „Nu sitt hei all wedder up dat Spinnrad." Die Leute kamen aus den benachbarten Orten, um den Spuk mit anzusehen. Nur wenn der Sekretär vom **Groß Kelleschen** Hofe da war, gab Rossow kein Zeichen seiner Anwesenheit. Endlich gelang es einem Geisterbannner, ihn in eine Flasche einzufangen, indem er den Geist mit Ruten peitschte. (2, S. 175f.)

70 Ritter Hennecke

Eine halbe Meile von **Röbel** liegt das **Rittergut Ludorf**, auf welchem früher das längst ausgestorbene Geschlecht Derer von M. wohnte. Ein Spross dieses Geschlechtes, Ritter Hennecke, war wegen seines wilden, sündhaften Lebens berüchtigt. Er lebte in Saus und Braus und verprasste sein Geld, sodass er in Schulden geriet und zuletzt sein Gut verpfänden musste. Einstmals erschien auf dem Hofe ein fremder Pferdehändler. Niemand kannte ihn, aber alle fürchteten sich vor seinem unheimlichen Aussehen. Der Pferdehändler ließ sich bei dem Ritter melden und bot ihm ein rabenschwarzes Pferd mit langer schwarzer Mähne, von riesigem Wuchse und Körperbau und wildem Ansehen zum Kaufe an. Hennecke, der ein kühner Reiter und Pferdefreund war, fand Gefallen an dem Tiere und befahl seinem Reitknecht, es vorzureiten. Der Reitknecht versuchte es, wurde aber alsbald abgeworfen; wie oft er den Versuch auch wiederholte, kein Mal wollte es besser glücken. Da ward der Ritter zornig, schlug ihn mit der Peitsche und rief seinen Kutscher. Auch diesem glückte es nicht, und ebenso wenig einem von den übrigen Knechten. Endlich bestieg es der Ritter selber, stieß ihm die Sporen in die Seite, dass das Blut nur so herausfloss, und zwang mit starker Hand das Pferd zum Gehorsam. Als er es eine Weile geritten, fragte er den Pferdehändler nach dem Preise. Dieser forderte eine hohe Summe. Hennecke wollte das Geld holen, aber es fand sich, dass er nicht so viel hatte. Da sagte er zu dem Händler: „Ich will euch noch die Glocken vom eingestürzten Kirchturm geben." „Topp", sagte der andere, „in drei Teufels Namen". Die Glocken wurden aus dem Schutt des Kirchturmes hervorgesucht und der Pferdehändler zog von dannen.

Bald darauf musste Hennecke, über und über verschuldet, Ludorf räumen und siedelte sich in einem Häuschen in Röbel an. Gern hätte er das Pferd auch verkauft, aber niemand wollte es ihm abkaufen, denn die Leute meinten, es sei kein ordentliches Pferd, sondern der Böse stecke darin. Im Elend starb Hennecke 1638 an der Pest in Röbel, ohne sich bekehrt zu haben. Drum ward ihm auch kein christliches Begräbnis zuteil, sondern auf einer Schleife wurde er von seinem schwarzen Rosse nach dem Kirchhof geschleppt und dort verscharrt. Von der Gruft lief das Pferd in rasender Schnelle von dannen und wurde einige Tage darauf in einem Brunnen tot gefunden. (2, S. 103f.)

71 Die Kriegskasse im See

Nicht weit vom Hofe zu **Wackstow**, unweit **Röbel**, nach der ehemaligen Karchower Mühle zu, liegt ein kleiner See, in dem ein großer Schatz liegen soll. Ein von Kaiserlichen verfolgter Trupp Schweden, der die Kriegskasse mit sich führte, soll ihn darein versenkt haben und dadurch seinen Verfolgern entgangen sein: denn diese versuchten, wiewohl vergeblich, die Kiste herauszuheben. Auch in späteren Zeiten, noch in diesem Jahrhundert [19. Jhdt.], hat man Versuche gemacht, den Schatz zu heben, aber auch diese sind ohne Erfolg geblieben. (2, S. 391)

72 Die vergebliche Schatzsuche im Wackstower See

Als die Kunde von der versunkenen Kriegskasse im Dreißigjährigen Krieg nach **Röbel** gelangte, bemühten sich einzelne Bürger, in den Besitz der wertvollen Kasse zu kommen. Die Arbeit war ergebnislos. Da schlossen sich viele Einwohner zu einer großen Gesellschaft mit der Absicht zusammen, nun auf jeden Fall den Schatz zu heben. Es wurde keine Mühe gescheut, um ans Ziel zu gelangen. Man grub vom See einen Kanal, um das Wasser abzulassen. Man ließ Schatzgräber, Zauberer und sogar Teufelsbanner kommen. Der Schatz war anscheinend zu tief gesunken und keine Spur von ihm zu entdecken. Als man aber eines Tages mit einer Stange auf einen harten Gegenstand stieß und es in der Mitte des Sees eigentümlich klang, da erhellten sich alle Gesichter. Als man jedoch genauer nachforschte, zeigte es sich, dass man auf einen Stein gestoßen hatte. Da ließ man die Nase hängen. Mit dem Schatzsuchen war es seit der Zeit vorbei. (15, S. 102)

73   Der weissagende Kriegsgott von Röbel

Als die Gegend von **Röbel** noch Rusch und Busch war, befand sich dort tief im Walde in einer Erdspalte die Götzenfigur des Kriegsgottes Rabal. Weil dieser Götze die Zukunft voraussagen konnte, so zogen aus weiter Ferne die Menschen heran, um ihn zu verehren und um Rat zu fragen. Alle brachten wertvolle Geschenke mit und legten sie in die Hände der Priester. Der Götze war so gebaut worden, das er die Fähigkeit hatte, sich umzudrehen und mit dem Kopfe zu nicken. Sollte ein Fragender im Kampfe siegen, so bewegte Rabal den Kopf. Sollte das Gegenteil der Fall sein, so kehrte der Heidengott sich um und zeigte den Rücken. Da die Vorhersagen des Gottes fast immer eintrafen, so stieg sein Ansehen immer höher. Die Priester aber wurden von den vielen Opfergaben reich und vererbten ihre Schätze und ihr Amt auf ihre Kinder. Als die Reichtümer sich ins Ungeheure gemehrt hatten, bauten sie einen herrlichen Tempel und stellten darin das Götzenbild auf. Auch ließen sie für sich und ihre Familien viele Gebäude errichten und erwarben große Ländereien.
Sobald aber das Christentum Eingang fand, war es mit der Herrlichkeit und mit den Weissagungen Rabals vorbei. Der Götze wurde abgebrochen und im Fundamente der altstädtischen Kirche zu Röbel vermauert. (15, S. 12)

74   Die Wächterglocke

Wie's noch heutzutage in vielen Orten des In- und Auslandes geschieht, so war's früher auch in **Röbel** auf der **Neustadt** Sitte, des Abends, wenn die Wächter ihren nächtlichen Umgang durch die Straßen der Stadt begannen, die sogenannte Wächterglocke zu ziehen. Seit vielen Jahren aber schon ist dieser alte, schöne Brauch in Röbel gänzlich abgekommen. Weshalb dies eigentlich geschehen, darüber erzählte mir ein alter Mann eine ganz wunderliche Geschichte.

Einer der Nachtwächter Röbels hatte nämlich früher das Amt, sobald er und seine Kameraden auf die Wache gezogen waren, die in dem Turme der Neustädter oder St. Nikolaikirche hängende Wächterglocke zu läuten, um dadurch gleichsam den friedlichen Bewohnern der Stadt anzuzeigen, dass sie sich jetzt unbesorgt zur Ruhe begeben könnten, weil sie, die treuen Wächter, jetzt für alle wachten, um das gute Städtchen während der Nacht vor Feuer und Unglück zu bewahren. Als nun eines Abends wieder der Wächter, wie gewöhnlich, zur bestimmten Zeit in den Turm getreten war, um sein Amt zu verrichten und eben das dort von der Wächterglocke herunterhängende Tau in die Hand nehmen wollte, war es ihm, als zöge ihm jemand dieses von oben neckisch aus der Hand. Anfänglich hielt er das zwar für Täuschung, dennoch aber fasste er recht derbe danach und siehe da, wieder wurde dasselbe in die Höhe gezogen. Unser guter Wächter aber verstand keinen Spaß, deshalb erfasste er mit großer Kraft den Strick, in der sicheren Meinung, wenn sich auch wirklich jemand da oben versteckt habe, um ihn zu necken, so wolle er dem wohl beweisen, dass er doch noch mehr Macht als jener habe und die Glocke dennoch schon in Schwung bringen werde. Doch so oft und so viel er auch zog, obgleich er sich auch mit voller Leibeskraft an das Tau hing, er wurde doch immer wieder, als sei er leicht wie eine Feder, mit diesem in die Höhe gezogen. Da ward's unserem Wächter ganz unheimlich zu Mute, denn jetzt merkte er wohl, dass er es hier nicht mit einem irdischen Wesen zu tun habe; und ohne seine Absicht zu erreichen, ohne die Glocke geläutet zu haben, musste er endlich den Turm verlassen. Als der Wächter am nächsten Abend wieder kam, um die Glocke zu läuten, ging's ihm wieder so, wie am Tage zuvor, und wieder musste er unverrichteter Sache davongehen. Da erzählte er denn seinen Kameraden, den Neustädter Predigern und noch vielen alten, klugen und weisen Leuten, was ihm passiert war. Allgemein riet man nun dem Wächter, wenn's ihm am nächsten Abend wieder so ergehe, den Geist oder was es da oben sonst sein möge, doch einmal anzureden. Der dritte Abend kam und mit ihm die Stunde des Läutens der Wächterglocke. Viele Leute begleiteten den alten Nachtwächter, als er nach dem Turme ging. Gefasst ergriff er hier das Tau, sogleich aber wurde er wieder mit diesem in die Höhe gezogen. Da rief er denn, eingedenk der Ratschläge mit lauter Stimme hinauf: „Wisst du lüden, ora sall ik lüden? sünst will ik 'a van gan!" Aber keine Antwort erfolgte hierauf, und nur von Neuem wurde der Wächter in die Höhe gezogen. Da ergriff alle ein Grausen und sich bekreuzigend liefen sie davon. Niemand wollte nach dieser Begebenheit wieder des Abends in den Turm gehen, um die Wächterglocke zu ziehen; und so soll denn seit dieser Zeit das Läuten derselben ganz aufgehört haben. (2, S. 369ff.)

75 Geistergottesdienst

Eine fromme Frau, die in der Nähe der Kirche in **Röbel** wohnte, wurde einst des Nachts durch den aus der Kirche herüberschallenden Gesang geweckt. In der Meinung, es sei der Morgengottesdienst, steht sie eilig auf, zieht sich an, wirft den Mantel um und geht schnell in die Kirche, deren Fenster sie erleuchtet sieht. Sie setzt sich auf ihren Platz, schlägt ihr Gesangbuch auf und singt mit. Da wird ihre Schulter berührt und jemand flüstert ihr zu: „Nawersch, nu is't Tit, nu ga na Hus." Sie wendet sich um und sieht eine schon vor Jahren verstorbene Nachbarin neben sich. Wie sie weiter um sich sieht, erblickt sie lauter Gesichter von Verstorbenen. Da eilt sie aus der Kirche heraus, und wie sie die Tür hinter sich zumacht, ist der letzte Vers des Liedes zu Ende gesungen, die Tür fährt mit Krachen ins Schloss, so dass der Zipfel ihres Mantels noch eingeklemmt wird. Sie reißt sich los; da schlägt es eins auf dem Kirchturm, in der Kirche ist alles Licht verschwunden. (2, S. 363)

76 Der verlorene Schuh

Ein Bauer aus **Minzow** kehrt etwas angetrunken nachts von einer Hochzeit in **Dambeck** heim. Als er bei der alten Kirche vorbei gegen das Bruch kommt, sieht er ein Feuer und denkt, die Pferdejungen haben es angezündet und fortbrennen lassen. Er tritt zum Feuer heran, um seine Pfeife anzustecken. Er legt eine Kohle auf und, da sie nicht brennt, eine zweite; als auch diese nicht brennt, noch eine dritte. Als auch das umsonst ist, stößt er unwillig die glimmenden Kohlen mit einem Fuße auseinander. Dabei verliert er aber den Schuh von diesem Fuße. So geht er weiter. Als er eben über einen Graben gehen will, kommt der Schuh mit gewaltigen Sätzen hinter ihm her, und weil er sich umsieht, verliert er das Gehör, sodass er zu Hause, als er von seinen Frauensleuten wegen seines späten Kommens ausgezankt wird, nichts davon hört. Inzwischen ist er nüchtern geworden und findet, dass die Kohle, welche er auf der Pfeife behalten hat, das schönste reinste Gold ist. Er besinnt sich, woher er sie genommen hat, spannt sogleich an und holt sich einen ganzen Sack der schönsten blanken Dukaten. Auch seine Taubheit hat er später genau nach einem Jahr, an demselben Tage und zur selben Stunde, wo er sie bekommen, wieder verloren. (2, S. 238f.)

77   Die entweihte Heilquelle

An der Straße, die von **Röbel** nach dem Dorfe **Minzow** führt, war in früheren Zeiten eine lebende Quelle, zu der die Leute von fern und nah kamen, Genesung zu suchen. Manchen aber war sie ein Ärgernis, weil sie den Reisenden manche Unbequemlichkeit verursachte und bei großem Wasserreichtum zuweilen die Äcker überschwemmte. Sie versuchten sie daher durch Sand, Steine und Buschwerk zu verschütten, aber es gelang nicht, bis endlich in der Nacht ein böser Mensch den Brunnen entweihte. Seitdem ist die Quelle versiegt. (2, S. 357)

78   „Guten Morgen!"

An dem Fußsteige, der sich an einem Gehölze bei **Minzow** (in der Gegend von **Malchow**) hinzieht, begegnet jedem, der in früher Morgenstunde des Weges geht, ein graues Männchen, das schnell an ihm vorübereilt und „Morgen, Morgen!" sagt. Es ist der Geist eines hochmütigen Gutsbesitzers, der den freundlichen „Guten Morgen" niemals erwiderte und höchstens nur „Morgen" sagte. Zur Strafe dafür muss er jetzt jedem Begegnenden seinen „Morgen" zurufen. (2, S. 208)

79   Die Dambecksche Glocke

Die Kirche in **Dambeck**, deren Mauern noch stehen, ist uralt und hat schon vor der Sündflut dagestanden; der Turm mit den Glocken ist aber in den See gesunken und da hat man denn vor alter Zeit die Glocken oft am

Johannistag aus dem See hervorkommen und sich in der Mittagsstunde sonnen sehen. Mal hatten einige Kinder ihren Eltern das Mittagsbrot aufs Feld hinausgetragen und als sie an den See kamen, setzten sie sich ans Ufer und wuschen ihre Tücher aus. Da sahen sie denn auch die Glocken stehen und eines der kleinen Mädchen hing sein Tuch auf eine derselben, um es zu trocknen. Nach einer kleinen Weile setzten sich zwei von den Glocken in Marsch und stiegen wieder hinunter in den See, aber die dritte konnte nicht von der Stelle; da liefen die Kinder eilig nach der Stadt und erzählten, was sie gesehen hatten. Nun kam ganz Röbel heraus, und die Reichen, die die Glocke für sich haben wollten, spannten acht, sechzehn und noch mehr Pferde vor, aber sie konnten sie nicht von der Stelle bringen. Da kam ein armer Mann mit zwei Ochsen des Weges gefahren und sah, was vorging; sogleich spannte er seine beiden Tiere vor und sagte: „Nu met God för arm un rike all to glike!" und führte die Glocke ohne alle Mühe nach Röbel. Da hat man sie denn in der Neustädtischen Kirche aufgehängt, und jedes Mal, wenn ein Armer stirbt, dessen Hinterbliebene das Geläut mit den andern Glocken nicht bezahlen können, wird diese geläutet und ihr Ton geht fortwährend: „Dambeck, Dambeck." (2, S. 368)

80 Burg Stuer

Die Burg Stuer, die weitaus bedeutendste Burgruine in **Mecklenburg**, ist auf einem alten wendischen Burgwall, mitten in einem weiten Wiesenplane, der noch vor einigen Jahrzehnten Sumpf und See war, gelegen. Von der Burg führte früher ein langer Bohlendamm gerade auf das Dorf **Stuer** zu, wo sich auch noch die Fundamente eines Turmes befinden. In der Nachbarschaft wird viel von einem gewaltigen und grausamen Ritter „Stuer-Hans" erzählt. Dieser soll immer fünfzig Reiter und ebenso viele Fußknechte gehalten haben und selber der stärkste Mann in Mecklenburg gewesen sein. Auf dem Walle der Burg steht eine Zähesche, wohl das schönste und gewaltigste Exemplar dieser Baumart im ganzen Lande. Es knüpft sich an sie die Sage, dass bei der Eroberung der Burg der Burgherr nebst sämtlichen Knechten an ihren Ästen gehängt worden sei. Auf dem Stuer'schen Felde befanden sich vor wenigen Jahren noch zahlreiche Hünengräber, die jetzt fast sämtlich abgetragen sind. Das mächtigste, das beim Bau der Chaussee von **Plau** nach **Röbel** zur Hälfte zerstört wurde, heißt der Richterberg oder Richterstein, vielleicht, weil früher sich in der Nähe das Stuer'sche Hochgericht befand. Einer der platten Decksteine des Grabes zeigt eine eigentümliche, eingehauene Rille, als habe dieselbe zum Abfließen von Blut dienen sollen. Im Richterberg sollen früher Unterirdische gewohnt haben.

Vor mehr als zwanzig Jahren [um 1850] hörte ich einmal in Stuer folgende Strophe singen:

Huller de buller, wo flacker dat Für,
Versunken im Moore verdrunken.
Owanne! wu krischte dat Frölen up,
Owanne! wu flökte de Junker!

Spätere, vor zehn Jahren versuchte Erkundigungen brachten kein weiteres Resultat. Ein achtzigjähriger Mann erinnerte sich nur noch, diese Strophe beim Pferdehüten in seinen Knabenjahren gesungen zu haben. (2, S. 298f.)

81 Der Wald unter dem Wasser

In der **Müritz** liegen ansehnliche Strecken von Untiefen, die den Ufern bei **Röbel** und **Boek** insbesondere sehr nahe sind. Zu diesen gehört der sogenannte Röbelsche Wald unter dem Wasser. Er besteht aus einer unbestimmten Strecke jener Untiefen, auf welcher man ganze Eichbäume zur Winterzeit vom Eise ab antrifft und bei hellem Wetter und dünnem Eise sehen kann. Die Röbelschen Einwohner holen diese Bäume zur Winterzeit in der Tiefe von acht Fuß unter dem Wasser heraus und bedienen sich ihrer zum Bauen. Sie sind nicht stark, die dicksten halten an der Wurzel eineinhalb Fuß im Durchmesser. Dünne Zweige, Rinde und Wurzeln sind nicht mehr daran, ein solcher Baum hat beinahe das Aussehen eines Hirschgeweihes. Alle liegen und an einigen Stellen trifft man mehrere nebeneinander an. Eine gewaltige Flut hat wahrscheinlich durch den Austritt der Ostsee auch in **Mecklenburg** nicht wenige Verwüstungen veranlasst, und dadurch hat denn auch die Gegend der Müritz einen Umsturz des festen Landes erlitten, wovon der Röbelsche Wald ein Teil war.

In neueren Zeiten begab es sich, dass im **Krümmelschen See**, einem Busen der Müritz, eine Insel von nicht bedeutendem Umfange sich aus dem Grunde erhob. In der Mitte dieser Insel wurde eine Borste (Riss, Sprung) bemerkt, worin mit einer langen Stange kein Grund abzureichen war. An der Stange zeigten sich Spuren von Mergelerde. Nach einiger Zeit versank und verschwand diese neue Insel aber wieder. Sollte sie in Folge vulkanischer Bewegungen entstanden sein, so ließe sich auch der Untergang des Röbelschen Waldes leicht begreifen. Wer wird aber nicht durch die Bemerkung, dass diese Bäume zum Teil nahe aneinander liegen, an einen Damm erinnert, wie solche noch in Holland und besonders in Irland hin und wieder entdeckt werden und unter dem Namen Römerwege bekannt sind? Bei den Kriegszügen der Sachsen gegen die Wenden wäre die Anlegung einer Furt durch die Müritz vermittelst eines Dammes wohl nichts Unerhörtes. (30, S. 244f.)

82 Der Galgenberg bei Melz

Ungefähr eine Meile von **Röbel** liegt das Rittergut **Melz**. Kaum eine Viertelstunde davon entfernt befindet sich ein Nebengut namens **Friedrichshof**. Etwa in der Mitte zwischen beiden liegt ein kleiner Berg, der sogenannte **Galgenberg**, auf dessen Gipfel eine einzelne Tanne steht. Von diesem Berge und der Tanne berichtet die Sage Folgendes. Vor vielen Jahren wurde ein Mädchen, das aus einer dieser Ortschaften gebürtig war, des Kindesmordes angeklagt, und, wiewohl sie beim Verhör immer antwortete: „Ich bin unschuldig", zum Tode verurteilt. Sie wurde nach dem oben genannten Berge abgeführt. Vor ihrem Tode sprach sie: „So wahr ich unschuldig sterbe, so wahr wird die verdorrte Tanne nach meinem Tode wieder grünen." Und es geschah, wie sie gesagt hatte. Nur im Notfall gehen die Menschen an dieser Stätte vorüber, da man hier schon oft geisterhafte Gestalten bemerkt haben will. (2, S. 462)

83 Frau Godes Geschenke

Ehedem erzählte man viel von Frau Gode, wie sie mit ihren Hunden durch die Luft zöge. So ist sie auch einmal über einen Bauernhof fortgezogen, und als der Bauer vor die Tür hinaustritt, liegt ein kleiner Hund da; den nimmt er mit sich hinein und zieht ihn mit seiner Frau auf. Anderen Jahres aber, gerade um dieselbe Zeit, ist der Hund auf einmal fort; an seiner Lagerstätte aber liegt ein großer Klumpen Gold. Das musste dem Bauer doch wohl so von Frau Gode zugedacht gewesen sein, denn er war bisher nur ein armer Mann und wurde nun auf einmal sehr reich.

In **Zielow** war mal einer, der stimmte, als Frau Gode über sein Haus fortzog, mit ein in das Gejuh, da flog plötzlich zum Fenster ein Bein herein, an dem sogar noch der Strumpf saß, und eine Stimme rief: „Heste met jucht, müste ok met freten!" (2, S. 19)

84 Gransö

Bei dem alten Hofe von **Solzow** ist ein schwarzer Hund, welcher kommt, wenn man Gransö ruft. Einst hüten dort **Vipperower** Knechte ihre Pferde und liegen um ein Feuer, das sie sich angemacht haben. Trotz des Widerspruchs des andern ruft einer von ihnen den Namen. Mit einem Male ist der Hund da. Die Pferde stieben auseinander, auch das Feuer fliegt vor ihren Augen nach allen Seiten. Erst am andern Tage können sie die Pferde wieder zusammenfinden, das Feuer aber sehen sie, als sie zurückkamen, ganz ebenso liegen, wie sie es gelegt haben. (2, S. 136f.)

85 Schatzhütender Hund

Am Johannistage um Mittag geht ein Mädchen von **Zielow** nach **Vipperow**. Als es gegen den alten Hof von **Solzow** kommt, blinkt es mit einem Male hell vor ihm auf – es sieht lauter Geldhaufen vor sich. Während es diese noch stumm anstarrt, kommt der Hund des Kuhhirten Ilenhagen, der in der Nähe hütete, mit lautem Gebell auf dasselbe zu, es erschrickt, jucht auf – und fort ist alles. Nach einer anderen Aussage hat das Mädchen es schon längere Zeit vor sich hell blitzen sehen. Als es näher kommt, sieht es viel Geld vor sich und einen schwarzen Hund dabeiliegen. Es geht stumm vorüber; als es aber zurückkommt, ist alles verschwunden. (2, S. 240)

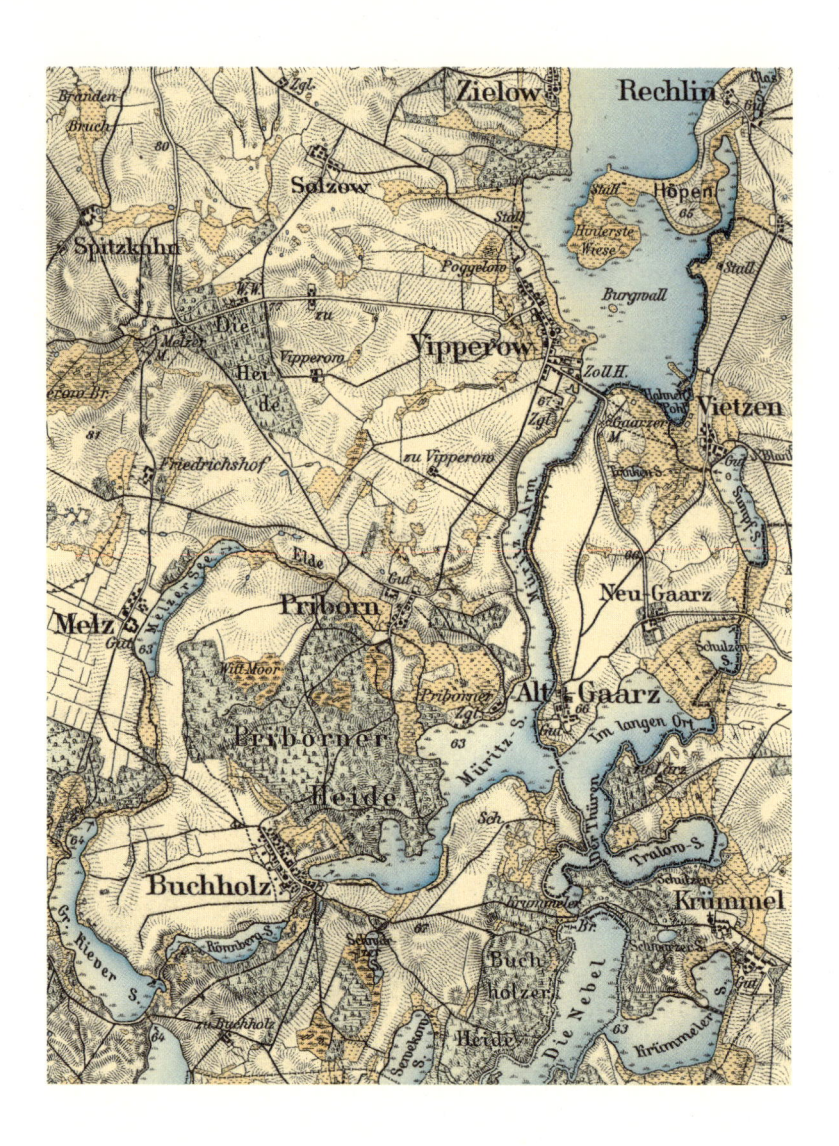

86 Die Axt im Baum

Ein Bauer aus **Vipperow** geht mit seinem Knechte ins Holz. Sie stellen die Axt unten an einen Baum. Bald danach sehen sie sie oben im Baum hängen. „Het hei sei ruppe halt", sagt der Bauer, „kann hei sei ok wedder runner bringen". Richtig, am andern Tag steht sie wieder da, wohin sie sie gestellt hatten.
(2, S.176)

87 Die Riesenfußspur

Unter dem Steindamm versteht man in **Röbel** und Umgegend allgemein eine Strecke der von dieser Stadt nach dem Flecken **Mirow** führenden Landstraße. Da, wo dieselbe nämlich zwischen Röbel und der **Melzer** Mühle eine kurze Moorfläche durchschneidet, ist der Weg wegen des weichen Unterbodens mit einem Steinpflaster versehen, weil er hier sonst nicht in der nassen Jahreszeit von Vieh und Wagen zu passieren sein würde. Unter den ehemaligen großen Mittelsteinen dieses Dammes befindet sich einer, auf welchem die Spur eines riesigen, nackten Fußes ausgeprägt ist. Einer alten Sage nach rührt diese Fußspur auch wirklich von einem Riesen her. Als es nämlich in alten Zeiten noch Riesen gab, soll ein solcher eines schönen Tages auf seinen Reisen auch hierher gekommen sein. Als er nun diese Gegend quer durchwanderte und vor dieser in einer Richtung zwar nur schmalen, in der anderen desto breiteren Moorfläche angelangt war, machte er einen Augenblick halt und sah sich nach einem festen Punkte um; denn sie mit einem Male in ihrer ganzen Breite zu überschreiten, war ihm doch etwas zu weit und zu gewagt, er hätte ja leicht stecken bleiben und versinken können. Da gewahrte er denn den Steindamm. Er setzte also an, berührte mit dem einen Beine die Mitte des Dammes und schwang sich glücklich hinüber in zwei Schritten über die ganze Breite der moorigen Gegend. Aber die Erschütterung und das Gewicht seines Körpers waren so groß gewesen, dass sich sein nackter Fuß tief in den betretenen Stein eingedrückt hatte. Und so ist denn nun diese schon vielfach bewunderte und angestaunte Riesenfußspur entstanden. Noch heute kann man den Stein mit der Fußspur auf dem Steindamme zwischen Röbel und der Melzer Mühle sehen; er liegt aber nicht mehr auf seiner alten Stelle in der Mitte des Dammes, sondern jetzt, seitdem dieser umgelegt worden ist, etwas zur Seite des Weges. (2, S. 37)

88 Die Hexe von Melz

In **Melz** ist laut Kirchenbuch am 2. Mai 1688 eine Hexe verbrannt worden, weil durch sie viele Leute und zuletzt ihr eigener Sohn ums Leben kamen. Sieben Jahre lang hinderte sie den Grafen Knuth, der in **Dänemark** wohnte, nach Melz zu kommen. Seine Pferde schwitzten Blut und konnten ihn nicht hinbringen. Endlich kam er mit Ochsen angefahren; denn diesen habe die

Hexe nichts tun können. Die Alte wird nun, um verbrannt zu werden, an den Pfahl geschlossen. Das Feuer wird angezündet, aber ihr geschieht nichts. Zugleich jagt „Rotjack" [der Teufel] auf einem weißen Schimmel um das Feuer herum. Da ruft sie: „Rotjack, verlat mi nich!" Da nimmt des Henkers Knecht den Feuerhaken und schlägt ihr damit ins Gesicht. Sofort ist Rotjack verschwunden, drei rote Mäuse kommen aus dem Feuer hervor, und alsbald ist die Alte in Asche verwandelt. Einer, namens Klas Gehl, der gerade nicht auf rechten Wegen ging, hat die Alte noch unter einem Birnbaum auf dem Felde gesehen, gleich darauf sieht er sie unter dem Baume als Weihe sitzen. Er ruft ihr zu: „Greit, wo kümmst du her?" Sie erwidert: „Klas, wo kümmst du her?" Er erwidert nichts und geht still seines Weges, ohne sich umzusehen. (2, S. 110)

89 Der schwarze Jäger

In **Mirow** wird erzählt, ein schwarzer Jäger habe eine Frau gejagt und als er dann zurückgekommen, habe er ein Stück von einer Pferdekeule abgeschnitten, das dem Bauer, der zu Wagen da war, gegeben und ihm gesagt, davon solle er sich morgen eine Suppe kochen; er solle es aber ja fest an den Leiterbaum binden, sonst möchte er's verlieren. Darauf sei der Bauer nach Hause gefahren, und als er es hier seiner Frau geben wollte, sei es ein Goldklumpen gewesen. (2, S. 17)

90 Frau Gode

In den Zwölften zieht Frau Gode herum und schon mancher ist ihr da begegnet. Mal ist auch ein Knecht bei seinen Pferden im Stall, da kommt Frau Gode, reicht ihm einen Pfahl und sagt, an den soll er ihr eine Spitze hauen. Erst will er zwar nicht, aber als sie ihm guten Lohn verspricht, tut er's. Als fertig ist, sagt sie ihm, er solle nur die Späne, welche abgefallen seien, auflesen; das tut er, da sind sie am anderen Morgen eitel Gold.
Ein Bauer aus **Wredenhagen** fährt einmal abends nach Hause, da kommt Frau Gode angezogen und er steigt vom Wagen und stellt sich zu den Pferden, die ganz scheu wurden. So lässt er sie an sich vorüberziehen, aber

wie sie fast vorbei ist, haut er mit seiner Peitsche nach einem von den kleinen Hunden. Das ist ihm aber übel bekommen, denn am anderen Tag hat er einen ganz dicken Kopf gehabt und hat wohl vierzehn Tage gelegen, ehe er wieder gesund wurde. (2, S. 19)

91 Tausend Gottes Lohn

Zur Zeit, als die Leute in **Wredenhagen** ihr Korn noch nach der **Hinrichshofer** Mühle bringen mussten, trug eines Abends eine Frau aus Wredenhagen einen Sack mit Roggen zum Mahlen nach der Mühle. Als sie heimkehrte, kam ein Mann hinter ihr her, der kein Wort mit ihr sprach. Wie sie bei der Koppel war und eben hinübersteigen wollte, erbot er sich, ihr den Sack eine Strecke weiter zu tragen. Sie lehnte es anfänglich ab, aber er drang in sie, sodass sie endlich nachgab. Als sie beide also das Dorf Wredenhagen fast schon erreicht hatten, begann plötzlich der Hahn zu krähen. Beim ersten Hahnenschrei sagte der fremde Mann: „Du deist mi noch nicks!" Dasselbe äußerte er auch beim zweiten; als er aber den dritten Schrei vernommen, sprach er: „Nu möt ik gan; wat gifst mi äwer dorför", setzte er fragend hinzu, „dat ik di't Mehl so wid dragen hevv?" „Ach", erwiderte die Frau, „wat sall ik di woll geb'n, ik bün ne arm Fru un hevv niks!" „Du kannst mi doch wat geb'n!" antwortete der Fremde. „Nicks anners", sprach die Frau, „as vel schön Dank un dusend Gotts Lohn!" „Gott Loff un Dank! Dorna hew ik al vel Johr vergews wankt; nu bün ik erlöst un kann endlich ruhig schlapen!", rief freudig bewegt der Geist aus – denn ein solcher war er – und verschwand. (2, S. 193)

92 Das Riesenweib

Als in der Gegend von **Mirow** noch Riesen wohnten, trieb einmal ein Riesenweib ihre Schweine zu Felde und kam bis an die **Schillersdorfer** Feldscheide. Hier ackerte ein Bauer, den raffte sie samt Ochsen und Pflug in ihre Schürze und trug alles nach Hause. Auf Befehl ihres Mannes musste sie aber alles wieder ausschütten. Die Bauern zündeten dafür den Wohnort des Riesen von allen Seiten an. Die Riesen versammelten sich auf dem **Waschberg** und beschlossen, den Turm von Mirow einzuwerfen. Zwei von den geschleuderten Steinen, in denen eine gewöhnliche Menschenhand abgedrückt war, lagen noch 1836 am Wege von **Leussow** nach **Neufeld**, und nicht weit davon ein anderer, in dem das Gesäß eines Menschen abgedrückt war. (2, S. 36f.)

93 Die Brücke im Jäthensee

Im **Jäthensee**, nicht weit von **Mirow**, liegt beim Dorfe **Roggentin** eine Insel, der **Jäthenwerder**, dem Schulzen zu **Babke** gehörig. Neuerdings ist der See auf der Roggentiner Seite etwa achtzehn Fuß weit ausgetrocknet und zur Wiese geworden. Vom Wiesenrande bis zur Insel ist etwa ein Zwischenraum von zweiunddreißig Fuß. In dieser ganzen Strecke von fünfzig Fuß steht, teils im Wasser, teils in der Wiese, eine Reihe von Pfählen. Darüber geht in Roggentin folgende Sage. Ein Schäfer hütete am See seine Schafe. Da kam ein kleiner schwarzer Mann zu ihm. Der Schäfer zog immer am Ufer herum und sah nach der Insel hinüber. Da fragte ihn der kleine Mann, warum er so sehnsüchtig und traurig aussehe. Der Schäfer sagte: „Auf der Insel steht so schönes Gras, da möchte ich gern hinüber." Da fragte der kleine Mann, ob er sein werden wolle, wenn er ihm eine Brücke hinüber baue. Der Schäfer bejahte es, aber unter der Bedingung, dass die Brücke fertig sei, ehe der Hahn krähe. Kaum hatte er es gesagt, da ward es ihm leid. Traurig und verstört kam er nach Hause. Seine Frau fragte ihn, was ihm fehle, und er sagte ihr, was er getan. Da sagte die Frau: „Wenns weiter nichts ist, das wollen wir schon kriegen." In der Nacht vor der Zeit, wo der Hahn kräht, zieht sich die Frau lederne Hosen an, stellt sich vor den Hühnerstall, klopft mit den Händen auf die Hosen und kräht wie ein Hahn. Da fangen alle Hähne zu krähen an, der Teufel aber war noch nicht fertig und so blieben allein die Pfähle stehen. (2, S. 406f.)

94 Die Sandinsel im Ahrensberger See

Die im **Ahrensberger See** bei **Wesenberg** gelegene kleine Sandinsel, etwa zweihundert Schritte lang und hundertfünfzig breit, hat ihre Entstehung einem vor alters in dortiger Gegend hausenden Riesen zu verdanken. Dieser hatte nämlich eine Schürze voll Sand, die er durch den Ahrensberger See nach dem jenseitigen Ufer hinübertragen wollte. Plötzlich riss ihm aber unterwegs eines der Schürzenbänder und seine ganze Ladung fiel ins Wasser, wo er sie liegen ließ; und so ist die kleine Sandinsel entstanden. (2, S. 36)

95 Der Verräter

Dicht vor **Wesenberg** liegt auf einer kleinen Anhöhe am See die Ruine des alten Schlosses, von dem noch der sogenannte Fangelturm, halb verfallen, und einige Mauerreste stehen. Das ist im Dreißigjährigen Kriege zerstört worden, aber es hat sich lange gewehrt, und Tilly, welcher davor lag, würde es nicht bekommen haben, wenn nicht ein Verräter gewesen wäre. Tilly hatte nämlich die Stadt bereits eingenommen und fast niedergebrannt, sodass noch lange nachher ein Teil wüst lag und in einem Hause am Tor, wie die Alten immer erzählt haben, die Bäume aus den Fenstern wuchsen.

Da rückte er auch vors Schloss und schoss lange vergeblich auf die festen Mauern, bis endlich ein Bürger aus Wesenberg, Zimmermann hat er geheißen, ihm die Schliche und Wege zeigte, wie er hineinkommen könnte. Da hat er es überrumpelt und zerstört und ist dann davongegangen. Die Bürger haben's aber dem Zimmermann gedacht, und als der Feind fort war und er sich nun auch auf und davon machen wollte, da sind sie ihm nachgeeilt und haben ihn auf einem Berge bei der Stadt, der noch der **Zimmermannsberg** heißt, eingeholt, wo sie ihn bei lebendigem Leibe zu Tode gesteinigt haben und er den Lohn für seinen schändlichen Verrat erhalten hat. (2, S. 325)

96 Die Ahrendsburg

Bei **Wesenberg** stand früher eine Ritterburg, die Ahrendsburg. Diese soll in die Erde versunken sein wegen des gotteslästerlichen Lebens, welches ein Ritter Ahrend führte. Wo jetzt der Hof des Dorfes steht, lässt sich noch häufig des Nachts ein Stöhnen und Wimmern vernehmen; das ist der Geist des Ritters, der nicht zur Ruhe gelangen kann. (2, S. 296)

97 Die Teufelskette

An der Kirchentür zu **Wesenberg** befindet sich ein eigentümlich geschmiedetes Endchen Kette, das weder Anfang noch Ende zu haben scheint. Man erzählt, dass die Bürger von Wesenberg einst einen Schmied beauftragten, eine Kette anzufertigen, die an der Kirchentür befestigt werden sollte. Als der Schmied die fertige Kette brachte, war man nicht zufrieden damit, sondern trug ihm auf, eine bessere zu fertigen. Als auch diese keinen Beifall fand, rief der erzürnte Schmied aus: „So mag der Düwel jug 'ne Ked' maken!" Am andern Morgen hing denn wirklich die Kette an der Tür und man sagt, dass der Teufel sie gemacht habe. Vor zehn Jahren, wird weiter erzählt, sei ein Mädchen von Wesenberg nach **Neustrelitz** gegangen; das habe den Wesenbergern erzählt, ihr sei der Engel Gabriel erschienen und habe ihr gesagt, sie sei dazu bestimmt, die Kette zu entfernen. Nachdem sie zwei Mal versucht hatte, sie zu zerreißen, gelang es ihr beim dritten Male. Die Kette wurde in die Schleuse bei Wesenberg geworfen. (2, S. 362f.)

98 Der Blutfleck

An einer Innenwand der St. Marienkirche in **Wesenberg** zeigte man früher einen großen Blutfleck, über dessen Entstehung man Folgendes erzählt. Als einmal vor vielen, vielen Jahren während des Gottesdienstes zwei der Kirchengänger in einer Ecke dicht an die Wand gedrückt miteinander Karten spielten, zerborst plötzlich die Kirchenmauer und vor der also entstandenen Spalte erschien der Teufel. Sofort erfasste er mit seinen Krallen die beiden Entweiher des Gotteshauses, zog sie mit großer Gewalt durch die Mauer, dass das Blut weit umherspritzte, und fuhr mit ihnen zur Hölle. Die Öffnung in der Kirchenmauer schloss sich hiernach sogleich wieder und nur ein großer Blutfleck bezeichnete noch die Stelle, wo der Teufel mit seinen Leuten davongegangen war. Noch lange nach dieser Begebenheit war der Blutfleck sichtbar, bis ihn jetzt endlich, nach dem Verlauf von Jahrhunderten, die Zeit wieder ganz verwischt hat. (2, S. 439f.)

99 Die Totenmesse

Vor alten Zeiten ist **Wesenberg** katholisch gewesen, da ist sonntags und mittwochs immer eine Frühmesse gehalten worden. Zu der Zeit hat auch eine Frau gelebt, die wachte eines Morgens im Winter, als es noch finster war, auf, und da war ihr, als höre sie es läuten, glaubte drum, sie habe die Zeit verschlafen, zog sich eilig an und ging zur Kirche. Als sie dahin kommt, stehen auch die Türen weit offen, die Kerzen sind angezündet und die ganze Kirche ist gedrängt voll von Leuten. Vor dem Altar aber stehen zwei Prediger, die teilen das Abendmahl aus, und wie die Frau näher tritt, ist ihr der eine ganz fremd, den andern aber kennt sie noch wohl, der war wohl schon länger als zwanzig Jahre tot. Darob wird ihr ganz unheimlich und still geht sie in ihren Stuhl, kniet nieder, verrichtet ihr Gebet und will eben wieder heim, da tritt eine Frau an sie heran, die sie auch noch gekannt hatte, die aber auch schon längst tot war und sagt zu ihr: „Wir Toten lassen euch den Tag, so lasst uns denn auch die Nacht; geh ruhig heim, aber sieh dich nicht um." Da kam die Frau ein Grauen an, dass sie sich kaum aufrecht zu halten vermochte; aber sie kam doch glücklich hinaus und eilte nach Hause; als sie jedoch an ihrer Haustür war, konnte sie nicht unterlassen, sich noch einmal umzuschauen, und da war am andern Tag das Stück ihres Mantels, welches in dem Augenblick noch außerhalb gewesen war, wie weggebrannt. (2, S. 364)

100   Der Sechspfennigzug

Die Fischer alter und neuer Zeit haben den verschiedenen Stellen der Seen, in die sie ihre Netze zum Fischfang werfen, besondere Bezeichnungen gegeben, die den Gattungsnamen „Züge" führen. So ist beispielsweise die **Tollense bei Neubrandenburg** in über hundert solcher sogenannter Züge geteilt, die alle ihren eigenen, oft sehr eigentümlichen Namen führen. In dem **Wesenberger See** führte ehemals eine Stelle den Namen Sechspfennigzug, weil an dieser die Fischer jahrelang umsonst gefischt und kaum für sechs Pfennige Fische gefangen hatten. Einmal zur Winterzeit war hier wieder vergebens zu Eise gefischt worden und der Fischer begab sich mit seinen Leuten und Werkzeugen nach einem anderen Zuge. Aber der Bruder des Fischers war an der ersten Stelle betrunken auf etwas Stroh auf dem Eise liegen geblieben und in einen festen Schlaf verfallen, der bis gegen Mitternacht währte. Da erwachte er; es ist kalt und alles um ihn herum still. Mit einem Male hört er in der Tiefe des Sees eine Stimme und vernimmt die Worte: „Nun wollen wir die Fische wieder nach dem Sechspfennigzug treiben." Sogleich springt er auf, sucht seinen Bruder, teilt ihm das Gehörte mit und redet ihm zu, dort noch einen Zug zu tun. Dieser will anfangs nicht darauf eingehen, doch gibt er endlich den dringenden Bitten des Bruders nach, indem er meint, es käme auf einen vergeblichen Zug mehr oder weniger nicht an. Aber siehe, der Fischer fängt eine solche Menge Fische, wie noch nie vorher und legt dadurch den Grund zu seinem späteren Reichtum. (2, S. 405f.)

101   Blanke Jungfrau verhindert Schatzhebung

Am Ende des vorigen und am Anfang des jetzigen Jahrhunderts [19. Jhdt.] trieb eine ganze Bande von Schatzgräbern in **Wesenberg** und den Nachbardörfern ihr Wesen. Ihr gewöhnlicher Ruhepunkt bei ihren Streifereien war der **Prelanker** oder **Belower Teerofen**, deren Besitzer selbst eifrig mitgruben, ohne dass es irgendeinem von ihnen sonderlich geholfen hätte. Vielmehr ging ihre Wirtschaft mehr zurück als vorwärts, und die Erben mussten gutmachen, was die Väter versäumt hatten. Nun gilt es bekanntlich als Hauptgrundsatz der Schatzgräberei, das unverbrüchlichste Stillschweigen zu beachten. An diesem einen Punkte scheiterte denn auch in der Regel das Unterfangen unserer Helden. So sollen sie oft selbst nicht ohne Behagen, aber doch mit heimlichem Ärger erzählt haben, wie sie ihrer drei schon so weit gelangt waren, dass sie von einem Schatze den schweren Behälter und großen Umfang deutlich wahrnahmen. Da aber sprang zwischen ihren Händen eine blanke Jungfrau – eine andere Quelle, mein Onkel, nannte sie grau gekleidet – hin und her, sodass sie nicht weiterzuarbeiten imstande waren. Plötzlich rief einer der Schatzgräber ungeduldig seinem Nachbarn zu: „Rehdanz, grip, grip!" und im Nu waren Schatz, Jungfrau und alles verschwunden. (2, S. 252f.)

102 Das Kind und die Schlange

In **Ahrensberg** bei **Wesenberg** lebte einst ein Tagelöhner mit seiner Frau, die hatten ein Kind, ein kleines Mädchen, das immer bleich und elend aussah, dabei fast nichts als Milch und Brot essen wollte; und sobald sie das Erbetene erhalten hatte, ging die Kleine gleich damit vor die Schwelle des Hauses. Die Eltern beobachteten sie eines Tages und sehen mit Entsetzen, wie eine Schlange mit aus dem Napfe frisst, das Kind aber, unzufrieden, dass die Schlange bloß Milch lecke, sie ohne Furcht mit dem Löffel auf den Kopf schlägt und dazu die Worte spricht: „Kät, fät ok Bocken!" Da springt denn der Vater hinzu und tötet die Schlange; das Kind aber siecht seitdem langsam dahin. (2, S. 277)

103 Der Totschlag beim Welschsee

An der Landstraße, die am **Welschsee** bei **Wesenberg** entlang geht, hat, nicht weit vom **Zwenzowschen Teerofen**, vor Zeiten ein Kerl einen Mann aus **Langhagen** ermordet. Wer dort vorbeigeht, wirft einen Zweig auf die Stelle, und wenn das Strauchwerk manchmal weggeholt worden ist, so sammelt es sich immer wieder von neuem an. (2, S. 457)

104 Augenverblenden

Einmal kam ein Hexenmeister nach **Leussow** und gab vor, er wolle durch einen dicken Eichbaum hindurchkriechen. Er machte sich auch dran, und alle Leute konnten sich nicht genug verwundern. Da kam des Schulzen Tochter hinzu, die hatte ein vierblättriges Kleeblatt gefunden. Gegen dieses hilft aber kein Augenverblenden, und so sah sie denn, dass der Mann gar nicht durch den Stamm hindurchkroch. Als sie das den anderen Leuten sagte, wurde der Hexenmeister zornig, nahm die Fiedel und fiedelte so lange, bis das Mädchen wie ein Kreisel sich drehte und zuletzt hinfiel. Als man sie aufrichtete, war sie an Händen und Füßen lahm und ist es auch zeitlebens geblieben. (2, S. 130)

105 Schlangenkronen

Das Gold, das der Schlangenkönig und seine Gemahlin auf ihren Häuptern als Kronen tragen, soll das feinste auf Erden sein. Die Schlangenherrscher sind aber um den Verlust ihrer Kronen sehr besorgt und wissen den mutwilligen Räuber hart zu züchtigen; andererseits verschenken sie ihre Kronen bisweilen auch zur Belohnung.

Folgende Sagen aus **Userin** bei **Neustrelitz** berichten davon. Eines Tages begegnet der Schlangenkönigin eine Frau, während sie in vollem Schmucke einherstolziert. Erschrocken flieht die Schlange in ein Gebüsch. Da ruft ihr die Frau nach: „Ik doo di jo niks, ik will blot din schön' Kron beseen!" Und auf diesen tröstlichen Zuspruch erscheint auch noch der Schlangenkönig, und beide lassen sich in ihrer Pracht bewundern.

Um die Mittagszeit pflegen sich die Schlangen zu sonnen und ihre Kronen abzulegen. Das wusste auch ein Reiter, der am Wege ein weißes Taschentuch ausbreitete, und als er so listig zu der Krone des Königs gekommen war, eilig mit dem Raube davon floh. Kaum aber hatte der König seinen Verlust wahrgenommen, als er alle Schlangen seines Reiches um sich versammelte. Mit ihnen folgte er dann schleunigst dem Räuber, der zu seinem nicht geringen Schrecken die Leiber der Schlangen sich steil vom Boden erheben und in weitem Bogen fortschnellen sah. Sein schnelles Ross trug ihn jedoch bald zu seinem Hof, und dankbar klopfte er ihm den Hals mit den Worten: „Sü, du hest mi doch tru bistan!" Da aber wird er von einer Schlange gestochen, die im Schweife des Pferdes sich unbemerkt versteckt hatte. Einst hüteten Bauernkinder Gänse, und da sie viel von dem Schlangenkönig gehört hatten und von seiner Vorliebe für weißes glänzendes Zeug, wuschen sie ihre Schürzen im See und breiteten sie dann nebeneinander in der Sonne aus, damit der Schlangenkönig darauf seine Krone ablege. Ein armes Mädchen aber, das nur eine grobe hedene Schürze trug, wollten sie in ihrer Reihe nicht dulden, und zwingen sie, ihre Schürze für sich allein „butenan" zu legen. Der Schlangenkönig aber ging über all diese feinen Schürzen hinweg und schenkte gerade diesem armen Mädchen seine Krone. (2, S. 277f.)

106 Nixe begehrt Menschenleben

Der **Glambecker See** bei **Neustrelitz**, jetzt nur von Kiefernholz umgeben, war einst von herrlichem Eichen- und Buchenwalde umwachsen und enthielt die trefflichsten Fische. Zwei Grenznachbarn stritten um den Besitz des Sees, bis durch Rechtsentscheid er dem einen zugesprochen wurde. Da ergrimmte der andere und ließ in der Nacht alle Bäume am Ufer fällen und in den See werfen, sodass die Äste zum Teil bis an die Oberfläche des Wassers ragten. Noch jetzt werden mächtige Eichenstämme, hart und kohlschwarz, aus dem See zu Tage gefördert, die die Tischler in Neustrelitz zu allerhand Zierrat verarbeiten. Die Nixe des Sees aber forderte Sühne, denn die Fische des Sees waren sämtlich gestorben. Daher begehrt sie jährlich ein Menschenleben. Vorher zeigt sie sich in früher Morgenstunde vor Sonnenaufgang, da haben Fischer und Bleicher sie schon oft gesehen. (2, S. 403)

107 Dat Pöhlken

Der **Zierker See** bei **Neustrelitz** sowie der daran grenzende Schlossgarten und der Schlossplatz, Letzterer wenigstens teilweise, sollen früher denen von Maltzan gehört haben. Als nun der Herzog Adolf Friedrich III. von Mecklenburg-Strelitz sich ein Jagdschloss bei dem ehemaligen Hofe Glieneke anzulegen wünschte, machte der damalige Inhaber der Maltzanschen Güter, dem auch Glieneke gehört haben soll, der Sage nach mit dem nötigen Platze dem Herzog ein Präsent und überließ diesem auch das zum Schlossgarten gewünschte Land. Einst, als Letzterer mit dem Herzog bei Glieneke jagte, äußerte dieser den Wunsch, auch den Zierker See zu besitzen. Es hatte aber zu der Zeit der Herzog ein Paar ausgezeichnet schöne Jagdhunde, und nach diesen trug Maltzan ein ebenso großes Verlangen, wie der Herzog nach dem See, darum sagte er scherzend zu seinem fürstlichen Freunde: „Gifst du mi de Tölken, so gew ik di dat Pöhlken!" Der Herzog schlug sogleich ein und soll mit dem Teich ganz besonders zufrieden gewesen sein. (2, S. 403f.)

108 Tanzen in der Kirche

Zur Zeit, als meine Großmutter ein junges Mädchen war, hatte der Küster K. sein Dienstmädchen und deren Schwester, zwei hübsche junge Mädchen, in die **Neustrelitzer** Stadtkirche geschickt, um diese zu reinigen. Die beiden flinken Mädchen kehrten und fegten nach Herzenslust. Als sie bis zu dem großen, freien, mit glatten Fliesen belegten Platz vor dem Altare gelangt waren, sagte die eine: „Hier muss es sich wunderschön tanzen lassen!" Sogleich warf die andere den Besen weg, und alsbald drehten sich beide lustig im Kreise herum. Aber o weh! als sie bis mitten vor den Altar gelangt waren, standen sie wie in den Boden gewurzelt, und keine Kraftanstrengung, kein Jammern vermochte sie von der Stelle loszureißen. Spät am Abend, als er die Mädchen nicht zurückkommen sah, begab sich der Küster in die Kirche und fand die beiden vor dem Altar stehen, von wo auch seine Versuche sie nicht zu entfernen vermochten. Ratlos eilte er zu seinem Vorgesetzten, dem Konsistorialrat Z., der auf die Erzählung des Küsters seinen Ornat anlegte und sich mit ihm in die Kirche begab. Er trat sogleich zu den betenden Mädchen und flehte zu Gott, ihnen ihren Leichtsinn gnädig zu verzeihen, worauf sich denn auch der Bann löste und die Mädchen reuig und demütig nach Hause gingen; aber tanzen haben sie seitdem nie mehr gewollt. (2, S. 362)

109 Der schwarze Hund

Da, wo in **Neu Strelitz** das Gymnasium Carolinum erbaut wurde, befand sich in alter Zeit ein Friedhof, und bei der Legung des Fundaments wurden noch viele Gebeine aus- und in einer Ecke des Gartens wieder eingegraben. Neben dieser Grube soll seitdem zur Zeit des Vollmonds ein schwarzer Hund mit feurigen Augen gesehen worden sein, und es mochte niemand spätabends den am Schulhofe vorbeiführenden Gang von der **Glambecker**- und **Mühlenstraße** passieren.

Eine alte Wartfrau im Hause meiner Großeltern, genannt Mutter Rudolph, ermahnte häufig ihre Pflegebefohlenen, wenn sie jemals über den Schulhof gehen müssten und den Hund erblickten, sogleich schweigend umzukehren, in welchem Falle ihnen nichts geschehen würde; sollten sie aber ruchlos und verwegen genug sein, an dem Hunde vorbeizugehen, ihn anzurufen oder gar mit Steinen zu werfen, so würden sie die Kopfrose, wenn nicht Schlimmeres, davontragen. (2, S. 135f.)

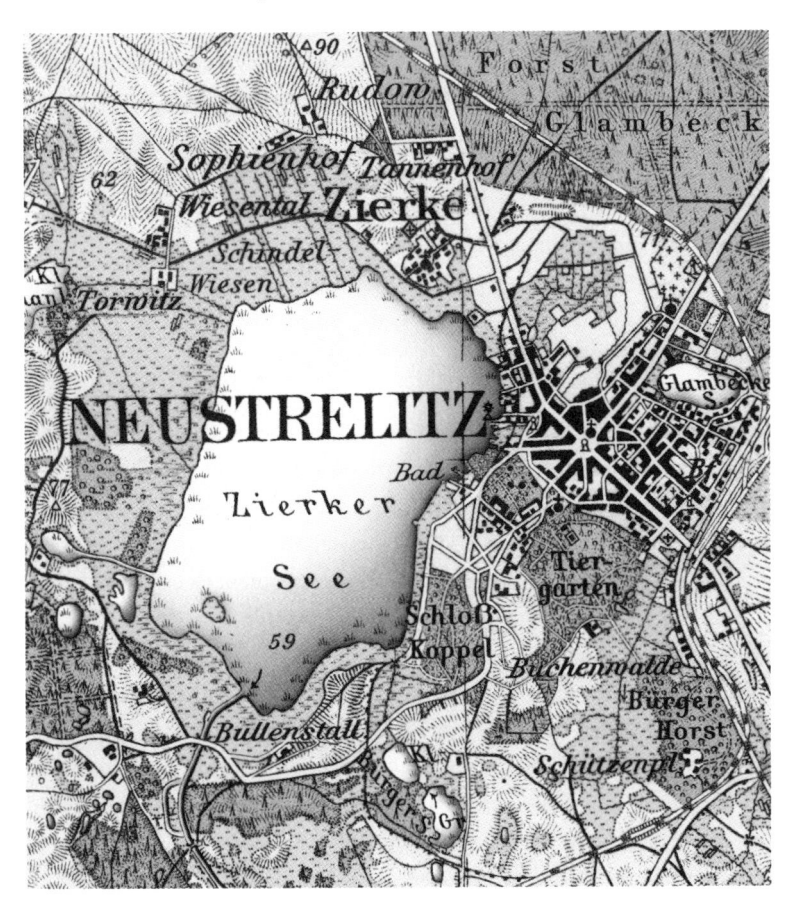

110 Das Bonoloch

In **Thurow** ist ein Zimmer, welches das Bonoloch heißt, weil darunter ein Keller ist, in dem Graf Bono, der da gewohnt hat, die Bauern einmauern ließ. Als er einmal allein in seinem Zimmer war, hat ihn der Teufel geholt und gegen einen Stein geworfen, dass das Blut in dem Zimmer herumspritzte. Die Flecken sind noch zu sehen; die Stellen sind schon oft überkalkt worden, es fällt aber immer wieder ab. (2, S. 326)

111 Der Teufelsstein bei Strelitz

Auf der Feldscheide zwischen **Carpin** und **Bergfeld** liegt ein Stein, in welchem deutlich ein Händedruck zu sehen sein soll. Die Sage berichtet uns darüber, dass der Teufel einstmals diesen Stein in die Hand genommen hat, um den **Grünower** Kirchturm damit einzuwerfen. Dies geschah aber, weil die Grünower Leute durch ihre Frömmigkeit ihn sehr geärgert hatten. Als der Teufel zum Wurfe ausholte, fiel ihm der Stein aus der Hand, dorthin, wo er noch heute geschaut wird. (2, S. 93)

112 Misslungene Schatzhebung

Drei Männer aus **Grünow**, ein Schneider, ein Weber und ein Arbeitsmann, kehrten vom Johannismarkt in **Alt Strelitz** zurück und sprachen von einem zu hebenden Schatze, als sich ihnen ein Vierter zugesellte und sagte, er wolle ihnen einen Schatz in der Nähe weisen, den könnten sie heben, nur dürften sie nichts sprechen, Hacken und Schaufeln lägen schon bereit. Sie machten sich sofort an die Arbeit, während der Fremde verschwand. Da kam eine Kutsche mit zwei Rappen bespannt, scheußliche Gestalten stiegen heraus, trugen Balken herbei und errichteten einen Galgen. Die Schatzgräber ließen sich nicht stören, bis die Gestalten berieten, wer zuerst baumeln solle. „Ih, der Rotstrumpf!" schrie einer. Rote Strümpfe aber trug der Weber; der fing ein Zetergeschrei an, aber in dem Augenblick schwand den dreien auch schon das Bewusstsein. Als sie wieder zu sich kamen – es war am anderen Morgen – da lagen der Schneider und der Arbeitsmann mit zerquetschten Gliedern vor ihren Haustüren; der Weber aber steckte in einem Backofen des Dorfes **Groß Schönfeld**, welches eine halbe Meile von Grünow entfernt ist. (2, S. 251f.)

113 Die Stimme aus dem See

Vor längerer Zeit bestand in dem jetzigen Marktdorfe **Wanzka** ein herzogliches Amt und waren die Bauern desselben dahin fronpflichtig. Einmal um die Frühjahrszeit pflügten mehrere dieser Bauern in der Nähe des **Wanzkaer Sees**, und zwar in dem Teile, der sich nach **Blankensee** hinzieht.
In der Mittagsstunde legten sie sich bei den dort stehenden Weidenbüschen zum Schlafe nieder und waren auch bald eingeschlummert. Einer nur konnte nicht einschlafen und vernahm plötzlich vom See her, der dort eine Bucht macht und mit Rohr und Schilf bewachsen war, die Worte: „De Tid is üm, un de Minsch is noch nich dor!" Nach dem ersten Schreck erhebt sich dieser, sieht ängstlich nach der bezeichneten Stelle hin und weckt dann, als er nichts gewahrt, seine Gefährten. Bald sind alle Schläfer wieder munter und lauschen erwartungsvoll, ob die Stimme wohl noch öfter sich hören lassen werde und was sich dann weiter ereigne. Und bald darauf rief es wieder: „De Tid is üm, un de Minsch is noch nich dor!" aber weiter bemerkten sie nichts. Als die aufmerksam Horchenden endlich aber zum dritten Male dieselben Worte vernommen hatten, kam eiligst angelaufen, mit ein paar Reusen in der Hand, der Weber von der Wanzkaer Schäferei. Er lenkte seine Schritte gerade der Bucht zu, von welcher her die Worte erschallt waren. Da kamen die Bauern aber hinter den Gebüschen hervor, traten dem Dahereilenden in den Weg und fragten nach seinem Begehr. Er erzählte ihnen unverhohlen, dass er ein armer Mann sei und die Mittagsstunde sowie die Abwesenheit der Wanzkaer Fischer habe benutzen wollen, um die Reusen hier zu legen, da sich bei der jetzigen Laichzeit und gerade in dieser Bucht die Fische sehr gut fingen. Er bat sie, ihn seine Reusen legen zu lassen und ihn nicht anzugeben. Die Bauern jedoch erwiderten, dass daraus nichts werden könne, er solle nur wieder umkehren. Als der arme Weber aber immer dringender bat, sagten die besorgten Leute ihm endlich, weshalb nichts daraus werden könne, eine Stimme habe gerufen: „De Tid is üm, un de Minsch is noch nich dor!" und wenn sie auch sonst nichts dagegen hätten, so könnten sie ihn

unter solchen Umständen nicht nach dem See heranlassen. Der Mann beklagte seine Zeitversäumnis und dass er nun den Weg so vergeblich gemacht habe, und ersuchte die Bauern, ihm wenigstens einmal zu trinken zu geben, da er vom eiligen Gehen erschöpft sei und großen Durst habe. Allein das Trinken war all' geworden und so bat der Erschöpfte denn um einen Trunk Wasser aus dem See. Einer der Bauern ist dazu bereitwillig, er schöpft mit seinem großen dreieckigen Hut und bringt dem Durstigen zu trinken. Kaum hat dieser aber seinen Durst gelöscht, so fällt er tot hin, und die Bauern behaupteten nun, dass er der Mann gewesen sei, den die Stimme aus dem See gerufen habe. (2, S. 401ff.)

114 Der Luzin

Lange vor dem Dreißigjährigen Kriege ist eine Rotte plündernder und mordender Soldaten durch das **Stargardsche Land** gezogen und auch bis nach **Feldberg** gekommen. Da haben die Feldberger zur Jungfrau Maria um Hilfe gefleht und plötzlich hat sich die Erde aufgetan und die Rotte verschlungen. Diese Erdkluft ist der **Luzinsee**.
Zwei Fischer aus Feldberg wollten die Tiefe des Luzin ergründen, sie nahmen das Hinterteil eines Wagens, banden daran einen Haufen Stricke und ließen nun alles in die Tiefe. Die Stricke sanken immer tiefer und tiefer, bis sie zu Ende waren. Da zog es von unten und eine Stimme rief: „Lasst ab und zieht empor, ihr stört unsere Ruhe!" Die Fischer zogen erschreckt die Stricke an sich und diese gingen jetzt ganz leicht in die Höhe. Als sie zu Ende waren, fand sich statt des Wagenstückes unten ein Pferdekopf daran befestigt. (2, S. 404)

115 Der Teufel holt eine Braut

Ein Bauernbursch aus der Nähe von **Feldberg** wollte ein Mädchen heiraten, von dessen Untreue während des Brautstandes man manches munkelte. Als er sie nun einige Tage vor der Hochzeit fragte, ob sie ihm auch immer treu gewesen sei, rief sie aus: „Der Teufel soll mich holen, wenn ich es nicht gewesen." Der Hochzeitstag kam. Der Tanz war im besten Gange, als ein vornehmer Herr hereintrat und die Braut um einen Tanz bat. Der wurde bewilligt, aber immer wilder tanzte der Herr, endlich durch die Haustür ins Freie und hoch in die Lüfte, wo er mit der Braut verschwand. Der Schäferknecht will gesehen haben, wie der Teufel mit der Braut die Hürde umtanzt, dabei immer mit ihr gegen Pfähle und Recke gefahren sei, dass ihr die Eingeweide heraus hingen und an den Pfählen sitzen blieben, und als er sie endlich zu Tode getanzt, den Leichnam zur Erde geworfen habe und durch die Luft davongeeilt sei. (2, S. 433)

116 Der spukende Amtmann

In **Feldberg** wohnte vor langen Jahren ein böser Amtmann namens S., der nach seinem Tode in Feldberg und Umgegend spukte. Er hockte den Leuten auf und ließ sich von ihnen tragen; auch in den Häusern spukte er umher, hauptsächlich aber im Amtshaus, wo er selbst am Tage den Beamten die Akten auf die Erde warf, abends das Licht ausblies und im Hause polterte. Ein Geisterbanner, der Scharfrichter aus **Neubrandenburg**, bannte ihn endlich auf eine kleine, im **Feldberger See** gelegene Insel unter eine Birke. Aber unglücklicherweise wurde der Baum abgehauen, und so kam der Geist wieder nach Feldberg, bis ihn der Banner in einen eisernen Käfig einfing, den er auf dem Boden des Amtshauses hinter einem Bretterverschlag aufhing. Noch heute soll der Käfig dort hängen. (2, S. 195f.)

117 Das verwünschte Schloss Meklenburg

Einer alten Sage nach gab es in der Nähe von **Fürstenhagen** bei **Feldberg** ein Schloss Meklenburg, zu welchem auch unter dem **Carwitzer See** ein Verbindungsgang führte. Einmal waren in der Laichzeit zwei Fischer nachts auf Maränenfang aus; sie befanden sich am Verbindungsgraben, als um die Mitternachtsstunde plötzlich zwei weißgekleidete Frauen vor ihnen standen. Aber unerschrocken richteten sie die Frage an sie: „Wohin wollt ihr?" Die Antwort lautete: „Nach Schloss Meklenburg!" „Nun so geht und hindert uns nicht!", riefen die Fischer ihnen zu, und ohne Aufenthalt sahen sie die Frauen ihren Weg fortsetzen. Ihre Blicke verfolgten sie durch die stille dunkle Nacht, so weit es irgend gehen wollte. Mit einem Mal wurde es hell;

sie sahen deutlich Schloss Meklenburg in einiger Entfernung vor sich; eine Tür tat sich auf und die Frauen gingen hinein. Alsbald hörten sie einen furchtbaren Knall, die Tür schloss sich wieder, es wurde finster wie vorher und alles war vorbei. (2, S. 295f.)

118   Die Kirchenglocke zu Hardenbeck

Krewitz im **Kreise Templin** ist vor Zeiten ein stattliches Dorf gewesen, aber schon vor dem Dreißigjährigen Kriege fast völlig zerstört worden. Die Reste der Kirche zeigen die Stelle an, wo der frühere Ort gestanden hat. Nicht weit von dieser Stätte liegt ein mehrere Meter tiefer Pfuhl, in der Gegend Kolk genannt. In diesem Pfuhl fand man, so geht die Sage, vor vielen Jahren eine große Kirchenglocke, die dort wohl in Kriegszeiten versenkt worden war. Mit großer Mühe wurde die Glocke ans Tageslicht gebracht, aber nun entstand die Frage, welcher Gemeinde die Glocke gehören möchte. Es wurde bekannt gemacht, ob ein Ort sein Eigentumsrecht nachweisen könne, und da dies nicht geschah, fiel die Glocke zuerst dem Orte zu, auf dessen Feldmark sie gefunden worden war, nämlich Krewitz. Da Kirche und Turm nicht vorhanden waren, wurde ein Gerüst gebaut und die Glocke darin untergebracht. Als die Glocke zum ersten Mal geläutet wurde, tönte sie fortwährend: „Harden-beck! Harden-beck!" Jedermann im Dorfe verstand nun, was die Glocke damit sagen wollte, und bald hörten es auch die Hardenbecker. Diese konnten aus alten Schriften nachweisen, dass die Glocke ihnen wirklich gehöre. Die Krewitzer gaben sie freiwillig heraus, und mit großem Jubel wurde sie nach **Hardenbeck** gebracht und auf den dortigen Turm geschafft. (20, S. 116)

119   Die alte Frick

Die alte Frick oder Fuik ist eine arge Hexe und des Teufels Großmutter gewesen und man hat sie oft des Nachts umhertoben hören wie die Wilde Jagd. Mancher hat sie auch gesehen und leicht an den großen Hunden, die sie stets mit sich geführt hat, erkannt; denn wenn diese gebellt haben, so ist ihnen schieres Feuer aus Maul und Nase geflogen.

Vor Jahren, als noch der Mahlzwang herrschte, mussten die **Naugartner** nach der **Boitzenburger Mühle**, um dort ihr Korn mahlen zu lassen. Dahin war denn auch mal ein Bauer gefahren und hatte sich etwas verspätet, sodass er erst des Abends in der Dunkelheit, auf seinem mit Säcken beladenen Wagen nach Hause fuhr. Wie er so fährt, hört er plötzlich ein gewaltiges Toben, und gleich darauf kommt auch die alte Frick mit ihren Hunden dahergestürmt. Der Bauer wusste sich in seiner Herzensangst nicht anders zu helfen, als dass er seine Mehlsäcke den Hunden hinschüttete, die auch sogleich gierig darüber herfielen und alles Mehl auffraßen; hätte er das nicht getan, so wäre es ihm schlecht ergangen. Betrübt kam er nun mit seinen leeren Säcken nach Hause und sagte zu seiner Frau: „Mutter, mir ist es schlimm ergangen; mir ist die alte Frick begegnet, und da hab' ich nur eiligst den Hunden Mehl vorgeschüttet, um sie loszuwerden." „Nun", sagte die Frau, „sind die Säcke leer, so wirf die auch nur hin". Das tat der Mann; aber wie verwundert war er, als er am anderen Morgen an dieselbe Stelle kam: da standen seine Säcke wieder wohlgefüllt, wie er sie am Abend zuvor aus der Boitzenburger Mühle geholt hatte. (29, S. 139f.)

120 Die Stalenbrücke

Bei **Alt Strelitz**, eine kurze Strecke vom **Brandenburger Tor**, liegt auf der Chaussee, die nach **Woldegk** führt, dicht bei den Scheunen die sogenannte **Stalenbrücke**, eine kleine steinerne Brücke, die über einen breiten Graben führt. Vor vielen Jahrhunderten schwur sich hier ein Prinz mit einer Prinzessin ewige Treue und gaben sich dabei einander die Macht, denjenigen verfluchen zu können, der von ihnen die Treue bräche. Die Prinzessin brach ihren Schwur und der Prinz verfluchte seine ungetreue Braut und verwünschte sie unter diese Stalenbrücke. Aus dieser Verbannung kann nun die Prinzessin nur ein nicht bekanntes Wort befreien, und dieses Wort muss ein Mensch zu einem anderen sagen, wenn sie gerade über die Brücke gehen. Darauf wird alsdann die Prinzessin kommen und bis zum Tore neben dem gehen, der ihr das Erlösungswort gesprochen hat; duldet dieser das nun und redet sie nicht an, so ist die Macht des Fluches gebrochen und die Prinzessin erlöst. Einmal muss nun schon das Erlösungswort für die Prinzessin gesprochen worden sein; denn als eines Tages zwei im angenehmen Gespräch vertiefte Frauen über die Brücke schritten, erschien plötzlich die Prinzessin. Sie trat zu der Frau, die zuletzt gesprochen hatte und sagte: „Lass mich bis zum Tore neben dir gehen und rede mich nicht an." Das Weib war aber frech und dreist und sagte: „Was soll das bedeuten? Was willst du hier?" Da rief, drohend ihre Hand erhebend, die Prinzessin: „Wehe, du böses Weib, warum hast du meine Bitte nicht erfüllt? Nun muss ich wieder da unten hinunter und warten, bis wieder einmal ein Mensch mein Erlösungswort spricht!" Bis jetzt soll dieses Erlösungswort noch nicht wieder gesprochen worden sein und die Prinzessin noch immer unter der Stalenbrücke schmachten. (2, S. 275f.)

121 Mittelstädt

Nahe bei **Alt Strelitz**, zur Seite der ersten steinernen Brücke von der **Alt Strelitz-Fürstenberg-Berliner Chaussee** liegt ein Ackerstück, **Petersschulen** genannt. Früher war dort ein ziemlich hoher Berg, der erst bei dem Bau der Chaussee abgetragen wurde. Auf demselben wuchsen viele Haselnussstauden, Dornbüsche, Erdbeeren und dergleichen mehr. In diesem Berge nun soll ein Gebannter namens Mittelstädt herumschleichen und erst auf folgende Weise wieder befreit werden können. Zuvor muss nämlich ein Vogel über diesen Acker fliegen, der eine Eichel im Schnabel hat, diese soll er dann hier fallen lassen und hieraus ein Eichbaum entstehen, der hundert Jahre alt werden muss. Dann soll der Baum gefällt und von einem Tischler angekauft werden, der eine Wiege daraus verfertiget. In diese Wiege muss dann ein kleines Kind gelegt werden, das dann später über die Stelle, wo der Gebannte sich aufhält, läuft; alsdann ist der verbannte Mittelstädt erst wieder erlöset. Auch soll der Genannte den Leuten, die hier früher herkamen, um Erdbeeren und Haselnüsse zu sammeln, auf den Buckel gesprungen sein und solange darauf gesessen haben, bis sie endlich den Platz verließen. Der Grund, weshalb Mittelstädt hier verbannt hauset, ist nicht bekannt. (2, S. 164)

122 Ein Toter sucht sein Hemd

In alten Zeiten lag um die **Alt Strelitzer** Kirche ein Friedhof und vor demselben das Schulhaus, in welchem der Kantor seine Wohnung hatte. Dieser bemerkte einstmals, als er gerade um Mitternacht aus dem Fenster schaute, dass aus einem Grabe eine Leiche stieg, sich ihres Sterbehemdes entledigte und von dannen ging; bald darauf erschien sie aber wieder, zog sich das Leichenhemd wieder an und verschwand in dem Grabe. Der Kantor, aufmerksam gemacht, war in der folgenden Nacht wieder am Fenster und sah wirklich dasselbe Schauspiel sich erneuern. In der dritten Nacht, als der Tote wieder aus dem Grabe gestiegen, sich entfernt hatte und das Hemd auf dem Leichensteine lag, schlich der Kantor, ein waghalsiger Mann, aus seiner Wohnung hinaus und holte sich dasselbe. Als der Tote zurückkam und sein Hemd nicht fand, begann er einen furchtbaren Lärm. Bald wusste er, wo seine Kleidung verborgen lag, und zwang durch seine Drohungen den Dieb, als er ihn am Fenster bemerkte, ihm das Hemd wieder eigenhändig hinauszubringen. Der Kantor wollte anfänglich zwar nicht nachgeben, machte sich aber dennoch bald auf den Weg zum erbitterten Toten. Als er aber unten auf dem Friedhof angekommen war, sprang ihm der Spuk auf den Rücken und jagte ihn in die Kirche hinein, zum Altare hin. Hier musste der Kantor drei Mal die Worte sagen: „Vergessen und vergeben!" Als der Kantor das erste Mal diese Worte sagte, antwortete die Stimme aus der Ferne: „Vergeben, aber nicht vergessen!" So auch beim zweiten und beim dritten Male, wo der Kantor diese Worte sprach. Sodann eilte der Tote mit dem Kantor wieder aus der Kirche, gab ihm vor der Tür noch zwei furchtbare Ohrfeigen, infolgedessen er erkrankte und bald darauf auch starb. (2, S. 221f.)

123 Das vergessene Milchtöpfchen

In der **Beguinenstraße** zu **Alt Strelitz** lag vor Zeiten eine Herberge. Der Herbergsvater, welcher Fitzner hieß, hatte mehrere Kühe, die er gut fütterte und die deshalb reichlich Milch gaben. An einem Dezembermorgen, als es noch dunkel war, kam auch eine kleine, nur ein paar Spannen hohe Frau mit einem niedlichen Messingtöpfchen zu ihm in die Gaststube und forderte einen halben Pott Milch. Der Messingtopf der kleinen unterirdischen Frau – denn eine solche war sie – wurde, weil die Milch noch nicht da war, vorläufig zu den übrigen Geschirren der wartenden Milchkunden gesetzt, um nachher, der Reihenfolge nach, ebenfalls gefüllt zu werden. Bevor aber das kleine Weib abgefertigt war, huschte ein noch kleineres Mädchen als sie selbst in die Stube und rief mit feiner Stimme: „Mutter, komm geschwind nach Hause, Brüderchen ist gleich tot!" Eilig drehte sich die Gerufene um und lief mit ihrer Tochter hastig von dannen. Draußen auf der Straße war es indessen schon hell geworden und es gingen die Kinder zur Schule. Als diese nun die kleinen Wesen erblickten, liefen sie hinter ihnen her und verfolgten sie durch das **Neubrandenburger Tor** bis zum **Galgenberg**, wo sie verschwanden. Das bei der Frau Fitzner zurückgelassene zierliche Messingtöpfchen wurde nicht wieder abgeholt und noch viele Jahre hindurch in der Herberge einkehrenden Gästen als etwas Rares gezeigt. (2, S. 87f.)

124   Ohnekopf

Den Weg von **Alt Strelitz** nach der **Domjüchmühle** durchschneidet unweit des „grünen Baumes" ein winziges Bächlein, das **Jungfernbach** genannt wird, und unweit der Hägerwörde sich in den **Oberbach**, welcher die in der Stadt gelegene sogenannte **Binnenmühle** treibt, ergießt. An einem Tage des Jahres erhebt sich mittags, wenn die Stadtuhr zwölf geschlagen, aus dem sandigen Grunde des Bächleins ein Mann, der seinen Kopf unter dem linken Arm trägt. Trifft es sich gerade, dass jemand um diese Zeit des Weges nach der Domjüchmühle geht, so schließt der Ohnekopf sich dem Wanderer an und geleitet ihn stillschweigend bis an die Mühle. Dort verschwindet er aber plötzlich spurlos. (2, S. 165)

125   Die Hexe als Fuchs

Hexen konnten Tiergestalt annehmen. In **Wustrow** geht einst eine Hexe in Fuchsgestalt übers Feld und verzaubert das Vieh ihres Nachbarn. Wie sie damit fertig ist und nach Hause will, kommt ihr Mann von seinem Tagewerk heim. Sie ergreift bei seinem Anblick die Flucht, schlüpft durch die Hintertür und versteckt sich im Bett. Aber sie hat es so eilig, dass sie den Schwanz heraushängen lässt. Das sieht der Mann und läuft nach seinem Beile, um den Fuchs zu töten. Wie er zurückkommt, liegt seine Frau im Bette und der Fuchs samt Schwanz ist verschwunden. (2, S. 132)

126 Vorhersagen

Zwischen **Alt Strelitz** und **Fürstenberg** fuhr einmal der Postwagen an einem kalten Wintertage. Nicht weit von **Drewin** sah der Postillon links einen weißen Mann im Schnee stehen, der bittend die Hände erhob und in den Postwagen zu steigen begehrte. Dem Postillon wurde es unheimlich und er fuhr schneller. Nach einiger Zeit sah er wieder nach links, da trat ein roter Mann an das Sattelpferd und verlangte einzusteigen. Der Postillon fuhr, von Angst ergriffen, im Galopp weiter. Im Grunde von **Düsterförde** standen die Pferde plötzlich still. Ein schwarzer Mann stand drohend vor ihnen. In dem Augenblick trat der Krüger von Düsterförde heran und sagte, er habe sich nur umsehen wollen, ob er nicht im Schnee stecken geblieben sei. Der schwarze Mann war verschwunden. Als aber der Postillon in Fürstenberg einfuhr, sah er hinten im Postwagen die drei Männer sitzen. Und als derselbe endlich stillhielt, flatterten aus dem jetzt leeren Wagen drei Zettel heraus. Auf dem einen stand: So hoch ich bin, so hoch der Schnee; auf dem anderen: Bis an die Knöchel watet ihr im Blute; auf dem dritten: Es naht euch allen der schwarze Tod. Diese Prophezeiungen, großer Schneefall, Krieg, Pestilenz, sollen später eingetroffen sein. (2, S. 196)

127 Scheidegänger

Der alte Schön in **Zierstorf** (85 Jahre alt) hat in seiner Kindheit in **Wangelin**, woher er stammt, viel von einem Scheidegänger reden hören. Dieser hat auf der Grenze zwischen **Nossentin** und den Klosterlehen seinen Gang gehabt. Er sei ein Tagelöhner gewesen, der, über die Scheide befragt, beschworen habe, dass er auf seines Herrn Grund und Boden stehe. Er hat aber vorher von seines Herrn Acker etwas in seine Stiefel gesteckt und sich in diesem Sinne darauf bezogen. Zur Strafe musste er auf der Grenze wandern und hatte keine Ruhe im Grabe. Abends, wie es ruhig war, hörte man ihn rufen: „Hin, her!" Seinem Vater begegnete einmal der Scheidegänger in der **Fürstenberger Heide** und ging rufend quer vor ihm über den Weg. (2, S. 205)

Sidow-S.
Hasenheide
Haus See
Rosendamm
Ablg
Stolp-
Schlse
Himmelpfort
Dampf S.M.
Waldhof
See
O.F.
72
Havel
Ablg
F. Morgenland
Schulzen S.
Zootzen
Nonnenbad
Ablg
71
Forst
Bredereiche
78
zu Bredereiche
Fbr.
Schlse
Havel
70
Grenz-Schleuse
Himmelpfort

Kapitel 2

Von Fürstenberg links und rechts der Havel entlang bis Oranienburg mit Erkundungen in der Uckermark und im oberen Havelland

128 Die Strohbrücke

Unweit der **Mecklenburgischen Grenze** liegen dicht bei **Himmelpfort** zwei kleine Seen, der **Sidow** und der **Medersitz** oder **Moderwitz** genannt, die nur durch die Strohbrücke voneinander getrennt sind. Diesen Namen soll sie daher erhalten haben, dass ein Mönch, der einst ein Frauenzimmer, das er in ein großes Bund Stroh eingewickelt hatte, auf seinem Rücken ins Kloster tragen wollte, gerade an diesem Orte seinem Abt begegnete; da er aber seine Bürde nicht sorgfältig genug verhüllt hatte, so entdeckte jener an den hervorragenden Füßen das Weib. Was aus ihm geworden, erzählt die Sage nicht. (16, S. 217f.)

129 Der Spuk zieht ins Wasser

Am Rande des **Stolpsees**, der vom **Fürstenberger** und **Himmelpforter** Gebiete umschlossen wird, erhebt sich ein kleiner Berg, auf dessen Höhe sich ein prächtiger Laubwald, der **Ering** genannt, ausbreitet. Auf der einen Seite am Abhang dieses Berges, seewärts, steht vereinzelt ein kleiner Buchbusch, von dem sich nicht weit entfernt die grüne Wiese des Unterförsters zu Drögen befindet. Der Schneider und Fischer Seiler aus Fürstenberg +fischte einst in einer dunklen Sommernacht auf dem Stolpsee. Da ihn bei diesem Geschäft eine große Müdigkeit überfiel, fuhr er mit seinem Kahn an das Ufer, befestigte ihn dort, damit er nicht abtreibe, und legte sich dann unter den Buchbusch zum Schlafe nieder. Er mochte so ungefähr eine halbe Stunde geschlafen haben, da – es war gerade nachts zwischen elf und zwölf Uhr – packte ihn plötzlich etwas bei den Füßen und zog ihn den Berg hinunter in den Stolpsee. Als er die Kälte des Wassers an seinen Füßen spürte und jeden Augenblick erwarten konnte, ganz in die Tiefe des Sees gezogen zu werden, rief er in seiner Todesangst die göttliche Hilfe an, trat dabei fest auf den Grund und entkam glücklich wieder aus der unbekannten Gewalt. Diesen Vorfall erzählte Seiler nach einigen Tagen seinem Freunde, dem Schiffer Scharff, der gleichfalls Fischer war. Der wollte aber nicht recht an die Wahrheit der Geschichte glauben, lachte darüber und legte sich selbst einmal des Nachts unter den gefährlichen Buchbusch. Aber es ging ihm jetzt gerade ebenso, wie früher dem Seiler. Und nur mit genauer Not rettete er sich als geübter Schwimmer aus der Tiefe des Stolpsees, in die er bereits gezogen worden war.

Der Schuhmacher Rehfeld aus Fürstenberg, der einmal des Nachts um zwölf Uhr in die Nähe des Buchbusches gekommen war, erzählte noch mit Grauen, dass es ihm dort gewesen, als wenn eine große Herde Vieh über den Stolpsee getrieben werde, und dass er sich des Nachts nie wieder dorthin begeben möchte. Dass dies alles das Werk einer im Stolpsee hausenden Wassernixe ist, die zwar noch niemand genau gesehen hat, glaubt man allgemein. (2, S. 404f.)

130 Das versunkene Dorf

Die Grafen von Fürstenberg wohnten im Sommer häufig auf einem ihrer vielen Güter, welches nahe bei der Stadt **Fürstenberg** lag, und wo außer ihren vielen Hintersassen auch ein Prediger wohnte; denn es stand in dem Dorfe eine gar stattliche Kirche. Wegen des lasterhaften und gottlosen Lebens der Dorfbewohner versank dasselbe jedoch plötzlich mitsamt seiner Kirche; und es kräuselte dort, wo Dorf und Kirche gestanden, ein kleiner See seine klaren Wellen. Dieser noch heute vorhandene See ist von ungeheurer Tiefe und führt den merkwürdigen Namen „Schuhmacher". Am Ufer desselben wird noch eine Stelle die „Dorfstätte" genannt, weil dort in der Nähe das versunkene Dorf gelegen haben soll. (2, S. 296)

131 Erhängter geht als Kettenhund um

Das jetzige Schulhaus zu **Fürstenberg** war früher der Teil einer alten Burg. Einstmals hausten auf dieser Burg drei Brüder, wovon der eine ein so wildes, ausschweifendes und gottloses Leben führte, wie es sich gar nicht ärger denken lässt. Als er zuletzt seines tollen Treibens überdrüssig wurde, nahm er einen Strick und erhängte sich. Dieser Selbstmord veranlasste die beiden anderen Brüder, fort von Fürstenberg zu gehen und sich weit von dort, in einem fernen Lande einen Wohnsitz zu gründen. Der Erhängte aber fand im Grabe keine Ruhe; an jedem Freitage muss er des Nachts als schwarzer Kettenhund die Runde um die Burg machen. Viele Augenzeugen berichten, dass ihnen der schwarze Kettenhund in den Freitagsnächten auf der Hauptstraße Fürstenbergs, die an der vormaligen Burg vorüberführt, schon begegnet ist und ihnen dann stumm das Geleit bis zum **Strelitzer Tor** gegeben habe. (2, S. 136)

132 Die Erscheinung am Wittwiener Haussee

An den zum Rittergute **Wittwien** gehörigen **Haussee** knüpfen sich noch verschiedene Sagen, namentlich heißt es im Volksmunde, ist es in dem dicht mit Bäumen umwachsenen Gange, welcher von dem Garten nach dem See führt, nicht geheuer, da es hier oft spukt. Vor langen, langen Jahren soll nämlich auf dem See eine Dame absichtlich vom Kahne aus in das Wasser gestoßen – die nähere Veranlassung freilich kennt man nicht mehr – und dort ertrunken sein, und noch heute kann die Unglückliche in ihrem nassen Grabe keine Ruhe finden, sondern lässt sich von Zeit zu Zeit in dem eben erwähnten Gange sehen.

In der Nähe desselben schaukelte sich einst um die Mittagszeit eine Tochter eines der früheren Besitzer des Rittergutes, ein gesundes, lebensfrohes, durchaus nicht furchtsames oder träumerisch angelegtes Mädchen von vierzehn Jahren. Plötzlich erblickte sie eine weiße Gestalt, die den Gang herauf auf sie zukommt. Deutlich erkennt sie, dass die sich ihr nähernde Gestalt ein hübsches junges Mädchen ist, welches sich etwa zwei Fuß über dem Erdboden schwebend auf sie zu bewegt, in der Hand ein altertümliches Lämpchen haltend, dessen Flamme sie durch Vorhalten der anderen Hand vor dem Zugwind zu schützen sucht. Die Gestalt nähert sich ihr bis auf wenige Schritte, sodass sie deutlich das Licht durch die Finger der vorgehaltenen Hand schimmern sieht. Das Kind will rufen, doch der Schreck hemmt seine Stimme, da plötzlich zerfließt die Gestalt vor seinen Augen.

Die Erzählerin ist heute längst verheiratet und Mutter, aber noch jetzt behauptet sie fest, diese Erscheinung gesehen zu haben; auch einem anderen Mädchen soll sie sich später noch einmal gezeigt haben. (13, S. 43)

133 Die Wilde Jagd

Eine Sage, welche noch vor allen aus der alten Heidenzeit herstammt, ist die vom Wilden Jäger. Besonders knüpft sie sich an waldreiche Gegenden. Unter Brausen zieht da die gespenstische Erscheinung meist des Nachts durch die Luft. Man hört lärmende Stimmen und zwischendurch das „Giff, Gaff" der Hunde; es ist ein Gejuche, heißt es, dass einem die Haare zu Berge stehen. Dabei fliegt den Hunden Feuer aus Maul und Nase, und der

Wilde Jäger selbst erscheint oft ohne Kopf, bald zu Fuß, bald zu Pferde. Schlimm ist es einmal einem Mann bei **Templin** ergangen, der der Wilden Jagd begegnete. An einem Silvesterabend hatte nämlich ein Spielmann in einem Dorf bei Templin zum Tanze aufgespielt und ging um Mitternacht nach Hause. Wie er aber in den Wald kommt, da hört er die Wilde Jagd daherbrausen, und weil er ein furchtsamer Geselle war, versteckte er sich hinter einem Eichstamm. Das half ihm aber nichts, denn die Wilde Jagd zog an der Erde hin, kam immer näher und näher, und im Nu stürzte einer der Jäger auf den Baum los und rief: „Hier will ich mein Beil hineinhauen." In demselben Augenblick bekam der Spielmann einen gewaltigen Schlag auf den Rücken und fühlte auch eine große Last auf demselben, sodass er eiligst und in Angst davonlief. Erst in seinem Hause machte er halt und ward nun zu seinem Schrecken inne, dass er einen großen Buckel bekommen hatte. Da war er gar betrübt, und am andern Morgen lief die ganze Nachbarschaft zusammen, um das Wunder zu sehen. Zuletzt kam auch einer, der riet ihm, er solle übers Jahr um dieselbe Stunde sich wieder hinter denselben Eichbaum stellen, da werde ihm geholfen werden. Das tat der Spielmann denn auch. Und als es nun gegen Mitternacht ging, da kam auch wieder die Wilde Jagd, und derselbe Jäger wie damals stürzte auf den Eichbaum zu und rief: „Hier hab' ich vor einem Jahr mein Beil hinein gehauen, hier will ich's auch wieder herausziehen": Und im selben Augenblick gibt es im Rücken des Spielmanns einen gewaltigen Ruck und – fort war der Buckel. (28, S. 7ff.)

134 Der weiße Schimmel am Plötzensee

In der Nähe des Dorfes **Kaakstedt** in der **Uckermark** liegt das Rittergut **Plötzensee** an einem See gleichen Namens. Der See wird von einer Seite von einer Wiese begrenzt, die durch eine mit Bäumen und Gestrüpp bewachsene Berglehne abgeschlossen wird. Hier ist es nicht geheuer. Des Nachts zwischen zwölf und ein Uhr, zur Spukstunde, treibt hier ein weißes Pferd sein Wesen; es rennt jeden über den Haufen, der sich zu dieser Stunde auf den Bergabhang wagt. Einst wollte ein beherzter junger Mann aus einem Nachbarorte dem Spuk zu Leibe gehen. Er stellte sich hinter einen Baum und erwartete die Spukstunde. Schlag zwölf Uhr erschien auch wirklich der Schimmel und tummelte sich springend und wiehernd auf der Wiese. Den

Mann, der dem Pferde vom Baume aus zusah, befiel plötzlich eine große Müdigkeit; er konnte nicht anders, er musste sich niederlegen zum Schlafe. Während er dalag und schlief, sprang das Pferd auf ihn zu, beschnüffelte ihn, zog ihm seine Geldbörse aus der Tasche, schlug ihn dann mit dem Hufe und verschwand. Der Schläfer erwachte und lief, so schnell ihn seine Füße zu tragen vermochten, davon. (20, S. 16f.)

135 Die Klingelmarie

Groß Dölln ist echt märkisches Land. Sand wechselt mit Moor, das sich stellenweise zu stillen, waldumkränzten Waldseen vertieft. Eine solche Niederung in dem Dreieck, welches die nach **Döllnkrug** und **Groß Väter** sich abzweigenden Wege einschließt, nennt man im Volke **Punskuhl**. Hier stand einst ein stattliches Schloss, welches dem Ritter von Dölln gehörte; aber wegen des Hochmuts seiner Tochter ist es versunken mit allem, was darinnen war. Die weiblichen Bewohner sind in Wasserrosen, die Ritter und Knappen in Schilf mit hohen Büscheln verwandelt worden. Bisweilen lässt sich hier eine weibliche Gestalt sehen mit langem, weißem Schleier. Es ist die Tochter des letzten Herrn von Dölln, die durch ihr hochfahrendes Wesen den ganzen Fluch heraufbeschworen hat. Sie muss umgehen, bis ein unbescholtener Jüngling kommt und das sie erlösende Wort spricht: Gelobt sei Jesus Christus. Die Leute nennen sie die Klingelmarie.
Unter Umständen ist es gefährlich ihr zu nahen. Einmal kam einer erschreckt und zitternd morgens heim, der war des Weges gekommen. Er brachte nichts heraus als die Worte: „Klingelmarie hat mi anfoat", verfiel in eine tödliche Krankheit und starb. Die Klingelmarie hatte es ihm angetan. (29, S. 136f.)

136 Bärens Kirchhof

In der **Grimnitzer Forst** liegt in der Nähe der **Försterei Lindhorst** auf der Höhe eines mäßigen Abhangs an den **Plötzenpfühlen** ein Platz, welcher mit großen Steinen umgeben ist, der heißt **Bärens Kirchhof** und soll seinen Namen von einem Förster Bärens haben, der dort begraben liegen soll. Es sollte in der Grimnitzer Forst nämlich einmal, wie es heißt, zur Zeit des

Kurfürsten Joachim, eine große Schweinsjagd gehalten werden, und der damalige Heidereiter namens Bärens begab sich deshalb drei Tage vorher an den Ort, den der Kurfürst umstellen ließ, um die Schweine zu körnen (ködern) und zu beobachten. Wie er sich nun hier befand, hörte er des Nachts nach zwölf Uhr eine Stimme aus einem nahe gelegenen Bruche, die fragte: „Ist der Stumpfschwanz (oder auch der Stroppschwanz) da, der den Förster Bärens zu Tode bringen soll?" Diese Stimme hörte er in der folgenden Nacht wieder, und er erzählte alles dem Kurfürsten, dem er jedoch zu gleicher Zeit seine Vermutung äußerte, dass es Hofbedienstete sein möchten, die ihn furchtsam machen wollten. Der Kurfürst befahl ihm darauf, niemandem etwas zu sagen, auch die folgende Nacht zu Hause zu bleiben; statt seiner musste aber der Büchsenspanner des Kurfürsten an der gedachten Stelle wachen und die Schweine körnen, und dieser hörte dieselbe Stimme. Am folgenden Tage ging nun die Jagd vor sich, und der Heidereiter musste zu Hause bleiben. Als aber alles beendet war, ritt er hinaus nach der Stelle, wo jetzt Bärens Kirchhof ist, und wurde wirklich unter den getöteten Sauen eines Stumpfschwanzes gewahr, den man eben im Begriff war, auf einen Wagen zu laden. Da trat er hinzu und sagte: „Du sollst mir das Leben nehmen, und bist eher tot als ich?", hielt auch, als die Bauern beschäftigt waren, die andere Wagenleiter vorzuschieben, das Schwein während der Zeit, damit es nicht herunterfalle; aber weiß der Himmel, wie es kam! Der Kopf des Schweins fiel plötzlich herunter und schlitzte dem Heidereiter mit seinen Hauern den Leib auf, sodass er nach wenigen Augenblicken, nachdem er sich noch einige Male vor Schmerz im Kreise herumgeschleppt hatte, seinen Geist aufgab. Darauf hat man ihn angeblich an dieser Stelle begraben, und an jedem Punkte, wo er im letzten Todeskampfe niedergesunken war, einen Stein gesetzt, sodass diese nun einen förmlichen Kreis bilden. Die Stelle aber heißt bis auf den heutigen Tag Bärens Kirchhof. (29, S. 135f.)

137 Der gespenstische Leichenzug

Zu **Joachimstal** ging einst ein junges Mädchen mit einer befreundeten älteren Frau über eine Brücke. „Komm!", sagte die Alte plötzlich, „geh an die Seite!" und zog ihre Gefährtin zum Geländer der Brücke. „Warum denn? Ist die Brücke doch breit genug!" Aber die andere zerrte sie schweigend hinweg. Als sie die Brücke hinter sich hatten, erklärte die Frau: „Ein Leichenzug ging eben über die Brücke – und da solltest du nicht mitten hindurchgehen. Die Gilde bekommt einen Toten!" Und nach drei Tagen begrub die Schützengilde einen ihrer Kameraden, und der Leichenzug ging über die Brücke. (20, S. 107)

138 Die Weiße Frau im Rehdanzbruch

Zwischen **Joachimsthal** und dem **Köllnischen Teerofen** am **Werbellinsee** befindet sich ein Bruch, welches der **Rehdanzbruch** heißt; dort sieht man an einer Stelle eine kleine Vertiefung, die mit Wasser gefüllt ist und etwa den Umfang eines Scheffelmaßes hat. Schon oft hat man versucht, diese mit Sand und Steinen zuzuschütten, aber es hat bis jetzt noch nicht gelingen wollen, wird auch wohl nicht gelingen, da es damit seine eigene Bewandtnis hat. Es sitzt nämlich, wie man sagt, eine schöne Jungfer darin, die erlöst sein will, und schon manchem ist sie erschienen.

So war auch einmal ein Knecht draußen bei den Kühen, der legte sich nieder und schlief ein; wie er aber erwacht, sieht er eine weibliche Gestalt, die ist ganz weiß angekleidet und lange schwarze Haare hingen ihr vom Haupte hernieder, auf sich zukommen; es war aber Mondschein, darum konnte er das alles so genau unterscheiden. Als sie nun aber näher kam, winkte sie ihm dreimal, aber er blieb sitzen, und da kehrte sie um und ging nach jener Stelle im Bruch, wo sie sogleich verschwand. Lange nachher noch hörte er aber von dort her ihr Winseln ertönen. (16, S. 220)

139 Der Schöne Berg am Werbellinsee

Auf der zwischen den Dörfern **Schöneberg** und **Herzberg** gelegenen Hochebene erhebt sich ein isolierter, etwa vierzig Fuß hoher Sandhügel, der unter dem Namen der **Schöne Berg** bekannt ist. Südwestlich von diesem Hügel senkt sich die Hochebene allmählich abwärts und verläuft in eine grasreiche Niederung, in welcher sich der schilfumkränzte **Werbellinsee** ausbreitet. Diesen freundlichen See wollte einst eine Riesenjungfrau zudämmen und dadurch jede Spur von ihm vernichten. Sie scharrte deshalb Sand und Erde in ihre Schürze und schritt mit dieser Bürde rüstigen Laufes dem See zu. Ehe sie diesen aber erreichte, zerriss plötzlich ihr Schürzenband; die schwere Last fiel jählings zu Boden und bildete jenen merkwürdigen Sandhügel, der von den umwohnenden Landleuten dann der Schöne Berg genannt wurde: ob mit galanter Rücksicht auf die junge Riesin, die man sich in diesem Falle auch als eine mit Schönheit ausgestattete gedacht haben muss, oder mit Rücksicht auf den schönen Anblick, welchen der aus einförmiger Ebene isoliert emporragende, ehemals bewaldete Berg gewährte, muss dahingestellt bleiben; nur so viel scheint gewiss zu sein, dass dieser Name auf das früher in der Nähe des Berges gelegene Dorf, und, nachdem dieses gänzlich zerstört worden war, auf das weiter nordwärts angelegte jetzige Dorf Schöneberg übergegangen ist.

Es wurde auch erzählt, dass der christliche Geistliche in Herzberg gern Fische aus dem Werbellinsee aß. Darüber ärgerte sich eine Riesenjungfrau und nahm sich vor, den See zuzudämmen. Sie füllte ihre Schürze mit Sand und eilte dem Wasser zu. Da kam ein Engel herbei und zerschnitt ihr das Schürzenband. Der Sand entfiel ihr und bildete den Schönen Berg, von welchem das Dorf Schöneberg seinen Namen erhalten hat. (13, S. 27f.)

140 Werbelow

Vor alter Zeit hat dort, wo sich jetzt der **Werbellinsee** befindet, eine Stadt namens **Werbelow** gestanden, die ist untergegangen, und das soll so gekommen sein: mitten in der Stadt lag ein Schloss, das war rings mit Wasser umgeben, und nur eine einzige Zugbrücke führte hinüber. Der Herr des Schlosses war aber ein gar böser Zauberer und ließ nur selten einen Fremden zu sich ein. Da kam auch eines Tages eine alte Frau, die wollte ins Schloss hinein, und wie der Herr sie erblickte, rief er ihr zu, sie solle zurückgehen. Das tat sie auch, sagte aber zu gleicher Zeit: „Ich will zurückgehen; aber du sollst untergehen!" Und das hat sie wohl wahr gemacht, denn sie wusste noch stärkeren Zauber als der Herr selber.

Nun befand sich zu dieser Zeit aber ein Fremder in der Stadt, der war ein gar gottesfürchtiger Mann, weshalb die Frau seinen Untergang nicht auch herbeiführen wollte; sie ging daher zu ihm und sagte, er solle eilig die Stadt verlassen, denn diese würde binnen kurzer Frist untergehen. Da packte er schnell seine Sachen zusammen und ging mit seinem Bedienten, den er bei sich hatte, davon. Als sie eine Strecke fort waren und auf dem Berge ankamen, der unweit der Stadt lag, bemerkte er, dass er in der Eile vergessen hatte, sein Felleisen (Ranzen) mitzunehmen. Da schickte er seinen Diener zurück; aber der kehrte nach kurzer Zeit wieder und sagte, die Stadt und das Schloss seien spurlos verschwunden, und an ihrer Stelle sei ein großer See entstanden.

Im Werbellinsee, sagt man auch, muss alle Jahre einer ertrinken, und zwar geschehen vorher allerhand Wahrzeichen; namentlich hört es sich dann oft so an, als wenn jemand laut in die Hände klatscht, und dann währt's immer nur kurze Zeit, so ertrinkt wirklich einer im See. (29, S. 134f.)

141 Die Jungfrau im Werbellinsee

Im **Werbellinsee** liegt eine große Stadt versunken, deren Bewohner wegen ihrer Üppigkeit vom Erdboden vertilgt worden sind. Von Zeit zu Zeit steigt noch eine Jungfrau auf, um ihre Erlösung aus der versunkenen Stadt zu erwerben. Da war einst ein Fischer, der fand die Jungfrau auf einem Steine am Ufer sitzen; sie rief und klagte, als sie ihn kommen sah: „Bist ein Sonntagskind, bist zur rechten Stunde im Mondwechsel geboren. Geh hin nach dem Orte, den ich dir bezeichne. Grabe stillschweigend dort, und du wirst ein wundersames Ding finden. Nimm es mit nach Hause, verbirg es dort, es wird dein Glück sein. Und ich werde durch dich erlöst." Dem Fischer graute. Er meinte keinen solchen Ort zu kennen, wie die Jungfrau ihm bezeichnete, vielleicht verstand er auch ihre Worte nicht recht. Er lief davon, während sie ihm klagend nachrief: „Weh, weh, hundert Jahre muss ich nun wieder der Erlösung harren!" Andern Tages, es war Johannistag, ritt der Fischer mit zwei Pferden in den Werbellinsee zur Schwemme; die Pferde versanken, der Fischer ertrank. (20, S. 10f.)

142 Im Bergesinnern

Ein Mann ging einst am Ufer des **Werbellinsees** entlang und kam bis zu der Stelle, wo ehedem die bekannte Feldziegelei gestanden hat und wo die

Berge sich abschüssig steil zu dem See absenken. Er fand eine Jungfrau dort, die lud ihn ein mitzukommen, es solle sein Glück sein. Aber was er auch sehe und höre, es dürfe kein Wort über seine Lippen kommen. Und sie stiegen den Berg hinan. In der Mitte des Abhanges schlug die Jungfrau an einen großen Stein, und der Stein tat wie eine Tür sich auf. Sie fanden einen Gang und gingen denselben entlang. Dann traten sie in ein großes, großes Gemach. Dort saßen an einem mächtigen Tische drei Greise, die schrieben gar fleißig in ihren großen Büchern. Was sie geschrieben, weiß niemand. Der Mann wunderte sich gar sehr und hätte gern gefragt, aber er bezwang sich und folgte schweigend der Jungfrau. Diese aber führte ihn weiter. Und sie kamen in ein großes, großes Gemach, wo mächtige Truhen voll Gold und Silber standen, wo Edelstein an Edelstein funkelte und glitzerte. Dem Manne wurden die Augen groß, aber er unterdrückte das Ach, das auf seiner Lippe laut werden wollte. Doch in diesem Augenblick traten schnuppernd zwei schwarze Hunde heran, deren Augen glühten wie Kohlen, und ihr Atem schien züngelndes Feuer. Die Angst erfasste ihn, und er musste laut rufen: „Gott hilf!" Da war sofort alles, alles verschwunden. Der Mann fand sich draußen am Berge liegen, er war wie sinnverwirrt, er ging wie ein Träumender umher, der vergebens nach dem Eingang zum Berge suchte, und nach drei Tagen war er tot. (20, S. 11f.)

143 Kloster Chorin

Das **Kloster Chorin** hat nicht immer an der Stelle gestanden, wo man noch jetzt die schönen Ruinen sieht, sondern es hat ehemals in der Nähe des großen **Parsteiner Sees** auf dem **Rosmarinberge** gelegen; warum es aber von dort fortgebracht worden ist, weiß man nicht.
Als nun das neue Kloster an dem **Mariensee** gebaut wurde, da haben sieben Baumeister lange Jahre daran gearbeitet, bis sie endlich das herrliche Werk vollendet sahen. Es war aber auch eine gar schwere Arbeit, weil sie auch noch einen weiten unterirdischen Gang nach dem Kloster zu **Angermünde** sowie einen von da nach **Greiffenberg** bauten. So hat es denn lange Zeit gestanden in seiner Pracht, bis es endlich mit allen Gebäuden, die darum und daran sind, auf ewige Zeiten verwünscht worden ist. Von da an sind die Unterirdischen darin eingezogen, die kommen bald hier, bald dort mit ihrer

grauen Kleidung und mit dreieckigem Hute zum Vorschein; aber nicht jeder kann sie sehen, sondern nur Sonntagskinder und andere Begabte. Einen Böttcher haben sie einmal zu sich hinuntergeholt, der hat ihnen neue Bänder um ihre Fässer legen müssen. In der Nacht hatte es ihn nämlich mehrere Male gerufen, er sollte sich mit seinem Handwerkszeug zu der und der Stunde, an der und der Stelle einfinden. Als er dorthin kam, fand er ein kleines Männchen, das redete ihm freundlich zu, es würde ihm kein Leid geschehen, er solle nur alles tun, was man von ihm verlange. Da hat es ihm denn die Augen verbunden und mit hinuntergenommen; soviel merkte der Böttcher nur, dass es einen langen Gang entlang ging. Als man nun am Ziele war und ihm die Binde abgenommen wurde, befand er sich in einem geräumigen Keller, in welchem eine Menge solcher kleinen Leute mit den verschiedensten Dingen beschäftigt waren, jedoch kein Wort sprachen. An den Wänden herum standen aber zwölf große Fässer, an die musste er nun neue Bänder legen. Dabei erhielt er die Erlaubnis, von jedem der zwölf Goldhaufen, die bei den Fässern lagen, einen Teil als Bezahlung mitzunehmen. Darauf wurde er so zurückgeführt, wie er hingekommen, und befand sich bald wieder an der Stelle, wohin ihn die Stimme gerufen hatte, und dass alles Wirklichkeit gewesen war, sah er an dem Schatz, den er bei sich hatte. Auch eine Weiße Frau lässt sich öfter des Nachts in den Ruinen sehen mit einem großen Schlüsselbund an der Seite, weshalb die Leute sie auch die Utgebersche (Ausgeberin) nennen. Gewöhnlich trägt sie gelbe Pantoffeln. Einige sagen, jetzt komme sie nicht mehr, sie sei verschwunden, weil ihr einer einmal, als er dies bemerkte, nachgerufen habe: „Kick, die hat ja gele Tüffeln an." (29, S. 131ff.)

144 Der Schatz zu Chorin

In **Chorin** erscheinen alle Jahr zwei Jesuiten, die sehen nach, ob der große Schatz noch in den alten Kellergewölben liegt und holen sich einen Teil davon. Die hatte auch einmal ein Amtsschreiber des Amtsrats K. gesehen, war ihnen nachgegangen, ohne dass sie es bemerkten, und hatte nun erspäht, wie sie vor eine eiserne Türe gekommen, da einige Worte gesprochen hatten, worauf sich die Türe aufgetan und sie hineingegangen waren. Das alles hatte er sich wohl gemerkt, und da er eine Liebste hatte, die er gern längst geheiratet hätte, wenn er nur Geld gehabt, ging er zu ihrem Bruder und erzählte ihm alles und fragte ihn, ob sie beide hingehen wollten und sich auch Geld holen. Der war auch bereit dazu und so gingen sie beide in den Gang hinab und kamen zu der eisernen Türe. Hier sprach er die Worte, die er den Jesuiten abgelauscht hatte, und sogleich sprang sie auf. Darauf gingen sie weiter und kamen an die zweite Türe, die er auf dieselbe Weise öffnete und sogleich hineinging. Aber kaum war er hindurch, so schlug auch die Tür schon wieder hinter ihm zu, und der andere blieb draußen. Wie der noch so dasteht, hört er drinnen einen gewaltigen Lärm und Geschrei, aber das dauert nur wenige Augenblicke, da ist's vorbei. Da zauderte er erst und war unschlüssig, was er tun sollte, denn er mochte doch nach dem, was er gehört, wohl einige Furcht haben. Aber andrerseits hatte er die großen bis zum Rande mit Gold gefüllten Fässer gesehen und wollte doch auch wissen, was mit seinem Führer geworden war. Da sprach er getrost die Worte, die Türe ging auf, und er sah den Schreiber in viele kleine Stücke zerhackt da liegen; denn die Worte, womit die Jesuiten die Türe öffneten, hatte er wohl gehört, aber nicht diejenigen, welche sie drinnen gesprochen haben. Da fasste ihn ein gewaltiges Grauen und ohne auch nur ein Goldstück anzurühren, kehrte er um und ging nach Hause und hat nimmer wieder nach dem Golde verlangt. (17, S. 40f.)

145 Der Trümmelmann

Der Alte Fritz hatte einen Trümmelmann (Trommler), den er sehr liebte, denn solange der die Trommel rührte, ging im Felde alles gut. Zuletzt freilich nützten dem Fritz auch seine Siege nichts mehr, denn das Geld ging ihm aus. Er trug schon löcherige Stiefel, in die das Wasser hineinlief, und stieg deshalb lieber gar nicht mehr vom Pferde. Da rief er den Trümmelmann heran und sprach zu ihm: „Trümmelmann, du musst my eenige Schäpel Geld anschaffen, kieke mal, wo du ditt herkryjst!" Der Trümmelmann machte ein trauriges Gesicht, dann aber fiel ihm ein, dass man von dem alten Amtmann von **Chorin**, einem argen Geizhals und Zauberer erzähle, er habe ungezählte Fässer Goldes in heimlichen Kellern stehen. Da musste er hin.
Er machte sich auf, und wie er in Chorin ankommt, sieht er die Arbeitsleute sich keuchend abmühen bei der Ernte, denn dem harten Amtmanne ging

alles nicht schnell genug. Trümmelmann stellt sich hin und beginnt seine Trommel zu rühren. Gleich bei den ersten Wirbeln beleben sich die Mienen und die Glieder der Arbeiter, und bald geht die Arbeit, als hülfen hundert unsichtbare Hände. Das gefiel dem Amtmann, und er sann schon darauf, die wunderbare Trommel an sich zu bringen.

In der Nacht schlief der Trümmelmann nach schlechtem Abendessen in der Bräustube. An diese stieß eine kleine Kammer, durch eine schmale offene Spalte mit ihr verbunden, in die einzutreten der Amtmann ihm streng verboten hatte. Gegen Mitternacht erwacht der Trümmelmann von dem Geräusch schlürfender Schritte in dieser Kammer. Dann hört er eine schwere Tür gehen und dumpfe Kellerluft dringt bis zu ihm hin. Nach einiger Zeit scheint die schwere Tür sich wieder zu schließen und die Schritte entfernen sich. Das muss der Trümmelmann untersuchen. Er betritt die Kammer, macht Licht mit seinem Zunder und trommelt leise mit seinen Trommelstäben an den Wänden hin. Auf einmal weicht ein Teil der Wand zurück, eine steile Treppe zeigt sich, und in dem Keller, zu dem sie führt, stehen mehrere Reihen Fässer übereinander. Da also war der Schatz. Der Trümmelmann steigt hinab, aber heben kann er keines der Fässer, so schwer sind sie.

Am nächsten Morgen geht alles wie tags zuvor, der Amtmann ist noch ungeduldiger, und Trümmelmann muss trommeln, bis ihm die Hände lahm werden. Endlich, als schon der Vollmond heraufsteigt, ist die letzte Fuhre, ein Fuder Erbsen, herein. Der geizige Amtmann aber kümmert sich nicht mehr um seinen treuen Helfer und bietet ihm nicht einmal ein Abendbrot. Da sucht Trümmelmann in Hunger und Ärger die Erbsen auf, die beim Einfahren der letzten Fuhre zur Erde gefallen sind, um sich daraus selbst ein Gericht zu kochen. Als er aber die Bräustube betritt, wo er die vorige Nacht geschlafen hat, fällt ihm etwas ein. Er geht in die Nebenkammer, lässt die Wand zurückweichen und streut auf die Treppe, die zum Keller führt, einen Teil der Erbsen vorsichtig aus. Dann kocht er sich die übrigen Erbsen und legt sich nieder. Alles kommt, wie in der vorigen Nacht. Aber auf die schlürfenden Schritte und das Ächzen der Tür folgt diesmal ein dumpfer Fall und ein furchtbarer Schrei. Dann ist alles still. Als Trümmelmann nachsieht, liegt der Geizhals am Fuße der Treppe tot da, mit verdrehtem Gesicht.

Nun war der König Erbe des einsamen, erbenlosen Geizkragens. Trümmelmann will gleich am Morgen fort, es ihm zu melden. Wie er aber heraustritt, hört er Pferdegetrappel, und bald steht der Fritz mit wenigen Getreuen selbst vor ihm und ruft: „Trümmelmann, es steht schlecht, vielleicht kannst du noch helfen mit dem Geld und deiner Trommel!" Da berichtet Trümmelmann, was er erlebt hat. Neun volle Wagen Goldes lässt der König abfahren, und nun nahm der Krieg bald eine bessere Wendung und kam zu gutem Ende. (20, S. 141ff.)

146 Die stummen Frösche zu Chorin

In dem bei dem **Kloster Chorin** gelegenen kleinen **Mariensee** befindet sich zwar eine große Zahl von Fröschen, aber so viele ihrer auch darin sind, so lässt doch keiner irgendjemals sein Gequäk vernehmen. Das kommt, wie einige behaupten, daher, dass, als das ganze Kloster verwünscht worden ist, auch die Frösche mit verwünscht und zu ewigem Schweigen verdammt wurden. Andere behaupten, einst, als noch Mönche in dem Kloster wohnten, hätten die Frösche mit gewaltigem Gequäk die Andacht derselben gestört, sodass die frommen Brüder, als es gar kein Ende hätte nehmen wollen, endlich Gott gebeten haben, jene auf ewig verstummen zu machen, und das sei auch augenblicklich in Erfüllung gegangen. Seit dem Augenblick sind nun die Frösche stumm bis auf den heutigen Tag. (16, S. 207f.)

147 Die versunkene Stadt im Parsteiner See

Im **Parsteiner See**, der sich weit hinzieht, soll einst eine große Stadt untergegangen sein, und zwar durch die eigene Schuld der Bewohner. Es fehlte diesen nämlich schon lange an gutem Trinkwasser, und sie hatten auch schon viele Brunnen gegraben, aber immer nicht ihren Wunsch erreicht. Da kam einst ein Zauberer und grub ihnen einen schönen tiefen Brunnen, dessen Wasser hell und klar war; aber er fügte zu seinem Geschenk zugleich die Warnung hinzu, dass sie den Brunnen jeden Abend sorgfältig zudecken sollten. Das hatten sie denn auch jahraus, jahrein getan; aber einst, wie es kam, weiß man nicht, wurde es vergessen. Da fing die Flut plötzlich an emporzuwallen und stieg immer höher und höher und verschlang die Stadt mit allen Bewohnern; das Wasser trat aber weiter und weiter aus und bildete zuletzt den großen Parsteiner See.

Einige erzählen auch, die Stadt hätte sich noch über den jetzigen See hinaus und zwar bei **Pählitz** vorbei in die Heide hinein, bis zum sogenannten venedischen Kirchhof erstreckt. Auf dem **Pählitzer Werder** hat das Schloss gestanden, und man kann noch die Spuren des Gemäuers dort sehen; im Wasser erblickt man auch noch zuweilen bei hellem Wetter den Kirchturm und hört das Läuten der Glocken aus der Tiefe herauf.

Auch sonst ereignet sich noch allerhand am See. So zeigen sich oft bei hereinbrechender Nacht zwei Feuer; die Fischer haben sie häufig beim dort üblichen Krebsen gesehen: das eine erscheint auf der **Brodowiner**, das andere auf der Parsteiner Seite des Sees; aber kein Mensch ist dabei. Es hatten nämlich einmal ein Paar Brüder gekrebst und einen großen Krebs gefangen. Jeder wollte ihn haben, und sie fingen an, sich darüber zu streiten. Vom Zank kam es zu Schlägen, und im Zorn erschlugen sie einander. Seitdem sieht man jene Feuer, es sind die feindlichen Brüder, die keine Ruhe im Grab gefunden haben und noch immer dort umgehen und krebsen. (29, S. 129f.)

148 *Das Riesenmädchen am Parstein*

Auch am **Parsteiner See** erzählt man sich noch viel von den Riesen. So sollen die beiden Landzungen zwischen **Brodowin** und **Bölkendorf** von einem Riesenmädchen herrühren, das sich hier einen Damm herüberbauen wollte und ein paar Schürzen Erde herbeischleppte. Als sie aber mit der dritten ankam, fiel sie und brach sich ein Bein; die Erde aber ließ sie dabei mitten in den See fallen, und es entstand die Insel, welche noch dort in der Nähe jener Landzungen zu sehen ist.

Übrigens erzählt man auch hier, die Riesen seien so groß gewesen, dass, wenn sie ihre Schweine austreiben wollten, sie die größte Buche oder Eiche aus dem Walde ausgerissen und als Rute gebraucht hätten. Einmal hätte auch hier ein Riesenmädchen einen Bauer samt Pflug und Ochsen wie ein Spielzeug in ihre Schürze gesteckt und voll Verwunderung zu ihrem Vater gebracht. Der soll ihr aber gesagt haben, sie solle nur alles wieder hintragen, wo sie es hergeholt habe, das seien die Erdenwürmer, welche nach ihnen kommen und, so klein sie auch seien, sie vertreiben würden.

Nach anderen ist dies bei dem Dorfe **Rietz** unweit **Brandenburg** geschehen, und da hat das Hünenmädchen, nachdem sie Pflug und alles wieder an

seinen Ort getragen, den **Rietzer Berg** aufgeschüttet, damit die „Vertreiber" nicht allzu schnell nach Rietz kämen, und der liegt noch heutigen Tages da.
(29, S. 130f.)

149 Der vergrabene Schatz in den Gesundbrunnenbergen

Der Vorfahr einer alten **Eberswalder** Sattlerfamilie war in der letzten Hälfte des achtzehnten Jahrhunderts, da er in seinem Handwerk nicht volle Beschäftigung hatte, von der Stadt mit mancherlei Arbeiten betraut worden. So war er auch eines Tages damit beschäftigt, hinter dem Brunnen einen Graben aufzuräumen, als er plötzlich einen großen Behälter vor sich sah, der mit Gold gefüllt und so schwer war, dass er ihn nicht heben konnte. Deshalb wollte er ihn nach und nach leeren und füllte, da es ihm an anderem Gerät mangelte, seine Mütze mit Goldstücken. Bei dieser Beschäftigung trifft ihn sein kleiner Sohn und spricht: „Vater, schenk mir auch einen Heller!" In demselben Augenblick versinkt der Behälter mit dem Gelde, das Erdreich bricht von allen Seiten zusammen, und der ehrbare Meister hat kaum Zeit, die Mütze mit dem Gelde zu bergen. Dies Missgeschick ging ihm natürlich sehr zu Herzen, und er begab sich sogleich zu dem als Wundermann bekannten alten Stadtschäfer, um ihm den Hergang zu erzählen. Der Schäfer meinte, dass er schon lange von dem verborgenen Schatz wisse, und brachte das Verschwinden desselben damit in Verbindung, dass bei dem Auffinden hätte kein Wort gesprochen werden dürfen. In der nächsten Johannisnacht solle er mit mehreren zuverlässigen mit Spaten ausgerüsteten Leuten nach dem „Brunnen" kommen, wo er selbst um elf Uhr abends sich auch einfinden werde.
In jener Nacht gab nun der Schäfer folgende Anweisung: Er selbst wolle sich unter einer großen Linde aufstellen, und die Leute sollten sich an die Stelle begeben, wo der Schatz seinerzeit gefunden und verschwunden war. Punkt zwölf Uhr werde er ein Zeichen geben, nach welchem das Graben beginnen sollte. Jedem Einzelnen legte er noch ausdrücklich ans Herz, kein Wort bei der Arbeit zu sprechen, denn sonst sei alle Mühe vergebens. Mit dem Glockenschlage zwölf Uhr wurde mit dem Aufgraben begonnen, und nach kurzer Zeit war der Schatz bloßgelegt. Da kamen beim Bergen einige Vorstädter (Rulaer) hnzu, die in der Johannisnacht heilkräftige Kräuter sammel-

ten, und fragten: „Woas moackt ji denn doa?" In demselben Augenblick verschwand der Schatz wie mit einem Zauberschlage, und das ihn umgebende Erdreich stürzte wiederum zusammen. Die Schatzgräber kamen sofort zu dem alten Schäfer, der noch immer Wache hielt, und erzählten ihm das Missgeschick. Nun schien alles verloren, doch tröstete der Alte die Leute und erteilte ihnen einen neuen Rat. Wenn es gelänge, von der Witwe des Inspektors Rücker ein Buch mit bestimmtem Titel zu erlangen, so könne der Schatz dennoch geborgen werden, es möge dabei passieren, was da wolle. Am nächsten Morgen begibt sich der Sattlermeister zu der Frau Inspektorin und trägt ihr sein Anliegen vor. Doch Frau Rücker gab die betrübende Antwort, dass sie dem Wunsche nicht entsprechen könne, da sie das Buch auf Befehl ihres Mannes verbrannt habe. So blieb der Schatz ungehoben, wenigstens ist von einem Auffinden desselben nie etwas bekannt geworden. (20, S. 117ff.)

150   Krugwirt kehrt wieder

In **Ruhlsdorf** bei **Eberswalde** war einmal ein Krugwirt, der war gar reich. Und als er sterben sollte, da ward's ihm schwer und er ließ sich noch einmal all sein Gold bringen. Und als er es hatte, da musete er so recht darin und rief: „Min schoenet Gold!" Kaum hatte er das aber gesagt, da starb er. Allein er hat sich auch im Tode nicht von seinen Gütern trennen können, denn bald sah man ihn zu Pferde auf den Hof sprengen, bald stand er bei den Mägden im Stalle und trieb sie zur Arbeit an, und ist noch lange Zeit immer wieder und wieder gekommen. (17, S. 76)

151   Der heilige Christoph

In einem Seitenschiffe der Stadtkirche zu **Neustadt-Eberswalde** sieht man ein großes Freskobild des heiligen Christoph, und es wird erzählt, dass in der Gegend der Kirche, wohin er schaue, ein großer Schatz verborgen liege; was es aber sonst damit für eine Bewandtnis habe, weiß niemand. Nur sollen ehedem alljährlich zwei Mönche aus fremden Landen gekommen sein, die sollen nachgesehen haben, ob die Kirche noch stehe und das Bild noch vorhanden sei, dann aber sind sie wieder fortgegangen. (16, S. 175)

152 Der Wunderkreis auf dem Hausberg

Auf dem **Hausberg** bei **Eberswalde** hat ehemals eine alte Burg gestanden, deren Gemäuer noch vor mehreren Jahren sichtbar gewesen, später aber zum Bau der Kirchhofsmauer benutzt worden ist. Hier lässt sich öfter eine Weiße Frau mit einem großen Schlüsselbunde sehen, die sich auch zuweilen in einen großen schwarzen Hund verwandelt und so die Gegend durchstreift. Jetzt ist der Hausberg oben ganz geebnet, und nur der sogenannte **Wunderkreis** befindet sich dort. Das ist ein aus vielen Kreisen bestehender, zwischen Rasenanlagen sich hinziehender Gang, dessen Biegungen so durcheinanderlaufen, dass, wenn man ihn bis zum Ende geht, man an derselben Stelle wieder ankommt, an der man hineingegangen ist. Früher wurde er von den Kindern zu Ostern ausgelaufen, das heißt, derjenige Knabe, der ihn am schnellsten durchlief, erhielt zur Belohnung Ostereier. Diesen Kreis hat, wie man sagt, ein alter Schäfer gemacht, der sich dadurch vom Tode gerettet hat; denn als er wegen eines Verbrechens dazu verurteilt war, hatte man ihm versprochen, ihm das Leben zu schenken, unter der Bedingung, dass er einen solchen Wunderkreis schaffe; was er denn auch gründlich ausgeführt hat.

Andere sagen, ein Schäfer, der hingerichtet werden sollte, habe noch kurz vor seinem Tode gebeten, dass ihm gestattet sein möge, noch einmal die herrliche Aussicht in das Tal vom Hausberge aus zu genießen. Das wurde ihm gewährt, und wie er nun so auf dem Berge umher ging, schleifte sein Stock hinter ihm im Sande nach und bildete so den Wunderkreis. (29, S. 103f.)

153 Der dreibeinige Hase

Mit **Niederfinow** ist es eine eigene Sache. Früher war es eine Stadt und hieß Ninifeh, auch findet man noch manchmal in den Bergen altes Mauerwerk. Jetzt heißt der Ort aber Niederfinow von der Finow. Früher hatte es auch drei Märkte, die haben sie aber eingehen lassen; der eine ist dann nach **Oderberg**, der andere nach **Freienwalde** und der dritte nach **Eberswalde** gekommen, deshalb haben diese vier.

Überhaupt gab es in Niederfinow mancherlei, was jetzt nicht mehr vorkommt. Eine Frau hatte zum Beispiel einen dreibeinigen Hasen im Keller sitzen, der butterte ihr immer des Nachts. Ein Nachtwächter hat es oft gesehen, wenn er zum Kellerfenster hineinguckte. Der Hase hat sich aber nicht stören lassen, sondern nur gerufen: „Et kuckt, et kuckt!" Der Frau ging auch nie das Geld aus. Sie hatte aber auch immer einen dicken Fuß. Als er dünner wurde, da war es auch mit ihr zu Ende. Als sie starb, da hat ihr Knecht gesehen, wie der Geist als ein feuriger Streifen zum Schornstein hinausgeflogen und zu ihrer Tochter in das Haus gezogen ist. Das war der Drak oder Kobold, wie man ihn auch nennt. Manchmal hat sich übrigens auch der dreibeinige Hase in der Dorfstraße gezeigt. Einst kamen Mädchen aus der Spinnstube, es war so recht heller Mondschein. Da kam der dreibeinige Hase auf sie zugehuppelt, dass sie alle Hals über Kopf ins Haus stürzten. Einer aber hat er noch die Zwickel in den Strümpfen zerrissen. Wie aber jemand mit einer Laterne gekommen, ist er wieder so weggehuppelt, wie er gekommen war. (29, S. 126)

154 Die Weiße Frau bei Niederfinow

An der **Niederfinow**schen und **Lieper** Grenze hat sich früher öfter eine Weiße Frau sehen lassen, da wo die Schlucht von den Bergen an der Schmolitz (Heide) hinunter nach der Lieper Wiese läuft, wo der große **Kubben** stand, in dem das Vieh getränkt wurde, weshalb man auch den Grund den **Kubben** nannte. Besonders haben sich die Fischer in Acht nehmen müssen, wenn sie dort des Nachts ihre Netze ausgeworfen haben; denn sie hat ihnen oft ihre Netze zerrissen, wie man von den Alten hörte. Jetzt freilich ist mit den Verwallungen alles anders geworden, da können sie gar nicht mehr da hin; früher aber ging das Wasser bis an die Berge.

Waren nun einst in alter Zeit ein paar Fischer des Nachts dort beschäftigt, und der eine war schon ans Land gefahren, der andere aber noch nicht. Da sieht dieser – es war gerade Mondschein – die Weiße Frau mit einem Körbchen am Arme die Schlucht herunterkommen, der andere aber nicht, denn das kann auch nicht jeder. Schnell rief er es seinem Kameraden zu, damit er noch zeitig abstoße. Wie der das aber getan, da ist die Weiße Frau auch schon heran gewesen, und da haben sie deutlich gehört, wie sie dreimal in die Hände geklatscht hat. Wäre es ihnen nicht geglückt, noch vom Lande abzukommen, sie hätte ihnen alle Netze zerrissen.

Auch um Johanni [24. Juni] lässt sich die Weiße Frau sehen, und zwar zur Mittagsstunde. Oft ist sie da früher zum Hirten gekommen oder als eine große weiße Frau von der Schmolitz hinunter nach der Lieper Grenze gegangen. Manchmal hat man sie auch auf den Zacken der Bäume oben an der Schmolitz entlanglaufen sehen. Einst sah sie einer so, da sah sie ganz rot aus gegen die Sonne. (29, S. 127)

155 Das Schloss ohne Treppe

In dem Dorfe **Lichterfelde** bei **Eberswalde** ist ein altes Schloss, das der italienische Baumeister gebaut haben soll, der auch die Festung Spandau gebaut hat, wofür er zum Dank von dem Kurfürsten die Gegend erhielt, wo jetzt Lichterfelde liegt. Nachdem er den Bau seines Schlosses, das aber ganz ohne Türen und Treppen war, vollendet hatte, ließ er, wie man erzählt, seine Tochter, die sehr schön war, dahin nachkommen, und zwar geleitete sie auf diesem Wege ein Herr von Sparr. Es war damals die ganze Gegend noch ein dichter, fast undurchdringlicher Wald, und nur ein Stück Land um das Schloss war gerodet worden. Als nun das Fräulein mit ihrem Begleiter an diese Stelle kam, da rief sie freudig aus: „Lichtes Feld!" Der Vater aber sagte, als ihm der Herr von Sparr die Vorgänge der Reise berichtete und auch diesen Ausruf erwähnte: „Nun, so will ich das Schloss Lichterfelde nennen!", und diesen Namen hat es denn auch erhalten.

Dem Herrn von Sparr hatte aber sein Schützling so gefallen, dass er ihren Vater bat, sie ihm zur Frau zu geben, aber der suchte allerhand Ausflüchte und sagte endlich, wenn er den Eingang zum Schlosse fände, so solle er sie haben. Damit musste sich Sparr zufriedengeben und ging davon. Nun trug es sich einmal zu, dass der alte Italiener, der sonst immer seine Tochter ängstlich bewachte, nach Eberswalde gefahren war, wo ein großes Fest gefeiert wurde, bei dem auch Sparr, der auf dem Schlosse zu **Trampe** wohnte, zugegen war. Kaum hatte er den Alten dort gesehen, als er aufbrach und nach Lichterfelde fuhr. Das Fräulein, das im oberen Stockwerk wohnte und gerade am Fenster saß, erblickte ihn alsbald und ließ sogleich einen großen Korb herab, mit dem sie den Vater immer heraufwinden musste. So hatte denn der Herr von Sparr die Bedingung, welche ihm der Alte einst stellte, erfüllt und heiratete bald darauf das Fräulein. Als ihm aber das erste Kind geboren wurde, ließ er auch eine Treppe im Schloss anlegen und es überhaupt mehr nach der Sitte anderer Häuser einrichten. (29, S. 102f.)

156 Das Mittenbruch

Die Straße von **Fürstenberg** nach der **Steinhavelmühle**, nahe der mecklenburgischen **Oberförsterei Steinförde**, führt mitten im Walde an einem kleinen Bruche vorüber, die Leute nennen es das **Mittenbruch**. Hier, heißt es, ist spät am Abend, namentlich bei trübem, stürmischem Wetter, die Jagd des Wilden Heeres vernehmbar. Schon viele wollen an diesem Bruche das Gekeuche der Rosse, das Gekläff der Hunde, das Klirren der Sporen, das Zügelgeknirsch und das Knallen der Peitschen hoch über sich in den Lüften gehört haben. Andere sollen hier abends in ihrer Fahrt unterbrochen worden sein, da die Pferde lange an den Ort wie gebannt schienen und trotz der erdenklichsten Anstalten, die getroffen wurden, nicht von der Stelle zu treiben waren. Holzkarrer sollen mehrfach am Mittenbruche trotz der größten Anstrengung ihre Karren keinen Schritt vorwärts zu schieben und diese erst während der Helle des anderen Tages heimzuholen vermocht haben. (13, S. 91f.)

157 Der unanständige Dorfname

Das Dorf **Godendorf** bei **Fürstenberg** hat früher einen anderen Namen gehabt, aber einen recht hässlichen, unanständigen, sodass ich ihn hier anstandshalber gar nicht nennen kann. Als einst einer unserer mecklenburgischen Herzöge durch dieses Dorf fuhr, da fragte der leutselige hohe Herr ein junges, am Wege stehendes Mädchen: „In wat för'n Dörp bün ik hir?" was so viel heißen sollte: wie der Name des Dorfes sei, worin er sich befinde. Das gewitzte Mädchen, das des Landesfürsten Frage ganz richtig verstand, aber zu schamhaft war, ihres Dorfes hässlichen Namen zu nennen, tat, als verstehe sie anders und erwiderte schnell gefasst: „In'n goden Dörp!" Dem Herzog, der den wahren Namen des Dorfes wohl kannte und das Mädchen nur auf die Probe stellen wollte, gefiel diese Antwort so gut, dass er befahl, das Dorf solle von nun an statt seines alten hässlichen Namens den Namen Godendörp führen, woraus denn später Godendorf entstanden ist. (2, S. 342)

158 Die verzauberten Glocken

Die Glocken der **Barsdorfer** Kirche bei **Fürstenberg** waren einst verzaubert und ruhten auf dem Grunde des kleinen Sees, an welchem Barsdorf liegt. Alle Johannismittage verließ auch sie der Zauber auf eine Stunde, wo sie dann an das Ufer kamen, um sich zu sonnen. Als einmal gerade zu dieser Zeit zwei kleine Mädchen am See ihr Puppenzeug wuschen und sich darauf nach einem passenden Gegenstand zum Trocknen desselben umsahen, da erblickten sie die beiden in ihrer Nähe sich sonnenden Glocken, die sie für ein paar große Steine hielten und auf denen sie harmlos ihre kleine Wäsche ausbreiteten. Hierdurch waren nun die Glocken entzaubert worden; sie konnten nicht wieder in den See zurückkehren und blieben unbeweglich am Ufer stehen. Bald wurden die Barsdorfer der schönen Glocken ansichtig, die sie nun nach ihrer Kirche brachten und dort aufhingen, wo sie sich auch noch heute befinden. (2, S. 388f.)

159 Die Aufhockerin am Friedhof

Die Straße von **Neuglobsow** nach **Altglobsow** führt hart am Friedhofe des letztgenannten Ortes vorüber. Am Rande desselben hockt um Mitternacht, wie das Volk wissen will, ein altes krummes, aber tückisches und hinterlistiges Weib, das keinen, der des Nachts des Weges daherkommt, ungeschoren an sich vorübergehen lässt. Denn kaum ist er bis an den Friedhof gelangt, so schwingt sich die Alte plötzlich auf seinen Nacken und drückt ihn mehr als Zentnerlast, sodass er schier zu Boden sinken möchte. Endlich, wenn man die Alte mühsam bis zu der Stelle des Dorfes geschleppt hat, wo die Straßen sich kreuzen, fühlt man sich plötzlich seiner Bürde enthoben. Die Alte wankt wieder dem Kirchhofe zu und verschwindet im nächtlichen Dunkel. (13, S. 49f.)

160 Der Schimmel

In der Geisterstunde, wenn der Weiser der Turmuhr auf zwölf steht, erscheint in **Rheinsberg** ein weißer Schimmel mit wehender Mähne und trabt um die Kirche herum, verschwindet jedoch wieder, sobald die Glocke ein Uhr schlägt. Leute in der Stadt wollen ihn sogar schon wiehern gehört haben. (13, S. 41)

161 Die Weiße Frau im Rheinsberger Schlosse

Um Mitternacht, wenn der Sturm durch die Bäume heult, und der Uhu seinen schaurigen Ruf ertönen lässt, erscheint bei dem Rundteile vor dem **Rheinsberger Schlosse** oft eine Weiße Frau ohne Haupt. Sie kommt gewöhnlich langsamen Schrittes aus dem Schlosse heraus, steigt die wenigen Stufen herab und umwandelt das Rundteil, bis die Glocke vom nahen Turm die erste Stunde verkündet, dann verschwindet sie plötzlich. (13, S. 41f.)

162 Bestrafter Diebstahl

Wenn man von der Südseite des **Rheinsberger Schlosses** aus seine Blicke durch die weite, prächtige Haupthalle des Schlossgartens schweifen lässt, so bleibt das Auge in der Ferne auf einem mächtigen Turme, der auf einem Hügel errichtet ist, ruhen. In diesem Turme, heißt es, lag vor langen Jahren ein großer Schatz verborgen. Da machten sich drei Brüder aus **Heinrichsdorf** auf, das Geld zu rauben, und wirklich gelang ihnen ihr Vorhaben. Doch der frevelhafte Diebstahl sollte nicht ungerächt bleiben. Laut heulte es den drei Räubern auf dem Heimwege vom Turme her nach: „Wehe! es soll der eine von euch sich zu Tode fallen, der andere das Bein brechen und der dritte sich das Genick abstürzen!" Und in der Tat ist auch die schreckliche Verheißung in Erfüllung gegangen. (13, S. 42)

163 Das untergegangene Dorf im Barschsee

In der Nähe von **Paulshorst** bei **Rheinsberg** erhebt sich ein Bergrücken. Wenn man die Höhe hinaufgestiegen ist, steht man unerwartet vor einem tiefen, mit Wasser gefüllten Bergkessel, dem **Barschsee**. In diesem See, heißt es, ist einst ein Dorf untergegangen. Noch heute zerreißen die Fischer oft ihre Netze an der Spitze des Kirchturmes, und am Johannistage mittags zwischen zwölf und ein Uhr kommt die große Glocke läutend an das Land geschwommen. (13, S. 42f.)

164 Von den Zwergen im Hohen Berge

Vor Zeiten lebten in dem **Hohen Berge** bei dem Dorfe **Zechow** Zwerge, von den Bewohnern gewöhnlich de Unnererdschen (die Unterirdischen) genannt. Der Berg war einst bewaldet, nur auf der Westseite wurde er beackert, und nach Osten, nach dem Dorfe zu, öffnete er sich zu einer Schlucht, die von steilen Hängen eingeschlossen und mit dunklen Kiefern und Wacholdergebüsch dicht bewachsen war. Vor dieser Schlucht hatte man von jeher eine gewisse Scheu. Jetzt freilich ist das alles ganz anders geworden: denn die alte Heimstätte der Zwerge muss der modernen Industrie weichen. Da wo sich früher die Zwerge lustig tummelten und ihre Ringelreigen tanzten, da regen sich jetzt die geschäftigen Hände der Menschen in den sogenannten Zechower Steingruben. Das Werk der Zerstörung begann damit, dass man die großen, mit Flechten und Moos bewachsenen, von Wacholder und Heidekraut umwucherten Steine aus der schönen Schlucht entfernte; aber damit nicht zufrieden, rückte der Mensch den Unnererdschen noch näher auf den Leib, indem er anfing, den Ort nach Kies und Steinen zu durchwühlen, und wie lange wird es noch dauern? – Da wird von dem Hohen Berge weiter nichts mehr übrig sein als die Erinnerung. Die alten Bewohner des Dorfes freilich schütteln über dies moderne Treiben wohl oft den Kopf und prophezeien nichts als Unheil aus demselben. Ja, das waren doch noch andere Zeiten, als die Vorfahren mit dem kleinen, dickköpfigen Völkchen in Friede und Freundschaft lebten!
Denn im Großen und Ganzen waren die kleinen Wesen recht harmlos und gutherzig. Nur bisweilen richteten sie Unheil an, wenn sie nämlich aus allzu großer Vorliebe für junge Menschenkinder den Müttern ihre kleinen Lieblinge aus der Wiege stahlen und sie dafür ihre Wechselbälge hineinlegten. Aber daran waren die Mütter selbst schuld, denn sie hatten versäumt, ein Evangelienbuch in die Wiege zu legen, das die Kinder vor jeder Berührung durch die Unnererdschen schützte.

Die Unnererdschen, welche so in die Gesellschaft der Menschen gekommen waren, wuchsen nicht und lernten auch nicht sprechen, oder stellten sich doch, als könnten sie es nicht; doch waren sie merkwürdig klug in allen häuslichen Verrichtungen, waren in Küche und auf dem Boden um die Hausfrauen beschäftigt und betrachteten alles im Haushalt mit stiller Aufmerksamkeit. Von diesen Zwergen nun gehen im Munde des Volkes verschiedene Sagen, die besonders seit dem Sommer 1885 lebhafter und öfter denn seit langer Zeit erzählt werden. Man stieß nämlich damals in den Steingruben beim Abtragen des Berges auf eine große natürliche Höhle, und nichts lag dem Volke näher als die Annahme, hier sei der frühere Aufenthaltsort der Zwerge gewesen. Von ihnen wurde in Zechow Folgendes erzählt:

Der entlarvte Wechselbalg
Eine Mutter hatte schon längst mit stiller Trauer bemerkt, dass ihr Knabe weder recht wachsen noch sprechen lernen wollte. Als er nun aber sieben Jahre alt geworden war und noch kein Wort geredet hatte, da kam ihr die Sache denn doch nicht richtig vor und immer mehr befestigte sich in ihr der Glaube, dass die Unnererdschen in einem unbewachten Augenblicke ihr Kind einst aus der Wiege gestohlen und ihr dafür einen Wechselbalg untergeschoben hätten. Der Sache muss sie auf den Grund kommen, sie geht zu ihrer Nachbarin und fragt sie um Rat. Als sie nun eines Tages Bier brauen wollte, nahm sie nur ein wenig Malz, schlug neun Eier ein und warf die Schalen mit in das Braugefäß. Da ließ sich der Kleine, der dabei stand, durch seinen häuslichen Sinn zu einer Unvorsichtigkeit hinreißen und rief: „Ick bün all so olt, as Boem un Gold, un häwt noch nicht wüsst, dät Eierdöpp (Eierschalen) Bier geben müsst." Da erkannte die Frau den Betrug und trieb den Kleinen mit Schlägen aus dem Hause.
Bei einer anderen Familie ging es ebenso: der Sohn wollte und wollte nicht sprechen lernen. Da kamen denn Vater und Mutter endlich überein, ihm die Zunge lösen zu lassen. Eines Tages nahm denn auch der Vater das Kind mit auf den Wagen, um in die Stadt zu fahren. Als nun der Wagen über die Brücke kam, rief eine Stimme: „Kilian, wo wist du hen?" und der Kleine auf dem Wagen antwortete: „Ick will mi gikelgakeln laten." So kam der Mann auch hinter den Betrug und trieb nun den Unnererdschen, den er wie seine Frau bisher für ihren Sohn gehalten hatte, mit der Peitsche vom Wagen.

Undankbare Menschen
Der Schäfer von Zechow konnte sich mit seinem knappen Lohne nicht ernähren und trieb nebenher auch die Schusterei, denn das Stricken wollte auch nicht genug für ihn und seine Familie abwerfen. Da saß er nun eines Tages bei seiner Herde auf einem hohen Ackerrain – die Ackerstücke lagen wegen der starken Abdachung terrassenartig übereinander – und schlug tüchtig auf seinen Schusterblock. Plötzlich standen mehrere Unnererdschen neben ihm und baten, er möge doch das Klopfen unterlassen, sie könnten es nicht vertragen, sie wollten ihm auch jeden Tag Essen bringen. Darauf ging der Schäfer auch ein, und von jetzt ab bekam er täglich in schönem Geschirr seine Mahlzeit. Einmal aber stach ihn der Übermut und er beschmutzte in unanständiger Weise die sonst säuberlich zurückgestellte Schüssel. Nun war es mit der Freundschaft vorbei, und er bekam nie wieder etwas.
Andere erzählen die Sache so, dass nicht der Schäfer selbst die Schüssel beschmutzt habe, sondern sein Knecht, dem er, als er einst verhindert gewesen war, das Hüten der Herde allein überlassen hätte. Dabei hätte er ihm auch den Ort gezeigt, wo er sein Mittagbrot zu finden habe. Der Knecht habe sich das Essen wohl schmecken lassen, habe aber dann den freundlichen Zwergen durch Beschmutzen der Schüssel mit Undank gelohnt. Was der Knecht verbrochen, habe der Schäfer dann büßen müssen.
Auch den Bauern brachten die Zwerge, wenn sie frühmorgens schon vor Sonnenaufgang in dem **Kellergrund** unweit des Hohen Berges ackerten, ihr Morgenbrot – man aß damals des Morgens nur Suppe – und immer lagen schöne, blanke, silberne Löffel dabei. Einem Bauer aber gefielen die Löffel so sehr, dass er einen davon in seiner Tasche verschwinden ließ. Das konnten ihm die Zwerge aber nie und nimmer vergeben, und seitdem musste er wie seine Nachbarn vergebens auf die Morgensuppe warten.

Zwerge leihen sich Backgefäße
Die Unnererdschen backten sich ihr Brot selbst. Es fehlte ihnen aber an einer Backmulde. Wenn sie nun backen wollten, erschien in irgendeinem Hause des Dorfes plötzlich einer von ihnen, und die Hausfrau wusste dann schon, um was es sich handelte. Sie deutete nur auf die Backmulde, mit der der Kleine dann sogleich in unsichtbarer Weise durch die Wand verschwunden war. Am andern Tage aber war die Mulde wieder im Hause, und es lag ein kleines, sehr weißes Brot darin.

Störende Zwerge
Ein Paar Altenteilsleute bewohnten eine Stube für sich. Der Mann war schon recht schwach und hinfällig und bedurfte sehr der Ruhe. Des Abends nun, wenn die Frau in der Küche war, kamen aus der Nische unter dem Kamin drei Unnererdschen. Sie hatten jeder eine kleine silberne Kanne bei sich, stellten diese nieder und tanzten vor dem Kamine ihren Reigen. Den Mann aber verdross das, und er sagte zu seiner Frau, sie möchte ihm doch das Mangelholz geben, die Unnererdschen ließen ihm gar keine Ruhe, wenn sie in der Küche zu tun hätte. Als am nächsten Abend die Kleinen wieder kamen, warf der alte Bauer mit dem Mangelholz nach ihnen. Da stürzten sie auf ihre Kännchen zu und verschwanden. Nur eine Kanne war stehen geblieben, und der Mann nahm sie in Verwahrung. Da kam nun noch lange Zeit des Abends die Kleine – denn die Kanne gehörte einem kleinen Unnererdschenweibe – und bat jedes Mal um ihre Kanne, aber der Mann gab sie ihr nicht wieder zurück.

Ringeltanz
Vor vielen Jahren pflegten die Zechower Bauern nur mit Ochsen zu ackern, und wenn es gegen Mittag kam, spannten sie aus und ließen die Tiere auf dem Berge, an welchem sich ihre Ländereien hinzogen, weiden; sie selbst aber streckten sich in dem kühlen Schatten eines nahen Wacholdergebüsches nieder, um dort ihr Mittagbrot zu verzehren und dann auch wohl ein kleines Schläfchen zu machen. Da hatte denn auch mal ein Zechower Bauer, er hieß Kanow, seine Ochsen, wie es eben Sitte war, des Mittags auf den Berg zur Weide getrieben. Es war aber sehr heiß; deshalb legte er sich hinter einen schattigen Busch und schlief dort bald ein. Während er nun so „drusselte", hört er plötzlich einen merkwürdigen Gesang, aus dem er deutlich die Worte versteht: „den Kiepernick, den Köpernick." Hm, denkt er, was mag das wohl sein? Und wie er sich etwas emporrichtet, sieht er, wie eine ganze Anzahl kleiner Männer und Frauen – sie mochten kaum zwei Fuß oder etwas darüber groß sein – sich angefasst hat und unter Gesang auf dem Berge einen lustigen Ringeltanz aufführt. Da plötzlich schlägt es zwölf Uhr mittags und wie das die Zwerge hören, verschwinden sie einer nach dem andern in einer Erdspalte, die der Bauer noch nie vorher gesehen, so oft er auch schon an dem Berge gepflügt hat. Kaum aber ist der letzte seinen Blicken entschwunden, als sich auch der Berg wieder hinter ihm schließt.

Auch an der **Braunsberger** Grenzscheide unweit des Hohen Berges will man sie öfter frühmorgens ihren Ringeltanz haben aufführen sehen.

Der Schatz der Zwerge
Tief im Innern des Hohen Berges liegt ein gewaltiger Schatz verborgen, den die Zwerge eifersüchtig vor der Habgier der Menschen hüten, und doch kann derselbe gehoben werden. Wenn nämlich um Mitternacht eine unbescholtene Jungfrau stillschweigend mit silberner Laterne und silbernem Schlüssel nach dem Hohen Berge geht und dort drei Vaterunser betet, dann erscheint plötzlich vor ihr ein Zwerg, der ihr den Weg zur Schatzkammer zeigt, damit sie die reichen Schätze hebe. Bis jetzt freilich hat sich noch keine gefunden, welche das Wagnis unternommen hätte. (13, S. 34ff.)

165 *Spuk in Dierberg*

Wenn früher die Glocken geläutet wurden, so zeigte sich auf der kleinsten ein Männlein im roten Kleide. Zu Ende des vorigen Jahrhunderts [18.Jhdt.] sah man sich genötigt, den Turm bedeutend zu verkürzen; da ließ sich der kleine Mann nicht mehr sehen. (13, S. 32)

166 *Graf Dier*

Graf Dier hatte in früheren Zeiten ein Schloss auf dem **Klapperberge**. Er war ein grausamer Ritter; denn er überfiel Reisende, beraubte und tötete sie. Wegen seiner Freveltaten wurde er in einen großen schwarzen Hund verwandelt, welcher um Mitternacht seinen Umgang nach depen Dall (tiefen Tal) in der Lieze macht. Begegnet ihm ein Mensch, so begleitet er ihn harmlos bis zum nächsten Kreuzwege. Sonntagskinder können ihn sehen. (13, S. 31)

167 *Der Begräbnisplatz der Selbstmörder*

Links des Weges von **Dierberg** nach **Lindow** befindet sich vor der dritten Brücke über die Bäke, welche die **Krausnitzer** Mühle treibt, der ehemalige

Schindanger [Aasgrube] von **Banzendorf**, wo der Schinder [Abdecker] von Lindow früher das gefallene Vieh verscharrte. Dieser Ort diente aber auch zum Begräbnis der Selbstmörder.

Zur Regierungszeit des Alten Fritz erhängte sich in der **Menzer** Forst ein Kossät aus Banzendorf. Der Scharfrichter holte ihn von dort her auf der Schinderkarre, fuhr auf der Grenze zum erwähnten Ort und vergrub ihn dort ohne Sarg. Sonntagskinder, die um Mitternacht vorüberkamen, sahen dort eine Karre mit einer Leiche, deren langes Haar im Winde flatterte und deren Zunge aus dem Mund hing. Der Scharfrichter wurde aufgefordert, diesen Spukgeist zu vertreiben. Er nahm einen Kober, und es gelang ihm, das Gespenst in Gestalt eines schwarzen Hahnes mit Ruten in denselben hineinzupeitschen und an einem verborgenem Orte zu begraben. (13, S. 31)

168 Die Schweden in Lindow

Als die Schweden im Dreißigjährigen Kriege nach **Lindow** kamen, da flüchteten die Bewohner des Städtchens nach dem **Werder**, einer etwa einhundertfünfzig Morgen großen Insel im **Gudelacksee** und nahmen alle Kähne mit. Zwei schwedische Soldaten aber hatten das Herz, in Biertonnen hinüberzuschwimmen und alle Kähne weg zu holen, worauf die Schweden sich dieser Feste bemächtigten.

Die Sage berichtet auch, dass ein geheimer unterirdischer Gang vom Kloster zu Lindow nicht allein zu den Klöstern nach **Gransee** und **Zehdenick**, sondern auch unter dem **Ruppiner See** hindurch zum Dominikanerstift in **Neuruppin** führte und diese vier Klöster in Verbindung miteinander setzte. (13, S. 30)

169 Der Indut-Tempel

Da, wo jetzt das Kloster von **Lindow** liegt, soll vor alten, alten Zeiten ein heidnischer Tempel gestanden haben, welcher dem Götzen Indut geweiht war. Von daher ist noch jetzt in der Gegend die Fluchformel: Dass dich der Indut…! gebräuchlich. (13, nach 5, S. 30)

170 Vom Blitz erschlagen

An einem überaus heißen Tage des Sommers zog einstmals ein schweres Gewitter über Stadt und Kloster **Lindow** auf, ein wilder Sturm peitschte die Wasserflächen der Seen zu gewaltigen Wellen, tiefschwarze Wolken standen ringsum und verwandelten den bisher so lichten Tag in die finsterste Nacht, die nur von dem jähen Aufflammen furchtbar zuckender, sich immer und immer wiederholender Blitze erhellt wurde. Bebend harrten die Einwohner dem Ende der gewaltigen Mahnung an die menschliche Schwäche und Vergänglichkeit entgegen, aber das Wetter wich nicht, der Sturm brauste gewaltiger, die Blitze flammten drohender, häufiger.
Unter den Klosterjungfrauen befand sich eine noch junge Nonne, die, aus weiter Ferne gekommen, vor nicht langer Zeit Aufnahme im Kloster gefunden hatte, deren Wesen jedoch von allen übrigen Schwestern sie schied. Zwar verrichtete sie der Regel gemäß, ja eifriger die vorgeschriebenen Übungen und unterzog sich oft harten Bußen, aber ihr Herz hielt sie den Mitschwestern verschlossen und stets kummervollen Antlitzes suchte sie die Einsamkeit, gleich als ob schwere Schuld sie bedrücke. Als nun die Gewalt

des Wetters von Stunde zu Stunde furchtbarer bis in den dritten Tag hinein tobte, als wolle die Erde sich auftun und alles Lebende verschlingen, und die von weißem Schaum gekrönten Wogen des Sees immer gewaltiger die Mauern des Klosters umbrandeten, da rief die Nonne: „Mir, nur mir allein gilt des Himmels Zorn!", öffnete des Flehens der Schwestern ungeachtet die Pforte des Klosters und trat in das Wetter hinaus. Doch kaum hatte sie wenige Schritte getan, als ein furchtbarer Blitz herniederzuckte und mit seinen Flammen die Unglückliche vernichtete. Gleichsam versöhnt durch dieses Opfer schwand bald darauf das Ungewitter. (13, S. 29f.)

171 Die Wilde Jagd im Seebecker Wald

In dem **Seebecker** Gemeindeforst machte sich eine lustige Jagdgesellschaft das Vergnügen, einen Dachs in seinem Bau zu überfallen. Es gelang, das feiste Tier zu fangen und zu töten. Da ging der Wilde Jäger mit seinem Zuge durch den Wald, und eine Stimme rief: „Sind wir noch alle beisammen?" Antwortet eine andere: „Der Einäugige fehlt." Als man den Dachs untersuchte, fand man, dass der nur ein Auge hatte. (13, S. 28f.)

172 Das Grab des Zwergenkönigs

Bis zum Jahre 1872 befanden sich in der Nähe von **Grünhof** bei **Hindenberg** am **Menzer Wege** fünf mannshohe Hünenbetten, deren Oberränder mit großen Feldsteinen kreisförmig besetzt waren. In dem größten (etwa 20 Schritt im Durchmesser) ist nach einer Sage der König der Zwerge in einem goldenen Sarge begraben. Bei einer Grabung im Sommer 1872 fanden sich Urnenreste und Knochensplitter darin, danach wurden sie eingeebnet. (13, S. 44)

173 Der Wallberg im Roofensee

Auf einer Halbinsel, welche sich in den bei **Menz** gelegenen **Roofensee** hineinzieht und die früher eine Insel war, als der Wasserstand des Sees noch höher war, soll einst eine große und feste Burg gestanden haben. Der Sage nach soll sie den Quitzows oder einem ihrer Verbündeten gehört haben und mit deren Fall zerstört worden sein.

Noch heute leben Leute in Menz, deren Großeltern noch gewaltige Fundamentmauern und Gewölbe dieser alten Burg, auch eine Brücke über den See gesehen haben wollen. Heute ist der alte Burgberg im Roofensee (**Wallberg** genannt) Ackerland. Aber noch im Jahre 1886 wurden alte Fundamente aufgedeckt und die Steine derselben zum Chausseebau verwendet. Starke eiserne Türbeschläge, Hufeisen und andere Dinge wurden dabei gefunden; auch wurde in früherer Zeit auf dem Wallberge ein großer eiserner Schlüssel ausgegraben, der, der Form nach zu schließen, sehr alt sein muss. (13, S. 45)

174 Das weiße Lamm in der Menzer Forst

Nach der Erzählung vieler alter Leute hat in dem Jagen Nr. 70 der Königlichen **Menzer Forst** dicht an einem Gestelle vor längst vergangenen Zeiten ein Dorf gestanden. Die großen Feld- und Mauersteine, die an dem entlegenen Platze in der Erde früher aufgefunden worden sind und die leicht von Fundamenten alter Häuser herrühren können, lassen diese Annahme nicht gerade unwahrscheinlich erscheinen. Eine kreisrunde Bodenvertiefung unmittelbar an dem Gestelle gilt noch heute als der verfallene Brunnen des alten Dorfes. Wenn man nun das betreffende Gestell während der Dämmerstunde begeht, so erscheint einem an dem vermeintlichen Brunnen ein schneeweißes Lamm, das einem unaufhaltsam bis hart an die große **Fürstenberg-Menzer Landstraße** folgt; dort verschwindet es auf einmal spurlos. Viele, die die Stelle passierten, wollen es gesehen haben. (13, S. 45f.)

175 Die gespenstischen Jäger

Die Wiesen, die sich unweit **Menz** zu beiden Seiten des Polzowfließes hinziehen, werden von Norden und Süden her von hohen Hügelketten umschlossen. An einer Stelle öffnen sich die nordwärts gelegenen Berge zu einer Schlucht, der **Jägergrund** genannt, die bis an die Wiesen heranreicht. An ihnen entlang führt ein Fußsteig nach **Burow**. Wer nun, so erzählt sich das Volk, nächtlicher Weile auf jenem einsamen Wiesenpfade wandert, dem gesellen sich, sobald er den Jägergrund erreicht hat, drei gespenstische Jäger zu, die nicht eher von seiner Seite weichen, als bis er sich ermannt, einen derben Fluch gegen die unheimlichen Gesellen auszustoßen. Sobald das Fluchwort verhallt ist, sind auch die Jäger verschwunden.

Andere wollen hier ein großes schwarzes Kalb in ihrer Begleitung gesehen haben, das schließlich dem nahen Fließe zueilt. Deutlich hört man, wie es dort in das Wasser hineinspringt. (13, S. 46)

176 Der große Stechlin

Nahe dem Dorfe **Neuglobsow** breitet inmitten der Königlichen **Menzer Forst** der den Bauern von **Menz** gehörige große **Stechlinsee** seine Gewässer über einen Flächenraum von ungefähr fünfhundert Hektar aus. Ein prächtiger Wald, mit den schönsten Eichen, Buchen und Kiefern bestanden, und hohe, zum Teil sehr steil zum Uferrande abfallende Berge schließen schützend seine silberklaren Fluten ein, welche uns gestatten, noch bei zehn Meter Tiefe bis auf den Grund zu schauen. Man glaubt, einen Alpensee vor sich zu haben. Die bergige Beschaffenheit seiner Umgebung setzt sich noch unter dem Wasser fort, und wenn auch keine Inseln in ihm zutage treten, so erheben sich doch inmitten der sehr großen Tiefe an fünf bis sechs Stellen Berge steil bis an die Oberfläche. Der Boden ist zum Teil moorig und mit Wasserpflanzen, namentlich der sogenannten Pest, dicht bewachsen; auch ganze Baumstämme, die im Laufe der Zeiten in die Tiefe gesunken sind, haben sich dort eingebettet. Alle diese Umstände machen den Fischern bei ihrem Handwerk große Schwierigkeiten. Es kommt oft vor, dass Netze und Taue reißen oder Holzmassen sich in dem Fischerzeug festsetzen, ja einmal brachten die Fischer anstatt der leckeren kleinen Maräne (Coregonus albula L.), die der See in Menge birgt, mehrere Scheffel Steine in ihrem Netz an das Tageslicht. Das alles mag mit Veranlassung gegeben haben, dass sich manches Geheimnisvolle und Sagenhafte im Verlaufe der Jahrhunderte an den See geknüpft hat. Schon F. W. A. Bratring erzählte 1799 in seiner Beschreibung der **Grafschaft Ruppin**, dass man am Tage des Erdbebens von Lissabon, am 1. November 1755, Bewegungen auf dem Stechlin verspürt habe. Noch heute lebende alte Personen haben es in ihrer Kindheit von den Großeltern bestätigen hören, dass der See an jenem Tage geschäumt und Wellen geschlagen habe trotz des heiteren und stillen Wetters. Der See ist ein „Kreuzsee", das heißt er hat eine einem Kreuz ähnliche Gestalt. Schon dieser Umstand hat dem Volke zu denken gegeben. So heißt es, kein Gewitter könne über ihn hinwegziehen, im Winter friere er nur selten zu, insbesondere aber berge er in seinem unergründlichen Innern einen gewaltigen und bösen purpurroten Riesenhahn, der das Messen der großen Tiefen und das Fischen an gewissen Orten nicht dulden wollte und seine Herde im See gegen die raubgierigen Menschen schirme und schütze.

Die jetzige Generation freilich weiß nur wenig oder gar nichts mehr von diesem Ungeheuer der Tiefe, allein in den ersten Jahrzehnten dieses Jahrhunderts [19. Jhdt.] war der große Hahn im Stechlin noch in aller Munde: schon manchem wäre er erschienen und hätte auch manchen, der seine Warnungen nicht beachtet oder gar verlacht hätte, in die Tiefe hinabgezogen. Noch vor einigen zwanzig Jahren, als der Fischereipächter H. auf jämmerliche Weise im Stechlin beim Fischen umkam, erzählte man sich allgemein, der rote Hahn wäre ihm vorher erschienen und hätte ihn gewarnt, an der Stelle zu fischen, wo er später ertrank.

Von diesem roten Hahn nun erzählte vor ungefähr siebzig Jahren [um 1810] ein damals fast achtzigjähriger alter Mann folgende Geschichte, von deren Wahrheit er so fest überzeugt war, dass er sie auf das Evangelium beschwor. Vor vielen Jahren lebte zu **Fischerhaus Stechlin** ein Fischer namens Minack. Das war ein gar roher und wilder Mann, der im Vertrauen auf seine gewaltigen Kräfte weder Menschen noch Geister fürchtete. Selbst wenn ihm Nachbarn und Freunde den guten Rat gaben, er solle vor dem roten Hahn im Stechlinsee Respekt haben und sich wohl hüten, an den und den Orten zu fischen, wo der Hahn es nicht dulden wolle, so lachte er nur dazu. Und wiesen sie darauf hin, dass bereits seine Vorgänger, wenn sie sich an eine der verrufenen Stellen gewagt, ihren Frevel mehrfach durch Verlust ihrer Netze und andere Unfälle gebüßt hätten, ja dass einer hier beim Fischen „den Totenzug" getan und ertrunken sei, so ließ sich Minack durch all das Gerede nicht schrecken, sondern fischte nach wie vor, wo und wie er wollte. Einst gedachte nun Minack an einer der tiefsten und darum am meisten verpönten Stelle einen Hauptfang zu machen, da er wusste, dass sich hier die Maränen besonders zahlreich aufhielten. Es war böses, stürmisches Wetter, und mit Zittern und Zagen folgten ihm seine Gesellen. Das Netz wird auf der Höhe des Sees ausgeworfen, man fährt an das Ufer und beginnt an den mehrere hundert Ellen langen Tauen das Netz herauszuwinden. Doch bald gehen die Winden schwerer und immer schwerer, bis man schließlich vollständig festsitzt. Minack fährt mit seinem bereit gehaltenen Nachen auf der Höhe des Sees, um das Fischerzeug, das sich vielleicht in Schlamm und Kraut verfangen haben mochte, zu lüften. Dies geschieht in der Art, dass man das Tau, an welchem das Netz befestigt ist, über den kleinen Kahn hinnimmt und diesen demnächst am Taue auf den See hinaufzieht. So machte es denn auch Minack. Doch das Tau wird immer straffer und droht schon den kleinen Kahn unter Wasser zu drücken. Da ruft Minack seinen Gesellen am Ufer zu: „Halt! Haltet an, lasst die Winden los!" Aber der Sturm war jetzt stärker losgebrochen, und bei dem Toben der Elemente verstehen jene fälschlich: „Windet zu, windet zu!" und arbeiten umso kräftiger darauf los. Jetzt füllt sich der kleine Nachen des Minack schon mit Wasser; das straffe Tau vom Kahn herunterzuheben, ist ihm unmöglich; in seiner Todesangst holt er sein Messer hervor und zerschneidet dasselbe. In dem selben Augenblick, in dem die beiden Enden des durchschnittenen Taues in die Tiefe fahren, teilt sich die Flut und aus den schäumenden Wogen rauscht der rote Hahn empor. Indem er mit seinen mächtigen Flügeln das Wasser peitscht, betäubt er mit donnerndem Krähen den unglücklichen Fischer und zieht ihn mit sich hinab in die Tiefe. Auch von einem im See versunkenen Dorf oder gar Stadt wurde früher viel erzählt, besonders als man vor Jahren ein Stück Holz, ähnlich dem [Turm]-Knopf einer Dorfkirche, beim Fischen aus dem Wasser zog. Fährt man an einem schönen stillen Sonntagvormittag über die Stelle, wo die Stadt untergegangen ist, so kann man noch heute, heißt es, aus dem Wasser herauf das Läuten der Glocken vernehmen.

In der Nähe der nördlichen Spitze des Stechlin, die **Kreuzlanke** genannt, befindet sich ein Luch. Dort erscheinen dem nächtlichen Wanderer drei Jungfrauen mit brennenden Laternen und führen ihn so in die Irre, dass er stundenlang laufen muss, ehe er den rechten Weg wiederfindet. (13, S. 46ff.)

177 Der Spuk auf dem Eckerberge

Die **Burow-Neuglobsower Landstraße** führt kurz vor der Stelle, wo sie in die **Menzer Forst** einmündet, über einen Hügel, den sogenannten **Eckerberg**, auf welchem neben dem Wege ein großer Findlingsblock ruht. Dieser trägt auf seiner Oberfläche eigentümliche Rinnen, sodass die Annahme, er habe früher als Opferstein gedient, nicht ganz unbegründet erscheinen mag.

Wenn man nun um Mitternacht über jenen Hügel geht, so erscheint einem bei dem geheimnisvollen Steinblock ein Mann ohne Kopf, der den Vorübergehenden irreleitet, so dass es lange dauert, ehe er sein Ziel erreicht. Schon viele wollen dem Manne, der seit alten Zeiten hier sein Wesen treiben soll, begegnet sein und seine Tücke erfahren haben. Einen besonderen Possen aber spielte er einst der Frau eines Holzfällers, die jeden Abend ihrem Manne entgegenzugehen pflegte, um seine holzbeladene Karre nach Hause ziehen zu helfen; nach altem Rechte durften sich nämlich die Holzfäller täglich eine Karre Holz mit aus dem Walde nehmen. So machte sie sich denn auch eines Tages auf und erwartete am Waldessaume ihren heimkehrenden Mann. Doch Stunde um Stunde verging, ohne dass er kam. Finstere Nacht brach herein, da endlich erschien der sehnsüchtig Erwartete. Die Frau ergriff ohne Weiteres den Strick am Vorderende der Karre, um zu ziehen, während der Mann die schwere Last nachschob. Bald war der verrufene Ort erreicht. Nichts wurde sichtbar, aber unwillkürlich sah sich die Frau auf einmal gezwungen, das Zugseil fahren zu lassen und wurde aus dem Fußwege, auf dem sich die Karre bewegte, seitwärts in den Fahrweg versetzt. Sie wollte ihrem Manne zu Hilfe kommen und den Strick wieder erfassen; doch es war ihr unmöglich, die Wagenspur zu verlassen; eine unsichtbare Gewalt hielt sie mitten auf dem Fahrwege zurück. So musste sie neben der Karre einherschreiten, bis endlich der nächste Kreuzweg sie vom Banne des Spuks befreite. (13, S. 50f.)

178 Die Geisterkatze

Erzbischof Albrecht von Magdeburg, Kurfürst Joachims I. Bruder, hatte eine Katze, die hieß Kurt und saß stets neben dem Bischof auf einem samtenen Polster am Tisch. Sie hat das Beste fressen, des Nachts vor seinem Bette liegen müssen und ist ein böser Geist gewesen, was niemand am Hofe, auch der Herr selbst nicht gewusst hat, bis es endlich offenbar geworden ist.

Einst hatte der Bischof einen reitenden Boten ausgesandt, welcher nach verrichteten Geschäften sich verspätet hatte, sodass er die Nacht über im Felde bleiben musste. Er bindet sein Pferd an einen Baum, legt sich zur Ruhe nieder und befiehlt sich unserem Herrgott. Was geschieht? Kaum hat er sich niedergelegt, kommt ein großer Schwarm böser Geister auf den Baum, die stellen eine Umfrage an, was ein jeder den Tag über ausgerichtet hat. Da hat einer gefragt, wie es käme, dass der **Menz**ische Kurt abwesend sei. Darauf hat ein anderer geantwortet, er müsse etwas Sonderliches und Wichtiges vorhaben, sonst würde er nicht fehlen. Als sie nun mit großem Getümmel wieder wegfahren, setzt sich auch der Bote zu Pferde und reitet seiner Wege. Als er nun mittags nach Hause kommt, lässt ihn der Bischof vor sich fordern und fragt, warum er sich verspätet habe. Da ihm nun der Bote alles berichtet, wie es ihm in der Nacht ergangen sei, was er hörte und wie die anderen nach dem Menzischen Kurt gefragt hätten, da erhebt sich die Katze ganz ungestüm vom Polster in die Höhe auf ihre Hinterfüße und fängt gräulich und schrecklich an zu fauchen und zu mauen, als wollte sie den Boten ausschelten. Dann springt sie flugs zum Fenster hinaus und hat sich nicht mehr sehen lassen. (20, S. 57f.)

179 Der Segen des Pfarrers

Vor Zeiten lebte auf dem Dorfe **Blumenow** ein Pfarrer, der die Gewohnheit hatte, am Abend eines jeden Sonntages nach dem nahe gelegenen **Gramzow** zu fahren, um sich dort am Kartentische zu erfreuen. Wer von Blumenow nach Gramzow will, muss unterwegs eine Brücke passieren, welche mitten im dichten, düsteren Walde liegt. Von ihr hieß es schon lange, dass es dort nicht recht geheuer sei. Auch der Kutscher des Pfarrers hatte schon öfter zwei Spukgestalten in der Nähe der Brücke bemerkt, und auch den Pferden mussten sie nicht entgangen sein, denn sie waren immer scheu geworden, sodass der Kutscher sie kaum hatte halten können. Sein Herr, der hinter ihm unter dem Verdecke der Glaskutsche saß, hatte nie etwas von alledem wahrgenommen. Als der Kutscher nun eines Nachts den schon oft erlebten Vorgang wieder durchgemacht hatte, erklärte er seinem Herrn entschieden, er würde ihn nie mehr den verrufenen Weg fahren, und erzählte ihm alles, was er wiederholt dort an der Brücke gesehen. Der Pfarrer suchte ihn zu ermutigen und erklärte ihm, sobald sich der Spuk an der Brücke von Neuem zeige, solle er ihn nur darauf aufmerksam machen, die Pferde würden dann schon von selbst stille stehen. Auf der nächsten Fahrt wiederholte sich die alte Geschichte. Der Kutscher unterließ es diesmal nicht, seinem Herrn sofort einen

Wink zu geben. Der Wagen hielt. Der Pastor öffnete das Fenster, schlug mit der Hand ein Zeichen, als wollte er seiner Gemeinde den Segen erteilen, und schloss darauf das Fenster. Von da ab waren die Pferde ruhig, und der Pfarrer und sein Kutscher erreichten glücklich das Ziel ihrer Reise. Dort erzählte der Erstere, dass der Spuk ein verlobtes Brautpaar gewesen, das vom Schicksal dazu bestimmt gewesen sei, sich lebenslang innig zu lieben, aber nie das Fest der Hochzeit begehen zu dürfen; aus Gram und Kummer hierüber seien beide gestorben und hätten nicht eher Ruhe finden können, bis sie endlich den Hochzeitssegen eines Geistlichen empfangen hätten. In Zukunft würde der Spuk an der Brücke nicht mehr erscheinen. (13, S. 90f.)

180 Die Linde im Schlossgarten zu Zernikow

Im Schlossgarten zu **Zernikow** steht eine mächtige, alte Linde, ganz hohl und an einer Seite mehrere Fuß breit mit Brettern verkleidet. Von ihr erzählt man sich, ein Schlossherr von Zernikow habe eine heimliche Geliebte gehabt, der er in den breiten Ästen des alten Baumes eine Wohnung gebaut habe. In dem hohlen Stamme aber sei eine durch eine Tür verschließbare Treppe gewesen, auf der er seiner Geliebten immer heimlich Lebensmittel zugetragen habe. (13, S. 51)

181 Der Schlitterstein

Auf der Dorfstraße in **Zernikow** liegt der Kirche gegenüber ein großer, etwa acht bis zehn Fuß langer und vier bis fünf Fuß breiter Findlingsblock mit fünf tiefen Eindrücken, die gerade so aussehen, als ob sie von den Fingerspitzen einer Riesenhand herrührten. Die Sage erzählt, in **Gransee** habe dereinst ein Riese gewohnt, der, als in Zernikow die erste Kirche der Gegend gebaut worden sei, aus Ärger hierüber den großen Stein aufgenommen und von seiner Burg aus nach der Kirche geschleudert habe, um sie zu zertrümmern. Aber trotz der großen Kraft, die er zum Wurfe verwendete, sodass sogar seine Finger sich in dem Steine abdrückten, hätte er um einige Schritte zu kurz geworfen, und der Stein sei daher auf die Stelle gefallen, auf der er noch heute liege. Schlitterstein wird er deshalb genannt, weil die Jugend wegen seiner schrägen Lage gern auf ihm schlittert. Ein ähnlicher Stein hat bis vor etwa fünfzig Jahren dort vor dem Gutsgehöfte gelegen, ist aber gesprengt und mit zur Aufführung einer Mauer verwendet worden. (13, S. 51f.)

182   Der schwarze Hund in Kelkendorf

In **Kelkendorf** erscheint gar oft zur Abendzeit in der Dorfstraße ein großer schwarzer Hund; der geht langsamen Schrittes auf den Dorfbrunnen zu, schaut über den Rand desselben in das Wasser hinab und eilt dann zum anderen Ende des Dorfes hinaus nach dem nahen **Zernikow**. (13, S. 52)

183   Die alte Linde in Dollgow

Als im Jahre 1638 **Dollgow** durch des General Gallas Soldaten die Kirche abgebrannt und geplündert wurde, ist auch die vor der Kirche stehende große Linde von vier Klaftern im Umfang in Brand geraten, in zehn Jahren aber wieder ausgeschlagen und ein schöner Baum geworden. Die Kirche ist 1652 wieder unter Dach und Fach gekommen. Eine alte Glocke in derselben hat eine lateinische Inschrift und die Jahreszahl MCCCCXI. (Nach einer alten Handschrift des Tuchscherers Bartsch in Lindow.) (5, S. 63; 13, S. 44)

184   Das Totenhemd

Auf dem alten Kichhofe zu **Großwoltersdorf** im **Kreise Ruppin** kam stets ein Toter um Mitternacht aus seinem Grabe, legte sein Hemd an der Kirchhofstür nieder und machte seine nächtlichen Wanderungen zum Schrecken der Dorfbewohner. Ein Knecht sagte einst zu seinen Genossen, er wolle dem wandernden Toten das Hemde wegnehmen. Wiewohl man ihn vor diesem Wagnis warnte, tat er es dennoch. Da erschien plötzlich der Tote wieder und forderte sein Hemde. Der Knecht entwich in die Vorhalle der Kirche und verriegelte die Tür. Der Tote jammerte und flehte um sein Hemd, erhielt es aber nicht. Endlich bat er den Knecht, ihm wenigstens einen Zipfel durch das

Schlüsselloch zu stecken, damit er sich einen Lappen abreißen könne. Diese Bitte wurde gewährt; da öffnete sich die Tür mit donnerähnlichem Krachen. Den Knecht fand man fast leblos in der Halle liegen. Er wurde krank und nahm ein frühzeitiges Ende. (20, S. 21)

185 Land abgehakt

Vor altersgrauen Zeiten lebte in **Großwoltersdorf** ein Bauer, der aus Niederträchtigkeit gegen seine Nachbarn in jedem Frühjahr etwas über die gesetzliche Ackergrenze „hinaushakte". Zur Strafe für diesen Frevel konnte er im Grabe keine Ruhe finden. Noch lange nach seinem Tode glaubten die jungen Burschen des Dorfes, wenn sie des Abends ihre Herden von der Weide heimtrieben und über das Grundstück des bösen Bauern kamen, hoch in den Lüften den langgedehnten Klageruf zu vernehmen: „Afhakt, afhakt!" Als sich dies immer und immer wiederholte, so erzählten sie endlich ihr Erlebnis im Dorfe. Da begleitete denn eines Tages ein alter Mann, der die Bosheit des verstorbenen Bauern selber noch mit angesehen hatte und sich daher den Spuk auf dessen Acker wohl erklären konnte, einen jungen Hirten auf die Weide. Es wurde Abend, und beide begaben sich mit dem Vieh auf den Heimweg. Kaum hatten sie das Land des Spukbauern betreten, so erklang auch richtig über ihnen wie zu anderen Zeiten der bekannte Ruf: „Afhakt, afhakt!" „Hast du denn afhakt", so erwiderte darauf der Alte, „so lop man un kumm ihrgistern (vorgestern) werrer", und alsbald verstummte die Stimme und ward nie wieder gehört. An einem bereits vergangenen Tage konnte der Spuk nicht wiederkehren; der Tote war somit von seinem Fluche befreit und konnte endlich Ruhe finden. (13, S. 53f.)

186 Das rote Männchen auf der Postbrücke

Zwischen **Lögow** und **Lüdersdorf** befindet sich eine massive Brücke, welche die **Postbrücke** genannt wird. Auf dieser zeigte sich oft ein rotes Männchen, welches Reisende um die Mitternachtsstunde in Schrecken setzte. Einst kam um diese Zeit ein Landmann aus **Woltersdorf** mit einem Gefährt des Weges. Als er an der Brücke angelangt war, stutzten die Pferde und waren nicht zu bewegen, weiterzugehen. Der Mann stieg vom Wagen, um zu sehen, was da sei. Da sah er vorn auf der Deichsel ein rotes Männchen stehen, das bei seiner Annäherung nach hinten lief. Als er dorthin kam, floh es wieder nach vorn. Und so war es bald vorn, bald hinten, bald rechts, bald links, ohne vom Gefährt zu weichen. Die Pferde aber waren nicht von der Stelle zu bringen. Der Landmann bat die Erscheinung inständigst, ihn reisen zu lassen, aber vergebens. Endlich sagte er: „Wenn ich nach der Stadt komme, werde ich mir eine Postille [Andachtsbuch] kaufen." Da verließ ihn das Männchen, und die Pferde zogen weiter. In Gransee kaufte er eine Postille und schrieb auf den Deckel: „Dem Bösen bin ich entgangen, das Gute hab' ich empfangen." Noch heute wird das Buch von einem Urenkel in Woltersdorf aufbewahrt. (13, S. 54f.)

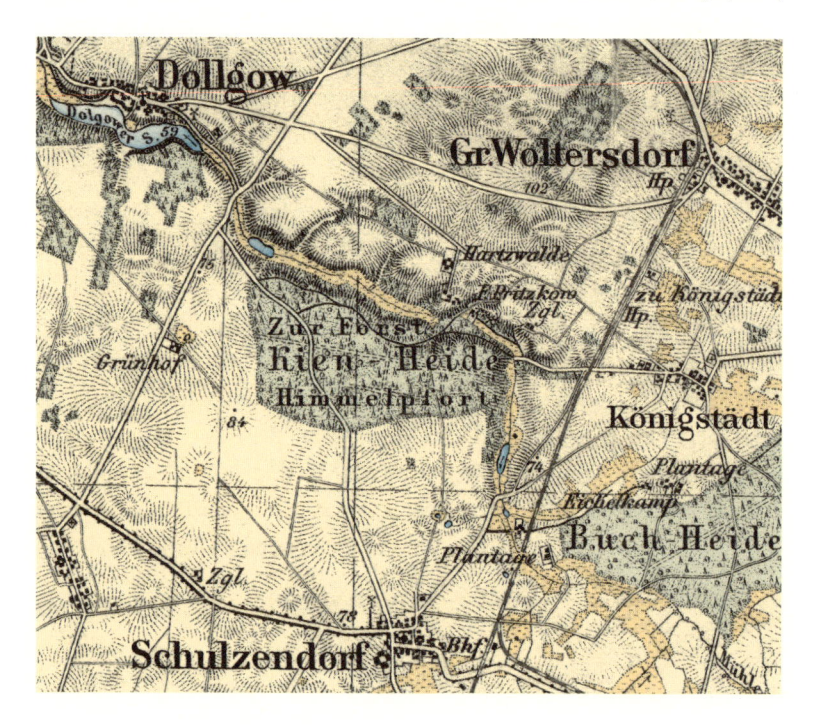

187 Das alte Schloss bei Königstädt

Nach der Sage hat einst beim Dorfe **Königstädt** [**Wolfsruh** seit 1951] ein altes Schloss gestanden und zwar auf dem Grund und Boden des heutigen Schulzen, der dort beim Pflügen noch auf alte Fundamente gestoßen ist. Die

Stelle zeigt sich heute als eine in Wiesen gelegene Sandfläche, und es dürfte dies Schloss ehedem eine sogenannte Wasserburg gewesen sein. (13, S. 55f.)

188 Der Kobold in der Weide

An der Landstraße zwischen **Rauschendorf** und **Gransee** stand eine hohle Weide. Hier wurden Vorübergehende häufig in nächtlicher Stunde durch Neckereien eines bösen Geistes belästigt. Ganz besonders hatte ein alter Semmelträger aus **Woltersdorf** unter dessen losen Streichen zu leiden. Er sprang nämlich in Gestalt eines roten Männchens dem Alten gar oft auf die Kiepe und streute das Gebäck auf dem Wege umher, sodass dieser große Mühe hatte, seine Ware wieder einzusammeln. (13, S. 55)

189 Graf Wend

Es ist uns unbekannt, wie weit sich in dem Andenken der Bewohner **Gransees** eine das daselbst gelegene **Wendfeld** betreffende Tradition erhalten hat. In der Nachbarschaft dieser Stadt soll nämlich ein von den Grafen von Lindow unabhängiger Graf namens Wend gewohnt haben, ein reicher alter Herr, ohne Weib und Kind, nur von wenigen Bedienten umgeben. Dem gehörten weite fruchtbare Landstrecken zu eigen, die bis an das **Ruppiner Tor** reichten: schönes Kien- und Eichenholz, aus dem die Bürger viele Eichen zu dreißig Taler das Stück verkauften, schöne große Wiesen von gedeihlichem Graswuchse und die fruchtbarsten Ackerfelder, darauf einige Hundert Enden, von denen jedes Ende später wohl hundert Taler galt. Dieses sein Eigentum nun, über das der Graf die vollste Verfügungsfreiheit hatte, verkaufte er der Stadt für elf Taler unter der Bedingung, dass die Bürger Zeit seines Lebens für seinen Unterhalt sorgten. Doch überlebte er den Abschluss dieses Handels nur anderthalb Jahre. Die Bürger benutzten nun ungehindert das so erstandene Feld.
Wenige Jahre vor dem Ausbruch des Siebenjährigen Krieges jedoch wusste ein in Gransee ansässiger Bäcker das Wendfeld bei Hofe als eigenen Besitz zu erlangen, indem er es mit Maulbeerbäumen zu besetzen versprach. Weil aber durch diese Verfügung viele Bürger ruiniert werden würden und weil

die Stadt aus einem alten unbeachteten Manuskript im Amte Ruppin die Nachricht des Grafen Wend beibringen konnte, wurde der Bäcker mit einem derben Verweise abgewiesen. Natürlich war jedermann in Gransee diesem Bäcker feind, sodass er sich genötigt sah, nach **Zehdenick** zu ziehen. „Mag es nun", fügt der Chronist der Sage hinzu, „mit dem erwähnten Manuskripte für eine Bewandtnis haben, welche es wolle, so ist doch die ganze Erzählung vom Grafen Wend zu märchenhaft und dem Geiste jener Zeit zu sehr widersprechend, als dass wir ihr irgendwie Glauben beizumessen vermöchten… Wendfeld oder Wendland hieß jener Teil der städtischen Feldmark wohl nur deshalb, weil er den ursprünglich hier sesshaften Wenden zur Benutzung gelassen war; wir wollen damit auch gar nicht geleugnet haben, dass nicht etwa ein wendischer Edler der Besitzer dieser Landstrecke blieb, wie er es vor der Eroberung durch Albrecht den Bären gewesen. Ein Graf Wend aber, wie ihn die Tradition ausgebildet hatte, hat nimmermehr gelebt." (13, S. 57f.)

190 Das Wunderblut zu Zehdenick

Über die Gründung des Klosters in **Zehdenick** erzählt ein alter Bericht: „Im Jahre 1249 hat ein Weib zu Zehdenick, die einen Bierschank hatte, eine geweihte Hostie genommen, in Wachs gedrückt und vor einem Bierfasse vergraben, in dem Aberglauben, dass sie so die Güte ihres Bieres mehre, und die Leute ihr Bier lieber holen und trinken würden. Als sie aber hernach einen scharfen Prediger gehöret, ist sie dadurch zur Erkenntnis ihrer begangenen Sünde gekommen, und obwohl sie eine schwere Buße erwarten konnte, hat sie doch in ihrem Herzen und Gewissen keine Ruhe gehabt, bis sie die Sache an den Tag gebracht. Sie hat demnach alles dem Pfarrer zu Zehdenick gebeichtet, und wie dieser es nicht hat glauben wollen, allem Volke geoffenbaret. Darauf hat man in ihrem Keller angefangen zu graben, und es ist an drei Orten Blut hervorgequollen, dass alle Umstehenden sich sehr darüber verwunderten. Die Hostie aber hat man nicht wieder aufgefunden. Die blutige Erde hat man darauf ausgegraben und in die Kirche getragen, wo sie viele Wunderwerke getan hat.

Als nun die Geschichte bekannt geworden, da ist ein großer Zulauf von Menschen entstanden, die aus allen Orten nach Zehdenick gereist sind. Es sind auch dahin gekommen der Bischof Ruthgerus von Brandenburg, die beiden Markgrafen Johannes und Otto von Brandenburg sowie deren Schwester Mechtild, Herzogin von Braunschweig und Lüneburg. Zum Gedächtnis dieser Geschichte hat man auf Anraten des Bruders Hermann von Langen, Lektor im Grauen Kloster zu **Berlin**, der der Beichtvater des Markgrafen gewesen ist, zu Zehdenick ein Jungfrauenkloster des Zisterzienserordens gestiftet und solches im folgenden Jahre 1250 aufgerichtet." (28, S. 182f.)

191 Links herum spinnen

Wer vor langen Jahren die Straße, welche die Stadt **Gransee** mit dem Dorfe **Schönermark** verbindet, hinabzog, konnte, wenn er das alte Stadttor im Rücken hatte, gleich zur Linken mitten in Gärten ein kleines Gehöft erblicken, unansehnlich und zerfallen. Besonders war das Wohnhaus in baufälligem Zustande, der nur dadurch, dass es seit langer Zeit völlig unbewohnt war, einigermaßen entschuldigt werden konnte. Dass aber das Häuschen trotz seiner hübschen Lage ganz und gar keinen Mieter finden wollte, erklärt sich leicht; denn durch die ganze Stadt ging das Gerücht, dass es dort fürchterlich spuke, und jedermann scheute sich, mit dem Spuk in nähere Berührung zu kommen. Da ließ sich eines Tages ein junges, aber armes Brautpaar trauen. Die Hochzeit wurde gefeiert, aber nachher war nirgends in der Stadt eine Wohnung frei, wo die jungen Leute ein Unterkommen gefunden hätten. Es blieb ihnen nichts anderes übrig, als das verrufene kleine Haus zu beziehen. Schon lange Zeit hatten sie beide darin friedlich zugebracht. Da tat sich eines Abends die Tür auf, und herein trat ein altes Mütterchen mit einem Schemel und einem Spinnrocken in der Hand, setzte sich am Kaminfeuer nieder und begann zu spinnen, ohne ein Wörtchen zu verlieren. Nach ein paar Stündchen erhob es sich und ging stillschweigend, wie es gekommen, wieder zur Türe hinaus. Anfangs erschraken die jungen Leute gar sehr über die Erscheinung; als sich aber der merkwürdige Besuch seitdem Abend für Abend wiederholte, gewöhnten sie sich bald daran und blieben ruhig beieinander am Tische sitzen, während die Alte spann. Nur eines nahm sie Wunder, dass diese nämlich auf keine ihrer Fragen antwortete, sondern immer schwieg und tat, als hörte sie nichts. Einst ging der junge Mann nach der Stadt; es war gegen Abend, und die Frau bat ihn, recht bald wiederzukommen, da es ja schon spät wäre. „Nun, du wirst dich doch nicht fürchten?", erwiderte der Gatte, „Großmütterchen", so pflegte nämlich das Ehepaar die Alte zu nennen, so oft es von ihr sprach, „ist ja bei dir". Mit diesen Worten verließ er die Stube. Die Frau blieb zurück, setzte sich am Tische nieder und schaute unverwandt der Arbeit des Mütterchens zu, das auch heute wieder erschienen war. Plötzlich rief sie: „Großmutter, ihr spinnt ja nach links herum!" „Meine Tochter", gab ihr die Alte zurück, „ich danke dir, mit diesen Worten hast du mich erlöst. Zum Lohne aber für das, was du an mir getan, tu ich dir kund, dass hier unter diesen Steinen, auf denen mein Schemel und Spinnrocken stehen, ein Topf mit vielem Gelde verborgen liegt. Grabe ihn aus, doch so, dass dein Mann nichts davon merkt, und verbirg ihm das Geheimnis, das ich dir anvertraut, bis zum dritten Tage; alsdann wird der Schatz euch zu glücklichen Leuten machen." Damit ergriff sie Schemel und Spinnrocken, ging hinaus aus dem Zimmer, um nie wieder zu erscheinen. Das junge Ehepaar aber gelangte durch das gefundene Geld zu reichem Segensstande. (13, S. 58f.)

192 Der dreibeinige Hase

Einst ging ein Arbeiter von **Grüneberg** nach **Linde**. Da lief ein dreibeiniger Hase über den Weg, den er sich fing und in einen Sack steckte, um ihn mit nach Hause zu nehmen. Als er auf die Brücke bei Linde kam, wurde ihm der Sack auf einmal so schwer; da nahm er seinen Stock und prügelte auf den Sack los. Alsdann ging er weiter. Wie er nun hinter sein Haus kam, wollte er, um sich den Weg abzukürzen, über den Zaun springen. Daher warf er den Sack mit dem Hasen zuerst hinüber; der aber ging auf, und der Hase lief davon. Da rief ihm der Arbeiter nach: „Nun kannst du gehen, ich habe dich gut geknüppelt." Der Hase aber antwortete, indem er davon lief: „Und du hast mich gut buckeln müssen." (13, S. 69)

193 Der Riesenstein in Teschendorf

Noch in den Dreißigerjahren [des 19. Jhdts.] lag in **Teschendorf** unweit des Eingangs der **Neuendorfer** Stege ein ziemlich großer Stein, der vielleicht zwanzig bis dreißig Zentimeter aus der Erde hervorragte; seine Länge mochte ungefähr einen Meter betragen. Auf der Oberfläche bemerkte man den Abdruck einer großen Hand. Vor alten Zeiten, so heißt es, als das hereinbrechende Christentum den heidnischen Glauben aus hiesiger Gegend verdrängte, und schon in manchem Dorfe die Glocken die Gläubigen in die Kirche einluden, versuchte ein Riese mit diesem Steine vom Dorfe **Grüneberg** her, das von Teschendorf durch einen See getrennt liegt, den schlanken Turm der Teschendorfer Kirche einzuwerfen, verfehlte ihn aber in seinem Übereifer. Beim Bau der Chaussee von **Berlin** nach **Gransee** (1836) ist dieser Stein jedenfalls ausgegraben und mit verwendet worden. (13, S. 72)

194 Die Gans im Brunnen

Einst wurde bei Spr. in **Teschendorf** ein Brunnen ausgegraben. Da erschien plötzlich aus dem Grunde desselben eine Gans, die einen Zettel um den Hals trug, der davor warnte, weiter zu graben, sonst würde es ihnen schlecht ergehen. Die Ausgrabung wurde infolgedessen eingestellt. (13, S. 72)

195 Der Burgwall bei Teschendorf

An der **Berlin-Strelitzer Chaussee** zwischen **Löwenberg** und **Teschendorf**, ungefähr ein Kilometer von Letzterem entfernt, liegt ein Burgwall, der vor zwanzig Jahren noch tief in die Erde gehende Mauerwerke und Kellereien erkennen ließ, jetzt aber eingeebnet ist. In unmittelbarer Nähe davon, nach **Grüneberg** zu, sind schon wiederholt Brunnen aufgefunden worden, von denen aber jetzt jede Spur verschwunden ist, da sie alle überackert sind. Früher soll hier das Dorf **Chrabsdorf** gestanden haben. Von diesem Burgwalle nun gehen noch heute verschiedene Sagen im Munde des Volkes um.
Noch jetzt wohnt in Teschendorf ein alter, redseliger und ehrsamer Chausseearbeiter namens Fr. Sch., der erzählte: Vor etwa fünfunddreißig Jahren hatte ich eine Braut in Löwenberg. Diese hatte dreimal in drei Nächten einen gar merkwürdigen Traum. In dem erschien ihr eine weibliche Gestalt, die sprach zu ihr: „Mache dich auf und gehe hin nach dem Burgwall und grabe dort an drei aufeinanderfolgenden Freitagen nachts von zwölf bis ein Uhr, so wirst du einen großen Schatz finden." Das erste Mal bewahrte meine Braut

ihren Traum still bei sich, als sie aber in der folgenden Nacht dasselbe träumte, sprach sie darüber und suchte einige Helfershelfer; und als der Traum zum dritten Male wiederkehrte, fanden sich drei Knechte bereit, ihr den Schatz heben zu helfen. So ging es denn eines Freitags in der Nacht nach dem Teschendorfer Burgwalle. Es wurde gegraben und – nichts gefunden. In der Nacht des folgenden Freitags ging es wieder dorthin, und siehe! – plötzlich erschien eine weiß gekleidete große Dame, die aber niemand weiter sah als meine Braut. Die reichte ihr ein Bund Schlüssel mit stummer Gebärde. Sowie aber meine Braut die weiße Hand mit den Schlüsseln nach sich ausgestreckt sah, meinte sie, die Sinne wollten sie verlassen; sie schrie laut auf vor Schrecken, und die Dame war verschwunden und mit ihr das erhoffte Glück. Arm habe ich meine Braut gefreit und arm habe ich sie auch später nach zweijähriger Ehe begraben.

Ebenso träumte eine Frau aus **Kerkow** namens St. einst, sie sollte nach dem Burgwalle gehen und dort nach Geld graben, aber weder dabei sprechen noch lachen. Da sie sich aber allein fürchtete, nahm sie noch eine Begleiterin mit, und beide gruben, bis sie auf eine Lade stießen. Da entfährt der einen Frau beim Graben ein unanständiges Geräusch, worüber beide laut zu lachen anfangen. Plötzlich gibt es einen furchtbaren Krach, und der Schatz fährt in die Tiefe zurück.

In früherer Zeit, wo die Trümmer des Burgwalles noch mit dichtem Haselgebüsch und fruchtbarem Brombeergesträuch bedeckt waren, besuchten die Knaben des Dorfes um die Zeit der reifen Brombeeren und Haselnüsse diesen Ort recht fleißig, an dem zahlreiche ziemlich große Schlangen mit blitzenden Augen der Hantierung der kleinen Besucher verwundert aus ihrem Verstecke zuschauten oder auch wohl eilig durch das unter den Büschen liegende dürre Laub raschelten. Neugierig und aufmerksam pflegten die Knaben alsdann den Schlangen nachzublicken; denn unter ihnen befand sich ja, wie Mutter und Großmutter ihnen so oft erzählt, der Schlangenkönig mit der schönen goldenen Krone auf dem Kopfe. Und wohin dieser schlich, da lag der Schatz vergraben, den schon oft Leute in stiller Mitternacht zu heben versucht hatten. Doch so sehr sie auch aufmerkten, niemals wollte sich der Schlangenkönig der kleinen Schar zeigen, und es wäre doch gar zu schön gewesen, der Mutter den großen Schatz mit heimbringen zu können.

Einst fuhr ein Bauer mit einem Fuder Heu an dem Burgwall vor Teschendorf vorüber, an dem es nimmer geheuer ist. Da erhob sich plötzlich ein furchtbarer Sturm, der das Fuder umwarf. Eine Frau, welche mit ihrem Kinde hoch oben auf dem Fuder saß, wurde natürlich heruntergeworfen. Da kam plötzlich ein zweiter Windwirbel, der das Fuder wieder in die Höhe richtete. Die Frau aber, der bei dem Unfalle das Kind aus den Armen gerissen worden war, raffte sich wieder von der Erde empor und suchte nach ihrem Kinde, aber lange Zeit vergebens. Endlich entdeckte man, dass das Kind unbeschädigt in einem am Wege stehenden Baume hängen geblieben war. (13, S. 69ff.)

196 Major von Kaphengst

Der Major von Kaphengst lebte als Adjutant des Prinzen Heinrich von Preußen eine Reihe von Jahren an dessen Hofe zu **Rheinsberg**, von wo er im Jahre 1774 in das am **Huwenowsee** gelegene **Schloss Meseberg** übersiedelte. Noch heute weiß man in der ganzen Gegend von seinem wüsten und wilden Leben und Treiben zu erzählen, und noch heute verstecken sich bei dem Rufe: „Kaphengst kommt!" die Kinder scheu und furchtsam hinter der Mutter. Kein Wunder, dass sich auch die Sage dieses Mannes bemächtigt hat; besonders ist es die Erinnerung an seine Habsucht, die sich im Volke noch erhalten hat.

Als nämlich, so erzählt der Volksmund, die Grenze zwischen **Meseberg** und **Strubensee** unkenntlich und daher streitig geworden war, war Kaphengst eifrig darauf bedacht, sein Gebiet zum Nachteile seiner Nachbarn zu erweitern und die Grenze auf Strubenseer Gebiet zu verlegen. Wohl wusste er, dass er seine Aussagen beschwören müsse, aber das machte ihm wenig Kummer. Wie nun der Termin, an dem er seinen Eid leisten sollte, herangekommen war, tat er Erde von seinem Grund und Boden in seine Stiefel und begab sich nach der neuen, zu seinen Gunsten abgesteckten Grenze, wo die Verhandlung stattfinden sollte. Hier trat er auf die ihm zugesprochene Seite dicht neben den neuen Grenzpfahl und beschwor dreist und keck, dass er auf seinem Grund und Boden stehe. Die Strafe für solch frevelhaften Meineid sollte nicht ausbleiben. Denn als er starb, fand seine Seele nimmer Ruhe im Grabe, unstet wanderte sie auf der Grenze auf und ab und ganz deutlich kann man zur Mitternachtsstunde den Ruf vernehmen: „Hierher, hierher! Hier ist die Grenze!" Ähnlich wie hier hat es auch auf der Grenze von **Sonnenberg** gespukt; gar oft hat man dort des Nachts den Ruf gehört: „Wo soll ich ihn hinstecken (nämlich den Grenzpfahl)?" Auch dies soll kein anderer als Kaphengst gewesen sein. Den Zuruf vernahm einst ein beherzter Mann, und als er darauf entgegnete: „Stecke ihn hin, woher du ihn genommen", erhielt er zur Antwort: „Wäre mir das schon vor hundert Jahren gesagt, so hätte ich seitdem nicht zu wandern brauchen." Seit der Zeit hat man denn die Rufe nicht mehr vernommen, und es scheint, als ob die arme Seele des wilden Majors endlich Ruhe gefunden hat. Auch sieht man ihn jetzt nicht mehr auf einem Schimmel, den Kopf unter dem Arme, an dem Huwenowsee bei Meseberg herumreiten. (13, S. 60f.)

197 Der Meseberger Kobold

Eine Bauernfrau hatte in einem dunklen Verschlage einen Kobold. Dieses Behältnis zu öffnen, hatte sie ihren Dienstmägden auf das Strengste verboten. Einmal jedoch, als die Frau zur Kirche gegangen war, benutzten die Mädchen die Gelegenheit, ihre Neugierde zu befriedigen. Vorsichtig öffneten sie den Verschlag; dabei konnten sie jedoch nicht verhindern, dass ein Wesen wie eine schwarze Katze daraus entfloh, einen üblen Geruch hinterlassend. Die Bauernfrau überkam in der Kirche ein ängstliches Gefühl, sodass sie noch vor dem Schlusse des Gottesdienstes nach Hause eilte. Hier sah sie mit Entsetzen, was geschehen war. Der Kobold kam nicht wieder, und mit ihm war alles Glück des Hauses gewichen. (13, S. 62f.)

198 Der Schatz im Meseberger Felde

In **Buberow** wohnte vor Jahren ein Bauer namens Sch., sein Enkel lebt noch heute dort. Zu diesem alten Sch. nun kam einst ein Jesuit, angeblich aus **Italien**, und erzählte ihm, dass er sich im Besitze einer Wünschelrute befinde, durch die er alle verborgenen Schätze entdecken könne. Auch auf dem **Meseberger** Felde solle ein großer Schatz verborgen liegen, der könne aber nur gehoben werden, wenn einer, der in der Johannisnacht geboren sei, sich beteilige. Da er nun wisse, dass dies bei ihm – dem alten Sch. – der Fall sei, so solle er ihm helfen. Der Arbeitsmann des Sch., ein starker rüstiger Mann, wird als dritter gewählt, und so ging es in einer Johannisnacht zwischen zwölf und ein Uhr nach dem Felde in der Nähe des Dorfes Meseberg. Dort erklärte ihnen der Jesuit, dass sie auf keinen Fall sprechen dürften, es komme, was da wolle. Die beiden sind's zufrieden, und der Jesuit zieht seine Wünschelrute hervor und spannt sie bogenförmig zwischen die beiden Daumen. Still und behutsam gehen sie vorwärts; da mit einem Male neigt sich die Rute, und das war das bestimmte Zeichen, dass man den Ort, an dem der Schatz verborgen lag, gefunden hatte. Der Jesuit zog nun mit seinem Stabe einen Kreis und hielt dann seine Rechte segnend über den Ort. Ohne ein Wort zu reden, ergriffen nun die drei die mitgenommenen Gräber (Spaten) und schaufelten, bis sie auf eine große schwere Lade (Koffer) stießen. Abwechselnd schoben sie nun bald unter das eine, bald unter das andere Ende der Lade Erde und beförderten sie so bis an die Oberfläche. Da mit einem Male entstand ein gewaltiger Wirbelwind und darin kam Urian mit Schwanz und Pferdefuß, grüßte und sprach: „Was macht ihr hier?" Keine Antwort. „Ihr seid ja so fleißig." Alles still, immer weiter wird gearbeitet. „O, ihr wollt mir wohl keine Antwort geben? Nun dann werde ich Ernst gebrauchen", und damit greift er auch schon mit seinem immer länger werdenden Arme in den Kreis, erfasst den Arbeitsmann und zieht ihn näher an sich heran. Ja, da ist mit einem Male aller Mut dahin, und in namenloser Angst ruft der Arbeiter: „Ach du lieber Gott, was werden nun meine arme Frau und Kinder machen!" Hätte er doch nur, wie versprochen, geschwiegen, der Böse hätte nie und nimmer die Macht gehabt, ihn aus dem Kreise herauszuziehen und ihm etwas anzutun, und alles wäre nach Wunsch gegangen. Aber so – kaum hatte er den Angstschrei ausgestoßen, da entsteht plötzlich ein starker Knall, und die Lade ist verschwunden und mit ihr das Loch, das sie so mühsam gegraben haben. Mit dicken Schweißtropfen auf der Stirn sieht einer den anderen erschreckt an, und unter Vorwürfen gehen die drei mit leeren Händen heim. (13, S. 61f.)

199 Der Fünffingerstein

Auf den **Hellbergen** bei **Häsen** wohnte in alten Zeiten auf seiner Burg ein Riese, welcher ein großer Feind des Christentums war. Als man das Kloster in **Gransee** baute, ward er so zornig, dass er einen großen Stein nahm und ihn in der Richtung auf die Stadt warf. Der Stein fiel auf einen Hügel bei **Kraatz** nieder, welcher der **Fünffingerberg** heißt, und ist dort noch heute zu finden. Er hat eine Länge von etwa zwölf Fuß und ist acht bis zehn Fuß breit, während die Höhe – er liegt zum Teil in der Erde verborgen – wohl dieselbe Ausdehnung haben mag. Auf diesem Stein bemerkt man fünf Vertiefungen, die von dem Eindruck einer Riesenhand herzurühren scheinen. Man hat zwar schon vielfach versucht, diesen Felsen zu sprengen, doch sind immer nur kleine Teile abgesprungen, und so sind denn die Spuren der Riesenhand immer noch sichtbar. (13, S. 63)

200 Die Hexe im Teufelssee

An den Hintergebäuden der **Försterei Tornow** vorbei führt ein Fußpfad hinab in eine von Kieferngehölz bestandene Schlucht, an deren einem Ende der kleine, dichtumschattete und fast kreisrunde **Teufelssee** liegt. Dieser See, heißt es, habe seinen Namen daher erhalten, dass man einst versucht habe, den Teufel darin weißzuwaschen. Aber auch noch eine andere Sage ist von ihm im Volke bekannt.

Einst trieb hier, so erzählt man sich in **Zermützel**, einem in der Nähe gelegenen Dorfe, Frau Klöckner aus **Binenwalde**, eine arge Hexe, ihr Wesen. Schon oft war sie, wenn einer dort angelte, blutrot aus dem Wasser emporgestiegen und hatte den einsamen Angler am Lande getötet oder auch wohl mit sich in das kühle Wasser hinabgezogen. Vergebens suchte man diesem Treiben ein Ende zu machen. Da kam man denn auf den Gedanken, sie zu erschießen; aber so oft man es auch versuchte, keine Kugel wollte treffen; ja der leichtsinnige Schütze konnte von Glück sagen, wenn er selbst bei dem Wagstück mit heiler Haut davonkam, da die Kugel jedes Mal zurückprallte. Da meinte denn einer, der in solchen Dingen Bescheid wusste, man solle nur eine silberne Kugel in das Gewehr laden, dann würde man sie schon treffen, denn eine Hexe könne nur mit Silber erschossen werden. Aber man befolgte den Rat nicht, da man fürchtete, die Sache könne zu teuer zu stehen kommen, wenn sie öfter fehlschlüge. Schließlich gelang es eines schönen Tages, die Hexe mit einem Milchbrote in eine Flasche zu locken und diese fest zu verkorken. Darauf machte man sich denn mit der Flasche nach **Rheinsberg** auf den Weg. Aber unterwegs ging die Flasche durch irgendeinen Zufall auf und die Hexe entkam nach dem **Hacht**, einer dicken Schonung in der Nähe von Rheinsberg, und dort soll sie noch heute ihr Wesen treiben. (13, S. 22f.)

201 Der große Schäfer von Braunsberg

Während der Regierungszeit Friedrich Wilhelms I. lebte in **Braunsberg** ein Schäferknecht, ein großer, schöner junger Mann. Die Werber des Königs hatten längst ihr Augenmerk auf ihn gerichtet und versuchten ihn durch Vereinbarung für das Regiment zu gewinnen. Der Schäfer wollte aber lieber seine Wollträger hüten, als sich selbst im bunten Rock kommandieren lassen. Als er aber einst in einer schönen Sommernacht sorglos in seiner Schäferkarre bei der Herde schlief, kamen die Werber, schlugen die Tür der Karre zu und fuhren mit dem Schäfer davon. Der Fang wäre nicht übel gewesen, wenn man den Vogel gehabt hätte. Der aber war durch die Falltür entkommen und hütete am nächsten Morgen wieder seine Schafe, wobei er Strümpfe von Wolle strickte.Nach einiger Zeit kam des Weges, an dem der Riesenschäfer mit seiner Herde weilte, ein alter Mann, der sich mit ihm in ein Gespräch einließ. Der Wanderer teilte ihm geheimnisvoll mit, dass man willens sei, ihn mit List oder Gewalt in den Soldatenrock zu stecken, und mahnte zur Vorsicht. Er erbot sich, ihm zu zeigen, wie man es schon öfter gemacht habe. Zu diesem Zweck erbat er sich des Schäfers Stock und steckte ihn durch dessen beide Rockärmel, so dass dieser mit ausgebreiteten Armen dastand. Dann rief er mit kräftiger Stimme: „Halloh, halloh!" Sofort trat aus dem nahen Walde eine Schar bewaffneter Männer, welche den Schäfer trotz alles Sträubens fesselte und mit sich nach **Potsdam** führte, wo er dem Riesenregimente einverleibt wurde.

Kronprinz Friedrich, dem während seines Aufenthaltes in **Rheinsberg** der lange Schäfer von Braunsberg nicht unbekannt geblieben war, erinnerte sich desselben, als er den Thron seiner Väter bestiegen hatte. Mit Staunen erfuhr er, dass der Schäfergrenadier bei seinem mäßigen Solde ein Leben führe, wie es kaum einem Major möglich sei. Jeden Abend sehe er eine kleine Gesellschaft Kameraden bei sich, die er mit Kuchen, Wein, Bier und Tabak bewirte. Niemand wusste, woher ihm die Mittel zu diesem außergewöhnlichen Aufwande kamen. Der König, der gern dahintergekommen wäre, verfiel auf eine List. Er verkleidete sich als gemeiner Soldat und versuchte sich auf vertrauten Fuß mit dem Grenadier zu stellen. Der neue Kamerad gewann bald des Schäfers Herz und wurde wiederholt zu den Abendgesellschaften geladen. Als der König die Tonpfeife ablehnte und sich als Schnupfer auswies, wurde ihm die feinste Sorte Schnupftabak gereicht.

Einmal blieb der König zurück, als die übrigen Kameraden sich entfernt hatten. Er drückte seine Verwunderung über den nie gesehenen Luxus eines gemeinen Soldaten aus und forschte nach der Quelle seiner Geldmittel. Der Schäfer erwiderte: „Wenn du mir Verschwiegenheit gelobest, so magst du mich morgen in der Mitternachtsstunde begleiten." Der König sagte zu, und zur bestimmten Zeit wanderten beide durch Potsdams stille Straßen. Vor dem Hause eines Kaufmanns stand der Schäfer still, blies in das Schloss, das sofort aufsprang, und beide traten ein. Auf dieselbe Weise öffnete sich die Tür zum Laden und auch die Ladenkasse. Diese entleerte der Schäfer, teilte das Geld in drei Haufen und sagte: „Der eine Haufen gehört dem Kaufmann, denn der ist sein Betriebskapital; der zweite ist sein rechtmäßiger Gewinn; den dritten hat er durch Betrug, und darum nehme ich ihn an mich." Weitere Besuche zu machen, zeigte des Schäfers Begleiter keine Neigung; wohl aber wünschte er des Königs Schatzkammer zu sehen. Dazu wollte der Schäfer sich nicht verstehen und konnte schließlich nur durch das feierliche Versprechen, nichts anrühren zu wollen, zur Öffnung veranlasst werden. Beide traten auf dieselbe geheimnisvolle Weise in die wohlverwahrten Räume ein. Ungeheure Schätze waren hier aufgehäuft. Als Friedrich einige Goldstücke in die Hand nahm, erhielt er einen derben Stoß und wurde schleunigst mit dem Bedeuten hinausgeschoben, er solle nie wieder das gastliche Haus seines Königs betreten.

Am nächsten Morgen erschien ein königlicher Diener, der dem Schäfergrenadier den Befehl überbrachte, sofort zum König zu kommen. Wie erschrak der aber, als er in dem Könige seinen nächtlichen Begleiter erkannte! Dieser redete ihn freundlich an und sagte, dass er ihm für den Stoß aufrichtig danke, aber die Beraubung der Kaufleute ernstlich untersage; da er aber gewohnt sei, auf großem Fuße zu leben, so wolle er ihm von jetzt ab den Sold eines Offiziers bewilligen. (13, S. 25ff.)

202 Der Schatz der Zwerge

Tief im Innern des **Hohen Berges** an der **Braunsberger** Grenzscheide im **Kreis Ruppin** liegt ein gewaltiger Schatz verborgen, den die Zwerge eifersüchtig vor der Habgier der Menschen hüten. Und doch kann derselbe gehoben werden. Wenn nämlich um Mitternacht eine unbescholtene Jungfrau stillschweigend mit silberner Laterne und silbernem Schlüssel nach dem hohen Berge geht und dort drei Vaterunser betet, dann erscheint plötzlich vor ihr ein Zwerg, der ihr den Weg zur Schatzkammer zeigt, damit sie die reichen Schätze hebe. Bis jetzt freilich hat sich noch keine gefunden, welche das Wagstück unternommen hätte. (20, S. 123)

203 Das schwarze Pferd

Zwischen **Dorf Zechlin** und **Flecken Zechlin** führte früher ein Abzugsgraben über den Weg, der beide Ortschaften miteinander verbindet; eine steinerne Brücke überwölbte ihn. Dort, heißt es, erschien oft zur Mitternachtsstunde ein schwarzes Pferd. (13, S. 121)

204 Die Schweinricher Schlachtstücken

Auf der südöstlichen Seite der Feldmark des Dorfes **Babitz** bei **Wittstock** lagen vor der Separation derselben eine Anzahl von Ackerstücken, die mit dem Namen **Schweinricher Schlachtstücken** benannt wurden. Man erzählt über diese Folgendes:
Im Dreißigjährigen Kriege wurde das Dorf **Luttrow** bei **Flecken Zechlin** zerstört. Die schönen Glocken des eingeäscherten Turmes versanken in den Schutt. Nachdem der Friede wiedergekehrt und die gebliebenen Ortschaften mehr oder weniger wieder bevölkert waren, wurde an die Aufräumung der Schuttstellen gegangen. Da fand man denn in Luttrow eine sehr schöne, ziemlich große Glocke, um deren Besitz sich die Gemeinden **Schweinrich** und Babitz stritten. Die Schweinricher fassten den Plan, die Glocke heimlich zu holen. Sie spannten acht Hengste vor einen Wagen und luden dann die Glocke darauf. Aber bei der Wildheit der Tiere und dem ungleichen Anzuge derselben gelang es ihnen nicht, die Glocke von der Stelle zu bringen. Während nun von den Schweinrichern andere Anstalten getroffen wurden, um sich den Besitz der Glocke zu sichern, kamen die Babitzer mit acht Ochsen, spannten diese vor den beladenen Wagen und führten mit den Worten: „Gott helfe dem Armen so gut wie dem Reichen!", die schöne Beute hinweg. Die Schweinricher bekamen davon Nachricht, setzten den Babitzern nach

und erreichten sie auf den sogenannten Schlachtstücken. Hier entspann sich denn auch ein kleines Gefecht, in dem die Babitzer dadurch im Vorteil waren, dass sie vom Orte schnell Hilfe herbeirufen konnten. Das Ende vom Liede war, die Schweinricher mussten mit blutigen Köpfen das Schlachtfeld räumen, und die Babitzer behielten die Glocke, die heute noch zum Ärger der Schweinricher auf dem Babitzer Turme hängt. (5, S. 58f.)

205 Die Insel im Wummsee

In dem **Wummsee** bei **Zechlin** befindet sich eine kleine Insel, welche auf folgende Weise dahin gekommen sein soll. In einiger Entfernung von Zechlin ist eine tiefe Kute [Grube], darin soll ein Räuberhauptmann namens Fietz sein Wesen getrieben haben. Es soll auch von hier zur Beförderung des gestohlenen Gutes ein unterirdischer Gang nach dem **Flecken Zechlin** geführt haben. Zu der Kute ist der Räuberhauptmann auf folgende Weise gekommen. Er hat mit dem Teufel einen Bund gemacht und gesagt, wenn der Teufel ihm die Erde aus der Grube wegnähme und, ehe der Hahn krähte, bis zu einem gewissen Ort brächte, so wollte er sich demselben zu eigen geben. Der Räuberhauptmann aber konnte genau wie ein Hahn krähen, und als der Teufel mit der Erde über dem Wummsee war, so krähte er, und der Teufel denkt, es wäre der wirkliche Hahn, lässt die Erde fallen, und so entstand die ziemlich flache Insel. (5, S. 60f.)

206 Fietzens Kule

In gleich weiter Entfernung vom **Flecken Zechlin** und den Dörfern **Zempow** und **Schweinrich**, an den sogenannten **Bohnenbergen**, findet man eine tiefe Grube, die zwanzig bis dreißig Fuß im Durchmesser haben mag. Hier hatte einst tief unter der Erde eine mächtige Räuberbande ihre Höhle, welche mehrere Gänge und Gemächer enthielt, und ein Gang führte sogar bis in den Amtskeller der alten Burg zu **Zechlin**, von wo die Räuber sich ihr Bier und ihren Wein stahlen, ohne dass die Bewohner der Burg es ahnten.
Einst hatte auf einem Raubzuge der Hauptmann der Bande ein Mädchen gefangen, und da es ihm gefiel, so schleppte er es mit nach der Höhle um es

zu seinem Weibe zu machen. Das Mädchen stellte sich an, als füge sie sich geduldig in ihr Schicksal, um dadurch die Wachsamkeit der Räuber zu täuschen. Als sie aber einst alle auf Raub ausgezogen waren und nur ein alter Räuber zur Bewachung der Höhle und des Mädchens zurückblieb, gab sie diesem einen Schlaftrunk, entwischte und kam glücklich nach Zechlin, wo sie ihre Erlebnisse erzählte. Sogleich zogen viele Männer von hier aus, ließen sich von dem Mädchen zu der Höhle führen, zerstörten diese und nahmen viele Räuber gefangen. Beim Einsturz der Höhle entstand jenes tiefe Loch, das bis auf den heutigen Tag **Fietzens Kule** genannt wird. (5, S. 61 f.)

207 Der Galgenbaum beim Flecken Zechlin

Südlich vom **Flecken Zechlin** erhebt sich ein kleiner Hügel, der **Galgenberg** genannt. Dort steht ein wilder Birnbaum, der von der Wurzel aus in drei Stämmen emporgewachsen ist. An diesen Birnbaum, den man allgemein den Galgenbaum nennt, knüpft sich folgende Sage:
Einst wurde ein Schäfer von dem Gute in Zechlin beschuldigt, einen Menschen erschlagen zu haben und dafür zum Tode durch das Rad verurteilt. Vergebens beteuerte er seine Unschuld auch noch auf der Richtstätte, dem Galgenberge. Schon schickte sich der Henker an, das Todesurteil an ihm zu vollstrecken, da erklärte er laut: „Zum Wahrzeichen meiner Unschuld wird auf dieser Stätte ein Baum emporwachsen, der dreierlei Früchte trägt, doch niemand soll sie genießen können." Und wie er prophezeit, so ist es richtig eingetroffen. (13, S. 121)

208 Die Lügnerin

Kommt man vom **Flecken Zechlin** her ins Dorf **Schweinrich**, so liegt gleich links an der sogenannten Stege ein Kossätenhof, der seit Jahrhunderten von der Familie Vielitz bewohnt ist. Von einer weiblichen Person dieser Familie älterer Zeit erzählt man sich Folgendes:
Als junges Mädchen log diese Person ganz unerhört, sodass ihre Freundinnen oft zu ihr äußerten, sie werde noch einmal der Lügen wegen dem Satan in die Hände fallen. Eines Abends im Spätherbste, als sie aus der Spinnstube

nach Hause zurückkehrte und einen Steg überschreiten wollte, der in ihres Vaters Garten führte, verwehrte ihr ein großer schwarzer Hund den Übergang. Sie wollte nun über die Brücke auf der Dorfstraße gehen, um von der Seite auf ihren Hof zu kommen, allein auch da trat ihr der Hund zähnefletschend entgegen. Sie versuchte jetzt noch einmal den Übergang über den Steg, aber der Hund zerrte sie am Kleide in den Bach und schüttelte sie derb ab.Die Gänge in die Spinnstuben nach auswärts wurden darauf eingestellt, und das Mädchen suchte sich im Dorfe eine Gesellschaft aus, von wo sie weder den Steg noch die Brücke zu passieren brauchte. Aber da sie auch hier nicht das Lügen ablegte, so wurde sie zwar nicht mehr durch einen schwarzen Hund, sondern durch eine weiße Taube bestraft. Jeden Abend, wenn sie die Ecke des Zadrianschen Hofes, etwa dreißig Schritte von dem Gehöft ihres Vaters, erreichte, kam die Taube, setzte sich auf ihre rechte Schulter, behielt diesen Platz, bis sie sich ausgezogen hatte, und setzte sich dann auf ihre Brust. Am Morgen war die Taube verschwunden. Man bemerkte auch oft auf der Brust des Mädchens blutrote Flecke, die ihr jedenfalls die Taube durch Hacken mit dem Schnabel beigebracht hatte. Zum Glück war ein alter Schäfer namens Schmidt im Orte, der war in allerlei Künsten bewandert. Er fragte eines Abends die Taube, nachdem sie sich auf die Brust des Mädchens gesetzt hatte: „Woher bist du? Bist du von Gott?" „Ik öek!" antwortete die Taube und flog schnell durch das geschlossene Fenster, sodass nur alles so klirrte. Merkwürdigerweise fand sich nachher, dass keine Fensterscheibe entzwei war. Von der Zeit an stellte die Vielitz auch das Lügen ein. (5, S. 57f.)

209 Der Riesenstein bei Schwanow

Schwanow hatte bis vor etwa vierzig Jahren [um 1850] einen Riesenstein aufzuweisen, auf dem sich Fingerabdrücke befanden. Der lag auf einer Anhöhe inmitten einer der Gutsherrschaft gehörenden Wiese. Von ihm ging die Sage, dass ein Riese mit diesem von einem Berge bei **Zechow** aus die Kirche (Bethaus) zu Schwanow habe einwerfen wollen, aber den Stein über sie hinweggeschleudert habe.
Dieser Stein ist gesprengt und hat ungefähr drei Schachtruten (Raummaß) Stücke gegeben. Unter demselben haben altertümliche Kriegswaffen gelegen und angeblich auch ein großer Schatz. Diesen haben, so heißt es, die Arbeiter

wohlweislich in der Stille der Nacht auf einer Karre nach Hause geschafft, jene aber der Gutsherrschaft abgeliefert. (13, S. 24)

210 Der Roland von Rheinsberg und die Remusinsel

Im **Boberowwald** treibt noch heutzutage Herr von Reisewitz sein Wesen; gar manchen hat er dort schon in die Irre geführt, der sich nicht herausfinden konnte, bis er plötzlich ein Lachen hörte oder ein Händeklatschen und dann sah, wo er hingeraten war. Mit dem Herrn von Reisewitz soll es aber folgende Bewandtnis haben: Er lebte hier unter Prinz Heinrich und hatte alles zu arangieren. Während nun Prinz Heinrich im Felde war, richtete Herr von Reisewitz die Boberowkabel, die Fortsetzung des Schlossgartens, ein. Weil er aber beim Prinzen verleumdet wurde, machte ihm dieser deshalb Vorwürfe, und da vergiftete sich Herr von Reisewitz. Wie Prinz Heinrich aber aus dem Felde zurückkam, da hat er gesehen, wie schön alles gewesen ist, und es hat ihm sehr leid getan. Seit der Zeit geht Herr von Reisewitz nun im Boberowwald um.

Fontane, der in seinen *Wanderungen durch die Mark Brandenburg* die Sage nach mündlicher Überlieferung ähnlich erzählt, nennt ihn von Reitzenstein und fügt hinzu, man behaupte, er habe sich getötet, indem er einen Diamanten verschluckt hat.

Rheinsberg hat übrigens auch einen Roland gehabt, der war ganz von Gold. Bei einer Gelegenheit ist er fortgekommen und in den See versenkt worden. Zwar weiß man die Stelle, doch ist er nicht wieder aufzufinden gewesen. In einer alten Überlieferung heißt es jedoch: In Rheinsberg hat einst ein hölzerner Roland gestanden, aber die **Prenzlauer** haben ihn da weg gestohlen. Auf der Insel bei Rheinsberg sollen Skelette von riesiger Größe gefunden worden sein. Rheinsberg hat vor alten Zeiten große Privilegien und Freiheiten gehabt, aber ein Schreiber hat die Bürger um diese ihre Briefe und Freiheiten gebracht, er hat sie zusammen auf eine Trage gelegt und Steine herumgepackt, hernach auf den See gebracht und hineingeworfen. Das war noch vor des letzten Justus von Bredow Zeiten (ein früherer Besitzer von Rheinsberg). Dieser Schreiber ist nach seinem Tode im Gewölbe der Kirche beigesetzt worden, und sein Leichnam ist dort nicht verwest, sondern nur vertrocknet, obwohl ein anderer Leichnam dort verwest ist. Was die erwähnten Riesenknochen betrifft, so hat man allerdings auf einer Insel im See, die jetzt die **Remusinsel** heißt, vor Zeiten einmal beim Ziehen eines Grabens viele Menschenknochen von angeblich auffallender Größe gefunden. Außerdem wollte man aber auch noch ein paar Grabsteine mit eigentümlichen Inschriften und mit sechs Vögeln darauf, die man für Habichte erklärte, angetroffen haben. Daraus ist dann eine kuriose Geschichte gemacht worden, dass dies das Grab des Remus gewesen, der von seinem Bruder Romulus nicht erschlagen worden sei, sondern sich vor ihm hierher geflüchtet habe, und daher sei die Stadt auch Remsberg und später dann Rheinsberg genannt worden. Der Insel aber ist davon der Name Remusinsel geblieben. (28, S. 148f.)

211 Die Wundereiche

Es diente im Jahre 1668 ein Knecht, von Wiburg aus Holstein gebürtig, namens Christian zu **Wittstock** bei einem Fleischer Joachim Lebenzier als Ackerknecht. Er bekommt aber einen Zufall [unerwartetes Leiden] in den Gliedern, sodass er seine Arbeit eine Zeit lang nicht verrichten konnte, bis sich endlich dieses Malum in den Füßen zusammenzog, sodass er große Schmerzen empfand und sich am Stocke forthelfen musste. Sein Meister aber wird ungeduldig darüber und redet ihn hart an, er müsse sich zwingen, seinen Dienst zu verrichten, damit er ihm das Brot nicht müsste umsonst geben, und befiehlt ihm einst am Sonnabend, er solle am Sonntagmorgen, weil er nicht gehen könne, ein Pferd nehmen und nach **Blesendorf** reiten und ein dort gekauftes Kalb vom Bauern abholen. Mit großer Betrübnis geht er zu Bett und wird um Mitternacht durch eine Stimme geweckt, die ihm den Befehl erteilt, er solle auf seiner Reise an dem Eichbaum hinter **Zaazke** am Wege nach Blesendorf anhalten, vom Pferde steigen und durch den voneinander gewachsenen Eichbaum durchkriechen, so würde er gesund werden. Solches tat er und wird zur Stunde gesund, sodass er seine Hilfsstöcke am Baum hinwirft und gehen und stehen kann. Das wird nach etlichen Jahren kund, worüber ein großer Zulauf entstand, viele Leute, die mit Krücken hinkamen, sind nachher fröhlich davongegangen und haben die Krücken in großer Menge dort liegen lassen. Dieser Zulauf hat sich auch im Jahr 1680 von Neuem erhoben, und weil Wittstock eine Meile abgelegen, so haben die vornehmen Patienten in Zazke ihr Quartier genommen und auch die Kirche reichlich beschenkt. Bis endlich Kurfürst Friedrich Wilhelm bewegt wurde, weil das ganze Werk auf einen Aberglauben hinauslief, diesen Baum umhauen zu lassen. Es war ein dicker und krauser Baum und daran etliche Äste ineinander und Löcher durchwachsen, und deshalb glaubte man, dass, wer da durchkrieche, gesund werden würde. Sonst war er so ästig und knorrig, dass er nicht gespalten und weggeführt werden konnte. Und so kam es, dass der einfache Mann immer noch eine sonderbare Ehrerbietung gegen diese Eiche hegte, die endlich, als vor Jahren die wüste Feldmark dort beräumt wurde, mit verbrannt ist. (10, S. 95f.)

212 Der Scharfenberg

Einmal im Jahre öffnet sich zur Mitternachtsstunde der **Scharfenberg** bei **Wittstock**, und aus seiner weiten Öffnung reitet eine Jungfrau auf schwarzem Rosse. Der Jüngling, welcher den Mut hat, sich zu ihr auf das Ross zu schwingen, erhält sie zur Gattin und ein Königreich zur Mitgift. (13, S. 116)

213 Das fluchende Weib

Im Jahre 1555 in den heiligen Pfingstfeiertagen saßen in einem Dorfe bei **Wittstock** mehrere Menschen beim Biere. Unter denselben war ein Weib, die fing an gräulich zu fluchen und mehrmals den Teufel zu rufen. Auf einmal wurde sie mitten in ihrem Schwören sichtbar von der Erde aufgehoben und zur Türe hinausgeführt, vor welcher sie tot niedergeworfen wurde, allen Fluchern und Gotteslästerern zum Exempel. (31, S. 111)

214 Ein Königswort

An der Straße von **Wittstock** nach **Mirow** liegt die sogenannte **Walke-** oder **Amtsmühle**. Wie deren Besitzer zu einem bei dem Gehöfte liegenden Acker gekommen ist, erzählt man sich noch heute folgendermaßen:
Als Friedrich der Große einst bei einer Jagd in den dortigen Forsten in der Mühle einkehrte, wurde er auf das freundlichste und gastlichste aufge-

nommen und bewirtet. Aus Freude darüber erklärte er dem Müller, dass alles Land, was er in einer Stunde mit seinem Pfluge umackern könne, ihm gehören solle. Der Müller nun, ein schlauer Mann, zog in einer Stunde mit seinem Pfluge eine weite Strecke rings um sein Gehöft herum eine Furche, welche eine große Anzahl Morgen Landes einschloss, und in der Tat durfte er dieses umackerte Land als sein Eigentum behalten. (13, S. 120f.)

215 Der Schwarze See bei Christdorf

Ein Bauer pflügte am **Schwarzen See**, da entstieg den Fluten ein schwarzes Ross und rannte nach dem vor den Pflug gespannten Pferde, es mit sich fortreißend in den See, wo beide versanken. Nun kam der Bauer mit einer langen Stange, an der sich ein eiserner Haken befand, um auf dem Grunde des Sees sein Pferd zu suchen und es heraufzuziehen. Aber er konnte den Grund des Sees nicht finden, und eine Stimme rief ihm aus der Tiefe zu, er möchte das Suchen unterlassen, weil auch er sonst herabgezogen würde. (13, S. 117)

216 Der Spuk auf der Burg zu Freyenstein

In einem der unbewohnten Zimmer der dem gräflichen Hause von Winterfeld gehörigen Burg zu **Freyenstein** ließ sich vor etwa fünfzig Jahren [um 1835] zu einer bestimmten Stunde der Nacht ein ungewöhnliches Geräusch hören. Tische, Stühle und Schränke wurden von ihren Plätzen gerückt, die Fensterscheiben klirrten, Fußtritte wurden vernommen, zuletzt ein gellender Schrei – und der Spuk hatte ein Ende. Obwohl jeden Abend das Haus sorgsam durchsucht, Türen und Fenster fest verschlossen und Wachen aufgestellt wurden, so sollte der Rumor doch kein Ende nehmen, und der Graf sah sich genötigt, mit seiner Dienerschaft das Haus zu verlassen. Erst nach längerer Zeit stellt der Geist sein Treiben ein, und der Graf kehrte wieder in die Burg zurück.
Im Volke aber geht die Sage, dass in der Franzosenzeit ein feindlicher General, der in der Burg im Quartier gelegen, in jenem unheimlichen Zimmer seine Frau erstochen habe, weil er sie im Verdachte der Untreue gehabt habe. (13, S. 120)

217 Heiligengrabe

Es war im Jahr 1285, als in die Kirche des Dorfes **Techow** unfern **Wittstock** in der Prignitz eingebrochen und verschiedenes wertvolles Kirchengerät entwendet wurde. Unter diesen befanden sich auch der Kelch und die Monstranz mit der geweihten Hostie. Eine Spur des Täters war lange Zeit nicht zu entdecken, bis sich endlich in **Pritzwalk** ein Jude verdächtig machte und infolge verschiedener Äußerungen, die er in dem allgemeinen Gerede über den Kirchenraub getan, eingezogen wurde. Da der Verdächtige nichts eingestehen wollte, ihm aber auch nichts zu beweisen war, so konnte er nicht verurteilt werden; losgelassen wurde er aber auch nicht, weil man meinte, dass die harte Gefangenschaft ihn schon weich machen würde.

Da erbot sich ein Pritzwalker Bürger, ein Tuchmacher, den Gefangenen durch List zum Geständnis zu bringen. Obgleich schon mehrere Priester ihr Heil vergeblich versucht hatten, so wollte sich der Tuchmacher doch auch als Priester verkleiden, denn er war der Meinung, dass seine Vorgänger es nur falsch angefangen hätten. Er trat dem Juden durchaus nicht mit Bekehrungsversuchen gegenüber, sondern erzählte sich mit ihm allerlei und machte ihn nach und nach zutraulich, sodass sich der Gefangene in seiner öden, langweiligen Zelle gar bald auf die Besuche des vermeintlichen Priesters freute, der ihm einige Stunden so angenehm verbringen half, sich mit ihm wie seinesgleichen unterhielt und so gar nichts von Bekehrungseifer verspüren ließ. Als der Tuchmacher den Gefangenen so weit hatte, dass er sich mit ihm auch von allen möglichen pfiffigen Gaunerstreichen erzählte, brachte er das Gespräch auch einmal auf den Kirchenraub. Der Jude stutzte zwar, ging aber doch darauf ein, verwickelte sich jedoch bald derart, dass der andere ihn lachend fragen konnte, wie er es nur so geschickt angefangen habe, alle Spuren so gut zu verbergen. Da ging der Gefangene wirklich in die Falle und ließ sich abfragen, dass er unterwegs in der Richtung auf Pritzwalk zu von einer großen Angst wegen der Hostie befallen worden sei, und dass er, um sich von dieser Angst zu befreien, die Hostie am Kreuzwege, wo der Galgen steht, vergraben und die Stelle unter dem Galgen mit einem großen Stein zugedeckt habe. Nun führte man den Juden vor das Tor hinaus und räderte ihn. Die Hostie aber wurde unter dem großen Steine an der bezeichneten Stelle ausgegraben und mit großer Feierlichkeit in die Kirche nach Pritzwalk gebracht. Sie war blutig, und wo sie gelegen, war das Erdreich ebenfalls mit Blut getränkt.

Dieses Erdreich wurde sorgfältig ausgehoben und ebenfalls als ein Heiligtum verwahrt.

Nun wandte sich der Pfarrer von Pritzwalk an seinen Bischof Heinrich von Havelberg, dass er seine Kirche bei den Christen als heiligen Ort in Aufnahme bringen sollte; der Bischof zeigte sich jedoch nicht besonders eifrig für die Sache. Da ritt er einmal von seinem Schlosse in Wittstock nach Pritzwalk, denselben Weg, den damals der Jude genommen hatte. Als er in die Nähe des Galgens kam, wurde er plötzlich krank, sodass er von seinem Pferde herabgehoben werden musste. Nun geriet er in große Herzensangst, denn dass er gerade an dieser Stelle krank wurde, erkannte er als ein Zeichen Gottes, und er gelobte sofort, das Heiligtum in Pritzwalk zu besuchen, was er bis jetzt zu tun unterlassen hatte. Kaum hatte er dies Gelübde getan, so fühlte er seine Krankheit schwinden.

Nun hatte er an sich selbst die Wunderkraft des Heiligtums erfahren und zweifelte nicht länger daran. Tief ergriffen ging er nach der Stelle, wo die Hostie gelegen. So wie er daselbst anlangte, umleuchteten ihn himmlische Strahlen, und als er den Blick aufwärts richtete, sah er den Himmel offen und den Herrn selbst mit seinen himmlischen Heerscharen. Nun rief er, zur Erde niederfallend: „Diese Stelle hier ist heilig und Gott geweiht." Und sofort beschloss er, dass dort eine Kapelle gebaut werden sollte, und da das Land Eigentum des Bistums war, so konnte dies rasch geschehen. Der Pfarrer von Pritzwalk musste nun, so sehr er sich auch sträubte, das Heiligtum in diese Kapelle überführen lassen, und seine Hoffnung, Pritzwalk zu einem berühmten Wallfahrtsort erwachsen zu sehen, war dahin. Der Ort in der Kapelle, wo die Hostie gelegen, wurde mit einem Stein bezeichnet, auf welchem eine Inschrift die wunderbare Begebenheit kundtat. Und diese Stelle sowie auch die Kapelle, hieß fortan „das heilige Grab".

Auch Markgraf Otto, den man den Langen nannte, hörte von dem heiligen Grabe, glaubte aber nicht recht daran. Als er nun einstmals in die Gegend kam, gefiel sie ihm ausnehmend wohl, und der Bischof bat ihn, dass er an der Stelle der Kapelle ein Kloster bauen sollte. Davon wollte der Markgraf jedoch nichts wissen. Bauen wollte er wohl, aber ein schönes Jagdschloss schien ihm in der wildreichen Gegend besser als ein Kloster. Bei dem Abschiedsmahle, welches ihm von dem Bischof zugerichtet ward, wurde viel darüber gesprochen. Doch als Otto auch hier auf seinem Vorsatz beharrte und sich über ein Kloster ungünstig aussprach, siehe, da verwandelten sich die ihm vorgesetzten Speisen in Blut, dass er entsetzt aufsprang und vor Staunen und Schreck kein Wort mehr hervorbringen konnte. Ernst sagte nun der Bischof, dass er darin ein Zeichen erblicken möge, wie Gott seinen Schlossbau nicht mit Wohlgefallen ansehe. Als ihm nun gar nachts darauf ein Engel erschien und ihm befahl, den Schlossbau zu unterlassen und ein Kloster zu gründen, da musste er in sich gehen; er gab dem Bischof recht, und der Klosterbau wurde beschlossen. So entstand nun an dieser Stelle das **Kloster Heiligengrabe**, ein großer Gnadenort, den gesehen und daselbst gebetet zu haben für jeden Christen als ein großes Glück angesehen wurde. Dieses Zisterzienser-Jungfrauenkloster ist dann später in ein Fräuleinstift umgewandelt worden, und das ist es heute noch. (25, S. 121ff.)

218 Die weiße Katze

Eines Tages, so erzählte ein alter Postillon, musste ich mit unserem zweiten Knechte nach der **Zippelsförder Heide** fahren, um Holz zu holen. Bei der Rückfahrt lief eine große weiße Katze immer um unseren Wagen herum. Es war schon spät geworden, wohl um die zwölfte Stunde, und der ganze Wald bröhlte gar schrecklich, so nennen's nämlich die Leute, wenn das Getier des Waldes, namentlich der Hirsch, in der Nacht schreit. Ich habe mich mein Lebtag vor nichts gefürchtet, aber dem anderen Knechte war es recht schauerlich. Als ich nun die Katze mit der Peitsche schlagen wollte, wehrte der andere ganz ängstlich und sagte: „Du, das tue ja nicht, wer der großen weißen Katze in der Heide etwas antut, dem geschieht in selbiger Nacht großes Unglück." Ich ließ also das Tier in Ruhe, das beständig vor dem Wagen hin und her lief, bis es am Ausgang des Waldes verschwand, ohne dass uns ein Leid geschehen wäre. (13, S. 27)

219 Die Dossebrücke

In dem Dorfe **Dosse** [Dossow?] reitet zur Mitternachtsstunde ein Lanzenreiter über die steinerne Dossebrücke, begleitet von einem schwarzen Hunde. Kein Dorfhund wagt es, den fremden Reiter oder den schwarzen Hund anzubellen. (13, S. 117)

220 Der Sabbatschänder

Zu **Fretzdorf** unweit der Stadt **Wittstock** ist einst ein Müller namens Hildebrand gewesen, der sich nicht viel aus dem Sabbattag gemacht hat. Am Sonntag ist er aufs Feld gegangen und hat sein Getreide abgemäht. In dieser Zeit aber ertrinkt sein Sohn, ein Kind, in der Dosse, und wie er die Nachricht davon bekommt und nach Hause eilt, schlägt das Gewitter in seine aufgesetzten Stiegen [Getreide-Garbenhocken] ein und vernichtet seine Arbeit. (10, S. 100)

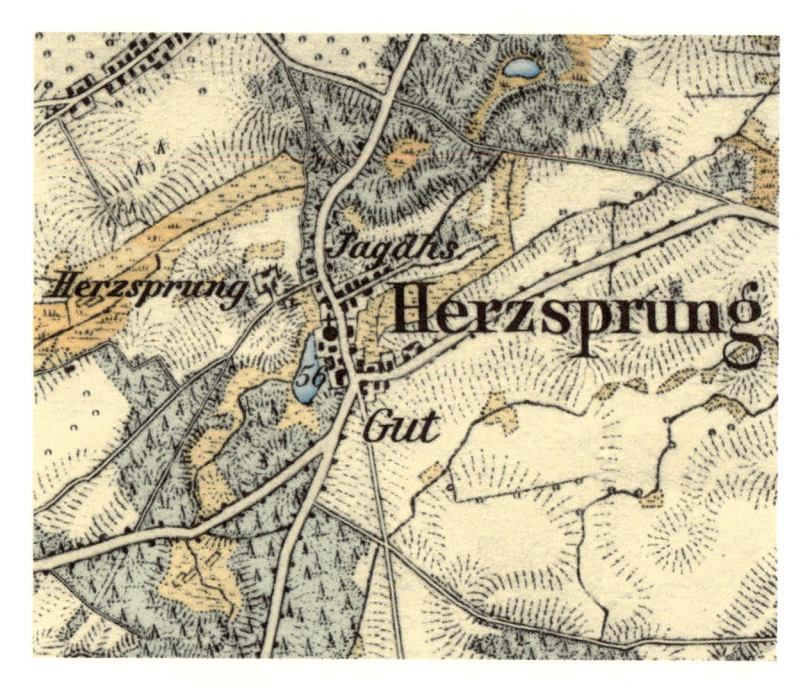

221 Herzsprung

Auf der Burg an der Dosse bei **Fretzdorf** weilte ein Ritter aus der nahen Elbgegend bei seiner verlobten Braut, als ein Bote ihm die Nachricht brachte, dass feindliche Ritter seine Burg bedrohten. Eiligst trat der Ritter die Rückreise an, und seine Braut begleitete ihn bis auf den Hügel, der heute die Kirche in **Herzsprung** trägt. Hier schieden die Verlobten, aber täglich kam die Jungfrau nach dem Hügel und schaute sehnsuchtsvoll über den See, der den Fuß des Hügels bespült, nach der Elbgegend hinaus. Da bekam sie eines Tages die Kunde, dass der Geliebte in der Fehde gefallen sei; sie haderte nun mit Gott, kehrte aber noch täglich nach dem Hügel zurück. Immer blasser wurde sie dann, und als sie eines Tages nicht nach der Burg zurückkehrte, schickte der Vater mehrere Leute ab, sie zu suchen. Oben auf dem Hügel fanden sie die Jungfrau im nassen Grase liegen, sie war tot, das Herz war ihr gesprungen. Der Burgherr ließ nun eine Kapelle bauen an der Stelle, wo seiner Tochter das Herz gesprungen war, und gab später den Bewohnern der Umgegend Land in Erbpacht. So entstand das Dorf Herzsprung. Auf dem Hügel steht jetzt eine Kirche, denn die Zahl der Dorfbewohner hat sich sehr vermehrt. Bei Nacht ersteigt kein Dorfmädchen den Hügel, denn es geht die Sage, dass die Jungfrau, weil sie mit Gott gehadert, keine Ruhe gefunden habe und so lange auf dem Hügel spuken müsse, bis wieder einer Jungfrau dort das Herz springe. (13, S. 115f.)

222 Der Spökberg

In der Mitte zwischen **Rägelin** und **Frankendorf** führt der Weg über eine Anhöhe, die im Munde des Volkes allgemein der **Spökberg** heißt. Einst passierte auch ein Mann aus Frankendorf gegen Mitternacht diesen Weg, da plötzlich hockt es ihm hinten auf und lässt sich fast bis nach Frankendorf mitschleppen. Hier gibt die Gestalt, die auf das Haar einem Schornsteinfeger glich, dem Manne noch zum Andenken ein paar tüchtige Ohrfeigen und ist unter Kichern ebenso plötzlich verschwunden, wie sie erschienen. „Dass es aber hier nimmer geheuer ist, davon kann ich", so erzählt eine alte Frau aus Frankendorf, „eine Geschichte aus meinem eigenen Leben erzählen. Einst war ich nach der Stadt gegangen, und da ich erst spät abends zurückkehrte, kam mir mein Mann über den Spökberg entgegen. Während er so an der Seite des Weges dahingeht, läuft es plötzlich vor ihm her wie ein großes Kalb. Schon will er den Stock unter dem Arme hervornehmen und danach schlagen, doch – wer weiß, wie es dir bekommt, denkt er und besinnt sich eines Besseren. Ein gewisses ängstliches Gefühl, das ihn wegen der wunderbaren Erscheinung ergreift, treibt ihn auf die Mitte des Weges. Hier holt er sein Feuerzeug aus der Tasche, um sich die Pfeife wieder in Brand zu stecken, und wie er Feuer zu schlagen beginnt, ist das Kalb verschwunden. Als mich mein Mann traf, erklärte er, nicht wieder über den Spökberg zurückgehen zu wollen. Deshalb schlugen wir den grünen Weg ein. Die Geschichte ist gewiss und wahrhaftig wahr, Sie mögen sie nun glauben oder nicht." (13, S. 89f.)

223 Der Wilde Jäger im Frankendorfer Revier

In milden Frühlingsnächten hört man zuweilen Rufe, welche mit dem Gekläff der Hunde und dem Geschrei großer und kleiner Eulen Ähnlichkeit haben. Man vernimmt sie in verschiedenen Tonlagen, bald gedehnt, bald kurz abgestoßen. Durch die Luft aber fährt ein rauschender langer Zug, in welchem feurige Augen sichtbar sind. Das ist der Höllen- oder Wilde Jäger, welcher bei seinen vielen Jagdzügen auf Erden große Freveltaten ausgeführt hat und darum verdammt ist, ewig in den Lüften zu jagen. (13, S. 89)

224 Bußtag

Vor alten Zeiten lebte im Dorfe **Storbeck** ein Bauer, der den Buß- und Bettag nicht als Festtag anerkennen wollte und deshalb an diesem Tage wie an einem Werktage mit seinen Ochsen den Acker bestellte. Die vielen Festtage seien nur für die Faulenzer, ein fleißiger Bauersmann könne sich durch überflüssige Feiertage nicht zu oft in seiner Arbeit unterbrechen lassen, solche und andere spöttelnde Redensarten führte der Bauer häufig und scheute sich nicht, den Bußtag zu entheiligen. Dafür hat ihn der liebe Gott denn auch nach seinem Tode im Grabe keine Ruhe finden lassen; denn, so erzählen ältere Einwohner des Dorfes, jeden Bußtagmorgen hat dieser Bauer unsichtbar mit seinen Ochsen auf dem Felde gepflügt, sodass die Leute deutlich sein bekanntes „Hüh und Hott" vernahmen.
Um sich zu überzeugen, ob auch wirklich einer pflüge, so erzählte ein alter Mann, sei er, nachdem er das Hüh und Hott deutlich gehört, hinten aus seinem Gehöft hinausgegangen; wie er aber ungefähr hundert Schritte davon entfernt gewesen sei, da sei ihm ein Grausen angekommen, und die Haare hätten ihm auf dem Kopf zu Berge gestanden, daher sei er eiligst wieder nach Hause zurückgekehrt. (13, S. 87)

225 Das vermauerte Tor zu Gransee

In vielen Städten der **Mark Brandenburg**, nur nicht in der **Altmark**, findet man etwas, was man nur sehr selten in anderen Ländern antrifft. Neben dem gewöhnlichen Stadttore ist nämlich noch ein zweites, zugemauertes Tor. Nach allem muss man annehmen, dass dieses das allererste gewesen ist, weil das mit dem Bau der Mauer, in der es sich befindet, übereinstimmt, und weil es auch gerade auf die Straße zugeht, wogegen das jetzige offene Tor schräge in die Stadt hineinführt. Welche Bedeutung die zugemauerten Tore gehabt haben, und aus welcher Veranlassung sie vermauert worden sind, das suchen unsere Geschichtsschreiber vergeblich zu erforschen. Es finden sich solche vermauerten Tore außer den zwei in **Gransee** auch in **Kyritz**, in **Wittstock**, zu **Wusterhausen** im **Ruppinschen**, zu **Soldin** drei, zu **Friedeberg** zwei, zu **Mohrin** zwei, zu **Berlinchen** zwei, zu **Königsberg** zwei, zu **Schönfließ** zwei, desgleichen zu **Landsberg an der Warthe**, zu **Bärwalde**, zu **Woldenberg**, zu **Bernau**, zu **Fürstenwalde** und zu **Mittenwalde**.
Von den beiden Toren zu Gransee hat man zwei verschiedene Sagen. Einige geben nämlich vor, es sei einstmals ein Kaiser durch die Stadt gereist, dem zu Ehren hätte man beide Tore, durch die er gekommen war, zugemauert, damit niemand mehr hindurchreisen solle. Andere dagegen behaupten, da bekanntlich in Gransee früher Wenden wohnten, dass sie von den einwandernden Deutschen vertrieben wurden, und diese dann die Tore, durch die die Wenden abgezogen waren, nicht für würdig erachteten, auch von ihnen gebraucht zu werden, weshalb sie dieselben dann zugemauert und für sich nebenan neue Tore haben machen lassen. Hiermit stimmt es überein, dass in den Dörfern auf dem Lande, wo noch Deutsche und Wenden zusammen wohnten, die Deutschen sich der gewöhnlichen Kirchentüren bedienten, dieses aber nicht den Wenden gestatteten, welche vielmehr durch eine kleine, besonders angelegte Tür in die Kirche gehen mussten. (28, S. 150f.)

226 Der Feuer- oder Schimmelreiter

Ist ein Schadenfeuer ausgebrochen, so erzählt man in **Dierberg** im **Kreise Ruppin**, dann erscheint ein vornehmer Herr, den niemand kennt, auf einem

Schimmel und versucht um das Feuer zu reiten, wobei er gegen dasselbe die rechte Hand ausstreckt, drei Kreuze in die Luft macht und spricht: „Feuer, steh' und vergeh'! Im Namen Gottes des Vaters, des Sohnes und des heiligen Geistes." Der Reiter muss sich aber beeilen, dass er über das Wasser kommt, sonst läuft ihm das Feuer nach, und er muss verbrennen. Es wird auch erzählt, dass der Reiter am Schlusse der Beschwörung in die Glut schießt. (20, S. 92)

227 Der Pferdehirt, an dem der Tod vorbeigegangen

Im Dorfe **Dierberg** bei **Lindow** geht die Sage von einem Pferdehirten, der sich zu Lichtmess sehen lässt. Dies verhält sich so: Ein alter Pferdehirt, der in seinem Leben nicht viel getaugt hatte, weidete einst einige Pferde. Da er nun durch die Hitze des Tages sehr erschöpft war, so legte er sich unter einer hohen Eiche nieder und schlief ein. Als er wieder aufwachte und seine Pferde heim trieb, wunderten sich alle Leute, dass die Pferde ohne Hirten kamen. Wie er nun nach Hause kommt, sieht ihn seine Frau nicht, wundert sich aber auch, dass der Hund, der sonst nie von seinem Herrn ging, ohne denselben kommt. Endlich zieht der Knecht sich die Schuhe aus, sofort erblickt ihn seine Frau, und als er die Schuhe nun untersucht, findet er, dass Blütenstaub des Farnkrautes darin lag, den er aber nicht herausbekommen konnte. Wie er aber die Schuhe wieder anzieht, sind sie auf einmal fest angewachsen, er konnte sie nicht wieder vom Fuß bekommen. Als nun nach einiger Zeit der Tod kam, um ihn abzuholen, ging er an ihm vorüber, ohne ihn zu sehen, und so soll der Mann denn noch herumlaufen und sich besonders oft an der sogenannten Bäke (ein Wasserbach), wo sie die Chaussee zum dritten Mal schneidet, sehen lassen. (28, S. 147)

228 Der Kobold des Bauern S.

Der verstorbene Bauer S. in **Grieben** hatte bis vor etwa sechzig Jahren [um 1825] einen Kobold, dessen Wohnung eine alte Lade war, so erzählte ein altes Mütterchen aus **Klosterheide**, das die Sache genau wissen wollte. Als nun der Bauer einst auf dem Felde wirtschaftet, fällt es seinem etwa zehnjährigen Neffen ein, zweien seiner Spielkameraden die „rote Puppe" zu zeigen. Er öffnet die Lade, und hurtig springt der Kobold heraus und fängt an in der Stube herumzutanzen. Nun aber gilt es, den Tanzenden wieder in sein Quartier zu bringen, damit der Onkel nicht erfährt, was geschehen. Die Knaben machen auf ihn Jagd, aber vergebens, denn kaum haben sie ihn in eine Stubenecke getrieben und glauben ihn erfassen zu können, flugs ist er ihnen wieder entsprungen. Da kommt denn der Onkel heim, und erst mit seiner Hilfe gelingt es, den Kobold wieder in seine Behausung zu schaffen. Der Bauer beschenkt nun die Knaben und nimmt ihnen das feste Versprechen ab, niemand zu sagen, wie die Puppe ausgesehen habe.

Der Kobold muss indessen kein guter Hausgenosse gewesen sein, denn der Besitzer hat ihn mehrfach, ja selbst für den geringen Preis von sechs Pfennigen zum Verkauf angeboten; doch es ist zweifelhaft, ob es ihm gelungen ist, den Kobold zu verkaufen, oder ob er beim Brande des Hauses ums Leben gekommen ist. (13, S. 66f.)

229 Der Schatz in Grieben

Träume und Erscheinungen in Träumen verkünden mitunter den Ort, wo Geld vergraben ist, und fordern zur Hebung desselben auf, wie dies einmal in **Grieben** geschehen ist. Des alten K. etwa zehn- bis zwölfjähriger Hütejunge wird einst in der Nacht gerufen und aufgefordert, ins Wagenschauer [Schuppen] zu kommen, um sich den dort liegenden Schatz zu holen. Bei diesem liege zwar ein großer schwarzer Hund, doch brauche er sich vor dem durchaus nicht zu fürchten; nur solle er sich auf dem Rückwege nicht umsehen. Doch der Junge fürchtet sich und geht nicht hin, macht aber seinem Mitknechte von dem Traume Mitteilung. Dieser aber gibt ihm den Rat, falls er wieder im Traume gerufen werden sollte, doch zu fragen, ob er nicht jemand mitnehmen könne; er werde ihn begleiten. Der Ruf wiederholt sich in der folgenden Nacht, und der Junge fragt, wie ihm geheißen, erhält aber eine abschlägige Antwort. In der dritten Nacht, etwa um elf oder zwölf Uhr, bittet die Stimme fast eine Stunde lang gar flehentlich, doch zu kommen, da ja keine Gefahr vorhanden sei – aber vergebens, und fügt schließlich hinzu: „Ei, ei! wenn du durchaus das Geld nicht haben willst, muss es wieder gar lange liegen bleiben, weil es nun erst wieder jemand aus dem vierten Gliede deiner Nachkommenschaft wird heben können." Als nun der Junge am Morgen sich die ihm bezeichnete Stelle ansieht, findet er darauf ein angeschimmeltes Achtgroschenstück. (13, S. 67f.)

230 Bestrafter Frevel

Einst gingen in **Herzberg** mehrere junge Leute um Mitternacht über den Kirchhof. Einer von ihnen rief: „Tote stehet auf und kommt zum Gericht!" Am folgenden Tage wurde der Frevler krank und starb bald darauf. (13, S. 65)

231 Die Hexe von Rüthnick

Vor Zeiten lebte in **Rüthnick** eine Bauersfrau mit Namen Gänrich, die in der ganzen Umgegend für eine Hexe gehalten wurde. Als nun deren Stündlein geschlagen hatte, hielt auch ihr, wie üblich, der Geistliche in der Kirche die Leichenrede; alsdann versenkte man den Leichnam in die Gruft. Aber wie erschraken die Angehörigen, als sie wieder heimkehrten! Denn sie sahen, wie die eben Begrabene aus der Hausbodenluke herausschaute und dabei fortwährend in die Hände klatschte. Von nun an wurden die Hausbewohner von der Alten in einem fort belästigt und gar oft in Angst und Schrecken versetzt; bald zeigte sie sich hier, bald dort plötzlich und unerwartet, so oft man aber den Schweinen Futter reichte, so saß sie in ihrer alltäglichen Kleidung im Futtertroge und sah die Fütterer grinsend an. Da wünschte man sich denn nichts sehnlicher, als die Alte loszuwerden. Zum Glück kamen einst Juden ins Dorf, die den Spuk gegen Entgelt aus dem Hause fortbrachten und ihm eine Stätte auf der Grenze zwischen Rüthnick und **Grieben** anwiesen. Das war nun zwar ganz schön; denn die Hausbewohner waren glücklich von der Alten befreit, aber desto mehr Unsinn trieb sie dort auf der Grenze. Sooft Leute vorbei kamen, ängstigte sie diese auf alle Art und Weise, ja sie bewarf sie sogar oft mit Erde. Im ganzen Dorfe wusste man keinen Rat, wie dem Übelstande abzuhelfen sei. Da kehrten, sei es aus Zufall oder Absicht, die Juden zurück und versprachen, als man ihnen den Vorfall erzählte, Abhilfe auf ewige Zeiten. Sie suchten den Spuk auf, peitschten ihn mit einer Kreuzdornrute in eine Flasche, korkten diese fest zu und trugen sie nach **Dölln**, einer kleinen Erdvertiefung zwischen Rüthnick und **Ludwigsaue**, um sie dort einzugraben. Als dies aber geschehen sollte, bat die Alte „von Himmel zu Erden" (das heißt flehentlich), ihr doch wenigstens einen Stein zum Spielen (Zeitvertreib) zu gestatten. Dieser Bitte jedoch konnte man nicht nachgeben, denn sonst hätte die Alte Menschen und Tiere, die in der Nähe vorüberzogen, damit beworfen, und sooft sie auch geworfen hätte, immer wäre der Stein wieder zu neuem Wurfe in ihre Hand zurückgekehrt. So aber kann sie nicht aus ihrer Flasche heraus und ist und bleibt begraben – und mit dem Spuk hat es für immer ein Ende. (13, S. 65f.)

232 Die Donnerkuhle

Etwa zehn Minuten westlich von dem Dorfe **Radensleben** liegt eine Anhöhe, die mit einem Kiefernwäldchen bestanden ist. Dies führt den Namen „**die Donnerfichten**". Hart daneben befindet sich eines der Wasserlöcher, welche gewöhnlich als alte Mergelgruben bezeichnet werden, in Wirklichkeit aber meist aus der Zeit stammen, in welcher unser Alluvium sich gebildet hat. Diese flache Einsenkung heißt die **Donnerkuhle**. Hier soll einst in alter Zeit ein Bauer am Sonntagvormittag gepflügt haben und zur Strafe für diese Sonntagsentheiligung samt seinen Pferden bei einem schnell heraufziehenden Gewitter vom Blitz erschlagen worden sein. Der gewaltige Blitzschlag, heißt es, habe gleichzeitig die Kuhle, die noch heute davon ihren Namen trägt, aufgerissen. Zum Andenken an dieses Ereignis sollen die Überreste des Pfluges noch lange in der Kirche des Dorfes aufbewahrt worden sein. (13, S. 63f.)

233 Der Grabstein der Familie von der Knesebeck

Auf dem Kirchhofe zu **Karwe** befindet sich ein mächtiger Felsblock als Grabstein für die Knesebecksche Familie. Dieser wurde im Jahre 1846 von der Grenze zwischen der Karwer und **Lichtenberger** Feldmark an seinen jetzigen Ort gebracht; zu seinem Transport waren sechzehn Pferde erforderlich. An diesen Stein nun knüpft sich die folgende Sage.
In uralter Zeit kämpften zwei Hünen miteinander; der eine stand diesseits, der andere jenseits des **Ruppiner Sees**. Da sie nun nicht aneinanderkommen

konnten, beschloss der auf der Westseite des Sees, sich einen Weg durch das Wasser zu bahnen. Daher raffte er eine große Menge Sand in seine weite Schürze, schüttete sie ins Wasser und – ein Viertel des Weges, wohl fünfzig Schritt oder mehr, war fertig. Als er die zweite Schürze voll herbeischleppte, zerriss das Schürzenband, und er musste sein Vorhaben aufgeben. In seinem Grimme fasste er nun jenen gewaltigen Stein und warf ihn auf seinen ihn verhöhnenden Gegner. Die Fingereindrücke waren ehemals noch deutlich auf dem Steine sichtbar. Noch heute ist die im See verschüttete Stelle wegen ihrer sehr geringen Tiefe den Schiffern höchst gefährlich. Sie befindet sich beim sogenannten Krähenschuster, einem einzeln stehenden Hause, dem Dorfe **Gnewikow** gegenüber. (13, S. 64f.)

234 Die Hexe von Boltenmühle

Einem Müllergesellen auf **Boltenmühle** erschien einst um Mitternacht ein Geist, der sich erbot, ihn an einen Ort zu führen, an welchem ein Schatz vergraben sei. Der Geselle ging nicht mit, machte aber seinem Meister von dieser Erscheinung Mitteilung. Dieser riet ihm, wenn der Geist abermals erschiene, ihn zu fragen, ob er (der Meister) mitgehen dürfe. Der Geist kam in der folgenden Nacht wieder und erlaubte es. Er bezeichnete nun den Ort, wo das Geld vergraben lag, und sagte, dass ein großer schwarzer Hund als Wächter bei dem Schatze liegen würde, doch brauchten sie sich vor diesem nicht zu fürchten. Meister und Geselle gruben und fanden richtig den Schatz, den sie unter sich teilten. Damit war aber die Meisterin nicht zufrieden. Sie wollte das Geld ungeteilt haben und erschlug daher den Gesellen mit der Axt.
Nicht lange nach dieser Bluttat starb sie. Als man aber ihren Sarg etliche Schritte getragen hatte, erschien sie plötzlich am Fenster der Mühle, spie aus demselben heraus und klatschte unter schallendem Gelächter laut in die Hände. Man öffnete den Sarg und fand statt der Leiche einen alten Besen darin. Sarg und Besen wurden beerdigt; die Alte aber spukte fernerhin und trieb viel unflätig Wesen. Der Meister suchte Hilfe. Gegen vieles Geld fanden sich endlich zwei Juden, die das Gespenst vertreiben wollten. Sie stellten eine Flasche in einen Winkel der Mühle, und nun wurde eine Hetze mit Ruten vorgenommen, bis es gelang, den Spukgeist in dieselbe hineinzutreiben. Die Flasche wurde verkorkt, verbunden, versiegelt und in

einer Schlucht links des Weges von der Mühle nach **Neuruppin** vergraben. Auf der Mühle spukt es seitdem nicht mehr, aber in der Schlucht ist es nimmer richtig. Einmal kamen des Müllers Leute mit einem Fuder Heu an dieser unheimlichen Stelle vorüber. Der Knecht sagte zu seinen Begleitern: „Nehmt euch nur hier vor der Alten in Acht!" Da bemerkt er, dass die Heugabel verloren worden war. Als er zurückgeht, sie zu suchen, klettert ihm die Alte auf den Rücken und hält ihn fest. Da der Knecht nicht zurückkehrte, fuhren die übrigen Leute ohne ihn nach Hause. Als man ihn aber auch am andern Morgen noch vermisste, machte man sich auf, ihn zu suchen, und fand ihn endlich blutig gekratzt, fast leblos und in der Erde wühlend da, wo die Heugabel vom Wagen gefallen war. (13, S. 23f.)

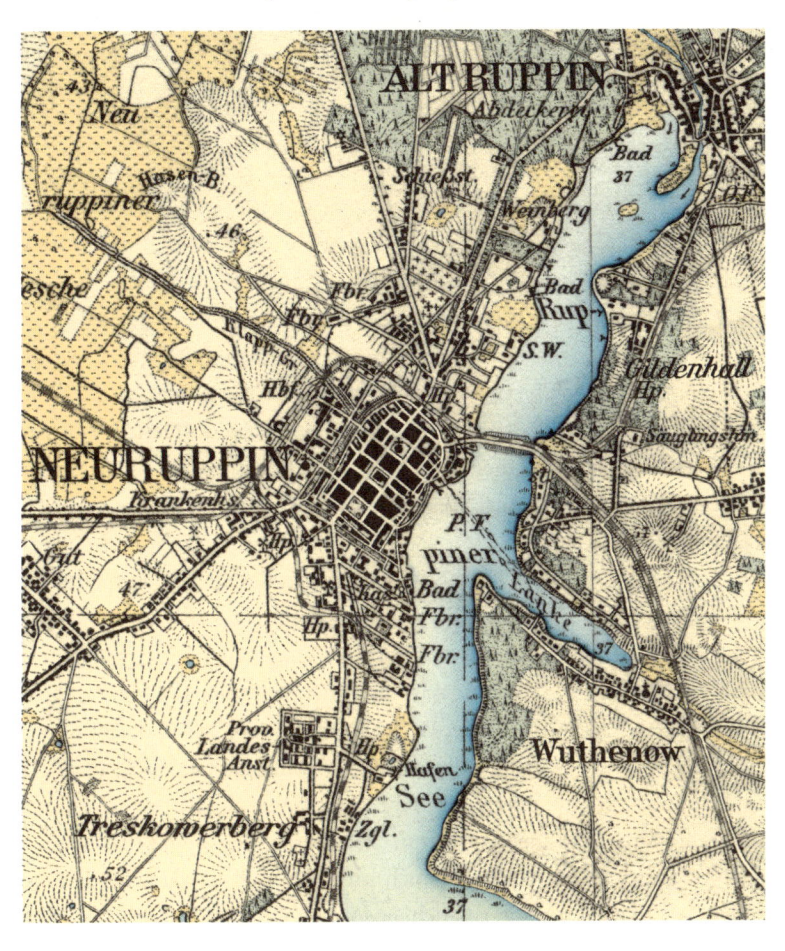

235 Die Kurfürsteneiche auf dem Wall

Im Norden der Stadt **Neuruppin** zieht sich vom **Tempeltore** bis zum **Rheinsberger Tor** der von schönen und zum Teil sehr alten Bäumen beschattete dreifache Wall hin. Hat man auf dem äußersten dieser Promenadenwege vom Tempeltore aus den Klappgraben überschritten, so stößt man auf eine alte knorrige Eiche, deren Umfang in Mannshöhe circa fünfeinhalb Meter beträgt. Neben dieser hat der Verschönerungsverein eine Ruhebank aufgestellt. Von dieser Stelle aus soll der große Kurfürst nach der Schlacht bei **Fehrbellin** den über die kahlen Berge abziehenden Schweden nachgeschaut haben. (13, S. 11)

236 Die sieben Weltwunder

Nicht bloß die alte Welt hatte sieben Weltwunder, auch **Neuruppin** hat deren sieben aufzuweisen, nämlich:
1. einen Kanal ohne Wasser, 2. einen Weinberg ohne Wein, 3. einen Berg ohne Höhe (den **Taschenberg**, eine Straße), 4. einen Bienenkorb ohne Bienen (der Kirchturm der Pfarrkirche sieht wie ein Bienenkorb aus), 5. einen Rosenwinkel (eine Straße) ohne Rosen, 6. ein Kloster ohne Mönche (das alte Dominikanerkloster), 7. eine Nonne ohne Kloster. Mit dem Namen Nonne bezeichnete man nämlich einen steinernen säulenartigen kleinen Bau vor dem **Bechliner Tore** mit einem Kruzifix darin. Dieser rührt noch aus katholischer Zeit her, und zwar hat ihn ein Herr von Wuthenow errichten lassen, nachdem er glücklich von einer Wallfahrt nach Jerusalem zurückgekehrt war. Diese Säule war vom alten Neuruppinschen Rathause so weit entfernt wie die Schädelstätte zu Jerusalem von Pilati Richthause.
Auch die **Klosterkirche** hat ihr besonderes Wahrzeichen. Wenn man nämlich vom Chor aus, wo die Orgel ist, nach dem Gewölbe des Hauptschiffs hinaufsieht, bemerkt man an der Decke ein eigentümliches Bild, eine Maus, die eine Ratte verfolgt. Das soll nämlich so zusammenhängen: In der Zeit, als die protestantische Lehre hier in die Mark eindrang, stritten sich einmal ein katholischer und ein protestantischer Geistlicher, indem der Letztere meinte, die Kirche würde auch noch protestantisch werden, der Erstere behauptete, das würde nie geschehen, sowenig als jemals eine Maus eine

Ratte verfolge. Und siehe da, kaum hatte er dies gesagt, da sahen sie an der Decke der Kirche das Wunder, dass eine Maus eine Ratte verfolgte. Und als die Kirche dann wirklich protestantisch wurde, heißt es, da hat man zum Gedächtnis das Bild dort oben angebracht.

Neben der Klosterkirche steht nach dem See zu an der Mauer eine alte Linde. Die einen behaupten, dass in diese einmal die Pest gebannt worden sei, die anderen sagen, darunter hätten die Mönche bei ihrem Abzuge ihre Schätze vergraben. Unter der Linde ist nämlich ein Fundament, und über demselben ist nur etwa drei Fuß hohe Erde, in der die Linde steht. Schon zweimal ist sie dem Eingehen nahe gewesen, hat aber immer wieder ausgeschlagen. Wenn sie zum dritten Mal ausschlägt, heißt es, können die Schätze gehoben werden.

Wie es aber kommt, dass das Ruppiner Wappen einen Adler mit einer Kappe auf dem Kopfe zeigt, darüber berichtete Dr. Feldmann im vorigen [Mitte18.] Jahrhundert nach einer handschriftlichen Chronik, die inzwischen verloren gegangen ist, Folgendes: „Des Grafen Bediente, so Edelleute waren, erstachen einen Bürger, als sie sich lustig machten. Der Magistrat nahm den Täter gefangen und verurteilte ihn (im Winter) zum Köpfen. Dies wurde draußen bekannt, die Edelleute versammelten sich dicht vorm Tore in zwei Reihen um ihn wegzunehmen, wenn er herausgeführt werden würde. Aber der Rat erfuhr es, hielt das äußerste **Alt Ruppinische Tor** verschlossen, führte den Delinquenten ins Tor und ließ ihm da zwischen dem inneren und dem äußeren Tore, nahe beim äußeren, damit sie es draußen hören könnten, den Kopf abschlagen. Darauf ward das Tor geöffnet, da nahmen ihn die Edelleute mit sich. Dieses geschah nach des Mönchen Historie und Bann; und dieses klagte auch der Graf nach **Berlin** an den Markgrafen, da ward dem Rate zur Strafe aufgelegt, keinen bloßen oder freien Adler mehr im Siegel zu führen, sondern über den Kopf eine Kappe zu ziehen. An der einen Seitenmauer des Alt Ruppinischen Tores ward, wo jetzt die Wache steht, ein kleines eisernes Kreuz an der Mauer angemacht, dieses hat der Referent selbst noch gesehen, ehe Prinz Ferdinand dies Tor hat erweitern lassen. Der Graf hatte damals mit der Stadt nichts zu tun."

Die erwähnte Mönchs-Historie und der Bann spielt aber schon im XIV. Jahrhundert und verhielt sich nach einer anderen Aufzeichnung folgendermaßen. „Es war, heißt es, zu Neuruppin eine Zeit her große Dieberei vorgegangen. Als nun Richter und Schöppen große Haussuchung tun ließen, fanden sie in einem Hause, in welchem ein Geistlicher, Jacob Schildiche, gewisse Kammern und Kisten innehatte, sehr viele güldene und silberne Sachen, welche sowohl aus der Kirche wie aus gemeinen Häusern entwendet waren. Weshalb man ihn als den Schuldigen in seinem geistlichen Habit und mit geschorenen Haaren ins Gefängnis warf. Und nachdem gedachter Jacobus des folgenden Tages öffentlich bekannt hatte, dass er nicht nur gemeine Diebstähle, sondern auch vielfältigen Kirchenraub begangen habe, ist er auf Graf Ulrichs und seiner Räte, wie auch des Richters, Schöppen und der Bürgermeister Befehl, nachdem das Volk auf das Glockengeläute sich versammelt hatte, durch zwei Bürger derselben Stadt, Köppekin Konyngesberge und Hening Kelber, die dazu durch Würfellos erkoren worden waren, am Galgen aufgehänget worden. Da nun deshalb der päpstliche Bann erfolget ist, so haben Richter, Schöppen, Bürgermeister und die ganze Gemeinde sich entschuldiget, dass sie den gemeldeten Jacobum nicht aus Verachtung der Kirchenfreiheit, sondern wegen schwerer und gräulicher Verbrechen, die er begangen, haben aufhängen lassen, und anbei behauptet, dass die Vergreifung an einer geistlichen geweihten Person ihnen herzlich Leid sei. Demütig erging die Bitte an den Papst, dass er sowohl den Grafen, als auch die Einwohner der Stadt, hohe und niedrige, des Bannes möge entheben. Worauf denn Papst Bonifacius IX. anno 1398, den ersten September, im neunten Jahre seines Pontifikats dem Bischof zu **Havelberg** anbefohlen, den Bann aufzuheben."

Übrigens erzählte man auch in Neuruppin wie in Berlin von einem sogenannten Jungfernküssen, wenigstens sagt Feldmann: „Als 1756 der alte Turm auf dem hiesigen Alt Ruppiner Tore abgebrochen wurde, so fanden sich noch die Reste von der in alten Zeiten bekannten Todesstrafe – die Jungfer küssen genannt. Es war nämlich oben in dem Turme ein rundes Loch in Größe einer halben Tonne, worüber vermutlich die Wippe gestanden hat. Unter diesem Loch war ein leeres Gewölbe, worin sich noch Menschenknochen fanden, ebenso wie auch in einem alten Turm am See, der 1740 abgebrochen wurde." (28, S. 131ff.)

237 Ruppiner Kobolde

Als die Stadt **Neuruppin** im Jahre 1787 abbrannte und schon die Kirche in Flammen stand, sah man hoch oben auf dem Turme einen kleinen roten

Kobold, der bald hier, bald da aus den Luken herausschaute und die unten stehenden Leute, denn der Kirchhof war ganz mit Menschen angefüllt, auslachte. Wie er aber nun hinaufgekommen war, wusste sich niemand zu erklären, denn die Türen der Kirche und des Turms waren alle fest verschlossen.
Ein anderer Kobold hält sich in der Nähe des Sees auf, und oft hören die Fischer abends jemanden mit lauter Stimme rufen: „Hol ööwer!" Fahren sie dann nach der andern Seite des Sees hinüber, so ist niemand da, und sie erkennen zu spät, dass der Kobold sie gefoppt hat, dessen lautes Hohngelächter auch alsbald aus dem Dickicht des Rohrs erschallt. (13, S. 13f.)

238 Doktor Faust

Der Doktor Faust soll ehemals auch zu **Neuruppin** gelebt haben, und man erzählt, dass er gewöhnlich des Abends mit einigen Bürgern Karten spielte und sehr viel gewann. Eines Abends nun fiel einem seiner Mitspieler eine Karte unter den Tisch, und als er sie aufhob, bemerkte er, dass der Doktor Pferdefüße habe; da ist denn allen sogleich klar gewesen, warum er immer so viel gewinne. Lange Zeit nach seinem Tode hat man ihn noch öfter in einem Dickicht am See mit mehreren Leuten am Tisch sitzen und Karten spielen sehen, und da soll er noch jetzt sein Wesen treiben. (16, S. 160)

239 Pater Wichmann

In der Klosterkirche zu **Neuruppin** steht noch die Bildsäule vom Pater Wichmann, einem der Grafen von Lindow, der das Kloster hier gegründet haben soll und sein erster Prior gewesen ist. Er soll die Gabe gehabt haben, Wunderwerke zu tun, wovon in alten Schriften vor allem eine Begebenheit erzählt wird. Einstmals hatte er jenseits des **Ruppiner Sees**, der dicht am Kloster vorbeigeht, im Namen seines Konvents etwas zu verrichten.
Als er das Zeichen der Essglocke aus dem Kloster hörte und es ihn sehr hungerte, er aber vor großer Mattigkeit den weiten Weg um den See herum zur Stadt nicht mehr gehen konnte, sagte er zu seinem Gefährten: „Mein Sohn folge mir getrost", macht darauf ein Kreuz vor sich und geht geraden Weges über das Wasser in den Konvent. Sein Gefährte aber traute sich nicht in

seine Fußstapfen zu treten und kommt erst eine Stunde später nach Hause. Das ist die Fassung der Geschichte, wie sie die Mönche erzählten, im Volke aber gehen noch andere Darstellungen um, in denen Pater Wichmann zu einem Zauberer und Riesen wird. Er konnte, heißt es, überhaupt über das Wasser gehen. Einmal ist ein Bauer hinter ihm hergegangen; wo Pater Wichmann mit seinen Füßen austrat, da trat der Bauer ein. Zuerst tat Pater Wichmann, als sähe er es nicht. Wie sie aber mitten auf dem See waren, drehte er sich um, drohte dem Bauer mit dem Finger und sagte: „Wie kannst du dich unterstehen, mir nachzugehen, diesmal will ich dich noch mit hinübernehmen, aber versuche es nicht wieder." Übrigens hat Pater Wichmann einen Damm durch den Ruppiner See bauen wollen, welcher doch die Grafschaft der Länge nach durchschneidet und in zwei Teile teilt. An zwei Stellen hat er von der Ruppin entgegengesetzten Seite angefangen den See zuzudämmen, einmal, wo beim Fährhahn (am Fährhause) sich eine Spitze, gerade der Klosterkirche gegenüber, ins Wasser hineinzieht, und dann bei der Ziegelei zwischen **Gnewikow** und **Karwe**, eine Stelle, die man noch **die scharfe Ecke** nennt. Beide Male ist ihm aber das Schürzenband gerissen, wie er die Erde in seiner Schürze herbeitrug. An der scharfen Ecke sieht man es noch deutlich, wie die Sandbank sich weit ins Wasser hineinzieht, da ist es auch schon manchem Schiff schlecht ergangen, wenn die Schiffer dies nicht beachtet und zu dicht ans Land gehalten haben. (28, S. 135f.)

240 Der Spuk auf dem Kirchplatze

Ebenso wie an der Klosterkirche zu **Neuruppin** ist es auch auf dem Kirchplatze recht unheimlich; denn dort, heißt es, wurde vor langer Zeit begraben, und noch heute spukt da mancher herum, der in seinem Grabe keine Ruhe finden kann. – Kam mal einer des Nachts über den Platz, und der Mond schien recht klar vom Himmel herunter, da sieht er, wie ihn plötzlich aus dem Gebüsch zwei große feurige Augen anfunkeln, und wie er immer näher kommt, merkt er, dass sie einem weißen Hunde gehören, der immer größer und größer wird, aber sich sonst nicht vom Flecke rüppelt und rührt. Da bekommt er es mit der Angst, er geht langsam, ohne den Hund aus den Augen zu verlieren, rückwärts vom Platze herunter, und wie er auf den Damm kommt, da ist der Hund verschwunden. – Ein andermal war es einer Hebamme dort angetan. Die war noch spät abends von zu Hause weggerufen worden und will eilig über den Kirchplatz laufen; aber wie sie auch läuft und läuft, sie kommt nicht herunter. Schon ist sie vor Angst wie in Schweiß gebadet, da bemerkt sie ein Nachtwächter, der sie endlich auf den Damm führt. Auch vor der Sakristei ist es nicht richtig. Da sitzt öfter ein altes Mütterchen mit einem großen Kopftuche in altmod'scher Kleidung und ruht ihre müden Glieder, redet aber kein Wort, sooft sie auch schon angesprochen worden ist. Sobald in der Stadt jemand stirbt, meldet die Totenkutsche, die in der Nacht vorher lautlos zwischen der Wohnung des Oberpredigers und dem Nachbarhause durch die Lüfte nach dem Kirchplatze fährt, den bevorstehenden Todesfall an. (13, S. 12)

241 Der Brauer Schuhmann

Vor alten Zeiten wohnte in der Klosterstraße zu **Neuruppin** ein sehr wohlhabender Brauer namens Schuhmann. Sein Geschäft blühte; denn schon damals tranken die Ruppiner, besonders aber die Mönche um die Klosterkirche herum, viel Bier. Einst verweigerte unser Brauer den Mönchen zu einer Festlichkeit einige Tonnen Freibier, und das erzürnte diese so sehr, dass sie ihn seit der Zeit auf jegliche Weise verfolgten, ihn in Misskredit brachten und so sein ganzes Geschäft ruinierten. Aus dem reichen Brauer wurde ein armer Mann. Das konnte er ganz und gar nicht ertragen: er sann und sann, wie er sich aus dem Elend befreien möchte. Da gab ihm einer seiner Freunde aus der schönen alten Zeit den guten Rat, sich mit dem Bösen zu verbinden; es würde ihm dann an nichts mehr fehlen. Nach mancherlei Bedenken folgte er dem Rate, und von nun an ging es in dem Schuhmann'schen Hause trotz Möncherache und Nachbarneid hoch her. Tag für Tag wurde in Saus und Braus gelebt, großartige Gelage wurden gehalten, sodass der Jubel dabei über das Kloster hinweg bis nach **Wuthenow** erschallte, und es schien der große Reichtum des Brauers kein Ende nehmen zu wollen.
So ging es fort bis der Kontrakt mit dem Bösen abgelaufen war. Am letzten Tage ging es toller denn je, denn Schuhmann wollte großartig schließen. Am Abend spät hörte man es leise klopfen, und Schuhmann verzog sich still aus dem Zimmer. Plötzlich vernahm man aus der Küche ein lautes Krachen. Man eilte dahin und hatte gerade noch so viel Zeit, zu sehen, wie der Böse in

Gestalt einer schwarzen Krähe zum Schornstein hinausfuhr, während der Brauer mit zerschmetterten Gliedern am Feuerherde lag. Groß war darob der Schrecken im Hause und in der ganzen Stadt. Was sollte nun aber mit der Leiche werden? Die Mönche, die Priester und alle ehrbaren Bürger der Stadt wollten diese nicht auf dem Kirchhofe, nicht einmal in der Nähe davon beerdigt wissen. Da beratschlagten seine Freunde in der Stille, was zu tun sei, und kamen überein, die Leiche unbemerkt nach dem sogenannten **Gänsepfuhl**, zwischen den **kahlen Bergen** und **Storbeck** gelegen, zu tragen und sie dort in den damals noch unergründlichen Morast zu versenken. So geschah es denn auch. Man musste aber in der Dunkelheit wohl nicht den richtigen Ort getroffen haben; denn Schuhmann ging des Nachts dort um und suchte nach Gesellschaft. Solche wollte sich aber wohl an hundert Jahre lang nicht finden; denn jedermann vermied ängstlich und sorgsam die Stelle. Da begab es sich, dass einst spät ein Schweinehändler die Straße von **Wittstock** herkam. Der hatte seinen Handel zeitlebens sehr betrügerisch betrieben, den kleinen Mann beim Verkaufe zu sehr geschröpft und mancher armen Frau ein krankes Schwein für ein gesundes verkauft, ohne Ersatz dafür zu geben, wenn es krepierte. Jetzt wollte er sich mit dem ungerecht erworbenen Mammon zur Ruhe setzen und seinen Reichtum behäbig genießen. Auf der öden Wittstocker Straße hatte er heftigen Durst bekommen und freute sich sehr, wie er von den kahlen Bergen aus Wasser blinken sah. Schnell eilte er darauf zu und traf gerade die Stelle, wo Schuhmann umging. Der nahm ihn sofort in Beschlag, versank mit ihm in die Tiefe, und beide sollen bis zur Schwedenzeit noch oft um Mitternacht in jener Gegend gesehen worden sein.

Man erzählte auch: Als Schuhmann gestorben war, da wurde er trotz seines Reichtums auf dem Armenkirchhofe, da wo jetzt der Paradeplatz ist, begraben; aber er fand keine Ruhe im Grabe und spukte fort und fort und machte die ganze Gegend unsicher. Da grub man die Leiche heimlich wieder aus und brachte sie nach dem Gänsepfuhl und versenkte sie dort mit dem Sarge in dem Moraste. Aber auch hier hat der gottlose Brauer nicht zur Ruhe kommen können. Wer ihm des Nachts zu nahe kommt, der kann von Glück sagen, wenn er ihm nur aufhockt und sich eine gute Strecke mitschleppen lässt, oder wenn er ihn nur auf Abwege lockt, sodass er schließlich an eine ganz andere Stelle gelangt, als er eigentlich wollte. Manchem aber ist es dort noch schlechter ergangen; denn so manchen, der im Leben nicht recht gehandelt, hat er dort erwürgt oder den Hals umgedreht und ihn am Rande des Pfuhles liegen lassen, oder auch wohl in den Sumpf hineingezerrt. Aber mit besonderer Vorliebe hat er in dem dichten Erlengebüsch an der Lindenallee, da wo jetzt der Exerzierplatz ist, den Holzdieben aufgelauert. Früher nämlich betrieben die Ruppiner Bürger den Holzdiebstahl in der städtischen Heide im Großen, mit Pferd und Wagen. Wenn sie nun am Anfange der Lindenallee haltmachten, um sich durch einen guten Schluck aus der Flasche wieder zu erfrischen oder zu erwärmen, da ist es ihnen gar oft passiert, dass ihnen Schuhmann die Pferde verhexte, dass sie nicht wieder anzogen, solange sich auch nur ein Scheit gestohlenes Holz auf dem Wagen befand. Wollte man also nicht bis zum hellen Morgen hier halten, und das war sehr gefährlich, so musste man denn das Holz vollständig abladen, und so war denn alle Mühe umsonst gewesen. Jetzt hat das Stehlen so im Großen aufgehört, und da ist nur Schuhmann daran schuld, denn dem kommt keiner gern in den Weg. (13, S. 14ff.)

242 Der Teufel holt einen Wucherer

In der **Poststraße** zu **Neuruppin** wohnte im vorigen Jahrhundert ein Mann, der durch Wucher und andere unredliche Mittel sich ein großes Vermögen erworben hatte. Man erzählte von ihm, er habe mit dem Teufel einen Vertrag abgeschlossen, und diese Vermutung wurde durch den schrecklichen Tod des Mannes nur allzu sehr bestätigt. Als dieser nämlich einst die Hochzeit seiner Tochter feierte, führte er, von den reichlich genossenen Getränken erhitzt, allerlei gotteslästerliche Reden. Plötzlich, es mochte gegen Mitternacht sein, verstummte der Hochzeitsvater und verließ bleich und zitternd das Zimmer, in dem die Gesellschaft versammelt war. Als man nun lange, aber vergebens auf das Wiedererscheinen des Hausherrn gewartet hatte, begab man sich endlich hinaus, um ihn zu suchen. Großes Befremden erregte der Umstand, dass das Licht, welches so lange auf dem Flure gebrannt hatte, erloschen war. Als man Lichter herbeigeholt hatte, fand man den Hausherrn starr und kalt mit schrecklich verzerrten Zügen in einer Blutlache liegen. Das Gesicht war ihm zur Seite gewandt und konnte, so sehr man sich auch abmühte, nicht wieder nach vorn gedreht werden. Die Blutflecken aber, mit denen Wand und Decke besudelt waren, waren nicht zu vertilgen, sooft man auch die Stellen übertünchte; ja, als man die Steine von diesen Stellen herausgeschlagen und durch neue ersetzt hatte, erschienen auch auf diesen die Blutspuren. Auch erzählen einige, es sei alle Jahre in einer Nacht gegen zwölf Uhr ein Stöhnen und Poltern zu hören gewesen, das bis gegen ein Uhr gedauert habe. Erst seitdem an Stelle des alten Hauses ein neues entstanden sei, habe der Spuk sein Ende erreicht. (13, S. 18f.)

243 Die Kuhburg und die Räuberkuhle bei Neuruppin

Auf der Feldmark der **Kahlberge** bei **Neuruppin** finden sich noch jetzt die Überreste eines alten Gemäuers, die **Kuhburg** oder auch wohl die **Warte** genannt, von welcher man weit in das Land hat hinaussehen können, und welche im Jahre 1715 zum Bau des (damaligen) neuen Rathauses abgebrochen wurde. Sie stand an der Landwehr und ist ehedem gegen die Streitereien der Nachbarn bei den einheimischen Kriegen zur Beschirmung der auf dem Felde weidenden Herden gebraucht worden. Es hat auf ihr in unruhigen Zeiten immer jemand lauern und die Ankunft der Feinde gleich durch ein Zeichen andeuten müssen. Auf dem mittelsten Felde ist dann die **Räuber**- oder **Wolfsgrube**. Dort haben sich früher Räuber (oder Römer, wie ein Erzähler sagte!) aufgehalten. Niemand konnte sie in dem dichten Walde, der damals in der Gegend war, finden. Sie hatten aber ein kleines Mädchen gestohlen, das musste ihnen die Wirtschaft führen und immer nach **Alt Ruppin** hineingehen, dort einzukaufen. Da haben es einmal die Leute in Alt Ruppin überredet und ihm Erbsen mitgegeben, die sollte es streuen, wenn es nach Hause ginge. Das hat es denn auch getan, und so hat man den Schlupfwinkel der Räuber gefunden und sie ausgehoben. Die Stelle ist dann zugeschüttet worden, aber noch immer sieht man im Park zu **Gentzrode**, rechts vom Wege, der von Neuruppin kommt, eine Vertiefung, wo die Räuberkuhle, wie man sie gewöhnlich nennt, gewesen sein soll. (28, S. 139f.)

244 Der letzte Graf von Ruppin

Die Grafen von Lindow, Herren zu Ruppin und Möckern, stammten aus dem alten thüringischen Geschlecht der Grafen von Arnstein und kamen mit den anhaltinischen Fürsten in die **Mark**. Sie nahmen allzeit eine hohe Stellung ein, wurden fürstlichen Personen gleich geachtet und waren meist streitbare und kluge Herren, die stets in der Geschichte der Mark eine Rolle spielten. Ein eigentümliches Familienzeichen sollen alle mit auf die Welt gebracht haben, ein Loch im Ohr, wie ein alter Bericht sich ausdrückt, an der Stelle, wo andere Menschenkinder sich erst eins stechen lassen müssen, wenn sie etwas hineinhängen wollen.

Der letzte war Graf Wichmann, der im einundzwanzigsten Lebensjahre unvermählt starb. Schon als Kind hatte er, wie ein Zeitgenosse von ihm rühmt, die Weisheit eines Greises. Da sein Vormund starb, als Wichmann kaum siebzehn Jahre alt war, erklärte ihn Kurfürst Joachim I., der auch sehr jung zur Regierung gekommen war, für mündig. Dies war im Jahre 1520. Als er im Jahre 1524 vom Kurfürsten zur Hochzeit des Herzogs Albrecht von Mecklenburg geladen wurde, war er an den Pocken erkrankt gewesen, machte sich aber zu früh hinaus und ging nach **Berlin**, dieser Feierlichkeit beizuwohnen. Zurückgekehrt nach **Ruppin**, verfiel er auf der Jagd plötzlich in ein hitziges Fieber. Er wurde nach Hause und in einem stark beheizten Zimmer ins Bett gebracht. Das nahm ihm das Leben. Vergeblich sehnte er sich nach einem Arzt, der aus Berlin hätte herbeigeholt werden müssen. Es fehlte an barem Gelde dazu, und man hielt in seiner Dienerschaft die Krankheit auch nicht für so bedeutend. Am 26. Februar fühlte der Graf jedoch das Herannahen des Todes. Er machte sein Testament, in welchem er besonders die benachbarten geistlichen Stiftungen bedachte, um ihnen die Fürbitte für sein Seelenheil zu empfehlen. Als Hans von Zieten der Alte ihn bei dieser Gelegenheit fragte: „Wem hinterlassen Eure Gnaden Land und Leute?", antwortete er: „Dem Kurfürsten." Er starb am zweiten Tage hiernach, und mit seinem Leben erlosch am Sonntage Okuli, den 28. Februar 1524, das alte edle Geschlecht. In einem alten Liede heißt es:

„Als der Herr verschieden was, da weinte alles, was auf dem Hause was, we das befroden kunte. Sie legten ihn auf ein beschlagnen Wagen, sie führten ihn zu Ruppin in seine Stadt. Sie begruben ihn in das Kloster. Sie schossen ihm nach sein Helm und Schild. Da sprach die alte Gräfin (seine Mutter): ‚O weh, O weh, mein liebes Kind, dass ich hier die letzte bin.'"

Den Schwestern des Verstorbenen, den Gräfinnen Anna und Apollonia, wurde neben einer entsprechenden Aussteuer alles in den Häusern zu Ruppin, **Neustadt** und **Goldbeck** vorgefundene bare Geld, Silbergeschirr, Bettgerät und sonstiges Gerät, Vieh, Korn und dergleichen mehr überlassen oder vergütet, ausgenommen ein Pferd, gesattelt und gezäumt mit einer Barsen, Stirn- und Strohlenhals, einen Streithammer, ein Schwert, ein Bett mit einem Kissen, ein paar Laken, ein Tischtuch, ein Handtuch und zwei Becken. Diese Gegenstände wurden dem Kurfürsten nach alter Gewohnheit als Heerge-wette vorausbeschieden.

Vergeblich versuchte der Freiherr von Geroldseck, der Gemahl der Gräfin Anna, Ansprüche auf die Grafschaft Lindow selbst zu machen, Joachim II. räumte nur 1548, man weiß nicht aus welchem Grunde, der Gräfin Anna und ihren Nachkommen die Anwartschaft auf alle in der Grafschaft ledig werdenden adligen Lehen ein. Es ist aber ein solcher Fall nie eingetreten. Die Burg der Grafen von Alt Ruppin hat bis zum Ende des vorigen [18.] Jahrhunderts noch zum Teil gestanden; wo man, als Neuruppin abbrannte, die Steine abgebrochen und zum Aufbau dieser Stadt mit verwandt hat. Bei der Schiffbarmachung des Rhin im Jahre 1836 fand man an der **langen Brücke** eine eiserne Hand, wie die Berlichingens und ein paar Schwerter, welche Stücke schließlich in das Museum des Gymnasiums in Neuruppin gelangt sind. Wo die Burg gestanden hat, ist jetzt das Rentamt; nichts erinnert mehr an die alte Zeit, nur um Mitternacht will man noch öfter eine Weiße Frau sehen, die kommt von dort herunter mit einem Schlüsselbunde an der Seite und schreitet die Hauptstraße entlang bis zur Brücke; dann kehrt sie um, findet aber nicht mehr die Stätte, die sie zu hüten hatte. (28, S. 128ff.)

245 Der Schmied im Mond

Viele sagen, im Mond sei ein Mann mit einem Reisigbündel, das ist aber nicht wahr, sondern es ist ein Schmied. Davon hat man auch noch eine ordentliche Geschichte im **Ruppinschen**. Es war einmal ein Schuhmacher, der bekam an einem Montag von seiner Frau Geld, um Leder einzukaufen. Wie er nun beim Wirtshause vorbeikommt, sieht er seine Kollegen darinnen, die lassen ihn nicht vorbei, er muss hineinkommen. (Des Montags arbeiten nämlich die Schuhmacher nicht, heißt es, da trifft man sie im Wirtshaus.) Als er nun ohne Leder und ohne Geld nach Hause kommt, da ist die Frau natürlich sehr böse und schilt ihn gehörig aus. Den andern Tag schickt sie ihn wieder mit Geld aus, dass er Leder kaufe. Vorbeigehen kannst du schon am

Wirtshaus, aber hineingehen tust du diesmal nicht, denkt er. Aber es kam doch wieder wie beim ersten Mal, er vertrank das Geld und bekam wieder böse Reden von seiner Frau zu hören. Als ihm nun seine Frau am dritten Tag wieder Geld gab, und es ebenso ging wie die beiden vorigen Tage, da wollte er nicht wieder nach Hause gehen, sondern ging in den Wald und wollte sich an einem Baum aufhängen. Als er nun so an einem Baume stand und mit dem Messer den Bast abschälte, um daraus einen Strick zu flechten, kam ein Herr gegangen, der fragte ihn, was er da mache. „Ich will einen Strick binden", sagte der Schuhmacher, „und mit dem alle Teufel in der Hölle zusammenbinden". Da bekam der Herr, es war der Oberste der Teufel, einen Schreck und sagte, das solle er nur bleiben lassen, er wolle ihm auch so viel Geld geben, dass der ganze Stiefel davon voll würde. Da war der Schuhmacher zufrieden und ging nach Hause, machte sich und seiner Frau eine Hacke und sagte ihr, als sie sich darüber wunderte, sie solle nur ruhig sein, sie würden so viel Geld bekommen, dass sie es damit zusammenkratzen müssten. Darauf nahm er einen großen Stiefel, schnitt den Schuh unten ab und hängte den Stiefel in den Schornstein. Und es dauerte auch gar nicht lange, so kam der Teufel an, aber, obgleich er auch Sack auf Sack herbeischleppte, der Stiefel wurde nicht voll, denn alles fiel hindurch und immer in den Schornstein hinein. Als nun der Oberste der Teufel sah, dass seine ganze Schatzkammer fast leer geworden war, sagte er zu einem anderen Teufel: „Dem Schuhmacher können wir das Geld nicht lassen. Geh' hinunter und sieh, dass du es ihm durch eine Wette abgewinnst. Das Geld soll dem gehören, der von dem andern drei Pfeifen Tabak rauchen kann." Als nun der Teufel zum Schuhmacher kam und ihm das vorschlug, war der es zufrieden und sagte, der Teufel müsse aber zuerst von seinem Tabak rauchen, und damit nahm er eine Flinte, hielt sie ihm an den Mund und drückte ab. Das war dem Teufel aber doch zu starker Tabak, und er machte sich davon. Als er oben ankam, sagte der Oberste der Teufel wieder, er müsse noch einmal hinunter, und wer zuerst einen Hasen finge, dem solle das Geld gehören. „Ist mir schon recht", sagte der Schuhmacher und steckte drei graue Kaninchen in einen Sack. Als er das erste nun laufen ließ, wollte der Teufel nach, da zog der Schuhmacher das zweite hervor; während aber der Teufel nun vom ersten abließ und diesem nachsprang, holte der Schuster rasch das dritte hervor und rief: „Hier habe ich einen Hasen!" Da war der Teufel niedergeschlagen, aber sein Herr schickte ihn noch einmal hinunter. „Unsere Schatzkammer", sagte er, „ist doch leer, da nimm die eiserne Tür von derselben, die ist so doch zu nichts nütze, wer die am höchsten wirft, soll das Geld haben". Als der Teufel wieder zum Schuhmacher kam, war der auch damit zufrieden, verlangte aber, dass der Teufel es ihm erst vormache. Der warf denn auch die Tür so hoch, dass sie, als sie herunterkam, tief in die Erde eindrang. „Nun hole sie erst nur wieder heraus", sagte der Schuster. Währenddessen sah er aber hinauf nach dem Monde, der schien gerade so schön hell. „Was siehst du denn so nach dem Monde?" fragte der Teufel. „I", sagte der Schuhmacher, „der Schmied da oben im Mond, das ist mein Bruder, dem will ich die Tür hinaufwerfen, der kann sie als altes Eisen benutzen. „Da erschrak der Teufel und sah, dass er überwunden war, und der Schuhmacher behielt das Geld. Es sieht aber auch wirklich so aus, als ob im Monde ein Schmied stände; wenn er so recht hell scheint, kann man ihn sehen mit Amboss und Hammer. (28, 137ff.)

246 Die verwünschte Prinzessin und der weiße Bulle auf dem Burgwall zu Wildberg

Zahlreich sind noch die sogenannten Burgwälle im **Ruppinschen**. Oft liegen sie inmitten von Wiesen, waren also offenbar früher von Wasser umgeben. Zu einem der festesten und eigentümlichsten gehörte der Wildberger, vor den sich im Osten ein Wasser, die Temnitz genannt, schlängelt, während er von den anderen Seiten durch Sumpf unnahbar war. Zwar sind die letzten Reste der Burg schon im vorigen [18.] Jahrhundert verschwunden, aber noch immer erhebt sich der Burgwall zu einer ganz stattlichen Höhe zwischen Wasser und Wiesen; früher soll sogar die ganze Strecke zwischen **Wildberg** und **Kerzlin** Wasser gewesen sein. Achtzehn Dörfer übersieht man von ihm mit einem Blick, und die Städte **Neuruppin**, **Wusterhausen** und **Fehrbellin** schließen den Horizont. Bronzene und besonders eiserne Waffen und Geräte hat man dort oft gefunden, zumal als die Brücke an der Chaussee massiv gebaut wurde. Besonders erzählen die Umwohner von Hufeisen, die anders geformt und größer waren, als sie jetzt bei den Pferden gebraucht werden, und fügen die Bemerkung hinzu, man habe die Eisen den Pferden verkehrt untergeschlagen, um die Verfolger zu täuschen!
Auf diesem Burgwall lässt sich nun nach einer alten Sage des Nachts zwischen zwölf und ein Uhr oft eine Weiße Dame sehen, die erlöst sein will.

Vor einigen zwanzig Jahren wurde diese Sage so erneuert, dass man sogar das Datum, Tag und Stunde bestimmen wollte, wo sie hätte erlöst werden können. Ein junger Mensch in **Segeletz** sollte dazu bestimmt gewesen sein. Diesem ist sie oft des Nachts erschienen und hat ihm gesagt, dass sie eine verwünschte Prinzessin sei, und er sei dazu geboren, sie zu erlösen. Er sollte zu der und der Zeit nach dem Burgwall kommen, dann würde er eine eiserne Tür finden, an die er drei Mal schlagen solle. Dann würde sich die Tür auftun, wie noch mehrere andere, durch die er müsste; schließlich werde er in einen großen Saal kommen, dort würde an der Wand ein Schwert hängen, dessen Griff von Gold und mit Diamanten besetzt sei; das solle er nehmen, denn sofort werde ein weißer Bulle erscheinen und auf ihn eindringen. Dem müsse er mit dem Schwerte den Kopf abschlagen, dann werde die Prinzessin in aller Pracht vor ihm stehen, und es wären noch große Schätze dort verborgen, die würde sie ihm zeigen und ihn zum Manne nehmen. Aber getan hat es der Mann nicht; warum, das weiß man nicht. (28, S. 143ff.)

247 Der Kobold in der Mühle

Auf einer Wassermühle in der Grafschaft **Ruppin** wohnte ein Müller ganz allein. Bei dem klopfte es an einem stürmischen und regnerischen Abend an das Fenster, und als der Müller fragte, wer da wäre, antwortete eine Stimme: „Um Gottes Willen lasst mich ein, denn ich habe mich verirrt und komme sonst in dem furchtbaren Wetter um." Der Müller nahm die Lampe und öffnete die Haustür, fuhr aber erschrocken zurück, denn vor ihm stand neben einem Manne ein schwarzes Ungetüm. „Ach, erbarmt Euch", sagte der Mann, „ich bin ein armer Bärenführer und weiß mit meinem Tiere nicht mehr wo aus und ein. Gönnt uns ein Plätzchen zum Nachtquartier." Der Müller kraute sich hinter den Ohren und sagte: „Ja, für Euch hätte ich wohl einen Platz auf der Ofenbank, wenn Ihr damit zufrieden sein wollt, aber wo soll ich mit Eurer Bestie hin? Einen Stall habe ich nicht, und in die Stube können wir das Tier nicht nehmen." „Ja", antwortete der Mann, „könnten wir ihn nicht in die Mühle bringen? Schaden an Korn und Mehl könnte er ja nicht tun, auch lege ich ihn an die Kette." „Das ginge wohl", sagte der Müller, „aber ich muss Euch mitteilen, dass in der Mühle ein Kobold umherspukt und mir schon seit Jahren viel Herzeleid angetan hat. Er wirtschaftet die

ganze Nacht herum und treibt mit Mehl und Korn seinen Unfug und Mutwillen." „Ei", rief der Bärenführer, „was schadet das? Mein Bär wird sich schon des Kobolds erwehren."
Also wurde der Bär in der Mühle untergebracht, und der Führer erhielt sein Lager auf der Ofenbank. Mitten in der Nacht erwachten die beiden Männer von einem furchtbaren Lärm in der Mühle. Es ging dort kopfüber und kopfunter, und dazwischen hörte man das tiefe Brummen des Bären und hier und da ein Quieken und jämmerliches Grunzen. „Horch", sagte der Müller, „da hat sich der Kobold an den Bären gemacht." „Das wird nur sein eigener Schaden sein", lachte der Bärenführer. „Ja, wollte Gott", seufzte der Müller, „dass der Bär meinem Plagegeiste den Kopf recht ordentlich zurechtsetzte!" Noch ein heller Schrei, dann war alles still, und die Männer schliefen wieder ein.
Am Morgen fand man den Bären wohlbehalten in der Mühle, und nachdem der Müller seine Gäste noch mit Speise und Trank erquickt hatte, zog der Fremde mit seinem Bären unter herzlichem Danke von dannen. Und siehe, von nun an ließ sich kein Kobold mehr in der Mühle sehen, der Bär musste es ihm verleidet haben. Wer war glücklicher darüber als der Müller!
So ging wohl ein ganzes Jahr hin. Da, als der Müller an einem dunklen Abend still in seiner Stube saß, öffnete sich leise die Tür, und zum Schrecken des Müllers streckte der Kobold seinen unförmigen Kopf in die Stube und rief: „Möllä, Möllä, lewet juwe grote schwarte Katt noch?" Rasch fasste sich der Müller, denn er merkte, dass der Kobold den Bären meinte, und rief: „Jo, de lewet noch und hett seven Jungen!" Da schlug der Kobold entsetzt die Tür zu und ist seitdem nie wieder gesehen worden. (25, S. 109f.)

248 Die Riesenschlacht

Südwestlich vom Dorfe **Netzeband**, zwischen diesem und dem Vorwerk **Bertikow**, eine dreiviertel Meile vom Dorfe **Walsleben**, liegen zwei alte Hünenwälle, von denen der bei letztgenanntem Ort gelegene ein Ringwall von hundertfünfzig Schritt Durchmesser und einer Höhe von etwa fünfzehn Fuß ist; er liegt wie der bei Netzeband unweit des kleinen Flüsschens Temnitz und in dem von diesem und der eine Meile entfernten Dosse gebildeten Bruche. Der Netzebandsche besteht aus einer dreifachen Umwallung mit tiefem Graben, und links und rechts von dieser ziehen sich noch andere niedrigere Wälle dahin, sowie auch noch näher dem Dorfe zu ein dritter Hünenwall, der sogenannte alte, sich findet, der ganz viereckig ist, an der Temnitz liegt und mit dem anderen Ufer ehemals mit einer Zugbrücke verbunden gewesen sein soll, von der man noch Spuren haben will. In den erstgenannten beiden Wällen haben nun, wie man sagt, vor uralter Zeit einmal Riesen gewohnt, die miteinander in einen harten Kampf gerieten und sich mit den großen Feldsteinen bewarfen, die ehemals beim Netzebandschen Wall lagen, aber seitdem er beackert wird, fortgebracht worden sind. Die Bertikowschen haben zuletzt die Netzebandschen besiegt und vernichtet, und diese liegen unweit des Walles in den drei langen und berasten Hünenbetten, andere aber auch am Saum des wenige Schritte entfernten Fichtenwaldes in den runden Grabhügeln, in denen man schon einmal einen goldenen Armring gefunden hat.

Die Riesen von Bertikow haben aber auch viele Toten gehabt und diese liegen dort begraben in dem Hügel, welcher dicht bei Bertikow an der Temnitz liegt, wo man auch schon alte Schwerter und andere Waffen gefunden hat. Einige sagen zwar, dieser Hügel sei dadurch entstanden, dass einem Hünenmädchen, welches einst die Temnitz zudämmen wollte und zu diesem Zweck Erde in ihrer Schürze herbeitrug, das Band gerissen und die Erde niedergestürzt sei, andere aber bestreiten es und sagen, dort lägen die Hünen begraben. (13, S. 88)

249 Das Wahrzeichen von Bechlin

Noch heute steht auf dem Ostgiebel der Kirche von **Bechlin** ein sichelartiges Messer, Knief genannt, das bis zum Jahre 1795 zwischen den damaligen beiden kleinen Türmen hing, dann aber bei der Reparatur derselben abgenommen und später an seinem jetzigen Standorte befestigt wurde. Von diesem Knief geht folgende Sage:
Zur Zeit der Grafen von Ruppin diente auf dem dortigen herrschaftlichen Gute ein Jäger, der sich eines schweren Vergehens schuldig machte. Er kam zum Priester in die Beichte und begehrte Absolution. Diese wurde ihm verweigert; er müsse höheren Orts Ablass nachsuchen. Das konnte oder wollte er aber nicht, sondern verlangte wiederholt die Absolution, und als ihm

diese wiederum verweigert wurde, so erstach er den Pfarrer im Beichtstuhl mit seinem Jagdmesser. Deswegen wurde das ganze Dorf Bechlin in den Bann getan, und die Einwohner wurden gezwungen, an ihren Grenzen selbst Wache aufzustellen, um jeden Reisenden von dem Dorfe abzuhalten. Eine solche Wache stand auch bei der jetzt noch davon benannten Warnung an der Ruppinschen Grenze. Da kam eines Tages der regierende Graf von Ruppin gefahren und wollte vorüber ohne die Wache zu respektieren. Aber diese durchschnitt mit dem Knief (das aus einer alten Sense oder Sichel gemacht zu sein scheint) die Stränge am Wagen und hinderte dadurch den Grafen am Weiterfahren. Dafür belobte der Graf die Wache und brachte es dahin, dass dem Dorfe der Bann abgenommen wurde, mit der Bedingung, das Knief als immerwährendes Wahrzeichen am Turm aufzuhängen. Wenn es jemals herunterfiele, so sollte das Rittergut aus seiner auf dem (heute noch dem Namen nach vorhandenen) Weinberge befindlichen Weinpresse ein Fass Wein an die Gemeinde verabreichen. (28, S. 140f.)

250 Der Räuberberg bei Kränzlin

Zwischen **Bechlin** und **Kränzlin**, aber auf bechlinschem Grund und Boden, liegt eine unbedeutende Anhöhe, der **Räuberberg** genannt, welcher früher auch der Hünenwall genannt wurde. Von ihm geht folgende Sage:
Auf dem Berge lag, heißt es, ehedem in Gebüsch versteckt, ein Raubschloss, das mit der gegenwärtig steinernen Brücke des Krenzliner Dammes durch einen Draht in Verbindung stand. Sobald nun ein Wagen die Brücke passierte, wurde durch diesen Draht eine Glocke im Schlosse in Bewegung gesetzt, und auf dieses Zeichen brachen sie aus diesem hervor und plünderten die Reisenden aus. Zuletzt wurde es dem Grafen von Ruppin aber doch zu arg, und er drohte dem Herrn von Fratz, denn so hieß der Besitzer des Schlosses, er werde ihm seine Burg anzünden, wenn er das Unwesen nicht ließe. Der aber lachte darüber und trieb sein Handwerk nach wie vor weiter. Da passte der Graf von Ruppin einmal eine Zeit ab, wo Fratz in **Ruppin** war, schickte schnell seine Leute hinaus, die mussten die Burg ersteigen und brechen. So erzählt man sich heutzutage die Geschichte.
Die Erzählung eines alten Mannes überträgt die Sache nach **Wildberg** und berichtet sie in etwas anderer Weise folgendermaßen: „Fosföhlen", sagt er,

„hieß ursprünglich der Edelmann, dem das Raubschloss dort gehörte. Als ihn der Graf zu **Alt Ruppin** zu Gaste hatte und vom obersten Teile des Alt Ruppiner Schlosses ihm sein Schloss in Brand stehend zeigte, welches der Graf wegen der Räubereien hatte anstecken lassen, so sagte Fosföhlen: ‚Das macht der Frahz (nämlich das Traktieren des Grafen, weil er darum nicht hatte zu Hause sein können), drum will ich künftig nicht mehr Fosföhlen, sondern Frahz heißen'." (28, S. 142f.)

251 Der Holzdieb

Ein Mann aus **Kränzlin** kam sehr früh mit gestohlenem Holze aus dem Walde, als ihm ein anderer begegnete und ihn anredete: „Wie kommst du so früh?" Er erhielt zur Antwort: „Der liebe Gott schlief noch." Als der Dieb nach Hause kam, schlief er ein und schlief fort, ohne dass ihn jemand erwecken konnte. Endlich ließ ihn der Pfarrer zur Kirche tragen und vor dem Altare niederlegen, wo er auf kurze Zeit erwachte und sprach: „Irret euch nicht, Gott lässt sich nicht spotten!" Dann schlief er wieder ein, um niemals zu erwachen. (13, S. 74f.)

252 Das Schlüsselbuch

Zu Anfang des vorigen Jahrhunderts lebte in **Lögow** im **Kreise Ruppin** eine Witwe mit Namen Berkholz. Sie wurde vom Gut unterhalten und wohnte in einem alten zerfallenen Gebäude. Im Dorfe wurde sie nur „Mutter Berkholz" genannt und stand in dem Rufe, dass sie Diebe entdecken könne. Zu diesem Zwecke besaß sie ein „Schlüsselbuch". Es war ein altes Gebetbuch, das sie von „Enn to Wenn", das heißt vom Ende bis zum Anfang durchgelesen hatte. Das Gebetbuch hatte ein Mörder auf seinem letzten Gange benutzt, und vom Urgroßvater der Witwe her hatte es sich fortgeerbt. Kam jemand zu Mutter Berkholz, um einen Dieb ausfindig machen zu lassen, so forschte sie genau nach den Umständen, unter denen der Diebstahl geschehen war, und hieß ihn am Freitag um Mitternacht wiederkommen. Sie setzte sich dann ihre große Hornbrille auf, verhüllte das Licht und nahm das Schlüsselbuch mit feierlicher Miene aus dem Koffer. Sie legte das starke Buch so hin, dass die

Blätter von einer Seite zur anderen schlagen mussten, und rief, indem sie drei Kreuze schlug: „Schlüsselbuch, ich tu dich fragen, ob du mir den Dieb kannst sagen?" Das geschah drei Mal schnell hintereinander, und während dieser Zeit hatte der Bestohlene die Namen der Verdächtigen schnell zu sprechen. Bei welchem Namen nun die Blätter stehen blieben, das war der Dieb. War die Sache versehen worden oder hatte sich das Schlüsselbuch nicht deutlich genug erklärt, so musste die Frage am nächsten Freitag um die gleiche Zeit wiederholt werden. In dringenden Fällen gab auch das Schlüsselbuch am Sonntag unter der Predigt Antwort. Die Kraft des Schlüsselbuches lag darin, dass der Raubmörder in der Nacht des Freitags in dem Buche gelesen hatte und durch die Gebete bekehrt worden war. (20, S. 98f.)

253 Der Hellseher

In der Mitte des vorigen Jahrhunderts [19. Jhdt.] lebte in **Lögow** im **Kreise Ruppin** ein Mann, von dem sagten die Dorfbewohner: „He kann wat sehen." Er war am Neujahrstage, der ein Sonntag war, geboren, an einem Sonntage getauft worden, und was er besonders Schmerzliches oder Freudiges erlebt hatte, war alles an einem Sonntage geschehen. Er wusste im Voraus, wer im Dorfe sterben würde, in der Silvesternacht sah er den Zug der Sterbenden. Erkrankte dann jemand, so ging er mit ihm hinaus zum Kirchhof, damit er sich sein Grab aussuche. Fürchtete man für einen Kranken, da sagte man im Dorf: „He is joa woll met em tom Kirchhof west."
Einst sah er den Gutsherrn allein in die hell erleuchtete Kirche gehen. Er wollte ihn halten, aber der Herr sprach finster: „Bleib da, Johann, halt mich nicht auf." Er konnte ihn nicht halten, und der Gutsherr musste sterben. (20, S. 106f.)

254 Die Vichelschen Kinder

Vor mehr als hundert Jahren heiratete ein Bauer aus **Lögow** eine Witwe aus dem südlich von **Wildberg** im **Kreise Ruppin** gelegenen Dorfe **Vichel**. Sie brachte zwei Kinder mit in die Ehe, die sie über alles liebte. Dem Bauer aber waren die Stiefkinder ein Dorn im Auge, und da sie von ihrem verstorbenen

Vater Geld besaßen, hätte er sie am liebsten beiseite geschafft und ihr Geld genommen. Darüber grämte sich die Mutter sehr, ward krank vor Gram und starb. Nun trieb der hartherzige Vater die kleinen Kinder, dürftig bekleidet, in die kalte Winternacht hinaus und sagte: „Jetzt schert euch nach Vichel." Weinend gingen die Kinder ab, setzten sich unterwegs im verschneiten Walde nieder, um auszuruhen, und erfroren. Man fand sie, und der Vater wurde bestraft und endete sein Leben an der Karre. Die Kinder aber gehen noch oft den Weg, um ihre Mutter auf dem Kirchhof zu besuchen. Sie gesellen sich stillschweigend zum Wanderer und gehen auch schweigend neben ihm her. Verscheucht man sie, so bereiten sie Unglück, lässt man sich mit ihnen in ein Gespräch ein, so kann man unbehelligt weitergehen. Der alte Schäfer vom nahe gelegenen **Emilienhof** hat sie gesehen, ihm haben sie ihr Schicksal erzählt, und er hat es zur Warnung den Dorfbewohnern weitererzählt. (20, S. 2f.)

255 Der Ursprung derer von Ziethen

Bei **Wildberg**, das ehemals eine Stadt gewesen sein soll, woher auch noch die Reste von Wällen um den Ort stammen und der Schulze den Titel Richter führt, liegt hart an der Temnitz in der Wiese ein Hügel, um den dieses kleine Flüsschen herumgeleitet worden ist, wodurch er in früherer Zeit ein bedeutend befestigter Platz gewesen sein muss. Dieser Hügel heißt der Schlossberg oder Burgwall, und es soll hier ein Schloss der Grafen von Ruppin gestanden haben; in diesem wurde einer von ihnen einst von einem überlegenen feindlichen Heere belagert und wurde schon so mutlos, dass er sich ergeben wollte. Bei dem Rate, den er aber noch zum letzten Male hielt, war auch sein Koch zugegen, der ihm tüchtig Mut zusprach und zuredete, er solle doch noch einen Ausfall wagen, und wenn der Graf selber nicht mitziehen könne, so wolle er die Reisigen anführen und sei überzeugt, sie würden die Feinde besiegen. Der Graf glaubte zwar nicht an einen solchen Erfolg, indes wollte er doch das Letzte noch versuchen und gab dem Koch die Erlaubnis zu dem Ausfall mit den Worten: „Zieht hen!" Da ging er mit seiner Mannschaft mutig auf den Feind, der bei **Lüchfeld** stand, los, und in wenigen Stunden war die Schlacht gewonnen, und sie kehrten triumphierend in die Burg zurück. Da schlug der Graf von Ruppin seinen treuen Koch aus Dankbarkeit zum Ritter und gab ihm wegen der Worte, mit denen er ihn entlassen, den Namen Ziethen und gebot ihm, fortan als Zeichen seines ehemaligen Standes einen Kesselhaken im Wappen zu führen.

Andere erzählen, der Koch habe geraten, viele Kessel mit Brei zu kochen und diesen so heiß wie möglich den Feinden beim nächsten Sturm auf den Kopf zu schütten; der Graf habe an dem Erfolge dieses Mittels zwar gezweifelt, aber doch endlich mit den Worten: „Zieht hen" seine Zustimmung gegeben; woraufhin der Feind wirklich vertrieben und der Koch mit dem Namen Ziethen in den Ritterstand erhoben worden sei. (16, S. 155f.; 13, S. 77f.)

256   Der Schäfer von Stöffin

Ein Schäfer verzog einmal von **Stöffin** nach **Dahlhausen** in der **Prignitz**, wo es ihm nicht gefiel. Einst trat er auf eine Anhöhe, sah mit schwerem Herzen nach der Richtung von Stöffin und rief: „Stöffin, Stöffin, du schönes **Land Ruppin**! Dahlhusen is Kahlhusen! En Ei? – Ick bliew hier nich! – Twe Eier un'n Büss vull Botter, wenn't so noch woll, denn bliew ick woll!" (13, S. 73)

257   Das hässliche Kalb

Wenn man des Nachts zwischen zwölf und ein Uhr die Chaussee von **Langen** nach **Neuruppin** entlangkommt, so tritt einem plötzlich eine Katze entgegen, die sich bald in ein hässliches Kalb verwandelt und keinen Menschen vorbeilässt. Um dieselbe Zeit riecht es dort furchtbar nach Mist. (13, S. 73)

258   Der Streit auf dem Fährdamm

Das Städtchen **Fehrbellin**, welches durch die nach ihm benannte Schlacht so berühmt geworden ist, führt diesen Namen erst seit dem 17. Jahrhundert, früher hieß es schlechtweg Bellin. Weil aber dort die Fähre über den Rhin ging, nannte man es Fährbellin. Die Straße von **Berlin** nach **Hamburg** ging früher hier vorüber, und so hing auch noch in der alten Kirche zu Fehrbellin eine Gedenktafel von einem Postmeister Schneider daselbst aus der Zeit des Großen Kurfürsten. Die Unterhaltung des Fährdammes oblag früher dem Bischof von **Havelberg**, dem das **Ländchen Bellin** gehörte. Mit der Zeit war aber diese Verpflichtung zum Teil an die Salderns auf der **Plattenburg** in der **Prignitz** übergegangen. Über die Veranlassung dazu erzählt die Sage Folgendes: Ein Kurfürst von Brandenburg – nach einigen soll es Joachim Friedrich gewesen sein, – kam einstmals des Wegs. Er hatte sich über den Rhin, wo damals also nur eine Fähre war, setzen lassen und fuhr langsam den eben nicht schönen Knüppeldamm entlang. Da kam ein Wagen mit schnaubenden Rossen dahergefahren und wollte nicht ausweichen. „Wer seid Ihr", fragte der Kurfürst. „Ich bin der reiche Saldern von der Plattenburg", war die Antwort. „Wohlan", erwiderte der Kurfürst, „ich bin der arme Schulze von Berlin, und wenn du der reiche Saldern bist, so sollst du auch künftig das Holz zu einem bessern Fährdamm geben". Und so geschah es. Wie dem aber auch sei, gewiss ist, dass zur Zeit des Großen Kurfürsten Hans von Saldern von der Plattenburg dagegen prozessierte und nur hundert Taler zum Brückenbau unter der Bedingung hergeben wollte, wenn er ferner wie seine Vorfahren mit seiner Bedienung auch vom Brückenzoll frei wäre. Solches ist ihm denn auch und „deroselben Bedienten, Pferden, Wagen, Korn und andere Sachen" vom Großen Kurfürsten genehmigt worden. „Wir wollen ihn und seine Leibes-Lehns-Erben gnädigst damit ergötzen", sagt der Große Kurfürst in seiner Konzession vom 25. Februar 1658 aus **Cölln an der Spree** datiert, „jedoch dass nicht andere in seinem Namen durchgehen". (28, S. 122f.)

259 Zur Schlacht von Fehrbellin

Die Schlacht von **Fehrbellin** gehört der Geschichte an, und wie sie geschlagen wurde, das erzählt man sich im Ländchen Fehrbellin ebenso, wie überall, wo der märkischen Jugend die Geschichte ihrer Väter überliefert wird. Nur wird natürlich die Erinnerung durch die ganze Umgebung wie durch das Denkmal, das auf dem Schlachtfelde errichtet worden ist, und durch manche Einzelheit noch mehr aufgefrischt. Noch weiß man, wenn er auch jetzt abgetragen ist, wo der **Grusberg** (Kiesberg) oder **Kurfürstenberg** lag, um den hauptsächlich der Kampf tobte, noch werden im Luch gelegentlich Kugeln und andere Waffenstücke gefunden, „aus der Schwedenzeit", wie man kurzweg sagt. In **Linum**, da behauptet man noch, sei hinter der Kirche ein schwedischer General begraben, der in der Schlacht gefallen sei, und die Risse in der Kirchentüre zu **Hakenberg** sollen noch von den schwedischen Spießen herrühren, und dergleichen mehr.

Dass aber schon Ansätze für eine sagenhafte Auffassung auch dieser Schlacht da gewesen sind, beweist eigentümlicherweise eine Erzählung Friedrichs des Großen. Derselbe sagte einmal: „Von der Schlacht bei Fehrbellin bin ich so orientiert, als wenn ich selbst dabei gewesen wäre. Als ich noch Kronprinz war und in **Ruppin** stand, da war ein alter Krieger, der Mann war schon sehr alt, der wusste die ganze Bataille zu beschreiben und kannte den Wahlplatz sehr gut; einmal setzte ich mich in den Wagen, nahm meinen alten Bürger mit, welcher dann mir alles zeigte, so genau, dass ich sehr zufrieden mit ihm war. Als ich nun wieder nach Hause reiste, dachte ich, du musst doch deinen Spaß mit dem Alten haben! Da fragte ich ihn: ‚Vater, wisst Ihr denn nicht, warum die beiden Herren miteinander gestritten haben?' ‚O ja, Ihro Königliche Hoheit, dat will ik Se wohl seggen. (Friedrich der Große ahmte selbst, als er dies erzählte, den plattdeutschen Dialekt nach.) As unse Kurförst is jung gewest, hät he in **Utrecht** studert, un da is der König von **Schweden** as Prinz oft gewest. Da hebben nun de beeden Herren sick vertörnt, hebben sick in den Haaren gelegen, und dit is nun de Pike davon'." (28, S. 123f.)

260 Der wandelnde Maulbeerbaum

An der Straße von **Fehrbellin** nach **Lentzke** stand ehedem ein Maulbeerbaum, der Blätter und Rinde und zum Teil auch die Äste verloren hatte, ohne jedoch zu vermodern; jetzt freilich ist er entfernt. Wenn man ihn aus der Ferne nun so kahl zum Himmel aufragen sah, so glich seine Gestalt fast der eines Menschen, der seine Hände flehend zum Himmel emporstreckt. Hier, heißt es, wurde einst ein Handwerksbursche ermordet und unter dem Baume verscharrt. Seit dieser Zeit konnte man nun bemerken, wie sich der Baum in der Nacht um zwölf Uhr von seinem Platze bewegte, quer über den Weg wandelte und auf dem angrenzenden Acker niedersank; endlich erhob er sich wieder, um unter lautem Seufzen auf seinen alten Platz zurückzuwanken, wobei man einen unverständlichen Fluch vernehmen konnte. (13, S. 92)

261 Der schwedische Oberst Rosenberg

Hinter **Feldberg** führt von **Fehrbellin** her ein Fußsteig, welcher hinter den Scheunen in den **Lentzker Weg** einmündet. Hier begann ehedem ein langgestreckter Hügel, der den Namen Rosenberg führte. Nach einigen war es eine Schwedenschanze, nach anderen der Grabhügel eines schwedischen Oberst mit Namen Rosenberg. Diesen hatte, wie man erzählte, der schwedische General nach der Schlacht bei Fehrbellin zurückgelassen, damit er mit seiner Schwadron den Rückzug decke. Der aber hatte vor den Brandenburgern solche Angst bekommen, dass er für die Nacht einen Überfall fürchtete. Wie nun die Nacht hereinbrach, ließ er plötzlich satteln und floh in das Luch hinein, und seine Schwadron mit ihm. Doch der General wurde seiner wieder habhaft, ließ ihn niederschießen und verfluchte ihn mit den Worten: „Ewig sollst du, Hund, fliehen, bis dich die Hölle kriegt!"
Seit jener Zeit nun erhob sich plötzlich, wenn des Nachts der Wind heulte, aus dem Hügel ein großer, bärtiger Schwedenoffizier auf einem Schecken mit feuersprühenden Nüstern. Die Gestalt wendete sich zum Rhin, das Ross begann mit den Hufen Funken zu schlagen, und sausend stürzten Ross und Reiter in den Fluss. Wenn sie auf dem anderen Ufer wieder zum Vorschein kamen, folgte ihnen unter lautem Lärm eine ganze Schwadron Reiter. Der Ritt ging weit in das Luch hinein, wo die ganze Schar plötzlich in einem großen, mit vielen Türmen geschmückten Gebäude verschwand. Aus dessen Innern heraus aber vernahm man Ächzen und Stöhnen und dazwischen den Ruf: „Hilfe, Hilfe! ich verbrenne!" Mit dem Glockenschlag eins war alles verschwunden, und nur auf dem Hügel konnte man am andern Morgen noch die übermäßig großen Hufabdrücke eines Pferdes sehen. Seitdem der Hügel eingeebnet ist, scheint der Oberst Ruhe gefunden zu haben. (13, S. 93)

262 Der Teufel und die Holzhauer

Als die Holzhauer aus einem Dorfe am **Zootzen** eines Morgens in den Wald kamen, um sich an ihre Tagesarbeit zu machen, fanden sie das tags zuvor aufgeklafterte Holz umgestoßen. Da schimpfen sie und denken, die Knechte des Dorfes haben ihnen diesen Schabernack gespielt. Sie setzen die Klaftern wieder zusammen, finden sie aber am andern Morgen aufs Neue umgestoßen. So beschließen sie denn, dass einer von ihnen die nächste Nacht wache; da sich aber niemand freiwillig meldet, so wird gelost. Das Los traf gerade einen recht starken Mann, der sagt: „Ich wollte mich schon melden; daher ist es gut, dass mich das Los getroffen hat." Als er nun des Nachts Wache steht, zündet er sich ein Feuer an und klöbt bei seinem Scheine aus Langeweile Holz. Zwischen zwölf und ein Uhr kommt ein kleiner roter Mann – es war der Teufel – und fragt ihn. „Warum setzt du denn da immer einen Keil in die Spalte? Das kannst du ja mit den Händen auseinanderreißen." Der Holzhauer fragt: „Kannst du es denn?", worauf der Kleine erwidert, ja, das könne er. Da wählt der Holzfäller einen recht starken Eichenklotz aus, haut mit der Axt hinein und setzt einen Keil in die Spalte, darauf stößt er mit der Axt gegen den Keil, um diesen ordentlich zu lockern. Wie nun der kleine rote Mann den Klotz auseinanderreißen will, zieht der Holzhauer flugs den Keil aus der Spalte und klemmt dem Kleinen die Finger ein. Der aber schreit fortwährend: „Setze doch den Keil ein! Setze doch den Keil ein!" Aber da ist er an den Rechten gekommen; denn der Holzhauer nimmt einen Stock und gerbt ihm tüchtig das Leder voll. Der Teufel aber schreit fort und fort: „Setze doch den Keil ein!" Doch je mehr er schreit, desto kräftiger schlägt der andere zu und spricht: „Willst du uns noch einmal das Holz einstoßen?" Nach vielen Anstrengungen gelingt es dem Teufel, seine Finger aus der Klemme zu ziehen, und indem er fortläuft, ruft er zurück: „Nun stoße ich euch die Klaftern erst recht ein!"

Am andern Morgen erzählt der Holzhauer seinen Kameraden, was in der Nacht passiert sei, und macht den Vorschlag, an jede Klafter einen Klotz mit einem Keil zu stellen. Als nun in der folgenden Nacht der Kleine wiederkommt, sieht er den Klotz an der ersten Klafter und ruft: „Huh, da ist der Klotz!" wobei er sich seine in der vorigen Nacht zerschundenen Finger besieht. Darauf geht er weiter zur zweiten Klafter; auch hier findet er einen Klotz und ebenso an den andern. Da läuft er denn in voller Angst hinweg, ohne jemals zurückzukehren. (13, S. 99f.)

263 Die Prisenmaschine

In einem Dorfe, erzählte man in **Brunne**, gingen die Männer gern auf Anstand. Da geschah es denn gar oft, dass sich ein kleiner roter Mann zu ihnen gesellte, und im Nu, da hatte er ihre Flinten zerschlagen. Eines Abends sitzen die Bauern zusammen im Kruge und erzählen sich, wie es ihnen erst kürzlich wieder mit dem Kleinen ergangen ist. Unter den Zuhörern befand sich auch der Lehrer des Ortes. Der sagte: „Wenn ich nur eine Flinte hätte, mir sollte er sie nicht entzwei schlagen." Die andern aber meinten: „Dir schlägt er sie erst recht entzwei." Der Lehrer aber behauptet nach wie vor das Gegenteil. Da sagt einer der Bauern: „Ich will dir meine borgen. Schlägt er sie dir aber entzwei, kaufst du mir eine neue." Das ist der Lehrer zufrieden.

Am nächsten Abend geht er allein auf den Anstand. Zwischen zwölf und ein Uhr kommt der kleine rote Mann und sagt: „Was hast du denn da für ein Ding?" Der Lehrer entgegnet: „Das ist eine Prisenmaschine." „Eine Prisenmaschine?", fragt der Kleine verwundert. „Ja! Sieh mal her, da oben die beiden Löcher" – und dabei weist er auf die Mündung der Doppelflinte – „da hält man die beiden Nasenlöcher davor, und hier" – er zeigt auf das Schloss – „hier unten drückt man; dann fliegt die Prise in die Nase. Willst du vielleicht eine nehmen?" „Ja", erwidert der Kleine und hält die Nasenlöcher an die Mündung der beiden Läufe. Der Lehrer drückt ab, und Schrot und Pulver fliegt dem Kleinen in die Nase. „Brrr, du hast aber einen verflucht starken Tabak", meint der, geht hinweg und kommt nicht wieder. (13, S. 102f.)

264 Ein Scheffel Geld

In **Brunne** erzählte man auch, ein Bauer wünschte sich einst einen Scheffel Geld. Da kommt der Teufel zu ihm in Gestalt eines kleinen roten Mannes und spricht: „Bäuerlein, einen Scheffel Geld will ich dir wohl bringen, wenn du mir nach zehn Jahren dienen willst." Da meint das Bäuerlein, das wolle es tun und erhält seinen Scheffel Geld. Als nun die Zeit herum ist, kommt der Teufel zu ihm und sagt: „Na, Bäuerlein, wie ist es denn? Komm nun mit!" „Lass mich erst noch ein Vaterunser ausbeten", erwidert der Bauer. „Recht gern", meint der Teufel, worauf der Bauer sagt: „Aber du musst mir auch fest versprechen, mich nicht eher mitnehmen zu wollen." Der Teufel tut es, aber wer nicht betet, ist unser Bauer. „Na, nun bete doch!", ruft da der Teufel ungeduldig. Der Bauer aber sagt pfiffig: „Ich habe ja noch Zeit"; worauf der Teufel entgegnet: „Wenn du nicht bald betest, so gehe ich so mit dir ab." „Nein, das darfst du nicht", fällt da der Bauer ein, „du hast es mir ja versprochen." Wie sehr aber auch der Teufel den Bauern zum Beten drängt, immer erhält er von ihm die Antwort: „Ich habe ja noch Zeit." Da sieht er denn, dass er überlistet ist und, indem er denkt: das werde ich dir schon wettmachen, trollt er sich von dannen.

Eines Tages erscheint auf dem Bauernhofe ein Betteljunge. Der Bauer fragt ihn, ob er denn nicht wäre zur Schule gegangen, der Kleine aber erwidert: „Nein." Da sagt der Bauer: „Kannst du denn nicht beten?" „Nein", entgegnet der Junge. „Auch nicht das Vaterunser?" „Auch das nicht, aber ich möchte es gar zu gern lernen." „Nun, so sprich 'mal nach", sagt da der Bauer, indem er ihm das Vaterunser vorbetet. Als aber der Bauer „Amen" sagt, meint der Kleine: „Nu is met dei och amen!" Dabei nimmt er den Bauer beim Kragen und geht mit ihm durch das Fenster hindurch. Denn der Betteljunge war eben niemand anders als der Teufel, der sich verkleidet hatte, um den pfiffigen Bauern doch noch zu überlisten. (13, S. 101f.)

265   Die Hexe von Brunne

In **Brunne** lebte einst eine alte Frau, von der sagte man, sie könne den Kühen etwas antun, dass alle sterben müssten. So findet sie auch einst ein Bauer in seinem Kuhstalle auf dem Futterdamme und fragt sie, was sie denn da wolle. Die Alte erwidert: „Ich suche meine Henne." Aber siehe da, kurz darauf starben sämtliche Kühe, denn sie hatte es ihnen allen angetan.
Auch den Schafen können die Hexen schaden. War einmal ein junger Mensch, er hieß Christian, bei einem Schafmeister als Knecht. Der liegt eines Abends im Stalle im Bette und ist eben eingeschlafen. Da wird es plötzlich so laut, dass er aufwacht und sieht, wie die Schafe alle sich dicht auf einem Haufen zusammendrängen. Selbst sein sonst so mutiger Hund schmiegt sich an sein Bett und günselt sehr (tut sehr ängstlich, winselt). Auch mehrere Leute, die herzugerufen wurden, konnten die Schafe nicht auseinander bringen, denn die alte Hexe – ich weiß aber nicht, ob es dieselbe war, die die Kühe behexte – hatte den Schafen etwas angetan, weil sie sich mit dem Schäferknechte erzürnt hatte.
Darauf zieht unser Christian zu einem andern Schafmeister. Bei diesem kam anfangs nichts vor. Als aber die Schafe kleine Lämmer bekommen haben, kommt die alte Hexe auch an, um die Lämmer zu besehen. Doch Christian

will sie ihr nicht zeigen, da meint der Schafmeister: „Gehe nur hin und füttere die Schafe." Christian nimmt nun die Alte mit nach dem Stalle und hängt seine alte schwarze Mütze, welche die Schäfer in der Regel beim Füttern tragen, an die Stalltür. Wie das die Hexe sieht, greift sie flugs nach der Mütze und eilt lachend mit ihr hinweg. Nun konnte sie auch seinen Schafen wieder Schaden zufügen. Man sagt nämlich, wenn einer wegzöge, so könnten ihm die Hexen nichts mehr anhaben; es sei denn, dass sie ein Stück Zeug von ihm hätten. (13, S. 105f.)

266 Kobolde in Brunne

Ein Bauer hatte in seinem Hause einen Kobold, der ihm alles ruinierte. Da sann der Bauer und sann, wie er ihn loswerden könnte, fand jedoch kein Mittel. Eines Tages aber hörte er, wenn man den Kobold über die Grenze trüge, käme er nicht wieder. Sofort beschloss er, das Mittel zu versuchen und sprach zu ihm: „Wir bekommen morgen Besuch; setze dich einstweilen dort in den Kober." Das tut der Kobold. Der Bauer aber schließt den Kober fest zu und trägt ihn eiligst über die Grenze. Als er nach Hause zurückkommt, fragt ihn seine Frau: „Na, bist du ihn los?" „Ja", sagt der Bauer, „häbb' ick aber rönnt!" Da guckt der Kobold zur Tür herein und ruft: „Häbb ick aber hönnt(?)!" Ein andermal aber machte es der Bauer besser. Auch jetzt überredete er unter irgendeinem Vorwande den Kobold, sich in den Kober zu setzen; diesen hing er alsdann einem durch das Dorf fahrenden fremden Bauern hinten an den Wagen. Ohne dass es jemand merkte, kam der Kobold auf diese Weise über die Grenze und kehrte nie wieder.
Ein anderer Bauer hatte auch einst einen Kobold, der den größten Schabernack mit ihm trieb. Was er auf dem Hofe in seine Gewalt bekommen konnte, ruinierte er dermaßen, dass es zu weiterem Gebrauch untüchtig wurde. Selbst die Wagen auf dem Hofe verschonte er nicht. Als er einst dort wieder sein Unwesen treibt, ruft ihn der Bauer herein und sagt: „Hans Jochen, oder wie du sonst heißt, wistu denn wat eten?" Da sagt der Kobold: „Ja." Der Bauer ladet ihn darauf ein: „Dann kumm man rinn." Wie der Kobold gegessen hat, sagt der Bauer zu ihm, nun dürfe er aber nicht wiederkommen. Der Kobold versprach es und hielt Wort. (13, S. 106f.)

267 Der Räuber Katusch

Die Geschichten über den Räuber wurden in **Brunne** gesammelt, aber auch im **Ruppinschen** war die Sagengestalt bekannt.

Es war einmal ein Räuber mit Namen Katusch, der machte lauter dumme Streiche. So hörte er einst, dass ein Gutsbesitzer alle seine Freunde und Bekannten zu einem großen Feste eingeladen habe. Katusch denkt: Willst doch mal sehen, ob sich dabei nichts profitieren lässt. Er setzt sich also zu Pferde und reitet mit einem Diener zu dem Edelmanne, dem er sich als Fürst Orloff aus Russland vorstellt. Er sei auf seiner Reise an seinem (des Edelmannes) Schlosse vorübergekommen und wolle nicht verfehlen, ihm seine Aufwartung zu machen. Der angebliche Fürst weiß durch seine Erzählungen und sein liebenswürdiges und vornehmes Auftreten unseren Edelmann so zu bezaubern, dass er ihn zu seiner Abendgesellschaft einlädt. Katusch stellt sich zuerst, als könne er die Einladung nicht annehmen, doch gibt er schließlich den Bitten seines gastfreundlichen Wirtes nach.

Als man des Abends bei Tische sitzt, kommt das Gespräch auch auf den Räuber Katusch. Wer sich von ihm anführen lasse, meinen die meisten, müsse doch recht dumm sein; sie wollten sich schon vor seinen Streichen in Acht nehmen. Katusch hört dieses Gespräch ruhig mit an, endlich sagt er: „Und doch ist Katusch ein ganz verschmitzter Kerl." Die Gäste aber bleiben bei ihrer Meinung. Da erklärt endlich der liebenswürdige Fürst, der die ganze Gesellschaft für sich eingenommen hat: „Nun, ich werde Ihnen einmal ein Stückchen nach Art des Räubers Katusch vormachen." Damit nimmt er seinen Hut und sagt: „Legen Sie einmal Ihre Uhren, Ketten, Ringe und Börsen in diesen Hut." Alle kommen der Aufforderung nach und freuen sich über den Spaß. Als Katusch, der mit dem Einsammeln an der Tür begonnen hat, die Runde gemacht, bedankt er sich mit den Worten: „Meine Damen und Herren, ich bedanke mich recht sehr; ich bin der Räuber Katusch", und verschwindet unter dem lauten Gelächter der Gäste in der Tür. Plötzlich erschallt von der Straße herauf lautes Pferdegetrappel; und als sie die Fenster aufreißen, um zu sehen, wer noch so spät ankommt, geht ihnen endlich ein Licht auf. Denn sie sehen, wie der angebliche russische Fürst mit seinem Diener und seiner Beute eiligst davonjagt. Und wiewohl sie nach ihren Pferden stürmen, um den Räuber zu verfolgen, so ist doch alle Mühe vergebens; denn Katusch ist längst über alle Berge.

Nach diesem Ereignisse hört man lange Zeit nichts mehr vom Räuber Katusch, denn er hat ja vorläufig zu leben. Endlich aber ist sein Geld zu Ende, und er muss auf neue Abenteuer ausziehen. Da hört er einst, in einer Stadt sei Markt. Dieser scheint ihm so recht geeignet, um etwas zu stehlen. Wie er denn so auf dem Markte herumschlendert, sieht er, wie ein Bauer eben für einen fetten Ochsen einen ganzen Beutel voll Gold löst. Katusch denkt: Willst doch einmal sehen, wo der Bauer mit seinem Erlöse bleibt, und als der Bauer abends den Heimweg einschlägt, folgt ihm der Räuber in angemessener Entfernung. Wie nun der Bauer seine Stube betritt, ruft ihm seine Frau entgegen: „Hast du den Ochsen verkauft?" „Ja, sieh 'mal, einen ganzen Beutel harter, blanker Taler", entgegnet der Bauer, indem er das Geld seiner Frau entgegenhält. Darauf schüttet er den Beutel auf dem Tisch aus, um das Geld noch einmal durchzuzählen. Da springt der kleine Sohn des Bauern heran, der Silberglanz hat ihn ganz in Entzücken versetzt, um sich der schönen Taler zu bemächtigen. Der Vater aber packt das Geld eiligst wieder in den Beutel, indem er, den Knaben abwehrend, sagt: „Das Geld kriegt der Bamann!" [die örtliche Schreckgestalt für kleine Kinder] Als sich das Kind aber ganz ungebärdig stellt, öffnet der Vater das Fenster, hält den Beutel hinaus und ruft: „Da, Bamann, hast du't!" Unter dem Fenster aber steht, alles beobachtend, Katusch, der eiligst herzspringt und dem Bauern den Beutel entreißt. So sehr sich aber der Bauer beeilt, vor die Tür zu kommen, um dem frechen Räuber den Beutel wieder abzujagen, Katusch ist längst verschwunden und mit ihm das Geld.

Nun hört man wieder lange nichts von dem Räuber. Da aber das Geld nicht ewig vorhält, so muss er doch wieder schließlich auf Abenteuer sinnen. So lässt er sich denn einen großen Kasten mit Vorhängeschlössern machen. Inwendig aber hat der Kasten eine Feder. Sobald er an dieser drückt, springt er auf. Diesen Kasten, in den er sich selbst gelegt hat, lässt er durch einen seiner Getreuen an einen Juwelier in **Leipzig** senden mit einem Briefe des Inhaltes: er sei der Fürst soundso aus Russland, reise von Paris über Leipzig nach seiner Heimat zurück und gedenke bei ihm größere Einkäufe zu machen. Da er nun gehört habe, dass er ein feuerfestes Gewölbe habe, so möge er doch seinen Kasten, in dem er seine Goldsachen und wertvollen Dokumente habe, für die Zeit seines Aufenthaltes in Leipzig aufbewahren. Als der Juwelier den Brief gelesen hat, denkt er: Ei, da ließe sich ja ein schönes Geschäft machen, und bringt den Kasten nach seinem Gewölbe. Während der Nacht drückt Katusch auf die Feder, und der Deckel springt auf. Als sich nun der Räuber über die im Gewölbe aufbewahrten Goldsachen hermachen will, erhebt ein kleiner Teckel, der im Gewölbe zurückgeblieben ist, ein fürchterliches Gebell. Katusch will ihn ergreifen, aber vergebens. Da wird es oben plötzlich laut. Wie Katusch die Stimmen vernimmt und merkt, dass man sich mit Licht dem Gewölbe nähert, geht er wieder in seinen Kasten zurück, schließt den Deckel und verhält sich ganz still. Als das Hündchen aber unter heftigem Gebell fortwährend gegen den Kasten springt, erklären die Gesellen: „In dem Kasten muss etwas sein!" Da sie ihn aber nicht öffnen können, wollen sie ihn aufbrechen. Der Juwelier aber widersetzt sich ihrem Beginnen. „Was würde der Fürst sagen, wenn wir seinen Kasten erbrochen hätten?" Endlich meinte einer: „Wir wollen ihn anbohren." Dem Räuber wird es in dem Kasten ganz unheimlich zu Mute, wenn er daran denkt, dass man ihm den Leib oder Kopf durchbohren könne. Doch erfinderisch, wie er ist, weiß er auch hier bald Rat. Leise drückt er auf die Feder seiner Repetieruhr, die sofort zu schlagen anhebt. Da fängt der Hund von Neuem an zu bellen. Alle aber lachen laut auf und sagen: „Da drinnen ist eine Schlaguhr, daher bellt der Hund." Beruhigt begibt man sich wieder zu Bett. Als nun Katusch alles in tiefem Schlafe glaubt, öffnet er wiederum den Deckel seines Kastens, kommt heraus, erfasst sogleich den Hund und würgt ihn ab. Darauf nimmt er so viel Gold, als er tragen kann, und entfernt sich aus dem Fenster. Als der Goldschmied des Morgens nach dem Gewölbe kommt, steht der Kasten auf, der Hund ist tot und seine Goldsachen sind verschwunden. (13, S. 107ff.)

268 Der Räuber als Knecht

Nach seinen Diebstählen stellte man Katusch so sehr nach, dass er sich nirgends mehr halten konnte. Daher vermietete er sich bei einem Bauern als Knecht. Hier war er so fleißig und ordentlich, dass der Bauer erklärte, noch nie einen so guten Knecht gehabt zu haben; und besonders die Kinder, mit denen er des Abends zu spielen pflegte, gewannen ihn von Tag zu Tag lieber. Einst, als man schon längst seine Verfolgung aufgegeben hatte und er sich wieder sicher fühlte, sagte er zu seinem Herrn: „Herr, wissen Sie wohl, wer ich bin?" „Wer sollst du denn sein?", meint der Bauer, „natürlich mein

Knecht". „Nein, Herr, ich bin der Räuber Katusch." „Der Räuber Katusch ist unmöglich ein so ordentlicher Mensch wie du", erwiderte der Bauer. Katusch aber entgegnet: „Ja, Sie können es dreist glauben. Ich habe mich nicht mehr halten können, darum bin ich bei Ihnen Knecht geworden." Da sagt der Bauer: „Willst du der Räuber Katusch sein, so musst du mir auch einmal solch Stück vormachen, wie sie jener zu machen pflegt. Ich habe ein Kalb an den Schlächter verkauft, wenn du es ihm abnimmst, ohne ihm etwas zu tun, so will ich dir glauben." „Nichts leichter als das", sagt Katusch. Am andern Morgen, als der Schlächter das Kalb abholt, geht Katusch voraus und stellt einen Schuh (er hat ein Paar fast neue) an den Weg hin. Als der Schlächter heran kommt, findet er den .Schuh. Wenn nur der andere auch dabei wäre, denkt er; doch sieht er sich vergebens danach um, und weil er glaubt, sich einen neuen dazu machen zu lassen, lohne nicht, da der neue dann doch länger als der gefundene hielte, so wirft er seinen Fund wieder weg. Als er aber ein gut Stück Weges vorwärts gegangen ist, siehe – da liegt der andere Schuh, nach dem er sich vorher so sehnsüchtig umgesehen hat. Katusch, der mittlerweile heimlich voraufgelaufen ist, hat ihn hingelegt. Hättest du doch den ersten behalten, denkt da der Schlächter und bindet nach kurzem Besinnen sein Kalb an einen Baum, um den ersten Schuh zu holen. Kaum aber ist er bei einer Biegung des Weges hinter den Bäumen verschwunden, so eilt Katusch herzu, bindet das Kalb los, nimmt es auf den Rücken und trägt es zu seinem Herrn zurück. Da meinte der Bauer: „Nun will ich glauben, dass du der Räuber Katusch bist; aber behalten kann ich dich nicht länger." Darauf ist denn Katusch nach Amerika gereist und dort ein ordentlicher Mensch geworden. (13, S. 110f.)

269 Der Bauer und die Eulen

Geht man des Abends durch einen Wald und ruft: „Ule, Ule, komm mit, komm mit!", dann kommen die Eulen und hacken einem die Augen aus. Das wird aus **Brunne** mitgeteilt.
So kommt auch einmal ein Bauer des Abends durch einen Wald und denkt: Ich will doch einmal sehen, ob das wahr ist, was sich die Leute von den Eulen erzählen. Und wie er ruft, siehe! da kommen die Eulen von allen Seiten herbeigeflogen und hacken auf ihn los. Am andern Morgen wurde er, wenn

auch gerade nicht des Augenlichtes beraubt, aber doch ganz zerfleischt und blutüberströmt im Walde gefunden. (13, S. 111)

270 Das Kreuz am Kremmer Damm

Bei **Kremmen** zieht sich der Weg als ein schmaler Damm durch das Luch. Diese Stelle hat in früheren Zeiten mehrmals bedeutende Kämpfe gesehen, und manches Blut ist dort geflossen. Hier war es auch, dass der erste Hohenzoller im Jahre 1411 mit den Pommernherzögen ein Gefecht zu bestehen hatte, in welchem unter anderen ein Ritter, der ihm aus **Franken** her gefolgt war, ein Graf von Hohenlohe, fiel. In Kremmen wurde ein hölzernes Kreuz an der Stelle errichtet, wo der erste Kampf stattgefunden hatte, den die Hohenzollern in und um die Marken zu bestehen hatten. In diesem Jahrhundert ist das hölzerne Kreuz durch ein eisernes ersetzt worden. Die Sage hat frühzeitig, wie schon ältere Berichte zeigen, hier angesetzt und nicht nur den geschichtlichen Hintergrund verwischt, sondern die Sache auch in die sogenannte Räuberzeit hinübergespielt, mit welcher das Volk allgemein die Zeit des Faustrechts bezeichnet. Dort also, wo das Kreuz steht, heißt es in der Sage, ist ein Herr von seinem Bedienten erstochen worden. Es war auf des Herren Kopf ein hoher Preis ausgesetzt, aber sie haben ihn nie fangen können, denn er wusste immer einen Ausweg und seinen Pferden hat er immer die Hufe verkehrt aufschlagen lassen, sodass seine Verfolger dadurch getäuscht wurden und ihn immer gerade in entgegengesetzter Richtung suchten. An der Stelle hat ihn also sein Bedienter, wie er einmal vom Pferde stieg, von hinten mit dem Degen durchstochen. Den Preis aber hat er doch nicht erhalten, denn sie hatten ihn lebendig haben wollen. Und so haben sie den Bedienten auch tot gemacht. „Es soll, wie die alte Chronik sagt, 1666 oder 1696 geschehen sein", setzte einmal ein Erzähler hinzu, „in der stand überhaupt noch mehr davon, die ist aber 1840 beim Brand von Kremmen verbrannt". (28, S. 127f.)

271 Verlorenort

Zwischen **Oranienburg** und **Kremmen** im **Havellande** liegt einsam am Waldrande zwischen Bruch und Heide eine kleine Ansiedlung, die heißt **Verloren-**

ort. Kein Kirchlein reicht mit seinem Turm gen Himmel, und kein Gottesacker harrt der Toten. Das ist auch kaum nötig, denn so verloren liegt der Ort, dass selbst der Sensenmann ihn oft lange Zeit vergisst. Aber nicht davon hat der Ort seinen Namen erhalten, die Leute erzählen es viel lustiger. Da soll einst der Alte Fritz vorübergekommen sein, als es noch weit und breit weder Weg noch Steg gab. Er war in **Holland** gewesen und hatte einen ganzen Wagen voll Ansiedler geholt, die sich hinter Oranienburg niederlassen sollten, wo es heute noch einen Ort **Neuholland** gibt. Er saß selbst, den Dreispitz auf dem Kopfe, auf dem Kutscherbocke und führte Zügel und Peitsche. Hinter Kremmen konnte jedoch der Wagen auf dem schlechten Boden nicht mehr weiterkommen, und als der Alte Fritz die Pferde antrieb, stuckerte er so, dass zwei Leute herunterfielen und liegen blieben. Sie beschlossen nun frischweg, sich da anzusiedeln, wo der König sie verloren hatte, bauten sich zwei Hütten und nannten den Ort, der so entstand, Verlorenort. (20, S. 164f.)

272 Der brennende Schatz

Geht einmal ein **Löwenberger** zur Nachtzeit nach **Oranienburg**, um einen Arzt zu rufen. In dem Walde sieht er unfern des Weges einen bläulich glimmenden Kohlenhaufen. Freudig geht er darauf zu, da er seine Pfeife hat ausgehen lassen und sein Feuerzeug vergessen hat. Er nimmt eine Kohle von dem Haufen, legt sie in den Pfeifenkopf und fängt an zu rauchen. Da aber die Kohle nicht zünden will, wirft er sie weg und greift nach einer zweiten; aber auch diese zündet nicht; eine dritte, durch die er gleichfalls kein Feuer erzielen kann, lässt er im Kopfe und geht verdrießlich seines Weges weiter. Als er den Arzt gerufen, begibt er sich in ein Gasthaus und wartet hier dessen Rückkehr ab, um die dem Kranken verordnete Medizin mit zurücknehmen zu können. Hier wandelt ihn wieder Rauchlust an. Er öffnet den Pfeifenkopf, wirft die vermeintliche Kohle ab und vernimmt einen hellen Klang. Ihn sowie die Anwesenden erfasst Neugier. Sie sehen nach und siehe da! es liegt ein Taler auf der Erde. Jetzt geht dem Manne ein Licht auf. Da er die Feuerstelle weiß, untersucht er sie am folgenden Tage und findet zwei Taler – die Kohlen, die er weggeworfen hat. (13, S. 68f.)

Seeburg
Carolinenhöhe
Weinberge
Pichelsdorf
Scharfe Lanke
Exer. Platz
Riesel felder
Denkm.
Schildhorn
Gatow
Gut
Buch-Wald
Kleiner S.
Gr. Glienicke
Gut
Schießst.
Fenn
Gr. Glienicker S.
See-Bge.
Ritter-Holz
Schanze
Hahneberg
Fuchs-Bge.
Neu Cladow
Cladow
Imchen
Schwanen-Werder
Auss. T.
Lind-Wdr.
Havel
Havel B.
Karls B.
Jägerhof
Luisen-B.
Sakrower S.
Kälber-Wdr.
Meierei
Pfauen-Insel
Kavalier-Hs.
Schl.
W.F.
Sakrow
Heilands-K.
Forst
Peter Pauls-K.
Moorlake
Nikolskoe
Stolpen Bge.
Potsdam
Wann-S.
F. Wannsee
Beelitz hof
Nicolassee
Fr.W.Bt.
Jagdschl. Dreilinden
Kl. Wann-S.
Schäfer-B.
Wannsee
Pohle-S.
Stolpe
Matros. Stat.
Kl. Glienicke
Königs Weg

Kapitel 3

Von Oranienburg nach Potsdam, links des Flusses durch Teile des Barnims, durch Berlin und das Teltower Land, rechts durchs Havelland

273 Die Weiße Frau vom Oranienburger Schloss

Theodor Fontane zitiert in seinen *Havelland-Wanderungen* aus dem Bericht eines Zeitgenossen, des Karl Ludwig Freiherrn von Poellnitz, eine Sage, die die Herkunft der Weißen Frau, die den Hohenzollern bevorstehendes Unheil und den Tod verkünden soll, mit Ereignissen auf dem **Schloss Oranienburg** verknüpft. Dort heißt es: Die Neuschöpfungen, mit denen der Kurfürst Friedrich III. Schloss Oranienburg umgab, „beweisen genugsam, dass dies Havelschloss, dies Vermächtnis von der Mutter her, ein bevorzugter Aufenthaltsort des Kurfürsten und spätern Königs war, aber auch einzelne Berichte sind uns zur Hand, die uns, trotz einer gewissen Dürftigkeit des Details, den Kurfürsten (damals schon König) direkt an dieser Stelle zeigen. ‚Im Sommer 1708‘, so erzählt Pöllnitz, ‚rieten die Ärzte dem Könige, das Karlsbad in Böhmen zu gebrauchen, wohin er sich im Laufe des Sommers auch wirklich begab. Vorher war er in Oranienburg und hatte auf dem dortigen Schlosse eine Zusammenkunft mit dem regierenden Herzog von Mecklenburg-Schwerin. Diese Zusammenkunft der beiden Fürsten war nicht ohne Bedeutung: sie hatte zunächst nur eine Erneuerung und Bestätigung des alten Erbfolgevergleichs im Auge, der im Jahre 1442, zu **Wittstock**, zwischen Friedrich II., dem Eisernen, und den Herzögen von Mecklenburg geschlossen worden war, musste aber natürlich, da man Gefallen aneinander fand, einige Monate später die Schritte wesentlich erleichtern, die, im November 1708, zu einer dritten Vermählung des Königs, und zwar mit Luisa Dorothee, der Schwester des regierenden Herzogs von Mecklenburg führten.‘

‚Am 24. November‘, so fährt unsere Quelle fort, ‚traf die neue Königin in Oranienburg ein und wurde daselbst vom Könige und dem ganzen Hofe empfangen. Nachdem die Vorstellung aller Prinzen und Prinzessinnen stattgefunden hatte, verließ man das Schloss und begab sich nach **Berlin**, wo am 27. desselben Monats die Königin ihren feierlichen Einzug hielt.‘ Der König, trotz seiner Jahre, war anfänglich von der Königin bezaubert; keine Ahnung beschlich sein Herz, dass, vier Jahre später, dieselbe Prinzessin geistesgestört und wie eine Mahnung des Todes an ihn herantreten werde. Das war im **Berliner Schloss**, in den Januartagen 1713. Der König, krank schon, ruhte auf einem Armstuhl und war eben eingeschlummert, als er sich plötzlich angefasst und aus dem Schlaf gerüttelt fühlte. Die geisteskranke

Königin, die eine Glastür erbrochen hatte, stand weißgekleidet und mit blutenden Händen vor ihm. Der König versuchte sich aufzurichten, aber er sank in seinen Stuhl zurück. ‚Ich habe die Weiße Frau gesehen.' Wenige Wochen später hatte sich die alte Prophezeiung seines Hauses an ihm erfüllt. Nicht zu seinem Glück hatte die mecklenburgische Prinzessin das Land und, als erste Stufe zum Thron, die Marmortreppe von Schloss Oranienburg betreten." (7, S. 159f.)

274 Die stummen Frösche

In dem Dorf **Schwante**, eine halbe Meile von **Kremmen** und eine Meile von **Oranienburg**, sind zwar um den Rittersitz der Herren von Redern herum genug Frösche vorhanden, aber keiner lässt seine Stimme hören. Wenn auch einer etwas verlauten lässt, so kriegt er doch keine Beistimmung. Die Ursache davon erzählt Herr Johann Grüwel in seiner *Kremmischen Schaubühne* folgendermaßen. Es wäre ein von Redern im Frühling von einer Krankheit befallen worden und hätte dabei viel Unruhe empfunden, die sich aber durch das vielfältige Geschrei der Frösche dermaßen steigerte, dass er gar keinen Schlaf mehr fand. Keine Arznei konnte ihn wiederbringen und man zweifelte schon an seiner Genesung, die Frau des Hauses hätte auch deshalb allzeit nasse und weinende Augen gehabt. Dies sah ein armer Mann, der sich an der Tür befand, um ein Almosen zu erbitten. Er erkundigte sich nach der Ursache ihres Weinens und wie man ihm berichtet, dass der Junker krank sei und von dem Geschrei der Frösche nicht ruhen und deshalb auch nicht mehr lange leben könnte, sprach er: „O wenn Eurem Herrn damit kann geholfen werden, so sollen die Frösche bald stille schweigen." Die Frau und auch der Herr wollten dem armen Mann einen Sack voll Roggen in seine Wohnung bringen lassen, wenn er sein Versprechen wahr machen würde. Darauf begibt sich der Arme vom Hof und umgeht diesen in einem großen Zirkel, soweit wie er denkt, dass die Froschstimmen Ärger erregen könnten, dabei wendet er seine „Wissenschaft" an und bringt dabei zuwege, dass der Frösche Geplärre aufhört. Und so ist es mit den Fröschen bis zu diesem Tage geblieben, dass sie zwar im Wasser und Morast bei dem Adelssitz in großer Menge zu finden sind, aber innerhalb des Zirkels kein Geschrei vollführen. Selbst wenn ja einer gehört wird, so geschieht es doch nur selten und zudem ohne Zustimmung der anderen. Es wird zwar berichtet, dass dieses Stillschweigen nur hundert Jahre währen soll, aber das steht dahin… (10, S. 96f.)

275 Reckins Grab im Krämer

In dem zwischen **Spandau** und **Kremmen** gelegenen Walde bei **Vehlefanz**, der den Namen **der Krämer** führt, steht an einem Kreuzwege eine uralte, jetzt hohle Eiche. Die eigene Krone ist längst dahin, doch hat der morsche Stumpf noch einen frischen Ast getrieben, der sich wieder baumartig verzweigt. Der Baum war bereits vor hundert Jahren [um 1800] hohl und die Volkssage berichtet, dass sich im Jahre 1806 oder 1807 der Förster Reckin vom nahen Forsthaus Krämerpfuhl häufig darin versteckt habe, um einzelnen oder in kleinen Trupps vorüberziehenden Franzosen aufzulauern. Er erschoss die verhassten Feinde von seinem Versteck aus, und entkam einmal ein Franzose, so wusste er doch niemals zu sagen, wer geschossen habe. So trieb Reckin längere Zeit sein Wesen, und mancher Franzose musste sein Leben lassen. Schließlich aber, als er wieder einmal einen Feind niederknallte, bemerkten nachfolgende Kameraden des Erschossenen den aufsteigenden Pulverdampf und erkannten daran, woher der Schuss gekommen war. Sie umstellten den Baum und erschossen den Förster. Begraben wurde Reckin am **Börnicker Wege**, etwa dreihundert Schritte westlich von der Eiche. Ein flacher Hügel von einigen Metern Länge wird als „Reckins Grab" bezeichnet. Vorübergehende Waldarbeiter und beerensuchende Weiber werfen Kiefernzweige auf das Grab, „um dem Reckin die Ehre zu erweisen". (20, S. 143f.)

276 Revirescit

Das Wappen des märkischen Geschlechts von der Marwitz zeigt im blauen Felde einen goldenen ausgerodeten Stamm, dem oben zwei einzelne Äste entsprießen, und am Schildesrande das Wort „revirescit"(er schlägt wieder aus). Mit diesem Abzeichen hat es nach der Sage folgende Bewandtnis: Das Geschlecht der Marwitz war einst bis auf eine Jungfrau ausgestorben, der nahte sich ein junger Ritter, den sie lieb gewann und dem sie gern ihre Hand gereicht hätte. Aber es bekümmerte sie tief, dass nach ihrer Vermählung der Name Marwitz verschwinden solle. Da reiste sie mit Zustimmung ihres Bräutigams zum kaiserlichen Hofe und bat den Kaiser zu gestatten, dass ihre künftigen Kinder den Namen der Mutter führen dürften. Der Kaiser gewährte es und von der Marwitz nannten sich seitdem die Sprossen des Geschlechts. Der alte Stamm hatte neues Leben gewonnen. (20, S. 147f.)

277 Die Hexen am Weihnachtsabend

In **Börnicke** und **Grünefeld** im **Osthavellande** werden am Heiligen Abend alle Gerätschaften und Geschirre, die bei den Backöfen gebraucht worden sind und von denen man sonst manches stehen lässt, nach Hause getragen, weil sonst die Hexen damit auf den Blocksberg fahren. Ein Bauer hatte einst seine Schaufel stehen lassen, und es fiel ihm erst ein, als es schon dunkelte. Schnell eilte er zum Backofen; aber wie er noch unterwegs war, begann das Abendläuten. Er erschrak, denn nach dem Läuten bekommen die Hexen Gewalt zu schaden und Schabernack zu treiben. Als er beim Ofen ankam, war seine Schaufel nicht mehr da; in der Luft aber brauste und rumorte es, und von der alten Linde hinter dem Backofen glotzte ihn eine Eule an.
Man beeilt sich in jenen Dörfern am Heiligen Abend auch mehr als sonst mit dem Füttern des Viehs und dem Milchen, damit vor dem Abendläuten alles Vieh vom Hofe und die Stalltüren geschlossen seien; dann können die Hexen nicht schaden. Man hält sie auch fern, wenn man an die Balken und Türen drei Kreuze macht. Das geschieht am Heiligen Abend und auch am Abend vor der Walpurgisnacht. (20, S. 85f.)

278 Die zwei Riesen

Nicht weit von **Königshorst** bei **Nauen** liegen zwei Wiesenflächen, von denen die eine den Namen Dreibrücken, die andere den Namen Thielemannsborg führt. Auf Dreibrücken steht jetzt ein Gasthof, früher aber stand hier eine Burg, auf der ein Riese wohnte. Auf Thielemannsborg, eine Viertelmeile davon, wohnte sein Bruder. Beide Riesen besaßen nur eine

Streitaxt, die sie sich immer, wenn sie von Feinden angefallen wurden, gegenseitig zuwarfen. Sie waren mit ihrer einen Axt ein Schrecken der ganzen Gegend. (5, S. 46)

279 *Der Wilde Jäger bei Priort*

Beim Dorfe **Priort** verfolgte der Wilde Jäger eine Frau. Dort war ein Pferdeknecht nachts in der Koppel und lag an einem Kreuzweg. Da kommt eine Frau gelaufen und bittet flehentlich, er möchte sie über den Weg bringen. Jenseits läuft sie eilig davon. Gleich danach kommt der Wilde Jäger mit seinen Hunden und will auch über den Kreuzweg gebracht sein. Seit sieben Jahren jage er die Frau, entrinne sie ihm diese Nacht, sei sie erlöst. Bald kehrte er zurück und hat die Frau, die ganz nackt war, quer vor sich auf dem Pferde liegen. (4, S. 31)

280 *Der Heilige See*

Bei dem Dorfe **Heiligensee** liegt dicht an der Havel ein kleiner See, welcher dem Dorfe seinen Namen gegeben hat. Man erzählt sich, hier habe vor Zeiten ein Schloss gestanden, in dem eine Prinzessin gewohnt hat, die sei aber verwünscht worden und das Schloss in den See gesunken. Bekmann sagt auch, er sei alle hundert Jahr mit einem silbernen Heiligen eingeweiht und das Wasser dann weit und breit abgeholt worden.
Die Dorfbewohner dagegen erzählen, es habe vor alter Zeit im Dorfe zwischen dem Hause des Schmiedes und der Kirche ein Heiligtum gestanden, das eine große Heilkraft besessen habe, und die älteren Leute können sich gar wohl entsinnen, dass eine große Anzahl von Krücken, welche die geheilten Lahmen zurückließen, in der jetzigen Kirche hing. Daher soll es auch kommen, dass der Küster des Orts noch bis auf diesen Tag alljährlich sieben Scheffel Roggen für Metteläuten und Beiern [Glocke schlagen] erhält.
Ferner sind in uralter Zeit alljährlich an einem bestimmten Tage, den jedoch keiner mehr weiß, zwei schwarze Stiere vor einen Wagen geschirrt worden und, sobald dies geschehen war, sind die Tiere nicht mehr zu bändigen gewesen, sondern sind mit aller Kraft aus dem Dorfe hinaus und

grade in den See hineingestürzt, aus dessen grundloser Tiefe sie nie wieder zum Vorschein gekommen sind. (16, S. 163f.)

281 Die Schwanenkette

Ein Bauer in **Heiligensee** grub einst in seinem Garten, der am See lag, um einen Platz für einen neuen Backofen zu ebnen. Da stieß er plötzlich auf einen harten Gegenstand und gewahrte eine schwere eiserne Kette. Froh über diesen Fund, fasste er sogleich zu, um sie herauszuziehen, aber er zieht und zieht, und es will gar kein Ende nehmen, und wie er noch ganz verwundert darüber ist, taucht auf einmal dicht neben ihm im See ein großer schwarzer Schwan empor. Da erschrickt er und lässt die Kette fahren, und im Augenblick sind Schwan und Kette verschwunden. (16, S. 165)

282 Der lahme Storch

Nördlich von **Spandau**, an der Havel, befindet sich der Ort **Heiligensee**. Er hat seinen Namen von jenem klaren Wasserspiegel erhalten, an dem er gelegen ist. Hier soll vor vielen Jahren ein Schloss gestanden haben, in dem eine verwunschene Prinzessin wohnte, die mitsamt ihrem Schloss in den See versank. Der Sage nach treibt sie noch heute ihr Wesen.
Ein Mädchen in Heiligensee bat einst ihren Burschen, ihr einen Storch zu schießen. Der sträubte sich anfangs dagegen und versuchte, ihr diesen Wunsch auszureden. Als sie aber hartnäckig darauf bestand, machte er sich mit seiner Flinte auf und schoss einem Storch eines seiner langen Beine wund. Da er ihn am Ufer nicht fand, sprang er behände in ein Boot, suchte aber vergebens. Auf der andern Seite des Sees stieg er aus, just da, wo viele Erlen standen. Dort begegnete er einer Frau, die ihn freundlich bat, ihr zu folgen. Der Jüngling zögerte zwar, ging aber, wie von einer unsichtbaren Macht getrieben, doch mit. Er folgte ihr durch dichtes Gestrüpp, weit unter das Wasser, tief in die Erde hinein. Vor einem Schloss machten sie halt. Die Tore öffneten sich, und beide traten in einen glänzenden Saal. Da empfing sie ein Mann, der sie freundlich an einen gedeckten Tisch führte. Sie ließen sich beide die Speisen munden. Als der Gastgeber sich anschickte, ihnen

Wein und allerlei andere Getränke zu reichen, gewahrte der Bursche, dass der Mann hinkte. Sobald dieser bemerkte, dass der Jüngling seinen Fehler entdeckt hatte, gab er sich ihm zu erkennen, als Storch, auf den er am Ufer geschossen. Da erschrak der Junge. Der andere aber fuhr fort und sagte: „Sei ohne Furcht! Ich will dich nicht strafen. Zu deiner Braut aber musst du unverrichteter Dinge zurückkehren. Nimm darum dieses kostbare Geschmeide und lege es ihr um den Hals; dann wird sie ob deines Fehlschusses nicht länger erzürnt sein."

Froh und dankbaren Herzens kehrte der Bursche in sein Dorf zurück. Dort erzählte er allen sein Abenteuer. Ein jeder riet ihm, das Geschmeide nicht seiner Braut, sondern seinem Hunde um den Hals zu legen; denn einem Geschenk der Verwunschenen im See dürfe man nicht trauen. Als das der Bursche tat, zersprang der Hund in tausend Stücke, und von dem Halsband war nichts mehr zu sehen. (20, S. 48f.)

283 Der Poltergeist

Tegel ist ein ehemaliges Jagdhaus des Großen Kurfürsten, das in der Umgegend zum Unterschiede vom Dorf Tegel **Schloss Tegel** heißt. Dort nistete sich zu Ende des vorigen [18.] Jahrhunderts ein Poltergeist ein, der Tag und Nacht rumorte und den Einwohnern keinen Tag Ruhe ließ. Zunächst begann es mit Poltern, dann aber warf es mit Steinen nach den Leuten, welche aber zum Überfluss sehr heiß waren und wahrscheinlich gleich aus dem Ofen der Hölle kamen. Man hörte das Gespenst auch mit Peitschen in der Stube knallen, es ging mit dem Feuer sehr leichtsinnig um und alle Esswaren, die es bekommen konnte, benaschte es. Auch zeigte es sich bisweilen sichtbar, bald groß, bald klein, bald schwarz, bald weiß, bald als eins, bald als zwei, wie auch zu dritt ließ es sich sehen. Später ist das Gespenst aber wieder verschwunden und man hat gesagt, es sei in den **Tegelsee** gebannt worden. (10, S. 217f.)

284 Jazco von Köpenick

Das Dorf **Pichelsdorf** bei **Spandau**, bei welchem die Havel einen großen See bildet, ist eins der ältesten in der ganzen Gegend, denn die Einwohner erzählen, dass es bereits zu jenen Zeiten vorhanden gewesen sei, als die Leute noch in der Erde wohnten. Dicht am Einfluss in den genannten See bildet die Havel mit diesem eine sich ziemlich weit hin erstreckende Landzunge, die an ihrem äußersten Ende steil zum Wasser hin abfällt. Bis zu diesem Punkte soll einmal in Kriegszeiten ein Ritter, von seinen Feinden verfolgt, gekommen sein. Bei seiner eiligen Flucht hatte er aber nicht bemerkt, dass sich ihm hier kein Ausweg darbietet, und die Feinde riefen daher bereits triumphierend: „Nun haben wir ihn wie in einem Sack", woher auch dieses

Stück Landes den Namen **der Sack** erhalten hat. Aber der Ritter ließ den Mut nicht sinken und versuchte noch das letzte Mittel der Rettung, er gab seinem Rosse die Sporen und stürzte sich mit ihm in den See. Das kräftige Tier strengte alle Kraft an und brachte seinen Herrn glücklich an eine drüben in den See hineinragende Spitze. Da hing der Ritter zum ewigen Andenken an den gefahrvollen Ritt Schild und Speer an einer Eiche auf und darum heißt die Landzunge bis auf den heutigen Tag das **Schildhorn**.
Einige sagen, der Vorfall habe sich im Dreißigjährigen Kriege zugetragen, noch andere erzählen, es sei der Alte Fritz gewesen, der sich so gerettet. Die Gelehrten aber meinen: das sei der Fürst Jacze oder Jazco von Köpenick gewesen. Als nämlich der letzte Wendenfürst zu **Brandenburg**, Pribislav (sein christlicher Name war Heinrich) im Jahre 1141 gestorben war und Markgraf Albrecht der Bär die Stadt und das dazugehörige Land auf Grund des mit Pribislav geschlossenen Erbvertrages in Besitz nahm, blieb er in diesem ungestört bis zum Jahre 1156, wo der genannte Jacze, der Onkel Pribislavs, nachdem er ein starkes Heer gesammelt und die Besatzung von Brandenburg, die zum Teil aus Slawen bestand, bestochen hatte, auch Albrecht grade von seinen Landen entfernt war, sich plötzlich Brandenburgs bemächtigte, und von hier aus den Christen viel Schaden zufügte. Da ließ sich Albrecht die Brandenburgische Erbschaft von Neuem durch Kaiser Friedrich Barbarossa bestätigen, sammelte schnell ein Heer, bot seine nächsten Nachbarn, besonders den Erzbischof Wiger von Magdeburg zur Hilfe auf, und rückte nun eiligst vor Brandenburg, das er auf drei Seiten und auch zu Schiff angriff. Da wurde zwar sein Schwestersohn Werner, der junge von Veltheim (oder von Osterburg) von den Wenden erschlagen, und viele biedere Leute, aber er gewann doch endlich im Jahre 1157 die Stadt wieder. Jazco soll geflohen, bei Spandau noch einmal geschlagen und infolge seiner glücklichen Flucht über die Havel Christ geworden sein. (16, S. 133ff.)
In **Charlottenburg**, das heißt im alten Lietzow, sagt man, es sei der letzte Wendenkönig gewesen. Bei **Caputh** sei die Schlacht geschlagen worden, von der er flüchtend zu der Landzunge kam. Er sei glücklich hinübergekommen, aber sein Adjutant sei darin umgekommen. Weiter wird dann angegeben, er sei Heide gewesen und habe, wie er in die Havel gesetzt sei, gelobt, da seine Götter ihn verließen, wolle er Christ werden, wenn der Christengott ihn rette, und er glücklich hinüberkäme. So sei er es denn auch nachher geworden. Dazu stimmen ältere schriftliche Aufzeichnungen früherer Jahrhunderte,

nach denen es der Wendenfürst Pribislav von Brandenburg gewesen ist, der sich auf seiner Flucht bekehrt hat. Hiernach spielt dann die Sache zur Zeit Albrechts des Bären in den damaligen Religionskriegen, und unsere Sage führt den bisher dunklen Punkt in der Geschichte dieses Pribislav näher aus und erklärt, wie er aus einem Heiden zu einem so eifrigen Christen und Freund Albrechts des Bären wurde. Denn nicht allein, dass er plötzlich in frommem Eifer die Götzentempel in Brandenburg zerstörte, schon zu seinen Lebzeiten schenkte er einen Teil seines Landes dem Sohne Albrechts des Bären und setzte diesen dann selbst zum Erben seines gesamten Landes ein, damit es nur fortan christlich bliebe. (28, S. 83ff.)

285 Der Teufel zu Spandau

Wenn die **Spandauer** und **Pichelsdorfer** Fischweiber an den Markttagen mit ihren schmalen Fahrzeugen auf der Spree dahinrudern, so rufen ihnen wohl die Knaben in ihrem Übermut zu: „Hule, hule, hule! Watt macht der Deibel in Spandau?", worüber sie gar böse werden können und dem Spötter, wenn es ihnen möglich ist, ihn zu erreichen, seine Worte damit vergelten, dass sie ihn tüchtig nass machen. Vielleicht hat zu dem Gespött über die Spandauer dies den Grund gegeben:
Im Jahre 1595 zeigten sich zu Spandau, **Friedeberg** und anderen Orten gar viele Besessene, weshalb auf kurfürstlichen Befehl allgemein im Lande Betstunden abgehalten wurden. Zu Spandau war die Anzahl derer, die vom Teufel geplagt wurden, besonders groß und diese hatten es sich wohl selber zuzuschreiben. Denn es gab dort einen allgemeinen Brauch, wenn jemand etwas bestätigen wollte, so sagte er: sei's nicht wahr, so solle ihn der Teufel holen. Und wünschte man jemand etwas Übles, sprach man, dass ihm ganze Fässer und Scheffel voll Teufel in den Leib fahren möchten. Darauf sind denn bereits im Jahre 1594 viele Bürger, jung und alt, leiblich besessen und von den Teufeln gequält worden, die geschrieen haben: „Ihr habt uns gerufen, wir haben kommen müssen!" Aber auch früher schon hatte es dem Teufel in Spandau gar wohl gefallen, denn bereits im Jahre 1584 war er vor die Stadt gekommen und hatte dort als ein reicher Krämer mit großem Kragen feilgestanden und großen Zulauf gehabt, die Käufer aber waren nachher alle besessen worden, bis Buße erfolgte. (16, S. 131f.)

286 Der Sackpfeifer und der Wolf

Als es noch Wölfe in der Mark gab, soll sich einmal folgende kurzweilige Geschichte bei **Spandau** zugetragen haben. Da man nämlich, erzählt Bekmann in seiner *Historischen Beschreibung der* **Kurmark Brandenburg**, um die Wölfe zu fangen, hin und wieder gewisse Wolfsgruben gemacht hat, welche unten weit, oben aber etwas enge waren und mit glatten Brettern ausgelegt, so ist ein Sackpfeifer, der in Spandau von seinem Gewerbe sich einen Trunk zugute getan hatte, des Weges gekommen und in eine solche Wolfsgrube hineingefallen. Er verwunderte sich aber sehr, als er gewahr ward, dass die Stelle schon mit einem Wolf besetzt war, welcher dazu über diese hastige Zusprache etwas beunruhigt worden war und sein Missfallen mit Weisung seiner Zähne zu verstehen gab. Hierüber hätte der verirrte Musikus sich nun wohl einige verlegene Gedanken machen sollen, allein der frische Rausch sprach ihm einen so guten Mut zu, dass er seine Sackpfeife zur Hand nimmt und dem Wolf eins vorspielt. Der ist auch nicht faul gewesen und hat mit seiner durchdringenden Stimme dem Konzert einen guten Nachdruck gegeben und die Sackpfeife begleitet. Wobei jedoch der Sackpfeifer nach seinen Pausen von der Instrumental zur Vokalmusik schritt und bald ein Adagio, bald ein Presto, endlich auch ein Lamento anstimmte und so auch die Jäger herbeiholte, welche ihn von dem gefährlichen Bassisten befreiten. (28, S. 109f.)

287 Die Abenteuer der Kurrende-Knaben

Die **Spandauer** Kirche war früher katholisch, und die Kurrende-Knaben mussten die Kirche reinigen. Diese waren auch einst damit beschäftigt und in ihrem Übermute spielten sie Karten. Da kam auf einmal einer an sie heran – es war der Böse –, und wollte mitspielen. Ruhig gestatteten sie es auch. Als er aber eine Karte nach der andern fallen ließ, merkten sie wohl, dass es der Böse wäre, spielten aber doch weiter, und einer, der viel verlor, meinte sogar, ihn solle der Teufel holen, wenn er noch weiter verlöre. Er spielte weiter und verlor wieder. Da sprang der Böse auf, riss ihn zu sich, zog ihn mit in die Höhe; die Mauer tat sich auf, und beide verschwanden. Und der Riss in der Mauer ist noch bis auf den heutigen Tag zu sehen und kann nicht übertüncht werden.

Auch ein anderes Mal soll durch den Übermut eines Kurrende-Knaben etwas Merkwürdiges dort passiert sein. Bis vor fünfzig Jahren waren nämlich in der Kirche noch mächtig dicke Bücher, die an Ketten lagen. Darunter sollen auch das sechste und siebente Buch Mose gewesen sein, welches wir jetzt nicht mehr haben, in denen aber, wie man allgemein erzählt, alle die alten Zaubergeschichten enthalten sind. Wie nun wieder einmal die Kurrende in der Kirche sauber machten, kamen sie an diese Bücher und vorwitzig, wie die Knaben waren, werden sie sich an dieselben machen und sehen, was darin steht. Kaum aber haben sie selbige aufgeschlagen und fangen an zu lesen, da wird auch die ganze Kirche von unten bis oben voll von Geistern. Natürlich überfiel sie eine furchtbare Angst, und es war noch ein Glück, dass der Prediger hinzukam, der fing das Buch an rückwärts zu lesen, – da verschwanden die Geister. (28, S. 110f.)

288 Geld abgeleugnet

Vor dreihundert Jahren ist es geschehen zu **Spandau** in der **Mark Brandenburg**, dass ein Wirt vor Gericht einem Landsknechte Geld ableugnete, das dieser ihm anvertraut hatte, um es ihm aufzuheben. Derselbe verleugnete es ihm mit diesen Worten: „Hab' ich's, so hole mich der Teufel." Alsbald erwischte ihn der böse Geist, der da in menschlicher Gestalt zugegen war, und führte ihn davon. (10, S. 218)

289 Die Schlangenkönigin im Sacrower See

In dem nach dem uralten wendischen Ort **Sacrow** genannten **Sacrower See** befindet sich eine kleine schwarze Schlange mit einem rotgelben Flecke auf dem Kopfe oder, wie andere sagen, mit einer kleinen glänzenden goldenen Krone auf demselben. Dies soll eine Schlangenkönigin sein und wer sie sieht, dem bringt sie Glück. Sie steckt zuweilen ihren Kopf mit der goldenen Krone aus dem Wasser, meist in der Mitte von Wasserlilien, wer sie da sieht und dabei einen Wunsch ausspricht, dem wird er sogleich erfüllt; es muss aber ein rechter Herzenswunsch sein und der Wunsch muss einem sozusagen auf den Lippen schweben, denn sie ist eben nie länger sichtbar, wie eine Sternschnuppe fliegt, und das ist freilich nur ein Augenblick. Dergleichen Wünsche sind viele ausgesprochen und erfüllt worden, namentlich vor einigen vierzig Jahren einem gewissen Richter, einem weitberühmten Jäger, Fischer und Vogelsteller. Als der einmal im Sacrower See am Fuße des **Fuchsberges** angelte, tauchte die Schlange plötzlich aus dem See auf und legte ihren Kopf auf das Blatt einer Wasserlilie. Da rief jener laut über den See, dass er lange leben und alles fangen wolle, was da schwimmt, fliegt, läuft und kriecht. Darüber ist die Schlange erschreckt untergetaucht, allein der alte Richter hat von da an nie einen vergeblichen Schuss auf ein Wild getan oder seine Angelschnur umsonst ausgeworfen; er konnte tun, was er wollte, sich jedem Wetter und jeder Jahreszeit aussetzen, nie ist ihm etwas zugestoßen, und so starb er hochbetagt, ohne je krank gewesen zu sein. Dem Grundherrn des Ortes Sacrow soll aber die Schlangenkönigin, die einst eine Prinzessin gewesen ist, von jeher wohlgesinnt gewesen sein und die Kinder, die da geboren werden, sollen viel Glück, namentlich in der Liebe haben. (10, S. 114)

290 Die Prophezeiung

Von welcher Seite man sich auch **Potsdam** nähert, so sind es zuerst die hohen dunklen Kiefern, welche sich auf dem Gipfel des **Brauhausberges** über die helleren Laubbäume und das Gebüsch an ihren Füßen erheben, die verkünden, dass man sich den freundlichen blühenden Fluren an den Ufern der blauen Havel nähert. Mit diesen Bäumen soll es folgende Bewandtnis haben: Ein vornehmer, um das Jahr 1840 noch lebender Mann ist einmal in einer dunklen Neujahrsnacht um Mitternacht von einer Reise über **Nedlitz** her nach Hause gekommen. Es war kalt und stürmisch, unter den Buchen im Schragen aber ist es ihm ganz still und unheimlich gewesen. Auf dem Kreuzwege in dem Wäldchen hat er dann sonderbare Stimmen gehört, aber niemand sehen können, weil es so finster war, und verstehen konnte er sie auch nicht recht. Wie er nun näher hinzutrat, vernahm er, dass eine Stimme sagte: Solange noch dreizehn von den alten hohen Kiefern auf dem Brauhausberge stehen, wird die Stadt kein Unglück treffen, dann aber … In dem Augenblick hat es zwölf geschlagen, dann wunderlich um ihn her gerauscht und gehuscht, und der Ostwind hat die

Zweige der alten Buchen geschüttelt, sodass der Reif hörbar auf die starren welken Blätter am Boden gefallen ist. (10, S. 107)

291 Die Römerschanze und der Kirchberg bei Potsdam

Etwa eine halbe Meile von **Potsdam**, der **Nedlitzer** Fähre gegenüber am **Krampnitzsee**, liegt auf einer Anhöhe, die sehr steil zum Wasser abfällt, nach der Landseite zu aber flacher ist, jedoch hier ehemals durch einen Graben, der jetzt halb verfallen ist, geschützt war, ein Wall, an dem noch die Spuren der Eingänge sichtbar sind. Er führt jetzt allgemein den Namen der **Römerschanze**, weil die Gelehrten eine Zeit lang behaupteten, er sei ein Werk der Römer, die bis hierher vorgedrungen; jedoch nennt man ihn in der Volkssprache noch die Rööverschanze, und mag sie ihren Namen wohl von den Räubern, die in alten Zeiten hier eine sichere Zuflucht fanden, tragen. Daher rührt auch wohl der Glaube, dass hier große Schätze in der Erde verborgen seien, der schon manchen veranlasste, sich vergeblich hier mit Graben abzumühen.

Unweit von dieser sogenannten Römerschanze liegt auf einer Anhöhe zwischen dem weißen und Krampnitzsee ein Nachlass von altem Mauerwerk von Moos überdeckt. Auch hat man dort Messer und anderes Gerät gefunden, und seit alter Zeit trägt diese Anhöhe den Namen **der Kirchberg**. Es soll nämlich hier, als die christliche Lehre in diesen Landen sich verbreitete, die erste christliche Kirche gestanden haben und später zerstört worden sein. (16, S. 135f.)

292 Der Panberg

Die zweite Gemahlin des Großen Kurfürsten, Dorothea von Holstein-Glücksburg, hielt sich lieber zu **Potsdam** als in **Berlin** auf und verlebte den größten Teil des Jahres teils dort, teils auf den von ihrem Gemahle erbauten Lustschlössern zu **Caputh**, **Fahrland**, **Klein-Glienicke** und **Bornim**. Namentlich hielt sie sich am liebsten in dem letzteren Schlosse auf, dessen Schlossgarten vorzüglich von ihr gepflegt wurde. Sie ergötzte sich aber mit ihrer Umgebung nicht bloß an der schönen Natur, sondern sie sann auch

auf andere Unterhaltung, und dazu bot ihr nun besonders der geheime Kammerdiener des Kurfürsten, der Alchimist Kunkel von Löwenstern die Hand, der sich von ihr bewegen ließ, seine Experimente ihrem Hofe zu zeigen und dabei manche Neckerei geheimnisvoller Art auszuüben. Unter anderem wusste er an schönen Abenden die dunklen Gänge des weitläufigen Schlossgartens auf ganz wunderbare Weise zu beleuchten und denselben ein ganz anderes zauberisches Ansehen zu geben. Auch sagte man, er könne Geister zitieren, und zum Beispiel ward erzählt, er habe einst in einer Vollmondnacht drei Hoffräulein die Wiesennixe sehen lassen, welche auf der von Erlen umgebenen Wiese wohnte, die jetzt einen Teil des Parks von **Charlottenhof** bildet. Man glaubte nämlich, wem es gelinge, diese einmal zu schauen, dem vergingen alle Sommersprossen und Male im Gesicht und sein Auge werde hell und klar. Zwar wollten die drei Fräulein niemals so recht mit der Sprache heraus über das, was sie gesehen, allein die übrigen Hofleute plagten doch den Goldmacher dermaßen, ihnen doch auch einmal ein solches Schauspiel zu zeigen, dass er es ihnen endlich zusagte und die ganze Gesellschaft am neunten Tage des Vollmondes, eine halbe Stunde vor Mitternacht, wenn die Kurfürstin sich zurückgezogen habe, an das südliche Tor des Gartens bestellte. Von dem, was an jenem Abend geschehen ist, hat ein Augenzeuge Folgendes erzählt:
„Wir alle, Männer und Frauen, hatten jedes Metall ablegen müssen, auch durfte sich keine Seide an unserem Anzug befinden. Kunkel war in einen weiten schwarzen Mantel gehüllt und trug ein schwarzes eckiges Barett. Zuerst teilte er die Gesellschaft in Abteilungen von Dreien, deren Lebensalter jedes Mal eine ungerade Zahl ausmachte. Diese immer zwei Frauen und ein Mann oder umgekehrt, mussten sich anfassen und versprechen, sich nicht loszulassen und kein Wort zu reden. Dann sagte er, er wolle versuchen, uns die verzauberte Gräfin im **Panberge** zu zeigen. Das war uns sehr lieb, denn wir alle kannten die alte Sage von der eitlen Mutter, welche so verliebt in die Schönheit ihrer Tochter und besonders in deren lange blonde Haare war, dass sie darüber alle ihre Pflichten vergaß, nicht an Gott dachte und sich vermaß, nicht selig werden zu wollen, wenn ihr nur das schöngelockte Kind bleibe. Da ist sie denn in den Berg verwünscht worden, so lange, bis ein Mädchen mit noch schönerem blonden Haar sie erlösen würde, die dann alle ihre Schätze bekäme. Kunkel ging voran. Der Weg führte unter den hohen Buchen hin bis auf die Spitze des Panberges, da wo

jetzt die drei Linden stehen und die schöne Aussicht ist. Unter den Bäumen war es sehr dunkel, nur einige Glühwürmer schwärmten über das Moos. Drei derselben setzten sich wie eine Agraffe auf Kunkels Barett. Als wir auf der hohen Kuppe angelangt waren, sahen wir, wie Kunkel einen Maulwurf unter dem Mantel hervorzog, den er auf die Erde setzte und dann gebückt wie suchend einige Zeit hin und her ging, bis wo der Maulwurf sich in die Erde eingrub, wie einige bemerkt haben wollen. Dann ordnete er uns schweigend zu einem Kreise, in dessen Mitte er sich niederkauerte. Nun sahen wir, wie er an den Glühwürmern ein kleines blaues Flämmchen entzündete, dies in ein Loch in die Erde senkte und ein schwarzes Pulver in dasselbe streute. Sogleich entstand ein dichter weißer Dampf, der jedoch nicht in die Höhe stieg, sondern sich in einem einige Schritte weiten Kreise über die Erde ausbreitete und dann in die Tiefe einzudringen schien. Sowie er aber den Sand durchzog, verwandelte der sich in ein helles durchsichtiges Kristall, durch welches man immer tiefer in den Berg hineinsehen konnte. Auf diese Weise wurde nun nach und nach das ganze Innere des Berges sichtbar, und in der Mitte auf einem prächtigen Sessel, umgeben von vielen Kostbarkeiten, sah man regungslos eine Frau in reich verzierter altertümlicher Tracht sitzen, in ihren Armen ein zartes liebreiches Mädchen haltend, dessen lange hellblond-gelbe Locken sie in der Hand hielt, als wäre sie beschäftigt, sie zu kämmen und zu ordnen. Nur wenige Augenblicke war uns dieser seltsame Anblick gewährt. Der Berg verdunkelte sich schnell auf ähnliche Weise, wie er früher durchsichtig geworden war, von innen nach oben, und bald glänzten nur noch die drei Leuchtwürmer auf dem Barett Kunkels durch die finstere Nacht." (10, S. 117ff.)

293 Der düstere Teich bei Lindstädt

Wenn man von den am **Neuen Palais** zu **Potsdam** entstandenen Anlagen aus dem kleinen Bache folgt, der die grünen Wiesen des **Gutes Lindstädt** bewässert, so kommt man an einen dunklen Weiher, der einsam zwischen den steilen Höhen des **Pan-** und des **Herzberges** liegt. Früher erhielt jener Bach sein Wasser aus sieben Quellen, von denen sich eine auf dem Grunde des Teiches befindet. Dieser Ort war früher sehr verrufen wegen des

Spukes, der an seinen Ufern vorgehen sollte, und ist auch jetzt noch gemieden. Es soll nämlich einst ein großer Stein, der Teufelsstein, an der Stelle dieses Sees gelegen haben und erst zur Zeit des Schwedischen Krieges verschwunden sein, dann aber Wasser aus der Tiefe an dieser Stelle hervorgedrungen sein und jenen Teich gebildet haben. Über den Ursprung dieses Steines existieren zwei verschiedene Sagen. Nach der einen soll ihn der Teufel von dem Berge hinter der Krempatz aus nach dem Kirchlein auf dem **Kirchberge** im Hainholze, unweit der **Nedlitzer Fähre**, der ersten christlichen Kirche in jenen Landen, aus Ärger über die Einführung des Christentums geschleudert haben, der ist aber über das Kreuz hinweggeflogen und am Fuße des Panberges liegen geblieben. Nach anderen wäre er ein heidnischer Opferstein gewesen, der früher auf der Kuppe des Panberges gelegen habe, dann aber in die mit dichtem Wald und Gestrüpp bedeckte Schlucht hinabgerollt sei, wo aber die Anhänger der alten Götter noch lange im Geheimen ihren Gottesdienst und Opferfeste gefeiert hätten. Später habe sich nun ein Stamm der Unterirdischen unter dem Steine angesiedelt, von wo aus der Eingang in ihre Gemächer und Höhlen gegangen sei. Von diesen kleinen Männern werden nun aber in der Umgegend verschiedene Sagen erzählt, welche sie bald als gutmütige, bald als tückische, schadenfrohe Wesen erscheinen lassen. Man sagt nun, es zerfielen diese kleinen Leutchen in drei Klassen, nämlich in die weißen und grauen, die stets in diesen Gegenden heimisch gewesen seien, und in die schwarzen, die erst mit dem Teufel ins Land gekommen wären. Die weißen sind guten Sinnes, verkehren gern mit den Menschen und leisten ihnen bereitwillig Hilfe, solange sie nicht geneckt oder beleidigt werden; die grauen sind weniger gut, denn sie necken und foppen die Menschen gerne, ohne viel zu fragen, welches Unheil sie damit anrichten. Am schlimmsten sind aber die schwarzen, sie tun den Menschen nur Böses, können aber von diesen durch gewisse geheime Künste gebannt und dienstbar gemacht werden. Um dies zu können, braucht man sich nur etwas ihnen Gehörendes zu verschaffen, das müssen sie wieder einlösen. Am leichtesten geschieht es, wenn man sie bei ihren Tanzfesten überrascht, die sie in Vollmondnächten auf einsamen Waldplätzen feiern. Schleicht man sich an sie heran und wirft mit Erbsen oder kleinen Steinen nach ihnen, so müssen sie liegen lassen, was getroffen wird. So machte es ein Bauer aus **Bornim**, der fand auf dem Platze eine kleine Glocke, wie sie die Kleinen an ihrer Mütze tragen. Am andern Morgen kam der Zwerg, dem sie gehörte, in das Haus des Bauern und kaufte sie ihm für zweihundert Goldgulden ab. Oft begeben sich die weißen und die grauen Zwerge in die Häuser, wenn Musik darin gemacht wird, oder setzen sich nachts auf die warmen Feuerstellen, gehen auch wohl den Mägden und Knechten hilfreich zur Hand. Haben sie dies einmal getan, so bleiben sie gern dienstbar, essen auch die für sie hingestellten Speisen, nur wenn man ihnen etwas schenkt, halten sie sich für abgelohnt und kommen nicht wieder.

In die Höhlen der Unterirdischen, zu welchen der Eingang unter dem genannten Teufelssteine war, sind auch von Zeit zu Zeit Menschen aus der Umgegend gekommen, besonders Kinder, alle auf sonderbare und unvorhergesehene Weise. Einige haben Geld und Kleinodien mit zurückgebracht, andere sind nach kurzer Zeit ganz alt und verändert wiedergekommen oder von argem Spuk geneckt worden. Alle aber konnten nicht genug erzählen von der Pracht und Ausdehnung der Höhlen und Gänge, von den Schätzen und wunderbaren Dingen, die sie unten gesehen und erlebt hatten. Man erzählt auch von einer frommen Witwe, die sieben Töchter gehabt habe, die sie mit Sorgen erzog. Diese Töchter hätten die Zwerge mit in den Berg genommen, mit ihnen gespielt und sie ernährt, wenn die Mutter bei der Arbeit auf dem Felde war. Die Mutter wusste es wohl und hat es gern gesehen. Der Pfarrer aber hat sie sehr gescholten und sie geheißen, die Kinder zurückzuhalten. Er lehrte sie auch einen Bannspruch, dem die Zwerge gehorchen mussten. Als sie nun eines Tages früher vom Felde kam und die Kinder nicht zu Hause fand, ist sie zum Teufelsstein gegangen und hat die Kinder gerufen, wie ihr der Pfarrer geheißen. Da haben die sieben Mädchen an sieben verschiedenen Stellen die Köpfchen aus der Erde gesteckt und die Mutter recht wehmütig angesehen. Als diese nun aber den Bannspruch gesagt, sind die Köpfchen in die Erde zurückgesunken und an ihrer Stelle sind die sieben Quellen hervorgekommen. Der Stein aber soll von den Unterirdischen in die Tiefe hinabgezogen worden sein, als der bekannte Alchimist Kunkel einst unter ihm nach dem Golde der Zwerge gegraben hatte. Dann sind sie selbst nach und nach aus der Gegend weggezogen und nur selten noch soll sich einer von ihnen, der die Schätze bewachen muss, am düsteren Teich oder in den Kellern des Hauses Lindstädt sehen lassen. (10, S. 105ff.)

Vor langen grauen Jahren, als noch die Gegenden an der Havel von den Wenden bewohnt wurden und die Welt noch so weit zurück war, dass man nur mühsam Hafer- und Gerstenkörner zu einem groben Mehle zu zerstampfen oder auf unbeholfenen Handmühlen klein zu machen verstand, lebte auf dem **Glienicker Werder** ein Mann, der sich davon nährte, dergleichen Instrumente zu verfertigen, der aber wenig verdiente, weil er sich stets vergeblich abmühte, diese zu verbessern oder eine neue praktischere Art zu erfinden. Dadurch wurde er aber immer ärmer und seine Frau machte ihm die bittersten Vorwürfe, dass sie und ihre neun Kinder wegen seiner Ungeschicklichkeit Hungers stürben. Dies brachte ihn zur Verzweiflung, und als er einst bis tief in die Nacht an einem Rade schnitzte, da trat ein schwarzer Mann zu ihm und versprach ihm, sein Glück zu machen, wenn er ihm eine Seele opfern wolle. Der Mann aber erschrak sehr und schlug es ihm ab. das tat er auch das nächste Mal, als der Geist wiederkam, allein als im dritten Monat der Böse ihn abermals anredete und er es abermals abschlug, da erwachte seine Frau aus ihrem sorgenvollen Schlummer – denn seit dem ersten Besuche desselben war es ihnen nicht gelungen, das Geringste fertigzubringen –, fragte, was der fremde Mann wolle und beredete ihren Gatten, eine Seele wegzugeben, damit sie nicht alle verhungern müssten, Als der nun ja sagte und der Fremde eins der neun Kinder verlangte, da schrie und heulte sie so, dass dem Geiste bange wurde, und als der Mond aufging, musste er weg. Vorher aber fuhr er mit der Hand über den Kopf der Frau, da gingen ihr alle ihre schönen langen Haare aus, die nahm der Fremde mit und sprach: „Warte!" Die andere Nacht klopfte er abermals um Mitternacht an, rief den Mann leise heraus und führte ihn auf den Berg bei **Glienicke**, da wo jetzt die große Sandgrube ist, dort warf er drei Rabenfedern in die Luft und alsbald kam ein großer Sturm, der **Griebnitzsee** brauste auf, seine Wellen brachen durch zwischen ihnen und dem **Babelsberge** und stürzten in die Havel, und als die Wasser wieder ruhig geworden waren, floss ein heller Bach aus dem Griebnitzsee in den Fluss. An diesen Bach führte der Geist den armen Mann und lehrte ihn eine Mühle bauen, deren Rad das Wasser trieb; das war die erste Wassermühle weit und breit in diesen Landen und drei Mal vierzig Jahre lang hat auf drei Hahnenrufe weit keine andere gebaut werden können. Der Mann aber wurde bald gar reich und schaffte fleißig mit seinen neun Söhnen, die seine Mühlknappen wurden. Da kam die Pest ins Land, die raffte alle neun Söhne hinweg, nur er blieb am Leben mit seiner Frau; allein er grämte sich sehr, weil er allein nicht mehr so viel fertigbringen konnte, und so starb auch er, und seine Frau begrub ihn zu den neun Söhnen, wo jetzt die große Linde vor dem Försterhause steht. In die Mühle aber setzte der Grundherr einen anderen Müller, der die alte Müllerin bald aus dem Hause vertrieb. Niemand wusste, wo sie sich aufhielt, allein in jeder Nacht erblickt man sie an den Gräbern und noch heute soll sich eine graue Alte um Mitternacht bei den hohen Linden bei der Mühle sehen lassen. (10, S. 109f.)

295 Der Babelsberg

Der **Babelsberg** soll einst noch eine dritte Kuppe gehabt haben, da wo er jetzt bei der Mühle nach der Stadtseite steil gegen die Havel zu abfällt, deren langsamer Lauf dort in eine kreisende Bewegung übergeht. Auf dieser Kuppe stand die Burg eines mächtigen Wendenritters, der alles, was durch sein Gebiet zog, brandschatzte und von allen Schiffen, die die Havel befuhren, einen hohen Zoll erhob. Zu diesem Zwecke hatte er auf den beiden Landzungen bei **Sacrow** und unterhalb des Babelsbergs zwei Türme errichtet. Zuweilen dehnte er seine Raubzüge bis jenseits der Elbe aus und von einem derselben brachte er einst ein schönes sächsisches Ritterfräulein mit zurück, deren Stammsitz er gebrochen und deren Eltern und Verwandte er erschlagen hatte. Er zwang sie seine Gattin zu werden, allein sonst war ihr ein trauriges Los beschieden: sie durfte unter den wilden Heiden nicht zu ihrem Gott beten und wurde gezwungen, die rohen und schwelgerischen Gelage ihres verhassten Gemahls zu teilen und sich die übrigen einsamen Stunden mit Nadel und Spindel zu verkürzen. Da kam die Zeit heran, wo sie Mutter werden sollte, und sie war ganz allein und ohne Hilfe in ihrem Gemach, als sie ein Mädchen gebar. Ihr Mann war auf einem seiner Raubzüge und ihre wendischen Dienerinnen verabscheuten sie als eine dem verhassten Volk der Christen angehörende Person. Da öffnete sich der Boden und kleine Frauen, seltsam anzuschauen, stiegen aus der Erde herauf, standen ihr bei und pflegten sie, badeten dann das

Neugeborene und bekleideten es mit einem bunten, sonderbar geschmückten Gewande, blieben auch bei der Wöchnerin, bis am Morgen die Diener kamen. Als sie diese aber kommen hörten, stiegen sie eilig hinab in den Boden, der sich sogleich hinter ihnen schloss. Mechtildis, so hieß die arme Rittersfrau, hatte sich erst über diese wunderbaren kleinen Wesen mit den großen Köpfen entsetzt, als sie aber sah, wie die sie freundlich anschauten und pflegten, fasste sie Vertrauen zu ihnen und trauerte, als sie sie nicht mehr sah. Dies waren die Frauen der kleinen Wichtelmänner, welche ihre Wohnungen in dem Berge hatten, auf dem die Burg stand. Diese hatten sonst mancherlei Verkehr mit den Menschen gehabt, allein seit der grausame Wende sich in der Burg angesiedelt hatte, waren sie scheu geworden und ihr Fürst hatte ihnen jede Verbindung mit der Oberwelt untersagt, doch hatte er einige kluge Frauen heraufgeschickt, um der armen Mechtildis beizustehen. Diese kehrten auch in den folgenden Nächten wieder zurück, nahmen ihr aber das heilige Versprechen ab, niemandem von diesen Besuchen etwas zu sagen. Das Kind war fast einen Monat alt, als der Vater zurückkehrte. Statt sich aber über das hübsche Mädchen zu freuen, zürnte er heftig, weil es kein Knabe sei, und machte seiner Gattin die bittersten Vorwürfe. Als er sie im heftigen Zorne verlassen hatte, kehrten die kleinen Frauen wieder zu ihr zurück und führten sie hinab mit sich in das Innere des Berges, wo sie ihr alle Herrlichkeiten des Erdreiches zeigten.

Zwei Winter darauf gebar Mechtildis mit Hilfe der Zwerginnen wieder ein Kind; als sie hörte, dass es wieder ein Mädchen sei, fing sie bitterlich zu weinen und laut zu wehklagen an, sodass sie die kleinen Frauen gar nicht beruhigen konnten. Der Ritter aber, der das Jammern seiner Gattin in seinem Gemach vernahm, trat so plötzlich in deren Schlafzimmer, dass die Zwerge nicht mehr Zeit hatten, sich in den Boden zu verstecken. Als der Bösewicht sah, dass seine Gattin ihm abermals ein Mädchen geboren hatte, schalt er sie eine Zauberin, die Umgang mit bösen Geistern pflege und seine Kinder vertauscht habe gegen Wechselbälge. So ließ er sie ergreifen und samt den Kindern hinabstürzen in den tiefen Brunnen auf dem Schlosshofe. Allein die Wichtel fingen sie auf, richteten ihr eine freundliche Wohnung ein und pflegten sie wie vorher. Hier wohnte sie bis das Eis der Havel barst und der Schnee an der Mittagsseite des Berges verschwand. Da bemerkte sie auf einmal eine große Unruhe und ein geschäftiges Treiben unter den kleinen Leuten. Sie scherzten und spielten nicht mehr miteinander, sondern hämmerten und gruben und pochten tief unten in den Eingeweiden des Berges. Auf ihre Frage, was dies zu bedeuten habe, erklärte ihr der Fürst der Zwerge, er sei genötigt, mit allen seinen Leuten den Berg zu verlassen, weil der Ritter einen Zauberer zu ihrer Vertreibung in die Burg aufgenommen habe. Zur Zeit der Tag- und Nachtgleiche werde er mit seinem Volke in das Land der Christen nach den Harzbergen ziehen und dorthin möge sie ihn mit ihren Kindern begleiten. Über die Ursachen, warum die Zwerge so tiefe Höhlen und Gänge in den Berg trieben, sprach er sich nicht aus, ließ aber eine dunkle Andeutung fallen, dass sich hier bald eine große Veränderung zutragen werde. Als nun der Frühling eingezogen war, da senkten sich dichte Nebelballen über die ganze Gegend und aus ihnen fielen dicke Wassertropfen herunter auf die Erde. Dies hielt mehrere Tage an, dann hob sich der Nebel wieder und bald trieb ihn der Ostwind in langen Streifen auseinander. Als aber der blaue Himmel wieder sichtbar wurde, da war die dritte Kuppe mit der Burg verschwunden und steil fiel der Abhang des Babelsberges nach der Havel zu ab, welche sie verschlungen und sich an seinem Fuße zu einem weiten Becken ausgedehnt hatte. Die Stelle aber unterhalb der **Babelsmühle** in der Havel ist noch jetzt die tiefste weit und breit in ihrem Bette, und selten bedeckt hier das Eis den kreisenden Strom. (10, S. 110ff.)

296 Land abgepflügt

Zu Klein **Paaren** war einmal ein Bauer, der pflügte bei seinen Lebzeiten das Feld seiner Nachbarn ab und verrückte nachher die Grenzsteine. Dafür aber hat ihn die Strafe des Himmels getroffen, denn kaum war er tot, so erschien er des Nachts an der Stelle, wo er sich versündigt hatte, und da sah man ihn, wie er emsig das abgepflügte Land wieder angrub. Oft sah man ihn auch, wie er keuchend einen gewaltigen Grenzstein dahertrug, und dann pflegte er kläglich zu rufen: „Wo soll ich ihn denn hinlegen? Wo soll ich ihn denn hinlegen?" Das hat man gar oft um Mitternacht gehört, bis endlich auch einmal der Prediger dazugekommen ist und gesagt hat: „Nun leg ihn in Gottes Namen wieder hin, wo du ihn gefunden hast." Das hat er auch getan und seit der Zeit ist er nicht wieder gesehen worden, er mag wohl erlöst sein. (17, S. 99)

297 Feenringe

Der untere Teil der sogenannten **Tornow-Halbinsel** erhebt sich nach **Templin** zu etwas über den weiten blauen Havelsee, bis in dessen Mitte sie sich erstreckt, und gewährt eine sehr schöne Rundsicht bis zur Stadt **Potsdam** und nach den mit Wald bedeckten Höhen. Diese Landzunge ist nur durch ein im Sommer gewöhnlich mit Getreide bedecktes Feld mit dem Ufer verbunden und fällt nach dem Wasser zu in einem mit den schönsten Wiesenblumen bedeckten Rasenplatze ab. Auf diesem findet man zuweilen Kreise oder Ringe, wo das Gras fetter emporgewachsen ist und die Blumen üppiger sprossen. Diese Stellen nennen die Schnitter Feen- oder Nixenringe und glauben, sie rührten von den Fußspuren dieser luftigen Wesen her, die hier getanzt hätten. Einst hat sich ein neugieriger Bauernbursche in den niedrigen Erlenbüschen, die dort standen, versteckt, um dem Tanz dieser Geister zuzuschauen. Er hat auch wirklich etwas gesehen, denn von diesem Tage an ist er stets gedankenvoll und trübsinnig gewesen, allein er hat keiner Menschenseele etwas von dem, was er erblickt hat, mitgeteilt. Nach und nach ist er aber verfallen und hingesiecht, und gerade ein Jahr nach diesem Abend gestorben. (10, S. 115)

298 General Sparr

Der General Sparr ist bei Lebzeiten ein großer Zauberer gewesen, und das kam daher, weil er einen Bund mit dem Teufel gemacht hatte. So hat er denn zum Beispiel, wenn er Fische aß, die Gräten in einen Napf gespien und Wasser darauf gegossen, und sogleich sind es wieder lebendige Fische gewesen. Auch durch die Luft flog er dahin, über Wälder und Seen. Besonders oft hat man ihn von seinem Schloss in **Prenden**, das er sich aufs Schönste mit einer Zugbrücke erbaut hatte, nach **Lichterfelde** fahren sehen, das ihm ebenfalls gehörte.
Einmal sah ihn ein Bauer eben aus dem Prendenschen Schlosse kommen und folgte ihm mit seinem schwer beladenen Ackerwagen dicht hinterher. Da ging's auf einmal in die Höhe; der Bauer aber fuhr immer hinterdrein. Wie im Sturm ging es über Feld und Wald, bis sie endlich wieder auf ebener Erde stillhielten. Der alte Sparr hatte das aber übel vermerkt, drehte sich

schnell um und sagte, indem er dem Bauern ein paar tüchtige Maulschellen gab: „Diesmal habe ich dich noch so mitgenommen und du kamst glücklich davon, aber versuch's nicht wieder!" Ein andermal fuhr er auch so durch die Luft, da fiel dem Kutscher die Peitsche aus der Hand und blieb am Kirchturm zu **Biesenthal** hängen. Der Kutscher wollte sich bücken, um sie aufzuheben, aber da hielt ihn der alte Sparr zurück und sagte: „Bedenke, mein Sohn, wo du sitzest!" Da sind sie denn weitergefahren; die Peitsche aber soll noch lange nachher am Biesenthaler Kirchturm zu sehen gewesen sein.

Als es nun endlich mit dem alten Sparr zu Ende gegangen ist, da hat er lange gelegen und hat nicht leben und nicht sterben können. Endlich haben sie ihm dann die Fußsohlen aufgeschnitten und dort die Oblaten gefunden, die er beim Abendmahl einst genossen, das heißt angeblich beiseite gebracht und zum Zaubern gebraucht haben sollte. Sobald sie aber die herausgenommen hatten, ist auch seine Seele sogleich davongefahren.

Kaum aber war er tot, da ließ sich um Prenden unaufhörlich die Wilde Jagd hören und ließ den Leuten fast keine Nacht Ruhe. Da begegnete es auch einmal einem Bauern, dass er das Hallo und Jagdgeschrei hörte und in seinem Übermute mit einstimmte. Aber alsbald wurde es still und eine Stimme rief: „Hast du helfen jagen, sollst du auch helfen tragen!" Und sogleich flog ihm eine Menschenlende auf den Rücken, an deren Fuß noch ein Schuh mit einer Schnalle saß, auf der der Name dessen, dem sie gehört hatte, zu lesen war. Schnell warf er seine Last ab; aber das half nichts, sie saß ihm sogleich wieder im Rücken, und so viel er sich auch mit Abwerfen abmühte, er konnte sie nicht los werden. Da riet ihm einer, er solle sie doch nach dem Wildkeller des Sparrschen Schlosses tragen. Das tat er und wurde sie auf diese Weise glücklich los. (29, S. 93f.)

299 Der Wassermann äfft

Bei **Prenden** wollte einmal einer im Fließ fischen und stand daher recht früh auf, dass ihm keiner zuvorkäme. Obgleich es nun noch ganz dämmerig war, als er hinkam, fand er doch schon einen da, und da ärgerte er sich denn sehr und ging wieder fort. Allein es trieb ihn doch wieder zurück und er sah, wie jener die Netze herauszog. Da wäre er nun gern hingegangen, ihn zu fragen, ob der Fang gut gewesen sei, allein der Ärger und Neid, dass jener ihm zuvorgekommen, hielt ihn doch immer davon ab, und er näherte sich ihm nur ganz allmählich. Wie er aber näher kam, wurde die Gestalt immer dünner und loser und zuletzt wie ein Nebel, und wie er nun hinsah, war sie ganz fort. Das war der Wassermann gewesen. (17, S. 77f.)

300   Der „arme Mann" in der Bernauer Vorheide

Als noch in der Umgegend von **Prenden** viel Hopfen und Obst gebaut wurde, fuhr einst ein Bauer von dort auf dem alten Wege nach **Schönow** mit seinem offenen Wagen, den er hoch mit Äpfeln beladen hatte. Es war ein heißer, schwüler Tag, fast konnten die Ochsen, denen die Zunge lang aus dem Maule hing, die schwere Last nicht ziehen. Tief mahlten die Räder im Sande, und schweißtriefend ging der Bauer neben dem Wagen einher. Als das Gefährt nun in die Nähe eines Teiches kam, witterten die Ochsen schon von Weitem das Wasser, hoben die Schwänze hoch, fingen an zu laufen und stürzten sich endlich in den Teich. Der Bauer vermochte sie nicht zu halten, er wurde mit in den Teich gezogen. Die Körbe fielen um, und all die guten Äpfel schwammen auf dem Wasser. Der Bauer hatte sich unterwegs schon einen schönen Gewinn herausgerechnet; als er nun aber sein Gut so auf dem Teich schwimmen sah und das Wasser ihm bereits bis an den Hals ging, reckte er beide Hände gen Himmel und rief: „Ich armer Mann, ich armer Mann!" Noch einmal versuchte er die Ochsen zurückzureißen, doch dabei verlor er den Grund, kam zu Fall und ertrank. Darum hat man den Teich **den armen Mann** genannt. Weil aber der Bauer vorher so geschwitzt hatte, ist das Wasser salzig geworden, und es ist so geblieben bis auf den heutigen Tag. (20, S. 163f.)

301   Der Riesenstein bei Wandlitz

Zwischen den Dörfern **Wandlitz** und **Stolzenhagen** liegt auf einer kleinen Anhöhe, unweit des **Wandlitzer Sees**, ein gewaltiger Granitblock, der, von ziemlich viereckiger Gestalt, fünf flache Eindrücke, wie von einer großen Hand zeigt. Diese sollen von einem Riesen herrühren, der bei Wandlitz am Ufer des Sees spazieren ging und sich seinen Fuß an diesem Steine stieß.

Da ward er unmutig, ergriff ihn und schleuderte ihn weit über den See hin, dass er jenseits davon niederfiel, und sagte: „Hebb ick mii stooten an miine groote Teh (Zehe), will ick dii ook smeeten ööwer de Wandelitzsche See!" Von dem gewaltigen Griff aber, den er in den Stein tat, sind die Eindrücke noch bis auf diesen Tag zu sehen.

Es wird auch erzählt, dass ehemals bis zu diesem Stein sich der Wandlitzer Acker erstreckte, dass aber die Stolzenhagener sich nach und nach das Feld und Bruch diesseits desselben bis zum See und Fließ angeeignet hätten. (16, S. 165f.)

302 Das versunkene Dorf Arendsee

An der Stelle der **Heiligen Pfühle** unweit von **Wandlitz** soll ehemals ein Dorf namens **Arendsee** gelegen haben, das durch ein Erdbeben untergegangen ist, weshalb man auch im Wasser noch oft ganz erhaltene Bäume findet. Andre sagen, dies Dorf hätte an den kleinen Seen gelegen und sei nebst einem dabeigestandenen Kloster in schwerer Kriegszeit zerstört worden; daher sah man auch noch bis vor einem Menschenalter ein Kreuz an der Stelle stehen, auf dem eine halb verloschene Inschrift, die „zerstört im J. 1432" schloss, zu sehen gewesen war. Früher wurde das Kreuz, sobald es alt wurde, immer wieder erneuert, aber jetzt ist es verschwunden. (16, S. 166f.)

303 Die gebannten Glocken

In den **Heiligen Pfühlen** liegen Glocken, deren Läuten man zuweilen um Mittag hört. Ein Mädchen kam eines Tages an einen dieser kleinen Seen, um sich zu waschen; da erblickte sie am Ufer drei Glocken, die dort je gesehen zu haben, sie sich durchaus nicht erinnern konnte. Noch in Gedanken darüber, entkleidet sie sich zur Hälfte, legt ihr Brusttuch auf eine derselben und geht an ihr Geschäft. Nachdem sie es beendet, kommt sie zurück und hört, wie die Glocken miteinander sprechen, und sich gegenseitig auffordern, wieder in den See hinabzugehen. Da sagt die eine traurig, sie könne nicht von der Stelle, und als das Mädchen hinzutritt, gewahrt sie, dass es die ist, auf welche sie ihr Tuch gelegt hat. Währenddessen sind die anderen beiden aufgebrochen und langsam in den See hinabgewackelt, die dritte ist aber dort geblieben und das Mädchen auf diese Weise in ihren Besitz gekommen. Was sie aber damit angefangen, wird nicht erzählt. (16, S. 167)

304 Der Schlossberg zu Biesenthal

Hart an dem kleinen Städtchen **Biesenthal**, das auf einer Anhöhe liegt, befinden sich zwei kleine Hügel, die steil zu dem von der Finow durchflossenen Wiesengrunde abfallen und deren äußerster, der sogenannte **Schlossberg**, von dem der Stadt näher gelegenen ersten durch eine bedeutende Vertiefung abgeschnitten ist, über welche ehemals eine hölzerne Zugbrücke gebaut gewesen sein soll. Auf dem Schlossberge, sagt man, habe vor alter Zeit ein starkes Räuberschloss gestanden, in welchem die Herren von Arnheim oder Arnim gewohnt haben, die alles, was auf der hier vorüberführenden Landstraße von **Neustadt-Eberswalde** daherkam, überfielen und ausplünderten. War nun schon das Schloss auf dem kegelförmigen Berge und durch seine starken Feldsteinmauern, deren Reste ihn noch umkränzen, an und für sich fest, so kamen noch andere Verteidigungsmittel hinzu, die es fast unüberwindlich machten. Es gehörte nämlich dazu die unterhalb in geringer Entfernung gelegene Wehrmühle, die davon ihren Namen erhalten hat, dass die Ritter hier, sobald das Schloss in Gefahr stand, das Wasser aufstauen ließen und dadurch die ganze Gegend ringsum unter Wasser setzten. Ferner waren sie aber auch mit allem Nötigen immer hinreichend versehen, denn außer dem eigentlichen Schloss, dessen tiefe Keller noch vorhanden sind, standen die Küche und Wirtschaftsgebäude auf dem ersten Berge, der danach auch der **Küchenberg** heißt, und unter dem Schlosse in den Wiesen zeigt sich ebenfalls noch eine kleine Erhebung, auf der noch andere Gebäude gestanden haben sollen, wenigstens sind auch dort noch Fundamente sichtbar geworden. Die Brauerei und Brennerei soll dicht an der Stadt, am Abhange nördlich der Kirche, gestanden haben, und endlich soll noch eine eigene Schmiede zum Schloss gehört haben. Diese hat auf dem **Reiherberg** gelegen, einem runden Hügel von etwa fünfzehn Fuß Höhe, der mitten im Wiesengrunde an einem kleinen See liegt. Zu diesem führt ein Damm, der beim Küchenberge anhebt, dann beim Schlossberge sich rechts wendet und in grader Linie immer mehr ansteigend und sich in der Breite ausdehnend fortgeht, bis er sich endlich wieder rechts wendet zum Reiherberge und nun dessen ganze Breite annimmt. Dieser Berg wird jetzt beackert und man findet oft beim Pflügen verrostete Eisenwerkzeuge und Schlacken, die beweisen sollen, dass hier eine Schmiede gestanden hat. Am Fuße desselben finden sich ebenfalls viele Schlacken, Knochen, ganze Kohlenanlagen und eine große Anzahl von Scherben, die fast von alten Graburnen herzurühren scheinen. Im Schlossberg soll nun aus der Zeit, wo die Herren von Arnheim dort hausten, noch ein gewaltiger Schatz vergraben liegen, den sollen nur elf Menschen heben können, der elfte aber wird dabei sterben. (16, S. 171f.)

305 Die Jungferngräber und das Liesenkrüz

Unweit **Biesenthal** (bei **Bernau**) zieht sich durch tiefe Waldeinsamkeit das Nonnenfließ hin, das diesen Namen nach einem von **Chorin** aus gegründeten Kloster an seinen Ufern erhalten haben soll. Mancherlei Sagen erinnern noch an die Zeit, als das Kloster stand. So heißen drei Sanddünen am Wege von **Schönholz** zum Nonnenfließ im Volke nur die **Jungferngräber**. Die drei letzten Schwestern des Klosters sollen am gleichen Tage verstorben und hier bestattet sein. Es war ein trauriger Zug, der an jenem Tage unter den Kronen der gewaltigen Buchen und Kiefern am Nonnenfließ entlangging. Ein schlichter Leiterwagen trug die drei Särge, wo er hindurchkam, verdorrten die Kräuter und Büsche. Dicht nebeneinander bettete man dann, als man den lockeren Sandboden des Schönholzer Weges erreicht hatte, die drei Schwestern zur Ruhe.

Es ist aber auch eine Stelle im Walde, da umfließt das Nonnenfließ in starker Krümmung eine Art Halbinsel, die nennt man das **Liesenkrüz**. Ein Holzkreuz soll früher hier gestanden haben, das auch noch an die Zeit der frommen Klosterschwestern erinnerte. Eine jener drei letzten Schwestern des Klosters nämlich, namens Liese, betete nirgends lieber als in der Einsamkeit jener Halbinsel und ließ dort ein Kreuz errichten mit einer Kniebank davor. Als sie längst unter den Sandhügeln lag, erneuerte das Volk noch lange jenes Kreuz, doch ist heute nichts mehr davon zu finden. Es hat sich auch eine neuere Sage an die Stelle der alten gesetzt. Nach dieser habe ein Schäfer seine Braut, die Liese hieß, mit beständiger Eifersucht gequält, und als er sie einst fröhlich lachend am Arme anderer auf dem

Tanzboden fand, sie in den Wald gelockt und erschlagen. An der Stelle der Untat habe man das Kreuz errichtet. (20, S. 163)

306 Die verwünschte Prinzessin auf dem Schlossberge

Auf dem **Schlossberge** bei **Biesenthal** zeigt sich gewöhnlich um Mittag, oft aber auch Mitternacht, eine verwünschte Prinzessin, die geht ganz weiß gekleidet einher und hält ein goldenes Spinnrad in der Hand. Gar manchem ist sie schon dort erschienen, und so erging es vor mehreren Jahren auch einmal einem Gärtner. Dem trat sie einst um Mitternacht, als er eben in den Schlossgarten kam, entgegen, denn dahin hatte es ihn unwiderstehlich gezogen, da er schon seit mehreren Nächten immer dieselbe Stimme vernommen, die ihm zugerufen hatte, er solle auf den Schlossberg kommen. Er erschrak zwar anfänglich über ihre Erscheinung, allein als sie ihn gar beweglich bat, er möge sie doch zur Kirche tragen, die unweit des Berges liegt, fasste er sich ein Herz und nahm sie auf den Rücken. Wie er jedoch in die Kirchhofspforte eintritt, fährt ihm plötzlich ein Wagen entgegen, der ist mit kohlschwarzen Rossen bespannt, die Feuer aus Maul und Nase speien; da fasst ihn ein jäher Schrecken und er schreit laut auf; im selben Augenblick verschwindet auch der Wagen, aber auch die Prinzessin entflieht mit dem Jammerrufe: „Wieder auf ewig verloren!" Einige sagen, die Weiße Frau auf dem Schlossberge sei keine verwünschte Prinzessin, sondern ein Fräulein von Arnheim; die sei mit ihrer Schwester die letzte des Stammes gewesen, und habe daher das Schloss geerbt. Warum sie aber verwünscht wurde, weiß man nicht, denn sie ist überdies ein gar frommes Fräulein gewesen und hat den armen Biesenthalern allen Acker, den sie jetzt noch besitzen, geschenkt. (16, S. 172f.)

307 Der Bau der Biesenthaler Kirche

Es ist jetzt etwa hundert Jahre her, da ist die Stadt **Biesenthal** einmal abgebrannt, und dabei ist auch die alte Kirche in Flammen aufgegangen. Als die nun wiederaufgebaut wurde, ist alles so schnell vonstatten gegangen, dass man hätte meinen mögen, die Steine und Balken kämen nur so herbeigeflogen. In der Nacht hat man aber immer ein gewaltiges Gepolter und Geklapper darin gehört, als wenn viele Arbeiter beschäftigt wären. Einer der Maurer hat nun einmal einen Eimer auf dem Boden stehen lassen und wollte ihn noch spät in der Nacht herabholen, aber da hat's ihn plötzlich erfasst und so die Treppe hinuntergeworfen, dass er kaum mit dem Leben davon gekommen ist. (16, S. 173f.)

308 *Die Windsbraut*

In **Biesenthal** und Umgegend erzählt man: Die Windsbraut war vor Zeiten ein reiches Edelfräulein, das die Jagd über alles liebte, aber die Äcker und Gärten der Bauern und deren sauren Schweiß für nichts achtete und mit gewaltigem Ungestüm durch Saatfelder und Pflanzungen dahinstürmte. Dafür ist sie verwünscht worden, in alle Ewigkeit mit dem Sturme dahinzufahren, und wenn der sich nun erhebt, so eilt sie ihm voran und wird von feurigen Ungetümen, Schlangen und Drachen gejagt, die sie nirgends ruhen lassen. (16, S. 174)

309 *Die letzte Schlacht bei Chorinchen*

In verschiedenen Gegenden **Deutschlands** geht die Sage von einem letzten Entscheidungskampf, dem ein ewiger Friede folgen werde. Auch im **Barnimer Kreise** kennt man eine solche Sage, und zwar erzählt man sich Folgendes:
In **Bernau** war ein Postillon, der sah alles voraus. Der hat auch einen großen Krieg prophezeit, in dem würden die Menschen so selten werden, wie die Störche in den Fünfzigerjahren [vermutlich des 18. Jhdts], wo ein großer Sturm sie verschlagen hatte und so viel umgekommen waren, dass man alle fünf Meilen nur einen sah. So wird Gott dann die Menschen schlagen, wie er damals seinen Gottesvogel geschlagen. Die Menschen werden so wenige werden, dass einer sich freuen wird, wenn er einen anderen Menschen zu sehen bekommt. Was aber die Schlacht selbst anbetrifft, so hat einer lauter rote Reiter am Himmel ziehen sehen, die waren so groß, dass sie im zweiten Stock zum Fenster hineinsahen. Bei **Chorinchen** [Name Chorins zwischen

1667 und 1934] soll endlich der Friede geschlossen werden. Dann wird aber die ganze preußische und deutsche Armee unter einem Knödelbaum (Holzbirnbaum) Platz finden, so klein ist sie dann. (20, S. 110f.)

310 Die Hussitenschlacht bei Bernau

Als im Jahre 1432 die Hussiten die **Mark** verwüsteten, sind sie auch vor die damals sehr feste Stadt **Bernau** gekommen, die sie stürmen wollten, sind aber von den Weibern, als sie die Mauer erstiegen, durch heißen Brei und heißes Wasser, welches man auf sie herabschüttete, zurückgetrieben worden. Indessen hatte sich der Kurprinz Friedrich mit sechstausend Mann vor dem **Berliner Tor** bis zum **Mühlentor** und von da an weiter bis an das **Steintor** gelagert und dort die Reichshilfstruppen erwartet, und nachdem diese angelangt sind, geht er den Belagerern in den Rücken und fällt sie von hinten an. Die in der Stadt samt den dahin Geflüchteten, worunter allein neunhundert Knechte gewesen sind, fallen gleichfalls aus und greifen die Feinde von vorn an, sodass sie auf diese Weise in die Mitte gebracht und aufs Haupt geschlagen wurden. Das ist geschehen auf dem Felde, wo die Panke entspringt, und in so gewaltigen Strömen ist das Blut der Feinde geflossen, dass der Boden hier bis auf den heutigen Tag davon rot gefärbt worden ist, weshalb er den Namen das **Blutfeld** oder das **Rote Land** erhalten hat. Der Tag der Schlacht ist aber der des heiligen Georg [23. April] gewesen, der danach alljährlich in Bernau mit einem feierlichen Dankfest begangen wurde. In der Mark aber kam der Spruch auf: Der Bernausche heiße Brei macht die Mark hussitenfrei. (29, S. 90f.)

311 Die Erbauung von Bernau

An der Ecke der **Brauerstraße**, wo fast der Mittelpunkt der Stadt ist, soll ehedem ein einzelner Krug gestanden haben, zu dem einstmals Markgraf Albrecht der Bär gekommen sein und sich daselbst einen Trunk gefordert haben soll. Der hat ihm so herrlich gemundet, dass er sich entschloss, an dieser Stelle eine Stadt zu bauen, welchen Entschluss er auch alsobald ausgeführt hat. Dazu hat er die drei Dörfer **Lindow**, **Schmetzdorf** und **Lüpenitz** eingehen und die Einwohner in die neue Stadt ziehen lassen; daher haben die Felder der beiden ersten noch heutzutage ihre alten Namen und deshalb besteht das Lindowsche Feld aus 84, und das Schmetzdorfsche aus 48 Hufen. Lüpenitz aber ist zu einer Heide geworden, welches jedoch ein großes Dorf gewesen sein muss, weil sich dessen Feldmark auf eine Meile erstreckt. Man sieht auch noch an allen drei Orten die Rudera [Ruinen] der Kirchen und Kirchhöfe, zu Schmetzdorf aber hat der Magistrat ein Vorwerk angelegt. Es ist jedoch auch noch eine vierte Feldmark vorhanden, mit 103 Hufen, diese heißt die Bernausche und deshalb ist wahrscheinlich, dass ehemals auch ein Dorf **Bernau** vorhanden gewesen ist, von dem die Stadt ihren Namen erhalten hat. (16, S. 168f.)

312 Glocke bannt Schlangen

Auf der Feldmark der Stadt **Bernau** findet man, soweit man das Läuten der Bürgerglocke hören kann, weder Schlangen noch Nattern. Als Grund davon gibt man Folgendes an: Als vor alters jene Bürgerglocke gegossen wurde, ward dazu nach damaligem Brauch von den Leuten allerlei verehrt, wie Gold, Silber, Erz und so weiter. Da kam auch eine alte Frau herbei, die sagte, sie habe zwar nichts von Geldwert, das sie der Glocke verehren könne, sie wolle aber doch etwas schenken, was man nicht verachten werde. Damit ließ sie eine lebendige Schlange und eine Natter mit in den Guss hineinlaufen, mit dem Bedeuten, dass sich danach die Schlangen und Nattern verlieren würden, die damals sehr häufig in der Gegend waren. Und solches geschah auch, sobald man mit der neuen Glocke zum ersten Male zu läuten anfing. Als einstmals vor ungefähr dreihundert Jahren die Glocke einen Riss bekam, sodass man nicht mehr damit läuten konnte, stellte das Ungeziefer sich wieder ein. Es verlor sich aber sogleich wieder, als im Jahre 1649 die Glocke umgegossen wurde und nun zum ersten Male wieder läutete. (29, S. 90)

313 Der Teufelssee bei Schönwalde

In dem sumpfigen **Teufelssee** soll ein Dorf untergegangen sein. Die Glocken erklingen noch manchmal. Wehe dem, der dorthin geht. Unter der trügerischen Decke ist tiefer Schlamm. Selbst mit einer Bohnenstange kann man an vielen Stellen keinen Grund finden. Wo aber die tiefste Stelle ist, da ist die Kirche des Ortes versunken. Dieses grundlose Loch der sumpfigen Wiese wird das „**Grundloslock**" genannt. Einst wollten **Schönwalder** Knechte es ausmessen und banden zwei Pflugleinen zusammen, an die sie einen Stein befestigten, aber sie fanden den Grund nicht. Ein andermal fischten Schönwalder in dem Wasser und fingen einen Barsch, in einem Kober nahmen sie ihn mit. Aber unheimlich ward ihnen zumute, als die erzürnten Geister ihnen aus der Tiefe nachriefen: „Brengt mi den Boarsch torück ohne Stert!" Und da das Rufen nicht nachließ, obwohl die Fischer schon unterwegs waren, so öffneten sie dem Gefangenen den Kober, und in eiligen Sprüngen schnellte der Fisch ins Wasser zurück. (4, S. 35)

314 *Die Krone auf dem Kirchturm von Blankenburg*

König Friedrich Wilhelm II. hat sich im Jahre nach dem Tode Friedrichs des Großen mit Julie von Voss, die er zur Gräfin von Ingenheim erhob, trauen lassen. Als die Gräfin einst nach **Buch** (bei **Bernau**) fahren wollte, gebar sie unterwegs in **Blankenburg** einen Sohn. Die Blankenburger nahmen sie freundlich auf und verpflegten sie und den kleinen Prinzen aufs Beste. Darüber war der König hocherfreut. Er schenkte den Blankenburgern eine goldene Krone. Darauf waren die Leute nicht wenig stolz. Damit nun auch die Bewohner der Nachbardörfer das Geschenk bewundern können, brachte man die Krone so hoch an, wie es nur eben ging, nämlich auf der Spitze des Kirchturms. Das Haus, in dem die Gemahlin des Königs Aufnahme gefunden hatte, stand schräg gegenüber von der Kirche neben dem Gasthause. (20, S. 162)

315 *Der Edelstein im brandenburgischen Kurhute*

Als der Burggraf Friedrich von Hohenzollern auf seiner Burg die Boten des Kaisers empfangen hatte, welche ihm verkündigten, dass ihn derselbe zum Kurfürsten gewählt habe, und er nach Costnitz [alter Name für **Konstanz** am Bodensee] kommen sollte, wo ihn der Kaiser mit der Kurwürde belehnen wolle, da trat um Mitternacht, als er schlaflos auf seinem Bette lag, eine wunderbare Erscheinung vor ihn, ein liebliches Wesen, halb Jungfrau halb Kind, ganz so wie uns die Engel geschildert werden, und verkündigte ihm des Glückes viel und Sieg in der Schlacht, reichte ihm auch einen wunderbar in allen Farben des Regenbogens schimmernden Karfunkelstein und hieß ihn sich mit demselben schmücken, darauf verschwand sie. Als aber der Morgen anbrach, glaubte der Burggraf fast geträumt zu haben, allein vor ihm lag der bewusste Stein, doch leuchtete er nicht mehr in heller Farbenglut wie in der Nacht zuvor, sondern war trübe und glanzlos. Doch Friedrich warf ihn nicht verächtlich weg, sondern schloss ihn zum Andenken an das nächtliche Gesicht sorgsam in seine Truhe ein. Nach manchem schweren Streit war endlich der Tag gekommen, wo er im festlichen Schmuck in seine gute Stadt **Berlin** einziehen sollte, siehe, da zeigte es sich, dass von den Diamanten, welche den Kurhut schmücken, der kostbarste verloren gegangen war. Da erinnerte sich der Kurfürst des Steines, den er in jener Nacht von dem Engel als Geschenk erhalten hatte, er holte ihn aus seiner Truhe hervor und versuchte, ob er in die Lücke passe, und siehe, kaum hatte der Stein den Hut berührt, da saß er so fest, dass man ihn nicht mehr drehen oder wenden konnte, und auf einmal leuchtete er so hell, wie keiner der anderen Edelsteine um ihn. Jener Stein aber ist von da an als Talisman vom Vater auf den Sohn als das kostbarste Stück der brandenburgischen Krone fortgeerbt worden. (10, S. 52)

316 Bernauer Bier

Zur Zeit des Dreißigjährigen Krieges hatte ein Schuhmacher in **Berlin** einen Lehrling angenommen, der aus **Bernau** gebürtig war. Gleich den anderen Tag bekommt der Meister Besuch und befiehlt dem Jungen, er solle gehen und Bernauer Bier holen; gibt ihm auch etliche Groschen und eine kupferne Flasche, in die fünf bis sechs Kannen Berlinischen Maßes hineingehen. Nun hätte der Junge nach dem Berlinischen Ratskeller gehen und dort das Bernauer Bier holen sollen. Da er aber noch nicht Bescheid wusste, machte er sich in seiner Einfalt mit Flasche und Geld auf den Weg zum Tore hinaus, immer nach Bernau zu. Hatten ihm doch seine Eltern oft aufgegeben, dass er ohne alle Widerrede tun solle, was sein Meister ihm befehle.

Gegen Sonnenuntergang gelangte er in Bernau an und setzte seine Mutter in große Verwunderung, die ihn eben, da sie mit einer Nachbarin in emsiger Zwiesprache unter dem Torweg steht, die **Königstraße** heraufkommen sieht. Da sie nun hört, weshalb er da sei, stemmt sie beide Hände in die Hüften und ruft: „Schickt man mir das arme Kind meilenweit in die Welt, um für ein paar Groschen Bier zu holen!" Dann ruft sie nun ihren Mann, der sich gleich ihr verwundert und entrüstet. Der Junge muss in die Stube und kriegt gut zu essen und zu trinken. Dann wird ihm seine Flasche mit dem besten Bernauer Bier gefüllt und ihm bedeutet, anderen Tags bei Sonnenaufgang sich damit wieder auf den Weg zu seinem Meister zu machen. Der Junge aber schläft eine schöne Nacht in seiner alten Kammer. Frühmorgens macht er sich auf den Weg und läuft gut zu, sodass er schon bald vor dem Schlagbaum von Berlin anlangt. Da begegnet ihm ein anderer Junge aus der Nachbarschaft seines Meisters, der schon von seinem Ausbleiben gehört hatte. „Ei", ruft er ihm zu, „du wirst redlich mit dem Knieriemen empfangen werden, wenn du nach Hause kommst, wo bist du denn gewesen?" Und als er hört, was sich zugetragen, erklärt er ihm gutmütig, wo man in Berlin Bernauer Bier holt. „Dein Meister denkt nun, du bist mit Geld und Flasche auf und davon gegangen, geh nur vollends nach Haus, du wirst es schon erfahren." So endet er seine Belehrung und trollt sich weiter. Dem mit der Flasche wird bang und leidig zumute, als er an den Meister denkt. Zuletzt entschließt er sich, vergräbt die Flasche samt dem Bier unter einem Baum, den er sich wohl merkt, und geht davon in die weite Welt.

Was bleibt ihm übrig, da er nichts gelernt hat, als unter die Soldaten zu gehen. Da er aber gut bei Kraft und wacker ist, steigt er empor zum Unteroffizier und Offizier und wird endlich nach sechzehn Jahren Rittmeister. Als er schon in mehreren Schlachten wider die Türken gefochten und seinen Leib mit Narben bedeckt hat, kehrt er endlich in die Heimat zurück, fragt gleich am Tor von Berlin nach seinem Meister und geht, da er hört, jener wohne noch im alten Hause, gleich hin und lässt sich ein Paar Stiefel anmessen. Unterm Reden fragt er, ob der Meister nicht einmal einen Jungen aus Bernau gehabt hat? Und wo der wohl müsse hingekommen sein? Der Meister erzählt die ganze Geschichte, fügt aber hinzu, dass er nichts weiter von dem Jungen gehört habe. Da gibt sich der Rittmeister zu erkennen und schlägt dem Schuhmacher vor, mit ihm an den Baum zu gehen, wo er einstens die Flasche vergraben habe. Sie gehen hin, finden

den Baum, graben nach und bringen die Flasche glücklich zum Vorschein. Von dem Bier hat sich etwas verzehrt gehabt, der Rest aber ist mit einer dicken Haut bewachsen gewesen und dermaßen gut befunden worden, als jemals ein Bier in der Welt, ja man hätte Kranke damit laben und gesund machen können. Sie haben es dann auch sogleich mit frohem Mute ausgetrunken. (20, S. 175ff.)

317 *Der Schimmel von Mollwitz*

In der Nähe des Schlosses in **Niederschönhausen** bei **Berlin**, in dem die Gemahlin des großen Königs [Friedrich II.] wohnte, bemerkt man zwischen zwei großen Kastanien einen Hügel dicht neben der Straße. Das ist, wie die Leute sagen, das Grab des Schimmels von **Mollwitz**, der durch seine Schnelligkeit dem Könige in der Schlacht das Leben rettete. Das Tier erhielt später das Gnadenbrot, und als es schließlich starb, ließ es die Königin dicht neben dem Schlosse begraben. (20, S. 153)

318 *Der Scharfrichter als Heilkünstler*

Die Scharfrichter haben allzeit den Ärzten ins Handwerk gefuscht, aber zur Zeit Joachims I. hat einmal der Scharfrichter von **Berlin** eine ganz absonderliche Kur angewandt. Da lagen einst am grünen Donnerstag drei Bettler vor der **Klosterkirche** der schwarzen Brüder, gegenüber dem **Schloss**, taten gar jämmerlich, als hätten sie die Krämpfe, und lahm stellten sie sich auch. Meister Hans, der Scharfrichter, hatte aber die Leute genau angesehen und bemerkt, dass der Schaum vor ihrem Munde eitel Seifenschaum war. Da fragte er den Kurfürsten, ob er die drei wohl gesund machen dürfe. Als der's nun erlaubte, zog er eine Knotenpeitsche unter dem Wams hervor und schlug so unbarmherzig auf die Krüppel los, dass eine Staubwolke aus ihren Kitteln aufstieg. Da haben dann die Krüppel schnell ihre Messer gezogen, aber nicht, um sich zu wehren, sondern um die Stricke zu zerschneiden, mit denen sie die Beine unter dem Leibe zusammengebunden hatten, sind aufgesprungen und schnell über die **lange Brücke** bis ans **Georgentor** gelaufen. Meister Hans aber hat ihnen bis dahin das Geleit gegeben und seine Knotenpeitsche die Musik dazu gepfiffen. Der Kurfürst war ein gar ernster Mann, aber diesmal hat er denn doch gelacht und den Meister Hans gelobt, der sich seitdem seines besonderen Wohlwollens zu erfreuen hatte. (20, S. 152f.)

319 Der Roland von Berlin

Die sogenannten Rolandssäulen, wie man sie heute noch in vielen Städten sieht, sind Überreste vergangener Jahrhunderte und müssen eigentlich nicht Rolands-, sondern Rulandssäulen heißen. Ruland bedeutet soviel wie rotes Land, und das heißt in diesem Fall einen Platz, der den Blutbann, die höchste Gerichtsbarkeit besaß. Und der Ruland, welcher Name auf die Säule übertragen wurde, war nur das äußere Zeichen dieses für die damalige Zeit außergewöhnlichen Sonderrechtes. Diese Wahrzeichen, geharnischte Ritter von übermäßiger Größe vorstellend, finden sich in Städten, in denen das sächsische Recht Geltung hatte, um dessen Einführung sich namentlich Kaiser Otto II., auch der Rote Kaiser Otto genannt, verdient machte.
Keineswegs aber sollen diese Bildsäulen diesen Kaiser Otto darstellen. Da aber das Volk gewöhnt ist, mit einer solchen Bildsäule eine bestimmte Persönlichkeit zu verbinden, der man um ihrer Verdienste willen Standbilder errichtet, so bürgerte sich nach und nach der Gedanke ein, dass diese riesigen Rittergestalten den in der Sage so berühmten Roland, den Paladin Karls des Großen, darstellen sollten.
Auch **Berlin** hatte einst einen solchen Ruland, wie aus einer Urkunde in dem Berlinischen Stadtbuche aus dem Ende des vierzehnten Jahrhunderts hervorgeht, der einzigen urkundlichen Nachricht, die darüber vorhanden ist.
Bei der Aufzählung derjenigen Häuser um die **St. Nikolaikirche** nämlich, welche den Martinizins zu bezahlen hatten, wird da von mehreren Häusern gesagt: „gegen den Ruland gelegen." Ferner geht daraus hervor, dass die Rulandsäule auf dem alten Markt, dem heutigen **Molkenmarkt** gestanden hat, etwa vor dem Hause Nr. 10. Sie war auch hier der äußere Beweis, dass die Schwesterstädte Berlin und **Cölln** mit der höchsten Gerichtsbarkeit begabt waren. Diese wurde ihnen aber genommen, als sie sich gegen die landesherrliche Gewalt des zweiten Kurfürsten Friedrich aus dem Hause

Hohenzollern auflehnten (Friedrich II., der Eiserne, Kurfürst 1440–70). Er ließ dann auch den Ruland umstürzen und fortschaffen, wahrscheinlich 1448, und damit wurde die Stadt auch des äußeren Zeichens ihrer Unabhängigkeit beraubt.

Es lebt nun die Sage, man habe bei baulichen Arbeiten in dem ältesten Teile des königlichen Schlosses in der Erde die riesige steinerne Bildsäule eines Ritters gefunden, und das sei der alte Berliner Roland gewesen, den der Kurfürst habe auf sein festes Haus bringen lassen, damit die aufsässigen Berliner noch mehr gedemütigt würden. Es hat sich aber nach genauen Untersuchungen für diese Sage kein fester Anhaltspunkt ergeben. Man weiß nicht einmal genau, ob der Berliner Ruland von Stein oder von Holz gewesen sei. Die Sage lebt aber, und wird auch wohl geglaubt, das ist ihre ganze Berechtigung. (25, S. 84)

320 Der starke Schapelow

Es ist einer vom Adel des Geschlechts von Zabelitz oder Zabeltitz in der **Mark** gewesen, der von ziemlicher Länge, doch hageren Leibes, aber so stark gewesen ist, dass er ein neues Hufeisen, wie man es den Pferden aufzuschlagen pflegt, oder zwei aufeinandergelegte harte Taler mit bloßen Fingern entzweibrechen konnte. Auch wird von Herrn Joachim von Schapelow, dessen Grabschrift sich noch in der Kirche von Quilitz [heute **Neuhardenberg**] befindet, erzählt, dass er nicht nur einstmals einen ungeheuer starken Mann, den ein fremder Fürst mit nach **Berlin** brachte und mit dem er sich auf Befehl des Kurfürsten hatte einlassen müssen, niedergeworfen, sondern ihn auch erneut ergriffen habe, an den Händen gehalten und zum Fenster hat hinauswerfen wollen. Das wurde ihm aber nicht gestattet. Als der Kurfürst ihm hierauf die Erlaubnis gegeben habe, aus seinem Weinkeller so viel Wein zu holen, wie er auf einmal heraustragen könne, soll er ein Gefäß Wein unter dem rechten, eins unter dem linken Arm, und ferner in jeder Hand am Spundloch mit den vier Fingern eins, insgesamt vier Gefäße Wein aus dem Keller getragen haben. Der Kurfürst aber soll gesagt haben: „Schaplo, Schaplo, diesmal mag's geschehen, wir werden dich aber wohl nicht wieder in unseren Weinkeller schicken!" Nach der erwähnten Grabschrift ist er 1574, also zu Kurfürst Johann Georgs Zeiten gestorben. (10, S. 52 f.)

321 Leonhard Thurneysser

Es war im Jahre 1572 und noch ein volles Jahrzehnt hindurch in den Gebäuden des alten grauen Klosters in **Berlin** ein seltsam Wesen. Der Kurfürst Johann Georg hatte aus **Frankfurt an der Oder** einen Fremden kommen lassen und hatte ihm diese Gebäude als Wohnung und Arbeitsstätte für seine vielfachen und geheimnisvollen Hantierungen zugewiesen. Der Mann hieß Leonhard Thurneysser und konnte augenscheinlich mehr als Brot essen, denn er brachte manches zuwege, was nicht mit rechten Dingen zugehen konnte.

Auf seiner Huldigungsreise durch die Mark hatte ihn der Kurfürst ein Jahr zuvor in Frankfurt kennengelernt und ihn als einen äußerst vielseitigen Gelehrten voll tiefer Kenntnisse empfunden. Thurneysser verstand es nicht nur heilkräftige Arzneien zu bereiten, sondern schien auch, obwohl ein Schweizer, die **Mark Brandenburg** sehr genau durchforscht zu haben, und behauptete, dass das scheinbar so arme Land reich sei an mineralischen Schätzen aller Art. Das musste er verstehen, denn im Lande **Tirol** hatte er jahrelang viele Schwefelhütten und Schmelzwerke aller Art eingerichtet und mit großem Erfolge betrieben, sodass ihn der Erzherzog Ferdinand, der zugleich Graf von Tirol war, zum Meister aller Minen des Landes machte und ihm auch die Mittel zu außergewöhnlich großen Reisen gewährte, sodass Thurneysser aller Herren Länder kennenlernte und die vielseitigsten Kenntnisse sammelte.

Das alles war Wahrheit, ebenso, dass er seine Stellung in Tirol aufgegeben hatte, weil Neider und Feinde diese während seiner Reisen untergraben hatten. Er hatte als Gelehrter bald hier, bald dort gelebt und war zur Zeit nach Frankfurt gekommen, um in der berühmten Druckerei des Johann Eichhorn ein Werk drucken zu lassen, dessen Inhalt von kalten, warmen, mineralischen und metallischen Wassern handelte. Das war der Mann, den der Kurfürst brauchen konnte, und deshalb zog er ihn nach Berlin.

Hier trat Thurneysser zunächst als Arzt auf, machte in der Tat glückliche Kuren, heilte unter anderen auch die Kurfürstin von einem langwierigen, schleichenden Leiden und wurde nun zum kurfürstlichen Leibarzt ernannt. Er galt bald als einer der berühmtesten Heilkünstler, zu welchem fast täglich Gesandte hoher Herrschaften aus aller Welt kamen, dessen Rat selbst die große Königin Elisabeth von England einholen ließ. Daneben legte der fleißig schreibende Leibarzt auch eine eigene Druckerei an, in der besonders Kalender, kabbalistische Werke in Versen und naturhistorische Bücher so vorzüglich hergestellt wurden, dass sie allgemeines Aufsehen erregten. Noch höher aber war seine Tätigkeit für die Entwicklung des Kunstgewerbes in der Mark zu bewerten, und gerade diese Wirksamkeit stellte ihn in den Augen des Kurfürsten besonders hoch. Die **Grimnitzer** Glashütte erhob sich damals zu überraschender Blüte; aus den tiefen Waldesgründen der stillen **Uckermark** wurden vortreffliche farbige Gläser und selbst ausgezeichnete irdene Humpen mit den Bildern und Wappen der sieben Kurfürsten in alle Welt versendet. Thurneysser legte, nachdem noch kurz vor ihm Tapezereien aus den **Niederlanden** hatten bezogen werden müssen, im grauen Kloster auch Teppichwebereien an.

Ihm selbst erblühten damit Jahre des Glückes. Er gebot über wahrhaft fürstliche Einkünfte; ein breiter Strom goldenen Segens war durch ihn tatsächlich nach der Mark geleitet worden. Durch die mannigfachsten Beschäftigungen gewährte er gegen fünfhundert Menschen ihren Unterhalt. Dabei kargte Thurneysser mit dem Erworbenen durchaus nicht. Er hatte ein mildes Herz, den Armen zeigte er sich hilfreich bei jeder Gelegenheit; auf seine Kosten wurde auch die verfallene Klosterkirche wieder zu Stand und Ehren gebracht. Papiermühlen, Schriftgießereien, Glashütten, Holzschneidereien, das alles hat den Brandenburgern der oft nur als Schwindler verschriene Schweizer gebracht. Ein förmlicher Generalstab von Künstlern aller Art umgab ihn im grauen Kloster, wie ein Fürst und Gebieter waltete er hier über seine Anlagen, und von weit her kamen Fremde, um Thurneyssers Einrichtungen kennenzulernen und zu bewundern.

Das Volk dachte anders darüber als die einsichtsvollen Leute. Eine so vielseitige Tätigkeit, wie Thurneysser sie entfaltete, ging über das Verständnis der Berliner. Auf dem alten Klosterkirchhofe blühten ausländische Pflanzen, an der Klostermauer lag ein Tierpark mit Geschöpfen, wie man sie noch nie zuvor in Altberlin erblickt hatte. Scheu und ruhelos lief dort ein Elen umher, und die Berliner hielten den seltsamen Hirsch für den leibhaftigen Teufel. Wie stöhnten und ächzten zur Nachtzeit die Druckerpressen! Was konnte dies unheimliche Geräusch anders sein, als der Schmerzensruf vielgeplagter und verdammter Geister? Zur Mitternacht aber, so glaubte man, erhoben sich die alten Franziskaner aus ihren Grüften und setzten sich mit dem fremden Doktor zu Tische. Dann weissagte ihm sein Spiritus familiaris, den er in einem Glase gefangen hielt, von ferner Zukunft; dann wurde auch jener böse Geist frei, der bei Thurneysser in Gestalt eines Vogels mitten unter Fischen in einem Behälter unter Wasser lebte. Es war mit einem Wort ein gottloses Wesen im grauen Kloster.

So dachte und glaubte das Volk, und in der Tat ist Thurneysser durch das phantastische Beiwerk, womit er seine Tätigkeit umgab, länger im Gedächtnisse der Berliner haften geblieben, als durch seine wirklichen Verdienste um Kunst und Kunstgewerbe. Zu leugnen ist auch nicht, dass er, um immer mehr Geld zu verdienen, auch mancherlei Scharlatanerie betrieb, Amulette verkaufte, schließlich sich sogar der Goldmacherkunst ergab und den Stein der Weisen zu finden bestrebt war. Ein wirklicher Betrüger wie andere Adepten ist er aber nie gewesen. Umso mehr blieb das Bild Thurneyssers als sagenhafter Schwarzkünstler im Volke haften, als die Blütezeit des Mannes in Berlin nicht lange dauerte.

Aber nicht seine Scharlatanerien brachten ihn zu Fall, sondern sein bildschönes Weib, das er von einer Reise in die Heimat aus **Basel** mitgebracht hatte und das ihn auf das Schändlichste betrog, brach seinen Lebensmut und seine Tatkraft. Und so verschwand er während einer Reise des Kurfürsten im Jahre 1584 spurlos aus Berlin. Er soll dann ruhelos von Land zu Land umhergeirrt und endlich in **Köln am Rhein** in Armut gestorben sein.
(25, S. 86ff.)

322   Ein Steinkreuz für den Probst von Bernau in Berlin

Am Turmeingang der **Marienkirche** zu **Berlin** steht ein Steinkreuz, das ist schon über sechshundert Jahre alt. An ihm bemerkt man vorn fünf Löcher, darin waren früher die Eisenstäbe der „ewigen Lampe" eingelassen, die Tag und Nacht brennen musste. Über das Kreuz wird mancherlei erzählt.

So soll einst der Baumeister, als die Kirche fast vollendet war, mit dem Teufel sich eingelassen und im Kartenspiel die gesamten Baugelder verloren haben. Der Teufel gab ihm zwar alles zurück; doch musste der Baumeister dafür versprechen, beim Bau der Gewölbe einen Fehler zu machen, sodass diese am Einweihungstage über den Gläubigen zusammenbrächen. Der Baumeister dachte aber den Teufel zu betrügen und führte die Gewölbe regelrecht auf. Als nun die Einweihungsfeier vorüber war, lauerte der Teufel an der Tür. Zuletzt kam der Baumeister heraus, da griff der Teufel zu und drehte ihm den Hals um. Zum Andenken daran soll das Kreuz errichtet worden sein.

Es wird aber auch gesagt, ein Zinkenbläser [Hornist] sei am ersten Sonntag nach Vollendung der Kirche in der Frühe auf den Turm gestiegen. Dort oben blies er ein Lied zu Gottes Ehre. Das ärgerte den Teufel, darum warf er den Mann vom Turme herab. Doch blähte ein Windstoß den Mantel des Zinkenbläsers auf, der nun sanft herniederglitt. Zur Erinnerung an die glückliche Errettung errichtete man später das Kreuz.

Die meisten aber halten das Kreuz für ein Wahrzeichen aus der Zeit der Markgrafen und sagen, die Berliner hätten es zur Strafe oder Sühne setzen müssen, weil das Volk den Probst von **Bernau** erschlagen hatte. Probst Nikolaus von Bernau soll ein Anhänger des Herzogs Rudolf von Sachsen gewesen sein, der nach Markgraf Waldemars Tod Ansprüche auf die Mark machte, während die Berliner zu ihrem Landesherrn, dem Markgrafen Ludwig dem Älteren, hielten. Da erschien Probst Nikolaus in Berlin, ging in die Marienkirche und hielt eine heftige Rede gegen die Berliner, weil sie den Herzog Rudolf nicht anerkennen wollten. Dabei nannte er sie „verblendet" und „Schurken". Es war aber an dem Tage gerade Markt in Berlin, und viele Menschen hatten sich auf dem Platze bei der Marienkirche eingefunden. Bald pflanzte sich die Rede des Probstes von Mund zu Mund fort bis zu der Menge draußen auf dem **Neuen Markte**. Die Leute drangen in die Kirche, holten den Probst von der Kanzel, zerrten ihn bis zur Tür und erschlugen ihn. Dann errichteten sie auf dem Neuen Markte einen Scheiterhaufen und verbrannten die Leiche. Das geschah wahrscheinlich am 16. August 1325. Es wird auch gesagt, der Probst habe zwar noch Zeit gehabt, in die Probstei zu flüchten, sei aber von dem wütenden Volkshaufen herausgeholt und auf dem Neuen Markte lebendig verbrannt worden.

Nun wurde der Bann über Berlin ausgesprochen; es durften keine Glocken geläutet, Brautpaare nicht getraut, Kinder nicht getauft werden, und kein Priester folgte dem Sarge. Erst zehn Jahre nach dem Morde wurde festgesetzt, dass die Berliner zur Sühne eine hohe Summe Goldes zahlen, in der Marienkirche einen neuen Altar bauen und an der Stelle des Mordes ein zwei Faden (drei bis vier Meter) hohes Steinkreuz mit einer ewigen Lampe errichten sollten. (20, S. 149f.)

323 Die schwarzen Brüder

An einem Hause in der **Brüderstraße** zu **Berlin**, nahe beim **Schlossplatze**, soll früher ein Bild zu sehen gewesen sein, darauf bemerkte man vier Männer, die auf einem Pferde ritten. Das waren vier Brüder, die wohnten zusammen, aßen aus einer Schüssel, tranken aus einem Becher und waren einander in herzlicher Liebe zugetan. Darüber ärgerte sich der Teufel und er beschloss, die Eintracht zu stören. Er nahm die Gestalt eines schönen Mädchens an und wandelte vor dem Tore, wo die vier Brüder abends spazieren gingen, auf und ab. Allen gefiel das Mädchen, und einer stahl sich nach dem andern fort, um mit der Unbekannten allein zu sprechen. Da trafen sie denn plötzlich alle vier zusammen und merkten nun erst, dass der Teufel sie genarrt hatte. Der hatte sich jedoch arg verrechnet. Die Brüder sahen nämlich ihr Unrecht ein und gelobten, nie wieder voneinander zu lassen. Sie lebten einträchtig miteinander wie zuvor, gingen nie einzeln aus dem Hause, und wenn sie ausritten, saßen sie alle auf einem Ross. So stellte man sie auf dem Bilde dar. Allen Freuden der Welt entsagten sie, um sich nicht wieder zu entzweien. Daher trugen sie einen schwarzen Mantel, weshalb man sie die schwarzen Brüder genannt hat. Ihre Reichtümer benutzten sie dazu, zwischen der Brüderstraße und der **Breiten Straße** ein Kloster zu bauen, dessen Gebäude noch zweihundert Jahre gestanden haben, nachdem Kurfürst Joachim II. das Kloster um 1540 aufgehoben hatte. (20, S. 151f.)

324 Die beiden Seiltänzer auf dem Gendarmenmarkt zu Berlin

Zur Zeit Friedrichs des Großen lebte in **Berlin** ein Seiltänzer, der die Leute durch seine Künste oft ergötzte. Da kam eines Tages ein Franzose angereist, der jenem den Ruhm streitig machen wollte und öffentlich ausrufen ließ, er verstehe seine Sache besser als jeder andere. Das hörte auch der Alte Fritz, und da gerade die Türme der beiden Kirchen auf dem **Gendarmenmarkte** fertig geworden waren, ließ er von der Spitze des einen bis zu der des anderen ein Seil spannen und befahl, dass die Künstler nun zeigen sollten, wer der Geschicktere sei. Beide stiegen gleichzeitig auf das Seil, der Franzose an dem einen Ende, der Berliner am andern. Dann schritten sie aufeinander zu. Als sie aber in der Mitte zusammentrafen, wusste anfangs keiner, wie er am anderen vorbeikommen sollte. Endlich sagte der Berliner: „Duck dich, Franzose!" schwang sich hurtig über den Gegner fort und erreichte glücklich den anderen Turm. War nun das Seil zu sehr ins Schwanken geraten oder hatte der Franzose bei dem Jubel des Volkes die Geistesgegenwart verloren – genug, er verlor das Gleichgewicht, stürzte ab und brach den Hals.

Seitdem nannten die Leute die Kirche, bei welcher der Franzose seinen Marsch begonnen hatte, den „französischen" und die andere den „deutschen Dom". Und das war ganz richtig, denn im französischen Dom war schon vordem für die in Berlin lebenden Franzosen Gottesdienst abgehalten worden. (20, S. 151)

325 Andreas Schlüter und das Hufeisen

Auf der **langen Brücke** in **Berlin** steht angesichts des königlichen Schlosses das erzene Reiterstandbild des Großen Kurfürsten Friedrich Wilhelm, das Hauptwerk des berühmten Bildhauers und Baumeisters Andreas Schlüter. Von diesem Standbilde weiß die Berliner Chronik Folgendes zu erzählen:

Kurfürst Friedrich III., der nachmalige erste König von Preußen, beauftragte seinen Oberbaudirektor Schlüter mit der Anfertigung eines Modells zu diesem Standbilde für seinen Vater, welches der in seiner Kunst hochberühmte Mann zur großen Zufriedenheit aller Sachkenner auch lieferte. Johann Jacobi, aus Homburg in Hessen gebürtig, in der Gießerei wohlerfahren, goss darauf nach Schlüters Modell die Statue in Erz. Der Guss geschah am 22. Oktober 1700 im Gießhause, hinter dem Zeughause, im Beisein des Markgrafen Christian Ludwig und vieler Großer des Hofes. Am 12. Juli 1703, dem Geburtstage des Königs, ward die auf der langen Brücke aufgestellte Statue enthüllt und mit großer Feierlichkeit eingeweiht. Von allen Seiten strömten natürlich viele Neugierige herbei, die das große Kunstwerk nach seiner Aufstellung bewunderten und Schlüters Ruhm durch das Land trugen. Aber auch an Neidern und hämischen Tadlern fehlte es nicht, die das Standbild mit scheelen Augen betrachtete und den großen Meister gern eines Fehlers verdächtig zu machen suchten.

Das Unglück wollte noch, dass Schlüter bei dem König in Ungnade fiel. Er hatte es übernommen, die an der Ecke des Schlosses nahe der Schlossbrücke gelegene Wasserkunst, die, seitdem die Münze im siebzehnten Jahrhundert dahin verlegt worden war, unter dem Namen der Münzturm bekannt war, zu erhöhen, weil ein Glockenspiel darin angebracht werden sollte. Die alten Fundamente waren zu schwach, der Turm bekam Risse, musste schnell abgetragen werden, und so wurde 1706 dem Künstler seine Stelle als Schlossbaumeister genommen und seinem Nebenbuhler Eosander, Freiherrn von Goethe erteilt, der dem König die ganze Idee des Turmbaues aus hämischen Absichten gegen seinen Todfeind eingegeben haben soll. Schlüter, ehrgeizig wie er war, hatte darüber manche trübe Stunde; vielleicht auch schon unzufrieden mit seinem Schicksal, nahm er sich das Urteil einzelner ihm Übelwollender so zu Herzen, dass er in eine Art von Trübsinn verfiel, der wahrscheinlich sein Leben endete. Denn er verschwand plötzlich, und man hat nie wieder von ihm gehört.

Nach einer anderen Lesart der Sage soll Schlüter ein ebenso ehrgeiziger wie von seinen Verdiensten um die Kunst eingenommener Mann gewesen sein, der sich nun mit der Schöpfung dieses Kunstwerkes über alle seine Kunstgenossen hoch erhaben gedünkt habe. In diesem Hochmut habe er einem Gehilfen gegenüber sich selbst der Unsterblichkeit gerühmt und die Statue als das vollendetste Kunstwerk gepriesen, an dem niemand etwas aussetzen könnte. Er wolle sich für einen elenden Stümper halten und lieber gleich sterben, wenn ihm jemand auch nur den kleinsten Fehler daran nachweise. Da sei der Gehilfe um die Figur herumgegangen, habe sie genau betrachtet und dann dem Meister achselzuckend entgegnet, er solle doch lieber leben bleiben, denn dem aufgehobenen rechten Vorderfuße des Pferdes fehle ja das Hufeisen, und ein unbeschlagenes Pferd würde der Kurfürst doch wohl nicht geritten haben. Da sei der Meister wie vom Blitz getroffen gewesen, sei von Stund an tiefsinnig geworden, und in einem Anfall von wirklichem Wahnsinn habe er sich dann endlich von der Brücke in die Spree gestürzt und seinem Leben ein Ende gemacht.

So die Sage. In Wirklichkeit aber ist Andreas Schlüter, nachdem er bei seinem Könige in der Tat in Ungnade gefallen und seiner Stellung enthoben worden war, nach **Petersburg** gegangen, wo er für Zar Peter den Großen noch mancherlei große Bauten ausgeführt hat, und dort ist er auch im Jahre 1714 gestorben. (25, S. 70ff., gekürzt)

326 Der Neidkopf

König Friedrich Wilhelm I., der während seiner Regierung viel zur Erweiterung und Verschönerung von **Berlin** tat, fand ein Vergnügen darin, das Leben und Treiben der Bürger zu beobachten. Fleißige und Arbeitsame wurden von ihm aufgemuntert, auch wohl unterstützt; Faulen dagegen tanzte nicht selten sein Krückstock auf dem Rücken.

Auf solchen Wanderungen war ihm schon mehrmals ein Goldschmied aufgefallen, welcher in der **Heiligengeiststraße**, in einem baufälligen kleinen Häuschen, gar eifrig mit seiner Kunst sich beschäftigte. Seine Werkstatt befand sich im untersten Stockwerke, und da er an heißen Sommertagen bei offenen Fenstern zu arbeiten pflegte, hatte ihn der König leicht beobachten können. Eines Tages, als Friedrich Wilhelm bei recht guter Laune war, trat er zu dem Manne in die Stube, der noch immer arbeitete, obgleich die Feierstunde schon längst geschlagen hatte. Einen Augenblick stutzte der fleißige Goldschmied über den unerwarteten hohen Besuch, da er jedoch die sonderbare Laune des Königs kannte, so fasste er sich bald und beantwortete dreist, wie es der Monarch liebte, seine Fragen, der sich nach allen seinen Umständen erkundigte. Mit jedem Worte schwand mehr und mehr seine Schüchternheit, und von des Königs Freundlichkeit ermuntert, erzählte er offen, wie sehr die Armut ihn drücke und wie er oft Arbeit zurückweisen müsse, weil er aus Mangel an barem Gelde die nötigsten Ausgaben für Gold und Silber nicht bestreiten könne. Dem König gefiel diese Offenheit, er sah, dass er einen ehrlichen Mann vor sich habe, und bestellte bei ihm ein goldenes Service, zu welchem ihm das nötige Metall aus der Schatzkammer geliefert werden sollte.

Der glückliche Goldschmied war nun noch fleißiger als zuvor, rasch ging die Arbeit vonstatten, die sauber und geschmackvoll einen Beweis von des Meisters Kunstfertigkeit gab. Der König besuchte ihn nun öfter, sah nach gewohnter Weise dem geschickten Arbeiter zu und freute sich über die rasche Vollendung des Kunstwerkes.

Eines Tages, als der König sich auch wieder in der Werkstätte befand, bemerkte er an den Fenstern des gegenüberliegenden Hauses zwei weibliche Personen, die dem fleißigen Goldschmied, der dicht an seinem Fenster arbeitete, sobald er nur aufsah, abscheuliche Gebärden machten und widerliche Gesichter dazu schnitten. Der König, über eine so sonderbare

Nachbarschaft sich wundernd, erkundigte sich nach den Personen gegenüber und erfuhr, dass es Frau und Tochter eines reichen Goldschmiedes waren, die aus Neid und Ärger über die Gnade, die der Monarch ihm, dem armen Kunstgenossen, zuteil werden ließ, auf eine so abscheuliche Weise ihre Wut zu erkennen gaben. Der König beschloss bei sich, den kleinlichen Brotneid des reichen Goldarbeiters ebenso zu bestrafen, wie er den Fleiß seines armen Günstlings belohnt hatte. Nachdem die bestellte Arbeit vollendet war und das neue goldene Service bereits im königlichen Speisesaal prangte, befahl der Monarch seinem Schützling, die alte Wohnung zu räumen und ließ ihm eine andere gemietete anweisen. Auf des Königs Kosten wurde hierauf das alte baufällige Haus niedergerissen und dafür ein neues aufgebaut, an dem sich zwischen der zweiten und dritten Etage, gerade in der Mitte der Front, in einer Nische ein weiblicher Kopf in Lebensgröße befand, dessen Gesicht gar scheußlich verzerrt war. Statt der Haare wanden sich Schlangen um das Haupt, und aus dem Munde streckte sich die Zunge lang nach dem gegenüberliegendem Haus aus. Dieses Zerrbild, ähnlich einem Medusenhaupte, das ein Spiegel für die neidischen Weiber des reichen Goldschmiedes sein sollte, wurde bald allgemein der „Neidkopf" geheißen. So stand es bis 1841. Da ließ die damalige Besitzerin den Kopf abnehmen und die Nische, in der er gestanden hatte, zumauern. Nun wollte ihn das Märkische Museum für Altertümer erwerben, aber die geizige Frau forderte einen so hohen Preis, wie man dafür nicht anwenden konnte und mochte. Nach längerer Zeit aber wurde bekannt, dass der Neidkopf bei einem Berliner Antiquitätenhändler für einen weit mäßigeren Preis zum Verkauf stehe, und so war Gefahr im Verzuge, dass dies alte Wahrzeichen Berlins gänzlich verloren gehen könne. Da wusste man rechtzeitig den König Friedrich Wilhelm IV. dafür zu interessieren. Er befahl den Ankauf, und da sich nun ergab, dass der Besitz des Hauses wieder in andere Hände übergegangen war, so wurden mit dem neuen Besitzer Verhandlungen angeknüpft, um das hässliche Bild wieder an seine alte Stelle zu bringen. Er machte keinerlei Schwierigkeiten, ging sogar einen Vertrag ein, nach welchem das Bildnis als ein Zubehör des Grundstückes in das Hypotheken-Stammbuch eingetragen und festgesetzt wurde, dass der jedesmalige Besitzer den Neidkopf ohne Zustimmung des königlichen Fiskus weder von seiner jetzigen Stelle an der Fassade des Hauses Nr. 38 entfernen, noch überhaupt verändern oder durch einen anderen verändern lassen darf.

Das geschah 1858, und so ist der Neidkopf als eins der wenigen noch vorhandenen Wahrzeichen des alten Berlins erhalten geblieben. (25, S. 85f.)

327   Vorzeichen der Schlacht

In der Stadt **Berlin** und Umgegend hat sich am achten Januar des Jahres 1675 während der Nacht bis an den lichten Morgen eine Reiterei von vielen Regimentern in der Luft sehen lassen, die so augenscheinlich gegeneinander stritten, dass man deutlich das Handgemenge erkennen, die Degenklingen hören und das Feuer der gelösten Karabiner und Pistolen deutlich sehen, wenn auch keinen Knall hat hören können. Dabei wird berichtet, es sei solcher Spuk zuletzt gar bis an die Torwachen gekommen und drei Reitern auf den Leib gerückt, hätte diese sogar angerührt. Anfangs hat man es nicht glauben wollen, als es aber ganze acht Tage gedauert und es auch verschiedene andere Reiter, die Wache hatten, und deren Offiziere bezeugten, hat man nicht mehr an der Sache gezweifelt. Dies hat die Schlacht bei **Fehrbellin** bedeutet, welche am 18. Juni desselben Jahres geschlagen worden ist.

Als der Kurfürst vor der Schlacht durch ein Dorf ritt, das in der Nacht zuvor von den flüchtenden Bewohnern verlassen worden war, soll er bemerkt haben, wie vor einem der verödeten Häuser ein Kind saß, das die Eltern in der Eile der Flucht vergessen hatten. Der Kurfürst befahl, dass es vor ihn auf das Pferd gehoben werde, und mit diesem Kind vor sich hat er den Sieg gewonnen. (10, S. 221)

328   Das Fuchsloch auf dem Tempelhofer Felde

Eine Frau ging mit ihrem Kinde von **Tempelhof** nach **Berlin**. Sie war arm, sehr arm, und gedachte im Stillen, was sie alles kaufen wollte, wenn sie einmal zu Geld käme... Soweit war sie mit ihren Gedanken, als das Kind jubelnd auf ein Fuchsloch am Wege zeigte. Die arme Frau traute ihren Augen nicht. Im Grunde des Loches lagen goldene und silberne Schalen voll roten Geldes. Und daneben häuften sich Spangen, Ringe und Edelsteine. Mit einem Freudenschrei kniete sie nieder und erraffte von den

Schätzen so viel, als in ihren Korb hineinging. Dann sprang sie auf, um heimzueilen und nochmals zurückzukehren. Wie sie aber ein paar Schritte davon war, gedachte sie ihres Kindes und blickte hinter sich. Da sah sie voller Entsetzen, dass der Knabe langsam in dem Fuchsloch versank, das sich über ihm schloss. Sie schrie und jammerte bis Sonnenuntergang. Aber das Fuchsloch blieb geschlossen, und von ihrem Kinde hörte sie keinen Laut. Verzweifelt wankte sie endlich heim, versteckte die Schätze, ohne sich darüber zu freuen, und weinte die ganze Nacht hindurch. Früh am Morgen war sie schon wieder auf dem Felde, suchte und suchte, schrie und klagte. Aber sie fand die Stelle nicht wieder und verwünschte ihre Habgier, durch die sie ihr Kind verloren hatte.

Sieben Tage suchte sie so in bittern Schmerzen. Da kniete sie am Wege nieder und betete, und als sie aufblickte, saß ihr Knabe vor ihr, neben sich das Fuchsloch, in dem noch reichere Schätze flimmerten. Das Kind legte zum Zeichen des Schweigens den Finger auf die Lippen und winkte der Mutter, zu folgen. Das Erdloch öffnete sich und ließ einen Gang sehen, der auf gehauenen Stufen abwärts führte. Die Frau folgte willenlos. Ohne es zu wollen zählte sie die Stufen. Siebenhundert Stufen waren es, die sie ins Dunkle hinabschritt, siebenhundert Stufen. Dann wurde es hell, als ob tausend Kerzen durch Milchglas hindurch schimmerten. Vor einer gläsernen Tür hielt ein feuriger Hund Wache. „Binde ihm die Füße zusammen!" sagte der Knabe zu seiner Mutter. Sie tat es zitternd, obwohl ihr die Hände verbrannten. Darauf öffnete sich eine Grotte, die voller Totengebeine lag. In den Augenhöhlen der Schädel glänzten Edelsteine. „Brich die Steine aus!" sagte das Kind.

Aber die Frau war von Grauen überwältigt. „Ich kann nicht", flüsterte sie bebend. „Willst du mich nicht erlösen?" fragte der Knabe. Da begann sie zögernd das Gebot zu erfüllen, und als alle Edelsteine aus den Höhlen gebrochen waren, richteten sich die Totengebeine auf, fügten sich zu Gestalten zusammen, griffen aus der Luft dunkle Gewänder herunter, verhüllten sich und wandelten schweigend in den nächsten Saal.

Der Knabe zog seine Mutter hinterher. In dem Raume flutete ein Dämmerlicht. An den Wänden ruhten viele schlafende Kinder. Dahin stellten sich auch die dunklen Gestalten. „Taufe die Kinder!" sagte der Knabe. Die Frau aber weigerte sich. „Ich bin sündig und habe die Weihen nicht", antwortete sie. Alsbald begann der Knabe zu weinen und fragte: „Willst du mich nicht erlösen?" Mit bangem Herzen taufte da die Frau die Kinder, und die schwarzen Gestalten gaben ihren Paten die Namen. Zweihundertsieben Kinder hatte sie getauft, als sie fertig war.

Der Knabe führte die Mutter weiter. Eine dunkelrot verhängte Kammer nahm die beiden auf. Dort reichte er ihr einen kleinen Gegenstand, der wie ein silberner, zerbrochener Tannenzapfen aussah. „Das ist meine Seele, Mutter", sagte der Knabe. „Die musst du zusammennähen, denn sie ist zersprungen, als du mich verlassen hast."

Die Frau nahm sogleich aus der Tasche Nadel und Garn. Aber wie sie den ersten Stich tat, da fiel ihr Kind in Qualen zu Boden und rief: „O meine Mutter, wie tut das weh!" Sie wollte aufhören, dachte jedoch, dass sie die Erlösung vollenden müsste, und obgleich ihr das Herz blutete um der Schmerzen ihres Knaben willen, brachte sie die Seele mit drei raschen Stichen zusammen. Da sprang der Knabe fröhlich auf und geleitete die Mutter auf einem anderen Pfade zu der Treppe zurück.

Am Ausgange lagen in goldenen Gefäßen die vielen ausgebrochenen Edelsteine. „Nimm alles mit!" sagte das Kind. In neuer Habgier raffte die Frau ihre Schürze voll und lief nach Hause, gedachte jedoch plötzlich wieder ihres Kindes und wandte sich um. Der Knabe war verschwunden und das Fuchsloch nicht mehr zu sehen.

Nach Tagen fanden Leute, die über das **Tempelhofer Feld** kamen, die Frau auf, irrsinnig und halb verhungert. (19, S. 98ff.)

329 Der Schweinskopf

Nahe dem Johannisstift in **Plötzensee** bei **Berlin** liegt ein altersgraues Häuschen, das ist **der Schweinskopf**. Da soll vor einigen hundert Jahren über der Tür der Kopf eines Wildschweines zu sehen gewesen sein, und der Wirt der kleinen Schänke einen Mauerstein mit der Jahreszahl 1534 besessen haben. Heute erinnert an jene Zeit nur noch ein Bild des Kurfürsten Joachims I. an der Wand des Gastzimmers.

Beim Schweinskopf soll einst ein wütender Eber diesen Kurfürsten niedergerannt haben. Joachim wäre verloren gewesen, hätte nicht ein Köhler, der in der Nähe den Meiler bediente, seinen Hilferuf gehört. Mit der Schürstange eilte der Brave herbei und erschlug den Eber. Zum Dank erbaute ihm der Kurfürst das Haus und erlaubte ihm, einen kleinen Ausschank einzurichten. Der Köhler aber nagelte zur Erinnerung den Kopf des Ebers als Wirtshausschild über der Tür fest, wie die Jäger es tun, die an ihrem Hause das Geweih eines Hirsches anbringen. Das geschah genau ein Jahr vor dem Tode des Kurfürsten. (20, S. 153)

330 Hans Kohlhase

In der Nähe von **Potsdam**, auf der Straße nach **Berlin**, führt eine Brücke über die Bäke oder Telte, einen kleinen Nebenfluss der Nuthe; die Brücke heißt **Kohlhasenbrück** und hat von Hans Kohlhase, einem Berliner Rosskamm [Pferdehändler], der zur Zeit der Kurfürsten Joachims I. und II. einst viel von sich reden gemacht hat, den Namen bekommen.
Hans Kohlhase war ein angesehener Bürger zu **Cölln** an der Spree, der einen nicht unbedeutenden Pferdehandel betrieb. Einmal kam er nun mit einigen Pferden von **Leipzig** zurück, da wurde er in der Nähe von **Düben** durch die Leute des Junkers von Zaschwitz angehalten; er sollte sich ausweisen über die Pferde, sie wären sicherlich gestohlen. Vergeblich, dass er seine Unschuld beteuerte, die Pferde wurden zurückbehalten. Da klagte er den Vorfall seinem Kurfürsten Joachim I., und der erwirkte den Befehl vom Kurfürsten von **Sachsen**, dass ihm die Pferde vom Junker zurückgegeben werden sollten. Inzwischen waren diese aber hinter dem Ackerpflug abgetrieben und schlecht im Futter gehalten worden, sodass Kohlhase sich weigerte, sie zurückzunehmen, und Schadenersatz forderte. Als alle seine Bemühungen vergeblich waren und er nicht zu seinem Recht kommen konnte, da sandte er nach damaliger Sitte als freier Mann, dem sein Recht verweigert wurde, einen Absagebrief an den Landvogt von Sachsen, dass er des Junkers von Zaschwitz und des ganzen Landes Sachsen abgesagter Feind fortan sein wolle, bis er zu vollem Recht und zu vollem Schadenersatz für alles, was er erlitten, gelange. Mit einer Schar verwegener Gesellen begann er nun das sächsische Land auf jede Weise zu schädigen und trieb bald die Sache so weit, dass die Kurfürsten von Sachsen und **Brandenburg** diese beizulegen beschlossen und beiderseitig einige ihrer Räte nach **Jüterbog** schickten, wohin auch Kohlhase kommen sollte, um seine Forderungen geltend zu machen. Der kam auch mit einem Gefolge auf vierzig

Pferden, aber man ging unverrichteter Sache auseinander, da der Junker von Zaschwitz inzwischen gestorben war und seine Erben sich zu keiner Entschädigung bereit erklären wollten. Von Neuem begann Kohlhase das sächsische Land heimzusuchen, ja er brannte sogar die Vorstadt von **Wittenberg** nieder. Da schrieb Dr. Martin Luther an den gefährlichen Mann, wie unchristlich es sei, sich selbst zu rächen. Das machte auf Kohlhase Eindruck, und heimlich kam er, als Pilger verkleidet, nach Wittenberg, um mit Luther über die Sache zu verhandeln. Luther versprach, sich der Sache anzunehmen; aber es war vergeblich, und die Geschichte spielte in der früheren Weise weiter, nur dass der Kurfürst von Sachsen es bei dem Kurfürsten von Brandenburg schließlich durchsetzte, dass er Kohlhase auch auf märkischem Grund und Boden verfolgen und fangen lassen könne. Aber die sächsischen Späher und Landsknechte griffen ihn doch nicht. So kam das Jahr 1540 heran.

Da fiel Kohlhase, auf den Rat eines seiner Spießgesellen, Georg Nagelschmidt mit Namen, auf den Gedanken, sich an seinen Kurfürsten selbst zu machen und ihn so zu veranlassen, sich wirksamer seiner anzunehmen, um dem Wesen ein Ende zu machen. Er überfiel den kurfürstlichen Faktor [Bote] Drezscher, der mit Silberkuchen aus dem **Mansfeldischen** unterwegs war, in der Gegend, wo eben jetzt **Kohlhasenbrück** liegt [**Steglitz-Zehlendorf**], nahm ihm die Silberkuchen fort und versenkte sie unter der Brücke in die Telte. Das bekam ihm aber übel. Denn nun wurde überall auf ihn und Nagelschmidt gefahndet und bei Leibesstrafe allen verboten, sie zu beherbergen, als sich das Gerücht verbreitete, sie seien in Berlin.

Wirklich fing man auch Kohlhase, als man Haussuchung hielt. Er hatte sich beim Küster zu **St. Nikolai** in einer Kiste versteckt. Ebenso wurde Nagelschmidt im Hause eines armen Bürgers am **Georgentore** aufgefunden. Beiden wurde der Prozess gemacht. Kohlhase wollte man insofern begnadigen, als er nicht mit dem Rade, sondern mit dem Schwerte hingerichtet werden sollte, was für minder schmachvoll galt. Schon war Kohlhase bereit, dies anzunehmen. Da rief ihm Nagelschmidt zu: „Gleiche Brüder, gleiche Kappen!" „Ich will die Begnadigung nicht, ich will mein Recht", sagte Kohlhase, und so wurde er wie Nagelschmidt am Sonntage nach Palmarum im Jahre 1540 mit dem Rade gerichtet, obwohl es dem Kurfürsten leid getan haben soll, dass eine so tüchtige Natur ein solches Ende genommen. Ob man die Silberkuchen gefunden hat, berichtet keine

Chronik. Die Brücke aber und der Ort, der später entstand, bekam den Namen Kohlhasenbrück. (20, S. 170ff.)

331 Die Schwarze Frau im Charlottenburger Schloss

Während einer kleinen Gesellschaft im Teehäuschen des **Charlottenburger Schlosses**, bei der Friedrich Wilhelm III. aber nicht anwesend war, trat plötzlich eine völlig schwarz gekleidete Frau ein und verlangte dringend den König zu sprechen. Sie hätte ihm eine ungemein ernste Mitteilung zu unterbreiten. Der Kronprinz wandte sich ihr scherzend zu. Sie lehnte indessen ein Gespräch mit ihm ab. Er wäre nicht der König und sein Benehmen nicht würdig genug. Alles war starr. In demselben Augenblick sagte die Erscheinung: „Der König kommt."
Die Verwunderung wuchs, denn tatsächlich öffnete Friedrich Wilhelm III. die Tür. Niemand hatte ihn erwartet. Man benachrichtigte ihn sofort von dem Verlangen der Schwarzen Frau. Er aber wurde ungeduldig. „Man soll ihr Geld geben und sie fortschicken", meinte er barsch.
Verletzt wandte sich die Frau dem Ausgang zu. „Ihr werdet es bereuen, dass Ihr nicht hören wolltet, was ich Euch zur Warnung zu sagen kam", antwortete sie leise. Dann trat sie durch die Wache hinaus und verschwand. Kurze Zeit darauf trauerte der Fürst am Sarge der Königin Luise. (19, S. 160f.)

332 Schloss Grunewald

Im **Grunewald** ist manche Stelle, wo es nicht recht richtig sein soll, vor allem spukt es im **Schloss Grunewald**. Fischer waren einmal zur Herbstzeit im Schloss und hatten sich, nachdem sie bis spät am Abend gefischt, müde in dem Seitengebäude in dem eine Treppe hoch gelegenen Zimmer zum Schlafen hingelegt. Sorgfältig hatten sie die zwei Türen, sowohl die unten an der Treppe, als auch die andere, welche oben vom Treppenflur in das Zimmer führt, zugemacht. Auch die dritte Tür, welche nach der angrenzenden Kammer geht, war fest zu, wie sie ja auch keiner ohne die zugehörige Klinke überhaupt öffnen kann. Als sie nun in tiefem Schlafe lagen, kam es laut und vernehmlich „trott, trott" die hölzerne Treppe herauf, die

Stubentür flog auf und sausend stürzte es durch die Stube. Die Kammertür öffnete sich, und heulend wie ein Sturmwind zog's in die Kammer hinein. Dann war's still im Zimmer. Da mit einem Mal fuhr es aus dem Schlot und polterte den Ofen hinab. Wieder war dann alles still. Die Männer aber waren gleich anfangs aufgewacht und zitterten und bebten vor Entsetzen, eiskalt fuhr es ihnen durch Mark und Bein, es wagte keiner aufzusehen, sondern alle zogen sich ihre Mäntel über's Gesicht, als es bei ihnen vorbeiging. Als aber das Tosen und Poltern im Ofen vorbei war, fuhren sie auf und im Nu, sie wussten selbst nicht wie, waren sie die Treppe hinunter und stürzten über den Hof in die Kutscherstube, erst da wagten sie aufzuatmen. Ein anderes Mal passierte ähnliches, als sie in der Kutscherstube selbst schliefen. Da öffnete sich plötzlich die Pferdestalltür, und der Kutscher kam zitternd zu ihnen in die Stube, und hinter ihm raste es wie ein Wirbelwind, riss die Flurtür auf und fuhr durch den schmalen Flur nach dem Hofe hinaus. Wie sie da ans Fenster eilten, sahen sie mit Schrecken, wie es im Mondschein wild auf dem Hofe und an den Wänden der Gemäuer herumjuchte und tobte wie die Wilde Jagd und ganz deutlich eine weiße Gestalt herumstürmte. Derartiges wollen die Leute, die dort verkehren, öfters erlebt haben. Namentlich soll aber der alte Kellermeister, der auch auf dem Bilde am Eingang abgebildet ist, des Nachts um zwölf Uhr noch oft die große Wendeltreppe des Schlosses herabkommen und mit den Schlüsseln klappern. Auch fangen manchmal die alten großen Bratspieße unten in der gewölbten Küche sich von selbst an zu drehen. Das Leben, was hier früher gewesen zu der alten Kurfürsten Zeiten, meinte dabei der Erzähler, ist noch nicht vollständig zur Ruhe gekommen, und damals ist auch manches passiert, was jetzt nicht mehr vorkommt. So soll in einem Zimmer des südlichen Flügels einmal jemand eingemauert worden sein. Einige meinen, es sei die schöne Gießerin Anna Sydow gewesen, welche Kurfürst Joachim lieb gehabt, und deren Geist nun noch spuke, andere behaupten, es sei eine Hofdame, welche er geliebt, und die seine Gemahlin während seiner Abwesenheit lebendig da hat einmauern lassen. Wunderlich sieht die Stelle allerdings aus, zumal eine kleine Wendeltreppe im oberen Stock sich gerade an sie anschließt und früher von dort auch nach unten geführt zu haben scheint; wer weiß aber, ob da überhaupt etwas eingemauert, und die Treppe nicht einfach abgebrochen und die Stelle zugemauert ist? (28, S. 86ff.)

333 Der gespenstische Wagen

Mit dem Geistersehen ist es eine eigene Sache. Es gibt angeblich viele Menschen, die Geister sehen, aber nicht alle in gleicher Weise. Der eine kann es bei Tag und Nacht, ein anderer nur bei Nacht und mancher auch wieder nicht so oft wie ein anderer. Hiervon ein Beispiel: Kühne, Grunow und Tübbecke, drei Fischer, waren einmal von **Tiefwerder** aufgebrochen, um im **Grunewaldsee** zu fischen. Tübbecke schob die Karre, Grunow zog sie und Kühne ging so ein Ende hinterher. Es war im Herbst, ganz früh und noch dunkel. Da sah Kühne auf einmal ganz deutlich in der Dunkelheit einen Wagen, mit Pferden bespannt vorbeifahren, und auf dem Wagen saßen zwei Männer. Aber der Wagen klapperte nicht, die Räder knarrten nicht, auch die Männer sprachen nicht, lautlos zog alles vorbei. Da merkte Kühne, dass es Geister waren, er traute sich aber nicht zu sprechen, weil es noch dunkel war. Als es aber heller wurde, fragte er die anderen, ob der Wagen bei ihnen auch so still vorbeigefahren sei. Grunow und Tübbecke wussten aber von nichts, sie hatten keinen Wagen gesehen, obwohl sie auch sonst Geister sehen können. (28, S. 85f.)

334 Anna Sydow

Im **Jagdschloss Grunewald** ist es nicht geheuer. Man will gesehen haben, wie in mondhellen Nächten wunderliche Wesen längs des alten Gemäuers hinjagten, unter ihnen eine hohe weiße Gestalt. Das bringen viele mit der schönen Gießerin Anna Sydow in Verbindung, die im Schlosse einst ein schreckliches Ende gefunden habe. Kurfürst Joachim II. liebte sie und erregte dadurch die Eifersucht seiner Gemahlin, die in Abwesenheit ihres Mannes die Unglückliche in einem Zimmer des südlichen Flügels lebendig einmauern ließ. Seitdem spukt sie umher und ruft noch anderen Spuk wach.
Man will auch oft den alten Kellermeister, der auf dem Bilde am Eingange abgebildet ist, nachts um zwölf Uhr gesehen haben, wie er die große Wendeltreppe des Schlosses herabkam und mit den Schlüsseln klapperte. Zur gleichen Stunde fangen die alten großen Bratspieße unten in der gewölbten Küche an, sich von selbst zu drehen. (20, S. 15f.)

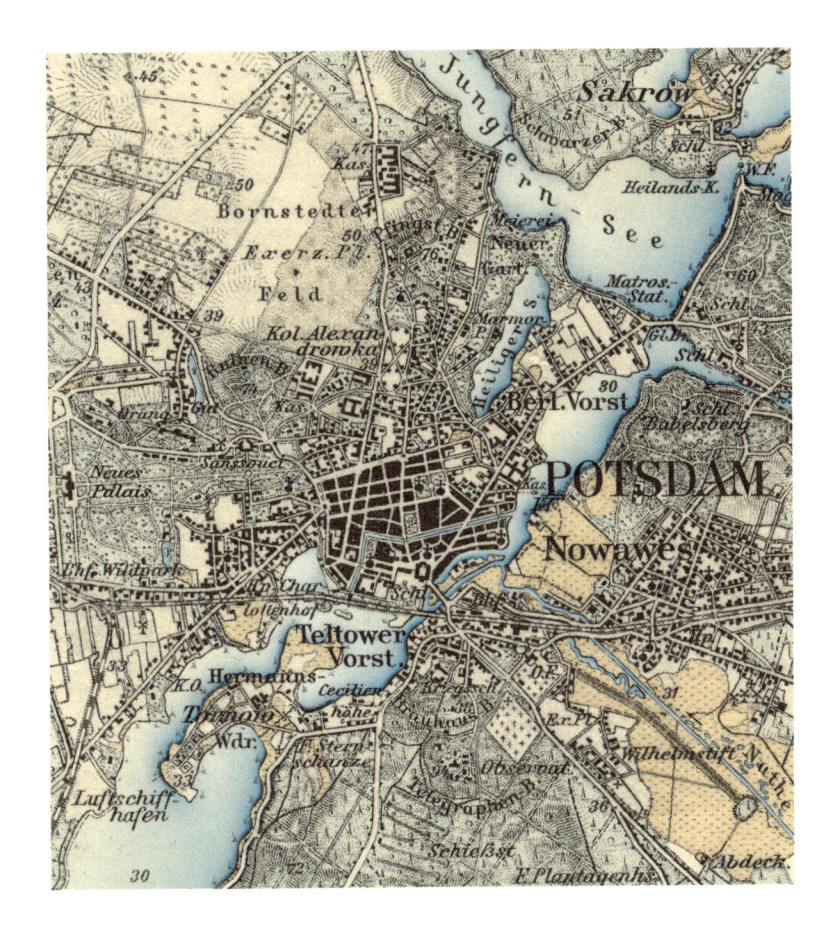

335 Kunkel von Löwenstern

Die als Lieblingsort des Königs Friedrichs des Großen berühmte **Pfaueninsel** bei **Potsdam** war zur Zeit des Großen Kurfürsten ein allgemein gefürchteter und von jedermann gemiedener Ort. Sie war nämlich der Aufenthaltsort des als Schwarzkünstler verschrieenen Goldmachers und geheimen Kammerdieners des Großen Kurfürsten, Kunkel von Löwenstern, der bekanntlich auf Kosten desselben eine Glashütte an der Nuthe unweit der Wassermühlen am Hakschen Damm und eine Glasschleiferei zu **Berlin** errichtet hatte und bei seinen kostspieligen Versuchen zur Erzeugung der Edelsteine auf die Entdeckung des berühmten Rubinglases gekommen war. Derselbe schlug auf dieser Insel seinen Wohnsitz auf, bis er nach dem Tode seines Herrn nach **Schweden** ging, und er benutzte seine physikalischen Kenntnisse, um durch scheinbare Zauberkünste das Publikum von der Insel fernzuhalten. Darum wagte auch nie ein Fischer mit seinem Kahne an dem ungastlichen Ufer der Insel zu landen, denn wer es versucht hatte, musste seine Neugierde mit dem Untergange seines Fahrzeuges büßen, das auf unerklärliche Weise wie faules Holz zerfiel oder wie ein Schwamm Wasser einsog und untersank. Sobald jemand den gefürchteten Goldmacher nur von fern sah, wich er ihm erschreckt aus, und auf der Insel selbst hatte er, nachdem ihn sein alter Diener Klaus verlassen hatte, der Heideläufer geworden war, aber im Jahre 1650 zu Berlin wegen erwiesener Zauberei hingerichtet ward, niemand als einen missgestalteten Menschen, der bald nachher auch noch die Sprache verlor, ihm aber treu anhing, sowie einen großen schwarzen zottigen Hund bei sich, mit dem er durch den Wald strich und der von dem Publikum seiner glühenden Augen wegen für einen bösen Geist gehalten wurde. Auch nach seinem Tode soll sich der Geist des Goldmachers von der Pfaueninsel nicht haben trennen können und zuweilen noch jetzt dort wahrgenommen werden. Der feurige Hund aber soll sogar noch jetzt manchmal längs dem Strande der Havel bis zu der Badebucht seines Herrn, da wo jetzt der Weg **Sacrow** gegenüber zur Havel hinabführt, hineilen und dann mit jämmerlichem Geheul im Walde verschwinden. (10, S. 128)

336 Fronleichnamstag

In den Dörfern **Blankenfelde** und **Malchow** bei **Großbeeren** wird noch alljährlich am Fronleichnamstage ein Dankgottesdienst gehalten für Rettung aus schwerem Wetter. Der Sage nach soll vor mehr als hundert Jahren, als man dieses abgeschafft hatte, am Fronleichnamstage über die beiden Dörfer ein so furchtbares Unwetter hereingebrochen sein, dass man geglaubt habe, Himmel und Erde gingen unter und der jüngste Tag sei da. Seither beging man den Tag wieder wie einen Feiertag mit Gottesdienst, und es ist nichts mehr passiert.
Der Amtmann Neuhaus in Blankenfelde, so erzählt man noch, hat einmal gemeint, das ginge ihn nichts an und hat an diesem Tage seine Schafe waschen lassen. Aber die Schafe sind ihm alle verklammt und verendet. Seitdem hat er diesen Tag auch gefeiert. (20, S. 104)

337 Das Gutstor von Kleinmachnow

Das ansehnliche Einfahrtstor zum Gute von **Kleinmachnow** im **Kreise Teltow**, das der alten Kirche gegenüberliegt, zeigt oberhalb des Torbogens das schlangenhaarige Haupt einer Gorgo. Das Volk, ohne Kenntnis jener griechischen Sagengestalt, erzählt von der Bedeutung des unheimlichen Kopfes die folgende Geschichte.
Im Dorfe lebte einst eine Jungfrau, die war schön und stark, aber nicht minder hochmütig. Ihre spitze Zunge hielt sich vor niemandem zurück. Eines Sonntagmorgens, als die Dorfleute schon auf dem Kirchgange waren, sah man sie noch mit schweren Wassereimern herumhantieren und den Weg zum See nehmen. Die Kirchengänger riefen ihr zu: „Noch am Werke? Lasst endlich gut sein, die Glocken läuten schon!" Sie aber gab übermütige und schnippische Antworten. Zuletzt, als sie die Mahnung immer wieder hören musste, sagte sie etwas, das war eine arge Lästerung Gottes. So kam sie zum See hinab und bückte sich tief hernieder, um das Wasser zu schöpfen. Da rauschte auf einmal der See gewaltig auf, und Schlangen und Ungeheuer schossen ihr aus dem Wasser und Schilf entgegen. Ehe sie sich noch aufrichten konnte, hatte eine Schlange sie an der Schläfe gestochen, dass sie sterben musste. Da hat man denn zur mahnenden Erinnerung am Gutstor den Mädchenkopf angebracht, um den sich Schlangen ringeln. (20, S. 153f.)

338 Die Totenkronen in der Kirche von Kleinmachnow

In der **Mark** war es bis vor einem Menschenalter Sitte, einem Verstorbenen aus künstlichen Blumen eine Totenkrone zu flechten, die man auch mit seidenen, oft kostbar gewirkten Bändern durchzog. Beim Leichenzug lag diese Krone auf dem Sarge, bisweilen wurde sie auch dem Toten auf das Haupt gesetzt. Nach der Bestattung aber wurde sie in der Kirche aufgehängt zur dauerhaften Erinnerung für die Lebenden. In der Kirche von **Kleinmachnow** sind noch zwei solcher Kronen. Die eine hat nach der Sage ein Fräulein aus der Familie von Hake, der Kleinmachnow gehört, im Wahnsinn geflochten, als unvermutet die Nachricht vom Tode ihres Bräutigams sie getroffen hatte. Die andere sollen junge Burschen geflochten haben, als bei einer Rauferei einer der ihrigen zu Tode gekommen war. (20, S. 154)

339 Selbergedan und der Wassernix

Wenn der Nix, welchen man sich als ein kleines graues Männchen denkt, sich sehen lässt, ist ein alter Aberglaube, muss bald ein Mensch ertrinken. Ja von vielen Seen geht die Sage, „er fordere alljährlich sein Opfer". Namentlich fürchtet man den Johannistag, aber auch sonst verkehren die Nixen in den Sagen mit den Menschenkindern, haben aber meist immer etwas Tückisches an sich. In dieser Hinsicht soll aber einmal ein Nix an einem Schiffer, wie man an der Havel erzählt, seinen Meister gefunden haben.
War nämlich mal ein Schiffer, der hatte sich vor den Wind gelegt und wollte sich ein Gericht Fische fangen. Als er nun genug geangelt hatte, machte er sich ein Feuer an, sie zu braten. Wie er nun die Fische in der Pfanne über dem Feuer hat – es war so um die Schummerzeit –, kommt ein Wassernix aus der Havel zu ihm, das war ein ganz kleines Kerlchen, so groß wie ein Hahn, der hatte eine rote Kappe auf und stellt sich so neben ihn hin und fragt ihn, wie er heiße. „Wie ich heiße", sagt der Fischer, „ich heiße Selbergedan". „Na", sagt

der Wassernix – und konnte kaum reden, weil er den ganzen Mund voll Padden (Frösche) hatte –, „Selbergedan ik bedrippe di" (ich bespeie dich). „Ja", sagt der Schiffer, „das sollst du einmal tun, dann nehm ich einen Stock und schlag dich krumm und lahm". Aber der Wassernix kehrte sich nicht daran und sagt noch einmal „ik bedrippe di" und ehe mein Schiffer es sich versieht, speit er ihm alle Padden in die Pfanne. Da nahm der Schiffer seinen Stock und schlug gewaltig auf den Wassernix los, dass dieser ganz jämmerlich anfing zu schreien und alle Wassernixen ihre Köpfe aus dem Wasser steckten und ihn fragten, wer ihm denn etwas getan, dass er so schreie. Wie nun aber der Wassernix antwortete „Selbergedan" und sie das hörten, da sagten sie: „Hast du dir selber etwas getan, dann ist dir nicht zu helfen", und damit tauchten sie wieder unter. Da sprang auch der geschlagene Wassernix wieder in die Havel; er hat aber nie mehr einen Schiffer „bedrippt". (28, S. 23ff.)

340 Der Teufelssee

Am Fuße des **Ravensberges**, einer zweihundert Fuß hohen waldigen Bergspitze unweit **Bergholz**, befindet sich der **Teufelssee**, ein schwarzer unergründlicher Pfuhl, umgeben von alten dunkelgrünen Kiefern, die seine Oberfläche noch dunkler machen; aus seinem Gewässer trinkt kein Vogel und nur eine einzige Art sonderbarer schwarzer Fische hält sich in ihm auf. Da, wo er sich jetzt befindet, soll früher ein Götzenbild gestanden haben, zu welchem die Wenden auch noch nach ihrer Bekehrung zum Christentum heimlich des Nachts bei Mondschein pilgerten und ihm opferten. Das Bild aber hat einst der Teufel bei Nacht weggenommen und sein eigenes an dessen Stelle gesetzt und die Wenden haben den Tausch nicht gemerkt, da sie eben nur des Nachts hinkamen, und so haben sie den Teufel selbst angebetet. Es hat aber die christliche Geistlichkeit sich eifrig bemüht, diesem heidnischen Götzendienst ein Ende zu machen, und der Bischof von Brandenburg hat zu **Saarmund** im Kloster ein Ketzergericht eingesetzt und das hat alle, die der Sünde der heidnischen Ketzerei überführt wurden, hinrichten lassen. Dann hat aber der oberste Ketzerrichter, ein durch seine Teufelsbeschwörungen berühmt gewordener Mönch aus Italien, den der Bischof zu diesem Zwecke hatte dorthin kommen lassen, die Ritter und Herren sowie die Bürger und Bauern des ganzen Sprengels aufgefordert, zusammenzukommen und mit ihm von Saarmund auszuziehen und das Götzenbild, das man freilich nur vom Hörensagen kannte, da jeder Christ, der sich demselben bisher hatte nähern wollen, durch teuflische Verblendung im Walde in der Irre herumgeführt worden war, zu zerstören. Als der Zug am frühen Morgen aus dem Kloster auszog, war der schönste reinste Himmel, je näher man aber dem Fuße des Ravensberges kam, desto dunkler wurde er und schwere Gewitterwolken türmten sich über seinem Gipfel auf. Endlich gelangte die Prozession in später Nachmittagsstunde an die runde Mooswiese im Grunde des Tales, in deren Mitte unter dem uralten Kreise von fast abgestorbenen Kiefern das Götzenbild vor dem Opfersteine stand. Um diese Wiese schritt nun der Mönch, geheimnisvolle Gebete murmelnd, mit dem Weihwasser, pflanzte an ihrem Rande kleine Kreuze von geweihtem Holze hin und stellte sich dann außerhalb des so bezeichneten Ringes dem Götzenbilde gegenüber mit seinen Gehilfen und den heiligen Geräten auf. Hierauf begann er seine Beschwörung, allein bei den ersten Worten begann sich die finstere Wetterwolke ins Tal herabzusenken, schwere Regentropfen und Hagel prasselten herab und eine gewaltige Windsbraut bog die Wipfel der Bäume tief herab zur Erde, helle Blitze jagten einer den anderen und furchtbares Donnerrollen übertönte die Stimme des Beschwörers. Aber dieser ließ sich nicht irremachen, immer lauter erhob er seine Stimme und es gelang ihm auch, sich in dem Wüten der Elemente hörbar zu machen; als er aber mit dem Kruzifix in der einen und dem Weihwasser in der anderen Hand sich dem Kreise näherte, da erschollen von allen Seiten aus der Erde und den Lüften so furchtbare nie gehörte Laute, dass alle Anwesenden erschreckt auf ihre Knie sanken, der Mönch aber setzte furchtlos seinen Fuß über den Kreis, und siehe die Erde um das Teufelsbild barst auseinander, es versank in die Tiefen, und seit dieser Zeit füllt ein schwarzer See den Boden des Tales. Noch heute aber sagt man, müsse der, der mit dem Bösen Umgang pflegen wolle, um Mitternacht an diesen See gehen und dreimal den Namen desselben rufen, wenn er von ihm erhört werden will. (10, S. 112f.)

341 Nowawes

Der Alte Fritz befahl einst, in der Nähe von **Potsdam** ein Dorf anzulegen. Der Baumeister sollte mit dem Marktplatz beginnen und eine Kirche darauf setzen. Als nun der Baumeister fragte, wie der Platz denn aussehen sollte, nahm der König seinen Dreimaster vom Kopf, warf ihn auf den Tisch und sagte: „So soll er aussehen!" Darum ist der Marktplatz in **Nowawes** dreieckig geworden.

Die Bauleute hatten längst angefangen, in Nowawes Straßen anzulegen und Häuser zu errichten, aber noch immer hatte der Ort keinen Namen. Da kam einst der Alte Fritz vorüber und fragte die Maurer: „Wie soll denn das neue Dorf heißen?" Die wussten's natürlich auch nicht, und einer von ihnen antwortete dem Könige: „No, wer weeß?" „Gut", sagte der König, „so soll es heißen", und nannte den Ort Nowawes. (20, S. 154f.)

342 Der alte Jäger

In einem halb verfallenen einsamen Plantagenhause im Walde an der **Saarmunder Straße** hat lange ein alter Heideläufer gelebt, der durch seine scharfen, tief eingegrabenen Züge seines vertrockneten Gesichtes jedermann auffiel und durch seine in Wind und Wetter verblichene Kleidung etwas Unheimliches hatte. Vor ihm war kein Holzdieb oder Wildschütz sicher, er fand sie alle heraus und der Volksmund erzählte, er könne an mehreren Orten zugleich im Walde sein. Er sprach nur wenig, und wenn ihm jemand, der sich verlaufen hatte, im Dickicht begegnete und nach dem Weg fragte, da gab er fast immer kurze und barsche Antworten. Allein bei bösartigen Wunden und Geschwüren, bei Krämpfen der Kinder, bei Krankheiten der Haustiere, nahm man seine Zuflucht zu ihm, denn er wusste immer den besten Rat, und wenn ihm dann einer aus der mitgebrachten Feldflasche zutrank, wurde er gesprächig und erzählte wunderbar grausige Geschichten von Wölfen und Füchsen und Hirschen, die keine Kugel treffe, und vom Festmachen und anderen wunderlichen Dingen. Unter anderem erzählte er, er sei einst in der Nacht auf die Fährte von Wilddieben ausgezogen, zwar sei der Himmel ganz schwarz und mit Regenwolken dicht überdeckt gewesen, allein es habe sich doch kein Blatt bewegt. Da sei auf einmal vom **Brauhausberge** eine große dunkle Masse mit schaurigem Geräusche durch die Luft geflogen gekommen und es sei ihm gewesen, als zögen große dunkle Flecken, einer hinter dem anderen, durch die Luft wie Vögel und auch wieder nicht so. Er habe die Büchse angelegt und auf gut Glück darauf zugeschossen, und siehe, da habe er etwa in der Entfernung von zwanzig Schritt einen harten Fall auf die Erde gehört, aber nicht gesehen, sondern nur etwas über das Feld nach den Mühlen zu laufen hören, aber mit Schritten, wie sie etwa ein Hinkender so ungleich tue. Er habe sich nun an jener Stelle ein Zeichen gemacht, und als er am andern Morgen wieder hingekommen, habe er auf der Erde Splitter von einem Besenstiel und ein Geflecht von verblühten Pflanzen mit langen grauen Samenfedern, einem Daunenball ähnlich gefunden. Es müssten dies wahrscheinlich Hexen gewesen sein, die von einem ihrer Sabbate zurückgekehrt seien. Seit jener Zeit wachse nun auf jener Stelle, es war dies der Exerzierplatz, der sogenannte Hexenbart, die Brockenanemone, die sonst nirgends in dieser Gegend gefunden wird. (10, S. 114f.)

343 Die Bittschriftenlinde

Friedrich II. bewohnte die Eckzimmer im **Potsdamer Schloss** nach der **Teltower Brücke** zu, von wo er die Aussicht auf die Havel und den **Brauhausberg** hatte und von seinem Schreibtische aus vermittelst dreier Spiegel den **Lustgarten**, die Brücke und die ganze Umgebung des Schlosses übersah. Unter dem Fenster zunächst der Brücke steht eine alte Linde, welche noch jetzt [1871] die Bittschriftenlinde genannt wird, weil an ihr diejenigen ihren Standpunkt zu wählen pflegten, welche ein Gesuch in die Hände des Königs zu bringen wünschten. Sah sie der König hier stehen, so schickte er gewöhnlich sogleich hinab, um ihnen die Bittschriften abnehmen zu lassen. Dieser Weg, Wünsche oder Klagen vor den König zu bringen, wurde aber nicht bloß von den Bewohnern der Stadt und ihrer Umgebung gewählt, aus den fernsten Teilen des Landes sah man unter dieser Linde die Bittenden in ihrer heimatlichen Tracht stehen und hoffend und fürchtend ihre Blicke zu den Fenstern des königlichen Arbeitszimmers hinaufrichten. Die halbverwachsenen Narben, welche einige Fuß von der Erde ringsum in der Rinde des Baumes zu sehen sind, sollen von dem Pflücken und Zupfen herstammen, womit die Bittsteller in der Unruhe ihres Herzens den Stamm verwundeten. An diese Linde hat sich nun ein schöner Volksglaube angeschlossen. Wenn jemand nämlich über die Erfüllung eines Wunsches so recht in Sorge ist, dann geht er um Mitternacht unter die Linde am Schloss und schaut hinauf nach dem Eckfenster; scheint dieses dann wie durch ein blasses, weißes

Licht von innen heraus erleuchtet, so ist dies ein sicheres Zeichen, dass sein Wunsch in Erfüllung gehen wird. Ein Lichtschimmer aus Friedrichs des Großen Zimmer gilt als das beste Vorzeichen. (28, S. 114f.)

344 Der Spuk an der Hof- und Garnisonkirche in Potsdam

Bei der Garnisonkirche in **Potsdam**, in welcher Friedrich der Große begraben liegt, will man zu Zeiten allerhand Erscheinungen gesehen haben. Um Mitternacht hat man plötzlich Orgelspiel darin gehört, und es sah so aus, als wenn die ganze Kirche erleuchtet wäre. Die Schildwachen, die dort nachts standen, haben öfter behauptet, es hätten sich mit einem Mal die Türen der Kirche geöffnet, und der Alte Fritz, wie er leibt und lebt, sei hoch zu Ross herausgeritten gekommen; das Pferd hätte aber keinen Kopf gehabt! Wenn er dann die Runde von der **Breiten Straße** aus nach dem königlichen Stadtschlosse und **Sanssouci** gemacht hatte, so sei er, wie er ausgeritten, wieder zurückgekehrt und verschwunden, wie er gekommen. Die Türen hätten sich von selbst wieder geschlossen. (29, S. 37f.)

345 Das Froschpalais

Vor einem Menschenalter und wohl schon länger nannte man in **Potsdam** das **Hofbauersche Haus** im Volksmunde schlechthin das **Froschpalais**. Der Name gründet sich auf die folgende Sage.
Als Albrecht der Bär den Fürsten Jazco von Köpenick besiegt und zum Christen gemacht hatte, da war mit vielen anderen wendischen Edlen auch der Sohn des Hevellerkrolen über die Insel Potsdam im Kampfe gefallen. Dessen greiser Vater aber unterwarf sich nur äußerlich, von einem Glaubenswechsel wollte er nichts hören. „Auf meiner Väter Grunde mag ich lieber Frösche und Unken hören als fremder Mönche Plärren!" rief er. Der neue Landesherr entschied: „Dein Wille soll dir werden!" Dem Greise verblieb am Havelrande unfern der Burg des neuen Fürsten ein ausgedehnter Bruchlandrest, auf dem er sich nach Fischerart häuslich einrichtete. In lauen Mainächten soll noch heute durch das Froschgequake jener Gegend leises Menschenstöhnen klingen. (20, S. 130f.)

Das Grab im Neuen Garten zu Potsdam

An der Stelle des **Marmorpalais** stand vor dem Jahre 1786 ein freundliches zweistöckiges Haus mit einem ziemlich großen Saale, der sogenannte Puschelsche Weinberg, der von den Offizieren der Garnison in jeder Jahreszeit fleißig besucht wurde, teils um dort ihre Freizeit zu verbringen, teils um kleine Feste unter sich zu feiern. Selbst der Kronprinz und spätere König Friedrich Wilhelm II. nahm, angezogen von der schönen Aussicht über den **Heiligen See**, oft daran teil. Später kaufte er diesen Weingarten nebst noch dreizehn anderen, die alle vom Großen Kurfürsten angelegt worden waren, um daraus den Park zu bilden, der sich jetzt längs der schön gebogenen Ufer hinzieht. Unter den Offizieren, die diesen Ort zu ihren Spaziergängen wählten, befand sich auch ein junger Mann aus alter Familie, der von Natur aus einen gewissen Hang zur Schwärmerei hatte und denselben noch durch eifriges Lesen der Dichter jener Zeit vermehrte. So war er auch einst an einem schönen Frühlingstage an des Weinmeisters Haus gekommen, das am oberen Ende des Sees, da wo jetzt das grüne Haus erbaut ist, stand. Unter einem blühenden Kastanienbaum genoss er den Ausblick über den Heiligen See nach der Stadt und dem fernen **Brauhausberge**, als auf einmal die schöne Tochter des Weinmeisters aus dem Haus trat. Der Offizier fühlte sich mächtig zu ihr hingezogen, sodass er ihr nach einer kurzen Unterhaltung seine Liebe gestand. Das junge Mädchen hatte ihn schon öfter gesehen, fand sich ebenfalls für ihn eingenommen und so kam es, dass schnell ein Herzensbund geschlossen wurde. Sie trafen sich von nun an jeden Abend an diesem Orte und pflanzten einst übermütig zwei junge Lindenbäumchen mit den Zweigen in die Erde. An deren weitere Entwicklung knüpften sie eine Vorbedeutung für ihre baldige Vereinigung im Leben. Siehe da, die Zweige trieben Wurzeln und die Wurzeln grünten und trieben kräftige Zweige und Blätter, die beiden Linden stehen noch jetzt am Ufer des hellen Sees zwischen dem Marmorpalais und dem roten Hause und die Zweige aus ihren Wurzeln sind hoch emporgewachsen und wölben sich blühend zu einer schattigen Laube. Gleichwohl ist diese Vorbedeutung für die Liebenden trügerisch gewesen, noch ehe der Herbst die Blätter von den Bäumen warf, trat der Ernst des Lebens zwischen sie und bald sahen sie ein, dass die Verhältnisse ein gemeinsames Leben unmöglich machten. Sie beschlossen also, dem Schicksale Trotz zu bieten und suchten zusammen in der Tiefe des Sees die Ruhe, die sie im Leben nicht mehr zu finden können glaubten. Befreundete Hände bargen in einer rauen Herbstnacht die starren Leichname und begruben sie in der Mitte der Wiese, die zwischen dem grünen Hause und der Meierei von Erlengebüsch und hängenden Weiden umgeben ist. Die beiden Eichen, die noch jetzt auf diesem Hügel stehen, erinnern allein daran, dass hier unten zwei liebende Herzen im Tode vereint schlummern, die das Leben zu trennen suchte. (10, S. 129f.)

347 Der alte Zieten kommt nicht in Verlegenheit

Es gibt eine Menge Geschichten, in denen der Alte Fritz mit Zieten seinen Spaß hat und sich mit ihm neckt, wobei Zieten aber immer seinen Mann steht. Diese Geschichten sind oft sehr derber Art; eine harmlose ist noch folgende. Der Alte Fritz wollte einmal sehen, wie sich der alte Zieten helfen würde, und befahl, es solle ihm kein Löffel zur Suppe hingelegt werden. Als sie nun bei Tisch saßen und die Suppe aufgetragen wurde, sagte er zu Zieten, der ihm gegenüber saß: „Nun lange Er zu, aber ein Hundsfott, wer heute nicht alles aufisst." Zieten tat, als merke er die Absicht nicht, ihn in Verlegenheit zu setzen, sondern schnitt sich ruhig einen Löffel aus einem Kanten Brot, den er aushöhlte, und aß mit ihm seine Suppe. Wie er aber fertig war, sah er sich lächelnd bei Tische um und sagte: „Mit der Suppe wären wir fertig; aber nun meine Herren, ein Hundsfott, wer nicht seinen Löffel isst", und damit aß er ruhig seinen auf. (29, S. 38f.)

348 Der Faule See zu Potsdam

In der Stadt **Potsdam** lag einst außerhalb der alten Stadt in der Mitte des jetzigen **Wilhelmsplatzes** ein tiefer trüber Wasserpfuhl, der Faule See genannt. Diesen benutzte man zu der Zeit, wo man noch nach Hexen und Zauberern fahndete, dazu, auf seiner Oberfläche bei angeblichen Hexen die sogenannte Wasserprobe anzuwenden. Man legte sie gebunden auf das Wasser, und wenn sie untersanken, galten sie als der Zauberei überführt und man verurteilte sie zum Feuertode. Die ganze Gegend um den Pfuhl bestand aber aus einem trügerischen, morastigen Boden und oft sank während der Nacht eine scheinbar feste Stelle mit allem, was darauf war, ein. Nun trug es sich einmal zu, dass eine alte Frau zu Potsdam von einem Landstreicher, der ihr hatte Geld abschwindeln wollen und von ihr abgewiesen worden war, aus Rache von diesem beschuldigt wurde, sie habe ihm versprochen, ihn stichfest zu machen, wenn er ihr ein dreijähriges Kind bringen würde, dessen Zunge, Herz und Finger sie zu ihrem Zauber brauche. Trotz ihren Beteuerungen, dass sie unschuldig sei, wurde ihr nicht geglaubt, sie ward zur Wasserprobe verurteilt und von dem Henker nach der Wiese am Faulen See geführt; der schnürte ihr Hände und Füße fest zusammen, und der Ketzerrichter forderte den anwesenden Ankläger der alten Frau auf, noch einmal seine Anklage zu wiederholen. Derselbe trat auch bereitwillig auf eine etwas erhöhte Stelle in der Nähe des Sees und rief Gott zum Rächer auf, wenn er nicht die Wahrheit spräche, und siehe, plötzlich sank die Stelle, wo er stand, mit ihm in die Erde und der schwarze Moorschlamm schlug über ihm zusammen. Das Volk aber schrie Wunder über Gottes weises Gericht, die alte Frau wurde losgebunden und freigesprochen und in feierlicher Prozession zur Kirche geführt, um dem Herrn zu danken. Später wurde dieser Pfuhl durch einen Kanal, der in ähnliche Richtung führte wie der jetzt durch die Stadt fließende, mit der Havel verbunden. Als sich aber Potsdam unter Friedrich Wilhelm bis an das Bassin erweiterte, ließ der König den faulen, die Luft verpestenden Sumpf ausfüllen, was aber nur erst nach langer Arbeit gelang, denn der Morast schien unergründlich und oft versank in einer Nacht, was an Steinen und Erde während mehrerer Monate aufgebaut worden war. Endlich kam man aber doch zum Ende, allein noch immer senkte sich an manchen Stellen die Fläche des Platzes, der fast jährlich neu geebnet werden musste. (10, S. 113f.)

349 Der geheimnisvolle Saal

An einem schönen Herbstabende des Jahres 1795 haben Kinder in **Potsdam** auf der Straße miteinander verschiedene Spiele gespielt und zwar in der Nähe des Rathauses und in den angrenzenden engen Gassen. Es sind ihrer nach und nach immer weniger geworden, am längsten ist aber ein kleiner Knabe geblieben, sodass ihn zuletzt seine Mutter gesucht hat, allein gerade da ist er gekommen, hat aber gleich ins Bett verlangt. Am andern Tag aber befragt, warum er so spät nach Hause gekommen, hat er erzählt, er sei gegen Abend spät in einem Hause, wo er sich habe verstecken wollen, eine Treppe hinauf- oder hinabgegangen und an eine Türe gekommen, durch deren Spalte ein helles gelbes Licht herausleuchtete. Als er durch die Spalte gesehen, hätte er in einen langen gewölbten Saal mit runder Decke und Wänden von braunem Holze mit goldenen Zierraten geblickt, an den Wänden umher hätten Tische mit krummen Füßen und eckige Schränke gestanden, ganz gefüllt mit prächtigem blitzendem Geschirr von Kristall, Gold und Silber. In dem langen Saale aber wären Menschen in Mänteln und langen Bärten umhergegangen, als er jedoch diese sonderbaren Leute sich habe ansehen wollen, da habe mit einem Male ein so entsetzliches und gräuliches Gesicht mit rollenden Augen dicht vor der Ritze gestanden, dass er sich sehr erschreckt habe und nicht wisse, wie er nach Hause gekommen sei. Mit der Zeit ist das Kind immer schwächer geworden, ohne dass ihm eigentlich etwas gefehlt hat. Aber es fuhr oft schreiend aus dem Schlafe auf, weil ihm das gräuliche Gesicht mit den drohenden Augen im Traume erschienen war. Dann zitterte und weinte es heftig und war schwer wieder zu beruhigen. Im Frühling darauf ist der Knabe gestorben und sein kleines Grab ist das erste gewesen auf dem neuen Kirchhofe vor dem **Teltower Tore**, zu dessen Einweihung viele Menschen versammelt waren. (10, S. 107f.)

350 Die elf Berge bei Potsdam

In die Burg von **Potsdam**, die von der Havel und einem breiten Graben umschlossen an der Stelle der jetzigen **Heiligengeistkirche** lag, waren einmal zur Feier des Osterfestes viele Gäste gekommen, darunter elf junge Ritter, welche sich alle um die Hand der Tochter des Schlossherrn bewarben. Als nun am Ostermorgen die Gäste beim Frühmahle saßen und die Freier das Burgfräulein bedrängten, sich für einen von ihnen zu erklären, sie sich aber nicht entscheiden wollte und doch gleichwohl auch dem Drängen derselben und dem Wunsche ihres Vaters nicht länger Widerstand entgegensetzen konnte, erklärte sie, sie wolle dem von ihnen die Hand reichen, den sie am nächsten Morgen, am zweiten Feiertage, an dem Punkt treffen werde, von wo man die schönste Aussicht in das Land habe. Nun haben die Ritter, jeder für sich, nachgesonnen, was dies wohl für ein Punkt sein könne, und so sind sie denn am andern Morgen hinausgeritten, jeder auf die Kuppe eines Berges, wo er das Fräulein erwarten zu können glaubte. Jeder hatte sich für einen anderen Punkt entschieden; diese waren der **Heineberg** bei **Baumgartenbrück**, der **Krähenberg** bei **Caputh**, der **Telegrafenberg**, der **Ravensberg**, der **Babelsberg**, der **Klein-Glienicker Berg** bei der Sandgrube, der **Schäferberg** bei **Klein-Glienicke**, der **Pfingstberg**, der Berg bei **Sanssouci** und der **Panberg** bei **Bornim**. Allein keiner von den zehn hatte den richtigen Ort getroffen, denn als die Jungfrau am Morgen aufwachte, war es schon zu spät geworden, um einen weiter entfernten Ort zu erreichen; sie setzte daher mit der Fähre über und eilte dem **Brauhausberge** zu, und siehe, wen traf sie auf dem Gipfel? Gerade denjenigen unter den elf Rittern, den ihr in der vergangenen Osternacht ein Traumbild als ihren Auserwählten gezeigt hatte, und dieser hatte wieder diesen nächsten Punkt gewählt, weil er von hier aus die Fenster des Zimmers im Schlosse, wo das Fräulein wohnte, sehen konnte. Natürlich hat dieser nun auch die Jungfrau heimgeführt.

(10, S. 105)

351 Der Schimmel auf dem Wall zu Potsdam

König Friedrich Wilhelm I. hatte auf dem linken Ufer der Havel, von der Mündung der Nuthe bis zur Mitte der langen Brücke, einen breiten und tiefen Graben ziehen und längs desselben einen Damm aufwerfen lassen, der an seinem oberen Ende durch eine hölzerne Brücke mit dem Kirchhofe der **Heiligengeistkirche** verbunden war. Dieser Kanal, der im Winter von den Fischern frei vom Eise gehalten werden musste, sollte dazu dienen, das Desertieren der Soldaten zu verhindern, und darum war er im Osten, Norden und Westen mit einer hohen Mauer umgeben, und längs dem Kiez an der Havel erstreckte sich eine dichte Reihe von Palisaden. Früher war es nämlich vielen von den Deserteuren gelungen, die Havel zu durchschwimmen und sich nach der damals nur wenige Stunden entfernten sächsischen Grenze zu retten. Da trug es sich zu, dass ein Predigersohn aus **Baruth** von Werbern in eine Schenke gelockt und im Rausche veranlasst worden war, Handgeld zu nehmen. Vergeblich war alles Protestieren, als er aus seiner Trunkenheit erwacht war, er musste mit nach **Potsdam** und ward hier in ein Reiterregiment gesteckt. Hier musste er zwei Jahre lang aushalten, ohne dass es ihm gelang, auch nur einen Schimmer von Hoffnung zu erblicken, sich aus dieser schrecklichen Gefangenschaft zu erlösen. Endlich machte er den Plan, in der nächsten Nacht vom Sonntag zum Montag, wo kein Mondschein war und wo er die Stallwache hatte, durch die Havel zu schwimmen, leise zwischen den Posten auf dem Wall hindurchzukriechen und dann zu versuchen, längs dem Ufer der Nuthe fortzukommen oder sich im Schilf bis zur nächsten Nacht zu verbergen. Am Abend hatte er seinen Kameraden tüchtig zugetrunken und es war ihm gelungen, die Wachtmannschaft im Stalle zu bezechen. Eine Stunde nach Mitternacht machte er sich auf den Weg, nachdem er Gott auf den Knien um Beistand zu seinem Unternehmen angefleht und von seinem treuen Schimmel, dem einzigen, von welchem die Trennung schwer wurde, Abschied genommen hatte. Glücklich kam er durch die öden Straßen, unhörbar schwamm er über den Strom, als er hinter sich laut plätschern und schnauben hörte. Als darüber der Ruf der Wachen erscholl, barg er sich ängstlich auf dem Boden, da rauschte es hinter ihm, eine weiße Gestalt erhob sich schüttelnd aus dem Wasser und der Flüchtling erkannte seinen Schimmel, der sich losgerissen hatte und ihm nachgeschwommen war. Eilig lief er über die Wiese und den Wall, der Schimmel dicht hinterher; weil aber auf das wiederholte Anrufen der Wachen keine Antwort erfolgte, so schoss man von allen Seiten nach ihm und bald stürzten Mann und Ross von Schüssen durchbohrt zu Boden. Seit dieser Zeit sind nun aber die Posten auf dem Wall in den Nächten, wo kein Mondschein ist, nach Mitternacht oft durch ein Plätschern im Wasser erschreckt worden, dann sahen sie einen Schimmel, der nach der Behauptung vieler keinen Kopf haben soll, auf der Wiese hin- und herlaufen, ohne dass man einen Hufschlag vernahm. (10, S. 121f.)

352 Das älteste Haus Potsdams

In der ersten Hälfte des 16. Jahrhunderts bestand **Potsdam** fast nur aus vier Straßen, in deren Mitte auf einer kleinen Erhöhung des Bodens die mit einem Begräbnisplatze umgebene Kirche und unweit davon ein kleines Rathaus stand; so hatte sie auch nur zwei Tore, das eine, das **Brandenburger Tor**, führte durch den Wall in der Gegend des neuen Marktes, das andere, in der Gegend der grünen Brücke, hieß das Berliner, und war nur zum Teil durch eine Mauer, größtenteils aber durch einen Graben und ein festes Pfahlwerk mit dem ersteren verbunden. Von dem **Berliner Tor** längs der Havel hin bis über die jetzige **Burg-** und **Heiligegeiststraße** lag eine doppelte Reihe von Fischerhäusern, der Platz an der Havel aber, auf dem jetzt die **Heiligegeistkirche** steht, war durch einen breiten Graben zur Insel gemacht, auf der Landseite geschützt durch Mauer und Wall, auf der anderen durch den breiten Fluss. Hier stand die Burg, das sogenannte alte Haus Potsdams, ein viereckiges steinernes Gebäude mit spitzen Giebeln und einem runden Turm an jeder Ecke. Da wo jetzt das Schloss sich erhebt, war durch Joachim ein kleines Lustschloss errichtet worden, unweit der hölzernen Brücke, welche Friedrich I. statt der Fähre 1406 über die Havel hatte erbauen lassen. Unterhalb der Stadt, dem **Tornow** gegenüber und von ihm durch einen dichten Eichenwald getrennt, der sich weithin nach **Fahrland** und **Nedlitz** erstreckte, lag der **Kiez**, dessen Bewohner unter einem Schulzen lebten.

Dieser Schulze hatte nun ein ganz junges niedliches, schwarzäugiges Mädchen von kaum sechzehn Jahren zum Mündel, das allen jungen Burschen des Dorfes den Kopf verdrehte, und so auch ihrem Vormunde. Obwohl dieser nun schon zum dritten Male Witwer war, so ließ er es sich doch einfallen, einem vierten Frauenzimmer seine welk gewordene Hand anzubieten, und siehe, er ward erhört, am Osterfeste 1536 wurde sein rotbäckiges Mündel seine vierte Frau. Sie lebte als solche gerade so fort wie vorher als Mädchen, sie trug nach wie vor ihre Fische zum Markte und ging an den Sonntagen zum Tanze, wo es ihr keine andere an Frohsinn und Scherzen gleichtat. Da ist sie einstmals im nächsten Sommer, als sie wieder Fische in die Schlossküche tragen wollte, wie der Kurfürst Joachim II. sich gerade der Jagd wegen mit zahlreichem Gefolge im Schlosse zu Potsdam aufhielt, im Walde unweit des Kiezes mit einem großen stattlichen Herrn unter einer großen Eiche zusammengetroffen, der hat sie freundlich angeredet und sich über das und jenes mit ihr unterhalten, hat sie auch bis ans Tor begleitet. Später hat sie den Mann noch oft auf ihrem Wege zur Stadt getroffen und stets mit ihm eine längere oder kürzere Zeit gesprochen, ja, sie hat sich ordentlich geärgert, wenn sie einmal zur Stadt ging und ihren Gesellschafter nicht traf. Es ist ein großer schöner Mann in der Mitte der Dreißiger gewesen, hat sich ihr gegenüber für einen Beutner [Imker], der viele Bienenstöcke in den hohlen Eichen besäße, die er aber an andere verpachtet hätte, ausgegeben und gesagt er halte sich hier in der Nähe auf, um Acht zu haben, dass ihm nicht die jungen Schwärme entführt würden. Er hat aber über alle möglichen Gegenstände mit ihr geredet, und da sie ihn über vieles, was sie nicht wusste, befragte, unterrichtete er sie gewissermaßen, sodass sie bald viel mehr wusste, als alle ihre Gespielinnen, und das ganze Dorf erstaunt war, wie des Schulzen Frau plötzlich eine so kluge Frau geworden sei. Gegen das Ende des Herbstes blieb aber der Herr plötzlich aus und die Frau Schulzin sah nun erst, was derselbe ihr geworden war, ohne ihn wurde ihr das Leben fast unerträglich, und dies umso mehr, weil sie niemanden hatte, dem sie ihre Not klagen oder ihr Herz ausschütten konnte. Eines Tages, als sie wieder einmal zur Stadt ging, da sah sie eine große Menge Arbeiter bei der Eiche, die gruben die Erde aus und schienen eine Grundmauer errichten zu wollen. Auf ihr Befragen erfuhr sie, Kurfürst Joachim, wegen seiner Klugheit Nestor genannt, lasse hier ein Jagdschloss bauen, auf dem Hofe desselben solle aber die Eiche in der Mitte der Gebäude stehen bleiben. Im nächsten Jahre ließ sich der Bienenvater wieder sehen und als er mit ihr zusammenkam, tat er gar nicht, als wäre längere Zeit seit ihrer letzten Zusammenkunft verflossen, sondern war geradeso vertraulich, als hätten sie sich erst gestern gesehen. So ging es einige Zeit fort und die arme Schulzin ward immer mehr verliebt in ihn, sodass sie gar nicht mehr an ihren Mann dachte. Da trug es sich zu, dass in dem Herbst desselben Jahres ein Wolkenbruch in der Gegend von Potsdam fiel, die Havel stieg über ihre Ufer, viele Schiffe der Bewohner vom Kiez wurden zerstört oder vom Strom mit fortgeführt, und als in der darauffolgenden Nacht im Dorfe auch noch eine Feuersbrunst ausbrach, welche unter andern auch das Haus des Schulzen verzehrte, da war große Not in dem armen Fischerdorfe, denn der größte Teil der Bewohner war in den Fluten umgekommen und die übrigen hatten all ihre Habe in der Feuersbrunst verloren. An den Folgen dieses Schrecks starb der alte Schulze in wenigen Tagen, seine Frau aber blieb seit dem Tage verschwunden. Einige Monate nachher bezog nun aber der Kurfürst sein neues Lustschloss und bewohnte dasselbe seit jener Zeit nur mit wenigen Unterbrechungen. In der Umgegend aber wurde die Rede laut, man sehe ihn in den Gängen des das Schloss umgebenden Gartens oft mit einer jungen schönen Frau lustwandeln, die große Ähnlichkeit mit der verschollenen Frau Schulzin habe. Auch nach seinem Übertritt zur evangelischen Kirche im Jahre 1536 ist er häufig auf jenem Jagdschlosse gewesen, allein keiner der Hofleute, die er dorthin mitnahm, hat etwas über jene schöne

Dame verraten, sodass man zuletzt gar nicht mehr davon gesprochen und die ganze Sache für einen Spuk gehalten hat. Zwanzig Jahre nachher brannte das ganze damalige Potsdam ab und nur das Jagdschloss im Eichenwalde beim Kiez blieb von allen Gebäuden aus früherer Zeit übrig, wurde aber später vom Kurfürsten Friedrich Wilhelm auf den Wunsch seiner frommen Gemahlin zu einem Witwenhause eingerichtet. Dasselbe ist bis in die Dreißigerjahre des 19. Jahrhunderts stehen geblieben, da wurde es zwar niedergerissen, allein das neu aufgebaute **Predigerwitwenhaus** steht genau auf den Grundmauern des alten Jagdschlosses, ist also streng genommen das älteste Haus der Stadt Potsdam. (10, S. 119ff.)

353 Der Alte Fritz und der Bauer

Ja, so war der Alte Fritz, aber einmal, heißt es, ist doch ein Bauer über ihn gekommen. Der säte nämlich gerade Erbsen, wie der Alte Fritz – es war in der Gegend von **Potsdam** – dazukam und ihn fragte: „Na, werden sie kommen?" „Ja", sagte der Bauer, „wenn sie kommen, dann kommen sie nicht; wenn sie aber nicht kommen, dann kommen sie". Die Antwort hat der Alte Fritz sich aber nicht zurechtlegen können, soviel er sich auch darüber den Kopf zerbrochen hat. Der Bauer aber hatte an die Tauben gedacht, welche den gesäten Erbsen nachstellen, weshalb man diese auch auf verschiedenste Weise gegen jene schützt, und deshalb also gemeint: „Ja; wenn sie (die Tauben) kommen, dann kommen sie (die Erbsen) nicht; wenn sie (die Tauben) aber nicht kommen, dann kommen sie (die Erbsen)." (28, S. 55)

354 Die Mühle von Sanssouci

Keine Geschichte vom Alten Fritz ist so allgemein verbreitet, wie die von der **Mühle von Sanssouci**, und wer aus der Mark – und auch wohl weiter her – nach **Potsdam** kommt, vergisst nicht diese anzusehen. Als nämlich der König sich das **Schloss Sanssouci** gebaut hatte, wird erzählt, störte ihn das Geklapper einer dicht danebenstehenden Mühle, und er ließ dem Müller sagen, er wolle sie ihm abkaufen, wie viel er haben wolle. Der Müller wollte aber nicht darauf eingehen. Da ließ ihn der König vor sich kommen. „Hör'

Er", sagte der König, „Seine Mühle stört mich, ich will sie Ihm abkaufen. Wie viel will Er denn dafür haben?" Der Müller blieb aber dabei, dass er sie nicht verkaufen könne, es sei ein altes Familienerbe, sein Vater und sein Großvater hätten schon die Mühle gehabt, und er wolle sie auch seinem Sohne hinterlassen. Da wurde der König ärgerlich und drohte, er werde nicht viel Umstände machen, er werde die Mühle abschätzen lassen, wie viel sie wert sei, und dann ihm das Geld geben. Der Müller aber ließ sich nicht einschüchtern und meinte, das würde doch wohl nicht gehen, da müsste es ja in **Berlin** kein Kammergericht geben. Da lachte der König und ließ den Müller gehen. Die Mühle aber steht noch heutzutage da dicht bei Sanssouci.
(28, S. 56)

355 Der Räuber Peter Dönges

Zwischen dem **Brauhaus**- und dem **Ravensberge** zieht sich dicht vom Wege nach **Langenwisch** bis zur Havel beim **Tornow** ein tiefer Taleinschnitt hinunter, der früher von mächtigen Kiefern überwachsen und durch Brombeerranken und Gestrüpp mancherlei Art versteckt und unwegsam gemacht war, da soll einst die Höhle des bösen Räubers Peter Dönges gewesen sein. Jene Gegend war früher wenig besucht und nur sehr selten zog ein Wanderer die unwirtliche Straße entlang, welche durch den viele Meilen sich ausdehnenden, nur von Räubern und wilden Tieren bewohnten Wald führte. Die große Landstraße, die bei **Wittenberg** über die Elbe ins nördliche Deutschland führte, teilte sich bald, der eine Arm ging bei der festen **Burg Rabenstein** vorbei, längs der Ebene auf **Brandenburg**, der andere über **Treuenbrietzen** und **Saarmund** nach **Berlin**; **Potsdam** war noch zu unbedeutend und der Weg über die Havelarme und Brüche zu beschwerlich und unsicher, als dass hier an eine Handelsstraße gedacht worden wäre. Daher war jeder Einzelreisende verloren, wenn ihn sein Weg in diese Einöde führte; fiel er einem der zahlreichen Wegelagerer in die Hände, so konnte ihn nichts vorm Tode oder Gefangenschaft retten, denn auf etwa nachkommende Hilfe hatte er nicht zu rechnen. Der Schlimmste von allen war eben ein gewisser Peter Dönges, der sich mit seiner noch böseren Mutter, der sogenannten roten Hanne, die einst wegen Diebstahl in Potsdam gestäupt [mit Ruten gezüchtigt] worden war, im **Liefeldsgrunde** eine Höhle in den Boden gegraben und diese so geschickt mit Baumstämmen, Moos und Rasen überdeckt hatte, dass sie auch den schärfsten Späheraugen verborgen blieb. Hierher schleppte er die Beute seiner Raubzüge, mit Gefangenen befasste er sich nicht, denn gewöhnlich überfiel er nur einzelne Reisende, an mehrere zusammen wagte er sich nur dann, wenn es ihm gelang, sie vereinzelt zu ermorden. Mit Hilfe seiner Mutter versenkte er die Erschlagenen gewöhnlich in das sogenannte **Teufelsmoor** am jetzigen Fahrweg nach **Drewitz** und verbrannte alle ihre Kleidungsstücke sowie alles Gerät, was etwa leicht wiederzuerkennen gewesen wäre. An allen Hauptwegen waren im Dickicht Schlupfwinkel angelegt, in denen er sich zeitweise aufhielt, und in deren Nähe er eine Schnur über den Weg gezogen hatte, welche an einer Glocke in der Höhle befestigt war. Zog dann ein Wagen oder ein Wanderer vorüber, so machte die Berührung der Schnur die Glocke läuten, dann schlich er herbei und überfiel die Unvorbereiteten gewöhnlich von hinten. Nun trug es sich zu, dass er eines Morgens ein junges Fischermädchen aus **Neuendorf** im Walde traf, welches Netzgarn nach Saarmund trug. Statt sie zu ermorden, redete er sie an, fragte sie aus, wann und auf welchem Wege sie zurückkehren werde und begleitete sie bis kurz vor die Stadt in die Nähe des **Eichberges**. Bei ihrer Rückkehr am Nachmittage überfiel er sie im Dickicht, verband ihr den Mund und die Augen und schleppte sie auf vielen Umwegen zu seiner Höhle im Liefeldsgrund. Allein seine Mutter verlangte zornig, er solle sie sofort ermorden und nahm endlich, da er dies eine Mal ihr nicht nachgab, der zu Tode geängstigten Dirne einen furchtbaren Schwur ab, dass sie den Räuber nicht verraten, ja nie einer lebenden Kreatur von ihm erzählen wolle. In dieser Höhle lebte nun das arme Geschöpf lange Jahre, ohne je das Licht der Sonne zu erblicken, entweder blieb stets eins, Mutter oder Sohn, bei ihr zurück oder Dönges verrammelte die Türe der Höhle von außen, dass das schwache Weib sie nicht zu öffnen vermochte. Mittlerweile war sie Mutter geworden, da nahm die Alte das Kind und sagte, sie wollte es in die Stadt zu einer Amme tragen, denn hier könne durch das Schreien desselben die Höhle verraten werden. So geschah es drei Mal und jedes Mal wurde der Zank zwischen Mutter und Sohn deswegen heftiger. Allein vier Jahre, nachdem die Unglückliche in die Höhle geschleppt worden war, starb die Alte und nun sah sich der Räuber gezwungen, das Mädchen aus ihrer Gefangenschaft zu entlassen, denn wer hätte sonst Lebensmittel herbeischaffen sollen? Er ließ sie aber vorher jenen furchtbaren Eid noch einmal schwören, und siehe, die arme Person hielt ihn

auch gewissenhaft, sie kehrte jedes Mal getreulich wieder zurück. Nun ging sie eines Tages den Grund hinauf, um frisches Moos zu holen, da stieß sie plötzlich auf drei gleich große Steine, die wie Grabsteine in einer Reihe lagen. Ihr Herz fing an zu pochen, sie musste wissen, was unter den Steinen lag; sie rollte sie von der Stelle, grub die Erde unter ihnen auf und fand die Leichen ihrer drei Kinder. Da sann die unglückliche Mutter auf Rache und als sie das nächste Mal von Dönges ausgeschickt ward, um Lebensmittel einzukaufen, verließ sie den vorgeschriebenen Weg und ging nach Potsdam. Dort ging sie zuerst in die Kirche und betete zu Gott um Beistand zu ihrem Vorhaben und um Vergebung, wenn sie ihren Eid breche. Dann ging sie gegen Abend zur Schlosswache, trat an den Pfeiler, wo die Fahne stand, und erzählte dem leblosen Pfeiler alles, was ihr geschehen war. Sie sagte auch, dass sie heute Abend beim Zurückgehen nach der Höhle Mehl auf den Weg ausstreuen wolle, dem möge man nachgehen, und wenn man Peter Dönges fangen wolle, möge man morgen nach dem Mittagessen, wenn er schlafe, kommen, dann könne man ihn sicher überraschen. So hatte sie freilich keiner lebenden Kreatur den Aufenthalt des Mörders ihrer Kinder verraten. Allein der Soldat, der neben dem Pfeiler auf Wache stand, hat alles mit angehört und sogleich angezeigt. Am anderen Tage aber ist eine starke Mannschaft ausgeschickt worden, welche der Mehlspur bis an den Liefeldsgrund folgte, der Mooshügel, an welchem sie sich verlor, wurde von Soldaten umstellt und dann der Eingang mit großer Mühe gesucht und gefunden. Zwar leistete der Räuber heftigen Widerstand, allein er ward überwältigt, nach Potsdam gebracht und dort nach wenigen Tagen, als er seiner Schandtaten überführt und geständig war, vor dem **Brandenburger Tor** lebendig verbrannt.
(10, S. 126ff.)

356 Der Spuk am Wolfsbruch

Am **Wolfsbruch** zu **Wildpark** befindet sich im Jagen siebzehn ein Pfuhl, der zu Zeiten ganz ausgetrocknet ist, und der **Priesterpfuhl** genannt wird. In diesem Pfuhl soll ein Prediger namens Schlüter gebannt sein, der in **Bornim** seine Pfarre gehabt hat. Er konnte sich, als der Tod ihn abgerufen, gar nicht von seiner Gemeinde und von seinen Beichtkindern trennen, und nachdem seine Stelle anderweitig besetzt worden war, soll er seinen Aufenthalt als

Geist in dem Keller seines Amtsnachfolgers genommen haben, wovon denn die Folge gewesen ist, dass kein Pfropfen mehr auf den Weinflaschen, die sich dort vorfanden, sitzen bleiben wollte. Infolgedessen ist er hierher in den Priesterpfuhl gebannt worden, aber es blieb ihm gestattet, jede Nacht in der Geisterstunde herumzuwandern, was er denn auch oft bis zur Stelle der Überfahrt nach **Werder** hin getan hat. Wenn er hier angekommen war, soll er immer gerufen haben: „Hol über! Hol über!" Ehe indessen der Fährmann herbeikommen konnte, den Rufenden abzuholen, war dessen Stunde jedes Mal abgelaufen, und so hat er immer nach dem Pfuhl zurückkehren müssen. Ob er dort auch jetzt noch hausen muss, oder ob ihm die erlösende Überfahrt gelungen ist, haben wir nicht ermitteln können. (4, S. 63f.)

357   Das Straßenpflaster von Potsdam

Um 1540 war das Pflaster in den Straßen **Potsdams** in einen unleidlichen Zustand geraten: Kein Wagen, kein Reiter kam mehr glatt hindurch, die Fußgänger kollerten gegeneinander und bedachten sich dann ausgiebig mit freien Titeln, die sie vorzugsweise aus dem Reich der Vierfüßler wählten. So war Potsdam berühmt geworden durch sein schlechtes Pflaster und sein vieles Schimpfen. Da fand der Magistrat ein Mittel, um ohne Kosten beiden Übeln gleich zu steuern. Er erließ eine Verordnung, nach der jeder, der einen Mitbürger Schafskopf nannte, zwei Ruten ins Geviert [cirka dreißig Quadratmeter] zu pflastern hatte. Der „Ochse" ward mit drei Ruten neuem Pflaster gesühnt, der „Esel" mit vier, und so hatte jedes Tierlein seine Taxe. Die Stadtknechte passten brav auf, und hatten bald so viele Übertreter gefasst, dass die Plätze bei der Kirche und beim Rathaus ihr neues Pflaster bekamen, und mit der Zeit konnten auch die anderen Straßen alle herankommen. Zugleich ward auch der Ton des Verkehrs um vieles freundlicher und zuletzt fast anmutig. (20, S. 155f.)

358   Die schlafende Jungfrau

In **Potsdam**, im Königlichen **Park Sanssouci**, liegt ein schlafendes Mädchen hinter einem hohen Grottentore. Auf dem Torbogen sitzt ein Adler, der in

seinem Schnabel eine große vergoldete Schlange hält. Das Mädchen ist einst verwünscht worden, niemand weiß heute mehr warum. Wenn aber ein kühner Reiter es wagen wird, mit seinem Pferde dort über den dreißig Fuß hohen Torbogen zu springen, dann wird er die schlafende Jungfrau erlösen.
(20, S. 155)

359   Die Gründung Potsdams

Zu der Zeit, als der mächtige Wilzan, der in der festen Burg zu Dragowit wohnte, über die Wilzen an der Spree und Havel herrschte, bedeckte den ganzen **Potsdamer** Werder ein uralter Eichenwald, durch den sich von der Gegend des **Heiligen Sees** bis zur Havel am Lustgarten und von **Glienicke** her bis nach der Stadt **Werder** ein tiefes unzugängliches Bruch zog. Über dieses strömte im Frühling das Wasser der Havel und teilte den ganzen Werder in drei langgestreckte Inseln. Am meisten bewohnt war die nördlichste von ihnen, denn in der Gegend von **Bornim** und **Eiche** und am **Pfingstberge** lagen zerstreute Gehöfte, die zum Distrikt der Wublitz gehörten. Über sie herrschte auch der Krul oder Unterkönig der Haveller.
Die kleine Insel an der Havel war nur wenig breiter als der Teil der Stadt, der jetzt wieder durch den Kanal zu einer Insel gemacht wird, und nur ihr östliches Ende, der Mündung der Nudow gegenüber, war mit einzelnen Fischerhütten besetzt. Ihre Bewohner befuhren zwar weit und breit die Seen und Arme der Havel, die damals noch reich an Stören, Lachsen und Welsen waren, drangen aber selten durch die Sümpfe und Wälder, von denen ihr Wohnplatz im Norden umschlossen war.
Wo jetzt die Kirche des Dorfes Alt **Geltow** steht, war eine feste Burg des Krul der Haveller erbaut. Hier pflegte dieser einen Teil des Jahres zu wohnen, um von hier aus in den großen Wäldern am **Schwielowsee**, die reich an Uren [Auerochsen], Bären und Wölfen waren, zu jagen oder den wilden Schwan mit dem gelben Schnabel, wenn er auf seinen Frühlings- und Herbstzügen sich auf dem weiten, einsamen Wasserbecken niederließ, listig zu locken und zu fangen. Ein hoher doppelter Erdwall umgab einen fast runden Raum, aus dem sich ein turmartiges Gebäude, aus rohen Feldsteinen und Baumstämmen dick und unförmig zusammengesetzt, erhob. Nur eine leichte, schnell einzuziehende Brücke führte über den trockenen Graben

zwischen den Wällen, und außer der kleinen festen Tür waren keine Öffnungen im Turme, die von der Erde aus zu erreichen gewesen wären. Denn erst in bedeutender Höhe sah man die schmalen, sich nach innen und außen erweiternden Einschnitte angebracht, durch die das Licht in die niedrigen, nur mit Waffen und dem Gehörn des Urs und dem Geweih des Hirsches gezierten Räume dringen konnte, und höher hinauf die schwarzen Löcher, aus welchen der Rauch seinen Weg fand, der von dem mächtigen Feuer emporstieg, das fast beständig auf den breiten Steinherden in allen bewohnten Gemächern brannte.

Der Krul war ein wilder grausamer Mann, besonders seit sein einziger Sohn in einem Kampfe mit den Deutschen gefallen war, zu dem ihn der Oberkriwe wider seinen Willen veranlasst hatte, als jener eben das fünfundzwanzigste Jahr erreichte. Zum Erben seiner Macht hatte er zwar seinen einzigen Verwandten erwählt, und er hielt strenge darauf, dass diesem gleiche Ehre wie dem Sohn erwiesen wurde. Aber sein Herz blieb dem Jüngling fremd, und selten, nur bei feierlichen Opfern und Festmahlen, sah man diesen in seiner Nähe. Je älter der Krul wurde und je weißer sein Haar, desto einsamer lebte er in seiner Halle, und selbst die langen Winterabende verbrachte er allein auf seinem Lager von Tierfellen am knisternden Feuer, ja sogar in demselben Hause war er ungern mit dem jungen Chocus zusammen, der, ein rüstiger Jäger und Fischer, im Kreise seiner muntern Gefährten fröhlich und sorglos die Tage verlebte.

Einmal, als Chocus auf der Wolfsjagd gewesen war, fuhr er spät abends im Frühling von **Templin** in einem Kahne nach Hause zurück. Das Wasser war hoch, und der Wind stürmte aus Westen. Als sie fast den Wentorf erreicht hatten, verlor der Knecht das Ruder, und sie mussten mit ihren Spießen sich fortzubewegen suchen. Der Sturm trieb sie aber zurück, schon wurde es dunkel, und nachdem sie lange hin und her geworfen worden waren, trieben sie endlich an einer kleinen Insel fest. Hier suchten sie Schutz gegen den Sturm hinter dem Schiffe und schliefen ein.

Als der Fürst am nächsten Morgen erwachte, gewahrte er nahe bei sich einen Kahn, darin saß eine Fischerin, die ein Netz ausgeworfen hatte und sang. Das Mädchen aber war so schön, dass er gar nicht wieder von ihm wegsehen konnte. Als die Fischerin jedoch den fremden, reichgekleideten Mann erblickte, war sie sehr erschrocken und stieß mit dem Kahn vom Ufer ab. Chocus ging ihr nach und sprach so schöne Worte, dass sie dem

Mädchen zu Herzen gingen. Sie kam ans Land und dachte den ganzen Tag nicht wieder daran, fortzufahren.

Am Abend aber schifften sie alle drei über den Fluss und landeten da, wo jetzt die Heiligegeistkirche steht. Der junge Fürst hieb mit seinem Schwerte Zweige von den alten Eichen, und sie bauten sich eine Hütte. Dort lebten sie viele Monate in dem schönen Eichenwalde, bis dass Schnee fiel. Da sagte ihr Chocus, wer er sei, und dass sie die Frau des Kruls werden sollte, wenn auch sein Oheim das reichste Königskind für ihn gewählt hätte. Die schöne Fischerin aber war so glücklich, dass sie sich nicht darüber freuen konnte.

Als nun das Moor zugefroren war, ging er über das Eis nach der Burg zu Geltow und gelobte, nach drei Tagen wiederzukommen mit Ross und Gefolge, und sie heimzuführen. Als er jedoch in die Burg kam, war der Krul gestorben. Der Kriwe hatte das Volk am Opferstein versammelt und die Zeichen gedeutet: darauf hatte das Volk des Oberkriwen Sohn zum Krul der Haveller gewählt. Der Kriwe aber war bei dem neuen Fürsten in der Burg, und als nun Chocus kam, ließ er ihn in einen tiefen Kerker werfen, ohne Luft und Speise, damit er umkomme. In der zweiten Nacht gelang es ihm aber zu entfliehen, und er kam zu dem Wilzan nach Dragowit. Der nahm ihn freundlich auf und hätte ihn gern in sein Erbe eingesetzt, doch fürchtete er den Oberkriwen, der großen Einfluss unter dem Volke der Haveller hatte. Chocus aber schämte sich, zu dem Wilzan von der Fischerin zu sprechen, und wenn er trauerte, glaubte der Fürst, es sei um die verlorene Herrschaft. Am neunten Tage jedoch konnte er es nicht mehr ertragen vor Angst und Sehnsucht. Er entdeckte dem Wilzan alles, und dieser und sein Gefolge begleiteten ihn zu der Insel an der Havel.

Als sie über den tiefen Schnee nach der Hütte unter den Eichen kamen, fanden sie das schöne weiße Mädchen starr und tot. Von der Stunde an hat der junge Held nie wieder gelacht, sein dunkles Auge erlosch, und sein Haupt wurde weiß wie Schnee. Der Wilzan schenkte ihm die drei Inseln; da baute er sich eine Burg auf der Stelle, wo die Hütte stand, und nannte sie Poztupimi, das heißt unter den Eichen. Weil er ein gar guter Herr war, sammelten sich viele Einwohner auf dem Werder, der nach ihm Chocie genannt wurde, und bald entstand ein kleiner Ort um die Burg. Oft erwähnen alte Chroniken den Volksstamm der Chocini und erzählen gar mancherlei von deren Anhänglichkeit und Liebe zu ihrem Fürsten.

(4, S. 108ff., nach 23)

WERDER
Bhf.
Zgln.
Gallin
Kuhfort
F. Sanssoucitor
F. Nordtor
Brandenb. Vor
F. Entenfang
Entenfänger B.
Futterm.
Wildm.
Gerlachshöhe
Bismarckshöhe
K.F.
Wild Park
Baumschulhäuschen
Schäferei-B.
F. Südtor
Pirsch-Heide
Alt
Geltow
Wachtelburg
Streng-Br.
Grashorn
Baumgartenbrück
Karls-T.
Neu
F. Gaisberg
Havel
Glindow-See
Plötzhorn
Miren-B.
Franzensberg
Petzien
Blst.
Gr. Wentorf
Kl. Wentorf
W.F.
Gut
Caputh
Petzow
Grelle
Schwielow-See
Friedrichshöhe
Caputher S.
Krähen B.
Kessel-B.
Lockwitz
Zgl.
Flottstelle
Fbr.
Forst
Mittelbusch
Neuescheune
Junkershäuser
Ferch
Fercher Bge.
Gr. Lienewitz S.
Kl. Lienewitz
Michendorf
Wietkiken-B.
Bhf. Lienewitz
F. Schmerberg

Kapitel 4

Durch Seen, Sümpfe, Luche rechts und Wälder, Heide,
Hügel links der Havel zwischen Potsdam und Brandenburg

360 Das Grab am Spring

Am Fußwege nach **Templin** unweit des **Tornows** bei **Potsdam** am sogenannten **Spring** befindet sich ein hoher Hügel, von Brombeerkraut und Farnkräutern dicht bewachsen, das soll der Sage nach das Grab eines jungen Ritters sein, der einst die Wassernixe in dem Spring geliebt habe. Diese soll wunderbar schön gewesen sein und deshalb die Liebe des Nix vom **Schwielow**, der seine reich geschmückte Wohnung in dem See bei **Caputh** hatte, auf sich gezogen, dieselbe ihn aber verschmäht haben. Dies verdross den bösen Nix sehr, darum tat er ihr alles mögliche Leid an: Bald staute er das Wasser des Schwielows bei der schmalen Flussenge bei Caputh, dass das Havelwasser nicht ablaufen konnte und alle Wiesen und Erlenwäldchen der Nixe überschwemmte, bald lockte er ihre Lieblingsschwäne, tötete sie und warf sie ans Ufer, oder er häufte die Eisschollen im Frühling hoch am Wendorf auf, dass sie vom Tauwinde zurückgetrieben noch lange auf dem Wasserspiegel umherschwammen. Da trug es sich zu, dass sich auf der **Burg Potsdam** ein junger Ritter zur Heilung einer Wunde aufhielt, die er in einer Schlacht davongetragen hatte, und der sich zu seiner Erholung manchmal auf dem blauen Spiegel der Havel in einem Kahne schaukeln ließ. Als ihn die Nixe erblickte, konnte sie sich gar nicht an seinen schönen freundlichen Zügen sattsehen, sodass sie bald in großer Liebe zu ihm entbrannte. Der Ritter war bald so weit genesen, dass er das Ruder selbst führen konnte, darauf hatte die Nixe gewartet. Sie warf einen sanften Schlummer über ihn, dann tauchte sie auf, stieg in den Kahn und nahm den Schlafenden in ihre weichen Arme. Er glaubte zu träumen und als er erwachte, war von dem holden Wesen nichts mehr zu sehen. Am anderen Tage bestieg er seinen Kahn abermals und hatte dieselbe Erscheinung und so auch an den folgenden Tagen: immer wiederholte sich derselbe Traum. Seine Genesung ging so schnell voran, dass ihn der Arzt bald aus seiner Obhut entließ. Dies geschah am Tage des Vollmondes im Juli. Am Abend bestieg er seinen Kahn wieder und ließ sich von den Wellen an die kleine grüne Insel treiben, welche noch jetzt unweit des Badehauses von flüsterndem Schilf umgürtet daliegt. Über der Insel schwebte ein wunderbarer Duft und der Vollmond ließ alles darauf in einem Silberglanze erscheinen, als plötzlich das wunderschöne Frauenbild aus seinen Träumen vor ihm stand. Die schöne Nixe schlang ihren Arm um ihn und führte ihn kosend über die Rasenfläche der Insel. Und so kam er denn jeden

Abend wieder zu der Insel, wo ihn seine Geliebte bald am Ufer, bald an einem Quell der Uferbucht erwartete. Als ein Monat vergangen war und der Vollmond wieder am Himmel glänzte, führte sie ihn in ihre Wohnung in der Tiefe, in ihren kristallenen Palast, der prächtig mit Muscheln und Goldadern verziert, sich in weithingehenden Windungen bis tief in den Berg hinein ausdehnte. So lebten sie denn in süßer Gemeinschaft einige Jahre fort, er besuchte sie fast täglich auf der Insel und in den Vollmondnächten auch in ihrem Kristallhause unter dem Spring, und nur dann, wenn er im Gefolge seines Lehnsherrn zuweilen zu Fehden und Turnieren ausziehen musste, war ihre Beziehung unterbrochen. Vor Verwundungen und sonstigen Gefahren hatte sie ihn durch einen Talisman geschützt und daher hatte er eigentlich nur einen Feind zu fürchten, dies war der eifersüchtige Nix vom Schwielow. Allein da dieser aber nur Macht über diejenigen hatte, die sein Gebiet betraten und er versprochen hatte, das nicht zu tun, so glaubte die Nixe, für ihn auch nichts fürchten zu müssen. Nun traf es sich aber, dass der Ritter sich mit seinem Lehnsherrn auf einen Streifzug gegen Räuber auf das südliche Ufer der Havel begeben hatte, um dieselben für ihre Verwüstungen, welche sie den Besitzungen der Mönche von **Lehnin** zugefügt hatten, zu züchtigen. Die dankbaren Mönche bewirteten ihre Retter auf das Prächtigste, allein da es wieder der Tag vor dem Vollmonde war, so zog es den Ritter mächtig nach dem Spring und er verabschiedete sich von seinen Kameraden und begab sich auf den Heimweg. Um nicht dem Schwielow zu nahe zu kommen, wählte er einen wenig betretenen Waldweg, und schon stieg der Nebel von den Wiesen auf, als er zu einem einsam gelegenen Weiher gelangte, an dem jetzt das **Linowitzer Forsthaus** liegt. Der Weg führte quer über die Wiese und durch das seichte Fließ, welches in dem Weiher seinen Ursprung hat. Hier erhob sich plötzlich ein feuchter Nebel, der jeden Augenblick dichter und drückender wurde. Vergebens versuchte der Ritter die Umkehr, sein Ross sank jeden Augenblick tiefer in den moorigen Boden ein, große Dunstballen türmten sich um ihn auf, er konnte weder vor- noch rückwärts, graue Gestalten legten sich von oben auf ihn und drückten ihn endlich mit Gewalt in den weichen Boden, der unter ihm wich und über seinem Haupte wieder schloss. Er fand sich in einer dunklen feuchten Höhle wieder, vom Boden stiegen blaue Flämmchen auf, die ihm mit ihren giftigen Schwefeldünsten den Atem nahmen, vergeblich versuchte er zu entrinnen, die bösartigen Schwaden raubten ihm Kräfte und Sinne und erstickten ihn schließlich. Er war der tückischen Eifersucht seines Nebenbuhlers, des Nix vom Schwielow zum Opfer gefallen, denn jener Weiler gehörte zu seinem Gebiet, denn von ihm aus ergießt sich das schmale Fließ nach langen weiten Krümmungen in den Schwielow. Der boshafte Nix führte den entstellten Leichnam des Ritters davon, hochauf peitschte er die Wellen seines Sees und ein heulender Nordweststurm schleuderte der Nixe im Spring ihren toten Geliebten zu Füßen. Stumm nahm sie ihn in ihre Arme und suchte ihn zu erwärmen, allein umsonst, am frühen Morgen aber bettete sie sein Grab dicht zur rechten Seite am Quell, wo es noch zu sehen ist. Sie selbst aber verließ die Gegend, und der helle Wasserstrahl, der sonst so lebendig hervorsprudelte, wurde ein trüber melancholischer Bach, der langsam durch die Erlen dahingleitet. (10, S. 124ff.)

361 Die Quelle in Templin

In dem Dorfe **Caputh** lebte einmal ein munteres kleines Mädchen mit Namen Else, die ging einst mit ihrer Mutter nach **Potsdam** auf den Wochenmarkt und ward von dieser, die verschiedene Geschäfte in der Stadt zu besorgen hatte, angewiesen, voraus bis ans **Teltower Tor** zu gehen und dort auf die Mutter zu warten. Allein das kleine Ding vergaß den Befehl der Mutter und fing an, auf der Wiese vor dem Tore nach Blumen zu suchen, und entfernte sich so ein ganzes Stück weit. Dann begann es sie schrecklich zu dursten, denn es war im Hochsommer um Mittag herum, in der Heide war es glühend heiß, kein Lüftchen regte sich und in dem Kiefernwalde war es unerträglich dunstig und schwül. Da fiel ihr die klare kühle Quelle ein, welche unter den dichten schattigen Bäumen der **Templiner** Wiese rieselt. An der Quelle sah sie eine alte Frau auf den Steinen knien, die mit einem kleinen Maße das Wasser in einen großen Eimer schöpfte und der, wie es schien, das Bücken große Mühe verursachte. Mitleidig eilte sie hinzu, schöpfte ihr auch den Krug erst ganz voll, ehe sie selbst ans Trinken dachte, und da gab ihr die Alte aus dem Quell drei grüne Wasserlinsen und hieß sie diese wohl aufzuheben, „denn", sagte sie, „wenn du eine derselben ins Wasser wirfst und dabei einen Wunsch aussprichst, so wird er dir alsbald erfüllt werden". Nun machte sie sich wieder auf den Weg, allein sie war kaum hundert Schritte weit gegangen, als sie die Worte der Alten vergessen hatte. Ihr Durst war auch nicht gestillt, sondern nur noch brennender geworden, sie kehrte also noch einmal nach der Quelle zurück und fing an mit der hohlen Hand Wasser zu schöpfen und so zu trinken. Natürlich bekam sie so nur wenig in den Mund, und sie sah sich nach einem Gefäß um. Als sie keins fand, erinnerte sie sich an das sonderbare Geschenk der Alten. Schnell warf sie eine der grünen Linsen in die Quelle und wünschte sich ein Maß, das auch gleich auf dem Wasser schwamm. Kaum hatte sie getrunken, da fand sie, dass der Kranz von Wiesenblumen, den sie vorher geflochten hatte, verwelkt war, sie warf eine zweite Linse ins Wasser und wünschte, er möge wieder frisch sein. Dabei fiel ihr der Kranz aus der Hand in den Quell, und als sie ihn herauszog, waren die Blüten wieder frisch. Nun warf sie auch die dritte Linse ins Wasser und wünschte, ihre Mutter möge nun bald kommen, und siehe, da kam sie schon den Berg herab und freute sich, ihr Kind, um das sie sich schon geängstigt hatte, wiederzuhaben. Mittlerweile war nun Else größer und älter geworden, da trug es sich zu, dass sie – nun ein Mädchen von zwölf Jahren – wieder einmal in der Stadt gewesen war und am Abend zu der Quelle von Templin kam, und dort die graue Alte von damals sitzen fand. Diese rief sie zu sich und ließ sich von ihrem Leben erzählen. Beim Abschied ermahnte sie sie, ja recht fromm und fleißig zu sein und schenkte ihr drei Fischschuppen, die solle sie sorgsam aufbewahren, bis sie groß geworden sei; hätte sie dann einen Wunsch und würfe eine Schuppe ins Wasser, so würde er auch erfüllt werden. Else band die glänzenden Schuppen fest in ihr Tuch und begab sich auf den Heimweg, als sie aber aus dem Wald vor Caputh heraustrat, da wo die tiefe lockere Sandscholle ist, da sah sie einen alten Mann aus ihrem Dorfe mit Mühe einen schweren, mit Gänsen beladenen Karren durch den Sand ziehen. Sofort sprang sie hinzu und half den Karren schieben, allein sie war zu schwach und der Sand zu tief und trotz aller Mühe kamen sie nur wenig weiter. Da sprang Else schnell entschlossen nach der Havel hinab, warf eine der Fischschuppen ins Wasser und wünschte, der Wagen möge leichter werden, damit er sich besser ziehen lasse. Da hörte sie den alten Mann hinter sich her schreien, der Wagen war umgefallen und die Gänse herausgeflogen, die nun mit den Flügeln schlagend nach allen Seiten schnatternd davonliefen. Erschrocken warf sie nun auch die zweite Schuppe ins Wasser und wünschte, der alte Mann möge seine Gänse wiederbekommen, und siehe, dieselben liefen flatternd nach einer ebenen Stelle auf dem Wege zusammen, und als nun Else mit dem leicht gewordenen Wagen bis dahin gekommen war, ließen sie sich mit den Händen greifen und ohne alle Mühe fangen. Freilich hatte nun aber Else zwei ihrer kostbaren Schuppen geopfert, allein sie beschloss, nun aber die dritte desto sorgsamer aufzubewahren, legte sie, zu Hause angelangt, in eine kleine Kapsel und trug diese von nun an beständig an einer Schnur um den Hals.

So verging abermals eine Reihe von Jahren und aus der kleinen Else war ein hoch aufgeschossenes schlankes hübsches Mädchen von achtzehn Jahren geworden, dem alle jungen Burschen nachliefen. Ihr aber gefiel von allen nur einer, das war der Fischer Konrad. Allein sie hatte eine Nebenbuhlerin, die Tochter des Dorfschulzen, die auch recht hübsch war und dazu noch wohlhabend, was ihr vielen Kummer machte. Da trug es sich zu, dass Kirchweih im Dorfe war und natürlich an demselben Tage auch Tanz in der Schänke, da fühlte die Else eine solche Eifersucht, dass sie vom Tanzplatze, ehe noch die Musik begann, nach dem Wasser lief, die Schuppe ins Wasser warf und den Wunsch ihres Herzens aussprach, ihr Konrad solle nicht mit der Schulzentochter tanzen. Siehe da, ihr Liebster kam aber den ganzen Abend nicht in die Schänke und auf ihr Fragen, wo er sei, erfuhr sie, er sei vor zwei Tagen mit einer Ladung Fische nach **Berlin** gefahren, aber noch nicht zurückgekehrt. Da erfasste sie namenlose Angst, denn sie glaubte, ihr Geliebter sei verunglückt, und als sie bei anbrechendem Morgen am Ufer vergeblich nach seinem Kahn gespäht hatte, lief sie in Verzweiflung nach der Quelle zu Templin und schüttete vor der Alten, die wie zufällig dort saß, ihr Herz aus. Allein diese beruhigte sie und scheint ihr abermals ein Geschenk gegeben zu haben, denn sie ging mit freudiger Miene nach Hause, und in einem Jahre war sie ihres Konrads Frau. (10, S. 122ff.)

362 Der Spuk am Entenfängersee

Zwischen den Havelseen bei der Inselstadt **Werder** und einer bewaldeten Hügelreihe zieht sich längs den Ufern des Flusses ein breites Wiesenland hin, durchschnitten von einzelnen gewundenen Wasserzügen und wellenförmigen Höhen; unterhalb der höchsten Waldhügel unweit des unter dem Namen des Entenfängers bekannten Gehöftes liegt ein Erlengehölz, wie gewöhnlich schattig, feucht und auf seinem Boden mit Giftpflanzen und üppig wucherndem Schlingkraut bewachsen. In der Mitte desselben befindet sich ein ziemlich umfangreicher See, der **Entenfängersee**, der wegen seiner Einsamkeit und Ruhe zum Fange der wilden Enten benutzt wird, indem die Lockenten Letztere herbeirufen und sie durch Binsen und Rohr bis in die Netze der sogenannten Totenkammer führen, welche dann der lauernde Jäger hinter ihnen schließt.

An heiteren Abenden sieht man über diesem verborgenen Orte ein kleines Wölkchen schweben, welches langsam bis auf die Wasserfläche herabsinkt und sich wie ein weißer Nebel in flockigen Streifen über die benachbarten Wiesen verbreitet. Dies nennt der Landmann: „Der Fuchs badet sich" und es verkündet gutes Wetter für den folgenden Tag. Nach anderen aber soll diese Erscheinung von einem Gespenste herrühren. Ein Pfarrer soll seiner Tochter, deren Mann eine bessere Stelle als er bekam, das Brot verflucht haben und dafür an den See verwünscht worden sein. Dort sitzt er im Nebel und droht mit der Faust, ruft man aber den wohlbekannten Namen seiner Tochter, so stürzt er plötzlich ins Wasser. (10, S. 115f.)

363 Kobolde

Bei **Werder** gab es früher eine Menge Leute, welche weder ernteten noch backten, noch butterten, noch melkten und dennoch hatten sie immer ihre Böden voll, immer Butter, Brot und Milch im Hause. Ja, nicht einmal ihr Mittagbrot kochten sie sich selbst und dennoch hatten sie immer die schönsten Speisen des Mittags und Abends auf dem Tisch zu stehen. Das machte, ein Kobold trug ihnen alles zu. Durch den Schornstein zog er ein und aus, und oft hat man ihn des Abends wie einen feurigen Wiesbaum [lange Stange, die zur Sicherheit auf die Ladung, zum Beispiel bei Heutransporten, gelegt wurde] am Himmel hinziehen und wie eine Sternschnuppe in das Haus einfallen sehen, wo er hingehörte. Für gewöhnlich hielt er sich auf dem Boden des Hauses auf und lag in einem Fass meist in Tiergestalt als ein Kalb oder weißes Lämmchen und wurde dann ordentlich von den Leuten gefüttert. Oft erschien er auch als ein dreibeiniger Hase oder als eine große schwarze Katze, und mit einer solchen ist einmal eine kuriose Geschichte in **Fahrland** passiert.

Ein Knecht aus Fahrland, heißt es, fuhr einmal Getreide nach **Potsdam** und verkaufte es dort auf dem Markte. Als dies geschehen war, spannte er seine Pferde aus und brachte sie wie gewöhnlich in den Stall eines ihm bekannten

Bierbrauers. Hier bemerkte er eine große schwarze Katze, die ihm sehr gefiel, und da man dergleichen Tiere zu nehmen nicht für Diebstahl hält, so lockte er sie an sich, fing sie und nahm sie mit, damit sie seine Stallkatze würde. Zu Hause angekommen, brachte er sie in die Stube seines Bauern, damit sie sich erst an die Hausbewohner gewöhne, setzte ihr Milch vor und streichelte ihr den Rücken, sodass sie einen krummen Buckel machte und es ihr bereits ganz wohl zu werden anfing und sie sich behaglich hinter die Hölle [schmaler Raum zwischen dem großen Stubenofen und der Wand] legte. Mitten in der Nacht, es war gerade zwischen zwölf und eins, wacht der Bauer auf, denn er hört, dass es von der Hölle her ganz laut ruft: „Wat soll ick denn brengen? Wat soll ick denn brengen?" „I", sagt der Bauer, „einen halben Scheffel Weizen!" und schläft wieder ein. Nicht lange, so hört er's wieder rufen und sagt diesmal einen halben Scheffel Gerste, darauf verlangt er noch anderes, bis es endlich im Turm eins schlägt, die Stimme nicht mehr fragt, und er wieder in Schlaf fällt. Frühmorgens, als er aufwacht, findet er Weizen, Gerste und alles übrige Verlangte vor der Tür stehen und will sich eben recht über die prächtige Katze freuen, als der Potsdamer Bierbrauer, dem einer gesagt haben musste, dass der Knecht die Katze mitgenommen hatte, ihm die Katze abfordern und zugleich verkünden lässt, dass er sich nie wieder unterstehen solle, irgendetwas von seinem Hofe mit wegzunehmen. Die Katze war nämlich ein Kobold und darum konnte auch der Brauer über ihren Raub mit Recht so erzürnt sein. (29, S. 57ff.)

364 Schloss Zolchow

Am **Plessowschen See** liegt grade dem Dorf **Kemnitz** gegenüber das Vorwerk **Zolchow**, hier steht ein altes Schloss, das noch vor wenigen Jahren mit hohem Wall und Graben, über den eine alte Zugbrücke führte, versehen war. Einige sagen, es sei das Stammschloss der Familie von Rochow, und da es sehr fest gewesen, auch ein unterirdischer Gang von **Plessow** dahin geführt hat, hätten sich die Rochows, wenn sie in Not gewesen, hierher geflüchtet. Andere erzählen, es hätten hier Räuber gewohnt, die furchtbar in der ganzen Gegend gehaust, deshalb sei man auch gegen sie gezogen und habe sie hier belagert, aber man habe die Burg nicht einnehmen können. Bei dieser Belagerung soll die Burg namentlich vom See aus angegriffen worden sein, und man zeigt noch fünf runde Löcher am Nordgiebel, die von hineingeschossenen Kugeln herrühren sollen. (16, S. 70)

365 Der letzte Britzke zu Kemnitz

Datt Dörp **Kemnitz** hett van langen Titen her de Herren van Britzke hüürt, un de letzte is eerscht vöör en par Jar storven un nuu sall et annen aennern Lehnsvedder kamen, dee noch darümme perzesseeren deit. Se seggen awer immer, dett de olle Eddelmann all bii siinen Lewenstiien ümmegan is, denn ofte hebben de Lüüe int Dörp emm Nachtens in de Dörpstrate metten Kopp unnern Arm ruff un raff jagen seen. Ofte hebben ook siine Lüüe, wenn hee uutfüürt (ausgefahren) was, en grootet Gepolder vannen Wagen hüürt, un hebben löövt (geglaubt), dett eer Herre na Huus kamen wär, un wenn se denn ruutkamen sint, is allet still un nist da west. (16, S. 68)

366 Der Spuk auf dem Schloss zu Kemnitz

Int olle Schlott to **Kemnitz** isset (ist es) nie recht richtig west, denn Nachtens hebben de Lüüe ofte en grooten Lärm un Spittakel hüürt, un watt dett west is, dat kunne Martin Runge, dee Knecht upt Schlott was, am besten vertellen (erzählen). Dee hadde mal ens Amns (Abends) in de Volkstoowe (Gesindestube) de Tiit verschlapen un de aennern hadden em en Schaobernack speelt un hadden, as see to Bedde jungen (gingen), de Volkstoowendöör toschlaten. As he nu monter waren is, het hee dabliiwen mütten un hett sick up de Amnbanke lecht (Ofenbank gelegt). Da is hee knapp (kaum) inschlapen west, hüürt hee en grooten mächtigen Lärm, un hüürt dettet de Treppe rupstolpert, un upp eemal springt de Döör, dee doch toschlaten was, upp un et kümmt watt rin un kraupt (kriecht) so an alle Wände rüm un reckt sick in de Hööcht (Höhe) un kiekt upp alle Bredder un in alle Spinnen rin. Eerscht uppet Keesebrett, wo de Eddelfrau eeren (ihren) Keese dröögt (getrocknet) hett, denn upp de Anrichte in de Kööken, denn in de Vorratskamer, un makt alle Spinnen, dee de Fraue immer toschlaten hadde, upp un keek (sah) in alle Töppe. Tolest (zuletzt) isset ook annen Aben kamen, hett sick in de Hööcht reckt und in de Rööre rin keeken, un wiil Martin Runge nu da upp de Banke liggen dee, da hett hee seen künnen, dettet ganz assen grooten Hunt leet (wie ein großer Hund aussah) un ganz raue zottige Beene hadde. Dunn isset afgan un hett de Döör weer tooschmeeten. Hee hett nu giirn (gern) ruut wult, awerscht de Döör is so fast to west as vöör un hee hett de ganze Nacht da bliiwen mütten. (16, S. 68f.)

367 Der weissagende Schwan

To **Kemnitz** is vöör noch gar nich lange Tiit en Nachtwächter west, dee haddet immer vorher weeten (wissen) künnen, wenn eener int Dörp sterven sülle (sollte), denn wenn hee dunn hett de zwelfte Stunne afroopen wullen, is en grooten witten (weißen) Schwan uuten **Plessowschen See** ruutekamen un is na'n Kerkhof ruppegan, un denn is jedetmal balle eener int Dörp estorven, so datt he gar nich mehr hett de zwelfte Stunne afroopen müügen. Datt hett hee denn tolest ook nich mehr edan (getan), denn eene Nacht will hee ook grae (grade) weer afroopen, da kümmt de witte Schwan uuten See ruutewatschelt un geit uppen Kerkhof un da grae uppen Eddelhof too. Da is emm denn angst un bange waren un is na Huus eloopen, hett de Lüüe monter makt un hett sed: „Kinger, Kinger, et gift weer ne Liike (Leiche) int Dörp un dat keene kleene; de Schwan is uuten See kamen un is grad uppen Eddelhof togan!" Un dett hett ook keene acht Dage duurt, da is de Eddelmann doot west. (16, S. 67f.)

368 Der Räuberberg bei Phöben

Wenn man von dem Dorfe **Phöben**, das unweit des Städtchens **Werder** liegt, dem Laufe der Havel folgt, so kommt man etwa auf der Hälfte des Weges zwischen Phöben und **Paretz** am linken Ufer des Flusses an eine Landzunge, die von der Landseite her überall mit niedrigen Wiesen umgeben ist und auf der eine offenbar künstliche Anhöhe liegt, welche der **Räuberberg** oder Roowerbarch genannt wird. Sie ist ziemlich hoch, liegt dicht an der Havel und die Wände sind sehr steil; etwa zweihundert Schritt davon sieht man noch eine wallartige Erhöhung mit Spuren von Gräben, die auf beiden Seiten bis an die Havel reicht.

Auf dieser Höhe hat, wie erzählt wird, das adlige Geschlecht derer von Rochow sein Stammschloss gehabt, und hier sollen sie die Schiffe, welche die Havel herauf- und hinabfuhren, gebrandschatzt und geplündert haben. Und damit ihnen ja keines entginge, hatten sie folgende Vorrichtung gemacht: Sie sperrten den Strom nachts mit einer Kette, die aber unter dem Wasser, jedoch hart an der Obefläche hinlief; an dieser war ein Draht befestigt, der bis zu einer in der Burg befindlichen Glocke reichte. Fuhr nun ein Schiffer, der nichts von dieser Einrichtung wusste, die Havel daher, so stieß er an die Kette und die Glocke verriet darauf den Leuten in der Burg, dass eine Beute da sei, welche dann auch gleich herausstürzten und sie in Beschlag nahmen. So haben sie denn hier große Schätze zusammengehäuft, die zum Teil noch da vergraben liegen, denn man sieht oft genug die kleinen blauen Flämmchen brennen, die in der Regel das Verborgensein eines Schatzes verraten. Einige Leute haben diesen auch einmal heben wollen, sind aber durch allerhand Dinge zum Lachen gebracht und dadurch abgehalten worden, still weiterzugraben; so haben sie gesehen, dass ein Hahn einen gewaltigen Balken hinter sich hergeschleppt hat und dergleichen mehr, da haben sie natürlich laut aufgelacht und konnten so den Schatz nicht bekommen. (16, S. 64ff.)

369 Die Weiße Frau auf dem Räuberberg

Auf dem **Räuberberg** bei **Phöben** ist es nicht recht geheuer, denn oft, wenn die Fischer aus **Göttin**, das unweit davon liegt, in seine Nähe gekommen sind, haben sie gehört, dass es gewaltig hinter den Kahn herrauschte, und gesehen, wie sich etwas Weißes im Wasser, das wie ein Schwan aussah, hob, als wolle es noch schnell in den Kahn hineinspringen.
Oft lässt sich auf dem Berge auch eine Weiße Frau mit einem Schlüsselbunde sehen, und so zeigte sie sich auch einmal einem Fischer, der dort seine Netze auswarf, denn wie er eben ans Ufer kommt, sieht er sie plötzlich vor sich stehen. Da sagt sie ihm, seine Frau sei daheim eben mit einem Knaben in die Wochen gekommen, und bittet ihn, er möge doch nach Hause gehen, das Kind holen und ihr bringen, damit sie es küsse, dann werde sie erlöst werden. Der Fischer fuhr auch sogleich nach Hause, wo er alles fand, wie es ihm die Weiße Frau gesagt hatte. Nun wollte er sie wohl gern erlösen, wusste aber doch nicht, ob er es wohl tun dürfe und ob es

wohl nicht gar etwa seinem Kinde Schaden oder Tod bringen möchte; er ging daher zu den Nachbarsleuten umher, allein die konnten ihm eben so wenig raten, wie er sich selber. Da ging er denn zuletzt zum Prediger, der sagte dann, er dürfe es wohl tun, aber das Kind müsse zuerst getauft werden; da ließ er es denn schnell taufen und fuhr mit dem Knaben hinüber nach dem Räuberberg. Wie er jedoch da ankam, fand er die Weiße Frau weinend und wehklagend, denn das war eine der Bedingungen, die ihr gesetzt waren, dass das Kind, durch das sie erlöst werden sollte, nicht getauft sein dürfte. Und so erscheint sie immer noch zuweilen auf dem Räuberberg und harrt, dass der Erlöser kommen solle. (16, S. 66f.)

370 Grausiger Jagdlohn

Man darf nicht in das Hallo der Wilden Jagd einstimmen oder ihr nachrufen, sonst wirft's eine Pferdekeule mit dem Ruf herab: „Hast du mit helfen jagen, musst du auch mit helfen knagen." Diese kann man dann nicht wieder loswerden, die ist einem auf den Rücken festgebannt oder riecht so übel, dass sie das ganze Haus mit Modergeruch erfüllt. Manchmal hat's auch gar eine Menschenlende heruntergeworfen, wie es einem bei **Prenden** begegnet ist, wo der alte Sparr [General aus der Zeit des Großen Kurfürsten] mit der Wilden Jagd zieht. Als da ein Bauer in das Hallo mit einstimmte, kam eine Menschenlende herunter und, ehe er sich es versah, saß sie ihm auf dem Rücken und eine Stimme rief: „Hast du helfen jagen, sollst du auch helfen tragen." (28, S. 7ff.)

371 Der von Arnstedt und der Wilde Jäger

Der Urgroßvater des Großvaters des jetzigen Herrn von Arnstedt in **Groß Kreutz** lag einst des Abends bereits im Bette, als er die Wilde Jagd daherbrausen hörte. Nun war er ein gar lustiger und übermütiger Herr, und rief drum hinaus: „Halb Part!" schlief darauf ein und erwachte erst spät am Morgen. Aber wie war er verwundert, als er die Augen aufschlug! Dicht vor seinem Fenster hing an einem gewaltigen Haken eine große Pferdekeule. Von solcher Jagdbeute hatte er nun freilich nicht der Halbpartner sein mögen, darum ließ er sie fortbringen, aber kaum war's geschehen, hing sie schon wieder da. Das kam ihm gar wunderbar vor, und er dachte, vielleicht liegt's am Haken, und ließ den, ob's gleich große Mühe kostete, herausziehen, doch mit dem ging's ebenso, er war nur eben heraus und man hatte den Rücken gewandt, so saß er schon wieder so fest drin, wie zuvor, und die Pferdekeule hing auch wieder da, und so mag sie wohl heute noch da hängen. (16, S. 62f.)

372 Der Trommler von Mollwitz auf Schloss Gröben

Kurt von Schlabberndorf, Schlossherr auf **Gröben** im **Kreise Teltow**, war zusammen mit seinem Diener in den Siebenjährigen Krieg geeilt; der Herr als Leutnant, der Diener als Trommler. In der Schlacht von **Mollwitz** fiel der Leutnant, sein Diener, der beim letzten großen Bajonettangriff wacker getrommelt hatte, brachte den toten Herrn nach Gröben zurück und pflegte dort getreulich sein Grab in der Kirche. Stets begleitete ihn eine große graue Katze, die er vom Regiment her mit nach Hause gebracht hatte. Eines Abends fand man ihn tot an der Kirchenwand sitzen, dort, wo im Innern der Grabstein seines Herrn stand. Man machte ihm an der Stelle, wo er gestorben war, das Grab. Die Katze lagerte sich auf dem Grabhügel, wo man sie nach einigen Tagen ebenfalls tot auffand. So oft seit jener Zeit ein Kriegszug für Preußen bevorsteht, rühren sich die drei und rufen die Mannschaft aus dem Teltow zu den Fahnen.

Zuerst sieht man eines Abends die graue Katze vom Grabe des Trommlers her den Efeu an der Kirchenwand emporklettern und übers Dach zum Turm eilen, als wollte sie Sturm läuten, darauf schreitet von elf bis zwölf Uhr nachts der Trommler durch Gröben und den Kietz und trommelt, dass man es bis **Saarmund** und **Trebbin** hin hören kann. Um zwölf Uhr aber steht der Leutnant von Schlabberndorf an der Gartentür seines Schlosses. Er trägt die alte Uniform, schwenkt den Dreimaster und deutet mit dem Degen nach der Himmelsrichtung, in welcher der Feind zu suchen ist. Solches geschieht drei Nächte hintereinander. Dann weiß die Mannschaft in Teltow Bescheid.

(20, S. 110)

373 Der versunkene Krug

Wenn man von **Tremsdorf** im alten Kreise Zauch-Belzig nach **Fresdorf** oder **Wildenbruch** geht, dann kommt man in einen Talgrund zwischen zwei Bergen, wo im Frühjahr und wenn es geregnet hat, meistens Wasser steht. Und da ist dicht an dem Berg zur linken Hand ein kleines Fenn, wo das Wasser nicht austrocknet, auch im heißesten Sommer nicht. Da soll in alten Zeiten ein Krug gestanden haben, in dem die Tremsdorfer immer eingekehrt sind, wenn sie nach Fresdorf in die Kirche gingen. Zuletzt sind aber die allermeisten, statt nach Fresdorf in die Kirche, bloß noch bis zu dem Kruge gegangen und haben da so lange gespielt und getrunken und herumgetollt, bis die wenigen, die nach der Kirche gegangen waren, wieder zurückkamen. Dann sind sie auch mit nach Hause gegangen. Dabei hatten sie die anderen noch zum Narren, wie dumm sie doch wären, noch in die Kirche zu gehen, im Kruge wäre es doch viel besser. Aber einstmals, wie sie auch wieder statt in der Kirche da in dem Kruge sitzen und es noch viel toller als sonst treiben, da plötzlich geht der Krug mit allen, die darin sind, unter die Erde, und die Erde schlägt über ihnen wieder zusammen, sodass sie lebendig begraben bleiben. (20, S. 106)

374 Die verwandelten Jungfrauen

Auf dem **Weinberge** bei **Großbeuthen** im **Kreise Teltow** – nach anderen auf dem **Gottesberge** bei **Voigtsdorf** – lebten in alter Zeit in einem Kloster viele fromme Jungfrauen, die Töchter der Edlen und Herren im Lande. Da fielen die Polen in die Mark ein. Die Jungfrauen wollten nach **Brandenburg** zum Bischof fliehen. Doch die Polen holten die Flüchtigen ein und trieben sie in eine Flussschlinge, wo sie nur durch einen Sprung ins Wasser sich hätten retten können. Da erbarmte sich die heilige Jungfrau der Geängstigten. Sie stieg eilend vom Himmel herab und ein freundlicher Wink ihrer Hand verwandelte die zitternden Jungfrauen in samtweiche, grüngelbe Pflanzen, die Sumpfbalsaminen. Die Verfolger aber wurden im gleichen Augenblicke zu einem widrigen Geschlinge von Schierling. (20, S. 135)

375 Der Straß

Die Straße von **Potsdam** nach **Luckenwalde** führt zwischen den Dörfern **Schönhagen** und **Hennickendorf** durch eine waldige Niederung, **der Straß** genannt. In alter Zeit sind viele **Blankenseer**, wenn sie Holz brauchten, nach dem Straß gefahren und haben sich nachts eine Fuhre geholt, denn bei ihnen zu Hause gab es keins. So machte sich in einer Nacht auch ein Trupp auf, und als sie im Walde angekommen waren, gingen sie ohne Umstände daran, in die jungen Kiefern tüchtig einzuhauen. Aber da plötzlich kommt es an sie heran, das Spukding. Sie gucken sich erst vor Schreck starr an, aber dann springen sie auf den Wagen und lassen alles stehen und liegen, der Fuhrmann greift nach der Leine, und nun geht es, was die Pferde laufen können, gestreckten Trabes den **Wetzsteinberg** herauf, und dann diesseits wieder herunter nach Schönhagen hinein und durch das Dorf durch, immer nach Blankensee zu, und das Ding immer hinter ihnen her, bis an den **Möllnberg**, da ist es dann endlich nach und nach zurückgeblieben. Was es eigentlich gewesen ist, wissen sie selber nicht recht; sie können es gar nicht beschreiben, wie es recht hat ausgesehen, so fürchterlich ist es gewesen. Sie sind aber nie mehr nachts nach dem Straß um Holz gefahren. (20, S. 17f.)

376   Der Schatz im Kapellenberge

Ein armes Mädchen zu **Blankensee** in der **Zauche** ging einst auf den **Kapellenberg**, um Holz zu suchen. Sie war sehr hübsch, doch mochten viele sie nicht, weil sie rote Haare hatte. Als sie nun ihre Kiepe mit dürrem Holz gefüllt hatte und sich auf den Heimweg machte, vergaß sie ihr Beil mitzunehmen. Zu Haus bemerkte sie ihr Versehen und ging nochmals auf den Berg, um das Beil zu holen; sie nahm aber zugleich auch die leere Kiepe wieder mit, um sie abermals mit Holz und Reisig zu füllen. An die Stelle gelangt, wo sie zuvor ihren Tragkorb aufgenommen hatte, fand sie gleichwohl das Beil nicht wieder, stattdessen aber eine Menge Gold. Hurtig tat sie es in die Kiepe, kam vorsichtig, um kein Aufsehen zu erregen, in das Dorf zurück und klopfte, bei ihrer Wohnung angelangt, leise ans Fenster, damit ihre Mutter herauskäme. Der erzählte sie nun, was sich Wunderbares ereignet hatte, und beide gingen in den Schweinestall, um den Fund gehörig zu bergen. Nun kam der Wohlstand in das Haus der armen Frauen, und da sich das Gerücht von dem Schatze doch allmählich herumsprach, so begehrten nun auf einmal viele junge Burschen die Rothaarige zur Frau. Sie aber wies diese Freier alle ab und heiratete schließlich einen fremden vornehmen Herrn, dem sie den Schatz zubrachte. So ist er aus Blankensee fortgekommen, und alles Nachgraben anderer in der Gegend, wo das Mädchen das Beil verloren hatte, hat nichts genutzt. (20, S. 124)

377   Himmelfahrtstag

Vor einem halben Jahrhundert sollte in **Schäpe** im **Kreise Zauch-Belzig** der Himmelfahrtstag abgeschafft werden. Manche gingen auch hinaus nach dem Felde, um zu arbeiten, die meisten aber blieben wenigstens zu Hause, wenn auch keine Kirche war. Ein Bauer aber wollte sich einmal recht zeigen und nahm für den Tag so viele Jäter an, wie er nur kriegen konnte, und nun ging es hinaus, Flachs jäten. Dabei lachten er und seine Leute alle tüchtig aus, die so dumm waren, sich an den Festtag zu kehren und zu Haus blieben. Aber der Flachs hat nicht geblüht und kriegte auch keine Kapseln und wurde auch nicht länger; er sah ganz elend und kurz und struwwelig aus, wie ein struwweliger Besen. Der Bauer hat sich am Himmelfahrtstage nie wieder Leute angenommen. (20, S. 104)

378 Hans Kuck nimmt Beelitz ein

„Herzog Hans von Sagan ohne Leut' und Land hat sich bei Drossen das Maul verbrannt." So sangen die Kinder später hinter dem Herzog Hans von Sagan her, als er, heruntergekommen, im Elend in **Frankfurt** seine letzten Lebensjahre verbrachte. Es gab aber eine Zeit, als Markgraf Johann von Brandenburg als Statthalter der Mark für seinen Vater Albrecht Achill des Herzogs Hans von Sagan nicht recht Herr werden konnte, welcher seinen Ansprüche auf die Erbschaft des Herzogs von Glogau mit den Waffen geltend machte. In dieser Zeit war es und zwar im Jahre 1478, als der böhmische Hauptmann Jan Kuck, ein bekannter Parteigänger, der im Dienst des Herzogs Hans von Sagan stand, auf einem Streifzuge mit 211 Reisigen [bewaffnete Reiter] das Städtchen **Beelitz** durch List wegnahm. Es war gerade Jahrmarkt dort, wo viele Menschen zusammenströmten; da hatte er einige Frachtwagen vorausgeschickt, in denen Reisige von ihm versteckt waren. Die überrumpelten die Hüter an den Toren, worauf Kuck dann mit seinen anderen Leuten in die Stadt drang und sich ihrer bemächtigte. Darauf verjagte er die Einwohner und befestigte den Ort, so gut er konnte, um sich hier zu behaupten. Zwar kamen sofort die **Brandenburger** mit mehreren vom Adel aus der Nähe und die (**Treuen**)**Brietzener** herbei, sie konnten aber nichts ausrichten. Da schickte man Boten an Markgraf Johann nach Frankfurt, der kam auch eilends und lagerte sich zu den Märkischen am **Mühlentore**.
„Es haben sich aber", sagt ein alter Bericht aus dem XVI. Jahrhundert, „die Feinde aus der Stadt heftig gewehrt, viel herausgeschossen, auch endlich einen der vornehmen Räte des Markgrafen erschossen an der Stelle, wo

jetzt an dem **Heidentore** die steinerne Mariensäule steht. Dadurch soll der Markgraf sehr ergrimmet sein und beschloss das Städtlein Beelitz mit Feuer zu verbrennen viel lieber, als viel andern gute Leute mehr dafür verlieren. Er sagte, er wolle lieber der Städtlein eins oder mehr verlieren, als einen solchen Mann. Also schießt man am Donnerstag vor Pfingsten Feuer hinein und beschießt endlich den **Kopenhagenturm** am Heidentor, darauf steht ein Mönch, der kehrt die Schüsse mit einem Fuchsschwanz zum Spott des Markgrafen ab, ward aber im dritten Schuss mit denen, die bei ihm gewesen, herabgeschossen, dass sie einen guten Weg in die Gassen hinein flohen. Also brannte das ganze Städtlein aus, und darin verdarben mehr als fünfzig Feinde, die anderen, die die Flucht suchten, wurden zu einem Teil erschlagen, die anderen ins Gefängnis geführt, ein Teil nach Brandenburg, der andere nach **Berlin**. Dort ist Jan Kuck behalten worden, und nachdem er einmal aus dem Gefängnis entflohen und wiedergekommen war, sagt man, sei er heimlich darin umgebracht worden."

Am Uhrwerk zu Beelitz hat aber noch lange eine steinerne Kugel gehangen, welche damals hineingeschossen worden ist. Auch hat man später noch im Turm am Mühlentor allerhand Waffen und Menschengerippe gefunden, die von jener Belagerung herrührten. (28, S. 107f.)

379 Der Siebenbrüderweg

Zwischen dem Dorfe **Rädel** (**Zauch-Belzig**) und **Beelitz** befindet sich in den Wäldern des Reviers Möllendorf ein vielgewundener Weg, der sich durch die Heide der früher sächsischen Dörfer **Busendorf**, **Kanin** und **Klaistow** fortsetzt und der **Siebenbrüderweg** genannt wird. An diesem Wege befinden sich in Abständen von etwa drei Kilometern rechts und links Malhügel, Grenzhügeln gleich, an sie knüpft die Sage von den sieben Brüdern an.

Sieben Brüder, die als Leineweber ihr Brot nur kümmerlich verdienten, trugen von Rädel die fertige Leinwand nach Beelitz zum Verkauf. Eines Tages war ihnen nur wenig Erlös dafür geworden, sodass sie nicht einmal ihren Hunger davon stillen konnten, es reichte gerade zu einigen Semmeln, die sie in Beelitz einkauften und auf dem Rückwege verzehrten. Bei der Teilung der letzten, sechs Helling großen Semmel entstand unter den sieben Brüdern Streit. Sechs schlugen hierbei den Besitzer der letzten Semmel tot. Nun konnte eine gerechte Teilung stattfinden. Sie verscharrten den Erschlagenen und gingen weiter ihres Weges. Der die Semmel an sich gebracht hatte, aß bereits. Als aber die fünf Brüder auf redliche Teilung bestanden, aß er immer weiter und reizte dadurch die anderen, die ihn nun auch erschlugen. So setzte sich's weiter fort, bis der letzte, als er den Rest der an sich gebrachten Semmel an einem Kreuzwege verzehrt hatte, von großer Reue geplagt, sich das Leben nahm.

Stillschweigend, fast ehrfürchtig legt jeder Wanderer, der an den Hügeln vorbeikommt, ein Reis oder einen Stein darauf und sorgt so unbewusst für die Erhaltung der Hügel und der Sage. (20, S. 157f.)

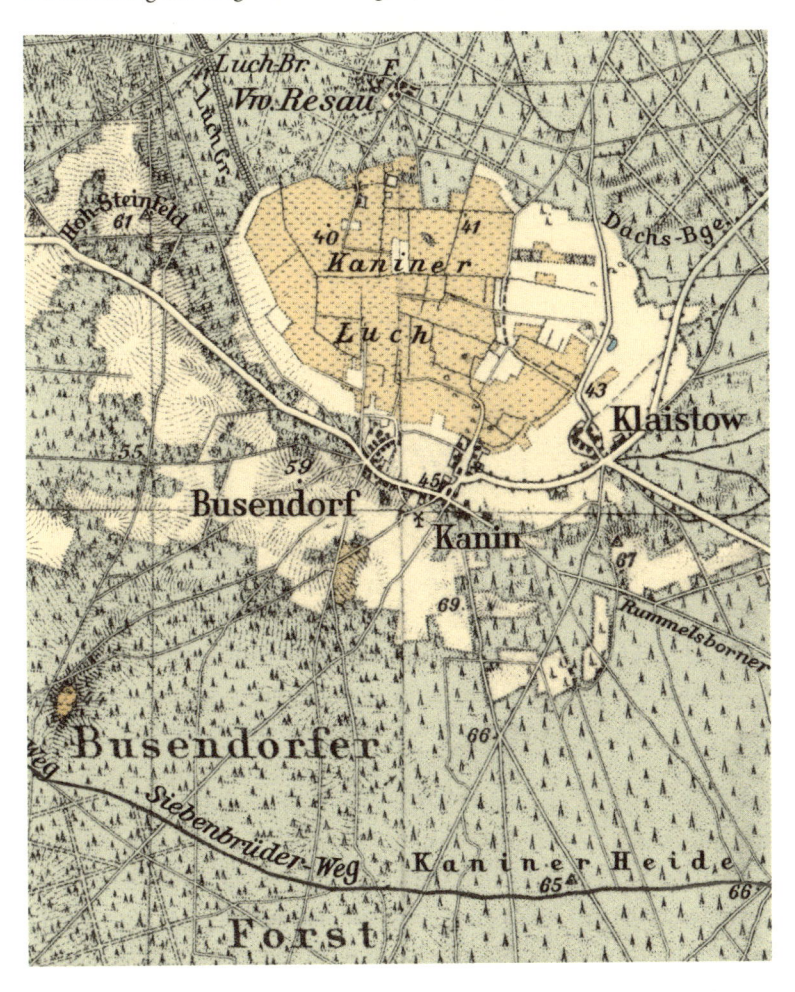

380 Das Finkennest

Zwischen den Städten **Brück, Belzig** und **Brandenburg** dehnt sich ein großer Kiefernwald aus, der nach seinem Besitzer die **Brandtsche Heide** heißt. Ein großer Teil davon, nach Brandenburg zu, wird aber im Volke **das Finkennest** genannt. Der Name soll alt sein und der Besitzer des Waldes es diesem Namen verdanken, dass er sehr billig zu dem Forste kam. Ein Herr von Brandt bot nämlich Friedrich dem Großen an, ihm das Finkennest abzukaufen, der König möge den Preis bestimmen. Wie nun Friedrich den Namen Finkennest liest, lacht er und sagt zu seinem Hofnarren: „Soll wohl ein König ein Finkennest verkaufen? Wollen's ihm lieber gleich schenken!" Und er schreibt auch gleich an den Rand: „Das Finkennest kann er geschenkt kriegen." Brandt, darüber hocherfreut, setzt gleich einen Dankbrief an den König auf. Später sagt Friedrich einmal zu seinem Narren: „Wollen doch mal hin und uns das Finkennest ansehen!" Er kommt also zum Oberförster, der ihn in der Forst herumführen und ihm das Finkennest zeigen muss. Als der König nun die Größe des verschenkten Waldes sah, wurde er unwillig über seine rasche Freigebigkeit und sagte: „Das ist einmal gewesen, dass ich ein Finkennest verschenkt habe, aber nie wieder! Nun hat er's aber, und es soll auch sein bleiben!" (20, S. 157)

381 Die Gründung des Klosters Lehnin

Inmitten von Wald und Seen liegt **Kloster Lehnin** (eines der ältesten Klöster der Mark). Noch stehen außer der einfachen Klosterkirche stattliche Mauern mit spitzen Bögen, an denen Gestrüpp und Gesträuch sich emporranken, und ein großer alter Wachtturm zeigt, dass das Kloster darauf gefasst war, in den alten kriegerischen Zeiten auch an seine Verteidigung zu denken. Vor zwanzig Jahren [um 1850] konnte man noch seine Stiege erklimmen, wenn auch schon hier und da ein Stein zerbröckelt war, und konnte den Blick schweifen lassen über den dichten Wald, der das Kloster umgab, jetzt aber hat die Zeit immer mehr an den Steinen genagt, sodass davon nicht mehr die Rede sein kann. Die Gründung des Klosters Lehnin fällt in die ersten Zeiten der Entstehung der **Mark Brandenburg**. Als noch dichter Urwald das Land bedeckte, heißt es, jagte Markgraf Otto, Albrechts des

Bären Sohn, einmal in dieser Gegend. In der Hitze der Jagd kam er von seinen Begleitern ab, und vergeblich war es, dass er sein Hifthorn erschallen ließ oder sich nach einem Weg umsah, der ihn aus dem Dickicht herausführe. Ermattet sank er zuletzt unter einer Eiche nieder und verfiel in einen tiefen Schlaf. Da träumte ihm, ein Elentier dränge auf ihn ein und vergebens sei es, dass er sich desselben mit seinem Jagdspieß zu erwehren suche. In der Angst rief er Christi Namen um Beistand an, da verschwand das Tier. Er erwachte, und seine Begleiter standen um ihn; denen erzählte er seinen Traum, da meinten sie, das wäre sicherlich der Teufel gewesen, der erst beim Anrufen des Namens Christi verschwunden sei. „Nun gut", sagte Markgraf Otto, „dann will ich hier ein Kloster bauen, dass durch das Gebet frommer Männer der höllische Feind aus diesen Gegenden vertrieben werde"; und sofort ließ er Zisterziensermönche aus dem **Mansfeldischen** kommen, die bauten das Kloster Lehnin. In der Kirche aber zeigt man noch am Altar einen eingemauerten Baumstamm, das ist der Stumpf der Eiche, unter welcher der Markgraf Otto geschlafen und die Erscheinung gehabt hatte. Weil aber dem Markgrafen im Traum ein Elentier erschienen war, führt Lehnin noch jetzt einen Hirsch im Wappen, wie denn auch auf wendisch „Lanie" das Elentier heißt. (28, S. 103f.)

382 Die Erschlagung des Abtes Sebald von Lehnin

Der erste Abt, der nach der Stiftung des Klosters zu **Lehnin** wohnte, hieß Sebald, und war eifrig bemüht, unter den noch sehr heidnisch gesinnten Wenden das Evangelium auszubreiten. Aber nicht überall fand er williges Gehör und an vielen Orten lief alles davon, sobald er sich nahte. Daher suchte er denn zuerst bei den Weibern sich Anhang zu verschaffen und sich ihre Gunst durch mancherlei kleine Geschenke zu gewinnen, erregte aber dadurch zugleich die Eifersucht der Männer, die nun ihren Weibern und Kindern den Umgang mit dem Abt oder seinen Mönchen aufs Strengste verboten. Eines Tages war der Abt nach dem Dorfe Pritzsche oder Prutzke [**Prützke**] gegangen und willens, auf dem Rückwege in dem eine halbe Meile von Lehnin gelegenen Dorfe **Nahmitz** einzukehren, um dort auszuruhen. Als er in die Nähe des Dorfes kam und in dem jetzt vom Kossäten Müller bewohnten Hause einkehren wollte, wurden ihn die Kinder, die vor der Haustür spiel-

ten, gewahr und liefen mit dem Geschrei: „Der Abt kömmt" teils ins Haus, teils in das Dorf, um jedermann von der Ankunft der Mönche in Kenntnis zu setzen. Als die Weiber das Geschrei der Kinder hörten, versteckten sie sich alle, wo sie nur irgendeinen Schlupfwinkel fanden. Die Frau aber, die in dem Hause, wo der Abt einkehrte, mit Brotbacken beschäftigt war, und nicht mehr entfliehen konnte, kroch in aller Eile unter den Backtrog. Als der Abt nun ins Haus trat, fand er niemand und setzte sich, um auszuruhen, gerade auf diesen Backtrog. Wie das die Kinder sahen, liefen sie eilig davon und meldeten dem Vater, der in der Nähe des Dorfes mit dem Fischfang beschäftigt war, dass der Abt auf der Mutter sitze. Dieser lief sogleich mit noch anderen, die sich mit Heugabeln, Äxten und Rudern bewaffneten, nach dem Dorfe, und als der Abt diese heranziehen sah, ergriff er sogleich die Flucht. Nun war er aber wohlbeleibt und das Laufen fiel ihm schwer, sodass er, als er seine Verfolger ihm nacheilen hörte, auf eine Eiche kletterte, um sich da zu verstecken. Aber hierbei verlor er ein großes Bund Schlüssel, das er bei sich trug, wodurch seine Verfolger seinen Zufluchtsort entdeckten. Unterdessen waren seine Begleiter nach Lehnin geflohen und mit einer größeren Anzahl von Klosterbewohnern zurückgekehrt, welche den Wenden ein reiches Lösegeld boten, wenn sie den Abt am Leben lassen würden. Aber diese wollten nichts von Gnade hören, sondern hieben, als der Abt gutwillig seinen Zufluchtsort nicht verlassen wollte, den Baum um, und erschlugen den Abt trotz der Bitten der Mönche.
Lange Jahre hat der Stamm dieser Eiche noch bei Nahmitz gelegen, bis er endlich von einem Müller entwendet worden ist. Auf dem Hause aber, in dem der Abt zu Nahmitz einkehrte, soll, wie die Leute behaupten, bis heute noch Unsegen ruhen, denn seine Bewohner kommen in der Wirtschaft zurück, oder es zeigt sich wohl gar Wahnsinn bei ihnen, sobald sie längere Zeit dort wohnen.
Nach der unter den Bewohnern von Nahmitz fortlebenden Sage ist der Abt Sebald keineswegs ein so um die Verbreitung des Evangeliums bemühter Mann gewesen, wie die obige Darstellung angibt, sondern er hat sich hauptsächlich darum mit den Weibern der Wenden abgegeben, um seinen Lüsten zu frönen. Daher hat auch das Dorf Nahmitz so schöne Glocken in seinem Turm, deren Klang so stark ist, dass man sie bis nach dem eine Meile entfernten **Schwina** hört. Denn die hat der Abt, obgleich sie eigentlich nach Lehnin gehörten, einer Nahmitzerin, die er gewann, geschenkt. Einst stellte

er nun auch der Frau eines Nahmitzer Fischers nach, und kehrte, als der Mann auf den Fischfang gegangen war, in ihrem Hause ein. Sie aber sah ihn kommen und kroch, da sie gerade mit Brotbacken beschäftigt war, unter den Backtrog. Als nun der Abt in die Stube kommt, setzte er sich darauf, und die kleine Tochter der Bäuerin, die dies sieht, läuft hinaus zum Vater, ihm schon von Ferne zurufend: „Der Abbat sitzt auf der Mutter!" Dieser kehrt jetzt mit seinen Gefährten zum Dorfe zurück, der Abt sieht ihn kommen, flieht, steigt auf die Eiche und wird dort zur Strafe seiner Sünden von den Wenden erschlagen.

In der zum Teil noch erhaltenen, zum Teil in herrlichen Ruinen dastehenden Klosterkirche zu Lehnin befindet sich noch ein altes Gemälde auf Holz, das darstellt, wie die grimmigen Wenden daherstürmen und den Abt Sebald erschlagen. Diese Begebenheit deuten auch die beiden letzten Verse der auf dem Gemälde befindlichen Inschrift an, die also lauten: Hic jacet occisus prior abbas, cui paradisus jure patet, slavica quem stravit gens inimica. [Hier ruht auch der erste gemordete Abt, dem das Paradies zu Recht offen steht, den das feindselig gesinnte Slavenvolk ermordet hat.] (16, S. 74ff.)

Theodor Fontane ergänzt die Erzählung wie folgt:
„In dem mehrgenannten Dorfe **Nahmitz** bezeichnet die Überlieferung auch heute noch das Gehöft, in das damals der Abt eintrat. Das Haus selbst hat natürlich längst einem anderen Platz gemacht, doch ist ein Unsegen an der Stelle haften geblieben. Die Besitzer wechseln, und mit ihnen wechselt die Gestalt des Missgeschicks. Aber das Missgeschick selber bleibt. Das Feuer zerstört die vollen Scheunen, böse Leidenschaften nehmen den Frieden, oder der Tod nimmt das liebste Kind. So wechseln die Geschicke des Hauses. Jetzt ist Siechtum heimisch darin. Die Menschen trocknen aus, und blut- und farblos, jeder Freude bar, gehen sie matt und müd ihrer Arbeit nach. Und wie die Tradition im Dorfe Nahmitz das Haus bezeichnet, so bezeichnet sie auch in dem schönen Eichenwalde zwischen Nahmitz und **Lehnin** die Stelle, wo der Baum stand, unter dem die Untat geschah. Der Stumpf war jahrhundertelang zu sehen; daneben lag der abgehauene Stamm, über den keine Verwesung kam und den niemand berühren mochte, weder der Förster noch die ärmsten Dorfleute, die Reisig im Walde suchten. Der Baum lag da wie ein herrenloses Eigentum, sicher durch die Scheu, die er einflößte. Erst im vorigen Jahrhundert kam ein Müller, der lud den Stamm auf und

sagte zu den Umstehenden: ‚Wind und Teufel mahlen gut'. Aus dem Stamm aber ließ er eine neue Mühlenwelle machen und setzte die vier Flügel daran. Es schien auch alles nach Wunsch gehen zu sollen, und die Mühle drehte sich lustig im Winde, aber der Wind wurde immer stärker, und in der Nacht, als der Müller fest schlief, schlugen plötzlich die hellen Flammen auf. Die Mühlwelle, in immer rascherem Drehen, hatte Feuer an sich selber gelegt, und alles brannte nieder. ‚Wind und Teufel mahlen gut', raunten sich anderentags die Leute zu. Abt Sibold wurde etwa um 1190 oder etwas später von den umwohnenden Wenden ermordet. Die Urkunden erwähnen dieses Mordes nicht, wie denn überhaupt die ziemlich zahlreichen Pergamente aus der askanischen Epoche lediglich Schenkungsurkunden sind." (7, S. 57f.)

383 Die Rückkehr der Mönche nach Lehnin

Als der Abt Sebald auf jämmerliche Weise von den Wenden erschlagen worden war, wollten die übrigen Mönche insgesamt das Kloster verlassen, um sich einen weniger gefahrvollen Sitz ihrer Wirksamkeit auszuwählen, aber als sie sich nun auf den Weg machten, erschien ihnen die Mutter Gottes mit dem Christuskinde, indem sie in himmlischem Glanze zu ihnen herabstieg und ihnen zurief: „Redeatis, nihil deerit vobis." [Kehret zurück, es soll euch an nichts fehlen.] Da schämten sie sich ihrer Verzagtheit und kehrten in das Kloster zurück, und zum ewigen Andenken an dieses Wunder wurde es auf einem Gemälde dargestellt. (16, S. 77)

384 Erbsensuppe mit Schweinsohren

Als das **Kloster Lehnin** einst von einem Kaiser besucht wurde, kam der Bruder Kellermeister in große Verlegenheit, da er hörte, dass der hohe Herr seine Mittagsmahlzeit im Kloster einnehmen wollte. Es war nämlich das letzte Stück Fleisch verzehrt und die Speisekammer völlig leer. Wohl hatte der Kellermeister einige fett gewordene Schweine im Stall, aber die zu opfern vermochte er nicht. Er ging etwas sparsamer mit den Tieren um und begnügte sich damit, ihnen die lang herabhängenden Ohren abzuschneiden, wenn die Tiere auch jämmerlich quiekten. Erbsen waren noch zur Stelle, daraus wurde eine kräftige Suppe gekocht. Da hinein kamen die Schweinsohren und wurden mit der Erbssuppe dem Kaiser vorgesetzt, der daran viel Gefallen fand. Der Ruf des Gerichts verbreitete sich über die Klostermauern, und bald wurde Erbssuppe mit Schweinsohren ein bevorzugtes Gericht in Märkischen Landen. (18, S. 157f.)

385 Der spukende Mönch im Ringelturm zu Lehnin

An dem zerstörten Teil der **Lehniner** Klosterkirche befindet sich ein fast noch ganz erhaltener Turm, zu dessen Spitze eine gewundene Treppe leitet, weshalb er der Ringelturm heißt. Hier ist's nicht recht geheuer, denn man hört es oft hier treppauf, treppab poltern und in der halb eingestürzten gotischen Halle, die darunter liegt, umhertoben. Wer dreist ist, kann auch eine mächtige Gestalt mit schwarzem Gesicht, krausem Haar und weißem flatterndem Gewande sehen, aber er muss nicht zu nahe herangehen, sonst verfolgt sie ihn so lange, bis sie ihn vom alten Kirchhofe vertrieben hat. Andere haben in dieser Gestalt einen Mönch erkannt, der in gefalteten Händen das Evangelienbuch hält und mit funkelnden Augen gen Himmel blickt, gleichsam als bete er zu Gott für die Ruhe der Grabstätten, die ehemals in diesem Teile der Kirche waren, aber vor mehreren Jahren zerstört wurden. Niemand kann den Greis ansehen, ohne von tiefer Rührung ergriffen zu werden. (16, S. 78)

386 Die Weiße Frau zu Lehnin

In den Ruinen der Klosterkirche zu **Lehnin** sieht man oft die Weiße Frau um Mitternacht umherwandeln; bald ist sie allein, bald erscheint sie am Arme eines Mönches, oft zeigt sie sich gar nicht, und doch bemerkt man leicht ihre Anwesenheit am Orte durch allerhand kleine Unfälle in der Wirtschaft, zum Beispiel dadurch, dass das Bier sauer wird und dergleichen mehr. Sie war ein benachbartes Edelfräulein und liebte einen Mönch, aber für diese Sünde hat sie nun keine Ruhe im Grabe und muss jede Minute ihres verbotenen Genusses durch jahrelange Reue erkaufen und an der Stätte ihrer Vergehungen abbüßen; doch soll sie seit einiger Zeit nicht mehr erschienen sein, und so vielleicht endlich die himmlische Ruhe gefunden haben. (16, S. 78f.)

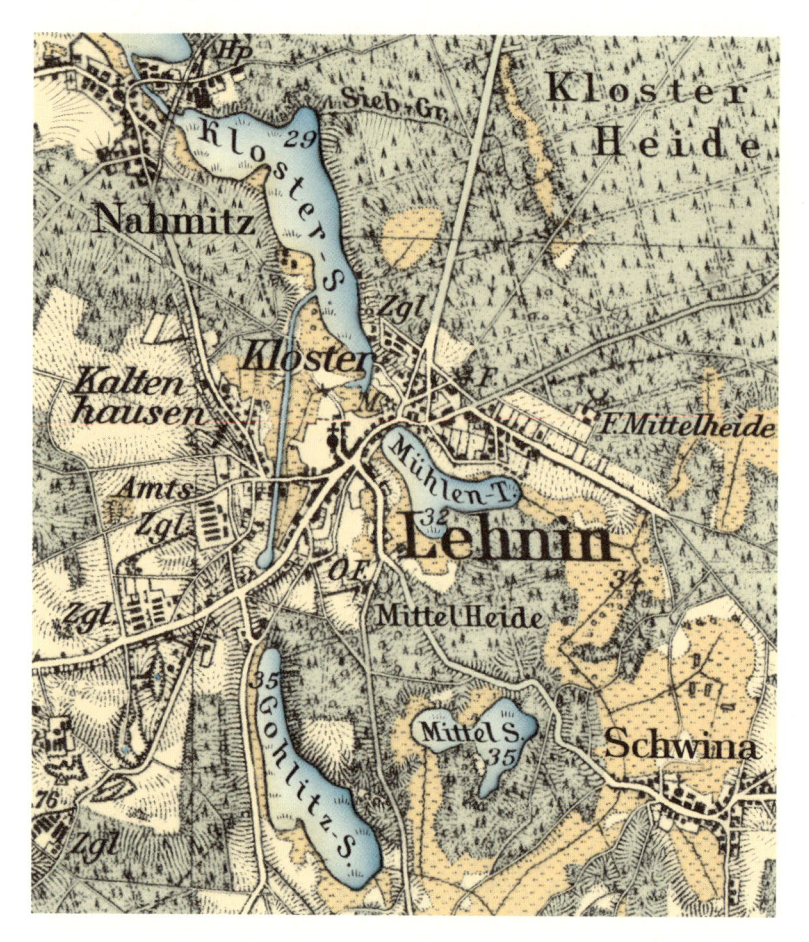

387 Der Markt auf dem Kirchhofe

Auf dem Amte, dessen Gebäude zum Teil die alten Klostergebäude **Lehnins** sind, war vor vielen Jahren ein Brauer, der ging oft des Nachts noch über den Mönchskirchhof, wo jetzt das Schulhaus steht. Einst kommt er da auch um Mitternacht entlang, da sieht er ein großes Gewühl und Getreibe, wie auf einem Markt, aber die Gestalten hatten alle lange Bärte und waren in wunderlicher altertümlicher Tracht, wie er sie noch nie gesehen hatte.

Das Wunderbarste aber war, dass, so groß auch die Masse war, keiner auch nur ein einziges Wort sprach, sodass ihm so schaurig zumute wurde, wie noch nie. Wie er darauf nach Hause gekommen war, wusste er selber nicht. (16, S. 79)

388 Das untergegangene Dorf Gohlitz

Südlich von **Lehnin** liegt ein See, welcher der **Gohlitzsee** heißt und seinen Namen daher hat, dass an dieser Stelle ehemals ein Dorf namens **Gohlitz** gelegen haben soll. Das ist aber untergegangen durch die Strafe Gottes, denn die Bauern dort waren so übermütig und gottlos geworden, dass sie den Kindern den Hintern mit Brotkrusten reinigten. Da ist denn eines Tages ein kleiner Spring (Quell), der sich dort an einer nahe liegenden Höhe befindet, plötzlich so angeschwollen, dass das gesamte Dorf mit Vieh und Menschen untergegangen ist, und nichts davon übrig blieb, als der große Damm, denn das ist die Landzunge, die sich noch weit in den See hinein erstreckt.
Bei hellem Sonnenschein sehen die Fischer auch noch zuweilen den Kirchturm im Wasser, und besonders um Mittag hören sie auch wohl das Läuten der Glocken. Fischer haben diese schon hin und wieder im Netz gehabt, aber keiner hat sie bis jetzt herausziehen können, einer hatte sie schon so nahe herangezogen (es war am heiligen Weihnachtsabend), dass er sie hat sprechen hören; da hat die eine gesagt: „Anne Susanne, wilte mett to Lanne (willst du mit zu Lande)?", und die andere hat geantwortet: „Ann Margrete, wi willn to Grunne scheten (schießen)", aber damit sind sie auch gleich verschwunden. (16, S. 81f.)

389 Die Kindbetterin im Gohlitzsee

Eine Hebamme aus **Lehnin** ging einmal von da nach der alten Ziegelei, und wie sie so an den **Gohlitzsee** kommt, tritt ihr da ein kleines Männchen entgegen, das sagt ihr, sie solle, ehe sie weitergehe, mit ihm kommen. Sie folgte ihm auch, und nun führte er sie dicht an den See heran, schlug mit einer Rute aufs Wasser, worauf es sich sogleich weit voneinander tat und sie trocknen Fußes hineingingen. Wie sie nun unten ankam, fand sie eine kleine dicke Frau, der musste sie bei ihrer Entbindung beistehen, und es währte auch nicht lange, so kam ein kleines munteres Knäblein zum Vorschein. Da war denn das kleine Männlein, denn das war der Vater, hocherfreut und sagte: „Nun nimm dir auch da von dem Müll (Kehricht) hinter der Tür, so viel du in deiner Schürze bergen kannst." Die Frau dachte zwar, das sei ja eine wunderliche Bezahlung, aber da ihr doch da unten bei den kleinen Leuten ein wenig wunderlich sein mochte, nahm sie so viel von dem Müll, als die Schürze fasste, und darauf führte sie das Männlein wieder hinauf und sie ging nach Hause. Nun war sie aber neugierig zu sehen, wie der Müll der kleinen dicken Leute aussehe, nahm einen Kienspan, denn es war finster geworden, und steckte den an, und siehe da! Der Müll war zu schieren blanken Talern geworden. Da war sie nun eine reiche Frau und ihre Nachkommen, die noch leben, sind's noch. (16, S. 82f.)

390 Die Stimme im Gohlitzsee

Im **Golitzsee** muss alle Jahre einer ertrinken, und ist einmal, was jedoch selten geschieht, über diese Zeit hinaus keiner darin ums Leben gekommen, so hört man eine Stimme aus dem Wasser, die ruft und lockt ordentlich, dass einer hinabkommen solle. Und das ist nicht vergeblich, denn gewöhnlich währt es nicht lange, so geht einer hin und ersäuft sich. (16, S. 83)

391 Spuk am Mittelsee

Hart an dem Wege, der von **Lehnin** nach **Schwina** führt, liegt der **Mittelsee** unter Erlen und Eichen, nur nach dem Dorfe **Rädel** zu ragen hohe Kiefern über das Laubholz. An dem See passiert immer etwas. Oft sieht man mittags im hellsten Sonnenschein, wenn alles so recht still und ruhig ist, einen Kahn fahren, in dem sitzt ein weißer Bock, und der Kahn fährt ganz von selber; niemand rudert und lenkt ihn. Das Wunderbarste aber ist, dass, wenn man recht scharf hinsieht, Kahn und Bock plötzlich verschwinden, und keiner weiß, wo sie geblieben sind.
Wenn man aber am Abend des Weges kommt, sieht man öfter eine Frau mit einer weißen Hucke [Rückentrage]. Sie geht still und rasch ihren Weg,

dass einer meint, es sei eine Bäuerin, die sich verspätet hat. Folgt er ihr aber, so geht's auch gerade in Sumpf und Wasser hinein und daraus ist keine Rettung. Einen Bauer hatte sie fast einmal mit Pferd und Wagen auf diese Weise in den See hinabgeführt, wenn er nicht noch zur rechten Zeit den Spuk gemerkt hätte.

Des Nachts, da kommt der Wilde Jäger über den See gezogen. Wo die hohen Kiefern stehen, von dem sogenannten Burgwall zieht er aus und dann quer über das Wasser. Sie sagen, es sei der Herr der Burg, die dort gestanden; er sei bei Lebzeiten ein gewaltiger Jäger gewesen und könne auch im Tode nicht davon lassen. Es ist nicht gut, ihm zu begegnen, wenn's auch nicht allen so geht, wie einst dem Oberförster Kusig aus Rädel. Der hat einmal allein am Burgwall gejagt, da hat man ihn als Leiche nach Hause holen müssen. Der Wilde Jäger hatte ihm ein Leid angetan, obwohl keine Spur äußerer Gewalt zu entdecken war. Ein Pfahl hat noch lange die Stelle bezeichnet, wo man den Oberförster tot gefunden hat. (29, S. 76f.)

392 Der Kobold in Schwina

In **Schwina** ist ein Bauer gewesen, der hat lange Jahre einen Kobold in seinem Hause gehabt und ist durch ihn ein reicher Mann geworden. Oftmals hat ihn das Gesinde gesehen, wie er als Rotbart in der Stube umhergeflogen ist oder als Kalb mit feurigen Augen in der Küche gelegen hat oder als Katze auf dem Boden umhergesprungen ist. Zuweilen hat er sogar als schieres Feuer früh morgens im Ofen gelegen, sodass die Magd jählings erschrocken ist und schnell zur Hausfrau lief, ihr zu sagen, dass dort ein feuriges Untier sei. Dann ist die Frau hinausgegangen und hat die Magd nach einer Weile gerufen und gesagt, was sie doch schreie, es sei ja nichts da. Aber die wusste das besser, denn die Frau hat den Kobold dann immer fortgelockt, sodass dann natürlich nichts mehr zu sehen gewesen ist. Die Frau hat sich nämlich mit dem Kobold sehr gut gestanden, sodass er ihr allerlei Liebes und wohl nicht immer ganz in Ehren erwiesen hat. Darum mag denn auch wohl der Bauer, als er überdies Geld genug hatte, des Kobolds überdrüssig geworden sein, denn er hat ihn in einen Kober gepackt und ihn weit weit fortgetragen, sodass er nicht hat wieder zurückfinden können. (16, S. 84f.)

Die zerbrochene Schütze

Zur Zeit, als die um **Lehnin** liegenden Dörfer noch Hofedienste auf dem dortigen Amte tun mussten, fuhren einmal ein paar Hofediener Getreide nach **Berlin**. Und als sie in die Heide kamen, wo es wegen des tiefen Sandes nur etwas langsam ging, blieb der Knecht, der den hintersten Wagen fuhr, etwas hinter den übrigen zurück. Wie er nun so neben dem Wagen dahergeht, hört er auf einmal ein großes Getöse und eine Stimme über sich in der Luft rufen: „Meine Schütze (Brotschieber) ist entzwei, meine Schütze ist entzwei!" Obgleich er nun wohl wusste, dass das die Wilde Jagd sei, die über ihm dahinfahre, war er doch übermütig genug und rief: „Na so komm, ich will sie dir machen!" Kaum hatte er das auch nur gesagt, so saß einer hinten auf seinem Wagen und hielt eine zerbrochene Schütze in der Hand. Nun ward ihm doch etwas bange, und er wusste im Augenblick gar nicht, wie er den lästigen Gefährten loswerden sollte, doch er besann sich noch zur rechten Zeit und sagte: „I da nehmen wir einen Span von der Wagenrunge, damit wollen wir sie schon wieder zusammenkriegen!" Nahm auch gleich sein Messer hervor, schnitt einen tüchtigen Pflock von der Runge ab und trieb den durch zwei Löcher, welche er mit dem Messer in die zerbrochenen Enden gebohrt hatte, und so machte er die Schütze wieder brauchbar. Da sagte jener: „Das hat dich Gott tun heißen, aber nun sollst du auch deine Bezahlung haben!" Sprach's und legte ihm ein kleines Brötchen hinten auf den Wagen, worauf er verschwand. Darauf fuhr der Bauer seinen Gefährten nach, holte sie auch bald wieder ein, sagte ihnen aber nichts von dem, was ihm begegnet war, und steckte das geschenkte Brot in seinen Kober.
In Berlin kehrten sie nun, sooft sie dahinkamen, stets in demselben Gasthofe ein, wo sie alsdann, was sie von den ihnen mitgegebenen Lebensmitteln übrig behielten, gewöhnlich an eine alte Frau, die dahinkam, zu verkaufen pflegten. An diese verkaufte nun der Knecht auch sein geschenktes Brot und kehrte dann nach Hause zurück. Wie er das nächste Mal wieder dahinkam, war auch die alte Frau schon da, die bat ihn, ob er ihr nicht wieder ein solches Brötchen verkaufen wolle, denn das habe ihr doch gar zu schön geschmeckt. Da wurden auch die übrigen Bauern neugierig und er erzählte ihnen seinen Vorfall; man drang weiter in die Alte und erfuhr von ihr, dass bei jedem Stückchen, das sie von dem Brote abgeschnitten habe, ein Goldstück herausgefallen sei. Nun hätte er sein Brot

gern wiederhaben mögen, aber es war verzehrt und er hat auch nie eins wieder bekommen. (16, S. 71f.)

394 Der Hut und der Hirsch auf dem Klostersee

Nördlich von **Lehnin** liegt ein See, welcher der **Klostersee** heißt. Auf dem ist es nicht recht geheuer, denn wenn die Fischer dort fahren, so hält der Kahn nie graden Strich, sondern schwankt stets hin und her, sodass sie nur ungern dort fischen. Zuweilen zeigt sich auch mittags ein Hut darauf, der mit einer Kette am Grunde des Sees befestigt ist, und sobald er erscheint, muss immer bald darauf einer im See ertrinken. Auch hat es noch die eigentümliche Bewandtnis damit, dass, wer ihn einmal erblickt hat, sich gewöhnlich unwiderstehlich gedrungen fühlt, ihn herauszuziehen. Aber noch keiner, der es wirklich versucht hat, ist mit dem Leben davongekommen. So war auch einmal ein Fischer im Orte, der hieß Lietzmann, und sah einst, als er seine Netze warf, den Hut; sogleich riss es ihn fort, ihn herauszuziehen, aber die Kette war gar zu schwer, sodass er sich lange vergeblich abmühte. Endlich ward er unmutig und begann zu fluchen, da erhob sich augenblicklich ein fürchterliches Unwetter, der Kahn schlug um und der Fischer ertrank.

Zur Winterzeit, wenn der See zugefroren ist, erblickt man oft statt des Hutes einen Hirsch auf ihm. Das geschah auch einmal, und wie er mitten auf dem Eise war, brach es und das Tier konnte nicht wieder herauskommen; das sahen nun Leute, die am Ufer beschäftigt waren, und wollten sich der unverhofften Beute bemächtigen. Sie eilten schnell an die Stelle, wo der Hirsch eingebrochen war, aber als sie dahinkamen, war nichts mehr zu sehen, und sie flohen daher eiligst, denn nun war es ihnen klar, dass alles nur ein Blendwerk gewesen war und der See wieder sein Opfer verlangte, was er sich denn auch bald geholt hat. (16, S. 80f.)

395 Gespenstische Ochsen

In der Nähe des Dorfes **Lüsse** bei **Belzig**, rechts ab vom Wege nach **Neschholz**, liegt ganz versteckt im Erlengehölz eine Wassermühle, die von der

Plaue getrieben wird. Diese Mühle heißt die Wühl- oder Wiehlmühle, es soll in einer Erdvertiefung unweit der Mühle vor Zeiten ein Teich gewesen sein, von dem die Mühle den Namen erhalten haben soll. Von der Mühle und dem Teich gehen noch allerlei Sagen um. So erzählen sich die Leute zum Beispiel Folgendes:
Ein Bauer aus Lüsse pflügte mit seinen Ochsen auf seinem Acker nicht weit von dem Teich. Weil die Tiere müde sind und der Pflug die schweren Schollen nicht mehr recht ausheben kann, fährt ihm der Gedanke durch den Kopf: Hättest du doch noch ein Paar frische Ochsen, dann könntest du den Acker heute vor dem Abend noch umpflügen! Kaum hatte er's gedacht, da sieht er am Rande des Teiches zwei starke Ochsen grasen, von denen er vorhin nichts erblickt hatte. Er geht sogleich auf sie zu, spannt sein mattes Vieh aus und die neuen Ochsen hinein in das Geschirr. Nun geht das wie der Wind; die Schollen fliegen nur so zur Seite, und im Nu ist das ganze Stück gepflügt. Jetzt will er das fremde Vieh wieder ausspannen; aber da ist an ein Stehenbleiben nicht zu denken, die Ochsen laufen mit dem Pflug von dannen. Um sich besser halten zu können, bindet er sich die Leine um den Leib. Da stürzen sich die Tiere auf den Teich zu, und er hat gerade noch so viel Zeit, sich die Leine wieder loszubinden, als die Ochsen mit dem Pflug in den Teich springen und spurlos verschwinden. Wie er noch ganz verblüfft am Ufer steht, hört er eine Stimme aus der Tiefe rufen: „Das war dein Glück, Bauer." Da merkte er, dass es keine gewöhnlichen Ochsen gewesen waren, mit denen er gepflügt hatte. (29, S. 79f.)

396 Die fliegende Frau

Bevor das Christentum sich über das nördliche Deutschland verbreitete, da war es die gute Frau Hare (oder Harke, Hertha), welche den Menschen alles, was sie brauchten, gewährte. Zwölf Nächte nach dem kürzesten Tage flog sie über das waldige, schneebedeckte Land, und wo sie in den Häusern fleißige und geschickte Arbeiter fand, da zog sie durch irgendeine Öffnung und segnete die Wohnung mit Glück und Freude für das nächste Jahr; wo sie aber Unreinlichkeit und Versäumnis sah, da bestrafte sie die Nachlässigen. Am großen Jul- oder Weihnachtsfeste opferte man ihr fette Schweine, überall ertönte der Ruf: „Frow Hare da vlught" und lud die fliegende Frau zum

Besuch ein. Als nun die christlichen Priester die heidnischen Götter vertrieben und ihre Tempel zerstörten, blieb doch die gute Frau Hare oder, wie man sie später nannte, Holle im Lande und flog in den zwölf Nächten vom Heiligen Abend bis zum Groß-Neujahr oder Dreikönigstag nach wie vor durch die Lüfte und besuchte die Häuser, namentlich auf dem Lande.

Nun lebte damals zu **Grubo** ein alter Schäfer, der hatte einen Sohn, der bei ihm als Knecht diente, aber schon verheiratet war und ein einziges Kind besaß. Zu diesem trat er am Heiligen Abend, wie gerade die junge Frau vor der Wiege ihres Kindes saß, und ermahnte ihn, in diesen heute beginnenden zwölf Nächten ja recht Acht auf die Herde zu geben und den Pferch wohl verschlossen zu halten, und auch „Ihn" (den Wolf) nicht zu nennen, damit er nicht umgehe, nicht böse werde. Auch solle er einen Keil für den Wagen der Frau Hare hauen und ihn auf die Schwelle legen, dass sie ihn finde, wenn sie ihn brauche, wenn nicht, so solle er ihn später in den Wagen stecken. Die Frau und die Magd sollten aber bis Groß-Neujahr den dicken Flachsknoten abspinnen, damit sie nicht von der Hare gekratzt und besudelt würden, auch solle die Frau keine Hülsenfrüchte kochen oder berühren, vor allem aber das Kind hüten. Der Sohn blieb nun bei den Schafen und die Frau vor der Wiege, der Alte aber ging hinaus auf den **Vossberg** vor dem Dorfe, sah sich nach allen Seiten um und hielt den nass gemachten Finger empor, um zu fühlen, woher der Wind wehe, denn Frau Hare machte die Witterung für das ganze Jahr in den zwölf Nächten und jeder Monat ist ganz so, wie sein Tag zwischen Weihnachten und Groß-Neujahr. Der Ostwind wehte aber eisig von den Bergen und darum hielt sich der Alte nicht lange auf und eilte seiner Wohnung zu. Nun war aber sein Haus das erste im Dorfe; als er bald an dasselbe herankam, sah er ein großes zottiges Tier quer über den Acker nach dem Walde eilen, und als er an die Haustüre kam, fand er dieselbe offen stehen. Er eilte in die Stube, doch sah er niemand, die Kammer der Magd war verschlossen, das Kind in der Wiege aber fort. Seine Schwiegertochter hatte nämlich, sobald er fortgegangen war, der Magd aufgetragen, an ihrer Statt sich an die Wiege zu setzen und war in den Garten gegangen, um frischen Kohl bei dem Nachbar zu stehlen, denn man glaubte, dass wenn man dem Rindvieh in der Christnacht frisch gestohlenen Kohl zu fressen gebe, erkranke es in diesem Jahre nicht. Die Magd war aber auch nicht in der Stube geblieben, sondern war in ihre Kammer gegangen, hatte sich ganz ausgezogen und so stillschweigend alles, was darin war, gescheuert, denn wenn sie dies tue, hatte man ihr versichert, käme in dem Jahre ein Freier. Der alte Schäfer stand verzweifelt und händeringend in der Stube, denn er war überzeugt, dass der Werwolf das Kind geraubt habe. Plötzlich aber stürzte seine Schwiegertochter leichenblass ins Zimmer, in der einen Hand den Korb mit dem gestohlenen Kohl, im andern Arm aber das in Windeln gehüllte Kind. Sie erzählte, als sie über die Hecke des Nachbargartens gestiegen sei, habe sie einen großen Wolf auf sich zurennen gesehen, sie habe darüber einen lauten Schrei ausgestoßen und in demselben Augenblick habe sie gewaltiges Rauschen in den dürren Blättern der Bäume über sich gehört und einen dunklen Schatten über sich hinschweben sehen, der Wolf habe dann das Kind aus seinem Rachen zu ihren Füßen fallen lassen und sei über den Acker in den Wald gelaufen. Da faltete der Schäfer andächtig die Hände und sagte: „Das war die gute Frau Hare." (10, S. 116f.)

397 Der fromme Wunsch

Auf dem Wege von dem Dorf **Benken** nach **Schlamau** soll sich vor Zeiten alle Tage in der Mittagsstunde eine alte Frau mit einer weißen Hucke (Bündel) gezeigt haben. Eines Tages nahm sie einer Frau, die des Weges kam, ihre schwere Kiepe ab und gab ihr dafür ihr Bündel zu tragen. Bis zu einer Eiche, die bis vor kurzer Zeit noch vorhanden, gingen sie so zusammen. Hier tauschte die alte Frau das Bündel wieder ein, und die Bauersfrau wünschte ihr für die Gefälligkeit einen Gotteslohn. Da antwortete ihr die Frau, dass sie sich nur, um diesen Gotteslohn zu verdienen, gezeigt hätte. Hierauf verschwand sie und ward von Stunde an nicht mehr gesehen. (20, S. 14f.)

398 Lichtermender

Die Irrlichter werden Lichtermender genannt, und wenn man sie sieht, so soll man nicht beten, sonst kommen immer mehr. Flucht man dagegen, so sind sie sogleich alle weg.
In **Locktow**, im **Kreise Zauch-Belzig**, heißt es umgekehrt: Lichtmender sind Kinder, die den Segen Gottes nicht empfangen haben und die sofort verschwinden, sobald sie diesen erhalten haben.

In der **Plaueniederung**, besonders zwischen Locktow und **Mörz**, gibt es viele Irrlichter, und man erzählt sich dort: Einmal kam ein Bauer mit einer Fuhre Heu durch eine sumpfige Gegend. Als er noch im Trocknen war, erschien ihm ein Lichtermann, und der Bauer sprach zu ihm: „Wenn du mir einmal leuchten willst, so leuchte mir durch den Sumpf." Der Lichtermann tat es wirklich. Als sie glücklich hindurch waren, sprach der Bauer; „Gott segne dich", und der Lichtermann war verschwunden. (20, S. 26f.)

399 Hol' über!

Da ist einmal in **Göttin** ein Fischer gewesen, der hat sein gutes Brot gehabt, weil er Tag und Nacht auf den Beinen war. Wie er nun einmal spät abends seine Netze an der Havel trocknet und eben damit fertig ist, hört er, wie einer von der anderen Seite, da wo der **Räuberberg** liegt, ruft: „Hol' über!" Weil es nun schon spät war, verwundert er sich und fragt: „Wer ist denn da?" Aber der auf dem Räuberberg sagt weiter nichts als: „Hol' nur über", und da hat er seinen Kahn abgemacht und ist hinübergefahren. Als er nun auf der anderen Seite ankommt, stand da so ein großer schwarzer Kerl, der sagte: „Fahr mich hinüber", und da nahm der Fischer sein Ruder und fuhr los. Aber er hatte kaum vom Lande abgestoßen, da sank das Ende, wo der Schwarze saß, tief in das Wasser, und der Fischer kam ganz in der Höhe zu sitzen, sodass er in seinem Sinne dachte: Wenn du doch nur erst zu Hause wärst! Da ruderte er mit aller Kraft und brachte auch zuletzt den Kahn glücklich hinüber. Als sie nun am Lande waren, sprang der Schwarze heraus und sagte: „Das Fährgeld liegt am Ende", und wie der Fischer hingeht und nachsieht, liegt da ein großer, mächtiger Haufen Gold. Der Schwarze steht am Wasser und sagt zum Fischer: „Nun möchtest du auch wohl wissen, wen du übergesetzt hast?" „Ja", sagte der Fischer. „Nun, du hast den Tod übergesetzt", meint der Schwarze, „und weil du das getan hast, sollst du am Leben bleiben; aber das ganze übrige Dorf soll aussterben", und damit verschwand er. Und so, wie der Tod es dem Fischer gesagt hatte, ist es auch gekommen; das ganze Dorf ist ausgestorben, nur der Fischer ist übrig geblieben und ist ein reicher Mann geworden, und seine Kinder leben noch bis auf diesen Tag in Göttin und sind reiche Leute. (29, S. 60f.)

400 Das untergegangene Dorf Görne

Unter dem Görnsee, zwischen **Prützke** und **Grebs** im alten **Kreise Zauch-Belzig**, soll ein Dorf liegen, das in die Tiefe sank, nachdem seine Bewohner einen Armen hohnvoll aus dem Dorfe getrieben hatten, wie sie solches schon öfter getan. Der fremde Wanderer stieg nach seiner Misshandlung auf eine Anhöhe in der Nähe und sprach einen Fluch über das Dorf aus, worauf es sich in schwarze Rauchwolken hüllte und tiefer und tiefer sank, bis die Wellen über Menschen und Dächern zusammenschlugen.
Ein Mädchen aber mit hellblondem Haar, die Königin des Dorfes genannt, war nach einem Nachbarorte auf Besuch gegangen und so dem Schicksal der übrigen entronnen. Als sie zurückkehrt und das breite Wasser sieht, glaubt sie sich verirrt zu haben und durchkreuzt die Gegend nach allen Richtungen, bis ihr ein alter Mann bestätigt, dass kein Irrtum möglich und das Dorf in den Wassern verschwunden sei. Wehklagend sinkt sie auf einem Hügel nieder, und der nächste Morgen findet sie dort tot. Als man sie aber zur Bestattung abholte, fand man an der Stelle, wo sie gesessen und geweint hatte, klares Wasser aus dem Bergeshange sickern und sich als kleines Rinnsal zum See hinschlängeln. Das waren die Tränen, die der Berg zurückgab und noch gibt, denn noch immer fließt dort ein kleines Rinnsal.
Unter dem Wasser aber hörte man des Öfteren Menschenstimmen. Zwei Fischern, welche um die gleiche Stunde, wo man den armen Wanderer aus dem Dorfe getrieben, mit einem Sacknetz fischen, bleibt plötzlich das Netz festsitzen, und sie bekommen es mit aller Mühe nicht los. Darüber ärgerlich, fängt der eine an zu fluchen. Kaum aber hat er einige Worte gesprochen, so tönt ihnen wirres Geschrei, wie Kinder einen Betrunkenen verhöhnen, entgegen. Auch bemerken sie im Sack des Netzes ein furchtbares Hin und Her, sodass die Leinen zittern. Dann wird alles still und das Netz lässt sich leicht an das Ufer ziehen, enthält aber keinen einzigen Fisch. Nach diesem Ereignis soll der See lange Zeit unbefischt geblieben sein. (20, S. 112f.)

401 Der Wassernix rächt sich

In einem Graben, in der Nähe von **Prützke** bei **Brandenburg**, sitzt ein Wassernix. Da war einmal ein Knecht draußen, der hatte dort in der Nähe zu tun, kommt auf einmal der Wassernix hervor, um sich zu sonnen, und zwar hatte er ein rotes Käppchen auf. Wie den der Knecht sieht, bewirft er ihn mit Steinen und da ist denn der Wassernix wieder untergetaucht. Dem Knecht aber ist's schlecht bekommen, denn im folgenden Jahr, als er wieder an der Stelle arbeitete, ist er jämmerlich ertrunken, der Wassernix hat ihn hinabgezogen. (17, S. 96f.)

402 Die Flachsjungfer

In dem **Flachsberg** bei **Deetz** sitzt eine Weiße Frau oder Flachsjungfer, die kommt alle hundert Jahre einmal zum Vorschein und zeigt sich dann ein Jahr lang, dass sie einer erlösen möge. Aber bis jetzt ist's noch nicht geschehn. (17, S. 98)

403 Die Riesen am Trebelsee

Als noch die Riesen hierzulande waren, da war der **Trebelsee** noch nicht, den haben sie erst ausgegraben, und die Erde, die sie herausholten, das ist der **Eikeberg**. Als sie beinahe fertig waren, kam noch einer von ihnen mit einer Schürze voll Erde daher, und wie er an die Stelle kam, wo jetzt der **Springberg** liegt, ging ihm der Schnippel an seiner Schürze auf, sodass ihm etwas Erde zu Boden fiel und das ist der Springberg. Da tat er noch einen Schritt und warf das Übrige zu Boden, da er es nicht mehr halten konnte, und das ist der **Flachsberg** bei **Deetz**. Dicht vor **Brandenburg** liegt beim Exerzierplatz ein Stein, an dem sind die Eindrücke der fünf Finger einer Hand zu sehen, die rühren von einem Riesen her, der ihn, als der Brandenburger Dom gebaut wurde, hierher schleuderte, um damit das neue Gotteshaus zu zertrümmern. Nach anderen hat ihn Frau Harke geschleudert. (29, S. 62)

404 Der Schatz im Eikeberg

Im **Eikeberg** liegt ein großer Schatz, den haben einmal sieben Handwerksburschen heben wollen. Sie machten sich wacker daran und gruben, fanden ihn auch und hatten ihn schon fast herausgebracht, da kam plötzlich ein kleines Männlein zum Vorschein, das trug ein rotes Käppchen und rief: „Wen soll ich denn nun zuerst nehmen?" Es war aber einer unter den Handwerksburschen, der hatte rote Haare, und da fragte es, auf ihn zuschreitend: „Soll ich wohl den Roten nehmen?" Der aber rief: „Nein, mich nicht!", und augenblicklich war der Schatz wieder verschwunden. (17, S. 98f.)

405 Der Weg im See

Südöstlich von **Brandenburg** liegt der **Rietzer See**, so genannt nach dem an seinem Ufer liegenden Dorfe **Rietz**. Durch diesen See liegt in der Richtung auf **Lehnin** zu ein ungefähr vier Meter breiter Weg von Feldsteinen, der bei dem niedrigen Wasserstande des Jahres 1874 an einzelnen Stellen nur einen Meter tief unter Wasser lag, sodass eine pflasterähnliche Steinlage zu erkennen war. Diese Steinlage soll ein von den Lehniner Mönchen herrührender Weg sein, durch den sie eine nähere Verbindung der Orte Rietz, **Schmerzke**, **Wust** und Brandenburg mit Lehnin hergestellt hätten. Außer dieser Abkürzung sollte aber der Weg noch eine besondere Kraft besitzen, und zwar die, dass Wünsche in Erfüllung gingen, welche Mädchen und Frauen auf ihm zu einer gewissen nächtlichen Stunde den Mönchen anvertrauten. Da aber die Bauern mit der Zeit anfingen zu glauben, dass wohl mehr die Wünsche der Mönche als die ihrer Frauen und Töchter oder gar die eigenen in Erfüllung gingen, so entstand in vielen Familien großer Unfrieden und bitterer Hass gegen die Mönche in Lehnin. Diese mussten sich hüten, allein mit einem Bauern dieser Gegend zusammenzutreffen. Dem ungeachtet blieben in schönen Nächten auf dieser wasserumgebenen Promenade die Zusammenkünfte nicht aus, denn es fanden sich aus den nahe liegenden Ortschaften immer wieder wunscherfüllte Mädchen und Frauen ein.

So muss es denn schließlich dem Himmel zuviel geworden sein, denn als die Bauern von Rietz eines Morgens den See überblickten, suchten sie vergeblich nach dem Wege, der ihnen so viel Kummer bereitet hatte. Er war verschwunden und wurde erst später wieder, als versunken, entdeckt. Alte Fischer aber wollen oft in stillen Nächten, wenn der See spiegelglatt daliegt, und das wandernde Dreieck, das durch die Fortbewegung des Kahnes entsteht, sich bis zu den Schilf umstandenen Ufern erstreckt, einen roten Mönch mit einer weißen Dame auf und ab wandelnd oder auch wie tote Körper im Wasser schwimmend gesehen haben. (1, S. 223f.)

406 Der untergegangene Naberskrug

Datt is all vöör ollen Tiiden west, da hett uppen **Riietzschen Barch** (Berg) en Krooch estan, dee hett de Naberskrooch (aennere seggen ook Aberskrooch) eheeten, un is da upp de Stelle, wo de deepe Kuule (tiefe Loch) an de **Riietzer See** is, unneregan. Wo dat awer ekamen is, datt vertellen se sik so: En Peerknecht uut **Riietz**, deen sin mal siine Peer furteloopen un hee hett se rundum esookt (gesucht), awerst hee hett se nich fingen (finden) kunnen; un as hee nu so dorch Kruut un Gras eloopen is, un jroote Schoo (sonne as se voor dissen hadden) mett jroote Snallen bamn (oben) upp an hadde, hett hee dee janz vull Reenefare (Rainfarn) kreen (bekommen) un hett up eemal huurt, datt et Kalf secht hett: „Naberskrooch sall unnergan." Dunn hett de Hund secht: „Wo lange wertet (wird es) waren (währen)?" un uplezt hett de Han roopen: „de janze Woche uut!" un dunn hebben se alle stille esweegen. De Peerknecht awer hett den Samn, wiil he emm innen Schoo to drüggen anfung, ruuteschütt, un hett denn glicks siine Peer efunnen, awer es hatt ook man jrade acht Dage duurt, da is Naberskrooch ungeregan un de deepe Kuule, wo hee estan hett, is noch bett upp dissen Dach to seene, wemmer (wenn man) en Footstiich (Fußsteig) van **Netzen** na Riietz jat; da ligget se bamn uppen Barch dicht an de See. (16, S. 61f.)

407 Riesen und Erdwürmer

In **Rietz** bei **Brandenburg** war einmal eine Riesin, der waren die Schweine auf der Weide gar weit auseinandergelaufen, und alles Rufen war vergebens; sie konnte sie nicht wieder zusammentreiben. Da riss sie endlich einen gewaltigen Eichbaum aus, kam damit hergestürmt, trieb sie glücklich zusammen und kehrte nach Hause zurück. Unterwegs sah sie zu ihrer großen Verwunderung einen Menschen, der pflügte, nahm ihn alsbald auf und packte ihn samt Ochsen und Pflug in ihre Schürze. Damit kam sie nun zu ihrer Mutter gelaufen und sagte: „Sieh Mutter, was ich da für Erdwürmer gefunden habe!" Die Mutter aber sprach: „Geh eilends zurück, mein Kind, und trage alles an seinen Ort, denn das sind unsere Vertreiber, die nach uns kommen." Und alsbald packte das Hünenmädchen alles wieder zusammen, ging zurück nach der Gegend von Brandenburg zu, wo sie den Pflüger gefunden hatte, und setzte alles wieder an seinen Ort. Darauf schüttete sie den **Rietzer Berg** auf, damit die Vertreiber nicht allzu schnell nach Rietz kommen könnten, und der liegt noch da. (20, S. 74f.)

408 Vom großen Roland zu Brandenburg

Es hat Carolus Magnus (Karl der Große) zu **Brandenburg** auf dem Markte der neuen Stadt ein Bildnis, der Roland geheißen, setzen lassen, wie er es zuvor auch schon an mehreren anderen Orten tat. Er hat das seinem Onkel Roland zu Ehren getan, der im Jahre 778 nach Christi Geburt in einem überaus harten Treffen vor Durst und Mattigkeit gestorben war. Das bedeutet vornehmlich, dass Carolus Magnus da gewesen ist und den Ort oder die Stadt mit großen Privilegien, Freiheiten und Gerechtigkeiten begnadet hat.

Diese steinerne Ritterfigur, die sehr hoch und stark ist, auf einem erhabenen Piedestal steht, geharnischt ist, in der Rechten ein langes Schwert und in der Linken ein Degengefäß hält, ward im Jahre 1716 am 27. Oktober von ihrem früheren Platze weg und an die Tür des Rathauses gerückt, sodass sie mit dem Gesichte zum **Steintor** hinaussieht. Bei dieser Gelegenheit wurde die ganze Figur mit Aschfarbe überstrichen und der Kürass [Brustharnisch] mit Gold ausstaffiert. (10, S. 85)

409 Vom Kampf gegen die Wenden

Im Jahre 926 hat Kaiser Heinrich der Finkler in der **Altmark** angefangen sich gegen die Wenden zu rüsten. Diese merkten aber bald, dass es ihnen gelte, und befestigten sich daher auch in der Stadt **Brandenburg**, und weil es zornige, heftige Leute waren, so sandte ihr König Mizisla seine Leute zu

Kaiser Heinrich nach **Stendal** und sagte sich von ihm los. Kaiser Heinrich gab den Abgesandten zwar demütige Antwort, aber er ließ einen alten Hund herbringen und stäupen (mit Ruten schlagen) und an einen Baum hängen, daraus konnten sie ihre eigentliche Antwort entnehmen. Darauf schrieb der Kaiser Heinrich der Finkler einen Landtag zu Stendal aus, berief seine Sachsen und Thüringer, Bünder und Märker, zeigte ihnen seine Not an und begehrte Hilfe. Weil ihm aber noch immer mehr getreue Kriegsleute vonnöten waren, so machte er auf dem Landtage in Gegenwart vieler Fürsten, Grafen und anderer Herren von altem Adel alle seine Hofdiener, Handwerker vom Hofe, gemeine Amtleute und Krieger zu eitel Edelleuten, indem er sprach: „Adel, Edel, Eid, Halt!" Er gab ihnen auch Waffen und Helmzeichen, dazu Sturm- und Kriegsrüstung wie die der Edelleute. Das ist die Ursache, warum vornehmlich in der Altmark so viele von Adel sind, nämlich über fünfzig Geschlechter, denn vor Zeiten gab es nicht so viele Dörfer dort, wie man Namen von Geschlechtern findet. Viele von ihnen sind aber schon untergegangen.

Die Hauptleute und Befehlshaber erhöhte der Kaiser zu Grafen und Herren. Als nun darauf der Kaiser seine Kriegsleute gemustert und seine neuen Edelleute ermahnt hatte, sie sollten ihren Adel bedenken und mit adligen Taten beweisen, da rückte er mit dem Haufen stracks über die Elbe. Sein Oberster war Johannes, Heinrich des Kahlen Sohn, des Markgrafen zu Stade, ein junger, aber freudiger Kriegsmann und rechter Held. Dieweil nun plötzlich ein harter Winter kam, rückte er Anno 927 vor Brandenburg, schlug sein Zelt auf dem Eise auf, stürmte und gewann Brandenburg, würgte die Wenden, Heruler, Obotriten und was darinnen lag und besetzte es auch stark mit Sachsen und vielen Adligen. Davon sind noch viele Geschlechter über der Elbe übrig, die sich in der Mittelmark, Neumark, Uckermark, Prignitz, Mecklenburg und so weiter verteilt haben.

Darauf baute der Kaiser in Brandenburg zum Zeichen des Sieges auf dem **Harlungerberge** eine runde Kirche, zu Ehren der Jungfrau Maria. Sodann rückte der Kaiser nach dem Siegeberge, dem Blockhause unter Werben, welches er **Werben** nannte. Er wollte daraus den Sieg erwerben, wie es auch geschah. Als er da sein Feldlager hielt im Frühling, da kamen nämlich die Wenden mit großer Heeresmacht, mit welchen der Kaiser eine heftige Schlacht hatte. Darin zeigten die neuen altmärkischen Adligen ihre Taten und der Kaiser behielt durch sie das Feld. (10, S. 218f.)

410 Bischof Dodilo

In dem Gewölbe über dem rechten Arm des Kreuzes, das die Domkirche zu **Brandenburg** bildet, befindet sich eine runde Öffnung, durch welche Bischof Dodilo im Jahre 980 hinabgestürzt worden sein soll. Er wurde nämlich von den Wenden, die sich empört hatten, verfolgt, flüchtete sich in den Dom und wurde hier durch das Bellen seines kleinen Hündchens, das ihm gefolgt war, verraten, worauf ihn die Wenden fingen und auf jene jammervolle Weise zu Tode brachten. (16, S. 60)

411 Das Bild am Dom zu Brandenburg

An dem Dome zu **Brandenburg**, der zum Teil wahrscheinlich noch aus dem zehnten Jahrhundert stammt, sieht man über dem unter dem Turme befindlichen Haupteingange ein aus Stein gemeißeltes altes Bild, das einen Fuchs in einer Mönchskutte darstellt, wie er zuerst einer Versammlung von Gänsen predigt und zum Schluss eine im Rachen davonträgt. Wie dies Bild dahingekommen, erzählt man auf zweifache Weise; die einen sagen, der Baumeister des Domes habe für seinen herrlichen Bau geringen Dank und noch weniger Lohn gehabt, ja er habe sogar fliehen müssen, da hat er denn aus Rache in der Nacht vor seiner Flucht das Bild am Dom angebracht.
Andere erzählen: Ein Domprobst von Burgsdorf, der viel für die Verschönerung und Ausbesserung des Domes tat, habe es verfertigen lassen, aus Unmut darüber, dass der von ihm bereits abgeschaffte Dienst der Messe in lateinischer Sprache nach dem Schluss des Westfälischen Friedens wieder eingeführt werden musste. (16, S. 59f.)

412 Die Ahnfrau als Schutzengel

In der **Katharinenkirche** zu **Brandenburg** liegen viele der alten Ratsherren mit ihren Ehefrauen begraben. Ihre Geister aber wachen noch schützend über den Häusern, deren Besitzer sie vor über zweihundert Jahren waren. Das hat auch einmal eine junge Bürgerfrau, die Eigentümerin eines Hauses in der **St. Annenstraße**, erfahren. Sie saß an einem stürmischen Abend in ihrem Wohnzimmer, in der Kammer daneben schlief ihr halbjähriges Kind. Plötzlich hörte sie die Kleine schreien, sie eilte herbei und sah die Gardinen am Bettchen in Flammen stehen. Der Sturm hatte das Fenster aufgerissen und das brennende Licht in den Vorhang geweht. Neben dem Bettchen aber stand eine hohe Frauengestalt in altertümlicher Tracht, die mit der Hand in das Feuer griff und es ausdrückte. Das Feuer zischte, als ob Wasser hineingegossen würde, und erlosch. Dann wandte die Gestalt der Frau ihr totenbleiches Gesicht zu, schien aber freundlich zu lächeln. Sie winkte mit der Hand und schritt leise zur Tür hinaus. Die Frau folgte, von Neugier ergriffen, der Erscheinung, die die Straße entlangging, ohne von den Leuten gesehen zu werden. In der **Kirchgasse** bog sie ein und verschwand endlich bei der Katharinenkirche. In der Kirche aber steht das Grabmal eines Ratsherrn und seiner Gattin, die ehemals das Haus in der St. Annenstraße besaßen. (20, S. 172f.)

413 Der Rabe mit dem Ringe

Auf der Spitze des **Rathenower Tors** zu **Brandenburg** sieht man einen Raben, in dessen Schnabel ein Ring mit daran befindlicher Kette sichtbar ist. Das Wahrzeichen hat folgende Bedeutung: Einem der Brandenburger Bischöfe war nämlich einst ein Ring weggekommen, und da, soviel er auch hin und her sann, wer ihn genommen haben könnte, doch sein Verdacht sich immer wieder auf einen Diener wendete, der allein in seinem Zimmer gewesen war, so befahl er, dass dieser wegen Diebstahls mit dem Tode bestraft werde, und der Befehl wurde auch sogleich vollzogen. Darauf vergingen einige Jahre, da wurde an dem Dache eines der Kirchtürme etwas gebessert, und man fand viele Rabennester und wunderbarerweise in einem derselben den Ring, um dessentwillen der arme Diener hingerichtet worden war. Da hat der Bischof jenes Wahrzeichen machen lassen, dass es für ewige Zeiten zur Warnung diene. (28, S. 116)

414 Der Traum von der Kuttenlinde

Vor dem Pfarrhause oder der Superintendentur der Stadt **Brandenburg** befand sich eine große Linde, die Kuttenlinde genannt, weil sie zum

Andenken eines dortigen Rektors, Matthias Kuttenius, gepflanzt wurde. Von dieser träumte die Frau des Rektors Caspar Gottschling etliche Male, als sie noch nicht ein ganzes Jahr hier gewohnt hatte, dass sie aus der Kirche ohne Kopf ins Haus käme und ihr Kopf unter der Linde läge. Sie ist sehr bald nach diesen Träumen gestorben und unter dieser Linde begraben worden. (10, S. 85)

415   Das Dorf Wust

An der Stelle des **Groß Wusterwitzer Sees** soll in alter Zeit ein Dorf namens **Wust** gestanden haben. Als es versank, läuteten alle Glocken von selbst. Der Sturm brauste, und die Erde grollte. Wasserbäche sprangen aus der Erde und überfluteten das liebliche Tal. Abergläubische Leute wollen noch heute die Glocken klingen hören, und Mauerreste soll man am östlichen Ufer, da wo der Bach in den See fällt, gefunden haben. Auch heißt es, dass der See noch von Zeit zu Zeit sein Opfer fordere. (20, S. 111f.)

416   Die Entstehung des Zummelt

Zwischen dem **Görden-** und dem **Quenzsee** lag früher noch ein anderer See, **Zummelt** genannt. Im Frühjahr zur Zeit des Hochwassers bildet der niedrige Teil noch heute eine Wasserfläche. Aber es war nicht immer so, ehedem stand hier ein wendisches Dorf. Seine Einwohner planten einst einen Rachezug gegen die Bewohner eines Christendorfes, das in der Gegend des heutigen **Neuendorf** im **Westhavellande** lag. Tagelang schon hatte ein Sturm gewütet, die Wellen des Quenzsees brachen sich an dem Damme, welcher heute die Straße nach **Plaue** bildet, und unterspülten denselben. Doch die Heiden hielten gerade solch Wetter günstig für ihr Unternehmen und zogen bewaffnet gegen das christliche Dorf. Eben waren sie auf dem Damme angekommen, als dieser dem Andrange der Wellen und des Sturmes nachgab und barst. Wild stürzten die Wogen auf das tiefer gelegene Land, sie rissen die Krieger mit sich fort und alle ertranken. Auch die Häuser des Dorfes wurden fortgespült und ein See deckt nun die Stelle, wo Dorf und Flur lagen. Doch auch das christliche Dorf fiel dem aufgeregten Element zum Opfer.

Von den beiden Glocken des Kirchleins aber erzählt man sich Folgendes: Als sie auf der Wasserfläche schwammen, sagte die kleinere zur größeren: „Anne Susanne, wie willen to Lanne!" Diese antwortete nicht. Die kleine Glocke wiederholte ihren Wunsch mit verstärktem Tone: „Anne Susanne wie willen to Lanne!" Noch keine Antwort. Auf die dritte Anfrage schließlich sprach die Anne Susanne endlich zu ihrer unruhigen Schwester: „Itzt kommt unse Stund, nu gohn wie to Grund, schließ to dinen Mund!" und damit schossen sie beide in die Tiefe. (20, S. 114f.)

417 Hexenfahrten

Zu Wolbernabend [Walpurgisabend, vor dem 1. Mai] ziehen die Hexen nach dem **Blocksberg**, das ist ein uralter Aberglaube. Auf Ziegen, Hähnen, Besen, Ofengabeln und dergleichen fahren sie dorthin durch die Luft. Wo sie vorbeikommen und Zutritt zu den Ställen finden, da behexen sie angeblich das Vieh. Deshalb muss hier alles gehörig verschlossen sein, und man darf nicht vergessen, drei Kreuze mit Kreide an die Stalltüren zu machen, dann können sie nicht herankommen. Früher hatte man noch viele Geschichten, wie es am Blocksberg auf den nächtlichen Festen, bei denen der Teufel den Vorsitz führen sollte, üppig zuging. Mit der Zeit aber sind die Menschen „to upgeklärt", wie es heißt, geworden und reden nicht mehr viel davon. Nur folgende Stückchen kennt man noch fast überall im **Havellande**.

Ein Schäfer besuchte am Abend vor der Walpurgisnacht seine Braut. Als er gegen zwölf Uhr auf der Ofenbank wachend, jedoch mit geschlossenen Augen lag, bemerkte er, dass seine Braut und seine Schwiegermutter, die ihm schon als Hexen verdächtig waren und wähnten er schliefe, sich zur Fahrt nach dem Blocksberg rüsteten. Indem er sich weiter schlafend stellte, beobachtete er sie und bemerkte, dass beide sich die Gelenke mit einem Öl einrieben und dann mit dem Spruche: „Up un davan und nene wegent an" zum Schornstein hinaus ins Freie fuhren. Sogleich war sein Entschluss gefasst; er wollte ihnen nach und erfahren, was sie weiter tun und treiben würden. Er tat also, wie er gesehen; rieb sich mit dem Öl ein, welches die beiden hatten stehen lassen, und wollte nun mit demselben Spruche folgen. Doch ach! er hatte wohl nicht recht gehört, denn indem er sprach: „Up un davan un allewegent an", fuhr er zwar ebenfalls zum Schornsteine hinaus; aber er wurde überall gegengeschleudert und kam endlich an Haupt und Gliedern ganz zerschlagen in der Hexenversammlung am Blocksberg an. Wenngleich man nun anfangs bei seinem Erscheinen ein wenig erschreckt war, einen Fremden unter sich zu sehen, so hatte man sich doch bald damit abgefunden. Man gab ihm auch eine Klarinette, die er ja zu blasen verstand, in die Hand, und nun musste er mit Musik machen, und die Hexen tanzten nach Herzenslust bis kurz vor ein Uhr. Dann kehrte jede schleunigst heim, wie sie gekommen war, um mit dem Schlage „eins" an Ort und Stelle zu sein. Auch unser Schäfer kam glücklich wieder nach Hause; als er aber sein Instrument näher betrachtete, das er in der Hand behalten hatte, war es ein toter Kater, auf dessen Schwanzspitze er geblasen hatte. Ein anderes Mal wollte ein Knecht eine ähnliche Zusammenkunft der Hexen belauschen und hatte sich deshalb mit anderen Knechten unter einem Paar Eggen versteckt, die an dem Platze gegeneinander standen; denn unter solchen ist man vor den Hexen geschützt. Leider aber sah sein Rockzipfel hervor, und somit hatten die Hexen Anteil an ihm und fassten ihn daran und entführten ihn in die Luft. Man hat nie wieder etwas von ihm gehört. (29, S. 54ff.)

418 Der Kohldieb im Monde

Im ganzen **Havelland** behaupten die Leute, im Monde stehe ein Mann, der einen Kohlstrauch in der Hand habe, einige sagen auch, er heiße Christoph. Dieser wollte gern am Christabend Kohl essen, und weil es nun einmal so Sitte ist und das ganze Jahr über Glück bringt, stahl er ihn, obgleich es der liebe Gott ausdrücklich verboten hatte. Zur Strafe dafür ward er nach seinem Tode in die Sonne gesetzt, aber da war es doch gar zu heiß, sodass er es gar nicht aushalten konnte, und er bat daher den lieben Gott, er möge ihn doch da fortnehmen. Das geschah auch und nun kam er in den Mond, wo ihr ihn bei Vollmond noch mit seinem Kohlstrauch in der Hand sehen könnt. (16, S. 140)

419 Der Kobold auf der Mühle

Wenn jemand früher reich wurde, ohne dass man ihm nachrechnen konnte, wie dies zugehe, dann meinte man, er habe einen Kobold, der ihm alles zutrüge. Noch jetzt [Ende 19. Jahrhundert] herrscht stellenweise dieser Aberglaube. Der Kobold wird immer als ein kleiner Kerl beschrieben, der allerhand Gestalt annimmt, auch Tiergestalt, zum Beispiel die eines dreibeinigen Hasen oder eines Kalbes mit feurigen Augen. Oft treibt er, heißt es, auch seinen Schabernack mit den Leuten und will sich dann ausschütten vor Lachen, wenn er jemand angeführt hat. Daher stammt noch der alte Ausdruck „wie ein Kobold lachen". So erscheinen denn auch die Kobolde in manchen Geschichten als lästige Gäste, welche man gern aus dem Hause

loswerden möchte, aber schwer loswird. Einen solchen Kobold gab es nun auch einmal im **Havellande**, mit dem ist Folgendes dort passiert:
Auf einer einsamen Wassermühle, heißt es, wohnte ein Müller ganz allein. Bei dem klopfte es an einem stürmischen und regnerischen Abende an das Fenster, und als der Müller fragte, wer da wäre, antwortete eine Stimme: „Um Gottes Willen lasst mich ein, ich habe mich verirrt und komme sonst um in dem furchtbaren Wetter!" Der Müller nahm die Lampe und öffnete die Haustür, fuhr aber erschrocken zurück, denn vor ihm stand neben einem Manne ein schwarzes Ungetüm. „Ach erbarmt Euch", sagte der Mann, „ich bin ein Bärenleiher (Bärenführer) und weiß mit meinem Tiere nicht mehr, wo aus und ein. Gönnt mir ein Plätzchen zum Nachtquartier!" Der Müller kraute sich hinter den Ohren und sagte: „Ja für Euch hätte ich wohl einen Platz auf der Ofenbank in meinem Stübchen, wenn Ihr damit zufrieden sein wollt. Aber wo soll ich mit Eurer wilden Bestie hin? Einen Stall habe ich nicht, und in die Stube können wir das Tier doch nicht nehmen!" „I", antwortete der Mann, „könnten wir ihn nicht in die Mühle bringen? Schaden an Korn und Mehl könnte er Euch nicht tun, und übrigens lege ich ihn ja auch an die Kette!" „Das ginge wohl", sagte der Müller, „aber ich muss Euch sagen, dort ist es nicht richtig. Es spukt in der Mühle ein Kobold umher, der mir schon seit Jahren Herzeleid angetan hat. Er rumort dort die ganze Nacht herum, schüttet die Kornsäcke aus, streut das Mehl umher und treibt noch sonst allerlei Unfug und Mutwillen!" „Ei", rief der Bärenführer, „was schadet das? Meinem Bären wird der Kobold nichts anhaben, der wird sich schon seiner Haut wehren. Nehmt uns nur auf, ich bitte Euch!" Gesagt, getan. Der Bär wurde in die Mühle gebracht, und dem Führer bereitete der Müller ein Lager auf der Ofenbank. Mitten in der Nacht erwachten die beiden Männer von einem furchtbaren Rumoren in der Mühle. Es ging dort kopfüber und kopfunter, und dazwischen hörte man das tiefe Brummen des Bären und hie und da ein Quieken und jämmerliches Grunzen. „Horch", sagte der Müller, „da hat der Kobold sich an den Bären gemacht". „Das wird allein sein eigener Schaden sein", lachte der Bärenführer. „Ja, wollte Gott", seufzte der Müller, „dass der Bär meinem Plagegeist recht ordentlich den dicken Kopf zurechtsetzt!" Noch ein heller Schrei, dann war alles still, und die Männer schliefen wieder ein. Am Morgen fand man den Bären wohlbehalten in der Mühle, und nachdem der Müller seine Gäste noch mit Speis und Trank erquickt hatte, zog der

Fremde mit seinem Bären unter herzlichem Danke von dannen. Und siehe, von Stund an ließ sich kein Kobold mehr in der Mühle sehen. Der Bär muss es ihm verleidet haben. So ging wohl ein ganzes Jahr hin. Da, an einem dunklen Abende, als der Müller still in seiner Stube saß, öffnete sich leise die Tür, und zum Schrecken des Müllers steckte der Kobold seinen unförmigen Kopf in die Stube und sagte: „Möllä, Möllä, lewet juwe jrote schwarte Katt' noch?" Rasch fasste sich der Müller und rief: „Jo, deh lewet noch und hett sewen Jungen!" Da schlug der Kobold entsetzt die Tür zu und ist seitdem nie wiedergekommen. (28, S. 21ff.)

420 Der Bilwitz im Havelwinkel

Steht das Korn in schönster Blüte, mannshoch in den Halmen saftig und mit weichen, werdenden Ährlein, dann machen die schlimmen Geister sich daran, den Menschen die Ernte zu verderben. Bald nach Mitternacht tritt vorsichtig der Bilwitz aus dem Walde, ein sehr magerer, langer, eisgrauer Mann, ein spitzes Hütchen auf dem Haupte, einen langschößigen Rock um die Lenden, die Hände allzeit in den Taschen der Pluderhosen. Er macht im Schatten der Föhren halt und späht über die Flur, die im Mondlicht silbergrau blinkt, ob er gesehen wird.
Niemand ist auf dem Acker. Das Mondlicht schwindet hinter schwarzen Wolken, die plötzlich wie gezaubert am Himmel hängen und flattern. Hurtig duckt sich der dürre Graue nieder an den Boden, schnallte den rechten Schuh ab und steckt ihn unter den Rock. Aus der Pludertasche nimmt er eine kleine, sehr scharfe Sichel und bindet sie an die Zehen des nackten Fußes. Dann erhebt er sich und schlendert durch das Korn, quer und schräg, schwenkt hin und her. Wo er schlürfend schreitet, mäht sein Fuß eine schmale Gasse, einen engen, langen Gang, und auf der Stelle verschwinden die Halme. Kommt dann am Morgen bei Sonnenlicht der Bauer an das Ackerstück, so sieht er die trostlose Verwüstung.
Es gibt viele Mittel gegen den Bilwitz. Man kann einen Kranz von Schafgarbe, Wicken oder Dost mitten ins Korn auf einen Stab stecken, kann auch eine Garbe mit Wacholderzweigen, die man bei der letzten Ernte zuerst auf den Wagen stach und zuletzt drosch, mit zur Saat verwenden. Allein beides ist nicht ganz sicher. Das sicherste Mittel ist, dass eine reine

Magd einen Spiegel um den Hals tut und sich dem grauen Gespenst in den
Weg setzt in einem Holunderbusch, da, wo es aus dem Walde hervorgeht
auf den Acker. Sieht der Bilwitz das Mädchen, so muss es sterben, erblickt
er aber sich selbst in dem Spiegel, so ist der Zauber gebrochen, und der
schlimme Geist flieht auf immer. (4, S. 53f.)

421 Der Ahnherr derer von Wedell

Der Wendenkönig von Brandenburg jagte einst in den märkischen
Wäldern, und an seiner Seite ritt Bertha, seine Tochter. Der Tag war warm,
und der scharfe Ritt machte die Jäger durstig. Sie lenkten zu einer Mühle
hin und saßen ab. Bertha stand neben dem klappernden Rade, als der
Müllersknecht ihr einen Becher kühlen Wassers brachte. Sie trank begierig,
ohne des Räderwerks zu achten. Plötzlich ward ihr Kleid von dem Rade
erfasst, sie musste im nächsten Augenblicke mitgerissen werden. Da griff
der Mühlknecht mit seinen Händen das Rad und hielt es für einen Augenblick auf, währenddessen die Prinzess ihr Kleid lösen konnte. Aber seine
Hand war gebrochen. Bertha weinte um ihn. Da erteilte der König dem
wackeren Burschen den Ritterschlag und gab ihm Bertha zur Gemahlin.
„Zwei schöne Hände gebe ich die für deine gebrochene", sagte er, „im
Wappen aber führe du das Mühlrad". Die von Wedell sind die Enkel des
Mannes mit der gebrochenen Hand. (20, S. 148f.)

422 Das Vermächtnis

Der Edelmann Nicolaus v. B. hatte vor langen Jahren der Gemeinde seines
Ortes ein Bruchland testamentarisch mit der Klausel vermacht, dass die
Bauern alljährlich seinen Namenstag festlich begehen sollten. Die Bauern
umfriedeten das Bruch, benutzten es als Weide, indem sie bei Tage ihre
Kühe und bei Nacht ihre Pferde, wie damals üblich, darauf weiden ließen.
Jahre hindurch wurde der Nikolaustag gefeiert; als jedoch von der Gemeinde der Gebrauch endlich eingestellt wurde, da begab es sich, dass die
Pferde allnächtlich durch das Gehege brachen und das Weite suchten; und
obgleich die Bauern dasselbe täglich ausbesserten, es half alles nicht,

die Pferde brachen dennoch aus. Da kamen denn die Bauern auf den Gedanken, ob sie nicht selbst durch Umgehung der Testamentsklausel an dem Missgeschicke, das sie allnächtlich traf, schuld wären. Sie führten daher die Nikolausfeier wieder ein und siehe! – der Bann war gebrochen, die Pferde weideten fortan ruhig und das Gehege blieb unversehrt. (13, S. 119)

423 Der hungrige Wolf

Ungefähr fünfhundert Schritt vom Dorfe **Lietzen** an dem alten Wege nach **Nauen** lag seit undenklichen Zeiten ein aus einem Feldsteine roh gearbeitetes Kreuz, die Leute erzählen darüber: Es kam einmal eine Frau mit Semmeln aus Nauen. Da wurde sie von einem Wolfe verfolgt. In ihrer Angst warf sie ihm eine Semmel hin; als aber der Wolf diese verzehrt hatte, kam er der Frau wieder nach. So warf sie ihm denn nach und nach alle ihre Semmeln hin und glaubte, sie würde unterdessen das Dorf erreichen. Noch fünfhundert Schritte davon entfernt, hatte sie jedoch keine Semmeln mehr, und der Wolf fiel sie an und fraß sie. Zum Andenken richtete man an dieser Stelle jenes Steinkreuz auf. (20, S. 156)

424 Der Kreuzweg

Der Wilde Jäger jagt kein gewöhnliches Wild, sondern eben solches Gespenst. Das hat einmal ein Pferdeknecht in **Priort** im **Havellande** erfahren. Der war gerade des Nachts in der Koppel und die lag an einem Kreuzweg, da kommt eilig eine Frau dahergelaufen, die bittet ihn, er möge sie doch über den Weg bringen, denn einen Kreuzweg können Geister nicht so leicht passieren. Anfänglich wollte er es nicht, aber da sie ihn so flehentlich bat, tat er es doch zuletzt, und als sie nun hinüber war, da lief sie so eilig fort, als sie nur immer vermochte, und wurde wunderbarerweise immer kleiner und kleiner, bis sie zuletzt nur noch auf den Knien lief. Gleich darauf kam aber der Wilde Jäger mit seinen Hunden daher und verlangte von dem Hirten auch über den Kreuzweg gebracht zu werden, denn er jage nun schon seit sieben Jahren nach jener Frau, wenn er sie aber in dieser Nacht nicht bekäme, so sei sie erlöst. Da brachte ihn denn der Hirt samt seinen Hunden hinüber. Und es dauerte auch nicht lange, so kam der Wilde Jäger wieder zurück und hatte die Frau quer vor sich auf dem Pferde liegen.

Ähnliches erzählt man an verschiedenen Orten, so soll es unter anderem einem Bauern passiert sein, dem hat der Wilde Jäger dann als Dank dafür, dass er ihn über den Kreuzweg gebracht, ein Stück von einer Pferdekeule abgeschnitten und auf den Wagen geworfen, davon solle er sich morgen eine Suppe kochen. Als der Bauer aber nach Hause kam und es seiner Frau geben wollte, wie erstaunte er, als es ein Klumpen Goldes war.

Der Wilde Jäger soll aber verwünscht sein, ewig zu jagen, weil er so von Jagdlust besessen war, wie die einen sagen, dass er erklärte, wenn er immer jagen könne, so wolle er Gott seinen Himmel wohl lassen. Andere sagen, er hätte am Weihnachtstage oder am Karfreitage oder an einem Sonntage während der Kirche gejagt und sich verschworen, er müsse an dem Tage einen Hasen haben und sollte er ewig jagen! Wegen dieses Frevels jagt er nun noch immer. (28, S. 7ff.)

425 Land abgepflügt

In Klein **Paaren** war einmal ein Bauer, der pflügte in betrügerischer Weise das Feld seiner Nachbarn ab und verrückte nachher die Grenzsteine. Dafür hat ihn die Strafe des Himmels getroffen; denn kaum war er tot, so erschien er des Nachts an der Stelle, wo er sich versündigt hatte. Da hörte man sein „hüh" und „hott", denn er musste das abgepflügte Land wieder anpflügen. Und jedes Mal, wenn er eine Furche gezogen hatte, hieß es, falle nur ein Sandkorn wieder auf die richtige Seite. Oft hörte man ihn auch, wie er keuchend einen gewaltigen Grenzstein dahertrug, und dann pflegte er kläglich zu rufen: „Wo soll ich ihn denn hinlegen? Wo soll ich ihn denn hinlegen?" Einige sagen, jetzt spuke es nicht mehr da, und erklärten auch, wie dies geschehen. Es sei nämlich einmal ein Prediger dazugekommen, wie jener den Ruf ausgestoßen hat, und da habe der gesagt: „Nun leg' ihn in Gottes Namen wieder hin, wo du ihn gefunden hast." Das habe jener auch getan, und seit der Zeit habe man ihn nicht wieder gehört; er sei wohl eben erlöst worden. (29, S. 49f.)

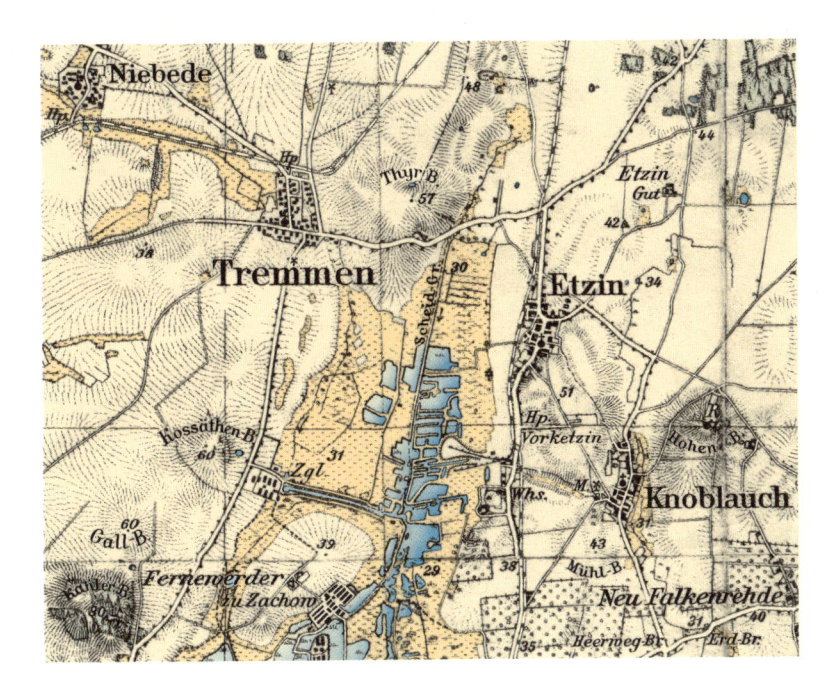

426 Das untergegangene Dorf Thure

Dicht bei dem Dorfe **Tremmen**, wenn man von da nach **Etzin** geht, liegt zur Linken des Weges eine Anhöhe, welche der **Thürberg** heißt, und zur Rechten ein am Fuße desselben sich bis zum **Ketziner See** und der Havel erstreckendes Bruch, das **Thürbruch** genannt. An der Stelle des Berges, wo sich jetzt die Lehm- und Sandgruben befinden, soll ehemals ein Dorf namens Thure oder Thüre gestanden haben, das in schweren Kriegszeiten verwüstet wurde. Daher findet man denn noch oft beim Graben des Sandes oder Lehms ganze Schichten von menschlichen Gebeinen und Holzkohlen, dabei aber auch Spuren von Wirtschaftsgeräten, besonders Eisenwerkzeuge. Unweit von dieser Stelle kann man auch noch die Spuren der alten Kirche finden, deren Fundamente sich noch unter dem Boden hinziehen. Andere leugnen das alles und sagen, das Dorf Thure sei ja in den Berg gesunken und zwar tief, tief hinein, und daher rührt ja auch das tiefe Loch, was sich bei den Sandgruben befindet. Die Glocken der Kirche sind aber in den am Fuße des Berges liegenden kleinen Teich gefallen, der davon der **Glockenteich** heißt und der beste Beweis dafür ist, dass sie da unten noch hin und wieder, besonders mittags im Sommer, wenn's so recht still ist, mit dumpfem Ton anklingen. Wäre das Dorf Thüre auf gewöhnliche Weise verwüstet worden und nicht in den Berg gesunken, würde man dann wohl den mit Schimmeln bespannten Wagen aus dem Berge hervorfahren sehen, der sich schon seit undenklichen Zeiten zeigt? Und dazu kommt er grade an der Stelle, wo das Dorf untergegangen sein soll, in den Sandgruben, zum Vorschein. Denn da hat ihn noch vor wenigen Jahren ein Bauer gesehen, der eben Sand holte, und das war grade am Johannistage und mittags um zwölf Uhr. (16, S. 140f.)

427 Spuk am Thürberg

Am **Thürberg** bei **Tremmen** ist's nicht recht richtig, denn bald lässt sich dort ein dreibeiniger Hase, bald ein anderer Spuk sehen und fügt den Leuten allerhand Schabernack zu. Oft schon hat es, wenn einer dort mit Korn gefahren gekommen ist, den ganzen Wagen umgekehrt, sodass die Räder in die Höhe standen, und dann ist es vor ihm hergesprungen und hat gelacht und in die Hände geklatscht. Nur mit vieler Mühe haben sie alles wieder in Ordnung bringen können.

Einem Knecht aber ist es dort einmal ganz eigen ergangen. Dem war nämlich vor einiger Zeit der Drak begegnet, von dem sie doch immer sagen, dass er so durch die Luft ziehe und den Leuten was zutrage. Der hatte den Knecht, da er grade sehr schwer trug, gebeten, er möge ihm doch aufhelfen. Das hatte er denn auch getan, und der Drak hatte ihm dafür versprochen, er wolle ihm auch wieder helfen, er solle nur an ihn denken, wenn er in Not sei. Als nun der Knecht bald darauf am Thürberg vorbeikommt, kehrt's ihm den ganzen Wagen mit Korn auf die Seite, und da er nun ganz allein ist, weiß er gar nicht, was er anfangen soll. Endlich fällt ihm das Versprechen des Drak ein und er denkt: Ach, wenn mir doch der nur helfen wollte! Da lacht es dicht vor ihm und ruft: „Ich bin schon da, bin schon da!" und im Augenblick steht auch sein Wagen wieder aufrecht. Der Knecht hat sich aber beeilt, dass er nach Hause kam.

Ein andermal kommt ein Bauer am Thürberg vorbei, da sieht er einen dreibeinigen Hasen, der hopst immer vor ihm her und lacht ihn aus. Der Bauer hat aber keinen Spaß verstanden, sondern hat seinen Stock genommen und nach ihm geworfen. Zum Glück ist das aber ein Kreuzdornstock gewesen, denn sonst wär's ihm doch übel bekommen. So aber ist der Hase fort gewesen und er hat ruhig seines Weges gehen können. (17, S. 103f.)

428   Der Trebelsee und die Weiße Frau

Der **Trebelsee**, welchen die Havel unterhalb des Fleckens **Ketzin** bildet, ist sehr tief, das kommt aber daher, weil ihn die Hünen ausgegraben haben; wie tief er jedoch sei, weiß niemand, da es bis jetzt noch keiner gewagt hat ihn auszumessen. Indessen kann man's ungefähr beurteilen an dem **Eikeberg** bei **Deetz**, denn das ist die Erde, die sie in ihren Schürzen herausgetragen haben. Diese Schürzen mögen auch nicht klein gewesen sein, denn einer hat, wie es kam, weiß man nicht, eine solche voll Erde verloren, und das ist der **Flachsberg** bei Deetz.

Auf diesem Flachsberg sieht man oft eine Weiße Frau umherwandeln, sie kommt auch wohl, sobald jemand des Weges kommt, herab und geht wieder und wieder an ihm vorüber, als wollte sie ihn verlocken, sich an sie heranzumachen, aber es hat's noch keiner tun mögen. (16, S. 63)

429   Die Stimme im Trebelsee

Auf dem **Trebelsee** waren zwei Fischer einst damit beschäftigt, seine Tiefe zu messen, und befestigten deshalb an mehreren zusammengebundenen Stricken einen Stein, den sie hinabließen, aber sie kamen damit nicht auf den Grund, und wie viele Stricke sie nun auch von Neuem anknüpften, es wollte dennoch nicht reichen, der Stein kam immer noch nicht unten an. Eben wollten sie nun wieder einen neuen Strick zu Hilfe nehmen, da hörte einer von ihnen plötzlich eine Stimme, die rief ihnen zu, sie sollten von ihrem Beginnen abstehen, sonst würde es ihnen schlimm ergehen; deshalb ermahnte er seinen Gefährten, der immer noch emsig beschäftigt war, umzukehren und nach Haus zu fahren. Der aber wollte nicht darauf achten, sondern sagte, er habe ja die Stimme nicht gehört, nahm auch abermals einen Strick und suchte von Neuem endlich seinen Zeck zu erreichen; aber so wie er den Stein nun wieder hinabließ, hörte auch er plötzlich dieselbe Stimme, zog deshalb eiligst den Stein heraus und nun kehrten sie um. Allein jetzt war es zu spät, der, welcher sich nicht hatte warnen lassen wollen, wurde, als er nach Hause kam, gar krank und starb nur wenige Tage darauf. (16, S. 63f.)

430 Das Sühnekreuz in Gutenpaaren

In **Gutenpaaren** befindet sich ein altes Steinkreuz. Es ist ungefähr vierhundert bis fünfhundert Jahre alt und soll dem Zweikampf zweier Ritter seine Entstehung verdanken. In dem Dorfe bestanden früher zwei Rittersitze. Die Eigentümer, die in stetem Streit miteinander lebten, griffen eines Tages zu den Waffen, wobei einer getötet wurde. Der Überlebende musste zum Gedächtnis für den Verstorbenen das Sühnekreuz setzen und daran eine ewige Lampe unterhalten. (4, S. 104)

431 Der Riesenhügel

An der Nordseite des Dorfes Knoblauch [Wüstung] erhebt sich auf einer Anhöhe, an welcher das Dorf liegt, ein kleiner Hügel, der oben mit einem Erdwalle umgeben ist, den man den Burgwall nennt. Diese Umwallung ist ziemlich kreisrund, in der Mitte jedoch nur sehr wenig vertieft, und es scheint ein Damm sich in der Quere mitten hindurchgezogen zu haben. Zu diesem Burgwalle haben die Riesen die Erde zusammengetragen, aber einer von ihnen ist bei der gewaltigen Arbeit gestorben, der liegt in der Mitte des Walls begraben. Andere erzählen, es sei hier keiner begraben, sondern ein Riese habe nur einmal vor alten Zeiten hier drei Schürzen voll Erde hingeworfen, davon sei die ganze Erhöhung entstanden.
Auch zwischen **Wachow** und **Tremmen** liegt ein solcher Hügel, der dadurch entstand, dass einem Hünenmädchen, das Erde in seiner Schürze dahertrug, das Schürzenband riss, da ist nun das bisschen Erde liegen geblieben. (16, S. 142)

432 Das singende Pflugrad

Eines Abends weidete ein alter Schäfer am Rande des **Krummen Fenns** bei **Fohrde** im **Westhavellande**, seine Schafe. Da fuhr aus dem moorigen Boden neben ihm plötzlich ein Pflugrad hervor, das gewaltig große, glühende Augen hatte und mit lauter Stimme zu singen begann: „Wie schön leucht' uns der Morgenstern!" Während der Schäfer seine Kappe abzog und andächtig zuhörte, kam vom entgegengesetzten Ende des Fenns eine Kutsche dahergefahren. Diese Kutsche war mit Schimmeln bespannt, denen die Köpfe fehlten, und in dem Wagen saß der alte Edelmann vom Schwarzen Berge und nickte ihm freundlich zu. Erstaunt sah der Schäfer der vorübersausenden Kutsche nach, die am anderen Ende des Moors in die Erde versank, und als er sich dann nach dem Pflugrad, welches das angefangene Lied ruhig zu Ende gesungen hatte, umblickte, war es ebenfalls verschwunden. (20, S. 16)

433 Die Tieckower Mühle

Man erzählt, als die Schweden im Anfange der Dreißigerjahre des siebzehnten Jahrhunderts unter ihrem Könige Gustav Adolf die Mark durchzogen, wären die Bewohner, die in den Schweden die Feinde der Mark sahen, vielfach vor ihnen geflohen, so auch der Müller in hiesiger Gegend. Aus Zorn darüber hätten die Schweden sämtliche Mühlen, deren Besitzer geflohen waren, niedergebrannt. Der Besitzer von der **Tieckower** Mühle jedoch war nicht geflohen, sondern hatte den Schweden das von ihnen gewünschte Vertrauen entgegengebracht. Deshalb wurde seine Mühle nicht zerstört, er wurde vielmehr zum Weitermahlen veranlasst und von den Schweden für das gelieferte Mehl und andere Nahrungsmittel reich belohnt.
Die Mühle wurde vor einigen Jahren durch Brand völlig zerstört. In dem Mehlbalken der Mühle stand außer der Jahreszahl 1697 in altdeutscher Schrift: Die Menschen sagen immer; die Zeiten werden schlimmer. Die Zeiten bleiben immer, die Menschen werden dümmer. (4, S. 114f.)

434 Brösigkens Laake bei Pritzerbe

Bald nach dem Siebenjährigen Kriege ritt einmal der Alte Fritz mit größerem Gefolge auf der alten Heerstraße von **Brandenburg** nach **Rathenow**. Der König befand sich in angeregtem Gespräch mit den Herren des Gefolges und so hatte der damalige Besitzer von **Ketzür**, Herr von Brösigke,

Gelegenheit, dem Könige die große Not zu klagen, welche die Viehhaltung auf Ketzür mit sich bringe, da dem Gute die Wiesen fehlten.

Als man in die damals unwegsame Gegend zwischen **Pritzerbe** und **Döberitz** gelangt war, machte einer der Herren auf die außerordentlichen Schwierigkeiten aufmerksam, die ein derartiges Gelände militärischen Operationen entgegensetzen würde. Herr von Brösigke, ein alter Haudegen aus den Kriegen des großen Friedrich, meinte geringschätzig, dass solche kleinen Widerwärtigkeiten seine Reiter, mit denen er sich im Kriege oftmals rühmend hervorgetan hatte, nicht würden aufhalten können. Dem König bot das Wortgeplänkel zwischen den Herren des Gefolges willkommene Gelegenheit, seinem braven Reiteroffizier seinen Dank für die im Kriege geleisteten guten Dienste abzustatten, ihn aus seinen Schwierigkeiten wegen der seinem Gute fehlenden Wiesen zu befreien, ihn gleichzeitig zur Melioration der wertlosen Laake zu veranlassen und ihm endlich auch Gelegenheit zu geben, seine Reiterkünste – deren er sich rühmte – zu beweisen. Man befand sich am südlichen Rande der königlichen Grünauer Forst in einer Gegend, in der Moorstellen und Wasserlöcher mit Bülten [bewachsene Erdhaufen], Elsen- und Erlengestrüpp abwechselten, die also für einen Reiter fast unpassierbar war. Der König versprach Herrn von Brösigke von diesem Gelände so viel als Eigentum, wie er in einer gewissen Zeit umreiten würde, und knüpfte daran die Bedingung, dass der Boden in Wiesenkultur genommen werden sollte. Herr von Brösigke ließ sich die Gelegenheit nicht entgehen, seinen Grundbesitz zu vergrößern und sich als tüchtiger Reiter zu erweisen. In kühnem Galopp sprengte er vom Wege ab in das halsbrecherische Terrain hinein und hatte schon ein beträchtliches Stück umritten, als sein Pferd über einen vermoderten Baumstamm strauchelte und mit ihm stürzte. Diese Stelle wurde bis vor wenigen Jahren durch eine Tafel mit der Aufschrift „Stillstand" gekennzeichnet, welche gleichzeitig die Grenze gegen die Nachbarländereien markierte.
Heute noch [das ist 1911] findet man auf der Karte unweit Döberitz die Bezeichnung „Ziegelei Brösigkens Laake". Eine Ziegelei ist aber dort in Wirklichkeit nicht mehr vorhanden, die Ruinen des alten Brennofens und einiger Wirtschaftsgebäude werden von Gestrüpp überwuchert. Bis vor kurzer Zeit gehörte die **Brösigkens Laake** zum Rittergut Ketzür, von dem sie etwa zwanzig Kilometer Luftlinie entfernt liegt. Jetzt gehört Brösigkens Laake zu Döberitz und wird landwirtschaftlich genutzt. (4, S. 130f.)

435 Die spukende Sau bei Milow

Auf einem der Sandberge bei **Milow** befindet sich heute noch ein tiefes Loch, von dem die Sage wie folgt berichtet. Hier ist einmal vor langer Zeit eine Ritterfrau mit ihren elf Töchtern in die Erde versunken. Sie fuhr mit ihnen in einer goldenen Kutsche, auf der außerdem ein mit Gold gefülltes Fass befestigt war. In ihrem Stolz und ihrer Dummheit fluchte sie Gott, im selben Augenblick aber tat sich der Berg auf, und die Kutsche mitsamt der Frau und ihren Töchtern versank in die Tiefe des Berges. Unten aber tat sich der Berg auf und die Ritterfrau erschien mit ihren Töchtern wieder als Sau mit elf Ferkeln. Seitdem spukt sie dort Nacht für Nacht umher und ist schon manchem Wanderer zwischen die Beine gefahren, der dann einen unfreiwilligen Ritt auf ihr unternehmen musste, wie es besonders einem **Vieritzer** Prediger ergangen sein soll. (4, S. 75f.)

436 Die Walpurgiskatzen

Eines Abends ging ein **Radeweger** Schiffer spät von seinem Kahne nach seiner Wohnung. Unterwegs folgte ihm eine maunzende Katze. Als sie sich zwischen seine Beine drängte, gab er ihr einen Fußtritt. Da fing sie schrecklich laut an zu miauen. Der Schiffer sah darauf durch alle Hecken, über alle Zäune, unter allen Torwegen unzählig viele Katzen hervorkommen und hinter ihm herlaufen. Er bekam Angst und lief rasch in sein Haus. Zum Glück für ihn lag es nahe. Denn kaum hatte er die Tür hinter sich zugeschlagen, so waren die Katzen auch heran. Sie kratzten an der Haustür, den Fensterläden und Dachluken und machten dabei eine fürchterliche Musik. Dann war plötzlich alles stille, gleich darauf schlug die Uhr auf dem Kirchturme eins. Da fiel dem Schiffer ein, dass es Walpurgisnacht (Nacht zum 1. Mai) sei, und nun wusste er auch, dass die Katzen Hexen waren, die vom Blocksberg zurückkehrten. (4, S. 37)

437 Herm

In der alten Zeit starb ein Besitzer des jetzigen Sensescheschen Hofes in **Radewege**, als sein einziger Sohn noch sehr klein war. Da pachtete der Schulze den Garten hinter der Scheune und bewirtschaftete ihn mit dem seinigen zusammen. Dadurch wurde die Grenze verwischt. Als nun der junge Bauer erwachsen war und den Bauernhof übernahm, forderte er den Garten zurück. Er schickte eine Frau hinter seine Scheune, die Hirseland graben sollte. Der Schulze aber vertrieb diese und erklärte, er habe den Garten von dem Vater nicht lange vor dessen Tode gekauft. Der junge Bauer verklagte den Schulzen. Aber für diesen trat ein Zeuge auf, der bei dem Kaufe zugegen gewesen sein wollte. Das war ein ehemaliger Mönch oder Prediger namens Herm, der sich als Bettler im **Havellande** umhertrieb und häufig nach Radewege kam. Andere meinen, er sei ein heruntergekommener Kossäte aus **Brielow** gewesen. Sein Bettelspruch lautete: „Jetzt kümmt Herm met de leddige [leeren] Därm, gewt em wat to tehren, denn wird he up ju schwören." Das Gericht versammelte sich in dem umstrittenen Garten. Herm beschwor, dass ein Kauf stattgefunden habe und nicht eine Pachtung. Zu dem jungen Bauern aber sagte er: „Wenn't nich wohr is, sall mi de Dübel up dinen Schünengiebel riden loten, bis mi eener aflöst." Der Garten wurde selbstverständlich dem Schulzen zugesprochen.

Herm fand im Grabe keine Ruhe. Des Nachts saß er rittlings auf dem Scheunendache und juckelte wie ein galoppierender Reiter. Dann knarrten die alten Scheunenbalken und dazwischen hörte man sein ächzendes „hü" und „brr". Nach hundert Jahren aber wurde Herm erlöst. Ein Storch baute nämlich sein Nest auf die Scheune, das war der, „de em aflöste". Der Teufel ist wütend darüber, dass er nun den Meineidigen nicht mehr quälen kann. Aus Rache kommt er alle Jahre in einem Küselwinde zum Storchenneste und wirft einen jungen Storch tot auf den Hof. Findet er noch keine Jungen, so erschreckt er die Störchin, dass sie ein Ei aus dem Neste fallen lässt. (4, S. 28f.)

438 Der Radeweger Feuerreiter

Als die Nordseite des Dorfes **Radewege** im Jahre 1890 abbrannte, erschien ein Reiter auf einem Schimmel. Einige wollen ihn erkannt haben und sagen, es sei ein alter Ziegeleibesitzer gewesen. Stumm, und ohne links und rechts zu sehen, ritt er im Trabe dreimal um Sensches Hof, nach anderen aber dreimal um das Feuer. Während des Umrittes sprach er den Feuersegen: „Wind, du sollst wehen. Feuer, du sollst stehen. Im Namen Gottes, des Vaters, des

Sohnes und des Geistes." Damit hatte er den roten Hahn beschworen, der nun nicht mehr die Nachbarhöfe fressen durfte. Aber der Reiter selbst war nach dem dritten Umritt der Verfolgung des Feuerteufels verfallen. Darum riss er seinen Schimmel herum und jagte durch den kleinen Gang bis in den Beetzsee. Weil er ins Wasser kam, ehe der Teufel ihn erreichte, so verlor dieser seine Gewalt über ihn. Die Beschwörung des Feuers war vollkommen geglückt. (4, S. 21)

439 Pätzig

As de grote Krieg wor, soll de Bur Kobelitz ut **Radewege** för de Schweden Hober [Hafer] noh **Plaue** führen. Aber as he dor wir, leten se em nich wedder noh Hus, wil he starke Päre hedde hat. Se hem em noh wider mettenohm, un ümmer wider, bis noh Schwoben un int Lothringsche. As he nu ar [aber] acht Johr weg west wor, glöwte sin Fraue, he wir dod, un de Lüde in Dörp gloweten 't ook. Dor redte de Kobelitzsche met den Schulten, det is Herrn Jordan sin groten Großvader gewest. Un dunne heirat se ehren Knecht, de Pätzig hitt. Dett wor abber keener ut unse Dörp, de wor in Krieg irst totreckt. Dor kohm nu eins Dags Bur Kobelitz torügg un hadd en griesen Kopp, un de Lüde hädden em binoh nich widdergekennt. He gung noh sinen Hoff un woll ihn wedder annehm, un ook sin Jung'n woll he hem, de Ollsch künn sinetwegen Pätzig beholln. De aber wulle den Hoff nich rutegewen, un Bur Kobelitz müsst em verklogen. Dato ging he noh de Stadt herin. Abber he is nich wedderkohm, un nich een eenziger häd wat wedder von em gehürt. De Lüde hem alle säd, Pätzig häd em anne Sid brocht, abber man kunn em jo nicht bewiesen. Doch det Hingstföllen, wat he ümmer alleene fuddert häd, det starw bald, un as he een Beerbohm anne Strote plant'te, verdrögde de. An den Dag aber, an den Bur Kobelitz een Johr verschwun'n wor, häd man Pätzigen dod an de Kirchhoffsmur funnen. Sein Gesicht häd griesgehl utesehn. Von de Tid an hebben nu völ Lüde Pätzigen sehn midden inne Nacht up den Flach stohn, wo se em hebben fun'n, grode ar von den Wotergang. Von dor häd he mit Füeroogen rarkeeken noh Kobelitz Hoff. De Hoff is nu affbrennt mit de Nachbarhöff. Dor hebben de Lüde Pätzigen ook sehn inne Nacht. Ditmohl abber is he ar de Strote gohn und noh det Füer rin. Von dunne an häd em keener mihr sehn. (4, S. 112f.)

440 Der vermauerte Schatz

Im alten Schlosse zu **Bagow** soll ein gewaltiger Schatz vermauert sein, und zwar hinter dem Bilde des ersten Erbauers, eines Herrn von Schlieffen. Niemand aber kann ihn ohne Gefahr seines Lebens heben, denn es ist prophezeit worden, wenn das Bild, das eingemauert ist, herausgenommen würde, so werde das ganze Schloss zusammenstürzen. (17, S. 103)

441 Das Wunderblut und der Gesundbrunnen zu Lüch-Buckow

In **Buckow** bei **Nennhausen**, das wegen seiner Lage im Luch von den Leuten **Lüch-Buckow** genannt wird, gab es im Mittelalter ebenso wie in **Wilsnack** sogenanntes Wunderblut. Das war Abendmahlsbrot oder Hostien, die nach damaligem Glauben auf geheimnisvolle Art von selbst zu bluten angefangen haben sollen. Man schrieb dem Wunderblut große Heilkräfte zu und verehrte es in der hier befindlichen Kapelle, die der Jungfrau Maria geweiht war.

Da sich außerdem auf dem Kirchhof ein Gesundbrunnen befinden sollte, so unternahmen bald von fern und nah die Pilger große Wallfahrten nach Buckow. Der Papst bestätigte das heilige Blut in Buckow und versprach den Besuchern der Kapelle reichlichen Ablass. Eine wahre Völkerwanderung setzte nach Buckow ein, sogar des Nachts brachten die Schiffer von den **Stechower Bauernbergen** die Pilger auf Kähnen herüber. Hier wie dort brannte des Nachts eine große Laterne, die den Schiffern den Weg durch das Luch wies. Viele Geheilte machten der Kapelle große Geschenke, sodass sie sehr reich wurde. Außerdem wurde von den einkommenden Geldern die noch heute stehende große Kirche gebaut. Die alte Kapelle ist späterhin abgerissen worden, ihre Spuren kann man heute noch an der Ostwand der Kirche sehen. (4, S. 95f.)

442 Spuk und Hexerei in Lüch-Buckow

In **Buckow** lebte eine alte Frau, die konnte hexen und verstand sich auf allerlei Teufelskünste. Sie hatte einen Verwandten in **Barnewitz** wohnen, der sich auf das Hexen verstand. Um sich in ihren Künsten zu vervollkommnen, besuchten sich beide gegenseitig. Dies geschah aber nicht auf gewöhnlichem Wege. Als die Mägde eines Morgens schon ganz früh, noch bei Sternenlicht beim Waschen waren, da zog von Barnewitz her ein langer feuriger Schweif über den Sternenhimmel in den Schornstein des Hexenhauses. Dies war aber nichts anderes als der Drache, in den sich die Alte verwandelt hatte.

Als sich der Nachtwächter eines Nachts auf die Stufe des Hexenhauses setzte, um ein wenig von seinem Rundgang ums Dorf auszuruhen, da war er wie festgebannt auf die Steinstufe und konnte sich lange Zeit nicht rühren, bis es ihm später gelang, sich loszumachen.

Zwei Jungen hatten es auf die in dem verrufenen Garten besonders schönen Äpfel abgesehen. Sie beschlossen, dem Garten eines Abends einen Besuch abzustatten. Gesagt, getan. Abends fanden sie sich ein und kletterten über die Mauer in den Hexengarten. Schnell waren sie auf dem Baum, schnell waren die Taschen vollgepflückt, da setzte sie ein unverhofft einsetzender Windstoß in gewaltigen Schrecken. Voll Angst wollten sie schleunigst verschwinden, aber o weh, es war ihnen nicht möglich, da die Hexe sie beide auf dem Baum festgebannt hatte. Doch müssen sie wohl später losgekommen sein, denn sie leben beide heute noch als ehrenwerte Männer.

Eine Bauersfrau wollte eines Tages Seife kochen. Da kam eine Katze durch die Tür in die Küche geschlichen und wollte sich nicht verjagen lassen. Ein Knecht erhaschte sie und hielt sie mit dem Kopf über den Seifenkessel, dass sie jämmerlich schrie und sich nun schnell aus dem Staube machte. Am andern Morgen ging die Hexe – denn das war die Katze gewesen – mit einem ganz zerschundenen Gesicht umher. Als nun die Bauersfrau fragte, wo sie so zugerichtet worden wäre, erzählte sie, sie wäre gestern gefallen. (4, S. 35f.)

443 Das stolze Fräulein von Lochow

Viele Jahrhunderte lang zählten die von Lochow auf **Nennhausen** im **Westhavellande** zu den reichsten Geschlechtern der Mark. Aber ihr Reichtum machte sie übermütig. Als einst ein Fräulein von Lochow sich mit einem schwedischen Kriegsmann vermählte, ging es hoch her auf Schloss Nennhausen. Die Braut rühmte sich ihres Glückes und Reichtumes, und

als der Hochzeitszug am **Gröninger See** entlangführte, warf das stolze Fräulein im Übermute einen kostbaren Ring, der wohl den Wert eines Rittergutes besaß, in die Flut. Die Gäste erschraken, und ihr Entsetzen wuchs, als drei Tage später – denn die Hochzeitsfeier währte acht Tage – die Braut den Ring in dem Magen eines Fisches wiederfand, der auf silberner Schüssel ihr vorgesetzt wurde.
Die meisten reisten ab. Von Stund an schwand auch das Glück aus dem Hause Lochow; der Feind kam ins Land und zerstörte den Besitz, bis der letzte Lochow verarmt die Heimat verließ. (20, S. 142)

444 Der Ring der Frau von Lochow auf Nennhausen

Nennhausen befand sich von 1480 an im Lehnsbesitz der Familie von Lochow, deren Reichtum besonders zu Anfang des siebzehnten Jahrhunderts sprichwörtlich geworden war.
In dieser Zeit vermählte sich ein Fräulein von Lochow mit einem schwedischen Offizier unter Entfaltung einer ganz außergewöhnlichen Pracht. Am Vorabend der Hochzeit ging die Mutter der Braut mit einer Freundin nach dem **Gröninger See** lustwandeln. Als diese ihr wohlgemeinte Vorstellungen über ihren großen Aufwand machte, der schließlich zu keinem guten Ende führen würde, zog Frau von Lochow zornig einen kostbaren Ring vom Finger und warf ihn in den See mit den Worten: „Sowenig dieser Ring je wieder zu mir kommt, sowenig kann der Glanz des Lochowschen Hauses verschwinden."
Am andern Morgen brachten die Gröninger Fischer einen stattlichen Fisch als Hochzeitsgabe. Beim Zurichten fand sich in seinem Magen der Ring. Von der Zeit an ging es mit dem Glanz des Lochowschen Hauses bergab. Die junge Frau wurde im Dreißigjährigen Kriege, in dem Nennhausen schwer gelitten hat, Witwe. Beim Nahen der Feinde musste sie fliehen, nachdem sie vorher ihre Kleinodien zwischen der riesigen Eiche und der Weide auf dem Grashofe neben dem Schlosse vergraben hatte. Hilfesuchend wandte sie sich nach **Magdeburg** an eine als wohltätig gerühmte Generalsfrau. Aber kaum hatte sie deren Zimmer betreten, als sie ohnmächtig zu Boden sank – auf dem Teppich hatte sie das Wappen ihres Hauses erkannt. Die Kaiserlichen hatten den Teppich in Nennhausen

geraubt. Die Generalin ließ nun der Unglücklichen nach Kräften Hilfe angedeihen. Der Schatz aber harrt heute noch der Hebung. (4, S. 85)

445 Nöltes Pfuhl

Vor langer Zeit wohnte in **Buschow** ein Schweinehirt namens Nölte, ein sehr grausamer und hartherziger Mann, der seine Schweine oft und viel quälte. Eines Tages trieb er mit ihnen in die Gegend des **Bolschow** auf die Weide. Hier sind vielfach Sumpfstellen, in denen sich nun die Schweine recht wohlig wälzten. Wütend stürzte Nölte mit der geschwungenen Peitsche hinterher, um sie wieder herauszujagen. Aber er geriet auf der trügerischen Torfdecke in eine Sumpfstelle und versank dort trotz aller Anstrengung. Als er am Abend mit seinen Schweinen nicht heimkehren wollte, wurde man aufmerksam und suchte nach ihm. Man fand aber nur noch die Schweine, erst nach langem Suchen entdeckte man Nölte mit der Peitsche im Sumpf. So hatte der grausame Tierquäler seine gerechte Strafe erhalten. Die schaurige Gegend aber heißt bis auf den heutigen Tag immer noch Nöltes Pfuhl. (4, S. 19)

446 Der Birnbaum auf dem Kirchhofe zu Ribbeck

Auf dem Kirchhofe zu **Ribbeck** steht auf der südwestlichen Seite der Kirche ein gewaltiger wilder Birnbaum, ein Knödelbaum, wie die Leute einen solchen in der Mark nennen; der ist aus einem Grabe herausgewachsen. Das soll nämlich so zusammenhängen: Der alte Herr von Ribbeck, der da begraben liegt, war ein großer Kinderfreund und hatte immer etwas für die Kinder in der Tasche. Besonders liebte er Birnen und, wenn diese reif waren, ging kein Junge oder Mädchen bei ihm unbeschenkt vorbei. Als er nun starb, da dauerte es nicht lange, so kam ein Reis eines Birnbaumes aus seinem Grab hervor, das wurde bald zu einem stattlichen Baum, der reichlich Früchte trug. Man glaubte allgemein, der alte Herr habe noch, wie er begraben wurde, eine Birne in der Tasche gehabt und einer ihrer Kerne habe so wunderbar Wurzel getrieben, damit es der Dorfjugend auch nach seinem Tode nicht an Birnen fehle. (29, S. 49)

447 Unterirdische

Früher wusste man in **Liepe** bei **Rathenow** noch viel von den Unterirdischen oder guten Kindern, wie man sie dort nennt, zu erzählen. Die sind so klein gewesen, dass ihrer neun in einem Backofen haben dreschen können. Besonders haben sie ihr Wesen in dem Hause, wo der hilge Mann (Küster) wohnte, getrieben, und sollen sogar einmal eine Leiche haben wegschleppen wollen, was ihnen aber nicht gelungen ist. An dem Hause aber stand eine Rüster, unter der haben sie stets ihren Aus- und Eingang gehabt. (17, S. 104f.)

448 Alt wie böhmisches Gold

Es soll Zwerge gegeben haben, die waren so klein, sagt man in **Liepe** bei **Rathenow**, dass ihrer neun in einem Backofen haben dreschen können. Unter der Rüster am Hause des Küsters haben sie ihren Ein- und Ausgang gehabt, und von ihrem gewöhnlichen Aufenthalt unter der Erde nennt man sie auch allgemein die „Untererdschken", das heißt die Unterirdischen. Überall weiß man noch von ihnen zu erzählen. Oft waren sie den Menschen hilfreich, dann aber auch bösartig. Besonders hatte man die Unterirdischen zu fürchten, solange ein Kind noch nicht getauft war. Bis dahin musste man immer ein Licht in der Wochenstube brennen lassen, oder die Mutter ein Gesangbuch unter dem Kopfkissen haben, sonst kamen die Unterirdischen und stahlen das Kind und schoben ein garstiges Wechselbalg unter, wo dann schwer zu helfen war. Einmal war das in einem Hause vergessen worden; die Frau hatte es aber noch nicht gemerkt. Wie sie aber Feuer anpinkte (anmachte mit Stahl und Schwamm), da sagte das Wechselbalg: „Ik bin so old as Böhmagold; aber so'n Licht anmaken hew'k noch nich seen." Da wusste die Frau, wie es stand, nahm eine Rute und hat das Balg so lange gottsjämmerlich geschlagen, bis es sich die Unterirdischen wiederholten und ihr Kind wiederbrachten.
Ein anderes Mal merkte es die Frau, als sie das Essen kochte und hineintrug. Kaum hatte sie die erste Schüssel hingesetzt und war hinausgegangen, die zweite zu holen, so war, als sie wieder hereinkam, die erste schon leer. Da dachte sie: Das willst du schon kriegen, und tat an Stelle von Speck ein paar alte Schuhsohlen an den Brei. Wie sie ihn nun aufgetragen hatte,

stellte sie sich hinter die Tür. Und richtig, da kam auch schon das Balg an. Als es aber statt des Specks die Schuhsohlen fand, war es ganz verwundert und rief: „Ik bin so old as Böhmagold un hew doch noch ken Schosalen eten!" Als die Frau das hörte, sprang sie hinter der Türe hervor und schrie: „Du verwünschter unterirdischer Racker! Ich habe gedacht, ich habe mein Kind in der Wiege, und nun habe ich da so'n Wechselbalg, das mir alles Essen auffrisst; dich schlage ich tot." Da bekam das „Untererdschken" mit einem Male Beine und lief, was es laufen konnte. Wie die Frau aber in die Kammer kam, da schrie auch schon ihr alt Jüngelchen wieder in der Wiege; die Unterirdischen hatten es geschwind wiedergebracht. Ähnliches soll früher öfter vorgekommen sein; jetzt aber sieht und hört man nichts mehr von ihnen. (29, S. 63f.)

449 Der Markgrafenberg

An dem Wege von **Rathenow** nach **Bamme** liegt der **Markgrafenberg**. Hier stand einst das Jagdschloss der Askanier. Von hier zogen die edlen Fürsten hinab, dass sie den Hirsch und Eber, den Reiher und Adler jagten.
Otto IV. mit dem Pfeil, der Minnesänger, weilte gern hier mit seiner Gemahlin Heilwich. Im Jahre 1209 hielten die Askanier hier einen Fürstentag. Da klagten sie ihre Sorge: Ihrer würden so viel, das Land könne sie nicht alle ernähren. Das wandte Gott aber sehr schnell. Das Trauergeläut zu Lehnin und Chorin hörte gar nicht auf. Einer nach dem andern fuhr in die Gruft und wurde in den Klöstern beigesetzt. 1320 zerbrach man zu Prenzlau über der offenen Gruft des letzten Askaniers – Heinrich das Kind war er genannt – Helm und Schild. Seit jener Zeit ist es auf dem Berge nicht recht geheuer. Oft lässt sich dort ein feuerschnaubendes Ross sehen, das schon manchen, der in der Nacht am Berge vorüberging, in Furcht und Schrecken versetzte. (4, S. 96f.)

Lennewitz
Quitzöbel
Gut
Marsche
Krugers Werder
Zgl.
Wachthaus
Die Sühre
Unter-
Werder
W.F.
Havel
Fährhaus
22
Elbe
Neu-Werben
Paschen-
Werder
27
WERBEN
Dom
25.
24
zu
Räbel
Räbelsche
Werder
27
25.
28

Kapitel 5

Alte sagenhafte Geschichte auf der Reise von Brandenburg bis zur Havelmündung mit Ausflügen in die Prignitz

450 Schwedenschanzen

In vielen Teilen der **Mark Brandenburg** knüpft sich noch an Erdwälle und dergleichen Anlagen die Bezeichnung „Schwedenschanze". In der Überlieferung des Volkes ist aber sonst keine Erinnerung aus dem Dreißigjährigen Kriege übrig geblieben, als die von den Martern, mit denen die Schweden den armen Leuten ihr bisschen Hab und Gut oder die Angabe des Ortes abgepresst hätten, wo sie es versteckt hatten. Besonders lebt noch davon das Gedächtnis im **Havellande**, überhaupt im westlichen Teile der Mark fort, wo die Sache noch durch den Einfall der Schweden zur Zeit des Großen Kurfürsten aufgefrischt wurde. Und in der **Altmark** weiß man noch, wie die Bauern sich damals unter ihrem Landeshauptmann Achaz von der Schulenburg zusammengeschart und sich Fahnen mit dem Brandenburgischen Adler gemacht hatten, unter dem zu lesen war: Wir sind Bauern von geringem Gut und dienen unserm gnädigsten Kurfürsten mit unserem Blut.
Im Havellande zeigt man auch noch die Horste im Luch, wo die einzelnen Dörfer bei jenem Einfall ihr Vieh versteckten, und bei **Rathenow** wird noch allerhand davon erzählt, wie der Alte Derflinger die Schweden dort überfallen hat. Auch im **Ländchen Bellin** und im **Ruppinschen** lebt noch manches aus dieser Zeit im Munde des Volkes fort. So soll hinter der Kirche in **Linum** ein schwedischer General begraben sein. In **Ruppin** bezeichnet man noch am äußersten Wall, der um die Nordseite der Stadt geht, eine alte Eiche als die Stelle, von welcher der Große Kurfürst den nach **Molchow** und so nach der **Uckermark** abziehenden Schweden nachgesehen hätte. (28, S. 47f.)

451 Kriegszeit

In der Umgebung von **Rathenow** weiß man noch manches aus der Schwedenzeit zu erzählen, namentlich wie der Landrat von Briest auf Bähne dem Großen Kurfürsten geholfen die Stadt zu überfallen und den Schweden wieder abzunehmen. Er hat, heißt es, die schwedischen Offiziere auf seinem Gute Curland, nördlich von Rathenow, den Abend vorher eingeladen und beim Mahle trunken gemacht, dann auch den Überfall des Wassertores, in welches die Brandenburger eindrangen, durch eine Kriegslist ermöglicht. Im Morgengrauen des 15. Juni 1675 schickte er nämlich Wagen mit Bier-

und Branntweintonnen von seinem andern Gut Bähne jenseits der Havel nach Rathenow, wie er oft vorher getan. Statt der Knechte hatten sich aber Brandenburgische Reiter, die sich Kittel übergezogen hatten, auf die Wagen gesetzt; auch in den Fässern steckten solche. So fuhren sie, als der Kurfürst mit seinen Truppen schon in der Nähe war, an das Tor und klopften an. Die Wache fragte, was sie wollten. Da rief der Briestsche Verwalter, der den Zug führte, hinüber: „Ik bringe ju Bier." Da ließen die Schweden sie hinein; die angeblichen Knechte aber zogen ihre Säbel und hieben die Wachen nieder, und so wurde das Tor genommen, und die Brandenburger drangen ein und nahmen die Stadt. Das war drei Tage vor der Schlacht von **Fehrbellin**. (28, S. 117)

452   Die Landschau

Bei der Stadt **Rathenow** liegt ein Hügel, welcher der **Markgrafenberg** heißt. Hier kamen nämlich, wird erzählt, einstmals am Anfang des 14. Jahrhunderts, als der Markgrafen aus dem Hause Anhalt hier sehr viel geworden waren, ihrer neunzehn zu einer Landschau zusammen und klagten einer dem andern ihr Unvermögen wegen der großen Landeszersplitterung. „Was solle daraus werden, wenn ihrer noch mehr würden!" Gott der Herr hatte es aber anders beschlossen. Einer nach dem andern fuhr in die Grube, die Sterbeglocke in **Kloster Lehnin** und **Chorin**, wo sie bestattet wurden, hörte fast gar nicht auf zu läuten, und als wenige Jahre um waren, war nur noch einer übrig, und mit ihm erlosch dann im Jahre 1320 das ganze Geschlecht in der Mark. (28, S. 118)

453   Die Geistermesse

Eine fromme Bürgerin **Rathenows** in der **Altmark** hörte einst an einem Sonntage in aller Frühe die Kirchenglocken anschlagen, hielt es für das Frühmettengeläute und eilte fort nach dem Gotteshause. Als sie da ankommt, ergreift sie Staunen und Entsetzen. Die Kirche ist mit Andächtigen überfüllt, die ihr sämtlich unbekannt sind. Wohin sie ihre Blicke wendet, stehen fremde Personen, und selbst von den Mönchen, die am Altar und sonst umherstehen, hat sie keinen jemals gesehen. Der Gesang hebt an, doch sie versteht nicht, was man singt. Ein Geistlicher erscheint auf der Kanzel, er spricht in einer ihr völlig unverständlichen Sprache. Von steigender Bangigkeit gefoltert, erkennt die Frau endlich dicht hinter sich eine Person, die aber schon seit vielen Jahren nicht mehr zu den Lebenden gehört. Diese wendet sich jetzt zu ihr und flüstert ihr ins Ohr: „Es ist Zeit, dass du dich wegbegibst, ein längeres Verweilen hier möchte dir Unheil bringen!" Bebend am ganzen Leibe erhebt sich die Bürgerfrau von ihrem Sitze und wankt mühsam aus dem Gotteshaus hinaus. Sie ist kaum hinaus, so schlägt die Kirchentüre mit furchtbarem Geprassel hinter ihr zu. Sie meldet das Geschehene ihrem Beichtvater und dieser verspricht, wenn sie noch einmal frühmorgens läuten höre, mit ihr in die Kirche zu gehen. Nach einiger Zeit geschieht es wieder, und der Geistliche begleitet die Frau. Als sie die Türe öffnen, ist die Kirche erleuchtet und von lauter fremd gekleideten Erscheinungen gefüllt. Doch in dem Augenblicke, wo der Geistliche über das Vortreten eines Mönches auf der Kanzel einige Worte äußert, verschwindet jener und alles verwandelt sich in tiefe Finsternis. Erst nach langem Suchen finden beide die Ausgangstüre der Kirche wieder. (10, S. 202)

454 Matthias Lüßau, der Geisterseher

Matthias Lüßau ist zur Zeit des Dreißigjährigen Krieges Inspektor und Prediger zu **Rathenow** an der Havel gewesen. Sein Bildnis hing lange noch in der Pfarre zu **Jeggeleben**, unweit **Apenburg**, in einer Schlafkammer. Auf diesem Bilde ist er dargestellt als ein handfester Mann mit einem Buch unter dem linken Arme, welches jedoch keine Bibel ist, wie es beim ersten Anblick scheinen könnte. Die Stadt Rathenow ist nämlich einst von den Schweden eingeschlossen worden und hat sich endlich genötigt gesehen zu kapitulieren. Der Magistrat übertrug dieses Geschäft dem Inspektor Lüßau, welcher die Sache sowohl zur Zufriedenheit seiner Obrigkeit wie auch des schwedischen Generals so gut zustande gebracht hat, dass der Letztere ihm ein Buch in Gestalt einer Bibel zum Geschenk machte. Das Buch hat aber nur die äußere Form eines Buches gehabt und ist inwendig hohl und ganz mit Goldmünzen gefüllt gewesen, und das ist das Buch auf dem Bilde. Bei der Einquartierung der Schweden fand sich in der Stadt kein Raum mehr für eine Kompanie, die noch untergebracht werden musste. Der Rat meldete, es sei nur noch ein einziges Haus übrig, welches aber der Gespenster wegen, von welchen es alle Nächte beunruhigt werde, unbewohnbar sei. Man lachte darüber, dass eine Kompanie braver Soldaten, die schon an so vielen Schlachten teilgenommen hatte, sich vor ohnmächtigen Gespenstern fürchten sollte. Sie wurde also in dies Haus einquartiert und man ließ einen guten Vorrat von Speisen und Getränken und eine Anzahl Spielleute herbeischaffen, um die Nacht lustig hinzubringen. Mitten in dieser Herrlichkeit, vermutlich in der Gespensterstunde, tritt ein Mann in der Gestalt eines Pächters, mit einem Bündel Akten unter dem Arm und mit einer Peitsche in der Hand, ins Zimmer und hinter ihm drein eine Frau mit einem großen Schlüsselbund. Beide stellen sich neben die Stubentüre, um genau zu sehen, was da vorgeht. Die tanzende Gesellschaft macht eine Pause und sieht sich nach den ungebetenen Gästen um. Nach einer kleinen Weile wird das Stillschweigen durch ein von den Soldaten angestimmtes Gelächter unterbrochen. Der Mann mit der Peitsche und die Frau mit den Schlüsseln bewaffnet fallen über die erschrockenen Helden her und treiben sie so in die Enge, dass der größte Teil von ihnen den Weg aus dem Hause durch das Fenster suchen muss. Die wenigen Zurückgebliebenen jagte das weibliche Gespenst vollends zur Türe hinaus. Hinter dem Ofen lag ein Marodeur, welcher aus Müdigkeit nicht an der

Trink- und Tanzlust teilgenommen hatte. Dieser erwachte endlich von dem Lärmen und wollte gleichfalls durch die Tür entfliehen, aber das Weib bemühte sich, ihn davon abzuhalten und sagte: „Liege du nur stille! Dir wollen wir nichts tun, du hast uns nicht ausgelacht." Er hält es aber doch nicht für ratsam, in einer so sonderbaren Gesellschaft länger zu verharren, und so bleiben die beiden Gespenster also Sieger auf dem Kampfplatz. Nachdem sich diese aber endlich doch wieder abgetrollt hatten, kehrten auch die Kriegsleute wieder in das Haus zurück. Einige Zeit darauf erschien auch der Inspektor Lüßau, um mit Billigung des Magistrats eine Untersuchung der nächtlichen Vorgänge anzustellen. Ein Buch zum Lesen und das nötige Schreibgerät hat er bei sich, zwei Lichter brennen vor ihm auf einem Tische und jemand passt auf der Straße vor dem Haus auf, um im Fall der Not bei der Hand zu sein. Gegen Mitternacht öffnet sich die Tür des Zimmers und der Mann mit den Akten und seiner Peitsche tritt herein. In demselben Augenblick verlischt das eine Licht auf dem Tisch, gleich darauf erscheint auch die Frau und das zweite Licht erlischt. Lüßau entzündet sie wieder und sieht sich nach den Erscheinungen um. Auf seine Anrede: „Alle guten Geister loben Gott den Herrn!" verneigen sie sich höflich. Nun fährt er fort: „So kommt näher heran und sagt, was euer Begehren sei, und was ihr hier zu suchen habt." Hierauf erzählt der Mann, er sei der Besitzer dieses Hauses gewesen und habe gewisse Güter in Pachtverwaltung gehabt, davon sei aber dieses und jenes veruntreut worden und in unrechte Hände geraten. Wenn also dieses wieder in Ordnung gebracht würde, werde er Ruhe bekommen. Ebenso offenherzig berichtete die Frau auf Verlangen, wie sie teils ihr Gesinde, teils andere Leute, teils in dem, teils in jenem Stück übervorteilt hätte. Würde auch dieses berichtigt und jedem das Seine ersetzt werden, so würde sie und infolgedessen auch das Haus künftig Ruhe genießen. Herr Matthias schreibt dies alles nieder und verspricht, dafür zu sorgen, dass alles möglichst in Ordnung gebracht werden sollte. Tags darauf bringt Lüßau sein Protokoll aufs Rathaus, man sieht in dem Archive nach, findet Spuren der Wahrheit in den Geisteraussagen und bringt, so gut es die Umstände erlauben, alles wieder ins Rechte. Das nun von Gespenstern befreite Haus wird seinem Befreier als Eigentum geschenkt und hat geraume Zeit das Lüßau'sche Haus geheißen, bis es endlich verkauft worden ist und einen anderen Namen bekommen hat. Von Matthias Lüßau wird auch erzählt, dass er eines Abends in der Dämmerung am Fenster seines Hauses stand und gegenüber zwei Menschen emsig in der Erde graben und sorgfältig etwas aufsuchen sah. Die eine Gestalt sah aus wie der alte Kirchenvorsteher, und als er die beiden nach ihrem Tun befragte, antworteten sie, dass sie in der Schwedenzeit aus Furcht, geplündert zu werden, die kostbarsten Kirchengefäße vergraben und diese später nicht mehr wiedergefunden hätten. Als Herr Lüßau den noch lebenden alten Kirchenvorsteher am nächsten Morgen befragte, erwachte dieser wie aus einem Träume und antwortete: „Ja, Herr Inspektor, ich und mein seliger damaliger Mitvorsteher haben die und die Gefäße irgendwo vergraben und uns später auch bemüht sie wieder aufzufinden, doch ohne Erfolg, und schließlich habe ich alles verloren geglaubt und vergessen." Als man an der gesehenen Stelle nachgraben ließ, wurden alle Gefäße glücklich gefunden und der Kirche wieder zugestellt.

Endlich jedoch ist der beherzte Lüßau ein Märtyrer seiner Kühnheit geworden. Er bekam Nachricht von einem Totengewölbe, worin Gespenster entsetzlich lärmen und toben sollten. Er hatte Mut genug, sich mitten in der Nacht an diesen bedenklichen Ort zu wagen. Er wurde schrecklich angebrüllt, dass er hier nichts zu schaffen habe und nur die Geister hier Recht und Macht besäßen und packe er sich nicht schleunigst fort, solle es ihm übel ergehen. Beschämt geht er hierauf zurück, wird vor Schreck krank und muss an dieser Krankheit seinen Geist aufgeben. (10, S. 202ff., gekürzt)

455 Der Schatz und der Hund

Auf dem Hof eines Brauers in der Altstadt von **Rathenow** schlug vor vielen Jahren eines Tages eine Flamme aus der Erde hervor und die Leute behaupteten, dort brenne Geld. Man grub daher um Mitternacht nach und fand auch einen ganzen Kessel voll; während man aber beschäftigt war, ihn herauszuziehen, bellte ein Hund unausgesetzt an der Tür der Stube, in der des Brauers alte Mutter saß. Da sie nun glaubte, er gehöre ins Haus, geht sie hinaus und erblickt zu ihrem großen Schrecken einen großen Hund mit feurigen Augen, weshalb sie die Tür schnell wieder schloss. Ängstlich eilte sie nun aus einer anderen Tür zur Stube hinaus zu ihrem Sohne und rief ihm schon von weitem zu: „Habt ihr ihn noch nicht?" Aber kaum waren ihr die Worte entschlüpft, so gab es einen lauten Klang, und der Schatz versank vor aller Augen. (16, S. 144)

456 Rathenower Hexen

Im Jahre 1552 wurde eine Frau in **Rathenow** verbrannt, weil sie etliche Pferde und Vieh behext und die Fabrikation von Teufelsbutter im Großen betrieben hatte. Vor ihrem Tode gab sie noch eine Mitbürgerin an, der sie das Zaubern beigebracht hatte. Nach einem alten Bericht über diesen Hexenprozess geschah die Zauberei nach folgendem Rezept: „Man nimmt das Käsewerk und füllt daraus einen Topf voll reiner Wadicke [Molke]. Danach muss man das Käsewerk warm machen und auskäsen, alsdann die Seigetöpfe [seihen/sieben] darin brühen und mit einem Strohwisch, aus einem Saustall genommen, auswaschen und mit der abgeschöpften Wadicke nachspülen und gegen das Feuer trocknen. Das sollte man in des Teufels Namen tun. Wenn man nämlich in der Wadicke brüht, so wissen es die Unterirdischen, die Zwerge, und das Buttern gerät wohl. Wenn man aber aus dem reinen Wasser brüht, so baden die Unterirdischen ihre Kinder darin und es gerät nicht wohl." Auf die Aussage der verbrannten Hexe wurde die Frau nun auch eingesperrt und mit der Schärfe, das heißt unter der Folter, befragt. Sie war aber in der Pein unbeweglich wie ein Klotz und gestand nichts. Der Rat war jedoch fest überzeugt, dass sie mit dem Teufel im Bunde stehe. Denn sie hatte in zwei Jahren von vier Kühen sieben Fässchen und vier Töpfe Butter verkauft. Und das war unnatürlich. Außerdem hatte sie zu Anfang ihres unnatürlichen Butterns des Abends ihren Mann, Knecht und die Mägde schlafen gehen lassen und des Nachts gebuttert. Unter den sieben Fässchen waren nur zwei gut gewesen. Schließlich wurde ruchbar, dass während ihrer Gefangenschaft etliche Bürgerinnen, die vorher von zwei Kühen keine Butter gehabt hätten, jetzt buttern könnten.
Übrigens stammte die Frau aus einer „feinen" Familie. Ihre Mutter war aus **Kyritz** ausgewiesen worden, und ihre beiden Brüder hatten 1523 Rathenow angesteckt. Um keine weiteren Scherereien zu haben, schickte der Rat das Weib nach **Spandau**, damit der Kurfürst weiter über sie verfüge. (4, S. 39f.)

457 Die zerschlagene Hexe

Am letzten April war einst ein Müllergesell noch spät abends in einer Mühle bei **Rathenow** beschäftigt, da kommt eine schwarze Katze zur Mühle hinein.

Er jagte sie mehrmals hinaus, aber sie kam immer wieder, sodass er ihr endlich einen Schlag auf den Vorderfuß versetzte, dass sie schreiend davonlief. Als er danach die Räder geschmiert und alles in Ordnung gebracht hatte, ging er zu Bett. Andern morgens, als er in das Haus des Müllers zum Frühstück kommt, bemerkt er, dass dessen Frau mit gequetschtem Arm im Bett liegt, und erfährt, dass sie das seit gestern Abend habe, niemand wisse aber woher. Da hat er denn gemerkt, dass die Müllersfrau eine Hexe war und dass sie am vorigen Abend als Katze zum **Blocksberg** gewesen sein müsse. (16, S. 143f.)

458 Die großen Steine auf dem Hohen Rott

Auf dem **Hohen Rott** bei **Kotzen** im **Westhavellande** hatte der Teufel seine Wohnung und lebte herrlich und in Freuden und herrschte über das Havelland. Als aber der letzte Wendenfürst Pribislav die Taufe empfangen hatte, wurde das Bild des Götzen Triglav auf dem Harlunger Berge bei **Brandenburg** gestürzt und an seiner Statt eine Kapelle zu Ehren der Jungfrau Maria erbaut, der Berg aber von nun an **Marienberg** genannt. Weithin leuchtete das goldene Kreuz auf dem Turm der neuen Kirche in das Havelland. Als es der Teufel vom hohen Rott erschaute, ergriff ihn ein furchtbarer Grimm. Er fasste einen gewaltigen Steinblock, der auf dem Berge lag, um mit ihm das Gotteshaus zu vernichten. Doch ein Blitzstrahl fuhr hernieder und zerschmetterte den Stein in seiner Hand, sodass er in viele Stücke zersprang, von denen einige noch auf dem Berge liegen. Ein anderer Teil wurde zu Brücken- und Chausseebauten verwandt, während ein mächtiger Block auf den großen Exerzierplatz nach **Rathenow** geschafft und dort zu einem Denkmal für den Prinzen Friedrich Karl benutzt wurde. (20, S. 81f.)

459 Die Salzquellen bei Pessin

In und bei dem Dorfe **Pessin** sollen vor alten Zeiten Salzquellen gewesen sein, die man sich in neuerer Zeit vielfach bemüht hat wiederaufzufinden, was aber nicht gelungen ist. Im Dorfe selber geht die Sage, dass unter einem Hause, in dem ehemals ein Herr von Murlach gewohnt haben soll, eine solche sei, die aber schon vor langen Jahren durch zwei eiserne Türen verschlossen worden ist. Eine andere soll in dem Gehölz, die Lutsche genannt, gewesen und ebenfalls durch eine eiserne Tür verschlossen sein. Von dieser berichtete ein Herr von K., wie er von seinem Vater gehört, dass, als vor langer Zeit einmal Nachsuchungen danach angestellt wurden, ein Herr von K. auf den Kirchturm gestiegen sei, um diese aus der Ferne mit anzusehen, dass er aber bald wieder heruntergekommen, sagend, man habe den rechten Ort verfehlt und solle ihn auch nun gewiss nicht finden.

Endlich soll in dem blachen [flachen] Luch bei Pessin vor langen Jahren von einem Schäfer aus dem Dorfe eine Salzquelle gefunden worden sein. Er hatte sich zu seinem Abendbrote Wasser von hier mitgenommen und es gekocht, am Morgen darauf aber lauter Salz im Topfe gefunden. Seine Entdeckung teilte er dem Grundherrn mit, der ihm Stillschweigen gebot. Noch am nämlichen Tage aber, sagt man, ward der Schäfer erschlagen gefunden, seine Witwe jedoch hätte der Grundherr lebenslänglich erhalten. Nachher soll dann über die Stelle ein Haus gebaut worden sein. (16, S. 149f.)

460 Das gefangene Irrlicht

In sumpfigen Gegenden zeigten sich früher oft sogenannte Irrlichter, die hüpften und tanzten, wenn es dunkel wurde, in die Kreuz und Quer. Es waren gasartige, feurige Ausdünstungen, welche der Wind hin und her bewegte; früher meinte man aber, es seien die Seelen ungetauft verstorbener Kinder. Man fürchtete sie, denn sie sollten die Leute in die Irre führen; daher nannte man sie auch Irrlichter. Einmal ist nun einem Kuhhirten zu **Ferchesar** bei **Rathenow** etwas Kurioses mit einem Irrlicht oder, wie man sie dort auch nennt, einem Lüchtemännchen, passiert. Wie er mit der Herde abends nach Hause kam, fehlte ihm eine Kuh. Da kehrte er wieder um, sie zu suchen, konnte sie aber nicht finden. Endlich setzte er sich vor Ermüdung auf einen alten Baumstumpf und wollte sich eine Pfeife anstecken. Wie er aber da so sitzt, kommt auf einmal ein großes Heer von Lüchtemännchen, die tanzen wild um ihn herum, dass einem anderen wäre angst zumute geworden. Er aber war dreist und blieb ruhig sitzen und stopfte sich seine Pfeife. Als er sie indes anstecken wollte und Feuerstahl und Stein sowie die Schwammbüchse hervorzog, da flogen ihm die Lüchtemännchen so um den Kopf herum, dass er jeden Augenblick dachte, sie würden ihm die Haare versengen. Deshalb nahm er seinen Stock und schlug gewaltig um sich, aber je mehr er um sich schlug, desto mehr Lüchtemännchen kamen, sodass er endlich zugriff, um eins zu erhaschen, und da hatte er auf einmal einen Knochen in der Hand; die andern aber waren verschwunden. Ruhig steckte er nun den Knochen in die Tasche, brannte seine Pfeife an und ging nach Hause. Andern morgens trieb er mit der Herde wieder hinaus und fand auch seine Kuh wieder, als er aber abends nach Hause kam, und es schon dunkel geworden war, da sah er ein paar Lichtchen vor seinem Fenster, und weil er glaubte, es sei ein Nachbar, der mit der Laterne zu ihm komme, um sich wegen eines kranken Viehs bei ihm Rat zu holen, öffnete er das Fenster und sah nun die ganze Dorfstraße voll von Lüchtemännchen. Die kamen in gewaltigen Haufen dahergehüpft, wirbelten unruhig durcheinander und riefen: „Gibst du uns unsern Kameraden nicht heraus, so stecken wir dir's Haus an!" Da fiel ihm erst der Knochen wieder ein, und er sagte: „Ach so macht doch kein dumm Zeug, der Knochen kann doch euer Kamerad nicht sein!" Aber sie riefen nur immer lauter: „Gibst du uns unsern Kameraden nicht heraus, so stecken wir dir's Haus an!" Da dachte er, es könnte doch wohl Ernst werden, nahm den Knochen, legte ihn sich in die flache Hand und hielt ihn zum Fenster hinaus. Da war er sogleich wieder ein hell flackerndes Lüchtemännchen und hüpfte davon, und die andern alle umringten es wie im Jubel und hüpften und sprangen zum Dorfe hinaus. (28, S. 118ff.)

461 Die feurige Wilde Jagd

In **Ferchesar** erzählte man Folgendes. Einem Schäfer war einmal, als er im Walde weidete, ein Schaf dumm [taumelig] geworden. Er musste es, da es nicht von der Stelle wollte, liegen lassen, wo's gerade lag und mit der Herde weitertreiben, denn er dachte auch, wenn's nur erst eine Weile gelegen hat, wird's wohl nachkommen. Aber es kam nicht und er dachte auch gar nicht mehr daran. Erst als er zu Hause beim Abendbrot saß, fiel ihm das dumme Schaf wieder ein, und da entschloss er sich, mit seinem Bruder hinauszugehen, um es zu holen. Als sie so schon ein Stück in die Heide hineingegangen sind, sehen sie von fern einen Feuerklumpen und wundern sich gar sehr darüber, und weil sie kecke und mutige Gesellen waren, sprechen sie zueinander: „Wir wollen doch einmal die Hunde darauf hetzen." Gesagt, getan, aber die Hunde wollten nicht dran, bis sie sie endlich mit Gewalt darauf losjagten. Da sind sie dahin gestürzt, aber so wie sie dicht dran waren und zu bellen begannen, da flog das Feuer nach allen Seiten umher, sodass die Hunde eiligst umkehrten und auch die Schäfer in aller Eile nach Hause rannten, denn sie merkten, da sei's nicht recht richtig. Keuchend erreichten sie das Tor des Schafstalls und warfen es eilig zu, aber kaum war das geschehen, so hörten sie draußen die Wilde Jagd toben und eine Stimme rief ihnen nach, das sollten sie nicht wieder versuchen, sonst müssten sie mitessen. (17, S. 102f.)

462 Die verwunschene Prinzessin auf dem Schwarzen Berge bei Ferchesar

Östlich von den Dörfern **Fohrde** und **Ferchesar** zieht sich in nordöstlicher Richtung bis an die **Ketzürer Heide** ein ansehnlicher Höhenzug hin, dessen höchste Erhebung der **Schwarze Berg** ist. Auf diesem Hügel, welcher sich hart an der Landstraße von **Brandenburg** nach **Marzahne** erhebt, scheint zur Zeit der Askanier ein Grenzwartturm gestanden zu haben. Wenigstens deuten die kümmerlichen Überreste auf dem Gipfel auf eine derartige Anlage hin. Der Volksmund jedoch macht aus diesem einfachen Turm ein prächtiges Schloss und erzählt folgende Sage von diesem:
In alten Zeiten hauste auf dem Schlosse, welches sich auf dem Gipfel des Schwarzen Berges erhob, ein reicher alter Edelmann, der sich des Besitzes einer schönen Tochter erfreute. Ein mächtiger Zauberer begehrte die herrliche Jungfrau zur Gemahlin, aber vergebliches Bemühen, die Stolze wollte ihn nicht erhören. Da verwünschte der Zauberer in seinem Zorn das ganze Schloss, das alsbald mit seinen Bewohnern und seinen Schätzen in die Tiefe des Berges versank. Daher rührt denn auch das große Loch auf der Spitze des Berges. Alle hundert Jahre am Johannistage erscheint die Prinzessin und möchte erlöst sein, aber erlösen kann sie nur ein junger unschuldiger Mann, dessen Wiege aus dem Holz der Bäume des Schwarzen Berges gefertigt ist. Ein junger Hirte, bei dem jene Bedingungen zutrafen, fasste den Entschluss, die Prinzessin zu erlösen und dadurch die im Berge versunkenen Schätze zu heben. Die Jungfrau erschien ihm und forderte ihn auf, sie dreimal um den Gipfel der Berges zu tragen, ermahnte ihn aber zugleich, nicht zu sprechen oder zu lachen, was ihm auch beggenen möchte. Der Hirt versprach alles und trat mit der schönen Last auf dem Rücken seinen Rundgang an.

Die abenteuerlichsten und fürchterlichsten Gestalten, wie Riesen, Bären, Schlangen, Drachen und so weiter kreuzten seinen Weg, aber getrost schritt er weiter, er wusste, dass alle nur Truggestalten waren. Schon hatte er den dritten Umgang halb beendet, als aus der Tiefe des Waldes ein lahmes Entenküken hervorhumpelte, welches einen gewaltigen Heuwagen hinter sich herzog. Mit den possierlichsten Sprüngen nahte es sich dem Befreier, der über den äußerst komischen Anblick ganz seine Mission vergaß und laut loslachte. Mit einem Wehruf sank die Prinzessin von seinem Rücken wieder in den Schoß des Berges hinab. (4, S. 60ff.)

463 Die letzten Hünen

Vordem haben in der Gegend von **Kotzen** und **Landin** viele Hünen oder Riesen gewohnt. Die sind von gewaltiger Stärke gewesen, denn wenn ihnen einmal die Schweine auseinandergelaufen sind, so haben sie einen ganzen Eichbaum ausgerissen und sie damit wieder zusammengetrieben. Sie haben sich nur spärlich vermehrt und so haben sie die jetzt lebenden Menschen allmählich untergekriegt und zuletzt sind sie ganz verschwunden. Die letzten sind im Siebenjährigen Kriege aufgegriffen und unter die Soldaten gesteckt worden.
Ein solcher Riese hat auch den **Hünenberg** zwischen Kotzen und Landin verloren, es ist ihm nämlich, als er Erde in seiner Schürze trug, diese dort zu Boden gefallen. (17, S. 114f.)

464 Das Kloster auf dem Rütschen Berge

Auf dem **Rütschen Berge** bei **Landin** soll einst ein Kloster gestanden haben. Die Mönche desselben hatten die Tochter eines armen Mannes unter dem Vorwande, sie für den Himmel zu erziehen, ins Kloster gelockt, sie aber entehrt und darauf ermordet. Für diese Freveltat wurde das Kloster zerstört, da ein Jäger, der Bräutigam des Mädchens, die Rache des Himmels erfleht hatte. Der Vater des unglücklichen Mädchens soll noch heute in der Mitternachtsstunde, sein Haupt unter dem Arme tragend, auf dem Rütschen Damm umgehen. (13, S. 112f.)

465 Das „Gericht" zu Hohennauen

In den zu den Rittergütern **Hohennauen** gehörigen Waldungen zwischen **Elslaake** und **Rhinow** befindet sich ein Kreuzweg, der im Volksmunde das Gericht heißt. Es ist dies der Schnittpunkt der nach Hohennauen, Rhinow, **Stölln** und **Schönholz** führenden Straßen. Am 16. Januar 1726 wurde hier ein Bürger und Viehhändler aus **Berlin** namens Peter Hamann von dem aus Rhinow stammenden Soldaten Joachim Sengespeik ermordet. Dieser sollte den Händler durch die **Trietz** genannte Heide führen und erschlug ihn bei dieser Gelegenheit „um des leidigen Geldes halber" tückischerweise mit einer Axt. Am 26. Februar wurde darauf an ihm das Gericht vollzogen und der Mörder, der zum gräflich Dönhoffschen Regimente gehörte, an dem Kreuzweg, wie das Kirchenbuch zu Hohennauen berichtet, „mit dem Rade von oben executiret und nachgehends aufs Rad geflochten" und dann eingescharrt. Lange Zeit stand ein hölzernes Kreuz an der Mordstelle, die viele Jahre verrufen und gemieden war, weil der Geist des hingerichteten Soldaten, wie man sich im Volke erzählte, dort umgehen sollte, da ihm auch im Grabe seine schaurige Tat keine Ruhe ließ. (4, S. 117f.)

466 Semlin, das Hexendorf

To Witschke [**Witzke**] was ene Hebeamme, de was enen Abend so ängestlich in öre Stube un se lopt rut un as se so steit, kröpt or wat mank de Bene, so dat se da up to sitten kümmt, un nu geit et met ör dörch de Luft öbert Water furt na **Semlin** un brengt se annen Hus. Hier was ne Frau in Kinnesnöden, un de stund se nu bi, un as nu't Kint da was, geit se na de Kacken [Küche] rut un da sit uppen Fürhert en ollen groten schwatten Kater, de seggt to ör: „Guten Morgen!" Se seggt ok goden Morgen un is still, aber et wört ör doch ganz grusig to mode. As nu allens vörbi is, da geit se furt, seggt aber to de Lüde: „Kinner, wenn jü mi hebben wullt, will ik immer kamen, aber up disse Art halt mi nich wedder, süst kam ik nich." Un da ümme un üm no ännere sonne Geschichten nennen se Semlin no öfter dat Hexendörp.

Mal ist auch einer zu Semlin im Kruge, liegen da viele Brotkrümlein auf dem Tisch, und da er grade Hunger hat, isst er einige davon. Das ist ihm aber schlecht bekommen, denn die Krumen waren behext und für die

Hühner bestimmt, und so viel er gegessen, so viele Eier hat er legen müssen. Er hat aber immer gesagt, das Eierlegen sei ihm nicht so sauer geworden, wie das Kakeln. (17, S. 105f.)

467 Der Burgwall bei Görne

Steht man auf dem Burgwall bei **Görne**, dann steigt vor dem Auge das Bild vergangener Tage auf. Die Luft hallt wider von den wilden Schlachtrufen der Kämpfenden, von den Schlägen der Keulen und Streitäxte, von dem Klirren der Speere, von den Wehrufen der Frauen und Kinder und von dem Brüllen des Viehes. Der Sterbende stöhnt, und der Boden trinkt wahllos das Blut von Freund und Feind. Heute liegt meistens der Burgwall schweigend da, einsam und ernst. Und schweigend sind auch der Wald und das Luch um ihn. Vielleicht war er in der Zeit des Dreißigjährigen Krieges den Görnern noch einmal Zufluchtsstätte, als sie vor den anrückenden Schweden flüchteten. Die Schweden vermochten die Schleichwege zu ihm nicht zu finden, und der trügerische Luchboden trug nicht die Last ihrer schweren, riesigen Körper, von denen noch jetzt erzählt wird. Da sollen sie am Rande des Luches gestanden und mit verstellter Stimme gerufen haben: „Krischan, Jochen, koamt mal rut, de Schweden sinn all wech!" Aber ihre List nützte ihnen nichts, denn es kam keiner zum Vorschein, und sie mussten unverrichteter Sache wieder abziehen. (4, S. 106)

468 Vom Haineberg bei Görne

Bei dem Schäfer Hahn in **Görne** klopfte einst in der Nacht jemand ans Fenster. Hahn stand auf, um zu sehen, wer der Klopfende sei. Da erzählte ihm jemand, den er in der Finsternis nicht hat erkennen können, von einem Schatze im **Haineberg**. Hahn solle nur hingehen und das Geld holen, das dort brenne. Als er nun am folgenden Tage mit seinen Schafen in die Nähe des Haineberges kam, der zwischen Görne und **Dickte** am Rande des Luches liegt, traf er dort seinen Freund, den Schäfer Bethge aus Dickte. Beide machten sich auf, nach dem verheißenen Schatz zu suchen. Oben auf dem Berge sahen sie in einem Feuer das Geld brennen. Um dieses Feuer war ein eisernes Gitter gezogen, auf dem Lanzen lagen. Auch sahen sie einen schwarzen Hund am Feuer stehen, und Zwerge oder Elfen spielten um das Feuer. Diese Zwerge riefen den Männern zu: „Stecht uns mit den Lanzen tot, alsdann geben wir euch das verborgene Geld frei!" Beide Schäfer waren so erschrocken, dass sie die Flucht ergriffen, zumal auch ihre Hunde mit lautem Geheul den Berg verließen. Sie haben das Feuer später trotz vielen Suchens nicht wiedergefunden.

Alljährlich am Johannistage wiederholt sich das Geldbrennen. Viele Leute wollen das schon beobachtet haben. Bald hat man ein Feuer in der Richtung auf den Haineberg gesehen, bald eine Feuergarbe, die explodierte und alsbald wieder erlosch. Noch andere wollen am Johannistage auf dem Berge Zwerge haben spielen sehen. So ist der Haineberg noch heute ein geheimnisvoller Berg, und Ängstliche wagen sich in der Geisterstunde nicht in seine Nähe. Wohl sieht man noch öfter das geheimnisvolle Geldbrennen, aber den Schatz hat noch niemand gehoben. (4, S. 64f.)

469 Von der Reunitz bei Görne

In der Nähe des Schlossberges liegt die **Reunitz**. Der Name bedeutet soviel wie Ruvnitz, Raubnest. Früher war sie ein See, jetzt ist vom Wasser nichts mehr zu sehen. Damals fischten die Görner dort, und sie hatten einmal eine außerordentlich reiche Beute. Als sie sich nach vollbrachter Arbeit befriedigt zum Essen niedergesetzt hatten, hörten sie plötzlich aus dem nahen Dickicht eine dumpfe Stimme: „Ist denn auch der Karpfen ohne Schwanz dabei?" Erstaunt sahen sie einander an. Von ihnen hatte keiner gesprochen. Da wühlten sie ihre Beute durch und fanden zu ihrem Entsetzen den Fisch. Ihn und die übrigen Fische ins Wasser zurückwerfen war das Werk weniger Augenblicke, und ohne sich weiter umzusehen, suchten sie ihr Heil in der Flucht. (4, S. 75)

470 Vom Schlossberg bei Görne

Eine halbe Stunde von **Görne** entfernt, nach **Briesen** zu, liegt der **Schlossberg**. Er hat seinen Namen von dem Schloss, das er ehemals trug. Hier hauste ein Bredow mit seinen beiden Töchtern. Die jüngste liebte Wedekind von Bredow, der auf **Wagenitz** saß. Der Verbindung der beiden Liebenden stand aber der Hass der Väter entgegen. Da raubte kurz entschlossen in einer dunklen Nacht Wedekind seine Braut. Die Feindschaft wurde dadurch noch erbitterter, führte aber schließlich doch zu einer allgemeinen Versöhnung, und auf der Burg wurde ein großes Fest gefeiert. Dazu waren auch die Quitzows aus dem nahen **Friesack** eingeladen. Der Prunk des Hauses, der bei dieser Gelegenheit entfaltet wurde, weckte deren Neid. Dazu gesellte sich auch bald ihr Hass gegen Wedekind. Sie lauerten nämlich einmal einem Zug Kaufleute auf. Wedekind aber schnappte ihnen die Beute vor der Nase weg. Da schwuren sie ihm Rache. Sie luden ihn zu einem Gelage auf Burg Friesack ein. Nichts Böses ahnend, erschien er auch. Als sie bis in die Nacht hinein tüchtig gezecht hatten, stiegen sie zu guter Letzt noch gemeinsam auf den Turm. Hier stießen die edlen Gastgeber Wedekind die Treppe hinab, und er brach sich unten den Hals. (4, S. 103)

471 Die Herkunft der von Bredow

Der Teufel hatte einmal Musterung auf der Erde gehalten und alle die Edelleute, die nicht mehr gut tun wollten, in einen großen Sack gesteckt, den auf den Rücken getan, und ist lustig damit zur Hölle geflogen. Wie er nun über der Stadt **Friesack** ist, so streift der Sack etwas hart an der Spitze des Kirchturms, sodass ein Loch hineinreißt und eine ganze Gesellschaft von Edelleuten, wohl ein Viertel der Bewohner des Sacks, ohne dass der Teufel es gemerkt hätte, herausfallen. Das sind aber die Herren von Bredow gewesen, die nun nicht wenig froh waren, den Krallen des Teufels für diesmal entkommen zu sein. Zum Andenken nannten sie nun die Stadt, wo der Sack das Loch bekommen und sie befreit hatte, Frie-Sack, und von hier haben sie sich dann über das ganze **Havelland** verbreitet, wo bekanntlich eine große Menge von Rittergütern in ihrem Besitz ist. Die Namen derselben haben sie ihnen ebenfalls gegeben und zwar meist nach der Richtung des Weges, den sie nahmen. Der älteste der Brüder nämlich, der in Friesack blieb, sagte zum zweiten: „Gä bess (besser) hin", da nannte dieser den Ort, wo er sich niederließ „Besshin", woraus nachher **Pessin** wurde. Ein dritter ging von Friesack, das am Rande des mächtigen **Havelländischen Luchs** liegt, landeinwärts, darum nannte er seine Ansiedlung „Land in" – **Landin** –; ein vierter Bruder ging denselben Weg entlang wie der zweite und baute **Selbelang**; ein fünfter ging von dort aus rechts zu (rechts too) und baute **Reetzow**, ein sechster endlich nannte sein Dorf **Bredow**. Im Sack war noch ein Herr von Arnim, als der sah, dass es den Bredows so gut gegangen war, wollte er nachspringen, ehe der Teufel das Loch wieder zumachte; da riefen ihm die anderen, die noch im Sack waren, zu: „Wag's nit! Wag's nit!" Aber er wagte es doch und kam auch glücklich hinunter. Da hat er das Dorf **Wagenitz** gebaut. Einige meinen, der Prediger von Friesack habe dabei seine Hand im Spiel gehabt, dass der Teufel mit dem Sack die Kirche streifte, und der Sack so ein Loch bekam. Der Prediger hätte gerade vor der Kirche gestanden, wie der Teufel mit dem Sack über den Ort hinweggefahren sei, und habe, als er dies gesehen, einen Bann gesprochen, dass der Teufel ganz irre geworden und so mit dem Sack an die Kirchturmspitze gekommen sei. Deshalb hätten die Bredows der Kirche auch das **Rittergut Warsow** geschenkt, welches noch heutzutage [1871] der Oberprediger von Friesack mit allen Patronats- und Obrigkeitsrechten besitzt. (28, S. 120f.)

472 Lippold von Bredow und der Teufel

In alten Zeiten lebte auf der **Burg Friesack** Lippold von Bredow, dem das **Ländchen Friesack** gehörte. Obgleich es reich an Dörfern, Feldern und Forsten war, so genügte ihm das bei seinem wilden Leben doch nicht, sodass er schließlich mit dem Teufel ein Bündnis machte, eine Sache, von der man früher viel gefabelt hat. Schon Hartwig von Bredow, heißt es in der Sage, war dem Teufel ergeben und dieser ihm dienstbar gewesen, sodass er über Stock und Block dahinfahren konnte, ohne Schaden zu nehmen, und oft, wenn es noch schneller gehen sollte, fuhr er durch die Luft dahin, ohne dass der Kutscher etwas merkte. So fuhr er auch einmal in gewaltiger Eile von **Berlin** nach Hause und siehe, plötzlich stand der Wagen und war nicht von der Stelle zu bringen, und es schien, als säße er an einem eisernen Haken fest. Der Kutscher wollte absteigen und sehen, was zu tun wäre, aber Hartwig befahl ihm, er solle sitzen bleiben und sich ruhig verhalten. Es währte auch nicht lange, da zogen die Pferde wieder an und es ging weiter. Der Kutscher wunderte sich, aber Hartwig sagte: „Wir waren dem Kreuz auf dem Kirchturm zu **Spandau** zu nahe gekommen; wärest du abgestiegen, so hättest du den Hals gebrochen!"

Solch ein Bündnis machte nun auch Lippel oder, wie man ihn auch nennt, Nepel Bredow mit dem Teufel und versprach ihm seine Seele, wenn der Teufel ihm jedes Verlangen erfülle, dabei aber machte Lippold die Bedingung, dass er frei wäre, wenn der Teufel ihm einmal etwas nicht gewähren könne. Dieser Bund wurde auf dem **Teufelsberge** im **Polzschen Luch** geschlossen, der daher eben seinen Namen erhielt. Nun lebte Lippold herrlich und in Freuden, und alle seine Wünsche wurden befriedigt. Dabei verlangte er oft die unmöglichsten Dinge, aber der Teufel tat alles, was er wollte. So wollte er einmal über den See fahren, Viere lang [mit vier Pferden], da musste ihm der Teufel einen Damm mittendurch bauen, dass er immer geradezu fahren konnte, und hinter dem Wagen musste er denselben stets gleich wieder abreißen, dass niemand ihm nachfolgen könnte. Mit der Zeit wurde es Lippold aber doch unheimlich zumute und er ging deshalb tiefsinnig umher und war wie umgewandelt, er konnte sich gar nichts mehr ausdenken, was der Teufel nicht gleich ausgeführt hätte. Das bemerkte sein Schäfer, und weil er ein kluger und treuer Mann war, fragte er Lippold nach der Ursache seines Trübsinns. Da erzählte ihm Lippold alles, und der Schäfer riet ihm, er solle vom Teufel verlangen, dass er ihm einen Scheffel bis zum Rande mit Gold fülle, den solle er aber in dem tiefen Loch, was oben auf dem Teufelsberg sei, anbringen, und den Boden des Scheffels so einrichten, dass die eine Seite immer herunterklappe, wenn man etwas hineinschütte. Über diesen Rat war Lippold hoch erfreut und tat alles, wie ihm der Schäfer geraten, und ging in der folgenden Nacht zum Teufel, der auch bereit war seine Forderung zu erfüllen. Die Stunde der Nacht wurde festgesetzt, wo der Teufel das Gold auf den Teufelsberg bringen sollte. Als Lippold den Scheffel in das Loch eingesetzt hatte, kam auch der Teufel schon keuchend unter einem schweren Sacke voll Gold durch die Luft heran. Aber wie viel der Teufel auch schüttete und schüttete, obwohl er einen zweiten und dritten Sack herbeiholte, der Scheffel wurde nicht voll, denn der lose Boden klappte immer wieder nach unten und das Gold fiel durch. Verwundert rief der Teufel: „Lippel, Lippel, Lepel (oder Nippel, Nappel, Nepel), wat hest du vöörn groten Schepel!" Noch einmal schleppte er einen gewaltigen Sack herbei, der war größer als die anderen alle zusammengenommen. Aber es half nichts. Da war die Stunde um, und ärgerlich, dass er überlistet worden war, fuhr der Teufel auf und davon.

Dieses Geschäft machte Lippold auf dem Teufelsberg oder wie man ihn auch nennt, den Lippel-Lepel-Berg, und noch jetzt sieht man eben das tiefe Loch, über dem der Scheffel gestanden hat. Schließlich wollte der Teufel aber doch die Sache nicht für richtig anerkennen, und Lippold erlangte nur soviel, dass er ihm einen neuen Termin stellte: „Wenn das Laub abgefallen sei", oder wie einige sagen: „Wenn die Bäume ihr grünes Kleid verloren hätten", wollte er ihn holen. Nun hatte aber Lippold schon gelernt, wie man mit dem Teufel umgehen müsse. Als der Herbst da war, und der Teufel kam ihn zu holen, da führte ihn Lippold in seinen Garten, und wie sie da gehen, da zeigt Lippel auf eine Tanne und fragt ihn, ob die Nadeln nicht auch der Tanne ihr Laub oder grünes Kleid wären, und da konnte der Teufel wieder nichts machen.

Endlich muss es aber doch an ihn gekommen sein, wenigstens behaupten einige, der Teufel habe ihn geholt. Neben der alten Burg von Friesack hatte Lippel nämlich sein Gerichtshaus. Vor sieben Jahren ist das erst abgerissen worden, und die Steine lagen noch vor Kurzem da. Da hielt Lippel sein Gericht ab. Wie nun die Zeit um war, da setzte sich Lippel in die Stube an den Tisch und schreibt und stellt einen Posten vor die Türe, dass er bei Todesstrafe niemand hinein lassen solle. Nun kommt der Teufel und will hinein, der Posten will das aber nicht leiden. Da sagt der Teufel, er werde ihm den Hals umdrehen, wenn er ihn nicht vorbei ließe, und damit geht er vorbei und stößt die Tür auf. Plötzlich gibt es in der Stube ein großes Geschrei und wie sie hineinkommen, ist nichts da als die Kleider von Lippel, die liegen an der Erde und gerade darüber an der Decke ist ein großer Blutfleck. Und so oft sie auch darübergestrichen haben, der Fleck ist immer wiedergekommen. „Meiner Mutter Schwester", sagte ein Erzähler, „hat da im Hause als Magd gedient und ihn gesehen. Ich würde es selbst nicht glauben, wenn sie es nicht erzählt hätte, – aber so!"

Nach einer anderen Erzählung soll es aber doch nicht wahr sein. Lippels Frau soll ihn gerettet haben mit dem Kaplan – es war nämlich noch zur katholischen Zeit –, und der soll auch deshalb zum Dank von Lippel das **Warsow** bei **Friesack** bekommen haben. Als nämlich der Termin immer näher kam, wo ihn der Teufel holen wollte, und Lippel, der sonst so lustig, ja wild war, immer stiller wurde und sein Körper sichtlich dabei dahinschwand, schöpfte seine Frau Verdacht, dass etwas nicht richtig sei, und weil sie eine kluge Frau war, besprach sie sich mit verständigen Leuten. Aber kein Heilmittel, das ihr empfohlen wurde, half. Nun war damals in Friesack ein frommer Kaplan, mit dem besprach sie sich auch darüber und erfuhr von ihm, dass Lippel sich dem Bösen verschrieben hätte. Beide verabredeten nun, wie sie versuchen wollten ihn zu retten. Lippel wurde nämlich immer unruhiger, seine Frau sah ihn oft zittern und ängstlich zusammenschrecken, sooft ein Reiter oder Reisewagen angemeldet wurde. Da sprach sie ihm nun Trost und Zuversicht zu und übernahm es, die Ankommenden zu empfangen, und Lippel war es zufrieden und versprach in seinem Zimmer zu bleiben, bis der Fremde sich entfernt hätte. Da kam denn einst, als es mit Lippel immer übler wurde, ein fremd aussehender Reisewagen in den Hof gefahren. Zwei fremdländische Herren stiegen aus. Eilig ging Lippel auf sein Zimmer, während seine Frau hinging sie zu empfangen. Die Fremden waren gar fein von Bildung und erfahren in Kunst und Sprachen und Länderkunde. Doch Lippolds Weib war es gleichfalls und dabei von so großer Anmut und feiner Rede, dass die Fremden ganz entzückt und es wohl zufrieden waren, ein Mahl einzunehmen und Lippolds Heimkehr zu erwarten, mit dem sie ein Geschäft zu erledigen hätten. Schnell ließ die Gattin die Tafel decken, mit den besten Speisen und labendsten Weinen besetzen und nötigte darauf die Fremden zum Imbiss. Sie selbst nahm teil und, obwohl sie ahnte, wen sie bewirtete, war sie doch so unbefangen und liebenswürdig, dass die Gäste arglos sich ergötzten an Speise und Trank und der liebenswürdigen Rede des Weibes. Jetzt fiel wie von ungefähr der Hausfrau das Messer zur Erde, sie bückte sich es aufzunehmen, und da sah sie, dass unter dem Gewande des ältesten der Herren der Pferdefuß hervorragte. Sie erbebte, aber schnell gefasst sprach sie: „Verzeiht, Ihr Herren, dass ich Euch auf wenige Augenblicke allein lasse", und damit eilte sie hinaus und sandte, wie verabredet, zum Kaplan. Bald erschien er mit Stola und Weihwedel und harrte draußen an der Tür des Speisesaales des Weiteren. Sie selbst war wieder zu den Gästen geeilt und durch ihre fesselnde Rede ergriff sie diese so, dass sie die Zeit außer Acht ließen. Eben jetzt verrann der letzte Augenblick der Stunde, bis wohin der Teufel Macht über Lippold hatte – da öffnete sich die Tür, und den Weihwedel schwingend trat mit dem Zeichen des Kreuzes und frommem Machtwort der Kaplan in den Saal. Und voller Entsetzen auffahrend, erheben sich die Gäste und fahren mit Geräusch und widerwärtigem Geruch zum Fenster hinaus. So ward Lippold gerettet durch Liebe, Frömmigkeit und Klugheit seines Weibes unter Beistand des Kaplans. Dieser erhielt darauf, wie erwähnt, das nahe Rittergut Warsow als Geschenk, und so gut verbrieft, dass heute [1871] noch der

Oberpfarrer in Friesack nicht nur die Einkünfte davon besitzt, sondern auch Patronats- und Obrigkeitsrechte hat. Einige behaupten zwar, Warsow hätte der Kaplan schon bei der Gründung von Friesack und der Herkunft der Bredows erhalten, aber das ist wieder eine andere Geschichte... (28, S. 29ff.)

473 Blutfleck lässt sich nicht wegwischen

Außer von Nippel-Nepel erzählt man sich im **Havelland** auch sonst noch viel von den Bredows aus alten Zeiten. Zur Zeit des Dreißigjährigen Krieges wohnte zum Beispiel einer in **Wagenitz**, der setzte sich, als die Schweden ins Land drangen, gegen einen Haufen von ihnen, die in sein Dorf einfielen, zur Wehr, verrammelte das Tor seines Schlosses mit Brettern und Mist und schoss mit seinen Leuten vom Turm herab auf die anstürmenden Feinde. Auf die Dauer vermochte er aber ihrer überlegenen Anzahl doch nicht mehr zu widerstehen. Wie er den Turm aber nicht mehr halten konnte, zog er sich auf ein kleines Zimmer darin zurück. Aber auch hierhin folgten ihm die Feinde, und er fiel als ein Opfer ihrer durch den langen Widerstand nur vermehrten Wut. Die Stelle, wo er sein Leben ausgehaucht hat, bezeichnet ein großer Blutfleck, und diesen vermag nichts hinwegzuwaschen. (29, S. 48f.)

474 Das Wappen der Bredows

Im **Ardennerwalde** lag in alter Zeit eine Feste auf so schroffer und unzugänglicher Höhe, dass sie noch jedes Mal dem feindlichen Stürmen getrotzt hatte. Als einst deutsche Ritter, unter denen ein junger Bredow war, davor lagen, ließ die stolze Unbezwinglichkeit der Burg diesem keine Ruhe. Nacht für Nacht umschlich er den Bau, um herauszufinden, wo etwa doch ein Aufstieg wäre. Da sah er einst, als der Mond hell schien, einen Steinbock auf halber Höhe des Burgfelsens. Der zierliche Schatten tauchte auf und verschwand wieder. Endlich stand das edle Tier deutlich sichtbar gegen den weißlichen Himmel auf einem Felsblock, unmittelbar unter der Mauer der Feste. Bredow war gespannt jeder Bewegung des Tieres gefolgt und hatte sich genau den Weg gemerkt. In der nächsten Nacht untersuchte er selbst den Pfad. In der dritten kletterten die Mannen eng hintereinander und vorsichtig in der Stille herauf, setzten oben eine Leiter an die Mauer und überwältigten die überraschte Besatzung. Zum Andenken an das kühne Kletterwagnis führten die Bredows den Steighaken im Wappen. (20, S. 140)

475 Der Schwedenturm zu Wagenitz

Zur Zeit des Dreißigjährigen Krieges lebte auf Schloss Wagenitz Herr George von Bredow, der zugleich Gerichtsherr für **Wagenitz** und Umgebung war. Auf ihren Raubzügen durch **Brandenburg** kamen im Jahre 1636 auch etliche Schweden zur Brandschatzung nach Wagenitz. Diese ließ George von Bredow ergreifen und aufhängen. Der Galgen stand auf dem heutigen **Schmiedeberg**. Am Tage darauf kam ein größerer Trupp schwedischer Marodeure in das Dorf. Als sie ihre gehängten Kameraden fanden, nahmen sie blutige Rache. Die ganze Familie des Herrn von Bredow wurde ermordet. Herr von Bredow hatte sich mit seinem Diener auf dem Kornboden versteckt und, wie noch erzählt wird, unter Erbsen verschütten lassen. Das geschah am 26. Februar 1636. Die Stelle, wo Herr und Diener ermordet wurden, soll noch vor fünfzig bis sechzig Jahren durch einen großen Blutfleck gekennzeichnet gewesen sein. Von diesem Fleck ist aber heute nichts mehr zu finden. (4, S. 115)

476 Die Butterhexe

Mit dem Melken und Buttern sollten die Hexen besonders allerhand Teufelswerk treiben und die abenteuerlichsten Geschichten wurden davon erzählt. So hieß es zum Beispiel, in **Wagenitz** sei eine Frau gewesen, die war eine Butterhexe. Das kam so heraus. Sie hatte immer die beste Butter und verkaufte sie nach allen Seiten. Einmal hatte ihre Schwester in **Friesack** nun einen Topf Butter von ihr erhalten, der wurde nie leer, es war immer Butter darin. Da sagte sie es ihrer Schwester in Wagenitz, die Butter nähme ja gar kein Ende. Da meinte diese: „Dann hast du meinen Topf erhalten." Da sah die Schwester nach und siehe, auf dem Grunde saß eine Muggel (Kröte). Da wusste sie, wie es zusammenhing.
Aber auch die Leute in Wagenitz hatten es schon längst gemerkt, dass es mit der Butter nicht ordentlich zugehe und passten auf. Und richtig, wie es

Abend war, da leuchtete es in dem Keller der Frau in blauen, gelben und roten Flammen auf. Und es dauerte nicht lange, da kam eine große Katze aus dem Keller, die war aber so mager, nur Haut und Knochen. Und die ging hinüber nach dem Schloss. Und es dauerte nicht lange, so kam sie aus dem dortigen Milchkeller heraus und war so dick, dass sie sich kaum bewegen konnte. Wie sie nun in ihrem Keller verschwand, da passten die Leute am Fenster auf und sahen, wie alles wieder hell aufleuchtete und die Katze den Rahm nur so in die Butte spie! Da wussten sie, dass es die Hexe gewesen und woher sie den Rahm holte, aus dem sie die schöne Butter machte. Es hat aber mit ihr auch kein gutes Ende genommen, denn eines Tages lag sie tot in ihrem Keller, das Genick umgedreht. Ihre Verwandten sagten zwar, sie sei die Treppe heruntergestürzt, aber niemand glaubte es. Der Teufel hatte ihr offenbar den Hals umgedreht. (29, S. 56f.)

477 Die Kapelle auf dem Kienberge

Zwischen den Dörfern **Prietzen**, **Spaatz** und **Wolsier**, fast in der Mitte, liegt ein teilweise bewaldeter Hügel, der **Kienberg** genannt. In alten Zeiten stand auf ihm eine Kapelle, die von den Bewohnern der drei genannten Orte besucht wurde. Der Priester wohnte in Spaatz, ein Fußsteig führte von hier zur Kapelle, und der Acker, über den er ging, hat noch heute den Namen die **Papenstiege**. Der Mesner wohnte in Prizipini (Prietzen). Die Kapelle ist später zerstört worden, die Glocken aber kamen in die Kirche zu Prietzen, wo sie noch zu finden sind. (5, S. 44f.)

478 Der Bruutkolk

Etwa eine halbe Meile von **Friesack** findet sich in der Gegend der Zootzenmeierei, in dem Bette eines ehemaligen Baches, der seit der Entwässerung des großen Luches ausgetrocknet ist, eine ziemlich große Vertiefung, in der, als sie noch mit Wasser gefüllt war, einmal zwei Brautleute, warum? weiß man nicht, ihr Leben geendet haben sollen. Seit der Zeit hat diese Stelle den Namen der Bruutkolk erhalten. (16, S. 154)

479 Der Dankelsberg

Am Rande des **Zootzens**, einem herrlichen Laubwalde mitten im **Havelländischen Luch**, befindet sich etwa eine dreiviertel Meile von **Friesack**, nahe beim Forsthause (dem zweiten vom Vorwerk-Damm aus), ein runder Hügel von hundertachtzehn Schritt im Umkreis und etwa zehn Fuß Höhe, den offenbar Menschenhände aufgeschüttet haben. Er heißt der **Dankelsberg** und hat seinen Namen davon, dass ein Herr von Dankel hier oft mit dem Teufel, mit dem er ein Bündnis gemacht hatte, gekocht hat. Endlich, als der Vertrag um war, hat der Teufel diesen Herrn von Dankel geholt und ist mit ihm über die Eichen hin fortgetanzt. (16, S. 154f.)

480 Frau Harke

Frau Harke spielt im **Havelland** und in den **Stöllenschen** und **Kamernschen Bergen** eine besondere Rolle, in der Heidenzeit soll sie dort verehrt worden sein. Da ist noch der **Frau-Harkenberg** und der **Frau-Harkengrund** und bis vor wenigen Jahren [um 1850] lag dort noch ein gewaltiger Granitblock, den man den Frau-Harkenstein nannte, ebenso heißt das Straußgras, welches dort viel wächst, noch Frau-Hackenbart. Frau Harke, heißt es aber in der Sage, soll eine gewaltige Riesin gewesen sein und von ungeheurer Stärke. Wie es von den Riesen erzählt wird, trug auch sie Berge in ihrer Schürze herbei, zum Beispiel den **Gollenberg** bei **Stölln**, oder riss Eichen mit der Wurzel aus, wenn sie einen Stecken für das Vieh brauchte. Einmal hat auch sie einen Bauern samt Ochsen und Pflug, der in der Nähe des Harkenberges ackerte, in ihre Schürze genommen, um damit zu spielen. Als sie aber damit, heißt es, zu ihrem Vater kam, hat er ihr geheißen, alles wieder an seinen Ort zu tragen. „Denn", hat er gesagt, „wenn die Kleinen da unten nicht pflügen, können die Großen hier oben nicht backen". Nach anderen ist es nicht Frau Harke selbst gewesen, sondern ihre Töchter, welche den Bauer mit Ochsen und Pflug in die Schürze genommen und zur Mutter gebracht haben, indem sie sagten: „Sieh, was für kleine Tierchen wir gefunden haben." Frau Harkes eigentlicher Aufenthalt soll aber im Frau-Harkenberg gewesen sein, dort hat sie eine Höhle gehabt, die ist aber jetzt verschüttet. In dieser Höhle hatte sie wilde Schweine, Hirsche, Rehe, Hasen und andere Tiere, die hat sie nachts hinein und des Morgens hinaus auf die Wiese getrieben. Oft hat man in den Bergen ihren Lockruf „Pickel, Pickel" vernommen und wenn Jäger da gewesen, heißt es, sei sie mit ihren Tieren an ihnen vorbeigehuscht wie die Wilde Jagd. Auch sonst ist es vor dem Berge nicht richtig gewesen, wenigstens ist einmal zu einem Kuhhirten, der dort am Mittag gerade seine Herde trieb, ein kleiner Zwerg mit langem Barte aus dem Berge herausgekommen und hat es ihm verwehren wollen.

Den Bau christlicher Kirchen, sagt man, suchte aber Frau Harke vor allem zu stören. In der Nähe von **Kotzen** und **Landin** liegt noch ein großer Granitblock, mit dem hat sie die **Marienkirche** in **Brandenburg** einwerfen wollen; er ist ihr aber aus der Hand geglitten und dort niedergefallen. Auf den Kamernschen Bergen zeigt man auch solche Steine, mit denen hat sie die Dome von **Havelberg** und **Stendal** zerschmettern wollen, aber es ist ihr auch nicht gelungen. Als sie den Havelberger Dom einwerfen wollte und ihr der Stein aus der Hand glitt, da stand sie mit einem Bein auf dem Kamernschen mit dem andern auf dem **Rhinowschen Berge**, so gewaltig groß war sie. Früher erzählte man noch mehr von Frau Harke, zum Beispiel, dass sie auch die berühmten kleinen märkischen Rüben hier eingeführt habe. Als aber der Wald auf den Kamernschen Bergen immer lichter wurde und die alten Eichen immer mehr verschwanden, da soll es ihr unheimlich geworden und sie fortgegangen sein aus hiesigen Landen. Das war aber so: Eines Abends kamen zwei Reiter auf kleinen Pferden an die **Arneburger Fähre**, welche über die Elbe führt, und meldeten alles an, kamen dann auch bald wieder, aber außer ihnen war niemand zu sehen. Als sie jedoch in die Fähre gestiegen waren, – und der Fährmann hat die größte nehmen müssen, auf der vier Wagen auf einmal überfahren können, – da ist ein gewaltiges Gerassel und Gepolter gewesen, wie wenn ein ganzes Heer einzöge und dieser Lärm hat auch fortgewährt, bis sie drüben am Ufer gewesen. Als sie dort gelandet waren, hat einer der Reiter dem Fährmann als Lohn eine Metze [Getreidemaß] mit alten Scherben hingeschüttet und darauf sind sie fortgeritten. Der Fährmann aber ist über solche Behandlung ärgerlich gewesen und hat alles in die Elbe geworfen, nur ein paar Stücke sind in der Fähre liegen geblieben, und wie er am andern Morgen in die Fähre gestiegen ist, um sie zu reinigen, hat er statt ihrer ein paar Goldklumpen gefunden.

Das alles ist aber schon lange her, und immer seltener kommt das Gespräch darauf, und auch nur die Alten kennen noch aus ihrer Jugend das Sprichwort, welches man den Mädchen zur Weihnachtszeit warnend zuruft: Macht, dass ihr zu den Zwölften [Die Zeit zwischen dem 24. Dezember und dem 6. Januar] abgesponnen habt, sonst kommt Frau Harke! (28, S. 16ff., gekürzt)

481 Der Burghof bei Schollene

Dicht bei dem Dorfe Alt **Schollene**, das in früheren Zeiten ein Städtchen war, liegt eine Insel, welche durch mehrere Gräben und ein Wasser gebildet wird, das den **Schollener See** mit der Havel verbindet. Diese Insel steht durch eine Brücke mit dem Dorfe in Verbindung. Auf ihr steht jetzt einen Ziegelei, früher stand darauf eine feste Burg, mit starken Mauern umgeben, und durch eine Zugbrücke nur konnte man hineingelangen. Die Burg ist nun schon lange zerstört, als sie aber noch stand, wohnte hier einst ein furchtbarer Raubritter, der die ganze Gegend unsicher machte, und dem man dennoch nichts anhaben konnte. Denn wenn er mit seinen Knechten ausgeritten war, so glaubte man gerade, er wäre in der Burg, weil er den Pferden die Hufeisen hatte verkehrt aufschlagen lassen. Endlich wurde die Burg aber doch zerstört, und die Leute erzählten, es wären dabei große Schätze verschüttet worden. Hiervon hörte auch ein Barbier, der im Dienste eines Herrn von Wartensleben (des späteren Besitzers von Schollene) stand, und die Geldgier reizte ihn nach den Schätzen zu suchen. Er fand einen verborgenen, doch wohlerhaltenen Gang, dem folgte er, und wenn ihm die Furcht vor Gespenstern und bösen Geistern den Mut zum Weitergehen rauben wollte, so trieb ihn der Gedanke an die großen Schätze, welche er gewinnen könnte, immer weiter, bis er am Ende des Ganges an eine schwere eiserne Tür kam. Hier trat ihm plötzlich eine Frauengestalt von himmlischer Schönheit entgegen und suchte ihm den Eingang zu verwehren, indem sie ihn mitleidig anblickte. Als aber der Barbier, immer wieder durch die Schätze angelockt, dennoch weiterdringen wollte, warnte sie ihn mit lieblicher Stimme, riet ihm zur Umkehr und schenkte ihm viel Gold und Kostbarkeiten. Er kehrte um und war froh, als er wieder im Freien war. Mit dem erhaltenen Golde kaufte der Barbier sich in **Rathenow** an und machte dort sein Glück, und Nachkommen von ihm sollen noch jetzt im besten Wohlstande dort leben. Der Gang im Schollener Burghofe aber ist verschüttet, und die liebliche Jungfrau hat sich auch nicht wieder gezeigt. (5, S. 65f.)

482 Der Ring der Alvensleben

Schloss **Schollene** gehörte den Alvensleben. Eine alte Sage bringt die Alvensleben mit den Alben zusammen. Es ist vor langen Jahren eines Herrn von Alvensleben Ehefrau bei nachtschlafener Zeit, als schon das Haus verschlossen war, von einer Magd, die eine Laterne in der Hand getragen, aufgeweckt und mit vielen guten Worten gebeten worden, sie solle doch einer Frau in Kindesnöten zu Hilfe kommen. Sie ist auch endlich dazu bewogen, jedoch zuvor vermahnt worden, dass sie in dem Hause weder essen noch trinken, noch was man ihr anbiete, annehmen solle. Als sie nun der Kindesnöterin Hilfe erzeigt, ist sie unbelästigt wiederum in ihr Haus zurückgeführt worden. Wohl aber hat nach der Geburt des Weibes ihr Mann der Frau von Alvensleben eine Schüssel mit gemünztem Golde dargereicht, welches sie aber auf den Rat der Frau, die sie gewarnt, dass dann ihr Mann durch Gottes Verhängnis Schaden erleiden würde, nicht annahm. Mann, Frau und Magd sind aber gar kleine Leutlein gewesen. Über eine Zeit ist dieselbe Magd um Mitternacht wieder zu ihr gekommen und hat zwei Schüsseln übereinandergestülpt getragen, dazu der Frau von Alvensleben von ihrem Herrn viel Gutes gewünscht. Sie fügte hinzu, ihr Herr verehre ihr hiermit ein Kleinod, nämlich einen köstlichen goldenen Ring zur Danksagung für erzeigten Dienst, den solle sie wohl bewahren. Solange der Ring ganz und unzerteilt beim Geschlecht derer von Alvensleben bleiben würde, solle es blühen und Glück und Wohlfahrt haben. Würde aber der Ring von Händen kommen oder zerteilt werden, so werde es auch demselben Geschlecht unglücklich und nicht wohlergehen, und damit ist die Magd verschwunden. Der Ring aber wird heute noch von den Alvensleben verwahrt. (4, S. 86)

483 Der Reiter mit drei Pferden

Am **Rütsch** bei **Kamern** sieht man oft einen Reiter mit drei schwarzen Pferden, der ruft dem Begegnenden zu: „Set di up!" Das tut er dreimal, leistet dann derjenige der Aufforderung keine Folge, so reitet er weiter und man sieht große gewaltige Funken unter den Hufen der Pferde hervorsprühen. Einer geht auch mal des Weges, da kommt der Reiter an und ruft: „Set di up, set di up!" Und wie er das dritte Mal sagt: „Set di up!" da steigt er auf, und nun geht's nicht mehr an der Erde entlang, sondern auf einmal erheben sich Ross und Reiter in die Luft und dahin geht's im sausenden Fluge. Endlich denkt er aber, es sei doch wohl Zeit abzusteigen, und schwingt sich herunter. Da fällt er wohl kirchturmhoch hinab, liegt mitten in **Kuhlhausen** und kann kein Glied mehr rühren. (17, S. 115)

484 Brotfrevel

Es ist nun schon lange her, da ging einst eine Frau herunter von den **Kamerbergen** nach **Wulkau** hinüber, um ihre dort lebende Tochter zu besuchen und ihr ein frisch gebackenes Brot hinzutragen. Sie musste durch eine Niederung, durch die ein schmaler Graben ging, der aber ganz trocken war. Als die Frau an den Graben kam, wollte sie recht bequem darüberkommen, legte das Brot hinein und trat mit dem Fuß darauf und dann hinüber auf die andere Seite des Grabens. Hier trat ihr ein alter Mann mit grauem Haar entgegen und sprach: „Weil du die Gabe Gottes so gering geachtet und mit Füßen getreten hast, so soll nie wieder eines Menschen Fuß diese Gegend betreten." Bald darauf kam eine große Überschwemmung, die Fluten der Elbe rissen ein großes Stück der Kamerberge weg, gruben in der Niederung zwischen diesen und Wulkow einen tiefen See und stürzten einen ganzen schönen Eichenwald hinein, dessen Stämme noch auf dem Grunde liegen. (5, S. 64f.)

485 Der Galgenberg

Unweit von **Kamern** liegt der **Galgenberg**, auf dem ist vor langer Zeit einmal einer hingerichtet worden, den man durch alle möglichen Qualen zum Geständnis des ihm vorgeworfenen Verbrechens gebracht hatte. Als er aber nun zur Richtstätte kam, beteuerte er von Neuem seine Unschuld und bat Gott, dass er wenigstens nach seinem Tode ein Zeichen geben möge, dass er unschuldig sei. Darauf wurde er hingerichtet und eingescharrt. An der Stelle aber, wo er begraben war, wuchsen bald darauf sieben Eichen aus der Erde hervor, die sich in wunderbarer Weise zu einem Stamm vereinigten. Und als man einst eine von ihnen fällte, da schwitzte der Stamm blutige Tränen, bis wieder ein neuer Baum aus ihm hervorwuchs. (17, S. 106f.)

486 Der brennende Schatz

Ein Bauer aus **Gülpe** im **Westhavellande** fischte einst bei nasskaltem Wetter in der Nähe des **Pilatsch**, als er auf diesem ein Feuer gewahrte. Schon zu verschiedenen Malen war ihm seine kurze Pfeife bei der Arbeit ausgegangen, und nur mit Mühe hatte er wieder Feuer schlagen können, um sie in Brand zu setzen, da der Schwamm nass war und die Finger vor Frost kaum den Stahl zu halten vermochten. Als daher die Pfeife wieder ausgegangen war, stieß er seinen Kahn ans Land, um sie beim Feuer, das auf dem Berge brannte, wieder anzuzünden und sich dabei zugleich die erstarrten Hände zu wärmen. Zu seiner Verwunderung gewahrte er niemand in der Nähe, der das Feuer angezündet haben könnte, doch machte er sich hierüber keine Gedanken weiter, nahm eine glühende Kohle, legte sie auf die frisch gestopfte Pfeife und tat einige kräftige Züge. Aber die Kohle erlosch, ohne den Tabak angezündet zu haben. Der Bauer warf sie auf die Erde und nahm eine andere, doch auch diese erlosch, als er sie kaum auf den Tabak gelegt hatte; wieder warf er sie auf die Erde und nahm verdrießlich eine dritte, doch schon in der Hand erlosch sie ihm, und nicht mehr verdrießlich, sondern furchtsam warf er auch sie zur Erde und lief eilig nach seinem Kahn, während er sich scheu umblickte, aber nichts gewahrte. Am anderen Tage wurde er teils durch den glücklichen Fang, den er beim Fischen gemacht hatte, teils durch die Neugierde, die alle Furcht überwand, wieder in die Nähe des Pilatsch getrieben, und da er nirgends etwas Verdächtiges sah, so entschloss er sich, die Stelle zu besuchen, wo gestern das Feuer gebrannt hatte. Den Ort hatte er sich genau gemerkt, und doch konnte er nirgends Asche noch sonstige Spuren vom Feuer entdecken, aber im Grase, da, wohin er am vorigen Tage die Kohlen geworfen hatte, entdeckte er drei blanke Goldstücke. Erfreut nahm er sie auf, steckte sie in die Tasche und bedauerte nur, dass er nicht mehr Kohlen aus dem Feuer genommen und auf die Erde geworfen hatte. Wie oft er auch späterhin wieder in die Nähe des Berges kam, so entdeckte er doch das Feuer nicht wieder. (20, S. 124f.)
Nicht weit über eine Viertelmeile vom Pilatsch nach Westen liegt das Dorf **Rehberg**. Ein Bauer dieses Dorfes hatte schon viel von den im Pilatsch verborgenen Schätzen erzählen hören und wollte sie gern heben. Und nachdem er sich eine Wünschelrute verschafft hatte, war er so fest davon überzeugt, die Schätze heben zu können, dass er seinen Knecht samt einer Tragbahre mitnahm, damit er recht viel fortschaffen könne. Beide beachteten das größ-

te Schweigen auf dem nächtlichen Gange. Alles ging nach Wunsch. Bald war die Bahre so beladen, dass beide sie kaum zu tragen vermochten und der Knecht anfing unter der Last zu keuchen. Niedersetzen durften sie die Bahre auf dem verzauberten Boden nicht, und jeden Augenblick konnte sie den Händen des Knechtes entgleiten. Das ließ den Bauern, der von hinten seinen Knecht beobachten konnte, alle Vorsicht vergessen. Er rief ihm zu: „Holl wiß." Mit einem Male war die Trage leicht. Das Geld war verschwunden, und beide zogen leer nach Hause. (4, S. 67)

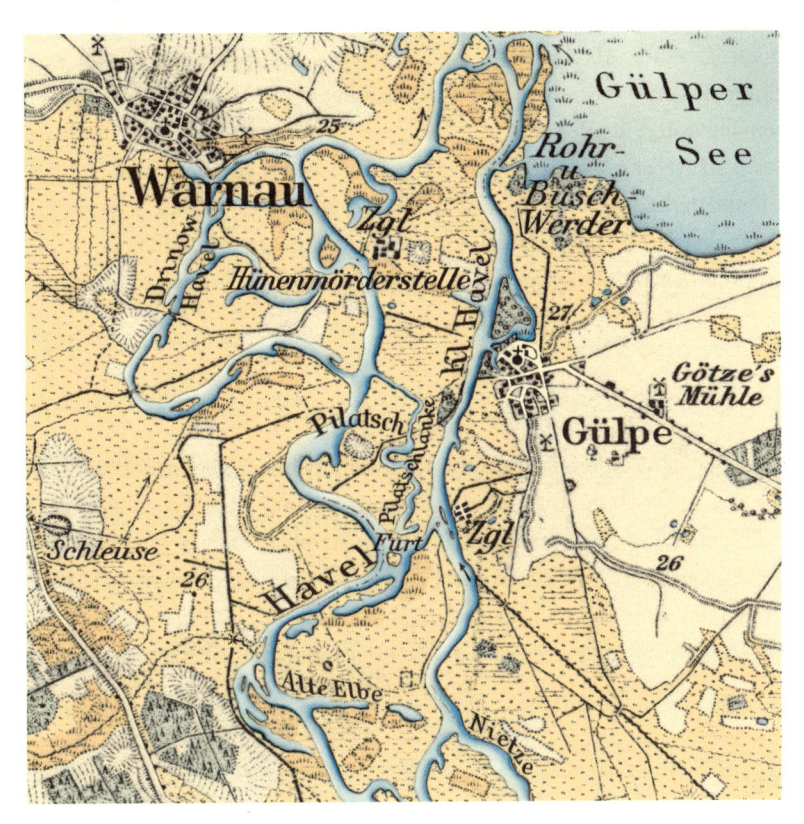

487 Der Meineidige

Die Bauern von **Gülpe** und die von **Rehberg** im **Westhavellande** kamen einst um einen großen Wiesenfleck in Streit und Prozess. Den Gülpern gehörte die Wiese seit ewigen Zeiten, die Rehberger aber behaupteten, sie käme ihnen zu, und stellten einen Zeugen, der dies durch einen Eid bekräftigte. So erhielten die Rehberger auf unrechtmäßige Weise die Wiese, denn der Zeuge hatte einen Meineid geleistet, dafür konnte er nach seinem Tode keine Ruhe finden, musste umgehen und rief in finsteren und stürmischen Nächten auf der der Gülpe entgegengesetzten Seite der Havel immer: „Hol über!" Einmal wieder, als es recht windig war und regnete, hörte der Nachtwächter von Gülpe den Ruf, und da er ein beherzter Mann war, so fuhr er über das Wasser, um zu sehen, was es damit für eine Bewandtnis habe. Je näher er indes dem jenseitigen Ufer kam, desto schwächer wurde der Ruf und hörte zuletzt ganz auf. Als aber der Nachtwächter rief, dass er bereit sei zum Überfahren, fiel etwas wie ein mächtig großer Stein in seinen Kahn, sodass dieser beinahe unterging. Je näher der Nachtwächter dem diesseitigen Ufer kam, desto schwerer ging der Kahn, sodass er ihn kaum von der Stelle bringen konnte. In der Angst fielen große Schweißtropfen von seiner Stirn. Sowie der Kahn aber Grund fasste, hob er sich, und die Last war verschwunden. Diese Last war der Meineidige gewesen mit seiner schweren Sünde. (20, S. 105)

488 Der Name des Dorfes Gülpe

Zwischen den Städten **Rathenow** und **Havelberg** bildet die Havel einen großen See, der heißt der **Gülpsee** und an ihm liegt ein Dorf, das ebenfalls **Gülpe** heißt, früherhin aber einen andern Namen, nämlich Arensee oder Gransee, gehabt haben soll. Den jetzigen hat es davon erhalten, dass die Bauern einst in einem Jahr neunundneunzig Tonnen Bier ausgegülpt haben; wären es hundert gewesen, wird hinzugesetzt, so hätten sie Dienstfreiheit erlangt. (16, S. 144f.)

489 Spaatz

Spaatz, ein ansehnliches Dorf auf der Südseite der **Stöllner Berge** im **Westhavellande**, war von einem Zwergenvolke gegründet und bewohnt, als ein Riesengeschlecht dort einwanderte. Die Zwerge erschraken und fürchteten sich gewaltig vor den neuen Einwanderern, doch diese taten ihnen nichts, fanden sogar Gefallen an dem kleinen Volke und schlossen Freundschaft mit ihm. Die Riesenfrauen nahmen Zwerge oft in ihre Schürzen und wiegten sie darin wie kleine Kinder. Aus Dankbarkeit bauten die Zwerge den Riesen die Spaatzer Kirche, einen mächtigen Felssteinbau, wie er in der ganzen Gegend ähnlich nicht gefunden wird. (20, S. 74)

490 Die alte Stadt und die Berge bei Rhinow

Westlich von **Rhinow**, zwischen diesem Orte und dem **Kietz**, liegt ein ziemlich großes Stück Landes, welches die alte Stadt heißt. Hier soll vor Zeiten eine große Stadt gestanden haben, und das kann man auch sehen, denn es finden sich noch beim Pflügen Mauerreste, und es ist auch ein großer Raum. Andere sagen bestimmter, die Stadt Rhinow hätte ehemals auf dieser Stelle gelegen. Die bei Rhinow sich an die **Stöllenschen Berge** anschließenden Höhen sollen die Riesen in ihren Schürzen zusammengetragen haben. (16, S. 146)

491 Segers Wische

Auf dem Wege vom Dorf **Dreetz** zu dem in der Heide an der **Hamburger Chaussee** gelegenen Kruge, den die Fuhrleute unter dem Namen „lahme Ente" kennen, liegt in dem Fichtenwald mitten in dünenartigen Sandbergen eine ziemlich große Wiese, die den Namen **Segers Wische** führt. Hier hat vor uralter Zeit ein Riese namens Seger gewohnt, dem die Wiese gehörte, diese hat er, wenn die Zeit der Heumahd kam, mit neun Schwad abgemäht, aber er hat auch zwischen jeder Schwade eine Tonne Bier ausgetrunken, denn es mag doch keine ganz leichte Arbeit gewesen sein. Vor mehreren Jahren war nicht weit von diesem Orte noch sein Grab sichtbar, aber jetzt weiß es keiner mehr zu finden. Zu erzählen weiß jedoch noch mancher von Segers Wische und Segers Grab, denn es soll dort auch ein Schatz verborgen liegen, den ein paar Dreetzer Tagelöhner einst heben wollten.
Es war Mitternacht und sie legten an der Stelle, wo sie graben wollten, einen großen Kreis von neunerlei Kräutern, worauf sie ihre Arbeit begannen. Aber noch nicht lange waren sie dabei, so kam eine ganz schwarze Kutsche dahergefahren, vor die feuerspeiende Rosse gespannt waren. Daraus stiegen drei schwarze Gestalten, die in den Wald gingen und bald darauf mit gewaltigen Bäumen zurückkamen aus denen sie einen hohen Galgen zimmerten.

Als der fertig war, stiegen sie herunter und kamen grade auf die Schatzgräber los, sagend: „Nun wollen wir sie nur gleich aufhängen!" Aber kaum hatten die beiden das gehört, als sie eilig die Flucht ergriffen und ihren Schatz im Stich ließen. (16, S. 147f.)

492 Das alte Dorf Dreetz

Das Dorf **Dreetz** soll, wie die Alten immer erzählen, ehemals in der Gegend des Vorwerks **Lüttgendreetz** am **Dreetzer See** gelegen haben und man hat dort mehrmals alte Urnen, auch einmal eiserne, sowie Streitäxte von Feuerstein ausgepflügt. (16, S. 147)

493 Glockenstreit

Nach G. W. Schinkels *Geschichte von* **Sieversdorf** war **Gülitz** schon 1491 wüst; das heutige Gülitz, früher Schnakenwinkel und Lothstege, ist 1774 auf der wüsten Feldmark Gülitz durch Friedrich den Großen angelegt worden. Doch hat sich in Sieversdorf eine Sage erhalten, nach welcher Gülitz erst durch den Dreißigjährigen Krieg zerstört worden ist:
Die ältesten Männer erzählen, dass vor dem Dreißigjährigen Kriege Sieversdorf aus zwei Dörfern, Klein Sieversdorf und Groß Gülitz, bestanden habe. Groß Gülitz stand auf den Bergen, welche zwischen dem jetzigen **Brenkenhof** und **Kleinderschau** liegen. Zur Zeit des Dreißigjährigen Krieges vergruben die Groß Gülitzer ihre Glocken zwischen ihrem Ort und **Rhinow** aus Furcht, die Österreicher würden sie ihnen nehmen, weil viel Silber darin enthalten war. Die Rhinower erfuhren dies etwa zehn Jahre nachher und gruben die Glocken zur Nachtzeit heraus. Die Gülitzer forderten ihr Eigentum zurück; es kam zum Prozess und die hohe Behörde entschied, es sollten zwei von Rhinow und zwei von Gülitz zu einer und derselben Stunde und Minute abgehen, und wer zuerst an die Stelle käme, wo die Glocken vergraben gewesen waren, dem sollten sie gehören. Die Rhinower waren listig; sie bestellten unterwegs einige, die den Gülitzern begegnen mussten. Sie hielten ihnen ein Maß Branntwein entgegen, hielten sie damit auf, machten sie betrunken, und die Rhinower Wettläufer kamen zuerst an den bestimmten

Ort. Sie behielten die Glocken, und es sollen dieselben sein, welche sie noch haben. (13, S. 84)

494 Christus lehrt böten [besprechen]

Aus den Akten des **Sieversdorfer** Hexenprozesses teilt G. W. Schinkel in seiner Geschichte von Sieversdorf die folgende Legende mit:
Unser Herr Christus, als er auf Erden gewesen, habe geherbergt bei einer guten Frau, deren Mann böse gewesen. Die Frau habe daher den Herrn nicht beherbergen dürfen, sondern habe ihn ins Vorderhaus verweisen müssen. Da habe sie Christo ein Mollenschart [Span eines Troges] samt einem Bohnenschof [Bund Bohnenstroh] untergelegt, und ein Paltenstück [großer Fetzen] von der Schürze habe sie ihm übergedeckt. Wie nun unser Herr Christus weggegangen, hätte er die Frau zu sich gerufen und gesagt, sie solle herkommen, er wolle ihr etwas anvertrauen, und dies sei ein Mittel gegen die Würmer gewesen, nämlich: Ein Paltenstück, ein Bohnenschof, ein Mollenschart und ein gutwillig Weib, damit böte ich dem Pferd die Würmer aus dem Leib, im Namen Gottes des Vaters und des Sohnes und des heiligen Geistes. (13, S. 85)

495 Der Schmokenberg bei Havelberg

Als im Jahre 983 die Wenden das ihnen verhasste Joch der Deutschen abschüttelten, erstürmten sie am 28. Juni die Burg **Havelberg**, erschlugen die ganze Besatzung und verbrannten die Kirche. Der Bischof Udo wurde von einem seiner wendischen Diener, der zwar äußerlich Christ, innerlich aber ein grausamer Heide war, ermordet. Den Mönchen schlitzten die Wenden die Kopfhaut kreuzweise auf und rissen sie ihnen bei lebendigem Leibe herunter. Noch manche andere Marter mussten die Armen ausstehen. Dann wurden sie vor den Ort auf einen Berg hinausgeführt. Dort banden die Wenden sie an Pfähle, häuften rundherum Holz und nasses Strauchwerk auf und zündeten es an, sodass die Märtyrer ihres Glaubens im Rauch (Schmok) erstickten und dann elend verbrannten. Danach soll der **Schmokenberg** seinen Namen haben. (4, S. 106f.)

496 Der Spuk in Havelberg

Bei der Fähre, die oberhalb der Stadt **Havelberg** befindlich ist, zeigen sich gewöhnlich allerhand wunderbare Zeichen, wenn jemand ertrinken soll; bald scheint es, als schlage ein großer Fisch auf, und doch ist keiner zu sehen, bald als ob man einen Menschen höre, oft lacht es auch ordentlich im Wasser oder es lässt sich ein heller Schimmer darin sehen, und das sind die Nixen, die da umherschwimmen. Einige erzählen auch, dass diese zuweilen singend neben der Fähre einherziehen, aber dann ertrinkt auch in ganz kurzer Zeit jemand. (16, S. 236f.)

Auch im Dom zu Havelberg ist es nicht ganz richtig, es scheint, als wären die alten Mönche doch noch nicht ganz zur Ruhe gekommen. Es ist noch nicht lange her, da spielte der Organist einmal in der Woche auf der Orgel, er war allein in die Kirche gegangen und hatte die Tür hinter sich zugeschlossen. Als er die letzten Töne anschlägt, sieht er zufällig hinüber nach der Kanzel. Da steht leibhaftig ein Mönch, der schaut zu ihm hinüber und neigt das Haupt, als wolle er sich bedanken. Der Organist stand still auf und ging hinunter. Wie er unten ankam, war der Mönch verschwunden, aber auch die Tür war fest zu, sodass keiner hatte hinein- und hinauskommen können! (28, S. 152f.)

497 Frau Harke und der Dom zu Havelberg

Vöör ollen Tijen hett upp de **Stoellensche Barge** ene grootmächtige Riesenfruu want, dee hett Fruu Harke, annere seggen ook Fruu Harfe, geheeten. Dee hett mal enen grooten Steen her to faten kreegen und hett damett den **Harelbarchschen Dom** innen Klump schmeeten wullen. Disse Steen is aar aversch't uut de Haenne uutglipscht (entglitten) unn is upp de Stoellensche Feldmark dal (nieder) fallen, wo hee noch lange leegen hett. Man hett ook orntlich künn'n de Löcker seien (sehen), wo se mett de Fingern rinpackt hett, unn et sinn ook noch ne Menge lange Streepen (Streifen) drin west, dee süllen daher kamen sinn, dat Fruu Harke, as aar nu de Steen uutglipscht is, so wüütig waren (wütend geworden) is, datt se en grooten Stral uppen Steen pissen deede, dee so stark was, datt davon all de Streepen innen Steen keemen. Andere erzählen auch, Frau Harke hätte den Stein wirklich nach **Havelberg** hin geworfen, doch wäre der Wurf etwas zu kurz gewesen, und der Stein

daher vor dem Dom niedergefallen, wo er noch lange nachher gelegen hat.
Da hätte der Havelberger Bischof einen anderen Stein genommen und den
nach den **Stoellenschen Bergen** geworfen. Seit der Zeit sei dann Frau Harke,
die eine gewaltige Zauberin gewesen ist und dort auf dem Berge wohnte,
verschwunden. (16, S. 146f.)

498 Warum die Sandauer Feldmark so nahe an Havelberg grenzt

Als die Grenze zwischen der **Havelberger** und der **Sandauer** Feldmark noch
nicht so genau geregelt war, war zwischen den beiderseitigen Hirten beständiger Hader, der sich schließlich bis auf die ehrsamen Bürger ausdehnte, vor
allem aber von der lieben Schuljugend in Prügeleien und Schimpfworten
ausgefochten wurde. Am meisten konnte es die Havelberger Jungen erbosen,
wenn sie, deren Väter meist Fischer waren, als „Plötzenfreter" verhöhnt wurden, wofür sie dann ihre Widersacher als „Storkenpenner" (Storchpfänder)
bezeichneten. Es war nämlich den Sandauern einmal, als sie vermeintliche
Havelberger Gänse pfänden wollten, das Missgeschick widerfahren, dass sie
die Störche für Gänse angesehen hatten.
Des langen Streites um die Weideplätze müde, beschlossen die weisen Räte
der beiden Städte Folgendes: Da der Zwist sich vornehmlich um die Nahrung der Ochsen drehte, so sollten ihn auch die Ochsen entscheiden. Man
wollte zu genau gleicher Zeit von den Marktplätzen beider Städte je einen
Ochsen, dem zuvor ein Balken von bestimmter Länge und Schwere aufgebunden werden sollte, die Straße zwischen Sandau und Havelberg entlangtreiben. Wo sich die Ochsen begegnen würden, sollte die Grenze sein.
Gesagt, getan. Mit vieler Mühe und Geschicklichkeit banden die Havelberger
ihrem stattlichsten Ochsen den Balken quer zwischen die Hörner, weil der
superkluge Ratsapotheker geltend machte, dass der Ochse so am schnellsten
würde laufen können. Zu spät bemerkte man auf dem **Salzmarkt**, dass der
Ochse so das enge **Sandauer Tor** nicht passieren konnte. Eile tat aber not,
und ein wenig eigensinnig waren die Havelberger auch. So versuchte man
denn den Ochsen mit seiner Last seitlich hindurch zu zwängen, was auch
nach vielem Hin und Her gelang. Aber kaum war man mit ihm über die
Brücke und durch den **Dammgarten** bis zum alten Seelenhause (Siechenhause) und dem dazugehörigen Tümpel gelangt, an dem noch heute die alte

Landstraße nach Sandau vorbeiführt, – siehe da kamen schon die Sandauer mit ihrem Ochsen dahergetrottet. Dem hatte man den Balken längs aufgebunden, sodass er schnell durchs Tor nach Havelberg hatte traben können. So ward nun die Grenze hinter dem Seecken festgelegt, und die Havelberger hatten zum Schaden den Spott obendrein. (4, S. 26ff.)

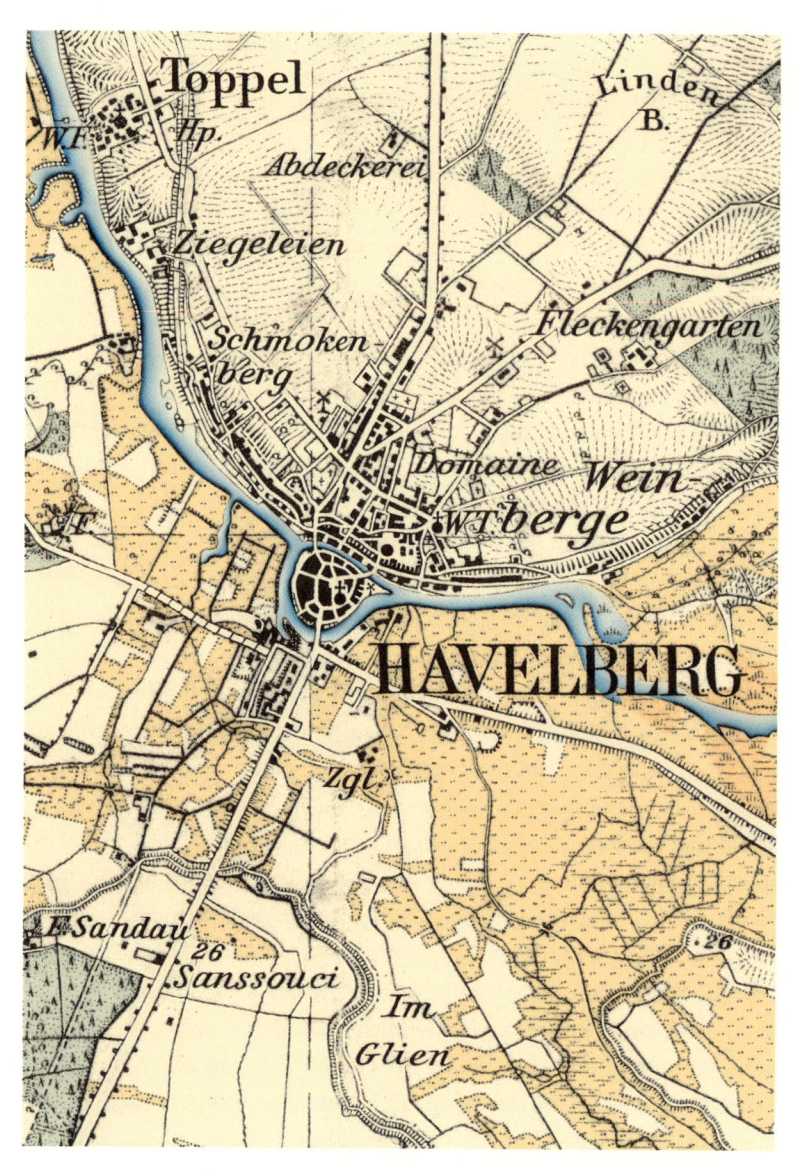

499   Die Beteglocke im Marienkloster bei Lenzen

Die kleine Beteglocke im **Marienkloster** bei **Lenzen** war leicht kenntlich an ihrem hellen lieblichen Klange. Der rührt daher, dass Bischof Anselm von Havelberg, als diese Glocke gegossen wurde, Befehl gab, dem Domschatze einen Silbersekel aus der Zeit Christi, den ein Ritter vom ersten Kreuzzuge heimgebracht hatte, zu entnehmen und ihn dem Glockengute beizufügen. Solcher Silbersekel finden sich noch drei weitere im **Havelberger** Domschatze. (20, S. 117)

500   Der Wendberg

Die Höhe, welche sich dicht bei **Havelberg** östlich hinzieht, heißt der **Wendberg**, und soll diesen Namen von den alten Bewohnern der hier stehenden fünfzehn Häuser haben, die ursprünglich Wenden gewesen sind. Diese haben auch, wie man erzählt, ihre Toten nicht in Havelberg begraben dürfen, sondern haben sie weithin bis zum nächsten Dorfe **Vehlgast** führen müssen. (16, S. 239)

501   Bischof Wepelitz im goldenen Sarge

In der Mitte des **Havelberger Doms** befindet sich ein schönes Grabdenkmal, das ist das des Bischofs Wepelitz (†1041), der ein Bürgersohn aus **Wilsnack** war, aber sich so auszeichnete, dass er Bischof von Havelberg wurde. Er war besonders für die Verehrung des Wunderblutes zu Wilsnack tätig und aus den reichen Mitteln, die dadurch der Kirche zugeflossen, baute er prächtige Kirchen und Kapellen, denn er war ein kunstsinniger Herr. Auch andere Anlagen machte er; so legte er das Vorwerk Wettelitz oder Wepelitz an und bestimmte, dass jede Braut an dem Wege, der dorthin führte, eine Eiche pflanze; daher stammt die schöne Allee und ihr Name, die **Brautallee**. Auf dem Denkmal nun ist des Bischofs Figur liegend in Lebensgröße aus Marmor ausgehauen, aber der zu seinen Füßen angebrachte Löwe ist schon lange so stark verletzt, dass man ihn für einen Lindwurm ansah und sich daraus folgende Sage spann. Bischof Wepelitz, heißt es, hielt sich gern in dem nach ihm benannten Vorwerk auf. Da legte er sich einmal zur Sommerzeit im dortigen Gebüsch zum Schlummer nieder, als ein Lindwurm kam und ihm in den Kopf stach, dass er seinen Geist aufgab. Deshalb, heißt es, sei das auch in dem Dom an dem Denkmal so dargestellt und auch an der Figur des Bischofs am Kopf das Loch angedeutet worden, wo ihn das Tier gestochen. In dem Dom, in dem sich sein Denkmal befindet, ist er aber, behaupten die Leute, nicht bestattet. Sein Grab ist vielmehr an den steilen Abhängen nach dem Vorwerk Wepelitz zu, da ruht er in einem goldenen Sarge. Wo, das weiß man nicht genauer, denn alle, die beim Begräbnis tätig gewesen, sind nachher hingerichtet worden, damit keiner verraten könne, wo „der alte Bischof" in seinem goldenen Sarge liege. Vor einiger Zeit sind einmal da Schanzen gegraben worden, da haben die Soldaten immer gedacht, sie würden auf den goldenen Sarg stoßen, sie haben aber nichts gefunden als Urnen und dergleichen. (28, S. 153f.)

502 *Der Mönchsturm und die Mönchsstube*

An der Nordseite des Doms zu **Havelberg** befindet sich in der Nähe des Hochaltares ein enger Turm, in dem eine Wendeltreppe hinaufgeht, auf welcher man unter das Kirchendach und von da in die sogenannte Mönchsstube kommt, welche bei feindlichen Überfällen die letzte Zuflucht der Mönche gewesen sein soll. Oben im Turm befindet sich gerade über der Treppe ein großer Mühlstein mit einem tüchtigen Loche in der Mitte. Durch dies sollen die frommen Brüder, wenn sie in der äußersten Not waren, ihren Vorrat von großen Feldsteinen, der zu diesem Zweck immer bereit lag, auf die heraufstürmenden Feinde herabgewälzt und sie so vertrieben haben. (16, S. 237f.)

503 *Die zwölf Apostel im Havelberger Dom*

Aus einem der Kreuzgänge des Doms zu **Havelberg** führt, wie man erzählt, ein unterirdischer Gang bis nach dem durch sein Wunderblut bekannten Städtchen **Wilsnack**, doch ist nun schon seit langen Jahren niemand darin gewesen. In früheren Jahren hat man geglaubt, es lägen Schätze da unten, und hat mehrmals Verbrecher hinabgeschickt, den Gang zu untersuchen, aber alle sind darin umgekommen. Nur einer ist zurückgekehrt, der hat berichtet, dass dort unten die Bildsäulen der zwölf Apostel aus purem Golde lägen, ob sie aber noch da sind, weiß man nicht. (16, S. 237)

504 Der Kornregen

Als im Jahre 1580 die Teuerung im ganzen Lande so groß war, dass viele Leute vor Hunger verschmachteten, viele in den Feldern und Wäldern Wurzeln suchten und diese roh und gekocht aßen, um nur den Hunger zu stillen, da fiel um Palmarum in der Gegend von **Havelberg**, **Plänitz**, **Kyritz**, **Wusterhausen** und **Perleberg** Korn von oben herab, so dick, dass die hungrigen Leute es auffraffen konnten. Es sah aber dieses Korn aus wie gedörrtes Malz, hatte blaue und gelbe, auch rote Streifen und gab ein schönes, wohlschmeckendes Brot für Menschen. Merkwürdiger Weise aber mochte es kein Tier, kein Huhn, keine Taube, kein anderer Vogel weder anriechen noch davon fressen. (20, S. 138)

505 Der Müller und der feurige Drache

Auf der Landstraße, die von **Neuruppin** nach **Wusterhausen** an der Dosse führt, erhebt sich ein Hügel, der noch jetzt der Möllenberg, das ist der **Mühlenberg**, genannt wird, weil auf ihm eine Mühle gestanden hat. Der Müller war ein reicher, geiziger Mann, der es nicht genau mit dem Einmessen nahm, sodass man spottweise von ihm sagte: „Vör dänn hett de Schäpel ok mir as sößtein Matten" (für den hat der Scheffel auch mehr als sechzehn Metzen). Aber das alles hätte ihn nicht so reich gemacht, wenn er nicht überdies noch einen Pakt mit dem Drachen geschlossen hätte. Dieser feurige Drache saß in einem Erlengebüsch am nahen See. Er schaffte dem Müller, wenn er es verlangte, Geld und immer wieder Geld herbei, sodass sein Reichtum ungezählt war. Dem Müller war die Frau gestorben, und er ging auf die Suche nach der zweiten. Niemand im Dorfe mochte ihn leiden. Endlich fand er ein frommes, stilles Mädchen, das nichts von seinem bösen Treiben wusste. Einst saß er mit seiner Frau im Zimmer; Knechte und Mägde waren zum Tanz im Dorfe. Sie gerieten in Streit. In der Erregung rief der Müller:

„Droak, kumm und hoal de Frau!" Der feurige Drache kam, um die Frau zu holen. Diese rief den Sohn Gottes an und floh. Eben hatte sie das Haus verlassen, da krähte der rote Hahn auf dem Dache. Das Haus stand in Flammen; die Mühle wurde mit ergriffen. Während die Leute aus dem Dorfe kamen und retten wollten, sahen sie, wie die Schaufeln der brennenden Mühle sich drehten. Sie sahen eine Feuerkugel dem Elsenbusch zufliegen. Der böse Müller, der seine erste Frau dem Drachen geopfert hatte, verbrannte mit all seinen Schätzen. (20, S. 33f.)

506 Der Stegeknopmüller

Nach dem Tode des Markgrafen Waldemar (1319) brach für die **Mark Brandenburg** eine gar trübe Zeit an. Überall herrschten Unordnung und Willkür, und ein jeder mochte zusehen, wie er sich selbst Recht verschaffte. Wie den Einzelnen, so erging es auch den Städten. Aus dieser schweren Zeit hat uns die Sage aus **Wusterhausen an der Dosse** noch eine Geschichte aufbewahrt, welche zeigt, wie die Bürger der Stadt ihr Recht zu wahren verstanden.

In den Wiesengründen von **Bantikow** und **Trieplatz** oberhalb der Stadt Wusterhausen lag damals eine Wassermühle, die mit **Tornow**, **Tramnitz** und **Rägelin** dem reichen Kloster **Dünamünde** bei **Riga** gehörte und von der Meierei **Dünamünde** bei **Netzeband** aus verwaltet wurde. In der Nähe dieser Wassermühle, die Gnop oder, wie es heute gesprochen wird, Knop hieß, führte der einzige Steg in der ganzen Umgegend über die Dosse, weshalb wohl später die Bezeichnung Stegeknop entstand. Knop an sich bedeutet nur einen runden Hügel, wie es deren mehrere an den Ufern der Dosse gibt. Der Müller, den die Mönche auf die Mühle gesetzt hatten, war ein Schalk. Sobald er merkte, dass die Wusterhausener in ihrer Vierradmühle Malz zum Bierbrauen schroteten, setzte er die Schützen ein und hielt das Wasser zurück, sodass das Wasser in der Mühle zu Wusterhausen ablief, und man nicht weitermahlen konnte. Bald kamen die Wusterhausener hinter des Müllers Schliche und bedrohten ihn mit Strafe. Der aber dünkte sich sicher im Schutze des mächtigen Abtes von Dünamünde und trieb seinen Scherz weiter. Die Wusterhausener aber zogen mit Hacken und Äxten Dosse aufwärts und machten das Mühlenwerk dem Erdboden gleich bis auf die

Stümpfe des Gerinnes (Mühlenkanal), die noch heute im Bette der Dosse stecken. Den Müller aber ließen sie Urfehde schwören und siedelten ihn außerhalb der Stadtmauer Wusterhausens am Ausflusse des Rohrteichs an, da wo noch heute die Zweiradmühle steht; denn hier konnte er den Bürgern keinen Schabernack mehr spielen. Aber zwischen dem Vierrademüller und dem Zweirademüller ist es im Verlaufe der Jahrhunderte niemals zur Freundschaft gekommen. Die Tat der Bürger blieb ungerächt, denn der Abt von Dünamünde wohnte weit und der Kaiser nicht minder. (13, S. 85f.)

507 Herr von Kahlebutz verwest nicht

Vor vielen Jahren hauste zu **Kampehl** bei **Wusterhausen** an der Dosse ein Herr von Kahlebutz, von dem wird gesagt, dass er ein gar jähzorniger Mann gewesen sei. Eines Tages wollte er nach Wusterhausen reiten. Da traf er am **Bückwitzer See**, dort wo der Weg über die Schwenze geht (so heißt der Abfluss des Sees nach der Dosse), einen Schäfer. Mit diesem geriet er in Streit wegen des Weideplatzes, und als der Schäfer sein gutes Recht behauptete, erschlug ihn der jähzornige Mann. Obwohl es aber niemand gesehen hatte, so lenkte sich doch der Verdacht auf ihn. Er wurde vor Gericht nach **Neustadt** gefordert, leugnete aber die Tat und schwor, dass er nimmermehr seine Hand gegen den Schäfer erhoben habe. Schwöre er einen falschen Eid, dann wolle er, dass sein Leib niemals zu Staub werde und sein Geist herumwandele ohne Ruhe bis auf den jüngsten Tag. Dieser Meineid ist dann auch klar geworden, als er starb. Sein Leib liegt seit Jahrhunderten unverwest im Sarge, selbst seine Kleidung hat sich erhalten, und jeder um Neustadt und Kampehl kennt die Sage, dass sein unruhiger Geist am Ort der bösen Tat allnächtlich zwischen elf und zwölf Uhr umherspukt und sein Wesen am Bückwitzer See und auf der **Schwenzbrücke** treibt. Viele haben zwar schon ungläubig den Kopf geschüttelt, andere aber bleiben steif und fest dabei, dass des Kahlebutz Geist keine Ruhe habe, und das der Spott und Hohn gegen ihn nicht ungestraft bleibe. Fußgänger, die die Schwenzbrücke zur genannten Zeit passiert haben, sollen von der Last zu erzählen wissen, die sich plötzlich auf ihre Schultern niedergeworfen hat und erst gewichen ist, wenn man aus dem Bereiche des bösen Geistes gekommen ist. Manchmal, so heißt es, haben Spötter auch noch Schlimmeres erfahren. So erzählen noch ältere Leute in Kampehl, dass anno 1806 ein französischer Soldat, ein Deutscher aus dem Elsass, des Kahlebutz Grab besucht und unter dem Grausen der anderen Soldaten den versteinerten Leichnam hochgehoben, Scheusal und Mörder geschimpft, ihn dann verkehrt in den Sarg gelegt und schließlich aufgefordert habe, ihn in seinem Quartier zwischen elf und zwölf Uhr zu besuchen, er erwarte ihn dort. Am andern Morgen fand man den Elsässer, der beim Schulzen in Quartier lag, angezogen auf seinem Lager tot. Dem bösen Spötter war das Genick umgedreht, ein Blutstrom hatte sich aus Nase und Mund ergossen. Die Franzosen machten zwar Lärm und behaupteten, er wäre ermordet worden, aber das Gericht stellte fest, dass Tür und Fenster wohl verschlossen gewesen waren, und niemand von außen hatte hineinkommen können.

Das ist nun freilich schon lange her, aber der Leichnam liegt noch immer unverwest da, ja, einige behaupten, Haare und Nägel wüchsen ihm noch immerfort nach; er sei eben in Ewigkeit verwünscht. (28, S. 145ff.)

508 Kahlebutz

Anderweitig wird noch berichtet, dass, wenn ein Wagen in der Geisterstunde auf die **Schwenzbrücke** kam, sich der Kahlebutz darauflegte und so schwer machte, dass die Pferde kaum fortkommen konnten. Auch auf dem bei der Kirche gelegenen Kirchhofe solle er sich öfters haben sehen lassen. Einst glaubte ein Knecht mit der Leiche des Kahlebutz ungestraft seinen Scherz treiben zu dürfen, indem er dessen Bart tüchtig zauste. Obwohl er von den anderen, die zugegen waren, gewarnt wurde, so fuhr er doch in seinem Treiben fort. „Was kann er mir denn tun?" meinte er. Nun, das sollte sich bald zeigen. Als er eines Abends spät nach **Wusterhausen** geschickt wurde, musste er an der Stelle vorbei, an welcher der Alte umzugehen pflegt. Plötzlich hockt ihm etwas auf, das er vergebens abzuschütteln sucht. Es ist der Kahlebutz, den der Knecht so lange mitschleppen muss, bis er tot zu Boden sinkt.

Der Lehrer und Küster L. Schaumann aus **Neustadt an der Dosse** führt 1881 in seiner Schrift: „Der Kahlbutz in Kampehl bei Neustadt a. D." den Nachweis, dass sich die Sage auf eine historische Tatsache gründet. Danach wurde der Kornett Christian Friedrich von Kahlbutz im Jahre 1685 angeklagt, weil er den Schäfer Picker in **Bückwitz** getötet hatte. Von dem Verdachte der Täterschaft reinigte er sich durch einen Eid. Die Prozessakten darüber waren im Jahre 1865 noch vorhanden, sind aber jetzt eingestampft. Nach dem **Kampehler** Kirchenbuche starb C. F. von Kahlbutz am 3. November 1702 im Alter von 51 Jahren und acht Monaten. In dem Hemd der Mumie sind die Zeichen C. F., die offenbar Christian Friedrich bedeuten sollen, deutlich erkennbar. (13, S. 80)

509 Die Binderin und der Teufel

In **Kampehl** erzählte man: Einst band ein Mädchen auf dem Felde Hafer. Da trat plötzlich ein Mann zu ihr, der erbot sich, ihr zu helfen, wenn sie ihm dasjenige geben wolle, was sie am nächsten Tage zuerst einbinden würde. Das Mädchen sagte zu, und dem Manne ging die Arbeit so flink vonstatten, dass es heute weit früher als sonst nach Hause kam. Als die Mutter nach der Ursache fragt, erzählt es ganz harmlos den Vorfall. Die Mutter aber gerät in große Angst und macht die Tochter darauf aufmerksam, dass das erste, was sie des Morgens einbinde, sie selbst sei, wenn sie sich den Rock zubinde, und überredet sie, dass sie am anderen Morgen im Hemde ein Bund Stroh einbinde. Aber kaum war dies geschehen, so wurde das Bund auch sofort in die Luft entführt und in tausend Fetzen zerrissen, ohne dass man jemand sah. Mutter und Tochter freilich wussten jetzt gar wohl, wer am vorigen Tage so freundlich seine Hilfe angeboten hatte. (13, S. 81)

510 Frau Gode

In der ganzen **Prignitz** erzählt man, es sei einmal eine Edelfrau gewesen, die habe Frau Gode geheißen, die sei, da sie gar böse mit ihren Mägden umgegangen, verwünscht worden, ewig durch die Luft zu jagen. Vorwiegend zieht sie in den Zwölften [Zeit zwischen dem 24. Dezember und dem 6. Januar] dahin, und da hat auch einmal eine Frau sie am Silvesterabend gehört. Die ging noch spät aus dem Hause und der Mond schien gerade recht hell, da hörte sie auf einmal ein Lärmen und Gebrause, als wenn eine ganze Jagd daherkäme. Das kam immer näher und näher, sodass sie zuletzt sogar die Schellen der kleinen Hunde in dem Getöse unterscheiden konnte; aber sehen konnte sie nichts, obgleich es fast so hell war wie am Tage.

Aber auch sonst lässt Frau Gode sich hören. Einmal ist sie einem Bauern des Abends begegnet. Wie der das Hundebellen hört, steigt er vom Wagen und stellt sich zu seinen Pferden, die ganz scheu wurden. So lässt er den Zug an sich vorüberziehen; aber wie dieser fast vorbei ist, haut er mit seiner Peitsche nach einem von den kleinen Hunden. Das ist ihm aber übel bekommen, denn am anderen Tage hat er einen ganz dicken Kopf gehabt und hat wohl vierzehn Tage gelegen, ehe er wieder gesund wurde.

Auf ihrer Fahrt soll Frau Gode auch einmal die Deichsel an ihrem Wagen gebrochen sein. Da bat sie einen Knecht, den sie gerade traf, ihr eine neue zu machen. Als er dies getan hatte, gab sie ihm die Hobelspäne zur Belohnung. Das schien aber dem Knecht doch zu sonderbar, und ärgerlich warf er sie auf den Feuerherd. Wie erstaunte er aber, als er darauf am anderen Tage einige Goldstücke fand; das waren die Späne, die nicht verbrannt waren. Rasch suchte er weiter in der Asche, ob noch mehr da wären, aber vergeblich – warum hat er auch die Gabe der Frau Gode so gering geachtet! (29, S. 167f.)

511 Die Kattenstiegmühle

Nahe beim Dorfe **Königsberg** liegt an einem von dunklen Tannen umrahmten See die **Kattenstiegmühle**. In ihr wohnte vor grauer Zeit ein Müller mit seiner jungfräulichen Tochter, die so außerordentlich schön war, dass der Ruf ihrer Schönheit weit hineindrang in die rings angrenzenden Lande. Aus der Nähe und Ferne kamen die Müllerburschen und warben um die Liebe der schönen Jungfrau, aber am nächsten Morgen nach der ersten in der Mühle verbrachten Nacht fand man sie tot auf ihren Lagerstätten. Bald drang auch hiervon die Kunde in das Land, und nun kam kein Bursche mehr, der nach Arbeit fragte und um die Liebe der Jungfrau warb.

Monde und Jahre vergingen, da hörte ein Müllerbursche in der Nähe **Potsdams** von der seltenen Schönheit der Müllerstochter und dem jähen Ende ihrer Freier. „Ich will sie sehen, und gefällt sie mir, nehme ich Arbeit", sprach der kühne Bursche und machte sich sofort auf den Weg nach der Mühle. Hier angekommen, sah er die Jungfrau und nahm Arbeit. Als ihn nun der Müller nach dem Abendessen in sein Schlafzimmer führen wollte, erbat er sich für die Nacht einen an der Wand der Wohnstube hängenden Säbel, sowie zwei Öllampen. Der Müller gewährte die Bitte, und als nun beide in das Schlafgemach traten, zog der Bursche zunächst das an der Wand stehende Bett mitten in das Zimmer und machte mit Kreide einen Kreis auf dem Fußboden rings um das Bett, wobei er einen frommen Spruch betete. Der Müller verließ nun den Burschen; der aber setzte sich in den Kreis, das Schwert in der Hand haltend. Totenstille herrschte rings in der Natur; als aber in Königsberg die Turmuhr die Mitternachtsstunde verkündete, öffneten sich urplötzlich die Fenster des Gemaches, und herein drangen mit entsetzlichem Miauen lauter schwarze Katzen, die ein mächtiger schwarzer Kater zum Überspringen des Kreises anspornte. Keine wollte indessen den Sprung wagen, als aber endlich doch eine ihn unternahm, hieb ihr der Bursche mit dem bereit gehaltenen Schwerte eine Pfote ab. Nun entstand ein markerschütterndes Miauen, und urplötzlich, wie sie gekommen, waren die Katzen verschwunden und die Fenster wieder geschlossen, und tiefe Stille folgte. Der Bursche schlief ein und erwachte erst, als der Müller erschien und ihn weckte. Nun erzählte er die Erlebnisse der Nacht und sagte, dass die abgehauene Katzenpfote auf dem Fußboden liegen müsse. Man suchte sie, fand aber keine Pfote, sondern den Finger von einer Menschenhand. Erstaunt gingen beide Männer in die Wohnstube und zeigten ihn der schönen Jungfrau. Noch hatte der Bursche die Erzählung des nächtlichen Spukes nicht beendet, als Leute aus Königsberg erschienen und berichteten, dass eine im Dorfe wohnende junge Frau in der vergangenen Nacht einen Finger verloren habe. Bald erwies es sich, dass der gefundene Finger der war, welchen die junge Frau verloren hatte; es erwies sich aber auch ferner, dass viele Frauen und Mädchen aus Neid über die Schönheit der Müllerin ein Bündnis mit dem Teufel geschlossen, der sie in Katzen verwandelt und zur Ermordung der Freier veranlasst hatte. Von jetzt ab hörte der Spuk auf, der Bursche erhielt die schöne Müllerstochter zur Frau, und sein Geschlecht lebte noch jahrhundertelang auf der Kattenstiegmühle. (13, S. 114f.)

512 Das Bassewitzfest zu Kyritz

Die Stadt **Kyritz** hat vor alten Zeiten vielfache Fehden mit den Rittern der benachbarten Lande gehabt, und so geschah es auch einmal, dass sie mit dem mecklenburgischen Ritter Kurt von Bassewitz in Streit lag, der im Jahre 1411 heranzog und sie hart belagerte. Die Kyritzer verteidigten sich aber tapfer und bewachten sorgfältig Tor und Mauern. So konnte er ihnen nichts anhaben, weshalb er sann, wie er die Stadt mit List nehmen könnte. Er ließ deshalb einen unterirdischen Gang graben, durch den er in die Stadt eindringen wollte. Nun geschah es aber, dass die Kyritzer damals einen schweren Verbrecher im Turm sitzen hatten, der hörte das Wühlen und Klopfen unter der Erde, und da er von der Belagerung wusste, ließ er dem Bürgermeister melden, dass er ihm wichtige Entdeckungen machen wolle, wenn man ihm das Leben schenke. Das ward ihm zugestanden, und jetzt erzählte er, was er gehört hatte. Auch bewies er sofort, dass da in der Tiefe gearbeitet wurde. Er ließ sich nämlich eine Trommel bringen und streute Erbsen darauf. Da sahen alle, wie die hin und her sprangen, das kam von der Erschütterung, welche die unterirdische Arbeit verursachte. Nun verfolgte man die Sache weiter und ließ die ganze Bürgerschaft sich bereithalten, und nicht lange währte es, so kam Bassewitz plötzlich auf dem Markte aus der Erde hervor. Er hatte die Richtung verfehlt; statt, wie gewollt, in der Kirche, kam er dort heraus. Nach einigen soll er hier durch heißen Brei, den man ihm auf den Kopf stürzte, wehrlos gemacht worden sein, nach anderen nach hartem Kampfe gefangen und nachher mit seinem eigenen Schwert enthauptet worden sein. Das Schwert nebst dem Panzer des Ritters wird noch auf dem Rathause aufbewahrt; zum Andenken an die Befreiung der Stadt aus dieser Not feiert man noch alljährlich das Bassewitzfest am Montage nach Invocavit [erster Fastensonntag] mit zweimaligem Gottesdienst und Gabenverteilung unter die Armen und die Schulkinder. Bei dieser Gelegenheit war es früher Sitte, dass der Bürgermeister mit einem Messer einen Schnitt in das Kriegskleid des Ritters tun musste, weshalb von diesem fast nichts mehr übrig geblieben ist. (28, S. 151f.)

513 Der Hexenmeister und die Hexen

Vor noch nicht gar langer Zeit lebte in **Kyritz** ein Hexenmeister namens Kl., der konnte jede Hexe, welche ein Stück Vieh bezaubert hatte, zwingen, entweder hinter dem Schinderkarren, der die gefallene Kuh vom Gehöft abholte, herzugehen oder in seinem Spiegel zu erscheinen. Glaubten nun die Leute, dass die verendete Kuh behext gewesen sei, so gingen sie zu unserem Hexenmeister, um die böse Zauberin, die ihnen solches angetan, kennenzulernen. Schon auf dem Wege dorthin lief dann in der Regel die Hexe in Gestalt eines Hasen mit, auf dem Rückwege aber verwandelte sie sich stets wieder in einen Menschen.

Auch eine alte Frau wohnte einst in Kyritz, die mehr konnte als Brot essen, denn sie war eine Hexe. Merkwürdig ist, dass sie sogar genau vorher wusste, wann man sterben würde. Einst nämlich bestellte sie sich einen Sarg, und als der Tischler diesen brachte, sagte sie zu ihrem Manne: „Vader, joch man rut un stot de Immen an." Als der Mann zu den Bienen kommt, ruft er zurück: „Mutter, kumm man rut; de Immen summen all!" Als aber die Frau nicht erscheint, auch nicht, als er an das Fenster klopft, kehrte er wieder zur Stube zurück und findet hier die Alte – tot im Sarge liegen. [Es war Brauch, den Tieren den Tod des Hofbesitzers mitzuteilen.] (13, S. 113f.)

514 Das Wunderblut zu Wilsnack

Der Bischof Dietrich von Havelberg hatte sich im Jahre 1383 mit einem märkischen Edelmanne in der an seinen Sprengel grenzenden **Prignitz**, Heinrich von Bülow zu Kersdorf (welches heute nicht mehr existiert), veruneinigt, und alle Versuche zu versöhnlichem Vergleiche scheiterten. Bülow schickte also dem Bischof und seinen Lehnsleuten in der Prignitz Absagebriefe und fiel sengend und brennend in den bischöflichen Sprengel ein. In kurzer Zeit verbrannte er elf Dörfer, darunter auch **Wilsnack**, dessen Bewohner sich unter Hinterlassung aller ihrer Habe mit ihrem Priester Johann auf die nahe gelegene feste Burg Quitzhövel in Sicherheit brachten. Als einige Tage später Bauern auf die Späh gingen, fanden sie zwar den Feind abgezogen, aber das ganze Dorf samt der Kirche eingeäschert. Auch der Priester Johann kehrte auf diese Nachricht hin in sein Dorf zurück. Da lag sein Kirchlein dampfend in Ruinen, das dachlose Gemäuer mit leeren Fensterhöhlen, innen rauchende und hier und da noch glimmende Balken. Er arbeitete sich über die Trümmer mit Mühe hinweg bis zum Altar. Auch dieser war bedeckt mit einer Schuttmasse, unter der aber wunderbarerweise noch die Altardecke herunterhing. Er räumte den Schutt hinweg, und es fanden sich darin die umgestürzten, aber völlig unversehrten Altarleuchter; er nahm die Decke ab, schüttelte sie aus, und siehe da, auch diese war ganz unversehrt. Als er die Decke nun wieder über den Altar gebreitet und die Leuchter in Ordnung gestellt hatte, versank er vor Staunen über die wunderbare Erhaltung dieser Dinge in völlige Verzückung. Der Sakristan, welcher seinem Pfarrer gefolgt war, hatte sich inzwischen hinter den Altar begeben und hier eine mit einer eisernen Tür verschlossene Wandvertiefung geöffnet, in welcher Wachslichte und die Büchse mit den geweihten Hostien aufbewahrt wurden, und auch diese waren in ihrem guten Verschluss inmitten der grausigen Zerstörung wohlerhalten. Er nahm sie heraus, überreichte dem Pfarrer die Hostienbüchse und ging dann, um die Lichte an einem noch glimmenden Balken anzuzünden und auf die Leuchter zu stecken. Der Priester Johann hatte darauf gar nicht geachtet, denn er hatte die Büchse geöffnet, und ein neues, noch größeres, schier unbegreifliches Wunder hielt seine Sinne gefesselt: die herausgenommenen Hostien waren mit Blut besprengt. Nach geraumer Zeit erst kam er wieder zu sich, sah erst die brennenden Lichte, den wie zur Abhaltung einer Messe fertigen Altar und stand unter dem Eindruck aller dieser unbegreiflichen Wunder ebenso wie seine zu dem türlosen Eingang hereindrängenden Beichtkinder. Überwältigt sanken alle auf die Knie und priesen das herrliche Wunder, welches hier augenscheinlich Gott und der Kirche Schutzpatron Sankt Niklas an ihnen allen getan.

Unter den Bauern ging dann bald die Sage um, dass ihr Priester Johann nachts eine Stimme gehört habe, die ihn aufforderte, aufzustehen und in der zerstörten Kirche eine Messe zu lesen. Er habe zunächst nicht darauf geachtet, als dann aber die Stimme zum zweiten, endlich zum dritten Mal ihn aufgefordert und dazu versichert habe, er werde alles dazu bereit finden, habe er sich von seinem Lager erhoben und nun in der Tat den Altar unversehrt und alle Vorbereitungen zum Gottesdienst getroffen gefunden. Und so allgemein und nachdrücklich wurde das erzählt, dass der Priester schließlich selbst meinte, es sei wohl so gewesen.

Mit nicht geringerem Staunen nahm der Bischof Dietrich die Meldung von dem unbegreiflichen Wunder entgegen. In Begleitung einer Anzahl Geistlicher kam er sofort selbst, um sich davon zu überzeugen, und der Zudrang der Gläubigen, die aus der ganzen Gegend zusammengeströmt waren, wurde fast lebensgefährlich. Ein altes Mütterchen auf Krücken wurde wiederholt zurückgestoßen und versuchte immer von Neuem vergebens, sich zu dem Altar durchzuarbeiten. Da warf sie weinend die Krücken von sich und stürzte sich in das Gewühl. Das Volk schrie Wunder, hob die

Krücken in die Höhe und trug die Alte zum Altar, wo sie, vom Bischof befragt, angab, sie habe beim Anblick des heiligen Blutes einen Ruck durch den ganzen Körper verspürt, habe wie andere Menschen gerade stehen und gehen und die Krücken fortwerfen können. Auch ein Mann drängte sich herzu, dem ein kranker, schon lange in der Binde getragener Arm plötzlich gesund geworden war.

Noch mehrere andere kleinere Wunder konnten verzeichnet werden, und so wurde über das alles ein ausführliches Protokoll aufgenommen, und der Bischof verließ die Kirchenruine mit der Bestätigung des Wunders und dem vollen Glauben daran. Niemand fand einen Grund, an der Wahrheit des Wunders zu zweifeln; Zweifelsucht und Ungläubigkeit lag überhaupt nicht in dem Charakter jener Zeit.

Nunmehr war des Menschenzuflusses zu dem Wunderblut von Wilsnack kein Ende, und um so mehr drängten die Menschen hinzu, als mit einer Wanderung dahin ein umfangreicher Ablass verknüpft wurde. Scharenweise bewegten sie sich auf den Landstraßen, sogar vom Auslande kamen sie, von England, Frankreich, Norwegen, Schweden, Ungarn, und Wunder über Wunder geschahen, und die Spenden flossen reichlich. Die Zerstörung ihres Dorfes war den Bauern von Wilsnack ein Segen geworden. Sie konnten ihre Häuser wieder aufbauen. Wilsnack erhielt das Stadtrecht und behielt den Ruf der Wundertätigkeit seines heiligen Blutes durch fast zwei Jahrhunderte, bis die neue Lehre auch hier Eingang fand. In der schönen Pfarrkirche sieht man noch heute eine Reihe alter Bilder, welche Szenen dieser Legende darstellen. (25, S. 90ff.)

Bei Theodor Fontane heißt es weiter:

Allerlei Mittel dienten ebenso zur Bereicherung der Wilsnacker Kirche wie des Havelberger Stifts überhaupt. Eines der Mittel war die Sündenwaage. Jeder wusste mehr oder weniger genau, wie viel er wog; das war sein einfach leiblich Gewicht. Ergab sich nun, dass das Aufsetzen einer entsprechenden Anzahl von Steinen außerstande war, das Gleichgewicht der Waage herzustellen, so rührte das von der Sündenschwere her, deren Extragewicht durch allerlei Gaben balanciert werden musste. Waren es Reiche, so traf es sich immer so, dass diese Sündenextraschwere ganz besonders groß war. Unter der Waage nämlich befand sich ein unsichtbar in das Kellergewölbe hinabführender Draht, mit dessen Hilfe man die Waage nachgiebig oder widerspenstig machte. Der Zweck rechtfertigte die pia fraus (frommer Betrug).

Eine vielleicht noch größere Einnahmequelle bildeten die „bleiernen Hostien", die man als „Pilgerzeichen vom Heiligen Blut" in Wilsnack kaufen konnte. Der Ertrag, der hieraus floss, war so groß, dass nicht nur die Wilsnacker Wunderblutkirche, sondern auch eine Prachtkapelle zu Wittstock (wo der Bischof meist residierte) davon bestritten werden konnte, des gleichzeitigen Domumbaus zu Havelberg ganz zu geschweigen. Täuschungen, wie die mit der Sündenwaage, liefen beständig mit unter und in ihrem Gefolge selbstverständlich auch Misshelligkeiten und Verlegenheiten aller Art. Ein böhmischer Graf, der eine lahme Hand hatte, weihte genesungshalber dem Wunderblut eine silberne Hand, ohne dass die Weihgabe helfen wollte. Trotzdem wurde gepredigt, die silberne Hand habe geholfen, welcher Lug und Trug freilich auf der Stelle bestraft wurde. Denn der Kranke, den man irrtümlich abgereist glaubte, hatte Wilsnack noch nicht verlassen und hob, als er die Lüge hörte, seine lahme Hand auf, um sie dem Volk unter Verwünschungen zu zeigen.

Aber solche Verlegenheiten, so viel ihrer auch sein mochten, erfuhren immer rasch ihren Ausgleich. Ein von Wenckstern auf Lenzerwische hatte das Wunderblut verspottet und er erblindete. Zitternd kam er, seine Sünde zu beichten und seinen erneuerten Glauben zu bekennen, und in derselben Stunde kehrte dem Reumütigen das Augenlicht zurück. Unter allen Umständen aber, und das war die Hauptsache, setzten sich die Wallfahrten fort, die, soweit sie von Süden und Westen kamen, an Burg Quitzöwel [heute **Quitzöbel**] vorüber mussten und das ihrige dazu beitrugen, das ohnehin bewegte Leben daselbst immer bunter und anregender zu gestalten (8, S. 19ff.)

515 Die Blutkammer zu Wilsnack

Im Jahre 1711 hat sich folgende Begebenheit mit dem Tischlergesellen Mathias Schulze in der Kirche zu **Wilsnack** begeben. Sein Fürwitz trieb diesen, durch die geheime Tür in die sogenannte Blutkammer zu sehen, in der die adligen Leichen derer von Saldern zuerst beigesetzt wurden. Beim Zurückgehen bekommt er aber von einer harten und eiskalten Hand solch eine starke Maulschelle, dass die Zeichen von der Hand und den Fingern ein ganzes Jahr lang auf der Backe zu sehen waren. Und dieser Mathias Schulze hat auf Befragen ständig auf dieser Aussage beharrt. (10, S. 101)

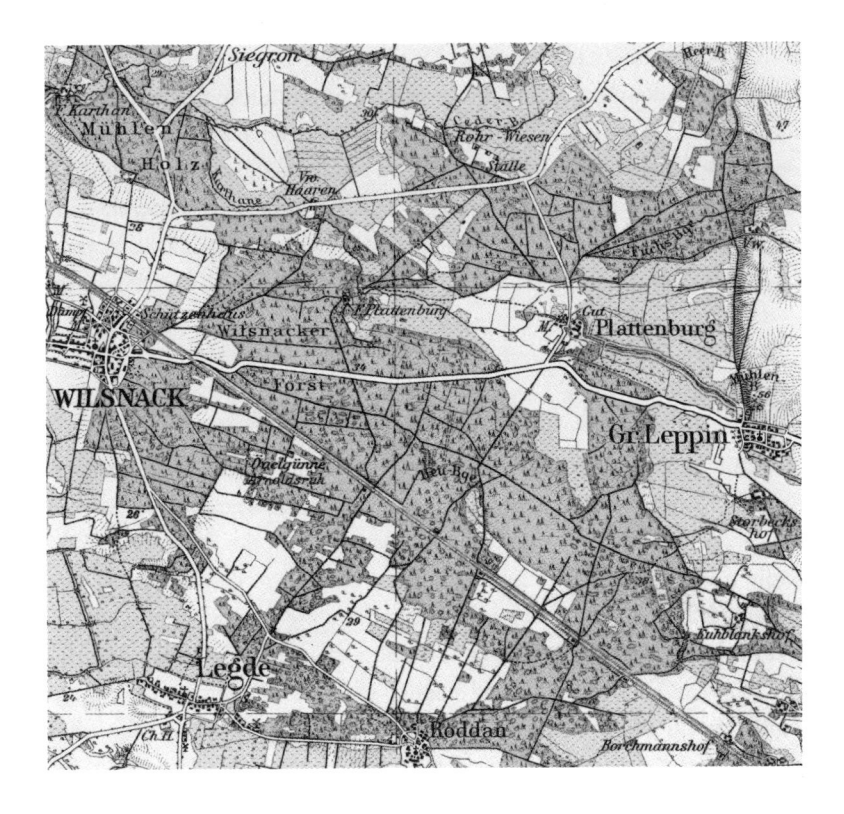

516 Der wunderbare Mühlstein

In der Johanniswoche am 26. Juni 1650 gingen zwei Mägdlein, die Töchter des Schneiders Christoph Rieken und des Bierspunders Clemens Roth in **Perleberg**, nach dem Morgenmahl spielen und zwar an dem untersten dicken Mühlstein, der an der Dammmühle angelehnt stand. In ihrer kindlichen Einfalt scharrten sie soviel Sand unter ihm hervor, dass der Mühlstein umkippte und sie unter sich begrub, sodass von ihnen nichts mehr zu sehen war. Als gegen Mittag die Eltern ihre Kinder vermissten, konnten sie diese auch nach ängstlichem Suchen nicht finden. Endlich wurden sie unter dem Mühlstein eines Zipfels von einem Kinderröcklein gewahr, deswegen hob die Nachbarschaft den Stein mit Hebestangen etwas an und die Kinder wurden breitgedrückt und ganz braun und für tot gehalten herausgebracht. Um zwei Uhr des Nachmittags erholten sie sich durch Gottes Allmacht wieder, sie waren unverletzt an allen Gliedern am Leben geblieben und wurden groß. Und eben dieser sehr schwere Stein trieb später zur Winterszeit eine gute Ecke auf dem Wasser fort, bis er sich zur unglaublichen Verwunderung der Reisenden an jenem Ort ans Ufer legte, wo er noch anjetzo 1679 liegt. Der Stein war von einer dicken Eisschicht umgeben gewesen und als dann später vom plötzlich geschmolzenen tiefen Schnee die Stepenitz eine erschrecklich große Flut brachte, hatte die Gewalt des schnellen Stromes den befrorenen Stein mit dem Eise zugleich fortgerissen. (10, S. 102f.)

517 Das Königsgrab von Seddin

Im Königsgrabe von **Seddin**, einem gewaltigen Hünengrabe, liegt nach der Sage ein König der Riesen namens Heinz oder Hinze begraben, der einmal vor langer, langer Zeit ein mächtiger Herrscher in der **Prignitz** war. Er schlummert da unten in einem goldenen Sarge. Um den goldenen aber schließt sich noch ein silberner Sarg, und um diesen wieder ein kupferner. Dem toten Könige liegt sein Schwert zur Seite, seine Kleinodien trägt er noch an sich. Der nächste Hügel soll den goldenen Fingerring des Königs bergen, in einem dritten seine Schatztruhe stehen. – Etwas ganz Ähnliches erzählte ein alter Bauer aus **Ackerfelde** von dem Heidehügel im Walde bei diesem Dorfe. Danach ist auch dieser Hügel das Grab eines Riesenkönigs, eines Herrschers der **Ostprignitz**, der gleichfalls in einem goldenen Sarge liegt und um dessen Leib sich eine goldene Kette schlingt, die dreimal um die ganze Ostprignitz reichen würde.
In manchen Hünengräbern lassen die Eigentümer der Grundstücke keine Nachgrabungen zu, weil sie die Rache der Geister fürchten, die darin hausen. (20, S. 73)

518 Der Drache der Krügerin zu Seddin

Von der Witwe eines Krügers zu **Seddin** in der **Westprignitz** erzählen die Leute, dass sie ihren großen Reichtum dem Drachen verdanke. Viele wollen gesehen haben, wie der Drache als feurige Schlange zum Schornstein ihres Hauses hineinfuhr. Saß die Witwe abends bei der Lampe am Tisch und las oder machte Handarbeiten, so brannte unter dem Tisch eine kleine weiße

Flamme; das war der Drache. Stand die Frau dann auf und ging in ihr Schlafzimmer, so folgte ihr das Flämmchen. Einmal kam ein Bauer nachts um zwölf Uhr an dem Fenster der Krügerin vorbei. Diesmal brannte keine Lampe. Der Drache saß als weiße Flamme auf dem Tisch, anscheinend bei einem Haufen Geld, und die Frau saß mit freundlichem Gesicht bei ihm am Tisch. Ein anderer Bauer aber wollte den Drachen am Abendhimmel gesehen haben in Gestalt einer ganz schwarzen, langgestreckten, schmalen Wolke, die aber einen richtigen Kopf, vier Beine und einen langen Schwanz hatte. (20, S. 34f.)

519 Die Gänse von Putlitz

Uralt ist das Geschlecht der edlen Herrn „geheten de Gense" in der **Prignitz**. Bald nennen sie sich von **Wittenberge**, bald von **Perleberg**, wo auch die Gänseburg war, bis schließlich die Bezeichnung von **Putlitz** alle anderen überwog, und dieser Name verblieb. Lange haben sie eine hervorragende Stellung in der Geschichte der Prignitz eingenommen, und ihr Landbesitz war groß, größer zeitweise als der der Grafen von Ruppin. Auch in der **altmärkischen Wische** auf dem linken Elbufer besaßen sie Güter, denn dort liegt ebenfalls mitten im Sumpf ein Burgwall, die Gansenburg genannt. Man meint die Gänse stammten aus dem Geschlecht der alten Knesen der Brizaner Wenden, seien dann Christen geworden und hätten sich der deutschen Herrschaft angeschlossen. Deshalb seien sie auch zu Lehen von den Bischöfen von Havelberg gegangen, denn mit diesen hatte das Christentum hier dauernd Platz gegriffen. Daher soll es denn auch kommen, dass sie in einigen alten Urkunden den Namen Anke führen, welches ein wendisches Wort sein und Gans bedeuten soll. Daneben lässt freilich eine andere Sage sie deutschen Stammes sein und von den Grafen von Mansfeld herkommen, immerhin aber vor den Zeiten Albrechts des Bären hier ansässig werden. Als nämlich Kaiser Heinrich V., heißt es, gegen den Sachsenherzog Lothar stritt, und dieser über die Kaiserlichen unter Graf Hoyer von Mansfeld am **Wefelsholze** im Jahre 1115 n. Chr. siegte, wurde der Sohn oder Vetter des Letzteren gefangen, als er verwundet auf dem Schlachtfelde zurückgeblieben sei oder, wie andere sagen, bis zuletzt das Feld behauptet hatte. Dies soll dann der Stammvater derer von Putlitz geworden sein. Er blieb nämlich, wird weiter erzählt, am Hofe Herzog Lothars und weil er sich hier durch Treue und Tapferkeit auszeichnete, soll ihm Lothar dann, als er Kaiser geworden war, die Burgwarte Putlitz mit den zugehörigen Ländereien gegeben haben, denn er wollte die Prignitz als eine Vormark gegen das noch heidnische **Mecklenburg** mit treuen Leuten besetzen. Weil aber jener, als er gefangen genommen wurde, gesagt haben soll: „Hier liege ich wie eine verflogene Gans", gab ihm der Kaiser als Wappenbild eine gekrönte weiße Gans, die sich zum Fluge anschickt, und die seitdem auf dem roten Schilde wie auf dem Helm derer von Putlitz prangt.

Zur Bestätigung dieser Sage führt man an, dass es noch in der Nähe von Putlitz ein Dorf **Mansfeld** gebe. Doch ist die Sache mehr als zweifelhaft, jedenfalls sind die Putlitze zu allen Zeiten streitbare und mannhafte Leute gewesen und haben die Führerschaft in der Prignitz behauptet, wie sie auch jetzt noch [1871] die Erbmarschallwürde der Kurmark Brandenburg bekleiden. Am bekanntesten ist Caspar Gans von Putlitz, der zur Zeit der Quitzows Landeshauptmann der Prignitz war, aber an dem Kampfe, der sich zwischen diesem und dem Burggrafen Friedrich entspann, nicht Anteil nahm, weil er kurz vorher von dem Bischof Henning von Brandenburg durch dessen Hauptmann von Redern in einer Fehde im Dorfe **Dalchow** bei **Spandau** überrascht und gefangen genommen worden war. Nachher war er ein treuer Anhänger des Kurfürsten und erwarb sich besonders in den Kriegen mit **Pommern** durch seine ritterliche Kriegserfahrenheit und unverdrossenen Mut großen Ruhm. Ein altes Volkslied feiert ihn besonders, wie er bei **Angermünde** den Pommern in den Rücken fiel und den Sieg entschied. In dem Volkslied heißt es:

„De Gans von Putlitz lag hinder den Graven,
Wo grimmig streckte se eren Kragen
Baven (über) die Gryffen (Greifen, Pommern) alle!
De Gryffen haddn die Flögel verlahrn,
De Adler (Märker) schewete dar bawen.
De Gans war des Mudes also vol,
Dorch de Muer brack sie ein Hol (Höhle).
Dorch de harte Feldsteene.
Da se up de Markte quemen,
Da weren erer thene vör eenen" und so weiter.

Eine merkwürdige Persönlichkeit ist unter seinen nächsten Nachkommen Wedego von Putlitz, der streitbare Bischof von Havelberg. Denn wenn ihn auch Herzog Heinrich von Mecklenburg, mit dem er manche Fehde wegen Grenzstreitigkeiten hatte, oft spöttisch „den Küster von Wilsnack" nannte, so hat er doch 27 Jahre mit kräftiger Hand dem Bistum vorgestanden. Er nahm es mit den kirchlichen Dingen sehr ernst, hielt oft Synoden zu **Wittstock** ab, deren Beschlüsse zu der Feier des Gottesdienstes, zum Wucher und zu der damals unter den Geistlichen herrschenden Trunksucht sehr gerühmt werden. Aber wenn es die Rechte des Bistums oder den Landfrieden zu verteidigen galt, dann schnallte er auch selbst den Harnisch um, und wenn auch dabei manche Gewalttat mit unterlief, ja er einmal sogar mit den Bauern in **Papenbruch** bei einer Exekution in ein Handgemenge geraten sein soll, so stand er doch so in Ansehen, dass der Kurfürst ihn zum Landeshauptmann oder Statthalter in der Prignitz noch nebenbei machte. Da hat er denn noch kurz vor seinem 1487 erfolgten Tode im Bund mit dem Hauptmann der **Altmark**, dem von Pappenheim fünfzehn Raubschlösser eingenommen und zerstört und so den Räubereien im Lande ein Ende gemacht. (28, S. 157ff.)

520 Die Pappeln am Kirchhofe zu Putlitz

Am Weg, der von **Putlitz** in der **Westprignitz** über die Kreisgrenze nach **Triglitz** führt, stehen auf einem dreieckigen Platze am Kirchhofe zwei mächtige Pappeln als Wahrzeichen der Stadt. In Putlitz war nämlich vor vielen Jahren ein großer Brand ausgebrochen, der die ganze Stadt in Asche legte. Niemand konnte sagen, wie das Feuer entstanden war, bis sich der Verdacht der Brandstiftung auf zwei Herren von Putlitz-Philippshof lenkte, die einst einen Streit mit der Stadt gehabt hatten. Die aufgeregten Bürger schleppten die Putlitze mit Gewalt herbei und sagten ihnen die Tat auf den Kopf zu. Da half kein Leugnen. Man machte draußen vor der Stadt eine tiefe Grube, stürzte die Herren von Putlitz hinein und begrub sie lebendig mitsamt ihren Rossen und Rüstungen. Als nun aber der erste Zorn verrauscht war, stiegen bei einigen denn doch die Bedenken auf. Vielleicht hatte man doch voreilig gehandelt! Um nun die Schuld oder Unschuld an den Tag zu bringen, beschloss man, ein Gottesurteil anzurufen. Man pflanzte zwei junge Pappeln auf das Grab und meinte, sie würden schon eingehen, wenn die Herren schuldig gewesen wären. Im anderen Falle sollten sie für unschuldig gelten. Und was geschah? Die Pappeln schlugen sogleich Wurzeln und wuchsen bald zu gewaltigen Bäumen heran, den stattlichsten der ganzen Umgegend. Sie grünen noch heute in jedem Jahre und mahnen die Bürger an die Untat ihrer Vorfahren. (20, S. 100)

521 Die unerklärbaren Altarbilder

In der Kirche zu **Tüchen** bei **Pritzwalk** ist noch ein Altar aus dem Papsttum vorhanden, der gar künstlich geschnitzt und stark vergoldet ist. Er stellt in vier Fächern, und zwar in dem ersten ein wohlgestaltetes Frauenbild vor, begleitet von etlichen Mannspersonen, unter welchen sich ein Mohr befindet, im zweiten aber die Frauensperson mit zwei Engeln, in dem dritten dieselbe in einer aus Baumzweigen geflochtenen Hütte mit einem Tier, das einem Reh ähnlich sieht und mit den Füßen nach ihrem Schoße zueilt. In dem vierten Bild findet man wieder das Frauenbild und das Reh, das von Hunden verfolgt und angefallen wird, dabei ist ein Mann, der eine Art Jägerhorn zum Munde führt. Diese Altarbilder sind ganz ungewöhnlich und es scheint ein besonderer Vorfall von Unschuld deren Darstellung veranlasst zu haben, obwohl Näheres nicht bekannt ist. (10, S. 103f.)

522 Das Wunderkind

Nach dem Jahre 1730 ist nach **Kehrberg** bei **Pritzwalk** ein Schenk Johann Hohenstein gezogen, dem wurde ein siebenter Sohn (ohne dass Töchter dazwischen waren) geboren, der deshalb als ein Glückskind angesehen worden ist. Bei seiner Taufe hat er die Hand aus dem Bettchen gezogen und mit einem sonderbaren Gesicht dem Prediger gereicht. Einst hatte sich seine Mutter mit einem Beile in die Hand gehauen, nach einiger Zeit geht die Wunde wieder auf und fängt an zu bluten; sie bestreicht mit des Kindes Hand den Schaden und siehe, derselbe heilt sofort. Dasselbe geschieht einer anderen Frau, die Schaden an den Brüsten gehabt hat, welche auf gleiche Weise schnell heil wurden, und einem Mädchen aus **Wittstock**, das vom

Schlage gerührt worden war und durch das Bestreichen jenes Wunderkindes wieder gehen lernte. In der Folge ist ein solcher Zulauf von Menschen in jenes Dorf erfolgt, dass man kurz vor Pfingsten 1734 an 30.000 Menschen gezählt hat, die teils der Genesung halber, teils aus Neugierde dahin gewallfahrt waren. Das Wunderkind hat nun auch viele durch Streichen, Anblasen und Zupfen geheilt. Andere sind auch gesund geworden, indem sie das Wasser, worin es seine Hände wusch, tranken. Allein wie gewöhnlich wurden die Ärzte, die ihren Broterwerb gefährdet sahen, neidisch und brachten es dahin, dass der Knabe nach **Berlin** gebracht, wo er in das Friedrichshospital gesteckt wurde, natürlich keine Wunder mehr tun konnte und bald darauf starb. (10, S. 214)

523 Das Grab des Riesenkönigs bei Kemnitz

Etwa eine halbe Meile von **Pritzwalk** liegt das Dorf **Kemnitz**, dessen Feldmark mit großen Steinmassen bedeckt ist, die zum Teil in größeren oder kleineren Hügeln zusammengetragen sind, aber so regelmäßig, dass unten die großen, oben die kleinen Steine liegen. Einer dieser Hügel ragt vor den andern weit hervor, denn er ist wohl über zwanzig Fuß hoch und hat hundertzwanzig Schritt im Umkreis; auch besteht er durchweg aus Feldsteinen, zwischen denen sich nur wenig Erde angesetzt hat. Man erzählt, unter ihm sei der Riesenkönig begraben, und seine Gebeine ruhten in einem goldenen Sarge, den ein silberner und ein eiserner umschlössen. Doch hat's mit dem Letztern nicht ganz seine Richtigkeit, denn die Kemnitzer, die besonders gern den silbernen und den goldenen Sarg haben möchten, haben vor einigen Jahren drei Tage lang die Steine hinweggeräumt, aber nur einige tönerne Urnen und verbrannte Knochen gefunden. (16, S. 229f.)

524 Der Ursprung des Namens und des Wappens der Stadt Pritzwalk

Vom Namen der Stadt **Pritzwalk** in der **Prignitz** wird erzählt: Vor Alters wäre hier großer Wald gewesen und unterschiedliche Handwerks- und Landsleute hätten sich zusammengefunden und Lust bekommen, sich hier niederzulassen. Als sie aber den Anfang machen wollten, hätten sie einen

Wolf unter einer Linde liegend gefunden und denselben angeschrieen „Pritzwolk!"(Pack dich weg, Wolf). Und dieser Name sei auch der später entstandenen Stadt geblieben, und daher ist auch der Wolf in das Stadtwappen gekommen. (10, S. 103)

525 Die Klemenskuhle

In alten Zeiten hat einmal ein Räuber namens Klemens oder Heinrich (Heine) Kleemann diese Gegend in der **Prignitz** und sonderlich die Stadt **Pritzwalk** befehdet, seinen Schlupfwinkel oder seine Höhle aber, Klemens Kuhle genannt, im Hainholz gehabt, davon noch ein Nachweis vorhanden sein soll. Man hat dieses aber endlich durch eine Magd, welche die Räuber dahingeschleppt und einige Zeit bei sich gehabt hatten, erfahren: indem sie, da sie den Räubern hatte schwören müssen, sie nicht zu verraten, auf Zureden es einem Ofen erzählte. Darin steckte jemand, der es mitanhörte und kundtat, worauf denn dieses Raubnest zerstört wurde. (10, S. 103)

526 Der Räuber Klemens

Vor etlichen Jahrhunderten hauste im Weichbilde von **Pritzwalk** der Räuber Klemens, welcher in der **Kammermark** in unmittelbarer Nähe der Landstraße eine Höhle bewohnte. Diese hatte er durch eine Schelle so mit der Landstraße in Verbindung zu setzen gewusst, dass deren Klingen ihm jedes Mal verriet, wenn ein Wagen vorüberfuhr oder ein Reiter des Weges einhertrabte. Schon vielfach hatte man versucht, dem Treiben des Räubers ein Ende zu machen, aber niemals war es den Verfolgern gelungen, seiner Person habhaft zu werden; denn immer wusste er sie dadurch zu täuschen, dass er seinem Pferde die Eisen verkehrt hatte auflegen lassen. Da wurde er denn schließlich von einer Seite verraten, von wo er es nicht gedacht hatte. Eines Tages nämlich war es dem Unhold gelungen, ein Mädchen aus Pritzwalk in seine Gewalt zu bekommen, und da er an ihm Gefallen fand, so schenkte er ihm das Leben, nachdem es ihm unter einem furchtbaren Eide gelobt hatte, ihn keinem Menschen zu verraten. Dieses Mädchen nun, mit dem er viele Jahre hindurch in wilder Ehe zusammenlebte, schenkte ihm im Laufe der Jahre sieben Knaben, die der grausame Vater aber alle gleich nach der Geburt tötete und an einem durch die Schläfe gezogenen Drahtseil aufhing. Wollte er sich nun ein Vergnügen bereiten, so zog er an dem Drahte und ließ, wie er sich ausdrückte, „die sieben Klemens tanzen".

Die unglückliche Mutter der Kinder, durch ihren furchtbaren Eid zum Schweigen verpflichtet, wurde nun öfter zum Einkaufen von Lebensmitteln von dem Räuber nach der Stadt geschickt und kehrte auch immer wieder getreulich zurück. Eines Tages aber, als sie Klemens durch den erwähnten grausamen Zeitvertreib ganz besonders verbittert hatte, beschloss sie, ihn doch zu verraten. – Auf dem Markte der Stadt befand sich ein großer Stein; auf den nun setzte sie sich und sagte so laut, dass es alle in der Nähe befindlichen Leute hören konnten, folgende Worte wiederholt her: „Stein, ich klag's dir, Klemens verfolgt mir! Folgt mir mit Soldaten, wohin ich Erbsen streuen werde." Durch diese List glaubte sie, den erzwungenen Eid umgehen zu können; und in der Tat gelang es den Pritzwalkern, sich des gefürchteten Räubers auf diese Weise zu bemächtigen. Er wurde für seine vielen Untaten öffentlich auf dem Marktplatze hingerichtet. Sein aus eisernen Ringen bestehender Panzer, sowie seine Sturmhaube und sein Schwert werden noch heute auf dem Rathause zu Pritzwalk aufbewahrt. Als dort vor vielen Jahren eine Ausstellung märkischer Altertümer veranstaltet wurde, hatten die Pritzwalker auch den Räuber Klemens mit aufgestellt. (13, S. 117ff.)

527 Das umgetaufte Kind

In der Mitte des vorigen [18.] Jahrhunderts ist in **Pritzwalk** eine sonderbare Sache passiert. Es ist nämlich durch Versehen der Wehmutter ein Sohn für eine Tochter getauft und Marie genannt worden. Nach entdecktem Irrtum hat man das Kind wieder in die Kirche gebracht und unter gewissen Zeremonien den Frauennamen in einen Männernamen verändert. (10, S. 214)

Regentenverzeichnis

Verzeichnis der Markgrafen, Kürfürsten und Könige von Brandenburg mit Regierungszeiten und Ehefrauen

MARKGRAFEN

Albrecht I., der Bär
1157–1170
Otto I. 1170–1184
Otto II. 1184–1205
Albrecht II. 1205–1220
Johann I. 1220–1266
Otto III. 1220–1267
Otto IV. 1267–1308
Waldemar, der Große
1308–1319
Heinrich II. 1319–1320
Ludwig I. 1323–1351
Ludwig II. 1351–1356
(sowie –1365 Kurfürst)

KURFÜRSTEN

Ludwig II. 1356–1365
Otto V. 1365–1373
Wenzel 1373–1378
Sigismund 1378–1388
Jobst 1388–1411
Sigismund erneut 1411–1415
**Friedrich I., Burggraf v.
 Nürnberg** 1415–1440
Elisabeth v. Bayern-Landshut
Friedrich II., der Eiserne
1440–1470
Albrecht Achilles 1470–1486
1. Margarethe v. Baden
2. Anna v. Sachsen
Johann Cicero 1486–1499
Margarethe v. Sachsen-Weimar
Joachim I., Nestor 1499–1535
Elisabeth v. Dänemark
Joachim II., Hektor 1535–1571
1. Magdalena v. Sachsen
2. Hedwig v. Polen
Johann Georg 1571–1598
1. Sophia v. Liegnitz, Brieg und Wohlau
2. Sabina v. Ansbach
3. Elisabeth v. Anhalt-Zerbst
Joachim Friedrich 1598–1608
1. Katharina v. Küstrin
2. Eleonore v. Preußen
Johann Sigismund 1608–1619
Anna v. Preußen
Georg Wilhelm 1619–1640
Elisabeth Charlotte v. d. Pfalz
Friedrich Wilhelm, der Große Kurfürst
1640–1688
1. Luise Henriette v. Nassau-Oranien
2. Dorothea Sophie v. Braunschweig-Lüneburg, geb. Prinzessin v. Holstein-Glücksburg

Friedrich III. 1688–1701
(ab 1701 König Friedrich I.)

KÖNIGE

Friedrich I. 1701–1713
1. Elisabeth Henriette v. Hessen-Kassel
2. Sophie Charlotte v. Hannover
3. Sophie Luise v. Mecklenburg-Schwerin
Friedrich Wilhelm I. 1713–1740
Sophie Dorothea v. Hannover
Friedrich II., der Große 1740–1786
Elisabeth Christine v. Braunschweig-Bevern
Friedrich Wilhelm II. 1786–1797
1. Elisabeth Christine Ulrike v. Braunschweig-Wolfenbüttel
2. Friederike Luise v. Hessen-Darmstadt
Friedrich Wilhelm III. 1797–1840
1. Luise v. Mecklenburg-Strelitz
2. Auguste von Harrach
Friedrich Wilhelm IV. 1840–1861
Elisabeth Ludovika v. Bayern
Wilhelm I. 1861–1888
ab 1871 Deutscher Kaiser
Augusta v. Sachsen-Weimar-Eisenach
Friedrich III. Deutscher Kaiser 1888
Victoria v. Großbritannien
Wilhelm II. Deutscher Kaiser 1888–1918
Auguste Victoria v. Schleswig-Holstein-Sonderburg-Augustenburg

Quellennachweis

1 Der Bär. Illustrierte Berliner Wochenschrift, Jahrgang 6 (1880), Nr. 18 (1. Mai 1880).
2 **Bartsch, Karl**: Sagen, Märchen und Gebräuche aus Meklenburg, Wien 1879.
3 **Beckmann, Paul**: Die Rethra-Sagen in Mecklenburg, in: Deutsches Jahrbuch für Volkskunde, Band 5, Teil I 1959, S. 44-73.
4 **Dümke, Oskar**: Havelsagen, Leipzig 1923.
5 **Engelien, A./Lahn, W.**: Der Volksmund in der Mark Brandenburg. Sagen, Märchen, Spiele, Sprichwörter und Gebräuche, Berlin 1868.
6 **Fontane, Theodor**: Wanderungen durch die Mark Brandenburg. Teil 1: Die Grafschaft Ruppin (1. Auflage Berlin 1862), Berlin 1976.
7 **Fontane, Theodor**: Wanderungen durch die Mark Brandenburg. Teil 3: Das Havelland (1. Auflage Berlin 1873), Berlin 1977.
8 **Fontane, Theodor**: Fünf Schlösser. Altes und Neues aus Mark Brandenburg. Quitzöwel (1. Auflage Berlin 1889), Berlin 1987.
9 **Friesicke, Fr. K. A.**: Heimatkunde mit besonderer Berücksichtigung der Provinz Brandenburg, Berlin 1904.
10 **Gräße, Johann Georg Theodor**: Sagenbuch des Preußischen Staats, Band I, Glogau 1866.
11 **Griepentrog, Gisela**: Historische Volkssagen aus dem 13.–19. Jahrhundert, Berlin 1975.
12 **Grimm, Brüder** (Jacob und Wilhelm): Deutsche Sagen, Teil 2, Berlin 1818.
13 **Haase, Karl Eduard**: Sagen aus der Grafschaft Ruppin und Umgegend, Neu-Ruppin 1887.
14 **Handtmann, E.**: Neue Sagen aus der Mark Brandenburg, Berlin 1883.
15 **Krambeer, Karl**: Mecklenburgische Sagen, Ribnitz 1922.
16 **Kuhn, Adalbert**: Märkische Sagen und Märchen, Berlin 1843.
17 **Kuhn, Adalbert/Schwartz, Wilhelm**: Norddeutsche Sagen, Märchen und Gebräuche aus Mecklenburg, Pommern, der Mark, Sachsen, Thüringen, Braunschweig, Hannover, Oldenburg und Westfalen, Leipzig 1848.
18 **Kunzendorf, Paul**: Sagen der Provinz Brandenburg, Cottbus 1911.

19 **Leischner, Max**: Die schlafende Seele der brausenden Stadt. Berliner Sagen, Berlin (1922).
20 **Lohre, Heinrich**: Märkische Sagen, Leipzig-Gohlis 1921.
21 **Monke, Otto**: Berliner Sagen und Erinnerungen, Leipzig 1911.
22 Die Provinz Brandenburg in Wort und Bild. Herausgegeben von dem Pestalozziverein der Provinz Brandenburg, Berlin 1900.
23 **Reinhard, Karl von**: Sagen und Märchen aus Potsdams Vorzeit, Potsdam 1841.
24 **Richter, Julius Wilhelm Otto**: Sagenschatz aus dem mittleren Norddeutschland, Glogau 1900.
25 **Ritter, Gustav A.**: Deutsche Sagen, Berlin 1904.
26 **Schinkel, G. W.**: Geschichte von Sieversdorf, Neuruppin 1875.
27 **Schneidewind, Gisela**: Herr und Knecht. Antifeudale Sagen aus Mecklenburg. Aus der Sammlung Richard Wossidlos, Berlin 1960.
28 **Schwartz, Wilhelm**: Sagen und alte Geschichten der Mark Brandenburg, Berlin 1871.
29 **Schwartz, Wilhelm**: Sagen und alte Geschichten der Mark Brandenburg. 3. Auflage, Berlin 1895.
30 **Studemund, Friedrich**: Mecklenburgische Sagen, 2. Auflage Schwerin o. J.
31 **Temme, J. D. H.**: Die Volkssagen der Altmark und mit einem Anhange aus den übrigen Marken und aus dem Brandenburgischen, Berlin 1839.
32 **Wossidlo, Richard**: Volkssagen über Rethra. Vortrag, gedruckt im Korrespondenzblatt des Gesamtvereins der deutschen Geschichts- und Altertumsvereine 1909.

Ortsverzeichnis

Verzeichnis der in den Sagen genannten Orte mit Land- und Kreiszugehörigkeit sowie andere Handlungsstätten, dahinter die Nummern der Sagen.

Ackerfelde Br OPR 517
Ahrensberg MV MST 102
Ahrensberger See MV 94
Alt Gaarz MV MÜR 56, 57, 58, 62
Altglobsow Br OHV 159
Altmärkische Wische SA 519
Altmark SA 225, 409, 453
Alt Rehse MV MÜR 53, 54
Alt Ruppin Br OPR 243, 250
Alt Strelitz MV MST 51, 112, 120, 121, 122, 123, 124, 126
Alt Strelitz-Fürstenberg-Berliner Chaussee MV-Br 121
Angermünde Br UM 143
Ankershagen MV MÜR 1, 2, 3, 4
Apenburg SA SAW 454
Ardennerwald Frankreich 474
Arendsee Br BAR 302
Armer Mann (Teich) Br 300
Arneburger Fähre SA 480

Babelsberg Potsdam Br 350
Babelsberg (Berg) Br 294, 295
Babelsmühle Br 295
Babitz Br OPR 204
Babke MV MST 93
Bärens Kirchhof Br 136
Bärwalde Br TF 225
Bagow Br PM 440

Bamme Br HVL 449
Bannenbrück (Försterei) MV 46
Bantikow Br OPR 506
Banzendorf Br OPR 167
Bargensdorf MV MST 38
Barnewitz Br HVL 442
Barnim, Kreis Br 309
Barschsee Br 163
Barsdorf Br OHV 158
Baruth Br TF 351
Basel Schweiz 321
Baumgarten Br OHV 350
Bechlin Br OPR 249, 250
Beelitz Br PM 378, 379
Beetzsee Br 438
Belower Teerofen MV 101
Belzig Br PM 380, 395
Benken Br PM 370
Bergfeld MV MÜR 111
Bergholz Br PM 340
Berlin 29, 190, 193, 236, 244, 258, 273, 292, 315, 316, 317, 318, 319, 320, 321, 322, 323, 324, 325, 326, 327, 328, 329, 330, 335, 354, 355, 361, 378, 465, 472, 522
Berlinchen NM Polen 225
Berliner Tor Potsdam Br 352
Bernau Br BAR 225, 305, 309, 310, 311, 312, 314, 316, 322
Bertikow (Vorwerk) Br OPR 248

Biesenthal Br BAR 298, 304, 305, 306, 307, 308
Binenwalde Br OPR 200
Blankenburg Berlin 314
Blankenfelde Br TF 336
Blankenhof MV MST 49
Blankensee MV MST 36, 113
Blankensee Br TF 375, 376
Blesendorf Br OPR 211
Blocksberg MV 5
Blocksberg Br 417, 436, 457
Blumenow Br OHV 179
Blutfeld Br 310
Boberowwald Br 210
Boek MV MÜR 81
Bölkendorf Br UM 148
Börnicke Br HVL 275, 277
Boitzenburger Mühle Br UM 119
Boltenmühle Br OPR 234
Bornim Potsdam Br 292, 293, 350, 356, 359
Brandenburg, Kurmark 286
Brandenburg, Land 330
Brandenburg, Mark 288, 321, 381, 450, 506
Brandenburg, Stadt Br 284, 355, 370, 374, 378, 380, 401, 403, 405, 407, 408, 409, 410, 411, 412, 413, 414, 434, 458, 462
Brandenburger Tor Alt Strelitz MV 120
Brandenburger Tor Potsdam Br 352, 355
Brandmühle MV MST 49
Brandtsche Heide Br 380
Brauhausberg Potsdam Br 290, 342, 343, 346, 350, 355
Braunsberg Br OPR 201, 202
Braunsdorf Br OPR 164
Brautallee Br 501
Brautsoll (Teich) MV 59

Bredow Br HVL 471
Breite Straße Potsdam Br 344
Brenkendorf Br HVL 493
Brielow Br PM 437
Briesen Br HVL 470
Brösigkens Laake Br 434
Brodowin Br UM 147, 148
Brück Br PM 380
Brüderstraße Berlin 323
Brunne Br OPR 263, 264, 265, 266, 267, 269
Buberow Br OHV 198
Buch Berlin 314
Buckow Br HVL 441
Bückwitz Br OPR 508
Bückwitzer See Br 507
Burg Rabenstein Br 355
Burg Stargard MV MST 30, 31, 32, 34, 35, 36, 37, 38, 39, 46
Burgstraße Potsdam 352
Burow Br OHV 175
Buschow Br HVL 445
Busendorf Br PM 379

Caputh Br PM 284, 292, 350, 360, 361
Carpin MV MST 111
Carwitzer See MV 117
Charlottenburg (ehem. Lietzow) Berlin 284
Charlottenburger Schloss Berlin 331
Chorin Br BAR 145, 305, 449
Chorinchen (jetzt Chorin) Br BAR 309
Christdorf Br OPR 215
Cölln Berlin 319, 330
Cramon MV MÜR 63
Dänemark 88

Dahlhausen Br OPR 256
Dambeck MV MÜR 76, 79
Dammgarten SA 498
Dankelsberg Br 479
Deetz Br PM 402, 403, 428
Dickte Br HVL 468
Dierberg Br OPR 165, 167, 226, 227
Döberitz Br HVL 434
Dölln (Erdloch) Br 231
Döllnkrug Br 135
Dollgow Br OHV 183
Donnerfichten (Wald) Br 232
Donnerkuhle Br 232
Dossow Br OPR 219
Dreetz Br OPR 491, 492
Dreetzer See Br 492
Drewin MV MST 126
Düben SA WB 330
Dünamünde b. Netzeband Br OPR 506
Dünamünde (Kloster) b. Riga/Lettland 506
Düsterförde MV MST 126

Eberswalde Br BAR 149, 150, 152, 153, 155
Eckerberg Br 177
Eiche Potsdam Br 359
Eichberg Br 355
Eikeberg Br 403, 404, 428
Eldenburg Br PR 66
Elslake Br HVL 465
Emilienhof Br OPR 254
Entenfängersee Br 362
Ering (Laubwald) Br 129
Etzin Br HVL 426

Fahrland Br PM 292, 352, 363
Faulenrostsche Mühle MV 60

Fehrbellin Br OPR 235, 246, 258, 259, 260, 261, 327, 451
Feldberg MV MST 114, 115, 116, 117
Feldberg Br OPR 261
Ferchesar Br HVL 460, 461, 462
Finkennest (Waldstück) Br 380
Fischerhaus Stechlin Br 176
Flachsberg Br 402, 403, 428
Flecken Zechlin Br OPR 203, 204, 205, 206, 207, 208
Försterei Tornow Br 200
Fohrde Br PM 432, 462
Franken 270
Frankendorf Br OPR 222, 223
Frankfurt/Oder Br FF 321, 378
Frau Harkenberg Br 480
Frau Harkengrund Br 480
Freienwalde Br MOL 153
Fresdorf Br PM 373
Fretzdorf Br OPR 220, 221
Freyenstein Br OPR 216
Friedeberg NM Polen 225, 285
Friedrichshof MV MÜR 82
Friesack Br HVL 470, 471, 472, 476, 478, 479
Friesack Burg Br HVL 472
Froschpalais Potsdam Br 345
Fuchsberg MV 16
Fuchsberg Br 289
Fünffingerberg Br 199
Fürstenberg Br OHV 126, 129, 130, 131, 156, 157, 158
Fürstenberger Heide 127
Fürstenhagen MV MST 117
Fürstenwalde Br LOS 225
Gänsepfuhl Br 241

Galgenberg MV 82, 123
Galgenberg Br 207, 485
Geltow Br PM 359
Gendarmenmarkt Berlin 324
Gentzrode Br OPR 243
Georgentor Berlin 318, 330
Gevezin MV MST 49
Glambecker See MV 106
Glienicke Br PM 294
Glienicker Werder Br 294
Glienke MV MST 47
Glockenteich Br 426
Gnewikow Br OPR 233, 239
Göllenberg Br 480
Gördensee Br 416
Görne Br HVL 467, 468, 470
Görnsee Br 400
Göttin Brandenburg Br 399
Godendorf MV MST 157
Gohlitz Br HVL 388
Gohlitzsee Br 388, 389, 390
Gottesberg Br 374
Gramzow Br OHV 179
Gransee Br OHV 168, 181, 188, 189, 191, 193, 199, 225
Grapenwerder MV MST 9, 23, 24, 25
Grebs Br PM 400
Greiffenberg Br UM 143
Grieben Br OHV 228, 229, 231
Griebnitzsee Br 294
Grimnitz Br BAR 321
Grimnitzer Forst Br 136
Gröninger See Br 443, 444
Großbeeren Br TF 336
Großbeuthen Br TF 374
Groß Dölln Br UM 135

Groß Flotow MV MÜR 18
Groß Helle MV MÜR 17, 55
Groß Kelle MV MÜR 69
Groß Kreutz Br PM 370, 371
Groß Lukow MV MÜR 8
Groß Nemerow MV MST 22, 40
Groß Schönfeld MV MST 112
Groß Väter Br UM 135
Groß Vielen MV MÜR 14
Großwoltersdorf Br OHV 184, 185, 186, 188
Groß Wusterwitzer See Br 415
Grubo Br PM 396
Grüneberg Br OHV 192, 193, 195
Grünefeld Br HVL 277
Grünhof Br OHV 171
Grünow MV MST 111, 112
Grunewald Berlin 332
Grunewald, Jagdschloss Berlin 332, 334
Grunewaldsee Berlin 333
Grusberg oder Kurfürstenberg Br 259
Gülitz Br OPR 493
Gülpe Br HVL 486, 487, 488
Gülpsee Br 488
Gudelacksee Br 168
Gutenpaaren Br HVL 430

Hacht (Wald) Br 200
Häsen Br OHV 199
Haineberg Br 468
Hainholz Br 525
Hakenberg Br OPR 259
Hamburg 258
Hardenbeck MV MST 118
Harlungerberg Br 409
Hausberg Br 152

Haussee Br 132
Havelberg SA SDL 236, 258, 480, 488, 495, 496, 497, 498, 500, 504
Havelberger Dom 497, 499, 501, 502, 503
Havelländisches Luch Br 470, 479
Havelland Br 271, 417, 418, 419, 424, 437, 450, 471, 473, 480
Havelwinkel SA 420
Heidentor Br 378
Heiligegeiststraße Potsdam 352
Heiligegeiststraße Berlin 326
Heiligengeistkirche Potsdam 350, 351, 352
Heiligengrabe Br OPR 217
Heiligensee Berlin 280, 281, 282
Heilige Pfühle Br 302, 303
Heiliger See Berlin 280, 281, 346, 359
Heineberg Br 350
Heinrichsdorf Br OPR 162
Hellberge Br 199
Hennickendorf Br TF 375
Herzberg Br BAR 139
Herzberg Br OPR 230
Herzberg Br 293
Herzsprung Br OPR 221
Himmelpfort Br OHV 128, 129
Hindenberg Br OHV 172
Hinrichsberg MV MÜR 68
Hinrichshofer Mühle MV 91
Hohennauen Br HVL 465
Hohen Wangelin MV MÜR 63
Hohenzieritz MV MST 13, 15, 27
Hoher Berg b. Zechow Br OPR 164
Hoher Berg b. Braunsberg Br OPR 202
Hoher Rott Br 458
Holland 271
Holldorf MV MST 29

Hünenberg Br 463
Huwenowsee Br 196

Iserpurt MV MÜR 15, 27
Italien 198

Jabsberg MV 49
Jägergrund Br 175
Jägerhof MV MÜR 59
Jäthenwerder MV 93
Jeggeleben SA SAW 454
Joachimsthal Br BAR 137, 138
Jüterbog Br TF 330
Jungfernbach MV 124
Jungfernbek MV 1
Jungferngräber Br 305

Kaakstedt Br UM 134
Kahl(e)berge Br 241, 243
Kambser Turm MV 15
Kamern SA SDL 483, 485
Kamernsche Berge SA 480, 484
Kammermark Br PR 526
Kampehl Br OPR 507, 508, 509
Kanin Br PM 379
Kapellenberg Br 376
Karwe Br OPR 233, 239
Katharinenkirche Brandenburg 412
Kattenstiegmühle Br 511
Kehrberg Br PR 522
Kelkendorf Br OHV 182
Kemnitz Br PM 364, 365, 366, 367
Kemnitz Br PR 523
Kerkow Br OHV 195
Kerzlin Br OPR 246
Ketzin Br HVL 428

Ketziner See Br 426
Ketzür Br PM 434
Ketzürer Heide Br 462
Kienberg Br 477
Kietz,Potsdamer 352
Kietz Br HVL 490
Kirchberg Br 291, 293
Kirchgasse Brandenburg 412
Klaistow Br PM 379
Klapperberg Br 166
Kleinderschau Br HVL 493
Klein-Glienicke Potsdam Br 292, 350
Klein-Glienicker Berg Br 350
Klein Kelle MV MÜR 69
Kleinmachnow Br TF 337, 338
Klein Nemerow MV MST 41
Klein Vielen MV MST 22
Klein Vielener See MV 15
Klink MV MÜR 2, 66
Kloster Chorin Br 143, 144, 146, 452
Kloster Dünamünde (Riga) 506
Klosterheide Br OPR 228
Klosterkirche Berlin 318
Kloster Lehnin Br PM 381, 382, 383, 384, 385, 386, 387, 452
Klostersee Br 394
Knoblauch (Wüstung) Br 431
Kohlhasenbrück Berlin Steglitz-Zehlendorf 330
Köln am Rhein 321
Köllnischer Teerofen Br 138
Königsberg NM Polen 225
Königsberg Br OPR 511
Königshorst Br OPR 278
Königstädt (jetzt Wolfsruh) OHV 187
Kopenhagenturm Br 378

Kotzen Br HVL 458, 463, 480
Kraatz Br OHV 199
Krähenberg Br 350
Krämer (Wald) Br 275
Kränzlin Br OPR 250, 251
Krampnitzsee Br 291
Krappmühle MV 50
Krausnitzer Mühle Br 167
Kremmen Br OHV 270, 271, 274, 275
Kreuzlanke (See) Br 176
Krewitz MV MST 118
Krümmelscher See MV 81
Krummes Fenn Br 432
Küchenberg Br 304
Kuhburg (Warte) Br 243
Kuhlhausen SA SDL 483
Kyritz Br OPR 225, 456, 504, 512, 513

Ländchen Bellin Br OPR 258, 450
Ländchen Friesack Br 472
Landin Br HVL 463, 464, 480
Landsberg an der Warthe NM Polen 225
Lange Brücke Berlin 318, 325
Langen Br OPR 257
Langhagen MV MÜR 103
Lapitz MV MÜR 25
Lehnin Br PM 360, 388, 389, 391, 393, 394, 405, 449
Leipzig Sa 267, 330
Lentzke Br OPR 260, 261
Lenzen Br PR 439
Leussow MV MST 92, 104
Lichtenberg Br OPR 233
Lichterfelde Br BAR 155
Liepe Br BAR 154
Liepe Br HVL 447, 448

431

Liepen (Feldmark) MV 63
Liepser Bruch MV 22
Liepsee MV 21, 22
Liesenkrüz (Waldlichtung) Br 305
Lietzen Br HVL 423
Lindberg MV 49
Linde Br OHV 192
Lindenberg MV 12, 16
Lindow Br OPR 167, 168, 169, 170, 227
Lindow Br BAR 311
Lindstedt (Gut) Potsdam Br 293
Linowitzer Forsthaus Potsdam Br 360
Linum Br OPR 259, 450
Locktow PM 398
Lögow Br OPR 186, 252, 253, 254
Löwenberg Br OHV 195
Luckenwalde Br TF 375
Ludorf (Rittergut) MV MÜR 70
Ludwigsaue Br OHV 231
Lüchfeld Br OPR 255
Lüdersdorf Br OPR 186
Lüdershof MV MÜR 17
Lüpenitz Br BAR 311
Lüsse Br PM 395
Lüttgendreetz (Vorwerk) Br OPR 492
Lustgarten Potsdam Br 343
Lutterow Br OPR 204
Luzinsee MV 114

Magdeburg SA 444
Malchiner See MV 61
Malchow Br TF 336
Mansfeld, Dorf Br PR 519
Mansfeld, Land SA 330, 381
Marienberg Brandenburg 458, 480
Marienkirche Berlin 322

Marienkloster Lenzen Br PR 499
Mariensee Br 143, 146
Marihn MV MÜR 8
Mark, die 244, 310, 320, 338
Mark Brandenburg 225
Markgrafenberg Br 449, 452
Marmorpalais Potsdam Br 346
Marxhagen MV MÜR 61
Marzahne Br PM 462
Mecklenburg 2, 4, 18, 36, 61, 64, 80, 81, 519
Mecklenburgische Grenze 128
Medersitz (Moderwitz) (See) Br 128
Meierei Dünamünde Br OPR 506
Melz MV MÜR 15, 88
Melz Rittergut MV MÜR 82
Melzer Mühle MV 87
Menz Br OHV 173, 175, 176, 178
Menzer Forst Br 167, 174, 176, 177
Meseberg Br OHV 196, 197, 198
Meseberg Schloss Br 196
Milow Br HVL 435
Minzow MV MÜR 76, 77
Mirow MV MST 87, 89, 92, 93, 214
Mittelsee Br 391
Mittenbruch Br 156
Mittenwalde Br LDS 225
Möllnberg Br 375
Mörz Br PM 398
Mohrin NM Polen 225
Mohrinsches Holz b. Melz MV 15
Molchow Br OPR 450
Molkenmarkt Berlin 319
Mollenstorf MV MÜR 12, 16
Mollwitz (heute Malejowice) Polen 317, 372

Mühlenberg Br 505
Mühlensee MV 1
Mühlentor Beelitz Br PM 378
Müritz See MV 64, 81

Nahmitz Br PM 382
Nauen Br HVL 278, 423
Naugarten Br UM 119
Nedlitz Potsdam Br 290, 352
Nedlitzer Fähre Br 291, 293
Nennhausen Br HVL 441, 443, 444
Neschholz Br PM 395
Netzeband Br OPR 248, 506
Neubrandenburg MV 11, 21, 39, 42, 43, 44, 45, 47, 48, 49, 50, 51, 52, 100, 116
Neuendorf MV MST 11
Neuendorf Br PM 355
Neuendorf Brandenburg Br 416
Neuer Markt Berlin 322
Neues Palais Potsdam Br 293
Neufeld MV MST 92
Neuglobsow Br OHV 159, 176
Neuhardenberg (ehem. Quilitz) Br MOL 320
Neuholland Br OHV 271
Neu Rhäse MV MST 54
Neuruppin Br OPR 168, 234, 235, 236, 237, 238, 239, 240, 241, 242, 243, 246, 257, 505
Neustadt Br OPR 507, 508
Neustadt-Eberswalde Br BAR 151, 304
Neustrelitz MV MST 13, 97, 105, 106, 107, 108, 109
Niederfinow Br BAR 153, 154
Niederlande 321
Niederschönhausen Berlin 317

Nossentin MV MÜR 127
Nowawes Potsdam Br 341

Oberbach MV 124
Oderberg Br BAR 153
Oranienburg Br OHV 271, 272, 274
Osthavelland Br 277
Ostprignitz Br 517
Ostsee 81

Paaren (Klein) Br PM 296, 425
Parsteiner See Br 143, 147, 148
Panberg Br 292, 293, 350
Papenbruch Br 519
Papenstiege Br 477
Paretz Br HVL 368
Paulshorst Br OPR 163
Penzlin MV MÜR 6, 7, 8, 9, 10, 11, 12, 15, 16, 22, 23, 24, 25, 26, 27, 28, 53
Perleberg Br PR 504, 516, 519
Pessin Br HVL 459, 471
Pfaueninsel Berlin 335
Pfennigsberg MV 16
Pfingstberg Potsdam Br 350, 359
Phöben Br PM 368, 369
Pichelsdorf Berlin-Spandau 284, 285
Plänitz Br OPR 504
Plau MV PCH 80
Plaue Brandenburg Br 416, 439
Plaueniederung Br 398
Plattenburg Br 258
Plessow Br PM 364
Plessowscher See Br 364, 367
Plötzenpfühle Br 136
Plötzensee Berlin 329
Plötzensee (Rittergut) Br UM 134

Pommern 519
Potsdam Br 201, 290, 291, 293, 330, 335, 341, 343, 344, 345, 346, 348, 349, 350, 351, 352, 353, 354, 355, 360, 361, 363, 375, 511
Potsdamer Stadtschloss Br 343
Pragsdorf MV MST 42, 46
Prelanker Teerofen MV MST 101
Prenden Br BAR 298, 299, 300, 370
Prenzlau Br UM 210, 449
Prignitz Br 217, 258, 510, 514, 517, 519, 524, 525
Prillwitz MV MST 20, 21, 22
Priort Br HVL 279, 424
Prietzen BR HVL 477
Priesterpfuhl Br 356
Pritzerbe Br PM 434
Pritzwalk Br PR 217, 521, 522, 523, 525, 526, 527
Prützke Br PM 382, 400, 401
Punskuhl (Niederung) Br 135
Putlitz Br PR 519

Quenzsee Br 416
Quitzöbel Br PR 514

Rabandelberg MV 55
Radensleben Br OPR 232
Radewege Br PM 436, 437, 438, 439
Rädel Br PM 379, 391
Rägelin Br OPR 222, 506
Rathenow Br HVL 434, 447, 448, 449, 450, 451, 452, 453, 454, 455, 456, 457, 460, 481, 488
Rathenower Tor Brandenburg Br 413
Räuberberg Br OPR 250

Räuberberg Br PM 368, 369
Räuberberg Br HVL 399
Räubergrube Br 243
Rauschendorf Br OHV 188
Ravensberg Br 340, 350, 355
Reetzow Br HVL 471
Rehberg SA SDL 486, 487
Rehdanzbruch Br 138
Reiherberg Br 304
Remusinsel Br 210
Reunitz (See) Br 469
Rheinsberg Br OPR 160, 163, 196, 200, 201, 210
Rheinsberger Schloss Br 161
Rhinow Br HVL 465, 490, 493
Rhinowsche Berge Br 480
Ribbeck Br HVL 426
Rietz Br PM 148, 405, 406, 407
Rietzer Berg Br 148, 406, 407
Rietzer See Br 405, 406
Rittmannshagen MV MÜR 60
Röbel MV MÜR 69, 70, 71, 72, 73, 74, 75, 77, 78, 79, 80, 81, 82, 87
Römerschanze Br 291
Roggentin MV MST 93
Rollwitzborn MV 41
Roofensee Br 173
Rosmarinberg Br 143
Rotes Land Br 310
Ruppin Br OPR 244, 250, 259, 450
Ruppiner Land Br 245, 246, 256, 267, 450
Ruppiner See Br 168, 233, 239
Ruppin Grafschaft Br 176, 247
Ruppin Neustadt Br OPR 244
Rüthnick Br OPR 231

Rütsch SA 483
Rütschenberg Br 464
Ruhlsdorf Br BAR 150

Saarmund Br PM 340, 342, 355, 372
Sabel MV MST 37
Sachsen 66, 330
Sacrow Potsdam Br 289, 295, 335
Sacrower See 289
Salzmarkt Havelberg SA SDL 498
Sandau SA SDL 498
Sandauer Tor Havelberg SA SDL 498
Sankt Annenstraße Brandenburg Br 412
Sankt Nikolaikirche Berlin 319, 330
Sankt Petersburg 325
Sanssouci Potsdam Br 344, 350, 354, 358
Schäferberg Br 350
Schäpe Br PM 377
Scharfenberg Br 212
Scharfe Ecke (See) Br 239
Schildhorn Berlin 284
Schillersdorf MV MST 92
Schlamau Br PM 397
Schloss Berlin 318
Schloss Charlottenhof Br 292
Schloss Gröben Br 372
Schloss Oranienburg Br 273
Schloss Schollene SA 482
Schloss Tegel Berlin 282
Schlossberg Br 470
Schlossplatz Berlin 323
Schmetzdorf Br BAR 311
Schmerzke Brandenburg Br 405
Schmiedeberg Br 475
Schmokenberg SA 495
Schmolitz (Heide) Br 154

Schöner Berg Br 139
Schönermark Br OHV 191
Schönfließ NM Polen 225
Schönhagen Br PR 375
Schönholz Br BAR 305
Schönholz Br HVL 465
Schönow Br BAR 300
Schönwalde Br BAR 313
Schollene (Alt) SA SDL 481
Schollener See SA 481
Schwabenland 43
Schwänzbrücke Br 507
Schwanenheide MV 15
Schwanow Br OPR 209
Schwante Br OHV 274
Schwarzer Berg Br 462
Schwarzer See Br 215
Schweinewerder MV 66
Schweinrich Br OPR 204, 206, 208
Schweinricher Schlachtstücke
(Acker) Br 204
Schwielowsee Br 359, 360
Schwina Br PM 392
Seddin Br PR 517, 518
Seebeck Br OHV 171
Segeletz Br OPR 246
Segers Wische (Wiese) Br 491
Selbelang Br HVL 471
Semlin Br HVL 466
Sidow (See) Br 128
Siebenbrüderweg Br 379
Sietow MV MÜR 67, 68
Sieversdorf Br OPR 493, 494
Soldin NM Polen 225
Solzow MV MÜR 84, 85
Sonnenberg Br OHV 196

Spaatz Br HVL 477, 489
Spandau Berlin 275, 282, 288, 285, 286, 287, 288, 456, 472
Spökberg Br 222
Sponholz MV MST 44, 45, 46
Spring Br 360
Springberg Br 403
Stalenbrücke MV 120
Stargarder Land MV 114
Stavenhagen MV DM 49
Stechlinsee Br OHV 176
Stechower Bauernberge Br 441
Steglitz Berlin 330
Steinförde (Försterei) Br 156
Steinhavelmühle Br 156
Stendal SA SDL 409, 480
Stöffin Br OPR 256
Stölln Br HVL 465, 480
Stöllensche Berge Br 480, 489, 490, 497
Stolpsee Br 129
Stolzenhagen Br BAR 301
Storbeck Br OPR 224, 241
Strass (Wald) Br 375
Strelitz MV MST 11, 14, 15, 20
Strubensee Br 196
Stuer MV MÜR 80

Tarnow MV MÜR 55
Taschenberg Br 236
Techow Br OPR 217
Tegel Berlin 283
Tegelsee Berlin 283
Telegrafenberg Br 350
Teltower Brücke Potsdam Br 343
Teltower Tor Potsdam Br 349, 361
Tempelhof Berlin 328

Tempelhofer Feld Berlin 328
Templin Br UM 133
Templin (Wüstung) Br PM 297, 359, 360, 361
Teschendorf Br OHV 194, 195
Teufelsberg Br 472
Teufelsmoor Br 355
Teufelssee Br PM 340
Teufelssee Br BAR 313
Teufelssee Br OPR 200
Thürberg Br 426
Thürbruch Br 426
Thurow MV MST 110
Tieckower Mühle Br 433
Tiefwerder Berlin 333
Tirol 321
Tollensesee MV 20, 22, 40, 52, 100
Tollensetal MV 50
Torgelow MV MÜR 65
Tornow (Halbinsel) Potsdam Br 297, 352, 355, 360
Tornow Br OPR 506
Tramnitz Br OPR 506
Trampe Schloss Br BAR 155
Trebbin Br TF 372
Trebelsee Br 403, 428, 429
Tremmen Br HVL 426, 427, 431
Tremsdorf Br PM 373
Treuenbrietzen Br PM 355, 378
Trieplatz Br OPR 506
Trietz (Heide) Br 465
Triglitz Br PR 520
Tüchen Br PR 521

Uckermark Br 134, 321, 450
Ulrichshusen Schloss MV 61

Userin MV MST 105
Utrecht Niederlande 259

Vehlefanz Br OHV 275
Vehlgast SA SDL 500
Verlorenort Br 271
Vichel Br OPR 254
Vieritz Br HVL 435
Vipperow MV MÜR 15, 84, 85, 86
Voigtsdorf Br TF 374
Vossberg Br 396

Wachow Br HVL 431
Wackstow MV MÜR 71
Wackstower See MV 72
Wagenitz Br HVL 470. 471, 473, 475, 476
Walkemühle Br 214
Wallberg Br 173
Walsleben Br OPR 248
Wandlitz Br BAR 301, 302
Wandlitzer See Br 301
Wangelin MV MÜR 127
Wanzka MV MST 113
Wanzkaer See MV 113
Waren MV MÜR 2, 16, 55, 59, 65, 66
Warlin MV MST 42
Warsow Br HVL 471, 472
Waschberg MV 92
Wefelsholz Br 519
Weinberg Br 374
Welschsee MV 103
Wendberg SA 500
Wendfeld Br 189
Werbellinsee Br 138, 139, 140, 141, 142

Werben SA SDL 409
Werder Br PM 356, 359, 362, 363, 368
Wesenberg MV MST 94, 95, 96, 97, 98, 99, 101, 102, 103
Wesenberger See MV 100
Westhavelland Br 432, 443. 458, 486, 487, 489
Westprignitz Br 518, 520
Wetzsteinberg Br 375
Wildberg Br OPR 246, 250, 254, 255
Wildenbruch Br PM 373
Wilhelmsplatz Potsdam Br 348
Wilsnack Br PR 501, 503, 514, 515
Wittenberg SA WB 330, 355
Wittenberge Br PR 519
Wittstock Br OPR 204, 211, 212, 213, 214, 217, 220, 225, 241, 273, 519, 522
Wittwien Br OPR 132
Witzke Br HVL 466
Wodensee MV 15
Woldegk MV MST 120
Woldenberg NM Polen 225
Wolfsbruch Br 356
Wolfsgrube Br 243
Wolfsruh (ehem. Königstädt) Br OHV 187
Wolsier Br HVL 477
Wredenhagen MV MÜR 90, 91
Wulkau SA SDL 484
Wummsee Br 205
Wunderkreis (Gangsystem) Br 152
Wust Br PM 405, 415
Wusterhausen Br OPR 225, 246, 504, 505, 506, 507, 508
Wustrow (b. Groß Nemerow) MV MST 22

437

Wustrow (b. Wesenberg) MV MST 125
Wustrow (b. Alt Gaarz) MV MÜR 62
Wuthenow Br OPR 241

Zaazke Br OPR 211
Zahren MV MÜR 12
Zauche Br 376
Zechlin Br OPR 203, 205
Zechow Br OPR 164, 209
Zecho (Wald) MV 51
Zehdenick Br OHV 168, 189, 190
Zehlendorf Berlin 330
Zempo Br OPR 206
Zermützel Br OPR 200
Zernikow Br OHV 180, 181, 182
Zielow MV MÜR 83, 85
Zierker See MV 107
Zierstorf MV GÜ 127
Zippelow MV MÜR 22
Zippelsförder Heide Br 218
Zolchow Br PM 364
Zootzen (Wald) Br 262, 479
Zummelt (See) Br 416
Zwenzowscher Teerofen MV MST 103

Abkürzungen

Länder
Br: Brandenburg
MV: Mecklenburg-Vorpommern
Sa: Sachsen
SA: Sachsen-Anhalt

Kreise im Land Brandenburg
BAR: Landkreis Barnim
HVL: Landkreis Havelland
MOL: Landkreis Märkisch-Oderland
OHV: Landkreis Oberhavel
OPR: Landkreis Ostprignitz-Ruppin
PM: Landkreis Potsdam-Mittelmark
PR: Landkreis Prignitz
TF: Landkreis Teltow-Fläming
UM: Landkreis Uckermark
NM: Ehemalige Neumark Brandenburgs, heute zu Polen gehörend.

Kreise im Land Mecklenburg-Vorpommern
DM: Landkreis Demmin
GÜ: Landkreis Güstrow
MST: Landkreis Mecklenburg-Strelitz
MÜR: Landkreis Müritz-Waren
PCH: Landkreis Parchim

Kreise im Land Sachsen-Anhalt
SAW: Altmarkkreis Salzwedel
SDL: Landkreis Stendal
WB: Landkreis Wittenberg

Abbildungsnachweis

Seite: 14, 36, 80, 89
Karte des Deutschen Reiches, Blatt 184 Neustrelitz, 1886

Seite: 65, 76
Karte des Deutschen Reiches, Blatt 183 Malchow, um 1885

Seite: 100, 130, 142, 166, 175
Reichskarte, Einheitsblatt 51 Neuruppin–Rheinsberg,
Zusammendruck 1934

Seite: 210, 267, 270, 292, 304
Karte des Deutschen Reiches, Blatt 293 Potsdam, 1906

Seite: 218
Karte des Deutschen Reiches, Blatt 268 Spandau, 1867/68 (Nachträge 1897)

Seite: 311, 318, 337, 345, 364
Reichskarte, Einheitsblatt 64 Berlin-West, Zusammendruck 1933

Seite: 364, 391
Reichskarte, Einheitsblatt 63 Gardeleben–Stendal–
Neuhaldensleben–Burg a. d. Ihle, 1922

Seite: 360, 398, 413
Reichskarte, Einheitsblatt 50 Umgebung von Wittenberge,
Zusammendruck 1934

Alle verwendeten historischen Karten: Sammlung Griepentrog.

Über die Herausgeberin

Dr. phil. Gisela Griepentrog, Jahrgang 1935. Studium der Ethnographie an der Humboldt-Universität zu Berlin. Wissenschaftliche Tätigkeit bis 1997 an der Akademie der Wissenschaften und an der Humboldt-Universität zu Berlin. Veröffentlichungen zur regionalen Volkskunde, zur historischen Familienforschung und zur Erzählforschung. Herausgabe mehrerer Sagensammlungen, u. a. *Spreesagen* (vbb 2007).
Gisela Griepentrog lebt in Fürstenwalde/Spree.